Hans-Werner Sinn
Der Euro

Hans-Werner Sinn

Der Euro

Von der Friedensidee zum Zankapfel

HANSER

Von Florian Buck, Wolfgang Meister und dem Autor aus dem Englischen übersetzte und aktualisierte Auflage der Originalausgabe *The Euro Trap. On Bursting Bubbles, Budgets and Beliefs*, Oxford University Press, 2014.

MIX
Papier aus verantwor-
tungsvollen Quellen
FSC® C014889

Bibliografische Information der Deutschen Nationalbibliothek
Die Deutsche Nationalbibliothek verzeichnet diese Publikation in der Deutschen Nationalbibliografie; detaillierte bibliografische Daten sind im Internet über http://dnb.d-nb.de abrufbar.

Dieses Werk ist urheberrechtlich geschützt.
Alle Rechte, auch die der Übersetzung, des Nachdruckes und der Vervielfältigung des Buches oder von Teilen daraus, vorbehalten. Kein Teil des Werkes darf ohne schriftliche Genehmigung des Verlages in irgendeiner Form (Fotokopie, Mikrofilm oder ein anderes Verfahren), auch nicht für Zwecke der Unterrichtsgestaltung – mit Ausnahme der in den §§ 53, 54 URG genannten Sonderfälle –, reproduziert oder unter Verwendung elektronischer Systeme verarbeitet, vervielfältigt oder verbreitet werden.

1 2 3 4 5   19 18 17 16 15

© 2015 Carl Hanser Verlag München
1. Auflage 2015
www.hanser-literaturverlage.de
Umschlaggestaltung und Motiv: Hauptmann & Kompanie Werbeagentur, Zürich
Satz: Kösel Media GmbH, Krugzell
Druck und Bindung: Friedrich Pustet, Regensburg
Printed in Germany

ISBN 978-3-446-44468-3
E-Book ISBN 978-3-446-44469-0

*Für
Korbinian und Laurenz*

*mit besten Wünschen
für eine friedvolle und glückliche Zukunft
in einem gemeinsamen Europa,
das die Vielfalt seiner Kulturen bewahrt und
Euch die Möglichkeit gibt,
Euer Leben
selbständig und frei zu gestalten.*

Danksagung

Dieses Buch ist die aktualisierte Übersetzung meines Buches *The Euro Trap. On Bursting Bubbles, Budgets and Beliefs*, das im Juli 2014 bei Oxford University Press herauskam. Das Buch wurde von Florian Buck und Wolfgang Meister vorübersetzt und auf den neuesten Datenstand gebracht. Danach habe ich es zur Gänze durchgearbeitet und inhaltlich aktualisiert.

Nachdem bereits eine chinesische und koreanische Ausgabe vereinbart waren, schien es mir angebracht, auch eine deutsche Fassung herauszubringen. Ich bin dem Hanser-Verlag dankbar für die Entscheidung, die Übersetzung zu veröffentlichen, obwohl er im Jahr 2012 bereits das Buch *Die Target-Falle* herausgebracht hatte, das ein geistiger Vorläufer war, sich aber doch in wesentlichen Punkten unterscheidet und im Übrigen natürlich die dramatischen Ereignisse, die nach diesem Jahr folgten, noch nicht erfassen konnte. Nicola von Bodman-Hensler und Christian Koth haben das neue Buch als Lektoren sorgfältig betreut.

Die nun vorliegende Monographie fasst mein aktuelles Wissen zur Eurokrise zusammen, mit der ich mich als ifo Präsident nun über viele Jahre beschäftigt habe. Es beleuchtet die Geschehnisse in der Europäischen Zentralbank und versucht die Ereignisse zu erklären, die Südeuropa in eine tiefe und noch lange nicht überwundene Depression gestürzt und viel Unfrieden und Streit zwischen den Ländern Europas hervorgerufen haben. Ich hoffe, dass dieses Buch dazu beitragen wird, ein tieferes Verständnis für die ökonomischen Hintergründe der Krise zu entwickeln und Wege zur Überwindung der Funktionsstörungen des Eurosystems zu finden, damit Europa das Knäuel seiner finanziellen Verstrickungen entwirren kann und wieder eine neue Chance bekommt.

Der Forschungsaufwand bei der Aufarbeitung des Geschehens und der

Danksagung

Akkumulation von Wissen über das quasi aus der Retorte entstandene Eurosystem hat mich über Jahre hinweg bis an die Grenzen der physischen Belastbarkeit gefordert, zumal er angesichts der vielfältigen Belastungen als Präsident des ifo Instituts auf die Ferien und die Freizeit konzentriert war. Es war eine zum Teil detektivische Forschung, die sich nicht wie früher in meiner Karriere nur über wissenschaftliche Zeitschriften den Weg in eine Fachöffentlichkeit bahnte, sondern eine für jedermann sichtbare Analyse *in vivo*, quasi am lebenden Objekt, darstellte, die sich auch der Kommunikation über schneller publizierende Medien bediente. Die Fachzeitschriften, die normalerweise Jahre brauchen, bis ein wissenschaftlicher Artikel erscheint, haben zur intellektuellen Aufarbeitung des Krisengeschehens kaum etwas beitragen können, weil die Sachverhalte meistens schon lange bekannt waren, als über sie dort berichtet wurde. Der Vorteil der Direktkommunikation bestand auch darin, dass mir die Resonanz der Politik und einer aufgeklärten Medienöffentlichkeit dabei half, den Untersuchungsgegenstand besser zu orten und meine Argumente zu schärfen. In dieser Krise haben ernsthafte Journalisten und seriöse Zeitungen mehr intellektuelle Erkenntnis beigesteuert und angeregt, als es viele akademische Ökonomen wahrhaben wollen.

Bei meiner Arbeit wurde ich von den Mitarbeitern des ifo Instituts und meines Lehrstuhls an der Universität München, aber auch von vielen anderen Personen unterstützt. Neben Wolfgang Meister, der mir über Jahre hinweg ein festes statistisches Rückgrat für meine Aussagen geschaffen hat, sowie Florian Buck und Anja Rohwer, die bei der Internetrecherche und vielen anderen Dingen behilflich waren, habe ich von Christoph Zeiner und Christiane Nowack kompetente Hilfe bei der Erstellung der Abbildungen und grenzenlose Toleranz gegenüber meinen fortwährenden Änderungswünschen erfahren. Jakob Eberl und Christopher Weber halfen bei der Recherche bezüglich der schwer zu durchschauenden Pfänderpolitik der EZB. Nadjeschda Arnold, Christian Beermann, Marga Jennewein und Susanne Wildgruber waren am Lektorat beteiligt.

Die englische Fassung dieses Manuskripts wurde vollständig von Jürgen Stark, Christoph Trebesch und Timo Wollmershäuser gelesen. Sie gaben mir viele hilfreiche Kommentare. Bedanken möchte ich mich auch für die nützlichen Hinweise bei einzelnen Abschnitten, die ich von Philippine Cour-Thimann, Anil Kashyap, Harold James, David Laidler und Frank Westermann erhalten habe. Georg Milbradt und meine Frau Gerlinde Sinn haben die nun vorliegende deutsche Fassung zur Gänze redigiert und wichtige Korrekturvorschläge gemacht. Beide haben meine Forschung über Jahre hinweg begleitet und mich in vielen Gesprächen an ihren Erkenntnissen teilhaben lassen.

Ich habe aber auch vom Rat vieler anderer Kollegen profitiert. Hervorzuheben sind hier insbesondere Giuseppe Bertola, Beat Blankart, Michael Burda, Kai Carstensen, Giancarlo Corsetti, Paul De Grauwe, John Driffill, Achim Dübel, Klaus Engelen, Udo di Fabio, Martin Feldstein, Carl-Ludwig Holtfrerich, Otmar Issing, Harold James, Wilhelm Kohler, Kai Konrad, William Levine, Dietrich Murswiek, Manfred J. M. Neumann, Bernd Rudolph, Jan Scheithauer, Helmut Schlesinger, Jan-Egbert Sturm, Jens Ulbrich, Akos Valentinyi, Xavier Vives und Andreas Worms.

Allen genannten Personen danke ich herzlich für ihre Unterstützung. Verbleibende Fehler gehen allein auf mein Konto.

Ich bedanke mich auch bei drei anonymen Fachgutachtern, die Oxford University Press konsultierte und die mir in umfangreichen Stellungnahmen ihre Verbesserungswünsche unterbreiteten, bevor sie das Buch zur Publikation freigaben. Ferner danke ich weiteren Gutachtern, die es dem Verlag gestatteten, ihre Stellungnahmen zu publizieren.

München, August 2015

Inhalt

Danksagung	VII
Abbildungsverzeichnis	XV
Tabellenverzeichnis	XIX
Boxenverzeichnis	XX

Einführung	1
Die Eurokrise	1
Anmerkungen	15

1 Wunsch und Wirklichkeit	17
Der Euroraum im Wandel	17
Der Euro und der Frieden	23
Die Vorteile des Euro für den Handel und den Kapitalverkehr	31
Eine unvollendete Gemeinschaft	35
Die Währungsunion als Preis der Wiedervereinigung?	37
Auf dem Weg zur Transfer- und Schuldenunion	39
Die Europäische Zentralbank	42
Anmerkungen	48

2 Scheinblüte in der Peripherie	55
Der Kapitalboom	55
Die Einebnung der Zinsunterschiede	58

Inhalt

Entlastung der Staatsbudgets 69
Folgenlose Haushaltsdefizite 72
Italiens verpasste Gelegenheit 79
Das Auslandsschuldenproblem 81
Die Seifenblasen 88
Die Immobilienpreise 91
Das Privatvermögen 94
Marktversagen oder Staatsversagen? 96
Anmerkungen 105

3 Die andere Seite der Medaille 111

Eurogewinner und Euroverlierer 111
Kapitalexporte aus den Kernländern in die Peripherie 117
Massenarbeitslosigkeit in Deutschland 124
Agenda 2010 126
Der neue Bauboom 129
Ein fehlinterpretierter Tango 130
Anmerkungen 137

4 In der Wettbewerbsfalle 141

Prognose und Realität 141
Warum sich die Leistungsbilanzen verbessern 144
Sterbende Industrien 149
Zu teuer 152
Die notwendigen realen Abwertungen 157
Kaum Fortschritte 163
Wie hat es Irland geschafft? 169
Das Baltikum: Sparpolitik bewährt sich 173
Die wahren Rivalen 177
Gefangen im Euro: Das Drama der Deflation 179
Anmerkungen 187

5 Der »weiße Ritter« 191

Der Crash 191
Hilfe mit der Druckerpresse 196
Die Absenkung der Sicherheitsstandards und die
    Verlängerung der Laufzeiten 204
Moralisches Risiko 215

Notkredite 219
Anmerkungen 226

6 Target-Salden oder der Schatten der europäischen Zahlungsbilanzkrise 235

Das Zahlungsverkehrssystem »Target« 235
Explodierende Target-Salden 244
Warum die Target-Salden Kredite messen 251
Target-Salden als öffentlicher Kapitalexport 255
Binnengeld und Außengeld 257
Die Verdrängung der Refinanzierungskredite im Norden 262
Anmerkungen 271

7 Bestandsaufnahme 2015: Von Leistungsbilanzdefiziten, Kapitalflucht und Target-Salden in den Euroländern 279

Die Finanzierung der Zahlungsbilanzdefizite 279
Die griechische Tragödie 293
Portugal und Zypern: Leben von der Druckerpresse 300
Die irische Kapitalflucht 301
Der Rückzug aus Italien und Spanien 305
Kreditvermittler Frankreich 310
Deutschland: Die Exporte finanziert die Bundesbank 312
Finnland und die Niederlande als sichere Häfen 319
Rätsel Österreich 321
Bretton Woods und die Europäische Zahlungsunion 323
Der Transfer-Rubel 326
Das Schweizer Vorbild 327
Wie Überschüsse in den USA ausgeglichen werden 329
Die fundamentale Dichotomie der Rettungspolitik 338
Anmerkungen 343

8 Im Rettungswahn 351

Die sieben Stufen der Rettungsarchitektur 351
Die Stützungskäufe von Staatsanleihen: Das SMP 359
Kein Risiko für die Steuerzahler? 363
EFSF, ESM & Co 366
Ein Überblick über die Rettungskredite 369
Das Haftungsrisiko der Geberländer 377

Inhalt

Die OMT-Kontroverse 385
Das OMT vor Gericht 396
Das QE-Programm als Kompromiss und Hoffnung 401
Die Bankenunion 406
Baldrian gegen den Stress 412
Bail-in oder Bailout? 416
Ein Abwicklungsmechanismus für die Banken der Eurozone ... 421
Die Aushöhlung von Marktwirtschaft und Demokratie 427
Anmerkungen 438

9 Das Eurosystem überdenken 453

Kurswechsel 453
Von den USA lernen 455
Harte Budgetbeschränkungen 457
Die Tilgung der Target-Schulden 461
Unerträgliche Gesamtschulden 469
Schuldenerlass 475
Eine atmende Währungsunion: Zwischen Bretton Woods und
   dem Dollar-System 480
Das Prozedere des Austritts 488
Der Kardinalfehler der Rettungspolitik 492
Der Weg zur Einheit 494
Anmerkungen 502

Personen- und Sachregister 511

Autorenregister 523

Stellungnahmen zur englischen Originalausgabe dieses Buches 531

Abbildungsverzeichnis

1.1	Wachstum ausgewählter Länder und Regionen (2000–2014)	19
1.2	Arbeitslosenquoten in den GIPSIZ-Ländern, saisonbereinigt	20
1.3	Jugendarbeitslosigkeit (< 25 Jahre) in den GIPSIZ-Ländern, saisonbereinigt	21
1.4	Protest gegen Sparpolitik	25
1.5	Exportanteile in die Eurozone (1999–2014)	34
1.6	Stimmgewichte und Haftungsanteile im EZB-Rat 2015	45
2.1	Kapitalimporte (äquivalent zu Leistungsbilanzdefiziten) der GIPSIZ-Länder als Anteil am BIP (1995–2015)	57
2.2	Zinsen für zehnjährige Staatspapiere (1990 bis Juni 2015)	59
2.3	Preise für zehnjährige Staatspapiere	64
2.4	Zinslast öffentlicher Schulden in Prozent des BIP (1985–2015)	71
2.5	Die Defizitquoten ausgewählter Länder	74
2.6	Gesamter öffentlicher und privater Konsum ausgewählter Euroländer als Anteil vom Nettonationaleinkommen (1995–2014)	75
2.7	Staatsschuldenquote der Euroländer, 1995 und 2014	76
2.8	Hypothetischer und tatsächlicher Verlauf der italienischen Staatsschuldenquote (1995–2014)	81
2.9	Komponenten der Nettoauslandsposition (2012)	83
2.10	Spanische Nettoauslandsschulden im Vergleich (2014, in Milliarden Euro)	89
2.11	Immobilienpreise in der Eurozone	92
2.12	Haushaltsvermögen (2010)	95

Abbildungsverzeichnis

3.1	Wachstum ausgewählter Euroländer in der Krise (2006–2014)	112
3.2	Wachstum ausgewählter Euroländer vor und in der Krise (1995–2014)	113
3.3	Die Reihung der Euroländer im Hinblick auf ihr BIP pro Kopf	116
3.4	Die weltgrößten Kapitalexporteure und andere Länder (1999–2014)	118
3.5	Gesamtwirtschaftliche Nettoinvestitionen als Anteil des Nettoinlandsprodukts (2003–2007)	119
3.6	Die Verwendung der deutschen Ersparnisse (2003–2007)	120
3.7	Internationale Bankenforderungen gegenüber dem öffentlichen und privaten Sektor von Griechenland, Irland, Portugal, Spanien und Italien zur Zeit der Lehman-Insolvenz	122
3.8	Arbeitslosenzahlen in Ländern der Eurozone, saisonbereinigt (1995–2015)	125
3.9	Entwicklung der westdeutschen Arbeitslosigkeit 1970–2014	128
3.10	Kapitalflüsse und Leistungsbilanzsalden in der Eurozone – der europäische Tango (1995–2014)	131
4.1	Die Griechenland-Prognosen des IWF und die Realität	143
4.2	Komponenten der Leistungsbilanz, saisonbereinigt und arbeitstäglich bereinigt (2002–2014)	145
4.3	Die Zinsgewinne der GIPSIZ-Länder	146
4.4	Exporte, Importe und Nettozinslast der GIPSIZ-Länder	147
4.5	Der Krise entkommen? Produktion im Verarbeitenden Gewerbe, saisonbereinigt	149
4.6	Preisänderungen zwischen 1995 und 2007 der in den Euroländern hergestellten Güter (BIP-Deflator)	153
4.7	Spanische Arbeitslöhne im Bausektor relativ zum Verarbeitenden Gewerbe (1990 bis zweites Vierteljahr 2014)	155
4.8	Reale Auf- und Abwertungen relativ zum Rest der Eurozone (1995–2007)	156
4.9	Die relativen Preise in der Eurozone (reale effektive Wechselkurse als BIP-Deflator relativ zum Rest der Eurozone)	165
4.10	Arbeitnehmerentgelte im öffentlichen Sektor und im Durchschnitt der Wirtschaft (Lohnsummen, 2005–2014)	171
4.11	Arbeitnehmerentgelt im Baltikum (2005–2014)	174
4.12	Exporte und Importe des Baltikums saisonbereinigt und arbeitstäglich bereinigt (2002–2014)	176

4.13	Arbeitskosten je Stunde im Jahr 2014 im Verarbeitenden Gewerbe der GIPSIZ-Länder im Vergleich mit osteuropäischen Ländern sowie der Türkei (2013)	178
5.1	Internationale Bankforderungen gegenüber dem öffentlichen und privaten Sektor in Griechenland, Irland, Portugal, Spanien und Italien	193
6.1	Kapitalströme im Zahlungsbilanzgleichgewicht und in der Zahlungsbilanzkrise	241
6.2	Akkumulierte Zahlungsbilanzsalden im Euroraum (Januar 2003 bis Dezember 2014 bzw. Juni 2015)	245
6.3	Nationale Target-Salden (Stand: August 2012)	249
6.4	Target-Salden (hellblau) und Auslandsvermögen als Anteil am BIP (2012)	257
6.5	Binnengeld und Außengeld in den GIPSIZ-Ländern (Januar 2007 bis Dezember 2014)	261
6.6	Die Struktur der Geldbasis und die Rolle der Target-Salden (Januar 2002 bis Dezember 2014)	264
6.7	Internationale Verlagerung der Refinanzierungskredite als Resultat der steigenden Target-Salden (Januar 2007 bis Dezember 2014)	265
6.8	Die Verdrängung des Binnengeldes in Deutschland und Finnland	267
7.1	Nettoauslandsschulden, akkumulierte Leistungsbilanzsalden, Target-Schulden und fiskalische Rettungsaktionen (GIPSIZ)	283
7.2	Griechenland	295
7.3	Portugal und Zypern	300
7.4	Irland	302
7.5	Italien und Spanien	306
7.6	Frankreich	311
7.7	Deutschland	313
7.8	Die Niederlande und Finnland	320
7.9	Österreich	322
7.10	Target-Salden und ISA-Salden als Anteil des BIP der Eurozone bzw. der USA (Januar 2003 bis Juni 2015)	335
8.1	Die Staatspapierkäufe des Eurosystems unter dem SMP	361
8.2	Öffentliche Kredite für die GIPSIZ-Länder (August 2012, in Milliarden Euro)	370

8.3	Entwicklung der CDS-Prämien für zehnjährige Staatspapiere der GIPSIZ-Länder	391
8.4	Inflationsrate und Kerninflationsrate im Euroraum	403
8.5	Staatsschulden und Bankenschulden in den GIPSIZ-Ländern (März 2015, Milliarden Euro)	419
9.1	Totale und partielle Staatskonkurse (1978–2013)	476

Tabellenverzeichnis

4.1	Die notwendigen Ab- und Aufwertungen im Euroraum (ab dem dritten Vierteljahr 2010, relativ zum Durchschnitt der Eurozone)	161
5.1	Veränderungen der Refinanzierungspolitik des Eurosystems (Zeitpunkt des Inkrafttretens)	205
8.1	Internationale öffentliche Kredite (August 2012, Dezember 2014 und für Griechenland Juni 2015)	372
8.2	Maximal mögliche Verluste für ausgewählte Euroländer im Falle einer Insolvenz der GIPSIZ-Länder und ihrer Geschäftsbanken (Dezember 2014)	379
8.3	Notleidende Anlagen der Banken der GIPSIZ-Länder nach Schätzung des IWF (Q4 2013 bis Q1 2015)	414
9.1	Tatsächliche und hypothetische Staatsschuldenquote (Dezember 2014, %)	471
9.2	Öffentliche Kredite von Staaten oder internationalen Institutionen relativ zum tatsächlichen oder hypothetischen BIP der Empfängerländer (Dezember 2014, %)	473

Boxenverzeichnis

Box 2.1	Zur Zeitverzögerung zwischen Portfolioumschichtungswünschen und Leistungsbilanzreaktionen	66
Box 5.1	Der STEP-Markt	210
Box 8.1	Zur Berechnung der Haftung der Nicht-GIPSIZ-Notenbanken	383

Einführung

DIE EUROKRISE

Die Europäische Union hat die Europäer vom Joch des Nationalismus befreit und den Völkern Europas Freiheit und Prosperität beschert. Ihre Stabilität beruht auf einem freiwilligen Zusammenschluss zur Erleichterung des Handels und zur Verfolgung gemeinsamer Ziele. Diese Stabilität wird jedoch heute durch die Eurokrise gefährdet. Seit Jahren schwelt der Streit über die ungelöste Schuldenproblematik und den richtigen Weg, die tief greifende Wirtschaftskrise Südeuropas und Frankreichs zu überwinden. Alte Geister, die man lange tot geglaubt hatte, leben wieder auf. So erfolgreich die Europäische Union agierte, als so problematisch erweist sich die Währungsunion.

Die Krise flackerte in den letzten Jahren mehrfach auf, zuletzt 2015, dem Jahr, in dem die deutsche, aktualisierte Übersetzung dieses zunächst 2014 bei Oxford University Press veröffentlichten Buches erscheint. In Griechenland war mit Syriza eine radikal-sozialistische gemeinsam mit einer radikal-nationalistischen Partei an die Macht gekommen, die den Leuten einredete, man könne die verhasste Austeritätspolitik durch einen Volksentscheid überwinden, wobei man freilich übersah, dass die Austerität, also die erzwungene Sparsamkeit, durch die internationalen Kapitalmärkte verhängt worden war, wohingegen die anderen Länder der Eurozone in riesigem Umfang Rettungsgelder zur Verfügung stellten, bis zum Juni 2015 immerhin 31.000 Euro für jeden Griechen, 344 Milliarden Euro insgesamt.[1] Trotzdem ist Griechenland bankrott, wie es der europäische Rettungsschirm *EFSF* am 3. Juli 2015 offiziell verkündete. Auslandsüberweisungen wurden limitiert oder verboten, Kontoabhebungen wurden beschränkt, und schließlich mussten die Banken eine Zeit lang vollständig schließen, bis man sich entschloss, doch noch Verhandlungen über ein neues Rettungsprogramm im Volumen von 86 Milliarden Euro aufzunehmen.

Beim Streit um eine abermalige Griechenland-Rettung und ein drittes Hilfsprogramm für Griechenland ging es heftig zu. Die Regierungen verhakelten sich, bedrohten einander, beschuldigten sich unfairer Machenschaften und konstatierten wechselseitig ein zerstörtes Vertrauen. Griechische Reparationsforderungen aus dem Zweiten Weltkrieg kamen offiziell auf den Tisch, und demonstrativ suchte der griechische Ministerpräsident Alexis Tsipras die Nähe zu Russlands Präsident Wladimir Putin.

Es stand Spitz auf Knopf. Nur durch das Eingreifen der französischen Regierung, die in Griechenland hinter dem Rücken von Angela Merkel die Verhandlungsführung übernahm,[2] konnte der Austritt, den Finanzminister Yanis Varoufakis schon ein halbes Jahr lang vorbereitet hatte und am Abend nach dem Referendum den anderen Regierungsmitgliedern vorschlug,[3] in letzter Sekunde verhindert werden. Dabei wurde sehr viel politisches Porzellan zerschlagen, sowohl zwischen Deutschland und Frankreich als auch in der deutschen Regierung, die sich nicht wirklich einig war, wie man vorgehen sollte. Während Finanzminister Wolfgang Schäuble den temporären Austritt Griechenlands auch noch nach der Rettungsentscheidung favorisierte,[4] schien die Bundeskanzlerin erleichtert, dass ihr die Bürde der Entscheidung wieder einmal genommen worden war.

Als der Euro vor 20 Jahren, im Dezember 1995, auf dem Gipfel von Madrid endgültig beschlossen wurde, sah es überhaupt nicht so aus, dass es einmal so schlimm kommen könnte. Die Rede war von Heirat statt von Scheidung. Ganz Europa war von einer Welle der Begeisterung erfasst und sah die Zukunft der gemeinsamen Währung in rosigem Lichte.

Ich muss zugeben, dass ich selbst auch zu den Eurobefürwortern gehörte, die nicht auf die warnenden Stimmen der älteren und erfahrenen Ökonomen hören wollten. Ich war ein junger Theoretiker, der an die Einhaltung der Regeln glaubte, und ich muss zugeben, dass ich mich als überzeugter Europäer von erhabenen Gefühlen forttreiben ließ, statt den Skeptikern das ihnen gebührende Ohr zu gewähren. Damals schien Europa historisch an einem Punkt angekommen zu sein, an dem eine gemeinsame Währung als der nächste logische Schritt zur Stärkung von Frieden und Wohlstand erschien.

Inzwischen wissen wir, dass sich die hohen Erwartungen nicht erfüllt haben. Heute erinnert die Eurozone eher an einen Scherbenhaufen, auf dem man von Krise zu Krise stolpert. Während die Wettbewerbsfähigkeit des Südens Europas ruiniert ist, findet sich der Norden in einer Rettungs- und Verschuldungsspirale wieder, der er nicht mehr entkommen kann. Nur ein Masochist könnte die Entscheidung zur Einführung des Euro noch heute mit Enthusiasmus begrüßen, schreibt Martin Wolf in der *Financial Times*.[5] Der ehemalige holländische EU-Kommissar Frits Bolkestein, einer der Architekten der EU, spricht gar von einem Fluch des Europrojekts und fordert den Austritt seines Landes aus der Währungsunion.[6]

Jean-Claude Juncker, der Präsident der Europäischen Kommission, verglich die Krise mit dem Zustand Europas im Jahr 1913, als sich niemand vorstellen konnte, dass bald ein Krieg ausbrechen würde.[7] Obwohl dieser Vergleich reichlich übertrieben ist, lässt sich nicht bestreiten, dass sich das Nachkriegs-Europa heute in einer Periode befindet, in der die Ressentiments zwischen den Bürgern der verschiedenen Nationen plötzlich wieder anschwellen und man sich immer weiter voneinander entfernt. Nicht nur in Griechenland, sondern auch in Großbritannien gibt es maßgebliche Kräfte, die sich vom europäischen Gemeinschaftsprojekt abwenden wollen, wobei man in Großbritannien sogar die EU an sich meint.

Der Auslöser der heutigen europäischen Krise lag in den USA. In den Jahren 2007/2008 schwappte nämlich die US-amerikanische Finanzkrise, die den gesamten Bankensektor erfasst hatte, zu den Staaten Europas und ihren Banken herüber und trieb Europa sowie den Rest der Welt in die bislang schärfste Rezession seit dem Zweiten Weltkrieg. Fast ganz Europa war von ihr betroffen. Nur Polen wuchs weiter, als sei nichts gewesen. Deutschland und andere nördliche Länder konnten die Krise zwar schnell überwinden, doch Südeuropa lag schwer angeschlagen am Boden. Frankreich war ebenfalls stark in Mitleidenschaft gezogen, weil in Südeuropa wichtige Kunden seiner Banken und Firmen sitzen.

Die Arbeitslosenzahlen in Spanien und Griechenland schwollen auf 30% an, ein Niveau, das die Welt zuletzt während der Weltwirtschaftskrise der 1930er-Jahre gesehen hatte. Die Jugendarbeitslosigkeit kletterte dort sogar auf 60%. Sie ging zwar 2014 temporär wieder auf 50% herunter, was vornehmlich an der Abwanderung junger Menschen lag, doch in Griechenland ist sie schon wieder im Steigen begriffen. In Italien war der Einbruch nicht so extrem, doch auch dort stieg die Jugendarbeitslosigkeit im Laufe der Zeit immer mehr an und hat zuletzt Werte von mehr als 40% erreicht. Die Industrieproduktion in Spanien, Italien und Griechenland kollabierte in einem Ausmaß, wie man es ebenfalls nur in der Weltwirtschaftskrise gesehen hatte. In Portugal verlief der Einbruch bislang etwas moderater.

Sicherlich gibt es auch Anzeichen einer Verbesserung. Die Weltwirtschaft hat sich mittlerweile erholt, und auch die Kapitalmärkte haben sich seit 2012 beruhigt. Die Medien erweckten im Jahr 2014 sogar den Anschein, dass das Gröbste der Krise überstanden sei. Davon bin ich nicht überzeugt, denn die Strukturkrise der südeuropäischen Länder ist im Jahr 2014 nur mit einer hohen Neuverschuldung der Staaten übertüncht worden, die nicht im Einklang mit dem gehärteten Fiskalpakt des Jahres 2012 steht, nach dem alle Staatsschuldenquoten pro Jahr um ein Zwanzigstel des Abstandes zu 60% fallen sollen. In keinem der Krisenländer ist die Quote bislang gefallen. Überall ging die Reise weiter bergauf. Erlaubt man einem Staat, sich zu verschulden, so kann er temporär Nachfrage in den lokalen Dienstleistungssektoren, am Bau und im Staatsapparat selbst entfalten, doch wird die Wettbewerbsfähigkeit dadurch nicht verbessert. Ganz im Gegenteil, es erlahmen die Kräfte, die in Krisenzeiten normalerweise schmerzliche Strukturreformen erzwingen.

Die neue Verschuldungswelle wurde durch die niedrigen Zinsen ermöglicht und angeregt, die selbst wiederum durch eine lockere Geldpolitik und die Kreditgarantien der Europäischen Zentralbank (EZB) im Rahmen des OMT-Programms sowie durch die günstigen Konditionen für fiskalische Rettungskredite erklärt werden. Mit einer strukturellen Verbesserung der Fundamentaldaten hat der Aufschwung des Jahres 2014 wenig zu tun.

Statt sich auf die Selbstkontrolle der Märkte gegenüber überzogenen Verschuldungswünschen zu verlassen, schuf man Institutionen, die das Insolvenzrisiko der Investoren auf die breite Masse der Steuerzahler und Transferempfänger der noch gesunden Länder abwälzen, und zum Schutz gegen Missbrauch schuf man auf dem Papier neue »gehärtete« Fiskalregeln, die aber allesamt in der Realität wiederum nicht beachtet werden. Insofern könnte sich die »wundersame Rettung« des Euro, die manche Analysten 2014 prognostizierten, schnell als Luftschloss erweisen. Wenn die potenziellen Verlierer des Risikospiels, nämlich die Steuerzahler der noch gesunden Länder, verstehen, was mit ihnen gespielt wird, könnte es auch für die Politik ein böses Erwachen geben. Langfristige politische Instabilität, Misstrauen und gar Ablehnung gegenüber EU-Institutionen könnten der Preis für die kurzfristige Stabilisierung der Finanzmärkte sein.

Die Verlagerung der Risiken von den Investoren auf die Steuerzahler ist auch rechtlich umstritten. Einerseits hatte das Bundesverfassungsgericht im Februar 2014 erklärt, dass das OMT das EU-Primärrecht verletze und dass die EZB ihr geldpolitisches Mandat überschreite,[8] indem sie eine Rettungspolitik für Staaten betreibe. Andererseits hat der Europäische Gerichtshof diese Auffassung in einer Antwort auf eine Anfrage des deutschen Verfassungsgerichts im Juni 2015 beiseitegewischt.[9] Das wird das deutsche Gericht zwar beeindrucken, kann es aber letztlich nicht zwingen, diesen Standpunkt in sein für 2016 erwartetes Urteil zu übernehmen, bei dem es um die Frage geht, ob die EZB mit der ausfernden Interpretation ihres geldpolitischen Mandats die vom Grundgesetz gewährleistete Budgethoheit des Deutschen Bundestages in noch zulässiger Weise beschränkt. Dieses Thema bleibt spannend.

Nicht nur in Griechenland, sondern in ganz Südeuropa brodelt es heute. Internationale Rettungsprogramme, inklusive jener der EZB, konnten die Bürger zwar vor momentaner Not bewahren, doch der politische Unmut ist dabei, neue Organisationsformen zu finden. So gewinnen separatistische Bewegungen an Stärke. In Spanien versucht Pablo Iglesias mit seiner neuen linksradikalen Partei Podemos (»wir können«), den Erfolg von Alexis Tsipras in Griechenland mit einem ähnlichen Programm zu wiederholen.

Selbst Italien ist nicht vor Absetzbewegungen gefeit. Beppe Grillo, dessen Partei MoVimento 5 Stelle (Fünf-Sterne-Bewegung) bei den Wahlen 2013 in Italien die drittmeisten Stimmen erringen konnte, spricht sich offen für den Austritt Italiens aus der Währungsunion aus. Schon 2011 führte Silvio Berlusconi geheime internationale Verhandlungen über einen Austritt Italiens aus dem Euro,[10] weil Italien vor einer zweiten Phase einer katastrophalen »Double-Dip-Rezession« stand, die im Jahr 2014 zu einer »Triple-Dip-Rezession« wurde: einem dritten Abschwung nach der Lehman-Krise des Jahres 2008.

Heute, zweieinhalb Jahre und drei Premierminister später, ist die Situation in Italien noch immer deprimierend. Der neue Premierminister Matteo Renzi hat zwar revolutionäre Veränderungen in der italienischen Politik angekündigt, doch den großen Sprüchen folgten bislang nur wenige Taten, jedenfalls keine, von denen man eine Erholung der italienischen Wirtschaft erwarten kann. Seine ganze Kraft hat Renzi bislang in die Reform eines zerrütteten politischen Systems gesteckt. Kritiker sagen, dass er dabei nur seine eigene Machtbasis stärken wollte. Mit wirklich tief greifenden Wirtschaftsreformen hat das Ganze jedenfalls bisher wenig zu tun.

Die internationalen Spannungen haben Politiker und Wähler dazu veranlasst, nach Sündenböcken zu suchen. In Italien machte Berlusconis Partei Forza Italia Deutschland für seine Probleme verantwortlich. Ähnlich argumentiert Beppe Grillo. Demonstrationen wendeten sich zunehmend gegen die deutschen Rufe nach Sparprogrammen in Griechenland, Portugal und Zypern, wobei Deutschland für den miserablen Zustand der öffentlichen Finanzen und für die Massenarbeitslosigkeit verantwortlich gemacht wurde.

Als die Bundeskanzlerin Angela Merkel im Oktober 2012 Athen besuchte, musste die Stadt in einen Hochsicherheitstrakt verwandelt werden, um gewaltsame Protestaktionen zu verhindern. Und in der neuen griechischen Krise des Jahres 2015 fielen die Hakenkreuzfahnen und SS-Uniformen, die Demonstranten den deutschen Politikern zugeordnet hatten, schon gar nicht mehr auf, weil man sich an die Bilder gewöhnt hatte. Offensichtlich hat sich der Euro nicht zu dem großen Friedensprojekt entwickelt, als das ihn Kanzler Helmut Kohl seinerzeit angekündigt hatte.

Auch anderswo kanalisiert sich der Ärger in Form neuer politischer Parteien. Die französische Partei Front National, angeführt von Marine Le Pen, und die holländische Partij voor de Vrijheid (Partei für die Freiheit), angeführt von Geert Wilders, die beide an der Spitze der Umfragen stehen, haben eine internationale Koalition gegen den Euro formiert. Sie betreiben den Austritt.

In Deutschland gründete der Ökonomieprofessor Bernd Lucke eine zunächst überraschend erfolgreiche eurokritische Partei, die Alternative für Deutschland (AfD). Sie wendet sich gegen die Rettungspolitik und plädierte für eine Verkleinerung der Eurozone, doch wollte sie nicht, dass Deutschland austritt. Inzwischen hat sich Lucke jedoch mit einigen Getreuen abgesetzt und eine neue Partei mit dem Namen Allianz für Fortschritt und Aufbruch (ALFA) gegründet, weil er sich von den radikalen und antiliberalen Kräften absetzen wollte, die sich in der AfD breitgemacht hatten. Ob er Erfolg haben wird, steht auch deshalb in den Sternen, weil sich inzwischen die FDP unter ihrem neuen Parteichef Christian Lindner von der kostspieligen Rettungspolitik distanziert hat und eurokritischere Töne anschlägt.

Die europäischen Spannungen resultieren aus einem fundamentalen Konflikt zwischen Wunsch und Wirklichkeit, dem sogenannten Primat der Politik über die ökonomischen Gesetze. Über Jahre hinweg kann die Politik ihren Willen durchsetzen und so tun, als gäbe es keine Budgetzwänge, keine ökonomischen Gesetze und keine Mathematik. Doch irgendwann fällt einem der Versuch, die Wirklichkeit zu überlisten, auf die Füße, und dann schmerzt es heftig, und zwar umso mehr, je länger man gezögert hat. Während die Empfänger der Rettungsmilliarden ihren geborgten Lebensstandard als Ansprüche verteidigen und ihn immer noch als unzureichend empfinden, weil das viele geborgte Geld die fehlende Leistungsfähigkeit der Wirtschaft nur teilweise ersetzen kann, dämmert es den Geldgebern allmählich, wie teuer die Angelegenheit wird, und Widerstand baut sich bei ihnen auf. Das ist der Zeitpunkt des Konflikts. Durch neuen Kredit lässt sich dieser Zeitpunkt weiter hinausschieben, doch wird der Konflikt dann später umso größer, wenn sich herausstellt, dass auch nicht zurückgezahlt werden kann.

Griechenland bezieht nun schon seit 2008 keine Kredite mehr von den internationalen Kapitalmärkten und wird vollständig von der Staatengemeinschaft finanziert, die hinter der Eurogruppe, der Europäischen Zentralbank und dem Internationalen Währungsfonds steht. Und trotzdem richtet sich der Unmut dieses Landes gegen die zurzeit noch wirtschaftlich gesunden Länder des nördlichen Teils der Eurozone, Deutschland allen voran, welches der bei Weitem größte Geldgeber für Griechenland ist.

Ähnlich, nur verhaltener ist die Situation in praktisch allen Ländern Südeuropas, die allesamt in den Genuss umfangreicher Kredithilfen der EZB und zum Teil auch der Rettungsschirme gekommen sind. Auch dort haben die Hilfen Ansprüche verfestigt, von denen man nur schwer wieder herunterkommt, während sich in den nordeuropäischen Ländern eine zunehmende Rettungsmüdigkeit breitmacht. Das liegt auch daran, dass einige dieser angeblich reichen Geberländer deutlich weniger wohlhabend als ihre südeuropäischen Nachbarn sind, wie eine jüngste Vermögensstudie der EZB zutage brachte. So lag das mittlere deutsche Haushaltsvermögen nach einer Umfrage der EZB, die im Jahr 2010 veröffentlicht wurde, bei weniger als der Hälfte des griechischen und nicht einmal einem Drittel des italienischen Haushaltsvermögens.[11] Diese Zahlen sind natürlich Durchschnittszahlen und sagen nichts über die Verteilung in den Ländern aus. Während die Reichen ihr Vermögen in Sicherheit bringen, sieht man herzzerreißende Bilder notleidender Menschen, die dringend der Hilfe bedürfen.

Die zunehmenden Spannungen zwischen den durch Sparauflagen irritierten Menschen im Süden und den von Hilfsprogrammen genervten Menschen in den nördlichen Ländern lassen derzeit keine allzu günstigen Zukunftsprognosen für das europäische Projekt mehr zu.

Aus der Sicht vieler linker Ökonomen, die alles nur durch die Brille der kurzfristigen keynesianischen Konjunkturtheorie sehen, durchläuft Südeuropa lediglich eine Rezession, die durch schuldenfinanzierte zusätzliche Ausgaben überwunden werden kann. Je größer die Arbeitslosigkeit in der Volkswirtschaft, desto größer sei der Multiplikator neuer Schulden für das Wachstum, argumentieren sie. Ganz abgesehen davon, dass neue Schulden der Krisenländer heute nur möglich sind, wenn sie von den Steuerzahlern anderer Länder zur Verfügung gestellt oder zumindest garantiert werden, wäre eine solche Politik nur dann plausibel, wenn der südeuropäische Wirtschaftsraum strukturell stabil wäre und nur unter einem temporären Nachfrageausfall litte.

Doch tatsächlich leiden die fragilen Länder unter einem systemischen Mangel an Wettbewerbsfähigkeit, der durch weitere Nachfragestimulierung nur noch vergrößert wird. Die südeuropäischen Länder wurden durch die inflationäre Kreditblase, die der Euro mit sich brachte, zu teuer, weil sie ihre Löhne und Preise relativ zu den nordeuropäischen Ländern der Eurozone immer weiter erhöhten. Als im ersten Jahrzehnt dieses Jahrhunderts zudem noch mehrere osteuropäische Länder in die EU kamen und eine Niedriglohnkonkurrenz aufbauten, war die Standortkrise unvermeidlich. Die Industrielöhne sind in Griechenland und Spanien noch heute doppelt bis dreimal so hoch wie in Polen, während gleichzeitig polnische Arbeiter und Handwerker europaweit für ihr Geschick und ihren Fleiß bekannt sind. Ein solches strukturelles Handicap kann nur über einen langen Zeitraum überwunden werden, und keynesianische Schuldenfinanzierung ist hierfür nicht die richtige Medizin. Um Wettbewerbsfähigkeit wiederzuerlangen, müssen die südeuropäischen Länder vielmehr substanziell billiger werden, indem sie weniger stark als ihre Wettbewerber in der Eurozone inflationieren, wenn nicht sogar deflationieren. Eine relative Abwertung des Preisniveaus wäre also nützlich. Das jedoch erfordert weniger anstatt mehr Nachfragestimulus durch Schuldenprogramme.

Nachfrage- und liquiditätsstiftende Rettungsmaßnahmen haben verschiedene Nebeneffekte: Sie kaufen Zeit für jene Finanzinvestoren, die ihre Zelte abbrechen wollen; sie setzen das Geld der nordeuropäischen Steuerzahler aufs Spiel, die in Geiselhaft genommen werden; und sie reduzieren den Druck auf die südeuropäischen Regierungen, jene schmerzhaften Strukturreformen auf den Weg zu bringen, die die erforderlichen Lohn- und Preisanpassungen für die Wiedererlangung von Wettbewerbsfähigkeit ermöglichen. Solche Rettungsmaßnahmen sind reine Schmerzmittel, die die Einnahme bitterer Medizin entbehrlich erscheinen lassen.

Gewiss können Finanzmärkte theoretisch sogenannte multiple Gleichgewichte haben, und gewiss können öffentliche Garantien unter bestimmten Bedingungen zu einem besseren Gleichgewicht führen, das niedrigere Zinssätze und ein nachhaltiges Schuldenmanagement ermöglicht, ohne dass diese Garantien jemals gezogen werden müssen. Ich nenne dies die *Geld-im-Schaufenster-Theorie*. Nach dieser Theorie muss das Geld lediglich im Schaufenster liegen, um einen Beruhigungseffekt zu erreichen; genommen wird es nicht.

Jedoch gibt es zwei Gründe, warum diese Theorie nicht auf den europäischen Fall übertragbar ist. Erstens haben die Länder Südeuropas vor der Krise immense Leistungsbilanzdefizite akkumuliert, sogar als die Zinsen niedrig waren; die strukturelle Komponente dieser Defizite ist bis zum heutigen Tag noch nicht verschwunden. Diese Schwierigkeiten resultierten nicht aus der Finanzkrise, sondern haben tiefere Wurzeln.

Zweitens wurde das Geld, das im Schaufenster lag, bereits genommen. Auf dem ersten Höhepunkt der Eurokrise im August 2012 waren insgesamt 256 Milliarden Euro an Rettungsgeldern bezogen, sei es durch zwischenstaatliche Kredite, durch die EU oder den IWF. Im Juni 2015 waren es 361 Milliarden Euro. Zusätzlich bot die EZB ein großes Volumen an Rettungskrediten an, von dem die Öffentlichkeit aber kaum oder gar nichts wusste. Die EZB hat nicht nur in massivem Umfang Staatsanleihen der Krisenländer gekauft und angekündigt, die Käufe bei Bedarf unbegrenzt zu steigern, eine Politik, für die es z. B. im Federal Reserve System der USA keinerlei Parallelen gibt.

Vielmehr hat die EZB den Krisenländern und ihren ausländischen Gläubigern auch dadurch geholfen, dass sie den jeweiligen nationalen Notenbanken die Erlaubnis gab, die regionalen Finanzierungsprobleme mit der heimischen

Druckerpresse zu lösen, was den Bürgern und Unternehmen den Import von Waren oder die Tilgung von privaten Auslandsschulden ermöglichte. Diese Hilfe aus der Druckerpresse fand durch eine zusätzliche Gewährung von sogenannten Refinanzierungskrediten an die lokalen privaten Geschäftsbanken statt. Sie nahm zu einem kleinen Teil die physische Form einer zusätzlichen Banknotenausgabe an, vor allem aber geschah sie elektronisch in Form eines Verleihs von Buchgeld, mithilfe dessen die Banken internationale Überweisungen finanzieren konnten. Diese internationalen Überweisungen fanden als sogenannte Target-Kredite ihren Niederschlag in den Bilanzen der nationalen Mitgliedsbanken des Eurosystems. Target (Trans-European Automated Real-time Gross Settlement Express Transfer System) ist ein Akronym, das das System grenzüberschreitender Geldüberweisungen in der Eurozone bezeichnet. Wie in dem Buch gezeigt wird, wurde dieses System zusammen mit den lokalen Refinanzierungsoperationen der nationalen Notenbanken zum zentralen Rettungsanker für die Krisenländer. Die Target-Salden messen Überziehungskredite, die sich die lokalen Geschäftsbanken über ihre nationalen Notenbanken im Eurosystem besorgen konnten. Sie sind so etwas wie der Schatten der Krise, ähnlich wie Kontoauszüge mit negativen Salden bei Menschen, die in Zahlungsschwierigkeiten sind.

Quantitativ übertrafen die Target-Kredite alle anderen Rettungsmaßnahmen, die von europäischen Parlamenten beschlossen wurden, bei Weitem. Im August 2012 standen 1.003 Milliarden Euro Target-Kredite an die sechs Krisenländer zu Buche, nahezu vier Mal so viel wie die Summe der zwischenstaatlichen Kredite und der Kredite der EU und des IWF. Gleichzeitig verbuchte Deutschland als bei Weitem größter Target-Gläubiger eine Forderung gegen das EZB-System von 751 Milliarden Euro. Das Volumen der Target-Kredite nahm danach zwar deutlich ab, vor allem weil diese Kredite durch fiskalische Kredite aus den Rettungsschirmen ersetzt wurden, doch in der Griechenland-Krise des Jahres 2015 schossen die Werte, wieder nach oben.

Indem sie die Bedingungen schuf, unter denen die Selbstbedienung mit der Druckerpresse möglich wurde, hat sich die EZB in eine fiskalische Institution verwandelt, die bedrohten Wirtschaftsräumen Hilfskredite gewährt, wenn sie solche Kredite am Kapitalmarkt nicht mehr oder nur noch zu schlechten Konditionen bekommen können. Wie später gezeigt werden wird, gibt es für die unbeschränkten Target-Kredite kein Pendant im US-amerikanischen Federal Reserve System. In den USA kann die elektronische Druckerpresse keineswegs dazu benutzt werden, den einzelnen Regionen des Systems zu einem Kredit unterhalb der Marktzinsen zu verhelfen, denn wenn eine der Regionen des Fed-Systems mehr Geld herstellt, als es ihrer Größe entspricht, muss sie die dadurch entstehenden Verbindlichkeiten jährlich tilgen. Das System der unbeschränkten Überziehungskredite gibt es nur in Europa.

Leider wird dieses Buch vermutlich das letzte Dokument sein, das über den aktuellen Jahresendstand aller europäischen Target-Kredite berichten kann, denn einige nationale Notenbanken publizieren die Höhe der von ihnen bezogenen oder gewährten Überziehungskredite im Eurosystem nicht mehr bzw. wenn, dann nur mit anderen Posten zusammengerechnet, sodass man das Kreditvolumen nicht verfolgen kann. Das sind die Länder Irland, Portugal, Frankreich, Slowakei, Slowenien und Litauen. Bisher konnten Forscher als Hilfsgröße bei manchen Ländern Daten vom Internationalen Währungsfonds heranziehen,[12] doch die entsprechenden Datenreihen werden dort inzwischen auch nicht mehr aktualisiert. Dass nun gerade zwei der Hauptkrisenländer, nämlich Irland und Portugal, die selbst riesige Überziehungskredite in Anspruch genommen haben, nicht mehr über die Höhe dieser Kredite berichten, sowie auch das stark angeschlagene Frankreich, ist höchst bedauerlich. Ein Schelm ist, wer dabei Böses denkt.

Glücklicherweise liegen aber die Daten, über die auch die EZB selbst nicht regelmäßig berichtet und die man sich aus den Einzelbilanzen und aus IWF-Statistiken zusammenklauben muss, für dieses Buch vollständig bis zum Jahresende 2014 vor, das ohnehin den generellen Redaktionsschluss darstellt. Wo es möglich war, wurden im Einzelfall auch noch aktuellere Daten bis zum ersten oder zweiten Quartal 2015 mit aufgenommen.

Das wiederkehrende Motiv des Buches und das Kernproblem in der Architektur des Eurosystems ist die Aufweichung der nationalen Budgetbeschränkungen der jetzigen Krisenländer vor und während der Krise. Vor dem Ausbruch der Krise wanderte zu viel Kapital aus dem Norden in den Süden, sodass eine inflationäre Kreditblase entstand, die den Süden seiner Wettbewerbsfähigkeit beraubte. Das zeigte sich an einer starken Zinskonvergenz und gewaltigen Leistungsbilanzsalden, die die Kapitalflüsse messen. Die exzessiven Kapitalflüsse resultierten primär aus dem impliziten Schutz der gemeinsamen Währung für Investoren. Diese sahen kein Insolvenzrisiko für Staaten oder ihre Banken, da die nationalen Notenbanken das notwendige Geld zur Schuldentilgung jederzeit drucken und verleihen konnten und man davon ausging, dass es im Notfall politisch unmöglich sein würde, sie davon abzuhalten. Die exzessiven Kapitalflüsse resultierten ferner aus den Anreizen, die die staatlichen Regulierungssysteme für die Banken und Versicherungen der kapitalexportierenden Länder setzten, ihre Gelder bedenkenlos an andere europäische Banken und europäische Staaten zu verleihen. All dies widersprach dem Grundsatz des Beistandsverbots des Vertrags von Maastricht, der, sofern er ernst genommen worden wäre, den Investoren Einhalt geboten und die Kapitalflüsse gezügelt hätte.

Nach dem Ausbruch der Krise wurde öffentliches Kapital über die EZB bereitgestellt, um den Niedergang der privaten Kapitalströme zu kompensieren. 2008, nach der Insolvenz der Lehman-Bank in den USA, war dies durchaus vertretbar, um einen sofortigen Kollaps der europäischen Volkswirtschaften zu verhindern. Anstatt jedoch später wieder zu den strengen Haftungsregeln einer Marktwirtschaft zurückzukehren, setzten die EZB und die Eurostaaten-Gemeinschaft ihre Politik der weichen Budgetbeschränkung fort, indem sie immer mehr öffentlichen Kredit unterhalb der Marktkonditionen zur Verfügung stellten und infolgedessen sowohl die Schuldner als auch ihre Gläubiger »retteten«. Die Übertragung der Haftung zerstörte nicht nur eine der Säulen des Maastrichter Vertrags. Er zerstörte auch einen der Grundpfeiler einer funktionierenden Marktwirtschaft, nämlich das Prinzip, dass ein jeder für die Folgen seiner Handlungen einstehen muss.

Das französische, deutsche und britische Bankensystem (in dieser Reihenfolge) war mit den Krisenländern wirtschaftlich stark verbandelt. Alle Gläubigerbanken profitierten insofern von der Rettungspolitik, weil sie ihr in die Krisenländer verliehenes Geld sonst wohl nicht zurückbekommen hätten. Aber sie litten auch unter den EZB-Krediten, und zwar insofern, als sie wegen der Konkurrenz der EZB selbst keine risikoadäquaten Zinsaufschläge mehr verdienen konnten.

Der ungarische Ökonom János Kornai prophezeite bereits 1980, dass weiche Budgetbeschränkungen zum Untergang der kommunistischen Systeme führen würden.[13] Auch die Eurozone läuft Gefahr, von diesem Schicksal getroffen zu werden. Obwohl weiche Budgetbeschränkungen in der kurzen Frist helfen mögen, die Wahrscheinlichkeit eines Systemzusammenbruchs zu verhindern, verzerren sie die Anreize, strukturelle Reformen auf den Weg zu bringen. Indem überzogene Vermögenspreise und Bilanzsalden fortbestehen, wird fragilen Finanzinstituten in wettbewerbsunfähigen Ländern geholfen, aber zu dem Preis, dass die Rendite auf Realkapital unter dem Niveau liegt, das notwendig wäre, um neue Investitionen anzulocken, was eine Grundvoraussetzung für angebotsgetriebenes Wachstum ist. Als Folge einer solchen Rettungspolitik ist daher eine langfristige Stagnation zu befürchten. Die Volkswirtschaft wird nicht wirklich gerettet, sondern bloß daran gehindert, real abzuwerten, wie es nötig wäre, um wieder wettbewerbsfähig zu werden und zu wachsen.

Es ist mehr als fraglich, ob Europäer weiterhin in Eintracht zusammenleben, wenn sich eine solche öffentliche Bailout-Politik fortsetzt. Die in Gang gesetzte Rettungskaskade hebt Schuldner-Gläubiger-Beziehungen von der privaten auf eine politische Sphäre. Da es kein Zivilrecht gibt, um diese Konflikte zu lösen, kommt es zu hässlichen öffentlichen Debatten, die in Animositäten und Unfrieden münden, wie der Streit um die Griechenland-Rettung des Jahres 2015 in aller Deutlichkeit zeigt. Hätte man im Jahr 2010 nicht die privaten Gläubiger Griechenlands in Form der Rettungskredite der Staatengemeinschaft durch öffentliche Gläubiger ersetzt, so hätten sich Yanis Varoufakis und Alexis Tsipras an die Banken in Paris, Deutschland und London richten müssen, um ihrem Ärger Luft zu machen. So aber richtete sich der ganze Frust auf Angela Merkel und Wolfgang Schäuble als Vertreter ihres größten Gläubigerlandes. Die alte Volksweisheit, dass man Freunden keinen Kredit gibt, weil sie dann nicht Freunde bleiben werden, wurde von der europäischen Rettungspolitik sträflich missachtet. Man sollte eben Freundschaften oder Familienbande nicht durch Gläubiger-Schuldner-Beziehungen belasten. Solche Beziehungen sollte man möglichst nur mit Außenstehenden pflegen. Die Politik hat damals dem momentanen Druck nicht standgehalten, der von den Banken und Staaten Südeuropas ausgeübt wurde, und hat sich unter Bruch der No-Bailout-Regel des Maastrichter Vertrags dazu hinreißen lassen, die Rückzahlung privater Altkredite mit neuen Krediten der Steuerzahler zu ermöglichen. Das hatte erst einmal Ruhe gegeben und die Situation für die anstehenden Wahlen bereinigt. Doch schon fünf Jahre später kam so viel neuer Sturm auf, dass dabei das Verhältnis zwischen Griechenland und Deutschland nachhaltig zerrüttet wurde, während Frankreich als freundlicher Vermittler punkten konnte.

Die Geschichte ist voller Beispiele für die problematischen Beziehungen zwischen Gläubigern und Schuldnern, und eines der Beispiele aus den ersten Jahren der Vereinigten Staaten von Amerika wird im letzten Kapitel des Buches diskutiert. Die historische Liste der Konflikte zwischen staatlichen Gläubigern und Schuldnern ist abschreckend, selbst wenn sich das Horrorgebilde, das Jean-Claude Juncker ausgemalt hat, niemals bewahrheitet.

Die Situation ist festgefahren, und es gibt wenig Politikoptionen, die den Euro erhalten würden, ohne zugleich zentralplanerische Strukturen auf dem europäischen Kapitalmarkt zu errichten. Trotzdem sollte man einen Versuch wagen, die Implosion des Eurosystems zu verhindern und an der Idee des Euro als eines Friedensprojekts festzuhalten. Um dies zu erzielen, sind weitaus radikalere Reformen notwendig als jene, die Politiker heute ins Auge fassen.

Das vorliegende Buch versucht, das Krisengeschehen, das der Euro in Europa mitentfachte, zu begreifen. Es analysiert die Faktoren, die zu der Krise geführt haben, beschreibt den Verlust der Wettbewerbsfähigkeit der südeuropäischen Länder, dokumentiert die Rettungsmaßnahmen der EZB und der Staatengemeinschaft und diskutiert die wenigen Politikoptionen, die noch offenbleiben.

Ich werde erklären, warum das Eurosystem in seiner gegenwärtigen Form nicht überleben kann, und ich werde argumentieren, dass es im Interesse einzelner Euroländer liegen könnte, temporär aus dem Euro auszutreten und ihre neue Währung abzuwerten, um ihre Wettbewerbsfähigkeit wiederzuerlangen. Das wäre nicht nur für sie die einfachste Möglichkeit, sondern böte auch die Möglichkeit, das Eurosystem zu stabilisieren. Ich bin davon überzeugt, dass die Europäer beim Aufbau eines gemeinsamen Staates durch eine Phase des »atmenden Euro« gehen müssen, eine flexiblere Währungsunion, die irgendwo zwischen dem Dollar und einem Festkurssystem wie dem Bretton-Woods-System angesiedelt ist, das in der Nachkriegszeit herrschte. Es sollte eine große Schuldenkonferenz stattfinden, um die privaten und öffentlichen Bilanzen der austretenden Länder zu reinigen und sie von einer untragbaren Schuldenlast zu befreien. Je früher diese Schuldenkonferenz tagt, desto schneller wird eine Erholung stattfinden können. Eine solche Konferenz könnte die Steuerzahler langfristig entlasten, obwohl sie über die Rettungsschirme bereits selbst zu Gläubigern geworden sind, weil sie künftig davor geschützt werden, immer mehr Schulden der Banken und Staaten Südeuropas zu übernehmen. Außerdem würde sich ein disziplinierender Effekt für die Zukunft ergeben, weil Investoren wüssten, dass sie ein Risiko eingehen, wenn sie überschuldeten Staaten und Banken Geld leihen. Die Selbstkontrolle des Kapitalmarkts funktioniert zwar nicht immer, aber ganz bestimmt funktioniert sie nicht, wenn man den Anlegern sagt, dass die Konsequenzen einer Fehlentscheidung von der öffentlichen Hand übernommen werden.

Trotz meiner fundamentalen Skepsis bezüglich der Funktionsfähigkeit des Eurosystems gebe ich meine Hoffnung für den Euro nicht auf; noch weniger meine Hoffnung auf ein vereinigtes Europa. Angesichts der grauenhaften Ereignisse des 20. Jahrhunderts, für die Deutschland die größte Verantwortung trägt, sehe ich keine Alternative für eine Intensivierung der europäischen Integration. Tatsächlich würde ich sogar so weit gehen, die »Vereinigten Staaten von Europa« zu fordern. Ein gemeinsamer europäischer Staat würde jenen bindenden Versicherungskontrakt konstituieren, auf dessen Basis man eine Fiskalunion und eine gegenseitige Risikoteilung zwischen erfolgreichen und weniger erfolgreichen Teilregionen vielleicht realisieren könnte. Doch kann die Fiskalunion nicht vor der Gründung dieses Staates kommen. Das wäre so, als würde man eine Gütergemeinschaft bereits vor der Ehe in der Hoffnung beschließen, die Ehe käme dann schneller zustande.

Ich versuche, in einem späteren Teil des Buches herauszuarbeiten, welche Komponenten ein gemeinsamer europäischer Staat enthalten sollte und welche nicht. Die Schweizer Konföderation, die historisch zunächst einmal kein Haftungsverbund zwischen den Kantonen, sondern vor allem ein außenpolitisches Schutz- und Trutzbündnis ist, könnte hier ein nützliches Vorbild sein. Ich mache mir keine Illusionen über die Realisierungsmöglichkeiten eines solchen Projekts in naher Zukunft. Doch finde ich es richtig, ein Ziel zu formulieren, das zugleich Orientierung und Hoffnung für Europas Bürger bietet.

Es gibt nicht nur einen Weg zur Vertiefung der europäischen Integration, sondern viele. Daher sollte man sich nicht vor der vom britischen Premierminister David Cameron initiierten Debatte über ein Referendum für den Verbleib Großbritanniens in der EU scheuen.[14] Da die ursprünglichen Ziele der europäischen Integration aus dem Auge verloren wurden, ist es höchste Zeit, die Entwicklungen der Europäischen Union während der letzten 20 Jahre kritisch zu hinterfragen. Manche Politiker wiederholen fortwährend, dass der einst eingeschlagene Pfad weitergegangen werden muss, ohne dass man nach links und rechts schauen darf, um zu prüfen, ob es noch andere Wege gibt. Wenn man dem Ziel nicht näher kommt oder gar in eine Sackgasse läuft, solle man nicht an dem Weg zweifeln, sondern einfach nur den Tritt beschleunigen. Indes lassen die alle paar Jahre von Neuem aufflackernde Krise des Eurosystems sowie das anhaltend hohe Niveau der Arbeitslosigkeit in Südeuropa Zweifel aufkommen. Vielleicht erweist es sich als besser, bis zur letzten Weggabel zurückzugehen, um eine andere Route auszuprobieren. Vielleicht sollte man wenigstens einmal innehalten, um zu prüfen, ob man tatsächlich auf dem richtigen Weg ist. Ich bedaure jene Politiker, Journalisten und Wissenschaftler, die keine andere Reaktion auf diese Zweifel kennen, als sie als »antieuropäisch« zu brandmarken und zu versuchen, die Schwäche ihrer Argumente mit Angriffen auf die Person des Zweifelnden zu übertünchen. Sich am Status quo festzuklammern ist mittlerweile weder politisch noch ökonomisch eine mögliche Alternative für Europa. Neue Wege müssen gefunden werden, wenn Europa auch in Zukunft erfolgreich sein möchte. Odysseus irrte seinerzeit zehn Jahre in der Ägäis herum, bevor er nach Ithaka zurückkehrte. Es bleibt zu hoffen, dass Europa seinen Weg früher findet.

München, August 2015
Hans-Werner Sinn

ANMERKUNGEN

1 H.-W. Sinn, »Die griechische Tragödie«, *ifo Schelldienst*, Sonderausgabe Mai 2015, S. 3 – 33, <http://www.cesifo-group.de/sinn-2015-griechische-tragoedie-pdf> in Verbindung mit H.-W. Sinn, »The Greek Tragedy«, *CESifo Forum Special Issue*, update Juni 2015, S. 5 – 35.
2 Vgl. »Es gibt eine Einigung: Neue Milliarden für Griechenland«, *faz.net*, 13. Juli 2015, <http://www.faz.net/aktuell/wirtschaft/eurokrise/griechenland/eurolaender-einigen-sich-mit-griechenland-13699780.html>; vgl. ferner »Protokoll der Einigung mit Athen«, *tagesschau.de*, 13. Juli 2015, <https://www.tagesschau.de/griechenland-live-101.html>.
3 Y. Varoufakis, »Yanis Varoufakis Full Transcript: Our Battle to Save Greece«, *New Statesman*, Interview mit H. Lambert, 13. Juli 2015, <http://www.newstatesman.com/world-affairs/2015/07/yanis-varoufakis-full-transcript-our-battle-save-greece>; vgl. ferner »Ich bin erleichtert – Varoufakis über Rücktritt«, *Handelsblatt online*, 14. Juli 2015, <http://app.handelsblatt.com/politik/international/varoufakis-ueber-ruecktritt-ich-bin-erleichtert/12051584.html>.
4 »Grexit-Plan: Schäuble lässt nicht locker«, *Spiegel online*, 16. Juli 2015, <http://www.spiegel.de/wirtschaft/soziales/griechenland-wolfgang-schaeuble-fordert-erneut-grexit-auf-zeit-a-1043917.html>.
5 M. Wolf, »Why the Euro Crisis Is Not Yet Over«, *ft.com*, 19. Februar 2013, <http://www.ft.com/intl/cms/s/0/74acaf5c-79f2-11e2-9dad-00144feabdc0.html#axzz2QE1xDy8K>.
6 »VVD'er Bolkestein will parallelle munt naast euro«, (Bolkestein fordert eine Parallelwährung neben dem Euro) *Algemeen Dagblad online*, 11. April 2013, <http://www.ad.nl/ad/nl/1012/Nederland/article/detail/3423694/2013/04/11/VVD-er-Bolkestein-wil-parallelle-munt-naast-euro.dhtml>.
7 J.-C. Juncker, »Die Dämonen schlafen nur«, Interview mit C. Schult und M. Sauga, *Der Spiegel*, 2013, Nr. 11, S. 76 – 78, <http://magazin.spiegel.de/EpubDelivery/spiegel/pdf/91464871>.
8 Bundesverfassungsgericht, *BVerfG, 2 BvR 2728/13*, 14. Januar 2014, Absatz-Nr. (1 – 105), Sachbericht, Artikel 12, <http://www.bverfg.de/entscheidungen/rs20140114_2bvr272813.html>; vgl. ebenfalls Bundesverfassungsgericht, Presseerklärung Nr. 9/2014, 7. Februar 2014, <http://www.bundesverfassungsgericht.de/SharedDocs/Pressemitteilungen/DE/2014/bvg14-009.html>.
9 Europäischer Gerichtshof, »Vorlage zur Vorabentscheidung – Wirtschafts- und Währungspolitik – Beschlüsse des Rates der Europäischen Zentralbank (EZB) zu einer Reihe technischer Merkmale der geldpolitischen Outright-Geschäfte des Eurosystems an den Sekundärmärkten für Staatsanleihen – Artikel 119 AEUV und 127 AEUV – Befugnisse der EZB und des Europäischen Systems der Zentralbanken – Geldpolitischer Transmissionsmechanismus – Gewährleistung der Preisstabilität – Verhältnismäßigkeit – Artikel 123 AEUV – Verbot der monetären Finanzierung der Mitgliedstaaten des Euro-Währungsgebiets«, Urteil des Europäischen Gerichtshofs vom 16. Juni 2015, *Rechtssache C-62/14*, <http://curia.europa.eu/juris/document/document.jsf;jsessionid=9ea7d0f130deeb875f0a782f47e9bf99dbac82632b77.e34KaxiLc3eQc40LaxqMbN4ObxyMe0?text=&docid=165057&pageIndex=0&doclang=de&mode=lst&dir=&occ=first&part=1&cid=772618>.
10 Siehe L. Bini Smaghi, *Morire di austerità: Democrazie europee con le spalle al muro*, Il Mulino, Bologna 2013, insbesondere Kapitel 3: *Indietro no si torna*; Englische Übersetzung: *Austerity: European Democracies against the Wall*, Centre for European Policy Studies (CEPS), Brüssel 2013, Kapitel 3: »No Turning Back«, S. 29.
11 Europäische Zentralbank, »The Eurosystem Household Finance and Consumption Survey: Results from the First Wave«, *Statistics Paper Series*, Nr. 2, April 2013, <http://www.ecb.int/pub/pdf/other/ecbsp2en.pdf>.
12 Zu den Details der Berechnung vgl. H.-W. Sinn und T. Wollmershäuser, »Target Loans,

Current Account Balances and Capital Flows: The ECB's Rescue Facility«, *International Tax and Public Finance* 19, 2012, Appendix S. 504 ff.
13 J. Kornai, »›Hard‹ and ›Soft‹ Budget Constraint«, *Acta Oeconomica* 25, 1980, S. 231–246.
14 Siehe »David Cameron's EU Speech – Full Text«, *theguardian.com*, 23. Januar 2013, <http://www.guardian.co.uk/politics/2013/jan/23/david-cameron-eu-speech-referendum>.

1 Wunsch und Wirklichkeit

Der Euroraum im Wandel – Der Euro und der Frieden – Die Vorteile des Euro für den Handel und den Kapitalverkehr – Eine unvollendete Gemeinschaft – Die Währungsunion als Preis der Wiedervereinigung? – Auf dem Weg zur Transfer- und Schuldenunion – Die Europäische Zentralbank

DER EURORAUM IM WANDEL

Will man das Europrojekt angemessen beurteilen, muss man sich zunächst fragen, was Europas Politiker von ihm ursprünglich erhofften und was der Bevölkerung versprochen wurde. Im Zentrum standen die Erwartungen an die europäische Wirtschaft. Dies wird durch kein Zitat besser belegt als durch die Schlusserklärung der Lissabon-Agenda, formuliert auf einem Sondergipfel der europäischen Staats- und Regierungschefs im März 2000:[1]

> »Die Union hat sich heute ein neues strategisches Ziel für das kommende Jahrzehnt gesetzt: das Ziel, die Union zum wettbewerbsfähigsten und dynamischsten wissensbasierten Wirtschaftsraum in der Welt zu machen – einen Wirtschaftsraum, der fähig ist, ein dauerhaftes Wirtschaftswachstum mit mehr und besseren Arbeitsplätzen und einem größeren sozialen Zusammenhalt zu erzielen.«

Die sogenannte Lissabon-Agenda bildete ein breit angelegtes europäisches Programm zur Förderung von Innovation und Wirtschaftswachstum, das als Komplement zu der Einführung des Euro gedacht war und seine Wirkung parallel zu der gemeinsamen Währung entfalten sollte. Man wollte eine neue Aufbruchsstimmung in Europa erzeugen und den Kontinent zu neuer Blüte bringen. Ein Jahr zuvor war der Euro bereits als Verrechnungseinheit für Banken eingeführt worden, und im Jahr 2002 sollte schließlich die physische Einführung folgen. Mit der ehrgeizigen Lissabon-Agenda und dem Euro schienen alle Weichen auf Wachstum und Wohlstand gestellt.

Zum Optimismus trug auch der Konjunkturaufschwung bei, der Europa und die Welt damals erfasst hatte. Jene Länder, die heute die Europäische Union bilden, wuchsen im Jahr 2000 um 3,9 %, was wesentlich mehr als der Schnitt der vorangegangenen Dekade war. Die Arbeitslosigkeit ging ebenfalls merklich zurück. Es gab somit allen Grund, an bessere Zeiten zu glauben. Viele waren überzeugt, dass eine gemeinsame Währung auf unserem Kontinent eine Dynamik entfalten würde, wie man sie zuletzt in der Nachkriegszeit gesehen hatte. »Der Euro verhilft dem Alten Kontinent zu einer Frischzellenkur«, prognostizierte beispielsweise McKinsey-Chef Herbert Henzler.[2] Bankenökonomen prophezeiten der Eurozone »eine goldene Kindheit«,[3] und Vertreter europäischer Institutionen wie Christian Noyer, der Vizepräsident der EZB, priesen den Euro als »wahre Triebfeder für Wachstum«.[4] Es gab viele solcher Stellungnahmen. Und auch der Verfasser muss zugeben, dass er, ohne den Enthusiasmus zu teilen, damals die Erwartung hegte, dass der Euro zu einer für Gesamteuropa nützlichen Umlenkung der Investitionen von Nord- nach Südeuropa führen würde.[5]

Die Realität sah jedoch leider anders aus. Der Wirtschaftsaufschwung entpuppte sich als Internet-Blase, die schon im Jahr 2001 platzen sollte. Zwar kam es zu den Kapitalströmen, doch Europa avancierte in dem Jahrzehnt, auf das sich die Lissabon-Agenda bezog, nicht etwa zur dynamischsten Region, sondern zum Schlusslicht der Welt. Abbildung 1.1 verdeutlicht dies. Von 2000 bis 2010 wuchs die Weltwirtschaft insgesamt um 47 %, doch die EU lag mit einem Wert von nur 17 % ganz am unteren Ende der Großregionen der Welt, knapp hinter den USA. Und sie war auch nur in Schlagdistanz zu den USA, weil die rasch wachsenden osteuropäischen Länder, die noch viel aufzuholen hatten, in der Statistik mitgezählt wurden. Für sich genommen wuchs Osteuropa, inklusive der ehemals kommunistischen Länder Mitteleuropas, um bemerkenswerte 45 %; die heutigen Mitgliedsländer der Eurozone standen dagegen mit rund 12 % weit abgeschlagen auf der Wachstumsskala. China war in der Vergleichsstatistik Spitzenreiter mit 171 % Wachstum, und selbst Subsahara-Afrika und Lateinamerika wuchsen um 78 % und 39 %. Der wettbewerbsfähigste und dynamischste Wirtschaftsraum der Welt erwies sich als Luftschloss. Selten lagen Wunsch und Wirklichkeit so weit auseinander, wie es in Europa unter dem Euro der Fall war.

Und es sollte noch schlimmer kommen. Im Sommer 2007 schwappte die Finanzkrise, die bereits in den Jahren 2006/2007 in den USA begonnen hatte, mit voller Wucht nach Europa herüber. Bereits ein Jahr später befanden sich sämtliche Länder der Eurozone in einer Rezession, wie sie die Welt nach dem Krieg noch nicht gesehen hatte. In der Wissenschaft spricht man deshalb von der »Großen Rezession«, in Anlehnung an den englischen Begriff »Great Recession« für die Weltwirtschaftskrise Ende der 1920er-Jahre.[6] Die südeuropäischen Länder der Eurozone haben sich davon bis zum heutigen Tage nicht erholt, weil ihre strukturellen Probleme, über die die nachfolgenden Kapitel informieren werden, nun offen zutage traten.

Die Volkswirtschaften Griechenlands, Irlands, Portugals, Spaniens, Italiens und Zyperns (zusammengefasst als GIPSIZ-Länder) wurden in solch enormem Maße in Mitleidenschaft gezogen, dass riesige internationale Rettungspakete von der Europäischen Zentralbank (EZB), dem Internationalen Währungsfonds (IWF), der Europäischen Union (EU) und den anderen Ländern der Eurozone geschnürt wurden.[7] Die beschlossenen Rettungsmaßnahmen boten Hilfe, aber keine Lösung der zugrunde liegenden strukturellen oder wettbewerb-

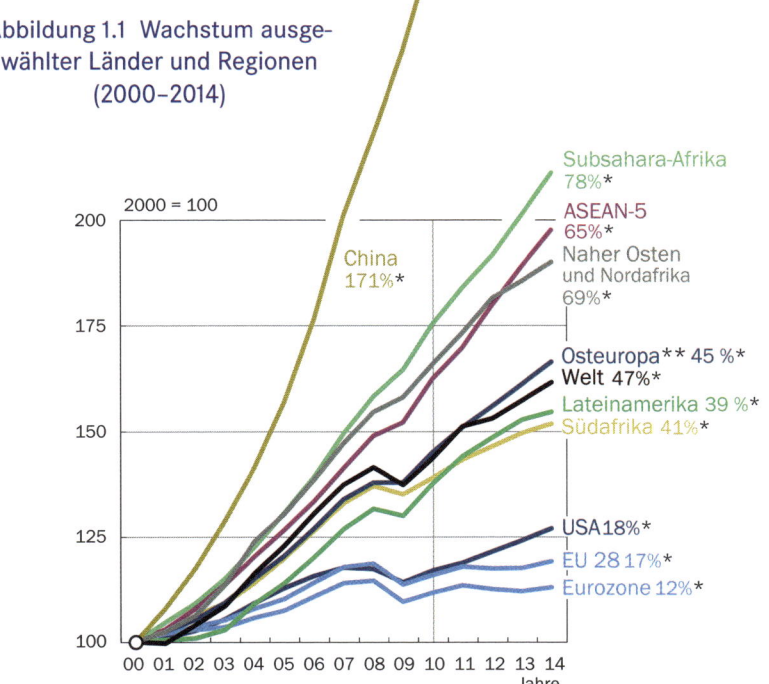

Abbildung 1.1 Wachstum ausgewählter Länder und Regionen (2000–2014)

* Wachstum 2000–2010.
** inklusive der ehemals kommunistischen Gebiete Mitteleuropas.
Quelle: Internationaler Währungsfonds, *World Economic Outlook,* April 2015.

lichen Probleme. Die makroökonomischen Schlüsselindikatoren zeugen zwar gegenwärtig, im Sommer 2015, von einer Entspannung der Krise, doch von ihrer Überwindung kann noch keine Rede sein. So waren, wie Abbildung 1.2 verdeutlicht, im April 2015 noch 26% der Griechen arbeitslos. In Spanien erreichte die Arbeitslosenzahl in den Monaten Februar bis April 2013 mit 26% ihren historischen Höchststand und ging danach auf 23% im Mai 2015 zurück, wobei eine genauere Analyse zeigt, dass dieser Rückgang vor allem auch damit zu tun hat, dass viele Arbeitslose ausgewandert sind. Die Arbeitslosenzahlen in Italien (12%), Portugal (13%) und Zypern (16%) sind, auch wenn sie deutlich niedriger ausfallen, ebenfalls alarmierend, wobei im größten südeuropäischen Land, Italien, nicht einmal eine Trendumkehr zu beobachten ist. Nur Irland hat sich aus Gründen, die in Kapitel 4 erläutert werden, aus der Rezession befreien können. Es bleibt abzuwarten, inwieweit die Stabilisierung, die man bei den kleineren südeuropäischen Ländern sieht, mehr ist als ein Strohfeuer, das durch eine Belebung der Binnennachfrage aufgrund des niedrigen Ölpreises, der Niedrigzinspolitik der EZB und der Lockerung der staatlichen Schuldenbremsen zustande kam. Die aktuelle Griechenland-Krise, die bei der Abfassung dieser Zeilen an Wucht zunahm, aber in den Statistiken noch nicht aufscheint, lässt Skepsis geboten sein.

Abbildung 1.2 Arbeitslosenquoten in den GIPSIZ-Ländern, saisonbereinigt

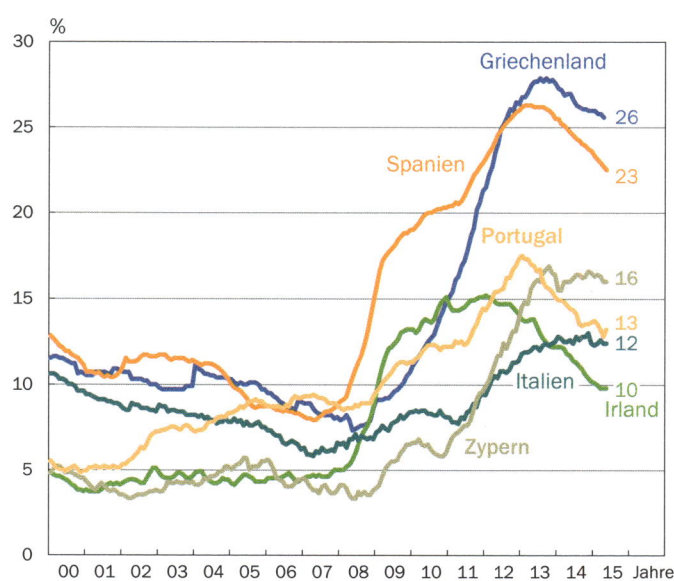

Quelle: Eurostat, Datenbank, *Bevölkerung und soziale Bedingungen*, Arbeitsmarkt, Beschäftigung und Arbeitslosigkeit.

Die Zahlen über die Jugendarbeitslosigkeit sind noch beunruhigender. Die Arbeitslosigkeit ist bei Jugendlichen besonders hoch, weil ältere Arbeitnehmer häufiger in geschützten Arbeitsverhältnissen beschäftigt sind. Abbildung 1.3 zeigt, dass die Jugendarbeitslosigkeit im Frühjahr 2015 für unter 25-Jährige in Spanien knapp unter 50 % (Mai) und in Griechenland mit 53 % (April) deutlich darüber lag. Die Jugendarbeitslosigkeit in Italien und Portugal ist mit Quoten von 42 % und 33 % zwar weniger dramatisch, aber dennoch alarmierend hoch; sie beträgt das Fünf- bis Sechsfache des deutschen Wertes (7 %). Alarmierend ist wiederum, dass gerade in Italien bis zum Frühsommer 2015 keine Verbesserung, sondern nur eine Seitwärtsbewegung zu erkennen war.

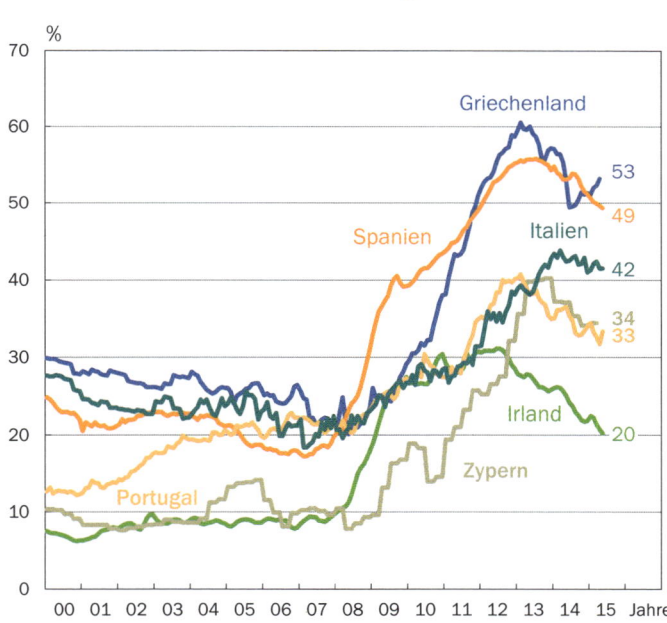

Abbildung 1.3 Jugendarbeitslosigkeit (< 25 Jahre) in den GIPSIZ-Ländern, saisonbereinigt

Quelle: Eurostat, Datenbank, *Bevölkerung und soziale Bedingungen,* Arbeitsmarkt, Beschäftigung und Arbeitslosigkeit.

Auf den ersten Blick könnte man annehmen, dass die Jugendarbeitslosigkeit allein schon deshalb so hoch ist, weil viele Jugendliche noch in der Ausbildung stecken. Das ist aber nicht der Fall. Die Schüler und Studenten sind im Regelfall weder bei den Arbeitslosen noch bei den jugendlichen Erwerbspersonen, auf die sich die Quote bezieht, mitgerechnet. Die Jugendarbeitslosigkeitsquote erfasst nur jene Jugendlichen unter 25 Jahren, die als beschäftigungssuchend registriert sind. Es ist ähnlich wie bei der Gesamtarbeitslosenquote, wo ja auch nur Erwerbspersonen erfasst sind, also Menschen, die Arbeit suchen oder Arbeit haben, und nicht etwa alle arbeitsfähigen Personen.

Die wirtschaftliche Situation in Südeuropa offenbart gefährliche Verwerfungen. Ungewiss ist, wie lange die Bevölkerung das noch mitmacht und wie stark die politische Radikalisierung voranschreitet. Es wäre schrecklich, wenn eine fortschreitende Krise das europäische Einigungsprojekt immer mehr in Misskredit bringen würde.

Insgesamt gesehen ist die Situation in Südeuropa nach wie vor höchst unbefriedigend, wenn nicht gar gefährlich. Am schlimmsten getroffen hat es die griechische Wirtschaft, die sich seit dem Ausbruch der Krise im freien Fall befindet. In den Jahren 2011, 2012 und 2013 schrumpfte die griechische Ökonomie um 8,9%, 6,6% und 3,9%. Im Jahr 2014 gab es mit einem Plus von 0,8% einen Hoffnungsschimmer, aber auch der ist inzwischen wieder verschwunden, denn seit dem vierten Quartal 2014 steckt Griechenland schon wieder in einer neuen Rezession. Nimmt man den Gesamtverlauf in den Blick, kommt man nicht umhin, für Griechenland eine schwere wirtschaftliche Depression zu diagnostizieren.

Auch wenn Griechenland einen Extremfall darstellt, so geht es doch auch vielen anderen Ländern der Eurozone heute außerordentlich schlecht, viel schlechter als Deutschland, das sich im Moment erstaunlich gut behaupten kann. Im Jahr 2011 wuchs das Bruttoinlandsprodukt der Eurozone ohne Deutschland, die Niederlande und Österreich nur um kümmerliche 0,7%, schrumpfte dann um 1,3% im Jahr 2012 und um 0,7% im Jahr 2013, bevor es 2014 zu einem mageren Wachstum von 0,6% zurückfand. Selbst Frankreich wurde von der Krise erschüttert und leidet bis zum heutigen Tage unter einer hohen Arbeitslosigkeit. Mit 10% war die Quote im Mai 2015 gut doppelt so hoch wie die von Deutschland (5%; vgl. auch Kapitel 3, Abbildung 3.8). Die Jugendarbeitslosigkeit war mit 24% sogar mehr als dreimal so hoch wie in Deutschland.

Südeuropas zunehmende wirtschaftliche Probleme gingen mit einer wachsenden Kapitalflucht der Investoren einher. Allein zwischen Juni 2011 und August 2012 strömten 684 Milliarden Euro privaten Kapitals aus Italien und Spanien heraus (vgl. Kapitel 7). Der unkontrollierte Kapitalabfluss konnte schließlich im September 2012 eine Zeit lang gestoppt werden, als die EZB ihr OMT-Programm (Outright Monetary Transactions) verkündete und das Bundesverfassungsgericht den Weg für die deutsche Beteiligung an dem permanenten Rettungsschirm ESM (Europäischer Stabilitätsmechanismus) frei machte (vgl. Kapitel 8). Die Märkte interpretierten diese Programme als Garantie für den Kauf von Staatspapieren aus Krisenländern der

Eurozone und beruhigten sich rasch. Die Realwirtschaft stabilisierte sich dennoch nicht nachhaltig, wie die geschilderte Arbeitslosenstatistik und die Wachstumszahlen unmissverständlich belegen. Es war deshalb nur eine Frage der Zeit, bis das Europäische Währungssystem in Form der Zypern-Krise (erstes Quartal 2013) und der dritten Griechenland-Krise (erstes Halbjahr 2015) seine nächsten Erschütterungen erlebte. Die Gefahr weiterer Krisen dieser Art ist noch lange nicht gebannt.

Die Politik Europas erschöpft sich derzeit im Management kollapsartiger Zustände. Die Politiker navigieren von einer Krise zur nächsten, und sie fahren auf Sicht und ohne Kompass. Sobald eine Krise irgendwo auflodert, werden über Nacht neue teure Rettungsmaßnahmen zur Eindämmung beschlossen, obschon sich wenige Monate oder Jahre später dasselbe Spiel mit erneuten Rettungspaketen und zum Teil anderen Adressaten wiederholt. Ein Ende der Krisenrettungsschleife ist nicht absehbar. So wurden in den letzten Jahren Griechenland, Irland, Portugal, Spanien und Zypern von zwischenstaatlichen Rettungsprogrammen an die Rettungsleine genommen und erhielten, genauso wie Italien, massive Unterstützung von der EZB (vgl. Kapitel 8 für einen Überblick). Keines der aufgeführten Länder braucht sich derzeit zu Marktbedingungen zu verschulden. Stattdessen werden die aufgenommenen Staatsschulden von den Ländern der Eurozone garantiert, wenn nicht gar übernommen. Dies verhindert, dass strukturelle Reformprozesse in Gang kommen. Die Krise Europas ist allgegenwärtig und weit von einer Lösung entfernt. Mit den Träumen der Lissabon-Agenda hat die Realität nicht das Geringste zu tun. Irgendetwas muss also in Europa schiefgelaufen sein.

DER EURO UND DER FRIEDEN

Mit dem Euro verfolgte man allerdings nicht nur ökonomische Ziele.[8] Seine Einführung war eine politische Entscheidung. So erklärten Helmut Kohl und François Mitterrand im Jahr 1990, es sei ihr Anliegen, »die Beziehungen zwischen den Nachbarstaaten in eine originär politische Union zu transformieren«.[9] In diesem Lichte sind auch die Worte des ehemaligen französischen Finanzministers und Ministerpräsidenten Pierre Bérégovoy zu verstehen, der im Mai 1992 in der französischen Nationalversammlung nach der Unterzeichnung des Maastrichter Vertrags Folgendes sagte:[10]

> »Ja, ich glaube an Europa, weil ich mir den Frieden leidenschaftlich wünsche. Frieden auf diesem Kontinent.«

Helmut Kohl begründete die Einführung des Euro gegenüber dem Bundestag am 23. April 1998 mit den folgenden Worten:[11]

»Der Euro stärkt die Europäische Union als Garanten für Frieden und Freiheit. ... Von der heutigen Entscheidung – ich meine das nicht pathetisch – hängt es wesentlich ab, ob künftige Generationen in Deutschland und in Europa in Frieden und Freiheit, in sozialer Stabilität und auch in Wohlstand leben können.«

Später fügte er hinzu, dass »der Friedensgedanke das Bewegungsgesetz der europäischen Integration« sei und der Euro den entscheidenden »Baustein für die politische Einigung« bilde.[12] Dass der Euro ein Friedensprojekt sei, haben auch andere Politiker Europas betont, so z. B. Jean-Claude Juncker.[13] Es ist bemerkenswert, dass Bundeskanzlerin Merkel mit ganz ähnlichen Worten die gegenwärtigen Rettungspakete für Griechenland verteidigt.[14]

Aber auch in dieser Hinsicht hat der Euro die Erwartungen nicht erfüllt, denn die wirtschaftliche Not der Krisenländer und die Angst der Kapitalmärkte zerren an den Nerven aller und beginnen, die Eintracht im Euroraum zu stören. Mit jedem Gipfel werden die Gräben zwischen den Ländern tiefer, die Debatten heftiger. Einige fühlen sich durch die Krise an die Wand gedrückt, insbesondere die großen Länder Spanien und Italien, die anfangs noch gehofft hatten, von einer strukturellen Krise verschont zu bleiben. Der ehemalige italienische Ministerpräsident Mario Monti glaubte, dass die Spannungen »*bereits die Züge einer psychologischen Auflösung Europas tragen*«, und befürchtet, dass der »*Euro zu einem Faktor des europäischen Auseinanderdriftens*« werden könnte.[15] Nicht zu vergessen, wie bereits in der Einführung erwähnt, Jean-Claude Juncker, der die Stimmung im Jahr 2013 mit der Selbstzufriedenheit des Jahres 1913 vergleicht, als nur wenige Menschen ernsthaft glaubten, dass noch einmal ein Krieg in Europa ausbrechen könnte.

Die hohen Arbeitslosenzahlen bilden den Nährboden für sozialen Unfrieden. In den vergangenen fünf Jahren brachten europaweite Proteste gegen Haushaltskürzungen und Arbeitslosigkeit viele Menschen in den Krisenländern auf die Straße. Einige der Szenen, die man erleben musste, sind in Abbildung 1.4 dargestellt. Unter der Parole »¡Democracia real ya!« (Echte Demokratie jetzt!) begannen im Mai 2011 in rund 50 spanischen Städten größere Demonstrationen. Allein in Barcelona brachten 80.000 Menschen ihren Zorn zum Ausdruck. Viele der Proteste waren gegen Zwangsräumungen gerichtet, da unzählige Spanier ihre Hauskredite infolge der Immobilienkrise nicht bedienen konnten; einige Hausbesitzer begingen sogar Selbstmord. Im September 2012 gingen rund eine Million Menschen in Portugal

Der Euro und der Frieden

unter der Parole »*Zum Teufel mit der Troika*« auf die Straße. Die Troika ist ein Kontrollgremium, das aus Vertretern der EZB, des IWF und der EU-Kommission zusammengesetzt ist und deren Aufgabe es ist, die Haushaltspolitik jener Mitgliedsländer der Eurogruppe zu überwachen, die fiskalische Hilfskredite in Anspruch nehmen. Auch in Griechenland stehen Demonstrationen auf der Tagesordnung; sie haben sogar schon Todesopfer gefordert.[16] Im Jahr 2011 organisierten die Gewerkschaften vier landesweite Streiks gegen die Sparpolitik. Oftmals stand während der Demonstrationen der öffentliche Personennahverkehr still, Ämter blieben geschlossen und Krankenhäuser reduzierten ihre Leistungen auf Hilfe in akuten Notfällen. In Italien demonstrierten im Oktober 2012 100.000 Menschen gegen die Reformen der Regierung Monti, unterstützt von Teilen der Presse, die eine zunehmend aggressive Position gegenüber Sparprogrammen einnahm;[17] ein Generalstreik fand jedoch noch nicht statt. Am 14. November 2012 erreichten diese Spannungen schließlich ihren ersten Höhepunkt mit dem »Tag der Aktion und Solidarität« gegen Sparpolitik in insgesamt 23 Ländern.[18]

Die beschriebenen sozialen Spannungen haben die politische Landschaft in Europa tief greifend verändert. So verzeichneten rechtsextreme und euroskeptische Parteien bei der Wahl des Europäischen Parlaments im Mai 2014

Abbildung 1.4 Protest gegen Sparpolitik

Quelle: »Protesting against Austerity«, © REUTERS/Hugo Correia (oben links), © REUTERS/Yannis Behrakis (oben rechts), © REUTERS/Yannis Behrakis (unten links), © REUTERS/Yannis Behrakis (unten rechts). Genehmigter Nachdruck.

massive Stimmenzuwächse. Bei der britischen Parlamentswahl erzielten die Konservativen unter David Cameron mit einem europakritischen Kurs und der Ankündigung eines Referendums über die weitere EU-Mitgliedschaft einen erdrutschartigen Sieg. Aus der Parlamentswahl in Griechenland im Januar 2015 ging eine Links-Rechts-Regierung unter der Leitung von Alexis Tsipras von der Partei Syriza hervor; interessanterweise hatte er sich mit der rechtsextremen Partei Anexartiti Ellines (kurz: ANEL) zusammengetan, die ähnlich radikale Forderungen nach Abschaffung der Austeritätspolitik stellte wie Syriza. In Frankreich konnte beim zweiten Wahlgang der Departementswahlen im März 2015 der rechtsradikale Front National unter Marine Le Pen, die den Euro explizit abschaffen möchte, einen Stimmenanteil von 22% erzielen. Im Herbst oder Winter 2015 stehen Parlamentswahlen in Spanien an, bei denen Pablo Iglesias mit seiner Partei Podemos den Syriza-Erfolg mit einer eurokritischen Wahlkampagne wiederholen möchte.

In Portugal, Griechenland und Deutschland haben sich die obersten Gerichtshöfe derweil als wichtige Akteure in der politischen Arena herausgestellt. Das portugiesische Verfassungsgericht lehnte im Jahr 2013 die Kürzung von Urlaubsgeldern für Bedienstete des öffentlichen Sektors und Pensionäre ab, genauso wie Kürzungen bei der Arbeitslosen- und Krankenversicherungsunterstützung. Die portugiesische Regierung sah sich daraufhin gezwungen, alternative Haushaltskürzungen vorzunehmen.[19] Der oberste Gerichtshof Griechenlands hat die 2012 vorgenommenen Rentenkürzungen, die auf Verlangen der Troika auferlegt wurden, als rechtswidrig beurteilt und die Rücknahme des Rentengesetzes erwirkt.[20] Das deutsche Bundesverfassungsgericht zwang der Bundesregierung zum Vertrag zur Schaffung des Europäischen Stabilitätsmechanismus (ESM) ein Addendum auf, welches die gesamtschuldnerische Haftung der partizipierenden Länder zu einer proportionalen Haftung abschwächte (vgl. Kapitel 8).[21] Weitere anhängige Verfahren könnten die zukünftige Beteiligung der Bundesbank an bestimmten europäischen »Rettungsmaßnahmen« beschränken oder im Extremfall dazu führen, dass Deutschland den Maastrichter Vertrag nachverhandeln muss.

Wie die obigen Beispiele zeigen, haben die Spannungen internationale Dimensionen angenommen. Rettungs- und Reformmüdigkeit kollidieren immer häufiger. Die Regierungen des Südens wehren sich gegen die Reformauflagen der Troika und nennen sie Austeritätspolitik, obwohl mit ihnen ein riesiger Geldfluss verbunden ist. Der griechische Finanzminister sprach in diesem Zusammenhang sogar von einem »fiskalischen Waterboarding«, einer amerikanischen Foltermethode, bei der das Ertrinken simuliert wird.[22] Vor allem Deutschland ist zur Zielscheibe der Kritik geworden. Obwohl es die größten Beiträge zu den Rettungspaketen geleistet hat, wird es heftig angegangen, weil es auf dem gerade gemeinsam verhandelten Fiskalpakt beharrt, der Mitgliedsländer zu Reformmaßnahmen und Einsparungen im Staatshaushalt verpflichtet. Diese Sparmaßnahmen seien die Ursache für die heimische Arbeitslosigkeit. Die Regierungen in Zentral- und Nordeuropa dagegen beklagen den Mangel an fiskalischer Disziplin im Süden. Sie befürchten, dass Hilfsgelder versickern und dass die Zinssenkung, die aus ihren Kreditgarantien resultiert, zu einer nicht mehr beherrschbaren Schuldenlawine führt, wenn man keine bindenden Schuldenschranken einführt.

Die Kritik vieler Medien in West- und Südeuropa an Deutschland ist stärker und emotionaler als alles, was seit Ende des Zweiten Weltkriegs beobachtet werden konnte. In Griechenland werden Hakenkreuzfahnen gegen Deutschland geschwungen; und Italiens große Tageszeitung *Il Giornale* sieht in Deutschland das Bestreben am Werk, das Vierte Reich zu errichten.[23] Mario Monti prophezeite italienische Demonstrationen gegen Deutschland für den Fall, dass es nicht hülfe, die Zinsen auf italienische Staatsschulden zu senken.[24] Der neue griechische Verteidigungsminister Panos Kammenos drohte Deutschland mit Flüchtlingsströmen aus Griechenland, sofern das Land keine ausreichende Unterstützung erhalte.[25] Das linke englische Wochenmagazin *New Statesman* nannte Angela Merkel gar das »*gefährlichste deutsche Staatsoberhaupt seit Hitler*«.[26] Und, und, und … Die Liste könnte man schier endlos fortsetzen.

Der einflussreiche amerikanische Spekulant George Soros, der einst die Bank of England in die Knie zwang, warf Deutschland vor, eine imperiale Stellung anzustreben, und kündigte ihm den Hass der Völker an,[27] wenn es sich weiteren Rettungsaktionen verweigere. Im September 2012 forderte er Deutschland auf, die EU »*zu führen oder auszutreten*«,[28] und im April 2013 stellte er die ultimative Forderung auf, Deutschland möge entweder Eurobonds akzeptieren oder die Eurozone verlassen, woraufhin ihn der Autor dieses Buches in eine Diskussion über Deutschlands Rolle im Euro verwickelte und ihm vorwarf, er fordere Deutschland eigentlich nur auf, »*zu zahlen oder auszutreten*«.[29] (Eurobonds sollen nach Meinung von Soros gemeinsam von den Euroländern gegeben und garantiert werden und die bisherigen Staatspapiere ersetzen. Letztlich laufen sie auf eine Vergemeinschaftung der Altschulden hinaus, weil die allmählich durch Eurobonds ersetzt werden.) Der angesehene britische Kolumnist Anatole Kaletsky, seinerzeit Aufsichtsratsvorsitzender des von George Soros finanzierten Thinktanks *Institute for New Economic Thinking*, schlug einen ähnlichen Ton an, als er bemerkte, Deutschland habe erst den Ersten Weltkrieg angezettelt, dann den Zweiten vom Zaun gebrochen und sei nun schon wieder dabei, Europa ins Unglück zu stürzen. Seinen Lesern stellte er abschließend die Frage, ob sich Europa nicht endlich gegen Deutschland erheben könne.[30]

Diese Stellungnahmen und Einwände gegen strukturelle Reformmaßnahmen zeigen, dass Europa in einem fundamentalen Verteilungskonflikt über die ungelöste Schuldenproblematik steckt. Weil Schuldner überschuldet sind und nicht zurückzahlen können, befürchten die Gläubiger Abschreibungsverluste und hoffen auf Dritte, die ihre Forderungen erfüllen. Aus der Sicht der internationalen Investoren scheint die Situation eindeutig zu sein. Sie liehen ihr Geld Griechenland, Spanien und anderen kriselnden Ländern, da sie Teil der Eurozone sind. Wenn diese Länder nun ihre Schulden nicht mehr bedienen können, müssten das eben andere Mitglieder der Eurozone tun. Europa sei groß und stark genug, um seine Probleme selbst zu lösen. Europas stärkere Volkswirtschaften sollten sich bitte der gemeinsamen Verantwortung stellen. Es sei unfair, wenn sich diese Länder nun aus der Verantwortung hinauszustehlen versuchten.

Indes übersahen die Investoren die Regeln des Maastrichter Vertrags. Eine seiner Säulen, die Teil des Vertrags über die Arbeitsweise der Europäischen Union wurde (Artikel 125 AEUV), ist das Beistandsverbot, auch »No-Bailout-Klausel« genannt. Danach haftet kein Mitglied der Eurozone für die Verpflichtungen anderer Mitgliedsstaaten. Auch ist keines der Mitglieder verpflichtet, Beistand zu leisten:[31]

»Die Union haftet nicht für die Verbindlichkeiten der Zentralregierungen, der regionalen oder lokalen Gebietskörperschaften oder anderen öffentlich-rechtlichen Körperschaften, sonstiger Einrichtungen des öffentlichen Rechts oder öffentlicher Unternehmen von Mitgliedstaaten. ... Ein Mitgliedstaat haftet nicht für die Verbindlichkeiten der Zentralregierungen, der regionalen oder lokalen Gebietskörperschaften oder anderen öffentlich-rechtlichen Körperschaften, sonstiger Einrichtungen des öffentlichen Rechts oder öffentlicher Unternehmen eines anderen Mitgliedstaats ...«

Expressis verbis verdeutlicht die »No-Bailout-Klausel«, dass der Euro nicht als gegenseitige Versicherung oder System der Vergemeinschaftung von Schulden konzipiert war. Im Gegenteil, ein solcher Beistand wurde explizit ausgeschlossen, um die Gläubiger des Landes zur Verantwortung ziehen zu können. Wenn ein Land außerstande ist, seine Schulden zurückzuzahlen, dann müssen die Gläubiger und Investoren, die dem Land leichtfertig Geld geliehen haben, für die Verluste aus ihrer Fehlinvestition aufkommen, statt dass die Steuerzahler anderer Länder zur Kasse gebeten werden.

Dass sich das Europrojekt in ein Programm zur Vergemeinschaftung von Schulden verwandeln könnte, hatten einige Länder von Anfang an befürchtet. Sie hatten deshalb nachdrücklich auf der »No-Bailout-Klausel« bestanden, um zu verhindern, dass die südeuropäischen Länder die Währungsunion benutzen könnten, dem Norden ihre kaum noch beherrschbare Schuldenlast ans Bein zu binden. Insbesondere Deutschland machte den Ausschluss einer Vergemeinschaftung der Schulden zu einer zentralen Bedingung für die Aufgabe der D-Mark.[32]

Das änderte nichts daran, dass eine große Mehrheit der deutschen Bevölkerung die Ablösung der D-Mark durch den Euro sehr skeptisch sah.[33] Bundeskanzler Kohl beschwor deshalb immer wieder, dass die Einführung der neuen Währung keine Vergemeinschaftung von Schulden oder Transferleistungen zwischen Mitgliedern der Eurozone impliziere. In seiner großen Rede zur Euroeinführung bat er seine Zuhörer, einen Moment innezuhalten und ihm genau zuzuhören. Dann sagte er, um seiner Aussage besonders viel Gewicht zu geben, gleich zweimal hintereinander:[34]

»*Nach der vertraglichen Regelung gibt es keine Haftung der Gemeinschaft für Verbindlichkeiten der Mitgliedstaaten und keine zusätzlichen Finanztransfers.*«

Die Klarheit und Bestimmtheit der Worte Kohls mögen der Grund sein, warum die deutsche Bundesregierung heute so zurückhaltend bei der Zustimmung zu Rettungsmaßnahmen und zur Vergemeinschaftung von Schulden agiert. Und dennoch hat sie im Jahr 2010 einer umfangreichen Rettungsmaschinerie zugestimmt, mit der die Schulden der Krisenländer bei privaten Gläubigern weitgehend zu Schulden bei europäischen Rettungsinstanzen umgewandelt wurden, die selbst wiederum bei privaten Gläubigern neue Schulden machten. Die Schulden dieser Rettungsinstanzen wurden damit anteilig explizit oder implizit in deutsche Schulden verwandelt. Kapitel 8 wird auf die Zusammenhänge näher eingehen. Außerdem hat die deutsche Bundesregierung stillschweigend akzeptiert, dass die EZB sich in großem Umfang an Rettungsaktionen beteiligt, die letztlich auch zu einer Haftung der Steuerzahler aller Euroländer führen.

Wie später in diesem Buch gezeigt wird, stellte die Staatengemeinschaft den sechs Krisenländern (GIPSIZ) zusammen mit der EZB und dem IWF auf dem Höhepunkt der Krise im August 2012 insgesamt 1.340 Milliarden Euro zur Verfügung. Mit einem Betrag von durchschnittlich 10.000 Euro pro Kopf der Empfängerländer ist das wahrlich keine kleine Unterstützung, zumal es sich ja um einen Durchschnittswert handelt. Im Fall Griechenlands lag der bis Ende Juni 2015 gewährte öffentliche Kredit bei 31.000 Euro pro Kopf oder 83.000 Euro pro Haushalt.[35] Es ist ein tragischer Zug der Geschichte, wenn gerade diejenigen Länder, die die Rettungspakete finanzieren und so die von den Märkten verhängte Ausgabensperre für die Krisenländer überwinden helfen, von diesen Ländern nicht als Retter wahrgenommen werden, sondern als Unterdrücker, da sie das Volumen dieser Rettungspakete begrenzen. Falls die Banken und Staaten der GIPSIZ-Länder in Konkurs gehen und ihre Schulden nicht bedienen, würde Deutschland allein einen Verlust von 260 Milliarden Euro oder 3.200 Euro pro Kopf erleiden, wie Kapitel 8 aufzeigen wird. Finnen und Holländer würden sogar einen Verlust von 3.300 bzw. 3.400 Euro pro Kopf hinnehmen müssen. Es ist die Bevölkerung dieser Länder, die mit ihrer Rettungspolitik am meisten dazu beiträgt, den von den Märkten ausgelösten Sparzwang abzumildern.

Kohls Zuversicht in die Vertragstreue seiner europäischen Partner wurde in der Krise schwer enttäuscht. Christine Lagarde, die ehemalige französische Finanzministerin und jetzige Präsidentin des Internationalen Währungsfonds, erklärte freimütig, dass man die Rettungsprogramme beschlossen habe, obwohl sie illegal seien:[36]

»*Wir haben alle Regeln gebrochen, weil wir enger zusammenrücken und die Eurozone wirklich retten wollten.*«

Angesichts des Umstands, dass die Kredite der französischen Banken an die Krisenstaaten bei der Verabschiedung der Rettungspakete im Frühjahr 2010 im Verhältnis zum Bruttoinlandsprodukt doppelt so groß waren wie die Kredite der deutschen Banken, kann man diese Position sicher verstehen.[37] Sie zeigt aber eine beunruhigende Leichtfertigkeit beim Umgang mit den europäischen Verträgen. Gerade die Krisenregeln dieser Verträge wurden ja geschaffen, um den politischen Entscheidungsträgern den Rücken bei Maßnahmen zu stärken, die kurzfristig wehtun mögen, doch das langfristige Funktionieren der Gemeinschaft sichern. Die Regeln sollten eine Schutzmauer gegen den Opportunismus sein, der aus den tagesaktuellen Sachzwängen zu resultieren pflegt.[38]

Es gab zu der Zeit, als der Maastrichter Vertrag beraten wurde, auch kritische Stimmen, die davor gewarnt haben, sich blauäugig auf bloße Schutzklauseln zu verlassen, in der Hoffnung, sie würden auch respektiert, wenn es darauf ankommt. Unter ihnen waren der damalige Bundesbankpräsident Hans Tietmeyer,[39] Nobelpreisträger Milton Friedman,[40] der ehemalige wirtschaftspolitische Chefberater der amerikanischen Regierung Martin Feldstein,[41] und Ralf Dahrendorf, der ehemalige Präsident der London School of Economics, der unmissverständliche Worte fand:[42]

»*Die Währungsunion ist ein großer Irrtum, ein abenteuerliches, waghalsiges und verfehltes Ziel, das Europa nicht eint, sondern spaltet.*«

Nicht weniger als 155 deutsche Ökonomen hatten im Jahr 1998 einen öffentlichen Aufruf gegen die nach ihrer Meinung verfrühte Einführung des Euro unterschrieben.[43] Die wissenschaftliche Redlichkeit gebietet es, zuzugestehen, dass diese Skeptiker, zu denen der Verfasser dieses Buches damals leider nicht zählte, Recht behielten.

DIE VORTEILE DES EURO FÜR DEN HANDEL UND DEN KAPITALVERKEHR

Das alles kann nicht bedeuten, dass die Eurozone den Euro heute aufgeben sollte, denn was geschehen ist, ist geschehen. Man kann aus vielen Zutaten einen Kuchen backen, aber man kann aus dem Kuchen die Zutaten nicht wieder zurückgewinnen, jedenfalls nicht auf einfache Weise. Die Finanzsysteme der Eurozone sind so stark miteinander verwoben, dass eine Rückrechnung der Schuldkontrakte auf alte Währungen nicht einfach ist. Zudem hat der Euro so viel Symbolkraft für die weitere politische Integration des Kontinents, dass man nur hoffen kann, ihn zu vernünftigen Bedingungen erhalten zu können. Das Diktum der Kanzlerin »*Wenn der Euro scheitert, scheitert Europa*« ist zwar übertrieben, enthält aber einen wahren Kern. Aus ökonomischer Sicht ist der Euro nur eine Verrechnungseinheit für den Austausch von Waren. Aber politisch steht er für eine ambitionierte Phase der historischen Entwicklung Europas, die hoffentlich noch ein gutes Ende finden wird.

Das Diktum ist offenbar an die Kapitalmärkte gerichtet und soll eine Warnung sein, dass spekulative Attacken auf einzelne Länder aussichtslos sind. Es wird freilich auch von jenen Euroländern gehört, die mit ihren Finanzen nicht zurechtkommen, es als Freibrief für neue Staatsschulden interpretieren und daraus herleiten, tun und lassen zu können, was sie wollen, ohne jemals befürchten zu müssen, dass sie die Staatengemeinschaft im Konkursfall hängen lässt. So gesehen wird der Euro durch eine solche Aussage eher gefährdet als stabilisiert, weil er von innen zu erodieren beginnt.

Reformen und eine Konzentration auf die Länder, die innerhalb des Eurosystems funktionsfähig sind, werden deshalb trotz aller Schwierigkeiten notwendig sein. Warum das so ist und wie solche Reformen aussehen könnten, wird in den Kapiteln 4 und 9 diskutiert werden.

Damit soll der Euro nicht zur Disposition gestellt, sondern gerettet werden. Der Euro als Gemeinschaftswährung hat tatsächlich auch Vorteile, von denen alle Länder grundsätzlich profitieren können. Dieses Buch plädiert deswegen auch nicht dafür, die grundsätzliche Entscheidung der Regierung

Kohl, einen Währungsverbund mit Südeuropa einzugehen, rückgängig zu machen, so schonungslos die Bestandsaufnahme auch ausfallen mag. Erst recht stellt es nicht die deutsch-französische Achse infrage, auf der die Stabilität der Nachkriegsordnung basiert. Detaillierte Sachkritik soll die Basis für Reformvorschläge liefern, die den europäischen Gedanken stärken und nicht untergraben.

Ein offenkundig positives Ergebnis des Euro ist die Senkung der Geldwechselkosten, die jeder Tourist sofort als Vorteil versteht. Früher verloren die im Handel stehenden Parteien bei einem Export-Import-Geschäft im Wert von 1.000 D-Mark etwa 15 D-Mark. Geschäftsleute, die viel reisten, hatten ein Dutzend Geldbörsen oder mehr, um die verschiedenen Bargeldreste bis zur nächsten Reise aufzubewahren, und auch als Tourist erinnert man sich an die ausländischen Münzen und Banknoten, von denen man nicht wusste, was man mit ihnen anfangen sollte. Die Behinderung des freien Austauschs durch die Wechselkosten zwischen den Ländern hat der Euro überwunden.

Wichtiger für den Handel ist freilich, dass der Euro die Wechselkursunsicherheit beseitigt hat. Das ständige Auf und Ab der Wechselkurse hatte in der Vor-Euro-Zeit den Handel in Europa immer wieder erschwert. Wenn eine Ware mit Lieferfrist verkauft wurde, wussten die Kontraktpartner gar nicht, welchen Preis sie wirklich vereinbart hatten. Wenn man die Währung des Lieferanten als Basis nahm, war der Käufer einem Lotteriespiel ausgesetzt, und wenn in der Währung des Käufers fakturiert wurde, wusste der Verkäufer nicht, was er bekam. Beide konnten sich gegen das Wechselkursrisiko absichern, aber das war teuer und belastete den Warenaustausch.

Der Euro hat die realen Geschäfte und die Finanzgeschäfte der Euroländer vor den Turbulenzen der flexiblen Wechselkurse geschützt, die ein großes Problem in den Dekaden vor der Einführung der gemeinsamen Währung darstellten, insbesondere 1992, als der eigentlich feste Wechselkurs im Europäischen Währungssystem angepasst werden musste.

Andererseits verhindert der Euro aber auch, dass sich Länder durch eine Abwertung retten können, die durch eine exzessive Inflation zu teuer geworden sind. Von dieser Möglichkeit hatten gerade die südeuropäischen Länder regelmäßig Gebrauch gemacht. In der Zeit zwischen dem Ende des Bretton-Woods-Festkurssystems im Jahr 1973 und der virtuellen Einführung des Euro im Jahr 1999 wertete beispielsweise Italien seine Lira gegenüber der D-Mark um 80% ab, Spanien seine Peseta um 76% und Frankreich seinen Franc um 52%.[44] In der Zeit des Europäischen Währungssystems (13. März 1979 bis zum 31. Dezember 1998), wertete Italien insgesamt 13-mal ab und einmal auf, Frankreich wertete sechsmal ab und Spanien (nach dem Beitritt) viermal.⁴⁵ Frankreich beendete jedoch im Jahr 1993 seine Politik der dauernden Abwertungen, als der französische Zentralbankchef Jean-Claude Trichet sein Land zu einer »Franc-fort«-Politik verpflichtete, was »starker Franken« heißt, aber eine offensichtliche Anspielung auf den Sitz der Bundesbank in Frankfurt war. Die Franc-fort-Politik war eine Anti-Inflationspolitik mit dem Ziel, die Abwertungen des französischen Franc im Vergleich zur D-Mark zu vermeiden.⁴⁶ Es bleibt jedoch eine offene Frage, wie weit das Argument der Wechselkursunsicherheit letztendlich trägt und ob der Verzicht auf eine Abwertungsmöglichkeit eher ein Fluch oder ein Segen für die französische Wirtschaft war. Angesichts der nun schon Jahre andauernden Wirtschaftskrise mehren sich in Frankreich die kritischen Stimmen gegenüber dem Euro.⁴⁷

Ein starres Festkurssystem kann auch für florierende Länder wie Deutschland zum Problem werden, weil es die Risiken und Unsicherheiten, die sich durch unterschiedliche Entwicklungen der Wettbewerbsfähigkeit ergeben, in ein zusätzliches Ausfallrisiko bei schwächeren Banken und Staaten überträgt. Wird das Ausfallrisiko sozialisiert und der sonst vorhandene Zinsunterschied zwischen den Ländern künstlich verringert, so wird der Nutzen der Währungsunion für die Konsumenten und Steuerzahler dieser Länder zweifelhaft.

Häufig wird bei der Bewertung der wirtschaftlichen Implikationen des Euro auf den abnehmenden Anteil des Exports der großen Länder in den Euroraum hingewiesen, der in Abbildung 1.5 dargestellt ist. Im Jahr 1999 gingen knapp 44% der deutschen Warenexporte in die Eurozone; inzwischen liegt der Anteil bei nur noch knapp 35%. Die anderen großen Länder zeigen einen ähnlichen Abwärtstrend, jedoch auf einem etwas höheren Niveau. Es hat also nach der Einführung des Euro eine relative Entkoppelung der deutschen Wirtschaft vom Rest der Eurozone stattgefunden. Das ist das Gegenteil der wachsenden wirtschaftlichen Integration, die man mit dem Euro beabsichtigte.

Die Erklärung für dieses Abkopplungsphänomen liegt aber nicht darin, dass die anderen Euroländer ihr Interesse an deutschen Waren verloren hätten. Vielmehr ist sie in der dynamischen Wirtschaftsentwicklung der anderen Großregionen der Erde zu suchen, wie sie bereits in Abbildung 1.1 aufgezeigt wurde. Da der europäische Export weltweit breit verteilt ist, profitiert er von der Dynamik der Welt und entwickelt sich somit zwangsläufig schneller dorthin als in die insgesamt langsam wachsende Eurozone.

Außerdem weiß man natürlich nicht, wie sich der innereuropäische Handel entwickelt hätte, wenn es den Euro nicht gegeben hätte. Insofern muss man sich vor vorschnellen Urteilen hüten. Auch ohne den Euro hätte allein schon der EU-Binnenmarkt für einen florierenden Handel in Europa ge-

Kapitel 1   Wunsch und Wirklichkeit

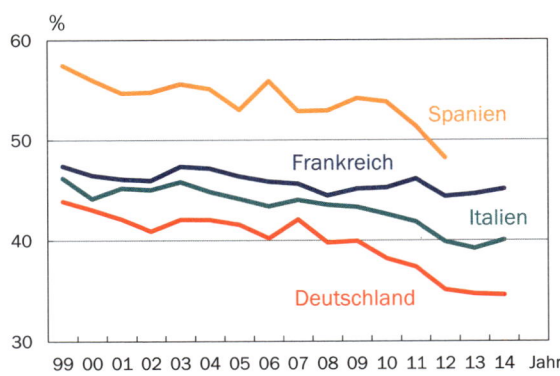

Abbildung 1.5 Exportanteile in die Eurozone (1999–2014)

Bemerkung: Nach den Definitionen und Konzepten der neuen Systematik der Volkswirtschaftlichen Gesamtrechnungen (ESVG 2010) liegen die Daten nicht für alle betrachteten Länder vollständig vor. Insofern musste teilweise noch auf Daten zurückgegriffen werden, die nach der alte Systematik ESVG 95 erhoben wurden. Der Wechsel der Systematik in der amtlichen Statistik hat indes keine starken Effekte auf die Kurvenverläufe, wie sich anhand der Überlappungsbereiche zeigen lässt.

Quelle: Eurostat, Datenbank, *Wirtschaft und Finanzen,* Volkswirtschaftliche Gesamtrechnungen (ESVG 2010), Jährliche Volkswirtschaftliche Gesamtrechnungen, Hauptaggregate des BIP, Exporte und Importe nach EU-Ländern/Drittländern bzw. Eurostat, Datenbank, *Wirtschaft und Finanzen,* Volkswirtschaftliche Gesamtrechnungen (einschließlich BIP) (ESVG 95), Jährliche Volkswirtschaftliche Gesamtrechnungen, Exporte und Importe nach EU-Ländern/Drittländern.

sorgt. Der Freihandel ist der eigentliche Motor der Integration und Arbeitsteilung in Europa. Wie viel der Schutz vor Wechselkursschwankungen zusätzlich beiträgt, ist unklar.

Währungsturbulenzen führen freilich zu noch schädlicheren Effekten als nur der Behinderung des Güterhandels. Besonders empfindlich reagiert der Kapitalverkehr, der angesichts langer Fristen und der im Verhältnis zum Transaktionsvolumen kleinen Gewinnmargen von der Wechselkursfluktuation besonders betroffen ist. Vergab der Gläubiger einen Kredit in heimischer Währung, lag das Risiko der Rückzahlung beim Schuldner. Viele Schuldner in Osteuropa, die vor Jahren Kredite in Euro oder Schweizer Franken aufgenommen hatten, leiden heute darunter, dass sie ihre Währungen abgewertet haben und den Schuldendienst kaum noch leisten können. So war es früher auch zwischen den westeuropäischen Ländern. Und wenn die Kredite in fremder Währung vergeben wurden, dann wusste der Gläubiger nicht, worauf er sich einließ. So oder so wurden die internationalen Kreditverhältnisse behindert.

Die Beseitigung dieser Art von Unsicherheit hatte, wie in Kapitel 2 ausführlich beschrieben wird, einen sehr viel stärkeren Einfluss auf das Geschehen in der Eurozone als die Beseitigung der Unsicherheit beim Warenhandel, denn sie führte zu einer dramatischen Konvergenz der Zinsen für Kredite, die in jeweils heimischer Währung aufgenommen wurden. Vor der Euroeinführung wollten Anleger aus anderen Ländern hohe Risikoaufschläge im Zins, um für den Fall einer Abwertung der Anlagewährung während der Laufzeit kompensiert zu werden. Schon nach der Ankündigung des Euro verschwanden diese Aufschläge und leiteten damit eine Umlenkung der Kapitalströme ein, die die heutige Krise maßgeblich erklärt.

Die Zinskonvergenz war zu einem gewissen Grad für Europa als Ganzes nützlich, da es ja im Grundsatz sinnvoll war, wenn Sparkapital aus dem kapitalreichen Norden in unterkapitalisierte südliche Regionen floss, die weniger entwickelt waren und wegen der bisherigen Kapitalknappheit höhere Kapitalrenditen versprachen. So war zu vermuten und zu hoffen, dass allein durch den Wegfall der Wechselkursunsicherheit sinnvolle Kapitalbewegungen entstanden, die im Süden mehr Sozialprodukt schufen, als mit demselben Kapital im Norden hätte geschaffen werden können. Für einige Beobachter, den Autor eingerechnet, war dies der größte Vorteil der gemeinsamen Währung.[48]

Leider gewann jedoch der Prozess der Kapitalverlagerung zu viel Eigendynamik und geriet außer Kontrolle. Infolge übermäßiger Zinskonvergenz nahm der Süden zu viel Kredit auf, was eine inflationäre Wirtschaftsblase entstehen ließ, die ihn seiner Wettbewerbsfähigkeit beraubte. Der Kapitalverkehr schoss weit über das Optimum hinaus, es gab des Guten zu viel. Kapitel 2 und 4 werden im Detail schildern, warum es zu diesen Fehlentwicklungen kam.

EINE UNVOLLENDETE GEMEINSCHAFT

Schon früh war es das erklärte Ziel der europäischen Politik, einen festen Wechselkursverbund herzustellen. Bereits der Wirtschafts- und Finanzausschuss des Europäischen Parlaments beschäftigte sich in seinem Bericht über die Koordinierung der Währungspolitik vom 7. April 1962 mit der Idee einer einheitlichen europäischen Währung. Dass die Vorstöße zu einer Währungsunion fast ausschließlich aus den Reihen der Politik und keineswegs von Zentralbanken und Finanzministerien kamen, ist in diesem Zusammenhang durchaus bemerkenswert.

Nach dem Werner-Plan von 1970 einigten sich die europäischen Regierungen im Jahr 1972 in einer ersten Phase auf eine Koordinierung ihrer Wechselkurse in Form einer sogenannten »Währungsschlange«. Man legte zunächst verbindliche Mittelkurse relativ zum Dollar für jede Währung fest und verpflichtete die Zentralbanken, auf den Devisenmärkten zu intervenieren, also Devisen zu verkaufen oder anzukaufen, um diese Kurse innerhalb gewisser Bandbreiten zu halten. Die Währungsschlange war allerdings nicht sehr erfolgreich. Mit dem Zerfall des Systems von Bretton Woods und den damit einhergehenden Währungskrisen traten die meisten Länder aus, sodass kurze Zeit später nur noch wenige Währungen wie die D-Mark an ihr festhielten. Ersetzt wurde die Währungsschlange im Jahr 1979 durch das Europäische Währungssystem (EWS), das von den Regierungen Helmut Schmidt und Valery Giscard d'Estaing vorgeschlagen wurde, um die Devisenmärkte vor Turbulenzen zu schützen. Die D-Mark entwickelte sich zur Leitwährung des Systems, das sich mit unterschiedlich vielen Ländern bis zur Einführung des Euros hielt.

Im Jahr 1992 kam es im Zuge der deutschen Wiedervereinigung allerdings zu größeren Spannungen im EWS. Einige Zentralbanken werteten ihre Währung relativ zur D-Mark ab, und zwar in einer Größenordnung, die so nicht erwartet worden war. Zusätzlich setzten die Zentralbanken der abwertungsverdächtigen Länder die Zinsen hoch, um den Wechselkurs zu stabilisieren. Schweden hatte temporär einen Diskontsatz, der, auf das Jahr umgerechnet, bei 500% lag. Jedoch setzten die Spekulationen der Finanzanleger solch große Geldsummen in Bewegung, dass die Zentralbanken machtlos blieben. Das britische Pfund wertete im Laufe des Jahres um 14% gegenüber der D-Mark ab, die Lira um 17%, die Peseta um 10%, die schwedische Krone um 16% und die finnische Markka ebenfalls um 16%.[49] Italien verließ das EWS dann temporär, Großbritannien permanent.

Solch historische Turbulenzen ließen insbesondere auf französischer Seite den Wunsch reifen, nationale Währungen gänzlich abzuschaffen, was im Jahr 1989 bereits zu dem sogenannten Delors-Plan geführt hatte, der vom Europäischen Rat ein Jahr zuvor in Auftrag gegeben worden war.[50] Der Delors-Plan sah drei Stufen für den Aufbau der Wirtschafts- und Währungsunion vor. Während in der ersten Stufe alle Beschränkungen des Kapitalverkehrs zwischen den Mitgliedsstaaten beseitigt werden sollten, galt die zweite Stufe der Konsolidierung der Staatshaushalte der Teilnehmerstaaten, um so die Voraussetzung für eine stabile gemeinsame Währung zu schaffen. Die dritte Stufe sah die Festlegung der Umrechnungskurse und die anschließende Einführung des Euro als einer gemeinsamen Währung vor. Man wollte ein System, in dem der Währungsspekulation dauerhaft durch ein wirklich glaubhaftes Festkurssystem Einhalt geboten werden konnte. Und das schien man durch eine gemeinsame Währung erreichen zu können.

Deutschland zögerte, den Delors-Plan umzusetzen, weil es sich als größtes Land der EU nicht dem Einfluss anderer Länder auf seine Geldpolitik unterwerfen wollte. Die Bundesbank vertrat die sogenannte »Krönungstheorie«, nach der Europa zuerst ein höheres Maß an staatlicher Integration brauchen würde, bevor man als »Krone« die gemeinsame Währung aufsetzen konnte. Auch misstraute sie dem Stabilitätswillen der anderen Länder und befürchtete, von der Inflation der Südländer angesteckt und mitgerissen zu werden. Selbst Helmut Kohl, später glühender Verfechter der Euroeinführung, warnte:[51]

> »Man kann dies nicht oft genug sagen: Die politische Union ist das unerlässliche Gegenstück zur Wirtschafts- und Währungsunion. Die jüngere Geschichte ... lehrt uns, dass die Vorstellung, man könne eine Wirtschafts- und Währungsunion ohne politische Union auf Dauer erhalten, abwegig ist.«

Umgekehrt fühlten sich die anderen Länder von der Dominanz der Bundesbank eingeengt. Stets musste man, sofern man die Wechselkurse stabilisieren wollte, der Zinspolitik der Bundesbank folgen, die aber an deutschen statt internationalen Belangen ausgerichtet war. Es gab Zeiten, in denen für Deutschland ein hoher Zins für die Refinanzierungskredite der Notenbank angemessen war, um die Inflation einzudämmen, während in den Nachbarländern eine Flaute herrschte, die eigentlich niedrigere Zinsen verlangte, und umgekehrt. Die Zinspolitik der Bundesbank setzte sich aber wegen der schieren Größe des D-Mark-Raums immer durch. Die anderen Länder sahen sich stets gezwungen, ihre Zinsen an die Bundesbankzinsen anzupassen, um keine exzessiven Kapitalbewegungen zu provozieren. Es leuchtet ein, dass man diese Verhältnisse beenden wollte. Deswegen hielt der französische Präsident die Krönungstheorie auch nur für eine Verzögerungstaktik Deutschlands. »*Die Harmonisierung der Wirtschaftspolitik wird sich ganz von selbst ergeben*«, sagte er später auf die Frage, ob man den Euro ohne die Koordination der Wirtschaftspolitik haben könne.[52]

DIE WÄHRUNGSUNION ALS PREIS DER WIEDERVEREINIGUNG?

Der Durchbruch bei den Verhandlungen Deutschlands mit den Nachbarländern sollte erst kommen, als im Jahr 1989 die deutsche Vereinigung in greifbare Nähe rückte. Einerseits verlangten nun viele Europäer, das durch die Wiedervereinigung scheinbar erstarkende Deutschland politisch stärker einzubinden. Andererseits war auch Deutschland selbst zu Kompromissen bereit, um die Wiedervereinigung ohne größere politische Widerstände durchführen zu können. Immerhin war Deutschland noch kein souveränes Land und brauchte die formelle Zustimmung der Siegermächte des Zweiten Weltkrieges für die deutsche Wiedervereinigung. Sicher, kein europäisches Land hätte tatsächlich etwas gegen die Wiedervereinigung ausrichten können, denn Russland und die USA hatten bereits ihre Zustimmung signalisiert. Insbesondere der US-amerikanische Präsident George H. W. Bush hatte sich sehr für die Wiedervereinigung eingesetzt, und der russische Präsident Michail Gorbatschow stimmte zu, wohl wissend, dass die Sowjetunion in der damaligen Form nicht erhalten werden konnte. Indes hätte eine französische Blockade die deutsch-französische Achse und damit die Fortsetzung des europäischen Integrationsprozesses gefährdet, die seit dem Zweiten Weltkrieg eines der obersten Ziele der deutschen Politik ist.

Kohl selbst scheint den Euro sogar schon vor der Wiedervereinigung angestrebt zu haben, um die europäische Integration zu stärken.[53] Ob er damit ohne die Vereinigung durchgekommen wäre, ist jedoch fraglich. Dazu war der Widerstand der Bundesbank, der Wirtschaft und der allgemeinen Öffentlichkeit zu groß. Erst als die Vereinigung zum Greifen nah war, doch von Frankreich blockiert zu werden drohte, verfügte er über die Argumente, diesen Widerstand zu brechen.

So kam es am 4. Januar 1990 bei einem deutsch-französischen Regierungstreffen zur Grundsatzentscheidung zugunsten einer Umsetzung des Delors-Plans, die zwei Jahre später, im Juli 1992, zum Maastrichter Vertrag führen sollte.[54] In ihm vereinbarten die EU-Länder, den Euro einzuführen, wenn verschiedene Konvergenzkriterien erfüllt waren. Als spätestmöglicher Zeitpunkt der Einführung wurde unabhängig davon der 1. Januar 1999 festgelegt.[55]

Frankreich forderte den Euro mit großem Nachdruck, denn auch die französische Zentralbank hatte sich immer wieder genötigt gesehen, den geldpolitischen Entscheidungen der Bundesbank zu folgen, ohne dass sie in der Lage gewesen wäre, sie zu beeinflussen, was der *Grande Nation* erheblich gegen den Strich ging. Mitterrand hatte die deutsche Wiedervereinigung zunächst aktiv politisch bekämpft, und ließ sich seine Zustimmung am Ende mit der Einführung des Euro bezahlen. Das wurde zwar nie vertraglich so vereinbart, ist aber inzwischen gut belegt.[56] Mitterrands Zustimmung zu den Zwei-plus-vier-Verhandlungen und die für die Vereinbarungen zum Euro geplante Regierungskonferenz in Maastricht wurden dann auch unmittelbar nach dem Gipfeltreffen im Januar gemeinsam von Mitterrand und Kohl verkündet.[57]

Welche Bedeutung Frankreich der Macht der Bundesbank beimaß, zeigte sich daran, dass Präsident Mitterrand die D-Mark vorher als *force de frappe* der Deutschen, also als Atomwaffe bezeichnet hatte[58] und dass er den Maastrichter Vertrag einer Gruppe von Kriegsveteranen später unter anderem mit der Bemerkung schmackhaft zu machen versuchte, er sei für Frankreich besser als der Vertrag von Versailles, wörtlich: ein »Super-Versailles«.[59] Die einflussreiche Zeitung Le Figaro jubelte gar: »*Elle paie aujourd'hui*«[60] (wörtlich: »Heute zahlt sie [Deutschland]«), wobei sie einen Slogan aufnahm, der in der Zeit nach dem Versailler Vertrag gegen Deutschland gerichtet war, was Rudolf Augstein im *Spiegel* seinerzeit vehement kritisierte.[61] Man kann schwerlich unterstellen, dass *Le Figaro* damals tatsächlich ahnte, dass Deutschland den Löwenanteil für die Rettungsschirme der EU, mit denen vor allem französische Banken gerettet wurden, würde zahlen müssen. Indes mag man gehofft haben, die Einbindung Deutschlands in ein gemeinsames Währungssystem werde später so oder so zu einer Angleichung der Lebensverhältnisse und einer Vergemeinschaftung der Schulden führen.

Als Gegenleistung für die Aufgabe der D-Mark versuchte Kohl, eine politische Union in Europa zu erreichen, aber Mitterrand verweigerte seine Zustimmung. Über die politische Union gab es mit Frankreich keinen Konsens. Präsident Jacques Chirac sagte bei der Einführung des Euro später sogar:[62]

»*Ich werde nicht akzeptieren, dass Europa sich in einen Superstaat verwandelt oder dass es seine Institutionen nach denen der Vereinigten Staaten formt.*«

So musste sich Kohl mit der bloßen Einführung des Euro zufriedengeben, ohne dass es zu wesentlichen politischen Zugeständnissen der anderen Euroländer kam, die als Schritt in die Richtung einer stärkeren politischen Integration hätten verstanden werden können.

AUF DEM WEG ZUR TRANSFER- UND SCHULDENUNION

Während Frankreich und Deutschland die Entscheidung für den Euro als einen zentralen politischen Schritt der Aussöhnung ansahen, war die Motivation der südeuropäischen Länder eine andere. Sie erhofften sich vom Euro eine Senkung ihrer Zinslasten für die Staatsschulden, und sie sahen ihn auch als ein Vehikel, um Anschluss an den Wohlstand des Nordens zu gewinnen. Es war ähnlich wie bei der deutschen Vereinigung, als die gemeinsame Währung von vielen als Garant für die Angleichung der Lebensverhältnisse gesehen wurde, ohne dass sie genau sagen konnten, durch welche Mechanismen sie zustande kommen würde.

Einige politische Kommentatoren gaben dieser Interpretation sehr konkret Gestalt und dachten an eine Transferunion, ein System des Finanzausgleichs zwischen den Regionen, wie es in Deutschland existiert.[63] Auch in verschiedenen offiziellen Dokumenten der EU tauchte das Thema immer wieder auf, obwohl es bei den konkreten Verhandlungen um den Maastrichter Vertrag wohlweislich erst einmal weggelassen wurde, um keine Pferde scheu zu machen.[64]

Um die Mundellsche Theorie der optimalen Währungsräume, die in der Volkswirtschaftslehre eifrig diskutiert wurde, ging es bei den Beitrittsgesprächen damals eher nicht.[65] Man interessierte sich nicht dafür, ob die Wirtschaftsschwankungen der EU-Länder eher synchron oder asynchron verliefen, sondern wer Mitglied in einem Klub werden durfte, der zu einem wichtigen politischen Machtgefüge in Europa führen würde und der, auf welchem Wege auch immer, die Angleichung der Lebensverhältnisse versprach.

Die Bundesbank sah die Umverteilungsmechanismen, die der Euro mit sich bringen würde, mit großer Skepsis. Da sie fürchtete, dass die Hereinnahme hoch verschuldeter oder armer Länder zu einem Missbrauch der geldpolitischen Instrumente führen würde, wollte sie die südeuropäischen Länder eigentlich draußen lassen. So sicher, dass es keine Finanztransfers geben würde, wie Kohl sich in der oben zitierten Rede des Jahres 1998 gegeben hatte, war man sich bei der Bundesbank nicht. Deswegen hatte sie im Maastrichter Vertrag als eine der Bedingungen des Eurobeitritts eine 60%-Grenze für die Staatsschuldenquote durchgesetzt. Auch die Regierung Kohl erhob die Einhaltung der Fiskalregeln im Euroraum zum Leitmotiv deutscher Politik und betonte, dass es »*keine deutsche Regierung zulassen (werde), dass die in Maastricht vereinbarten strengen Kriterien – aus welchen Erwägungen auch immer – in irgendeiner Weise aufgeweicht werden*«.[66] Doch passten Wunsch und Wirklichkeit schon damals nicht zusammen. Im Jahr 1991, als der Maastrichter Vertrag abgeschlossen wurde, lagen die Schuldenquoten von Italien (102%), Griechenland (92%), Belgien (128%), Irland (95%) und den Niederlanden (79%) so weit über der 60%-Grenze, dass der Versuch, noch rechtzeitig unter diese Grenze zu gelangen, sehr ambitioniert war. Nur ein »Reformkurs« ist ein »Beitrittskurs«, lautete der Grundsatz seinerzeit. Und in der Tat gelang es den meisten der Euromitgliedsländern nicht, das Eintrittskriterium zu erfüllen. Im Prüfjahr 1997 lagen nur Finnland (56%), Frankreich (58%), Luxemburg (7%) und Großbritannien (53%) unter dem Limit. So gesehen hätte das ganze Europrojekt gar nicht erst starten dürfen.

Aber schon damals zeigte sich, dass Europas Politiker kreativ sind, wenn es um die Formulierung von Verträgen geht. Im Maastrichter Vertrag war auch der schwammige Hinweis enthalten, dass man von der 60%-Grenze absehen könnte, wenn wenigstens die Defizitquote zurückgehe und sich dem Referenzwert von 3% nähere oder diesen Wert nur ausnahmsweise und vorübergehend überschreite.[67] So gesehen war dann doch wieder alles möglich, und die südeuropäischen Länder, die mit ihren hohen Schulden in die Eurozone wollten, sahen ihre Chance. Der Euro als solcher war bereits beschlossen, jetzt ging es nur noch darum, zu jenen Ländern zu gehören, die dabei sein durften. Frankreich, das als Teil der romanischen Sprachfamilie und auch aus geografischen Gründen ein starkes Interesse am Mittelmeerraum hatte und in den Nachbarländern natürliche Verbündete sah, drängelte gemeinsam mit den Südländern, bis die Regierung Kohl nachgab und die große Eurozone akzeptierte. Das war in der Retrospektive der entscheidende Schritt zu den Verschuldungsproblemen, unter denen Europa heute leidet. Es kamen zu viele Länder mit hoher Staatsverschuldung in den Euro hinein, die dann ihre Stimmenmehrheit einsetzen konnten, um die Regeln des Eurosystems in ihrem Sinne zu beeinflussen.

Es gibt sogar Anhaltspunkte für die Vermutung, dass Kohl sich schließlich selbst dafür einsetzte, das 60%-Kriterium aufzuweichen, um Italien einschließen zu können, wobei er die Bedenken der Bundesbank sowie seiner Experten ignorierte.[68] Vor die Wahl gestellt, die eigenen Kräfte beim Diskurs mit Frankreich und Italien zu verzehren oder die Chance zu haben, als Vater eines vereinigten Europa in die Geschichtsbücher einzugehen, fiel ihm, der schon bei der deutschen Vereinigung ökonomische Zusammenhänge als irrelevant zur Seite gewischt hatte, die Entscheidung letztendlich nicht mehr schwer.

Wie es scheint, hat Finanzminister Theo Waigel damals versucht, dagegenzuhalten.[69] Seine Position war jedoch entscheidend geschwächt worden, als die EU-Länder Deutschland drängten, die Treuhand-Schulden den Staatsschulden zuzurechnen.[70] Das führte vom Jahr 1994 auf das Jahr 1995 zu einem Sprung der Schuldenquote um knapp acht Prozentpunkte auf 58%, also knapp unter die 60%-Grenze. 1996 wurde diese Grenze dann mit einem Wert von 60,4% überschritten, und auch im Referenzjahr 1997 lag Deutschland mit 61,3% zu hoch, als dass es die 60%-Grenze des Maastrichter Vertrags zum Ausschlusskriterium hätte machen können. Bei alledem wird klar, dass die Euroeinführung in erster Linie dazu diente, die anderen westeuropäischen Länder von dem vermeintlichen Zinsdiktat der Bundesbank zu befreien. Da der Euro ohne Deutschland nutzlos gewesen wäre, wurde schließlich das Eintrittskriterium aufgeweicht. Und so ergab sich für die Beitrittsländer des Südens und auch für Belgien das entscheidende politische Argument, nun auch selbst den Beitritt zu verlangen.

Waigel hat die Beitritte überschuldeter Staaten noch in letzter Minute zu verhindern versucht, indem er die Bundesbank bat, einen Teil ihrer unterbewerteten Goldreserven zu verkaufen, damit er sich mit entsprechend erhöhten Überweisungen von Bundesbankgewinnen aus der Bredouille befreien konnte, selbst die Schuldengrenze zu verletzen. Aber die Bundesbank lehnte das aus prinzipiellen Gründen ab. Etwas weniger Prinzipientreue hätte ihr womöglich später viel Ärger mit Ländern erspart, die eine andere Auffassung von einer stabilitätsorientierten Geldpolitik haben als sie selbst.

DIE EUROPÄISCHE ZENTRALBANK

So wurde eine neue Währung mitsamt der Europäischen Zentralbank (EZB) eingeführt, die faktisch zur mächtigsten politischen Institution Europas aufstieg. Im Zuge der Finanzkrise avancierte die EZB zu der einzigen Institution, die in der Lage war, die Eurozone gegen die Krisenstürme zu verteidigen. Aber wie in einem späteren Kapitel gezeigt wird, verzerrte ihre Rettungspolitik die Ressourcenallokation innerhalb des Euroraums, was langfristige Implikationen für die Vermögensverteilung, die Verteilung der ökonomischen Aktivitäten und das Wachstum im europäischen Wirtschaftsgebiet hatte und noch haben wird.

Zu Beginn der Währungsunion wurde noch diskutiert, die EZB als umfassende Zentralinstanz analog zur Bank of England zu konstruieren; doch die Interessenlagen der nationalen Notenbanken beendeten solche Gedankenspiele rasch: Nur eine dezentralisierte Struktur war mehrheitsfähig. Und so blieben die lokalen Notenbanken als nationale Institute im Eigentum der jeweiligen Staaten bestehen, ohne dass ihre Vermögens- oder Schuldtitel vollständig sozialisiert wurden. Auch behielten sie ihre Aufgaben bei der konkreten Durchführung der Geldpolitik.

Indes mussten sich die nationalen Zentralbanken von nun an den Regeln und Vorgaben des EZB-Rates unterwerfen sowie Gewinne und Verluste aus geldpolitischen Operationen gemäß ihrem Anteil am Eigenkapital der EZB, der selbst wiederum der Landesgröße entsprach, untereinander teilen. Daher wird das System der Eurozentralbanken auch »Eurosystem« genannt. In diesem Buch werden die Begriffe »EZB« und »Eurosystem« trotz gewisser Unterschiede synonym verwendet.

Das Eigenkapital der EZB, insgesamt rund 5,76 Milliarden Euro, wurde von den nationalen Notenbanken aller EU-Länder zusammengetragen, auch jener, die den Euro nicht eingeführt haben. Es wurde Ende des Jahres 2010 auf 10,76 Milliarden Euro erhöht. Addiert man die Gewinne aus der Neubewertung von Vermögenstiteln wie Goldreserven hinzu, hatte die EZB im Dezember 2014 ein Eigenkapital von rund 27,6 Milliarden Euro.[71]

Die Europäische Zentralbank

Der Kapitalanteil eines Landes richtet sich nach der Größe der Euromitgliedsländer, wobei die Größe als Mittelwert des Anteils ihrer Wirtschaftskraft (BIP-Anteil) und des Anteils ihrer Bevölkerung definiert ist.[72] Wenn man den Kapitalanteil der Nicht-Euro-Länder herausrechnet, beträgt der effektive Kapitalanteil (auch Kapitalschlüssel genannt) für Deutschland im Jahr 2015 25,6%, für Frankreich 20,1% und für Italien 17,5%, während er für Griechenland beispielsweise 2,9% und für Malta 0,1% beträgt. Zuletzt war es durch den Beitritt Litauens am 1. Januar 2015 zu einer minimalen Änderung dieser Kapitalanteile gekommen. Die effektiven Kapitalanteile spielen für viele wirtschaftliche Berechnungen in der EZB eine große Rolle, nämlich immer dann, wenn es um die Verteilung von Gewinnen und Verlusten aus geldpolitischen Operationen geht.

Das Eurosystem wird vom EZB-Rat gelenkt. Der EZB-Rat besteht prinzipiell aus den Präsidenten der jeweiligen nationalen Notenbanken und den Mitgliedern des sechsköpfigen Direktoriums der EZB, das die Tagespolitik im Auftrag des Rats durchführt. Der Präsident der EZB, derzeit der Italiener Mario Draghi, ist als Direktoriumsmitglied auch Mitglied des Rats und leitet ihn. Der EZB-Rat besteht aus den Mitgliedern des Direktoriums und den Präsidenten der nationalen Zentralbanken der Mitgliedsstaaten des Euroraums. Bis zum Jahr 2014 galt das Prinzip, dass jedes Mitglied des EZB-Rats eine Stimme hatte, also jedes der sechs Direktoriumsmitglieder und jeder der damals 18 Zentralbankpräsidenten. Als Litauen beitrat, griff erstmals ein schon seit Längerem vereinbartes Rotationsprinzip, nach dem von den nun 19 Zentralbankpräsidenten der Mitgliedsländer immer nur 15 stimmberechtigt sind. Die anderen nehmen an den Sitzungen teil, können aber nicht mit abstimmen. An der Rotation nehmen grundsätzlich alle Länder teil. Kleine Länder müssen etwas häufiger als große aussetzen. Indes kann es auch einem großen Land wie der Bundesrepublik passieren, dass es formal nicht an Entscheidungen mitwirkt.

Die nationalen Notenbankpräsidenten sind für eine Periode von fünf Jahren bestellt, die Mitglieder des EZB-Direktoriums für acht Jahre und der EZB-Präsident ebenfalls für acht Jahre. Während die Mandate der nationalen Zentralbankpräsidenten verlängerbar sind, können die Mandate des EZB-Direktoriums nicht verlängert werden, um ein hohes Maß an Unabhängigkeit zu sichern.

Obwohl die nationalen Notenbankpräsidenten politisch bestimmt werden, sollen sie keine nationalen Interessen vertreten, sondern ihre Entscheidungen als Technokraten unabhängig von jeder politischen Einflussnahme fällen. Als der Maastrichter Vertrag beschlossen wurde, galt die politische Unabhängigkeit als ein Garant für die Funktionsfähigkeit des Geldsystems. Man glaubte, auf diese Weise, opportunistisches Verhalten und die Bedienung von Partikularinteressen verhindern sowie eine am Gemeinwohl orientierte Geldpolitik sicherstellen zu können.

Im Lichte dieser idealistischen Interpretation der Motivationslage der Teilnehmer im EZB-Rat wurden die Stimmgewichte aller Notenbankpräsidenten gleichgemacht, unabhängig von der Größe ihres Heimatlandes und des jeweiligen Haftungsanteils. Dieses Ungleichgewicht ist bei privaten Kapitalgesellschaften genauso unüblich wie bei internationalen Organisationen wie z. B. dem IWF. Dort ist das Stimmrecht eines Landes stets an seinen Kapital- und Haftungsanteil geknüpft. Bei den Notenbankpräsidenten dagegen hat Malta nahezu dasselbe Stimmgewicht wie Frankreich, Deutschland oder Italien, obwohl es nur ein Einhundertfünfundfünfzigstel, Einhundertdreiundneunzigstel bzw. Einhunderzweiundvierzigstel der Einwohner dieser Länder aufweist.

Man muss aber beachten, dass auch die Mitglieder des Direktoriums inklusive des Präsidenten der EZB über jeweils eine Stimme verfügen. Diese Regel kam bislang den großen Ländern zugute, weil sie je über einen Sitz im Direktorium verfügten. So gesehen haben Deutschland, Frankreich und Italien im Durchschnitt einen Stimmanteil von 8,6%, was immer noch sehr viel weniger als ihr jeweiliger Haftungsanteil ist. Malta hat dann ein Stimmgewicht pro Einwohner, das 68-mal so groß ist wie das französische, 84-mal so groß wie das deutsche oder 62-mal so groß wie das italienische. Abbildung 1.6 verdeutlicht die Asymmetrie bei der Machtverteilung innerhalb der Europäischen Zentralbank.

Die Gleichbehandlung aller Länder unabhängig von ihrer Größe entsprach durchaus dem erklärten Ziel des Maastrichter Vertrags, die Preisstabilität zu erhalten. In der Tat fordert der Artikel 127 des Vertrags über die Arbeitsweise der Europäischen Union vom Europäischen System der Zentralbanken (ESZB):

»Das vorrangige Ziel des Europäischen Systems der Zentralbanken (ESZB) ist es, die Preisstabilität zu gewährleisten.«

Da alle Länder dieses eine Ziel teilen würden, so die Vermutung, schienen Interessenkonflikte zwischen den Ländern ausgeschlossen, und so hielt man es für vernünftig, anzunehmen, dass die nationalen Notenbankpräsidenten als reine Fachleute handeln und keine eigene nationale Agenda verfolgen. Dass hoch verschuldete Länder ein besonderes Interesse an einer Niedrigzinspolitik haben und gegen eine Erosion ihrer Schulden durch Inflation möglicherweise nichts einzuwenden haben, hätte man sich eigentlich auch schon damals denken können.

Dieses Buch wird zeigen, dass die EZB mit dem Fortschritt der Krise durch unkonventionelle Maßnahmen, die nur noch schwerlich als Geldpolitik zu verstehen sind, zunehmend zu einer Institution zur Rettung überschuldeter Staaten und Banken sowie ihrer Gläubiger geworden ist. Indem sie Staats- und Bankpleiten verhinderte, half sie privaten Investoren, sich aus

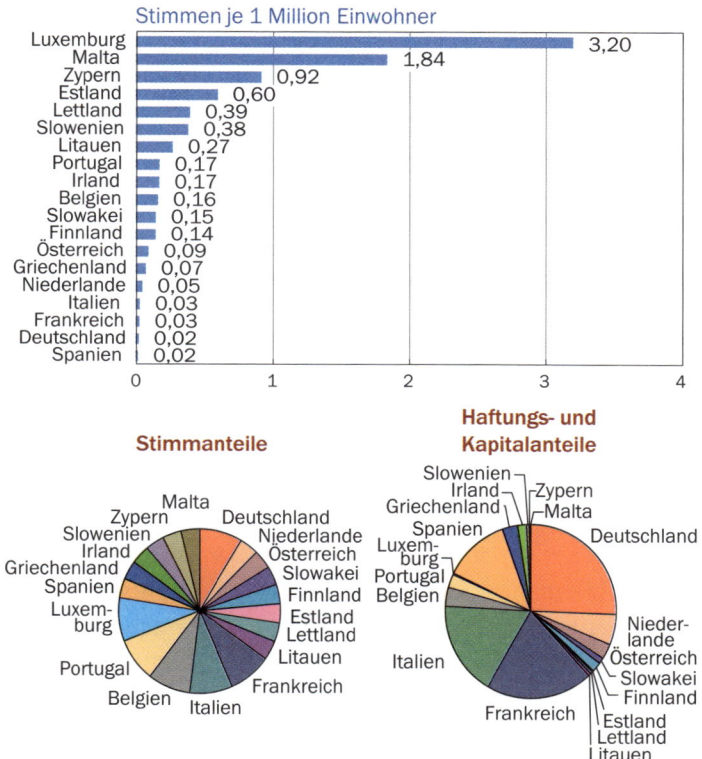

Abbildung 1.6 Stimmgewichte und Haftungsanteile im EZB-Rat 2015

Bemerkung: Es werden die effektiven Kapitalanteile (Haftungsanteile) dargestellt. Der effektive Kapitalanteil ist der Kapitalanteil einer Zentralbank geteilt durch die Summe der Kapitalanteile der Zentralbanken, die Mitglied im Eurosystem sind und an den Gewinnen und Verlusten von Geldmarktoperationen beteiligt sind. Die britische Zentralbank (Bank of England) hat zur EZB Kapital beigesteuert, ist aber nicht an der Verteilung von Gewinnen und Verlusten aus geldpolitischen Operationen beteiligt. In Höhe seines effektiven Kapitalanteils ist ein jedes Euroland an den Gewinnen und Verlusten eines Landes beteiligt. Der effektive Kapitalanteil eines Landes ist wiederum als Mittelwert des jeweiligen Bevölkerungsanteils und des BIP-Anteils eines Landes festgesetzt. Die Stimmanteile der Zentralbankpräsidenten der fünf großen Länder (Deutschland, Frankreich, Italien, Spanien, Niederlande), die nach dem Rotationssystem zusammen vier Stimmen haben, wurden mit 0,8 angesetzt, die Stimmanteile der anderen 14 Zentralbankpräsidenten, die zusammen elf Stimmen haben, wurden mit 0,7857 (= 11/14) angesetzt.

Quellen: Europäische Zentralbank, *Organisation,* Beschlussorgane, EZB-Rat; dieselbe, *Organisation,* Kapitalzeichnung; Europäische Kommission, Economic and Financial Affairs, *Economic Databases and Indicators,* AMECO – The annual macro-economic database.

dem Staube zu machen, bevor es brenzlig wurde, und sich so vor den Konsequenzen von Fehlinvestitionen zu drücken. Sie gewährte Kredite an notleidenden Banken zu besseren Konditionen, als der Markt sie bot, und sie kaufte Staatspapiere von Krisenländern, um deren Marktpreise zu stabilisieren. Sie institutionalisierte sich als Kreditgeber letzter Instanz *(lender of last resort)*, von dem angeschlagene Banken auch dann noch Kredit erwarten durften, wenn ihn der Markt bereits versagte und klar war, dass nicht nur temporäre Liquiditätsprobleme, sondern ernsthafte Solvenzprobleme bestanden. All dies hatte dramatische Implikationen für die Verteilung der Kapitalströme unter den Euroländern und damit für die Verteilung der Wachstumskräfte, von dem der Wohlstand in den entsprechenden Regionen entscheidend bestimmt wird. Damit entfernte sich die EZB zunehmend von der ursprünglichen Interpretation des EZB-Rats als technokratisches Organ, das sich nur um geldpolitische Entscheidungen kümmert.[73]

Die EZB verteilt ihre Gewinne nach den effektiven Kapitalanteilen auf die nationalen Notenbanken, die sie selbst wiederum an die nationalen Finanzministerien weiterleiten. Diese Gewinne, und etwaige Verluste, entstehen nicht etwa nur aus der Anlage des Eigenkapitals, wie man vermuten könnte. Das Eigenkapital aller Zentralbanken der Eurozone, inklusive der 27,6 Milliarden Euro der EZB, betrug am 31. Dezember 2014 insgesamt 425 Milliarden Euro mitsamt den Bewertungsreserven.[74]

Die hauptsächliche Gewinnquelle besteht vielmehr aus den Zinsen, die die Zentralbanken von den privaten Geschäftsbanken kassieren, indem sie ihnen selbst geschaffenes Geld leihen bzw. ihnen verzinsliche Wertpapiere mit solchem Geld abkaufen. Man nennt diese Gewinnquelle »Seignorage«. Den Gegenwartswert dieser Seignorage-Gewinne, der unter statischen Bedingungen dem Geldbestand der Zentralbank (M0) entspricht, könnte man auch »Seignorage-Kapital« nennen. Dabei muss man allerdings noch berücksichtigen, dass Banken in Abhängigkeit von ihrem Geschäftsvolumen eine bestimmte Menge an Zentralbankgeld als Mindestreserve halten müssen, wofür sie keine Zinsen zahlen müssen. Deshalb besteht das Seignorage-Kapital aus der Zentralbankgeldmenge (M0) abzüglich der Mindestreserven der Banken. Am Jahresende 2014 betrug das so definierte (statische) Seignorage-Kapital 1.211 Milliarden Euro oder 12% des Bruttoinlandsprodukts der Eurozone aus dem Jahr 2014. Addiert man das nominale Eigenkapital von 425 Milliarden Euro hinzu, erhält man eine Summe von 1.636 Milliarden Euro oder 16% des BIP der Eurozone.

Man kann allerdings zusätzlich in Betracht ziehen, dass der Geldbestand der Zentralbank mit der Wirtschaftstätigkeit und dem Preisniveau wächst und dass insofern im Laufe der Zeit immer mehr Seignorage-Gewinne anfallen.[75] Nach einer Studie der Citygroup ergab sich im Jahr 2010 für die

Summe der Eigenkapitalvorräte der nationalen Notenbanken und der EZB ein Wert von bis zu 3.400 Milliarden Euro oder 36% des BIP der Eurozone.[76] Der größte Teil dieser Summe entfiel auf das, was man das »dynamische« Seignorage-Kapital nennen könnte. Es hatte ein Volumen von 2.900 Milliarden Euro.

Die Verwaltung dieses Kapitals durch den EZB-Rat kann nicht einfach mit dem schillernden Begriff »Geldpolitik« umschrieben werden, denn es geht um echtes Vermögen für die Staatengemeinschaft, dessen Erträge für die Staatsfinanzierung einsetzbar sind und das den Staatsschulden der Eurozone gegengerechnet werden könnte, die im März 2015 bei insgesamt 9.433 Milliarden Euro lagen. Beim Seignorage-Vermögen handelt es sich nicht um »Peanuts«, sondern um substanzielle Werte, von denen die finanzielle Zukunft der Länder Europas maßgeblich abhängt. Ein späteres Kapitel des Buches wird sich vor dem Hintergrund der sogenannten Target-Salden der Frage widmen, wie und warum die EZB-Politik massive Veränderungen in der Verteilung des Seignorage-Kapitals zwischen den Eurozonenmitgliedern herbeiführen konnte. Darin liegen potenzielle Effekte auf die Verteilung der Haftung und des Lebensstandards der Völker Europas begründet, die weit über das hinausgehen, was man üblicherweise mit geldpolitischen Maßnahmen assoziiert.

ANMERKUNGEN

1 Europäisches Parlament, *Europäischer Rat, 23. und 24. März 2000, Lissabon, Schlussfolgerungen des Vorsitzes*, <http://www.europarl.europa.eu/summits/lis1_de.htm>.
2 H. Henzler, »Zunehmender Druck«, *Wirtschaftswoche*, Nr. 26, 20. Juni 2002, S. 24.
3 Siehe K. L. Schoenholtz, »Overview: Familiar Themes and the Dollar«, *International Market Roundup, Salomon Smith Barney*, 8. Mai 1998, S. 2–3, <http://web.stanford.edu/~johntayl/Papers/SalomonSmithBarney.PDF>.
4 Siehe A. Friedman, »Without Structural Changes, Experts Cautious on Economic Growth«, *nytimes.com*, 2. Mai 1998, <http://www.nytimes.com/1998/05/02/news/02iht-simpact.t.html?pagewanted=all>; C. Noyer, »The Euro: Accelerator of Economic Growth in Europe«, *Tischrede anlässlich des Treffens der Cercle d'Union Interalliée in Paris*, 23. Juni 1999, <http://www.ecb.europa.eu/press/key/date/1999/html/sp990623_1.en.html>. Zudem prognostizierte eine Expertengruppe unter Vorsitz von Michael Emerson, damals der Chefvolkswirt der Europäischen Kommission, dass allein durch den Wegfall von Transaktionskosten im Zuge der gemeinsamen Währung das Bruttoinlandsprodukt um 0,5 bis 1% ansteigen werde (vgl. ebenfalls P. Gumpel, »Is the Euro Good for Europe?«, *TIME Magazine online*, 26. September 2004, <http://www.time.com/time/magazine/article/0,9171,702088-1,00.html>).
5 H.-W. Sinn und R. Koll, »The Euro, Interest Rates and European Economic Growth«, *CESifo Forum* 1, Nr. 3, Oktober 2000, S. 30–31, <http://www.cesifo-group.de/DocDL/Forum300-sll.pdf>.
6 Siehe B. Eichengreen, »The Great Recession and the Great Depression: Reflections and Lessons«, *Journal Economía Chilena* 13, 2010, S. 5–10.
7 Italien gehört zwar nicht zu der Gruppe jener Länder, die Empfänger offizieller Hilfspakete wurden, jedoch erhielt das Land indirekt durch die Hilfsprogramme der EZB (Securities Markets Programme, SMP) Unterstützung; vgl. Abbildung 8.1 des 8. Kapitels.
8 Für eine umfassende Analyse der europäischen geldpolitischen Kooperation aus historischer und politischer Perspektive sei auf H. James, *Making the European Monetary Union*, Harvard University Press, Cambridge 2012, verwiesen; vgl. ebenfalls H.-W. Sinn, »Die Europäische Fiskalunion«, *Perspektiven der Wirtschaftspolitik* 13, 2012, S. 137–178.
9 Brief von H. Kohl und F. Mitterrand an den irischen Präsidenten C. J. Haughey, Agence Europe, 20. April 1990.
10 Übersetzung des Autors; P. Bérégovoy, »Adapter la Constitution à Maastricht«, *Rede vor der französischen Nationalversammlung*, 5. Mai 1992, Paris.
11 H. Kohl, »Rede vor dem Deutschen Bundestag bei der Aussprache über den Beschluss der Bundesregierung zur Festlegung des Teilnehmerkreises an der dritten Stufe der Europäischen Wirtschafts- und Währungsunion«, *Bulletin der Bundesregierung 27/98*, 29. April 1998, <http://helmut-kohl.kas.de/index.php?menu_sel=17&menu_sel2=&menu_sel3=&menu_sel4=&msg=1764>.
12 H. Kohl, *Aus Sorge um Europa: Ein Appell*, Droemer HC, München 2014, S. 14.
13 J.-C. Juncker, »The Euro is a New Instrument to Achieve Peace and Stability«, *Brussels Economic Forum*, 15. Mai 2008; <http://ec.europa.eu/economy_finance/emu10/quotes_juncker_en.htm>.
14 A. Merkel, »Der Euro – weit mehr als Währung«, Interview mit K. Dunz, *Deutsche Presseagentur*, 9. November 2011, <http://www.bundesregierung.de/ContentArchiv/DE/Archiv17/Interview/2011/11/2011-11-09-merkel-dpa.html>.
15 M. Monti, »Eine Front zwischen Nord und Süd«, Interview mit F. Ehlers und H. Hoyng, *Der Spiegel*, Nr. 32, 2012, S. 44–47, <http://magazin.spiegel.de/EpubDelivery/spiegel/pdf/87649497>.

16 Vgl. B. Hengst, »Tote bei Protesten in Athen: Fanal in den Flammen«, *Spiegel online*, 5. Mai 2010, <http://www.spiegel.de/politik/ausland/tote-bei-protesten-in-athen-fanal-in-den-flammen-a-693221.html>.
17 Vgl. »Proteste gegen Montis Sparpläne – Tausende demonstrieren in Rom«, *n-tv.de*, 27. Oktober 2012, <http://www.n-tv.de/politik/Tausende-demonstrieren-in-Rom-article592041.html>.
18 Vgl. T. Urban und S. Schoepp, »Europa streikt«, *SZ.de*, 14. November 2012, <http://www.sueddeutsche.de/wirtschaft/proteste-gegen-die-sparpolitik-europa-streikt-1.1523640> sowie ETUC, »14 November 2012: European Day of Action and Solidarity«, *etuc.org*, 14. November 2012, <https://www.etuc.org/press/14-november-2012-european-day-action-and-solidarity#.VbXsIXkcSUl>.
19 Siehe »Portugal Constitutional Court Rejects Budget Articles«, *bbc.com*, 6. April 2013, <http://www.bbc.co.uk/news/world-europe-22048169>.
20 Vgl. »Rentenkürzungen in Griechenland waren rechtswidrig«, *faz.net*, 10. Juni 2015, <http://www.faz.net/aktuell/wirtschaft/eurokrise/griechenland/gericht-rentenkuerzungen-in-griechenland-waren-rechtswidrig-13640784.html>.
21 Bundesverfassungsgericht, *2 BvR 987/102, BvR 1485/102, BvR 1099/10*, Presseerklärung, Nr. 55/2011, 7. September 2011, <https://www.bundesverfassungsgericht.de/en/press/bvg11-055en.html>.
22 Y. Varoufakis, »Kurz vor dem Herzstillstand« Interview mit T. Hüetlin und A. Neubacher, *Der Spiegel*, Nr. 8, 14. Februar 2015, S. 66–67.
23 »Quarto Reich«, *Il Giornale*, 3. August 2012, Titelseite.
24 R. Alexander, »Mario Monti wehrt sich gegen Italien-Misstrauen«, *Welt online*, 11. Januar 2012, <http://www.welt.de/politik/ausland/article13810405/Mario-Monti-wehrt-sich-gegen-Italien-Misstrauen.html>.
25 Siehe »Schuldenstreit: Griechischer Minister droht Europa mit Flüchtlingswelle«, *Spiegel online*, 8. März 2015, <http://www.spiegel.de/politik/ausland/griechischer-minister-kammenos-droht-europa-mit-fluechtlingen-a-1022450.html>.
26 M. Hasan, »Angela Merkel's Mania for Austerity is Destroying Europe«; der Titel der Ausgabe ist »Europe's most Dangerous Leader« (Titelgeschichte), *New Statesman*, 20. Juni 2012.
27 G. Soros, »Star-Investor prophezeit Hass auf Deutschland«, Interview mit M. Müller von Blumencron, S. Kaiser und G. P. Schmitz, *Spiegel online*, 26. Juni 2012, <http://www.spiegel.de/wirtschaft/interview-mit-george-soros-zu-deutschland-und-zur-euro-krise-a-841021.html>.
28 G. Soros, »Why Germany Should Lead or Leave«, *Project Syndicate*, 8. September 2012, <http://www.project-syndicate.org/commentary/why-germany-should-lead-or-leave-by-george-soros>; derselbe, *Financial Turmoil in Europe and the United States*, Public Affairs, New York 2012, und derselbe, »How to Save the European Union from the Euro Crisis«, *Rede beim Center for Financial Studies*, Goethe Universität in Frankfurt am Main, 9. April 2013, <http://www.georgesoros.com/essays/how_to/>.
29 G. Soros, »Germany's Choice«, *Project Syndicate*, 9. April 2013, <http://www.project-syndicate.org/commentary/a-simple-solution-to-the-euro-crisis-by-george-soros>; H.-W. Sinn, »Should Germany Exit the Euro?«, *Project Syndicate*, 23. April 2013, <http://www.project-syndicate.org/commentary/should-germany-exit-the-euro-by-hans-werner-sinn>; G. Soros und H.-W. Sinn, »Soros versus Sinn: The German Question«, *Project Syndicate*, 6 May 2013, <http://www.project-syndicate.org/commentary/soros-versus-sinn--the-german-question>. Siehe auch: H.-W. Sinn, »Spiel mit dem Feuer«, *Handelsblatt*, Nr. 80, 25. April 2013, S. 64, sowie: G. Soros und H.-W. Sinn, »Saving the European Union. Are Eurobonds the Answer? A Debate between George Soros and Hans-Werner Sinn«, *CESifo Forum* 14, Nr. 2, Juni 2013, S. 41–48, <http://www.cesifo-group.de/DocDL/forum2-13-special2.pdf>.
30 A. Kaletsky, »Can the Rest of Europe Stand up to Germany?«, *Reuters*, 20. Juni 2012,

<http://blogs.reuters.com/anatole-kaletsky/2012/06/20/can-the-rest-of-europe-stand-up-to-germany>.

31 EU, »Konsolidierte Fassungen des Vertrags über die Europäische Union und des Vertrags über die Arbeitsweise der Europäischen Union«, *Amtsblatt der Europäischen Union* C 326, 26. Oktober 2012, <http://eur-lex.europa.eu/legal-content/DE/TXT/?uri=OJ:C:2012:326:TOC>.

32 Vgl. M. Sauga, S. Simons und K. Wiegrefe, »You Get Unification, We Get the Euro«, *Presseurop*, 1. Oktober 2010, <http://www.presseurop.eu/en/content/article/351531-you-get-unification-we-get-euro>.

33 Nach Meinungsumfragen der Institute Emnid und Ipsos lag die Ablehnungsquote für den Euro noch in den Jahren 1996 bis 1998 bei 49 bzw. 70% und die Zustimmung bei nur 44 bzw. 26%; siehe M. Schmidt-Klingenberg, D. Koch, C. Habbe, H. Martens, S. Schreiber und G. Spörl, »Ohne D-Mark, ohne Kohl?«, *Der Spiegel*, Nr. 2, 5. Januar 1998, S. 22–25, <http://magazin.spiegel.de/EpubDelivery/spiegel/pdf/7809473>; und Bankenverband – Bundesverband Deutscher Banken, *Zehn Jahre Europäische Wirtschafts- und Währungsunion (EWWU), Ergebnisse einer repräsentativen Meinungsumfrage im Auftrag des Bankenverbands*, März 2008, <http://bankenverband.de/downloads/meinungsumfrage/08-05-05_10%20Jahre%20EWWU-Anlage-mit.pdf>.

34 Deutscher Bundestag, *Plenarprotokoll* 13/230, 23. April 1998, S. 21054, <http://dip21.bundestag.de/dip21/btp/13/13230.pdf>.

35 H.-W. Sinn, »Die griechische Tragödie«, *ifo Schnelldienst*, Sonderausgabe Mai 2015, S. 3–33, <http://www.cesifo-group.de/sinn-2015-griechische-tragoedie-pdf> sowie H.-W. Sinn, »Die griechische Tragödie«, *ifo Schnelldienst*, Sonderausgabe Mai 2015, Update Juni 2015, <http://www.cesifo-group.de/DocDL/sinn-2015-griechische-tragoedie-pdf.pdf>. Vgl. auch Kapitel 8, Tabelle 8.1.

36 Eigene Übersetzung. Im Original: »We violated all the rules because we wanted to close ranks and really rescue the euro zone«, B. Carney und A. Jolis, »Toward a United States of Europe«, Bericht über ein Interview mit Christine Lagarde, *The Wall Street Journal*, 17. Dezember 2010, <http://online.wsj.com/article/SB10001424052748704034804576025681087342502.html>.

37 Vgl. Bank für Internationalen Zahlungsausgleich (BIZ), *BIZ Quarterly Review*, September 2010, S. 16. Demnach lag das Exposure der französischen Banken bezüglich des öffentlichen Sektors in den Krisenländern Griechenland, Irland, Portugal und Spanien Ende März 2010 bei 103 Milliarden US-Dollar, dasjenige der deutschen Banken bei 66,4 Milliarden US-Dollar. In Relation zum BIP des Jahres 2008 waren die Forderungen der französischen Banken um 99% größer als jene der deutschen Banken. Vgl. auch Kapitel 7, Abschnitt über Frankreich.

38 Einige Juristen sehen in diesem Opportunismus die Zerstörung der konstitutionellen Prinzipien des Maastrichter Vertrags (siehe D. Murswiek, »Verfassungsrechtliche Probleme der Euro-Rettung«, Vorlesung anlässlich des *Münchner Seminars*, CESifo und *Süddeutsche Zeitung*, 30. Januar 2012).

39 »Die Allianz der Skeptiker«, *Der Spiegel*, Nr. 37, 8. September 1997, S. 22–24, <http://magazin.spiegel.de/EpubDelivery/spiegel/pdf/8777873>.

40 M. Friedman, »Why Europe Can't Afford the Euro – The Danger of a Common Currency«, *The Times*, 19. November 1997.

41 M. Feldstein, »The Political Economy of the European Economic and Monetary Union: Political Sources of an Economic Liability«, *Journal of Economic Perspectives* 11, 1997, S. 23–42.

42 R. Dahrendorf, »Alle Eier in einen Korb«, Interview mit T. Darnstädt und R. Leick, *Der Spiegel*, Nr. 50, 11. Dezember 1995, S. 27–33, <http://magazin.spiegel.de/EpubDelivery/spiegel/pdf/9247341>; R. Richter, »Europäische Währungsunion: Mehr Kosten als Nutzen, Altar der Einheit«, *Wirtschaftswoche*, Nr. 49, 29. November 1991, S. 97; M. J. M. Neumann, »Die Mark ist ein Wohlstandsfaktor«, *Zeit online*, 16. Oktober 1992, <http://www.

zeit.de/1992/43/die-mark-ist-ein-wohlstandsfaktor>; J. Starbatty, zitiert in T. Darnstädt, »Vier gegen den Euro«, *Der Spiegel*, Nr. 3, 12. Januar 1998, S. 28–30, <http://www.spiegel.de/spiegel/print/d-7809467.html>.

43 Manifest der deutschen Volkswirtschaftsprofessoren gegen eine verfrühte Einführung des Euro, »Der Euro kommt zu früh«, *Frankfurter Allgemeine Zeitung*, Nr. 33, 9. Februar 1998, S. 15.

44 Vgl. Deutsche Bundesbank, Statistik, Zeitreihen-Datenbanken, *Makroökonomische Zeitreihen*, Außenwirtschaft, Devisenkurse, Zeitreihen BBK01.WT5006: Devisenkurse der Frankfurter Börse/100 ESP = ... DM/Spanien, BBK01; WT5007: Devisenkurse der Frankfurter Börse/1000 ITL = ... DM/Italien, BBK01; WT5012: Devisenkurse der Frankfurter Börse/100 FRF = ... DM/ab 1960/Frankreich.

45 Vgl. Deutsche Bundesbank, *Statistisches Beiheft 5 zum Monatsbericht Devisenkursstatistik*, Januar 2000, S. 45–47.

46 Siehe M. Par Faure, »Jean-Claude Trichet, chevalier du franc fort« (Jean-Claude Trichet, Retter des starken Franc), *L'Express online*, 16. September 1993, <http://www.lexpress.fr/informations/jean-claude-trichet-chevalier-du-franc-fort_595798.html>.

47 Man vergleiche z. B. F. Heisbourg, »EU arbeitet hart daran zu verschwinden«, Interview mit C. Prantner, *derstandard.at*, 17 April 2012, <http://derstandard.at/1334530998693/In-der-Krise-EU-arbeitet-hart-daran-zu-verschwinden>.

48 Diese Sicht stammt aus der Zeit der Euroeinführung, H.-W. Sinn und R. Koll, »The Euro, Interest Rates and Economic Growth«, a. a. O. Für Kritik dieser Sichtweise: H.-W. Sinn, »Rescuing Europe«, *CESifo Forum* 11, Sonderheft, August 2010, <http://www.cesifo-group.de/DocDL/Forum-Sonderheft-Aug-2010_0.pdf>.

49 Vgl. Deutsche Bundesbank, *Devisenkursstatistik*, Januar 2000, S. 6 f.

50 Committee for the Study of Economic and Monetary Union, *Report on Economic and Monetary Union in the European Community*, 1989, <http://ec.europa.eu/economy_finance/publications/publication6161_en.pdf>.

51 H. Kohl, »Regierungserklärung zum Gipfeltreffen der Staats- und Regierungschefs der NATO in Rom sowie zur EG-Konferenz in Maastricht«, Deutscher Bundestag, *Plenarprotokoll 12/53*, 6. November 1991; dem pflichteten viele Ökonomen, so auch O. Issing, später Chefvolkswirt der EZB, ausdrücklich bei; »Gut für Deutschland«, *Der Spiegel*, Nr. 3, 15. Januar 1996, S. 84–85, <http://magazin.spiegel.de/EpubDelivery/spiegel/pdf/8870693>.

52 J. Chirac, »Nur der Euro bringt Fortschritt«, Interview mit H. Nathe, H. Oschwald und M. Weber-Lamberdière, *Focus*, Nr. 38, 15. September 1997, <http://www.focus.de/politik/ausland/ausland-nur-der-euro-bringt-fortschritt-und150-1-archivdokument-2-teile_aid_168401.html>. Eine frühe Kritik an einer gemeinsamen Fiskalpolitik ohne gemeinsame Währung vgl. H. Uhlig, »One Money, but many Fiscal Policies in Europe: What Are the Consequences?«, in M. Buti (Hrsg.), *Monetary and Fiscal Policies in the EMU*, Cambridge University Press, Cambridge 2003, S. 29–56.

53 Siehe H.-P. Schwarz, *Helmut Kohl: Eine politische Biographie*, Deutsche Verlags-Anstalt, München 2012, Abschnitt: »Mitterrands Griff nach der ›deutschen Atombombe‹«, S. 419–439.

54 EU, »Vertrag über die Europäische Union«, *Amtsblatt der Europäischen Gemeinschaften* C 191/1, 29. Juli 1992, S. 1–112, <http://eur-lex.europa.eu/legal-content/DE/TXT/PDF/?uri=OJ:C:1992:191:FULL&from=EN>.

55 Ebd., Artikel 109 Buchstabe j Absatz 4.

56 M. Sauga, S. Simons und K. Wiegrefe, »Der Preis der Einheit«, *Der Spiegel*, Nr. 39, 27. September 2010, S. 34–38, <http://magazin.spiegel.de/EpubDelivery/spiegel/pdf/73989788>.

57 »Gespräch des Bundeskanzlers Kohl mit Staatspräsident Mitterrand in Latché, 4. Januar 1990«, *Dokumente zur Deutschlandpolitik 1998, S. 582 ff.*

58 Siehe W. Proissl, »Why Germany Fell out of Love with Europe«, *Bruegel Essay and Lecture Series*, 1. Juli 2010, S. 5–46, <http://www.bruegel.org/publications/publication-detail/publication/417-why-germany-fell-out-of-love-with-europe>.

59 Bezeugt von Hubertus Deßloch, dem ehemaligen Leiter der Vertretung des Freistaats Bayern bei der Europäischen Union, in einem Brief an Hans-Werner Sinn vom 27. Mai 2010.
60 F.-O. Giesbert, »De Versailles à Maastricht« (From Versailles to Maastricht), *Le Figaro*, 18. September 1992, S. 1.
61 R. Augstein, »Neues vom Turmbau zu Babel«, *Der Spiegel*, Nr. 42, 18. Oktober 1993, S. 29, <http://magazin.spiegel.de/EpubDelivery/spiegel/pdf/13680340>. Der Slogan nach dem Versailler Vertrag lautete »Elle payera«, wörtlich »Sie (Deutschland) wird zahlen«.
62 J. Chirac am 6. März 2002 nach W. Vogel, »Frankreichs Europapolitik nach der Wahl – Perspektiven für Deutschland und Europa«, *Aktuelle Frankreichanalysen*, Nr. 18, 2002, Deutsch-Französisches Institut, Ludwigsburg, <http://www.dfi.de/pdf-Dateien/Veroeffentlichungen/afa/afa18.pdf>.
63 Vgl. T. Courchene, C. Goodhart, A. Majocchi, W. Moesen, R. Prud'homme, F. Schneider, S. Smith, B. Spahn und C. Walsh, »Stable Money – Sound Finances«, *European Economy* 53, Januar 1993, <http://ec.europa.eu/economy_finance/publications/publication7524_en.pdf>; P. Van Rompuy, F. Abraham und D. Heremans, »Economic Federalism and the EMU«, *European Economy*, Special Edition, 1, 1991; M. Obstfeld und G. Peri, »Regional Nonadjustment and Fiscal Policy: Lessons for EMU«, *NBER Working Paper*, Nr. 6431, Juni 1999; »Maastricht Follies – Fiscal Policy Should Not Be Constrained Under a Single Currency«, *The Economist*, 9. April 1998, <http://www.economist.com/node/159467>; D. Fuceri, »Does the EMU Need a Fiscal Transfer Mechanism?«, *Vierteljahreshefte zur Wirtschaftsforschung* 73, 2004, S. 418–428.
64 Die Rolle fiskalischer Transfers wurde bereits im Werner-Plan (Europäische Kommission, *Report to the Council and the Commission on the Realization by Stages of Economic and Monetary Union in the Community*, 1970) thematisiert, wie auch in T. Mayer, *Europe's Unfinished Currency*, Anthem Press, London 2012, betont. Im MacDougall-Report (Europäische Kommission, *MacDougall-Report, Vol I: The Role of Public Finance in European Integration*, und *MacDougall-Report, Vol II: Individual Contributions and Working Papers*, 1970) wurde ein Budget zwischen 5 und 7% des Bruttonationalprodukts für Transfers zwischen den Mitgliedsstaaten vorgeschlagen.
65 Siehe R. Mundell, »A Theory of Optimum Currency Areas«, *American Economic Review* 51, 1961, S. 657–665.
66 H. Kohl, »Politik der konsequenten Verwirklichung der Europäischen Union – Rede des Bundeskanzlers in der Universität Zürich«, *Bulletin der Bundesregierung* 73-92, 3. Juli 1992, http://www.bundesregierung.de/Content/DE/Bulletin/1990-1999/1992/73-92_Kohl.html>.
67 EU, »Vertrag über die Europäische Union«, 29. Juli 1992, a. a. O., Artikel 104 Buchstabe C.
68 Die Regierung Kohl war sich der enormen Risiken einer Aufnahme Italiens mit seinem hohen Schuldenstand durchaus bewusst, wie aus auf Antrag des *Spiegels* freigegebenen Akten hervorgeht. So wiesen im Januar 1998 der außenpolitische Berater Kohls, Joachim Bitterlich, und der Staatssekretär im BMF, Jürgen Stark, darauf hin, dass die gesunkenen Defizite Italiens vor allem auf außergewöhnliche Effekte wie die überproportional gesunkenen Marktzinsen zurückzuführen sind und die Dauerhaftigkeit solider Finanzen noch nicht gewährleistet sei. Kohl setzte sich über diese Bedenken hinweg. Vgl. »Kohl kannte Risiken«, *MMNews*, 6. Mai 2012, <http://www.mmnews.de/index.php/wirtschaft/9996-kohl-kannte-euro-risiken>.
69 »Theo hat alles gegeben«, *Der Spiegel*, Nr. 51, 16. Dezember 1996, S. 80–82, <http://magazin.spiegel.de/EpubDelivery/spiegel/pdf/9133850>; »Kreative Buchführung«, *Der Spiegel*, Nr. 41, 7. Oktober 1996, S. 112–114, <http://magazin.spiegel.de/EpubDelivery/spiegel/pdf/9102323>; M. Reimon, »Eurokrise (nicht nur) für Dummies – Teil 1«, derstandard.at, 2. November 2011, <http://derstandard.at/1319181752075/Eurokrise-nicht-nur-fuer-Dummies-Teil-1>; I. Zöttle, »Gewaltige Sprengsätze«, *Focus*, Nr. 13, 23. März 1998,

<http://www.focus.de/politik/deutschland/waehrungsunion-gewaltige-sprengsaetze_aid_170413.html>.
70 Die Treuhandanstalt (kurz Treuhand) war eine bundesunmittelbare Anstalt des öffentlichen Rechts, deren Aufgabe es war, die ehemals kommunistischen Volkseigenen Betriebe der DDR nach den Grundsätzen der Marktwirtschaft zu privatisieren.
71 Vgl. Europäische Zentralbank, *Jahresbericht* 2014, S. 133.
72 Alle EU-Länder, selbst jene, die den Euro als Währung nicht eingeführt haben, wurden Kapitaleigentümer. Daher gehört sogar Ländern wie Großbritannien oder Dänemark, welche als einzige das Recht haben, den Euro trotz der Erfüllung von Konvergenzbedingungen nicht einzuführen, ein Teil des Eigenkapitals der EZB. Die Nicht-Euro-Länder haben jedoch kein Stimmrecht bei geldpolitischen Entscheidungen der EZB, sind nicht an der Durchführung der Geldpolitik beteiligt und partizipieren auch nicht an der Ausschüttung von Geldschöpfungsgewinnen. Ihr Kapitalanteil hat daher außer einem Informationsrecht keine reale Bedeutung.
73 Nitsch und Badinger zeigen, dass die Zins-Entscheidungen der EZB gemäß der sogenannten Taylor-Regel, nach der neben der Inflation auch die Unterauslastung der Produktionskapazität eine Rolle spielt, besser erklärt werden, wenn man den Einfluss der nationalen Daten auf die Geldpolitik mit den Anteilen der jeweiligen Nationalität der Mitarbeiter an der Gesamtbelegschaft der EZB gewichtet, als wenn man die Anteile der jeweiligen Länder am Bruttoinlandsprodukt der Eurozone als Gewichte wählt. H. Badinger und V. Nitsch, »National Representation in Supranational Institutions: The Case of the European Central Bank«, *Journal of Comparative Economics* 42, 2014, S. 19–33, ebenfalls erschienen als *CESifo Working Paper* Nr. 3573, September 2011, <http://www.cesifo-group.de/DocDL/cesifo1_wp3573.pdf>.
74 Vgl. Europäische Zentralbank, *Jahresbericht* 2014, a. a. O., S. 177.
75 Wenn M die Geldbasis der Zentralbank beschreibt, i den (konstanten) Nominalzins und r das (als konstant angenommene) jährliche nominale Wachstum der Volkswirtschaft, können die Seignorage-Gewinne des Eurosystems als $M\,i/(i-r)$ berechnet werden. Im Fall nicht konstanter Wachstumsraten und Zinssätze, resultieren kompliziertere formale Ausdrücke.
76 W. Buiter und E. Rahbari, »Looking into the Deep Pockets of the ECB«, Citi Economics, *Global Economics View*, 27. Februar 2012, <http://blogs.r.ftdata.co.uk/money-supply/files/2012/02/citi-Looking-into-the-Deep-Pockets-of-the-ECB.pdf>.

2 Scheinblüte in der Peripherie

Der Kapitalboom – Die Einebnung der Zinsunterschiede – Entlastung der Staatsbudgets – Folgenlose Haushaltsdefizite – Italiens verpasste Gelegenheit – Das Auslandsschuldenproblem – Die Seifenblasen – Die Immobilienpreise – Das Privatvermögen – Marktversagen oder Staatsversagen?

DER KAPITALBOOM

Wie bereits im ersten Kapitel erwähnt, herrschte bei der Euroeinführung der Glauben vor, dass die neue Währung Europa Wachstum und Wohlstand bringen würde. Schließlich sollte der Euro einen gemeinsamen Kapitalmarkt schaffen, der auch jenen Ländern gleiche Wettbewerbsbedingungen und günstige Kredit ermöglichen würde, die bislang hohe Zinsen zahlen mussten. Das würde produktive Kapitalströme aus dem Norden in den Süden leiten und das europäische Wachstum beflügeln, indem Projekte mit niedriger Produktivität im Norden durch solche mit hoher Produktivität im Süden ersetzt würden, an die sich die Investoren bislang wegen hoher Zinsen nicht herantrauten.[1] Obschon sich die Wachstumserwartungen als zu optimistisch herausstellten, wie Abbildung 1.1 unmissverständlich verdeutlicht hat, fand die Kapitalverlagerung in Richtung der heutigen Krisenvolkswirtschaften, der GIPSIZ-Länder (Griechenland, Irland, Portugal, Spanien, Italien, Zypern), tatsächlich statt. Dieses Kapitel untersucht den Reallokationsprozess des Kapitals aus der Perspektive der importierenden Länder. Das sich anschließende Kapitel wird dann die kapitalexportierenden Länder, Deutschland im Besonderen, in den Mittelpunkt rücken.

Ein Blick auf Abbildung 2.1 verdeutlicht, dass die GIPSIZ-Länder vor Ausbruch der Krise große Kapitalimporteure waren. Blieben ihre aggregierten Kapitalimporte (hellviolette Linie) bis zum Jahr 2000 zunächst noch recht moderat, schossen sie nach 2002 in die Höhe und erreichten mit 7% ihres aggregierten BIP im Jahr der Lehman-Insolvenz ihren Höchststand. In der Krise hielten sich die Kapitalimporte erstaunlicherweise zunächst auf hohem Niveau, sanken dann aber sukzessive Jahr um Jahr, sodass die Kapitalbilanz der GIPSIZ-Länder am Ende des Jahres 2013 schließlich in den positiven Bereich rutschte. Nur in Zypern und Griechenland überwogen noch die Kapitalimporte. Irland dagegen wandelte sich ab 2013 zu einem kapitalexportierenden Land. Kapitel 7 wird zeigen, dass die skizzierten Kapitalimporte der GIPSIZ-Länder in den ersten Krisenjahren zum überwiegenden Teil durch internationale Hilfskredite statt durch private Anleger finanziert worden sind.

Die relativ größten Kapitalimporteure sind Griechenland, Portugal und Zypern. Zu der Zeit, als die Lehman-Krise ausbrach, machten die Kapitalimporte dort mehr als 12% des BIP aus, ein in historischer Perspektive ungewöhnlich hohes Niveau. Unter den größeren Ländern sticht insbesondere Spanien mit einem Höchststand im Jahr 2007 von knapp 10% des BIP hervor. Spanien, von dem später noch detailliert die Rede sein wird, war in absoluten Zahlen der mit Abstand größte Kapitalimporteur.

Ökonomisch betrachtet folgt aus der Definition der Zahlungsbilanz, dass ein Kapitalimport eines Landes identisch mit einem Leistungsbilanzdefizit ist, wobei Letzteres als Überschuss der Importe und Nettozinszahlungen an das Ausland über die Exporte und netto aus dem Ausland empfangene Transfers (EU-Mittel, Gastarbeiterüberweisungen und Ähnliches) definiert ist. Es ist ähnlich wie bei einem Individuum: Wenn man mehr Güter kauft (»importiert«) und Zinsen an die Bank zahlt, als man selbst an Einkommen aus dem Verkauf (»Export«) seiner Arbeitsleistung und staatlichen Nettotransfers erhält, dann braucht man neue Kredite, also einen »Kapitalimport«, um die Lücke zu schließen. Wegen dieser Identität können die Kurven der Abbildung 2.1 auch auf zwei unterschiedliche Arten interpretiert werden. Internationale Kapitalflüsse und Leistungsbilanzen sind zwei Seiten derselben Medaille. Sie sind numerisch identisch und erklären sich ökonomisch wechselseitig.[2]

Im Auf und Ab der Konjunkturzyklen entwickeln sich Exporte und Importe asymmetrisch und hinterlassen unterschiedlich große Finanzierungslücken, die durch Kapitalimporte zu schließen sind oder vielleicht umgekehrt Kapitalexporte ermöglichen. Da die Konjunktur im Mittelpunkt des öffentlichen Interesses liegt, sieht man die Kapitalbewegungen deshalb häufig nur als Residuum. Doch wenn man davon ausgeht, dass Investoren

Abbildung 2.1 Kapitalimporte (äquivalent zu Leistungsbilanzdefiziten) der GIPSIZ-Länder als Anteil am BIP (1995–2015)

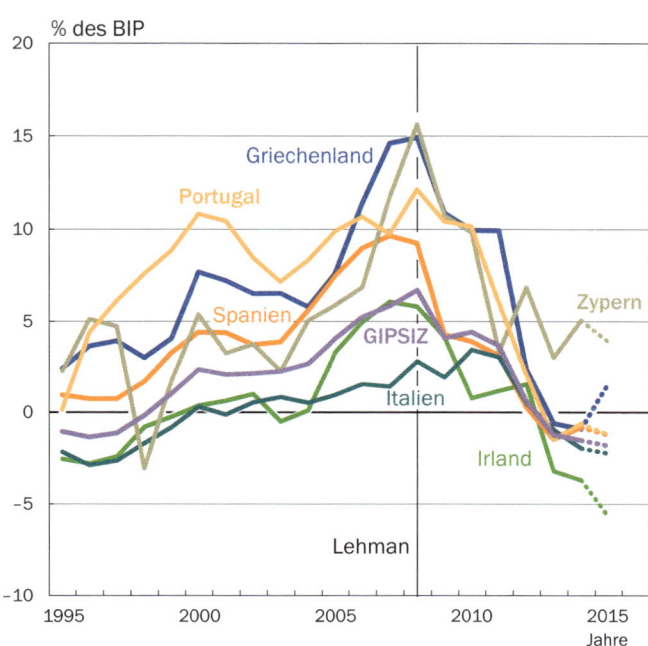

Quelle: Eurostat, Datenbank, *Wirtschaft und Finanzen*, Zahlungsbilanz – Internationale Transaktionen (bop), Zahlungsbilanzstatistik und Auslandsvermögensstatus, Zahlungsbilanzstatistiken nach Land; dasselbe, Datenbank, *Wirtschaft und Finanzen*, Zahlungsbilanz – Internationale Transaktionen (BPM6), Zahlungsbilanzstatistik und Auslandsvermögensstatus (BPM6), Zahlungsbilanzstatistiken nach Land – vierteljährliche Daten (BPM6); dasselbe, Datenbank, *Wirtschaft und Finanzen*, Volkswirtschaftliche Gesamtrechnungen (einschließlich BIP) (ESVG 95), Jährliche Volkswirtschaftliche Gesamtrechnungen, BIP und Hauptkomponenten; dasselbe, Datenbank, *Wirtschaft und Finanzen*, Volkswirtschaftliche Gesamtrechnungen (ESVG 2010), Jährliche Volkswirtschaftliche Gesamtrechnungen, Hauptaggregate des BIP; Central Statistics Office Irland, Databases, Statebank, *Economy*, Balance of Payments; Prognose für 2015: Europäische Kommission, *European Economic Forecast Spring 2015*, European Economy 2/2015, Statistical Annex.

Hinweis: Abstrahiert man von Fehlern und Lücken in der Zahlungsbilanzstatistik, sind Kapitalimporte identisch mit den Leistungsbilanzdefiziten (vgl. Kapitel 6). Die Erhebungsmethode der öffentlichen Statistik zum Leistungsbilanzsaldo wurde allerdings in den letzten Jahren in verschiedenen Ländern geändert. Nach der neuen Methode der Zahlungsbilanzstatistik (BPM6) liegen die Daten für Spanien und Italien seit 1995 vor, für Portugal seit 1996, für Irland seit 1998, für Griechenland seit 2009 und für Zypern seit 2013.

angesichts historischer Strukturbrüche ihr Vermögensportfolio auf internationalen Kapitalmärkten umschichten, dreht sich die Kausalität zur Erklärung der dargestellten Kapitalströme eines Landes um. Der Investorenwunsch zur Portfolio-Reallokation wird zur auslösenden Kraft und begründet die Richtung der Kapitalflüsse. Die reale ökonomische Aktivität passt sich lediglich an und generiert auf diese Weise Leistungsbilanzungleichgewichte.

Die Einführung des Euro induzierte eine solche Portfolio-Reallokation der Anleger, da Projekte in Ländern, die vormals als risikoreiche und problematische Standorte wahrgenommen worden waren, nach der Euroankündigung auf einmal an Attraktivität für internationale Finanzinvestoren gewannen. Es war, als wäre in den heutigen Krisenländern plötzlich ein Elektromagnet eingeschaltet worden, der das internationale Kapital anzog, als auf dem Gipfel von Madrid im Jahr 1995 klargemacht wurde, dass, und wann genau, der Euro kommen würde.

DIE EINEBNUNG DER ZINSUNTERSCHIEDE[3]

Die wesentliche Triebfeder für den beschriebenen Umschichtungsprozess der Portfolios europäischer Anleger zugunsten der GIPSIZ-Länder war das Verschwinden von Investitionsunsicherheiten. Neben dem Wegfall der Wechselkursunsicherheit durch die Gemeinschaftswährung (man erinnere sich an Kapitel 1) schuf die Politik für die Anleger allein mit der Errichtung der Währungsunion und den begleitenden Reden über eine solidarische Gemeinschaft ein Klima blinden Vertrauens und gefühlter Stabilität. Bank- oder Staatsinsolvenzen, die noch hypothetische Restrisiken bedeuteten, galten als unwahrscheinlich.

Welch großer sicherheitsstiftender Effekt für Investitionen in Südeuropa und Irland dem Euro zugeschrieben wurde, kann man am deutlichsten an der Zinsdynamik für diese Länder ablesen. Abbildung 2.2 illustriert die Renditen für zehnjährige Staatspapiere verschiedener Eurostaaten. Zwar fehlen brauchbare Daten über die privaten Zinsen, doch die dargestellten Werte können durchaus auf diese übertragen werden. Während es vor 1995 noch erhebliche Zinsspreizungen zwischen den verschiedenen Staaten gab, kam es nach dem Gipfel von Madrid zu einer erstaunlichen Zinskonvergenz, gefolgt von einer etwa zehn Jahre andauernden Phase fast identischer Zinssätze, bis schließlich in der Krise ab dem Jahr 2007 wieder eine Phase sich spreizender Zinsen zurückkehrte.

Zinsspreizungen lassen sich mit der Sorge der Anleger um ihr Geld erklären. Gläubiger verlangen immer dann einen höheren Zins gegenüber sicheren Anlageformen, wenn sie damit rechnen müssen, dass ein Teil der Kreditforderungen eventuell nicht bedient wird. Der Zinsaufschlag kompensiert für das eingegangene Risiko in Form einer möglichen Währungsabwertung oder eines Konkurses. Man kann dieses Verhalten auch so interpretieren, dass die Gläubiger die Qualität der Geldanlage beurteilen, indem sie für sich einen effektiven Zins kalkulieren, den sie dadurch bilden, dass sie vom Nominalzinssatz des Kreditkontrakts noch den mit der Eintrittswahrscheinlichkeit gewichteten Insolvenz- und Abwertungsverlust abziehen.

Ein Gleichgewicht auf dem Kapitalmarkt, bei dem die Anleger zwischen alternativen Wertpapieren indifferent sind und es deshalb nicht mehr zu Portfolioumschichtungen kommt, ist dadurch gekennzeichnet, dass die effektiven Zinsen aller Anlageformen sich aneinander angepasst haben. Ein solches Gleichgewicht ist die fundamentale Effizienzbedingung für das Funktionieren des Kapitalmarkts, ein Unterfall dessen, was Ökonomen als »Gesetz des einen Preises« bezeichnen. Die Besonderheit liegt freilich darin, dass der effektive Zinssatz

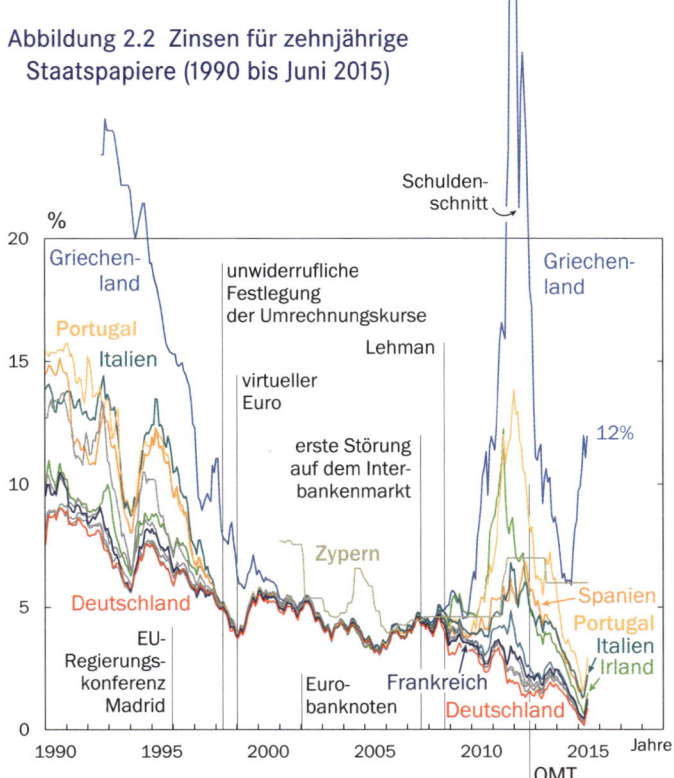

Abbildung 2.2 Zinsen für zehnjährige Staatspapiere (1990 bis Juni 2015)

Quelle: Thomson Reuters Datastream, Datenkategorie: *Interest Rates, Benchmark Bonds.*

Erläuterung: Bei den Zinsen handelt es sich um durchschnittliche Zinssätze von Staatsanleihen mit zehnjähriger Laufzeit (sogenannte Benchmark Bonds). Dabei wird (von Reuters) unter Zuhilfenahme der Erwartungstheorie des Zinses aus den zu einem Stichtag beobachtbaren Zinsen von Papieren mit unterschiedlichen Restlaufzeiten die Rendite eines fiktiven zehnjährigen Staatspapiers berechnet, das zu diesem Zeitpunkt emittiert wird.

nur dann über alle Anlageformen gleich ist, wenn sich die Nominalzinssätze gemäß den unterschiedlichen Risiken unterscheiden.

Gemäß Abbildung 2.2 waren die deutschen Zinsen stets die niedrigsten in der Eurozone. Die anderen Zinssätze lagen gemäß den jeweiligen Länderrisiken darüber, wobei die Zinsen der GIPSIZ-Länder die Extrempositionen einnahmen. Vor 1995 stammte die Zinsspreizung primär aus dem Inflationsrisiko und einer entsprechenden Abwertungserwartung für die Anlagewährung. Nach 2008 stammte sie stattdessen wohl vor allem aus dem Konkursrisiko, das sich nun im Bewusstsein der Anleger als wichtiger Faktor etabliert hatte. Zwischendrin gab es eine vermeintlich »gute Dekade« des Euro, in der die Anleger davon ausgingen, dass sie ihr Geld von den GIPSIZ-Ländern zurückbekommen und tatsächlich die Nominalzinsen ihres Kreditkontrakts würden realisieren können.

Die Zinsaufschläge, die private und öffentliche Schuldner der südlichen Länder und auch Irlands vor der Euroeinführung ihren ausländischen Gläubigern zahlen mussten, waren erheblich, denn den Anlegern steckten noch die Abwertungsverluste aus früheren Dekaden in den Knochen, als die betroffenen Länder ihre durch Inflation verloren gegangene Wettbewerbsfähigkeit immer wieder von Neuem durch eine Abwertung ihre Währungen herzustellen versuchten. Zum Beispiel lagen die Zinsen für zehnjährige Staatsanleihen der Länder Italien, Spanien und Portugal in den fünf Jahren von 1991 bis zum Gipfel in Madrid, also dem Ende des Jahres 1995, um durchschnittlich 4,8 Prozentpunkte über den deutschen Zinsen. Die griechischen Zinsen lagen sogar um 15 Prozentpunkte und mehr über den deutschen.

Die Lasten, die aus den hohen Zinssätzen für die privaten und öffentlichen Schuldner entstanden, waren erheblich. So musste in einigen Volkswirtschaften über 10% der gesamten Wirtschaftsleistung des Landes (BIP) für den Zinsendienst des Staates verwendet werden. Das war das Hauptmotiv dafür, dass Südeuropa den Euro unbedingt wollte. Die neue Währung, so dachte man, würde die wechselkursbedingten Zinsspreizungen nachhaltig verringern und somit eine erhebliche Entlastung der Schuldner bedeuten.

Sicher, flexible Wechselkurse boten auch immer wieder die Möglichkeit, sich durch Inflation und anschließende Abwertung der Währungen zu entschulden. Dennoch war die Hoffnung groß, den Kapitalmärkten durch den Euro mehr Vertrauen einflößen und sich zunächst einmal bei den Zinsen Entlastung verschaffen zu können. Das über die Zinssatzsenkung eingesparte Geld eröffnete die Möglichkeit, die Staatsschulden zu tilgen, um so die hohen Schuldenquoten abzubauen und auf einen auch langfristig glaubhaften und stabilen Entwicklungspfad zu gelangen. Die Teufelsspirale aus immer höheren Zinsen, immer größeren Finanznöten wegen dieser Zinsen, immer mehr Verschuldung und noch höheren Zinsen, gegen die man jahrzehntelang angekämpft hatte, würde ein für alle Mal durchbrochen, so hoffte man.

Die langfristig lauernde Gefahr, sich mit dem Euro das Instrument der Abwertung zu nehmen, wurde demgegenüber verdrängt. Und wenn man daran dachte, schätzte man die Gefahr geringer ein als den unmittelbaren Vorteil aus der Beruhigung der Finanzmärkte und der daraus resultierenden Senkung der Zinslasten, zumal man wegen der sinkenden Zinslasten die Möglichkeit hätte, wenigstens einen Teil der Schulden zurückzahlen zu können.

Die Rechnung schien anfangs aufzugehen. Die Wechselkursunsicherheit wurde beseitigt, und die Zinsen konvergierten innerhalb von nur zwei Jahren nach der Ankündigung des Euro auf dem Gipfel in Madrid. Damals zeichnete sich ab, welche Länder teilnehmen würden und wie der Zeitplan für die Euroeinführung aussehen würde. Im Mai 1998 wurden die Umtauschrelationen für die elf teilnehmenden Länder unwiderruflich festgelegt, und der Konvergenzprozess wurde vollendet.[4] Die formelle Einführung des Euro als rechtliches Zahlungsmittel zwischen den Banken am 1. Januar 1999 sowie der physische Umtausch der Währungen im Januar und Februar 2002 spielten keine Rolle mehr, weil diese Ereignisse von den Kapitalmärkten bereits antizipiert worden waren. Nach dem Mai 1998 waren die Zinsaufschläge so gering, dass man sie in der Abbildung kaum noch ausmachen kann. Länder wie Italien oder Spanien mussten nur noch Zinsprämien von 20 Basispunkten anbieten, das bedeutet, dass man nur 0,2 Prozentpunkte mehr als Deutschland zahlen musste, um Investoren davon zu überzeugen, die angebotenen Staatspapiere zu kaufen.

Die griechischen Zinsen sanken auch, wie man sieht, nur etwas später, denn das Referenzjahr für die Erfüllung der Beitrittskriterien war für Griechenland erst 1999. Griechenland mogelte sich, wie heute aktenkundig ist, mit frisierten Zahlen über sein Defizit in den Euroverbund hinein[5] und konnte 2001 ebenfalls dem Eurosystem beitreten, gerade noch rechtzeitig für die physische Ausgabe der Banknoten in der Eurozone insgesamt. Die griechischen Zinsaufschläge fielen auf 35 Basispunkte (0,35%) und tiefer, was verglichen mit der Zinsspreizung vor der Euroeinführung, die wie erwähnt 1.500 Basispunkte und mehr betragen hatte, unbedeutend war.

Zypern gelangte erst 2008 in die Eurozone, aber der Beitritt wurde am 10. Juli 2007 beschlossen, und vorher hatte man bereits damit gerechnet. Der Zinsabstand zu Deutschland verminderte sich von 2,5 Prozentpunkten zum Jahresanfang 2005 auf nur noch 0,3 Prozentpunkte im Durchschnitt der Monate August bis Dezember 2007.

Dass die Phase niedriger Zinsen schon im Herbst 2007, nur fünf Jahre nach der physischen Einführung des Euro, wieder jäh zu Ende gehen würde, war der amerikanischen Subprime-Krise auf dem Immobilienmarkt geschuldet, die nach Europa herübergeschwappt war und zu einem Zusammenbruch des Interbankenmarkts geführt hatte.[6] Alles begann in Europa mit einer Erklärung der Industriekreditbank IKB vom 30. Juli 2007, aus der hervorging, dass das Institut aufgrund drohender Abschreibungsverluste auf Vermögenswerte auf dem US-Subprime-Markt in eine Schieflage geraten war. Wenige Tage später, Anfang August, ließ BNP Paribas, die größte französische und zweitgrößte europäische Bank, verlauten, dass ihre Hedgefonds ernste Schwierigkeiten aufgrund der Verzahnung mit dem amerikanischen Subprime-Markt hätten und dass sie dieses Segment von nun an nicht mehr weiterfinanzieren werde. Diese Erklärung sandte Schockwellen über die globalen Finanzmärkte, die im weiteren Verlauf des Augusts schließlich zu der ersten schweren Krise des Interbankenhandels führten. Die Banken trauten einander nicht mehr über den Weg und liehen einander kein Geld mehr.

Ohne dass es die Öffentlichkeit mitbekam, hatte die EZB damals durch beherzte Interventionen eine Ausbreitung der Krise verhindern können. Bei den professionellen Anlegern war aber dennoch schon der Verdacht gesät, dass noch mehr Probleme auftauchen würden. Der Keim der Krise war in Europa angekommen.

Im September geriet Northern Rock, eine britische Bank, in ernste Schwierigkeiten. Einen Monat später folgte die Sachsen LB Europe, eine in Dublin ansässige Zweckgesellschaft der sächsischen Landesbank, und im Januar 2008 kam die US-amerikanische Investmentbank Bear Stearns in Schwierigkeiten, die infolgedessen zwischen März und Mai 2008 von JPMorgan Chase übernommen wurde.

Mit Verzögerung erreichte die Bankenkrise auch die öffentlichen Haushalte Europas, als die Skepsis der Investoren sich auch auf die Staaten übertrug und die Sorge wuchs, dass sie ihren Schuldendienst nicht würden leisten können. Erst spreizten sich die Zinsen auf den Kapitalmärkten nur minimal aus, aber als dann ein Jahr später, im September 2008, auch noch die amerikanische Investmentbank Lehman Brothers kollabierte, gab es kein Halten mehr. Seitdem tobt die Krise auf den Kapitalmärkten, und der Zinsabstand zwischen Deutschland und den als unsicher angesehenen Ländern explodierte regelrecht, wie Abbildung 2.2. zeigt. Verschiedene Rettungsaktionen und auch temporär günstige Konjunktursignale haben die Spreizung zwar zwischenzeitlich immer wieder aufhalten können, doch im Ganzen hat sie sich bis zum Sommer 2012 immer weiter vergrößert.

Die griechischen Zinsen für zehnjährige Staatspapiere schossen in dieser Periode auf bis zu 39%, die portugiesischen auf bis zu 14%, die irischen auf

12% und die spanischen auf bis zu 7% hoch. Der Euro stand zu diesem Zeitpunkt kurz vor dem Kollaps.

Aber dann gab es im Sommer 2012 eine Trendwende. Zum einen kündigte die EZB am 6. September 2012 ihre neue Strategie, das Programm Outright Monetary Transactions (OMT) an. Faktisch versprach sie den Besitzern der Staatspapiere krisengeplagter Länder, wenn nötig, die gefährdeten Staatspapiere in unbegrenzter Höhe abzukaufen und die potenziellen Abschreibungsverluste in ihre Bücher zu übernehmen, wodurch sie diese letztendlich den Steuerzahlern, ihren impliziten Eigentümern, anlasten würde.[7] Sie verzichtete sogar darauf, als Gläubiger gegenüber den privaten Anlegern eine höhere Rangposition zu erhalten und begnügte sich mit einer sogenannten Pari-passu-Position. Das Versprechen einer solchen öffentlichen Versicherung untermauerte der Präsident der EZB mit den Worten, die EZB werde so viele Staatspapiere ankaufen, wie es nötig sei (»whatever it takes«). Dies beruhigte verständlicherweise die Finanzmärkte und reduzierte die Zinsspreizung der Staatspapiere.[8]

Zum anderen wurde auch der Europäische Stabilitätsmechanismus (ESM) beschlossen, ein dauerhafter Rettungsschirm für die Krisenländer, über den in Kapitel 8 noch ausführlich berichtet werden wird. Als der Bundestag den ESM am 29. Juni 2012 ratifizierte und das Bundesverfassungsgericht am 12. September eine dagegen gerichtete Klage auf eine einstweilige Verfügung abwies,[9] erhielt der ESM das für seine Funktionsfähigkeit zuvor festgelegte Quorum von 90% des einzuzahlenden Kapitals aus der Eurozone.

Abbildung 2.3 zeigt, wie einerseits die Krise selbst, andererseits aber die besänftigenden Nachrichten des Sommers 2012 die Preise der Staatspapiere beeinflussten. Marktpreise von Wertpapieren sind in gewisser Weise das Spiegelbild der Zinsen, weil eine zunehmende Skepsis der Anleger gegenüber einem bestimmten Wertpapier zu einer Senkung des Marktwerts der bereits zu festen Zinsen früher ausgegebenen Wertpapiere führt und zugleich die Zinsen erhöht, die die Schuldner für neu auszugebende Wertpapiere bieten müssen. Das erkennt man sehr deutlich am Vergleich mit Abbildung 2.2.

Man sieht z. B., dass die seit dem Herbst 2007 zunehmende Zinsspreizung die Preise der ausstehenden Staatspapiere abstürzen ließ. Dies bedeutete einen immensen Vermögensverlust für die Besitzer eben dieser Papiere. Allerdings brachte die Interventionspolitik der EZB in der Folge einen Geldregen, insbesondere für Hedgefonds, die die Krisenpapiere der vielen Verzweifelten in der Zwischenzeit aufgekauft hatten. Besonders die Erholung der irischen Staatspapiere war Quelle fulminanter Gewinne. Das Auf und Ab der Preise ist nun einmal die Quelle der Spekulationsgewinne.

Kapitel 2   Scheinblüte in der Peripherie

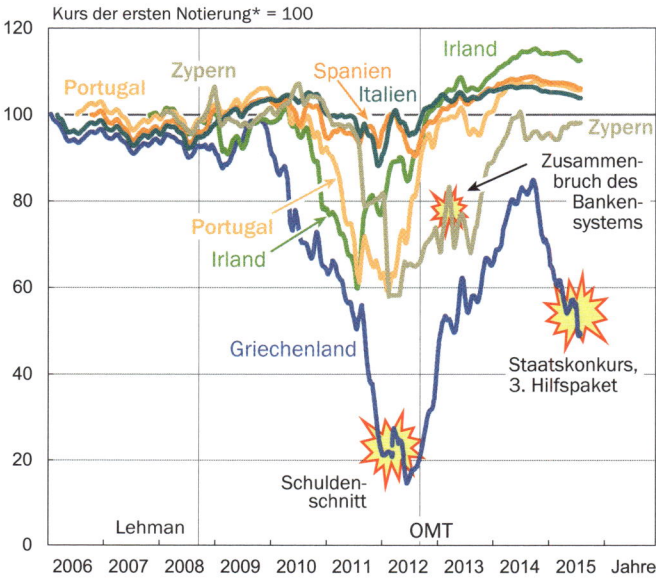

Abbildung 2.3 Preise für zehnjährige Staatspapiere

Quelle: Thomson Reuters Datastream, Datenkategorie: *Bonds & Convertibles.*

Erläuterung: Die Abbildung zeigt den Marktwert von zehnjährigen Staatspapieren, die 2006 emittiert wurden (Irland im Jahr 2007). Nach dem Schuldenschnitt in Griechenland im Jahre 2012 zeigt sie den Marktwert der Papiere, den Investoren im Tausch für abgeschriebene Papiere relativ zu dem Wert der ursprünglichen aus dem Jahr 2006 erhielten.

Der Verlauf der griechischen Kurve in Abbildung 2.3 offenbart eine Diskontinuität im März 2012. Was war geschehen? Zu diesem Zeitpunkt fand der sogenannte freiwillige Schuldenschnitt griechischer Staatspapiere statt, bei dem 105 Milliarden Euro nominaler Ansprüche privater Investoren abgeschrieben wurden. Die griechische Kurve zeichnet also den Absturz des Marktwerts der ursprünglichen Investition in griechische Staatspapiere nach. Interessanterweise reduzierte der Schuldenschnitt aber nicht den Barwert des Gläubigervermögens, da der Marktwertverlust für diese Preise von den Kapitalmärkten bereits vollständig eingepreist worden war. Tatsächlich verdoppelte das reinigende Gewitter des Schuldenschnitts im Jahr 2012 innerhalb einer kurzen Zeitspanne sogar den Marktwert neu emittierter griechischer Staatspapiere, da die Wahrscheinlichkeit zusätzlicher Schuldenschnitte in naher Zukunft sank.

Der Effekt hielt aber nur temporär, bis zum Herbst 2014. Danach ging die Reise wieder nach unten, weil sich abzeichnete, dass die sozialistische Partei Syriza mit seinem charismatischen, aber radikal-sozialistischen Parteichef

Die Einebnung der Zinsunterschiede

Alexis Tsipras an die Macht kommen würde, was dann im Januar 2015 auch geschah. Zur Zeit der Wahl stürzten die Kurse ins Bodenlose, denn Tsipras und sein Finanzminister Varoufakis verkündeten offen, dass sie auf einen Schuldenschnitt hinsteuern würden. Beide Politiker verhandelten monatelang mit den Geldgebern, bestehend aus der Eurogruppe, dem IWF und der EZB, über eine Lockerung der Bedingungen, unter denen weitere Gelder freigegeben werden könnten, ohne dass es zu einer Einigung kam. Wegen des Abbruchs der Gespräche durch die Staatengemeinschaft untersagte die EZB der griechischen Notenbank am Sonntag, dem 28. Juni 2015, die Vergabe weiterer Notfallkredite (Emergency Liquidity Assistance – ELA, vgl. Kapitel 5) an die Geschäftsbanken des Landes, mit denen bis dahin der Liquiditätsverlust durch Barabhebungen und Auslandsüberweisungen kompensiert worden war. Das zwang die griechische Regierung, die Banken zu schließen und Kapitalverkehrskontrollen zu verhängen. Am 30. Juni verstrich die Frist, innerhalb derer Griechenland einen IWF-Kredit hätte zurückzahlen müssen. Daraufhin erklärte der europäische Rettungsschirm EFSF, dem Griechenland ebenfalls Geld schuldete, am 3. Juli offiziell den Staatskonkurs Griechenlands. In der Folge rutschte der Kurswert der griechischen Papiere weiter in den Keller.

Dann überstürzten sich die Ereignisse: Am 5. Juli folgte ein Referendum, bei dem die Bevölkerung die Auflagen der Staatengemeinschaft mit großer Mehrheit ablehnte, doch schon am Morgen des 13. Juli gab ein eilig einberufener Krisengipfel der Eurostaaten grünes Licht für neue Verhandlungen, mit dem Ziel, ein weiteres, diesmal 86 Milliarden Euro schweres Hilfsprogramm für Griechenland zu vereinbaren.

Das war auch für die Preise der Staatspapiere eine neue Wende. Es kam, wie am rechten Bildrand zu sehen ist, wieder zu einem raschen Anstieg der Marktkurse, was die Hedgefonds, die darauf gewettet hatten, in Hochstimmung versetzte.

Auch in Zypern gab es gewaltige Kursausschläge. Nach dem ersten griechischen Schuldenschnitt im Jahr 2012 war der zypriotische Bankensektor in eine Schieflage geraten. Die Entwicklung kulminierte in der Pleite der Laiki Bank Anfang 2013 und einem Beinahe-Staatsbankrott Zyperns, was die Regierung zwang, die Bankkonten einzufrieren und internationale Kapitalverkehrskontrollen zu verhängen, wie es später auch Griechenland tat.

Bis zur Schlussredaktion dieser Zeilen, Ende Juli 2015, waren die Kapitalverkehrskontrollen in Griechenland weiterhin in Kraft, während Zypern diese Beschränkung im April 2015 aufgehoben hatte.[10] Wenn und solange man über das Geld auf einem Konto in Griechenland nicht frei verfügen kann, gibt es de facto nicht mehr nur einen Euro in Europa, sondern zwei. Einen in Freiheit und einen im griechischen Gefängnis. Man kann heute durchaus Euros auf einem griechischen Konto erwerben, wenn man dem bisherigen Kontoinhaber im Austausch Euros auf einem deutschen Konto zur Verfügung stellt. Der Wechselkurs dafür ist indes nicht eins zu eins. Vielmehr braucht man für den Erwerb eines griechischen Euro auf einem dortigen Bankkonto nur den Bruchteil eines deutschen Euro herzugeben.

Vor der Ankündigung des Euro befürchteten die Anleger, dass sie ihr in Südeuropa angelegtes Geld nur mit Verlust zurückbekommen würden. Heute haben sie von Neuem Angst, wenn auch der konkrete Grund der Angst ein anderer ist. Damals dominierte die Inflations- und Abwertungsgefahr, heute die Konkursgefahr. Im Grunde handelt es sich aber um den gleichen Sachverhalt, denn die Gefahr, dass das verliehene Geld nicht zurückkommen würde, war damals wie heute vorhanden. Immer mussten Zinsaufschläge die erwarteten Vermögensverluste der Anleger kompensieren. So gesehen hat der Euro die Finanz- und Glaubwürdigkeitsprobleme bestimmter Länder der Eurozone nur für ein paar Jahre überdecken können, war aber nicht in der Lage, eine dauerhaft hohe Zahlungsfähigkeit zu sichern. Wie der Rost unter dem Lack eines alten Autos kehrten die Probleme nach einer gewissen Zeit wieder zurück, sind dann aber durch den zwischenzeitlichen Anstieg der Schulden nur noch größer geworden.

BOX 2.1 Zur Zeitverzögerung zwischen Portfolioumschichtungswünschen und Leistungsbilanzreaktionen

Obschon die Konvergenz der Zinssätze ein offensichtlicher Indikator für die Rolle der Kapitalmärkte ist, mag es den Leser ein wenig verwundern, dass die in Abbildung 2.2 dargestellte Phase der Zinskonvergenz nicht exakt mit der Phase der Ausweitung der Leistungsbilanzdefizite in Abbildung 2.1 übereinstimmt, sondern ihr vorauseilt. Nachdem die Phase der Zinskonvergenz im Frühjahr 1998 beendet war, brauchte es vielmehr erst zwei oder drei Jahre, bis sich bedeutende Kapitalimporte in die GIPSIZ-Länder einstellten. Wie kann die Zinskonvergenz das Ergebnis von Portfolioumschichtungen der Anleger sein, wenn diese noch gar nicht stattgefunden haben? Wie lässt sich die zeitliche Beziehung zwischen Portfolioumstrukturierungen infolge der Euroeinführung, der Zinskonvergenz auf den Kapitalmärkten und der Entstehung von Leistungsbilanzdefiziten in Einklang bringen?

Wie oben bereits erwähnt, sind Kapitalimporte definitorisch dasselbe wie Leistungsbilanzdefizite. Leistungsbilanzen sind jedoch träge. Sie reagieren sehr langsam auf ökonomische Anreize, denn letzten Endes impliziert eine Veränderung der Leistungsbilanz eine Veränderung der Produktions- und Handelsstruktur eines Landes einschließlich des Auf- und Abstiegs ganzer Industriezweige. Veränderungen der Leistungsbilanz beschränken daher die tatsächlichen Kapitalflüsse immer dann, wenn Investoren ihre internationalen Anlageportfolios per saldo im großen Stil umschichten wollen. Der Wunsch, die Portfolios umzuschichten, verändert sofort die Marktpreise der zugrunde liegenden Vermögenswerte sowie deren Ertragsraten. Die Umschichtung selbst kann aber nicht vollzogen werden, ehe die Wirtschaftsprozesse sich angepasst und die Marktteilnehmer reagiert haben.

So kann z. B. eine gewünschte Verlagerung der Portfoliostruktur der Anleger von Deutschland nach Spanien erst dann stattfinden, wenn es in Spanien über Zinssenkungen zu einem Investitions- oder Konsumboom gekommen ist, der über eine nachfrageseitige Stimulierung der Wirtschaftstätigkeit die Importe über die Exporte erhöht, während in Deutschland das Gegenteil stattgefunden hat. Das aber braucht Zeit. In der volkswirtschaftlichen Literatur sind diese Zusammenhänge für den Fall flexibler Wechselkursregime gründlich analysiert worden.[11] Bei fixen Wechselkursen oder innerhalb einer Währungsunion verlaufen die Dinge indes sehr ähnlich.

Einzelne Anleger können natürlich immer die Struktur ihrer Anlageportfolios ändern, nur finden sie dann in der Regel komplementäre Marktpartner, die das Gegenteil tun, sodass es im Aggregat gar nicht zu einer Portfolioumschichtung kommt. Die Anleger in ihrer Gesamtheit können die Verlagerung erst dann vornehmen, wenn die Leistungsbilanzen reagieren. Vorher verpufft der Wunsch in Preis- und Zinsänderungen, die so weit gehen, bis der Umschichtungswunsch wieder erlischt. Die Reaktion der Leistungsbilanzen wiederum kommt erst über die Expansion und Kontraktion der beteiligten Volkswirtschaften zustande.

In Spanien entwickelte sich eine defizitäre Leistungsbilanz durch einen Boom auf dem Immobilienmarkt. Durch die Euroeinführung entstand der Wunsch der internationalen Anleger, ihre Portfolios nach Spanien umzuschichten, wo hohe Renditen bei nur noch geringem Risiko winkten. Das hat die Kreditkonditionen für Privathaushalte und Firmen stark verbessert und sie veranlasst, Kredite aufzunehmen, um Immobilien zu kaufen, zu renovieren oder neu zu bauen. Das hat Arbeitsplätze geschaffen und Lohnsteigerungen ermöglicht. Die Einkommen der Bauarbeiter stiegen, und im zweiten Schritt stiegen dann auch die Einkommen in der Konsumgüterindustrie, wo die Bauarbeiter ihr Geld ausgaben. Die Zunahme der Einkommen hat die Importe steigen und die Leistungsbilanz sehr stark defizitär werden lassen, wie es in Abbildung 2.1 gezeigt wurde.

Es kam hinzu, dass die Lohnsteigerungen, die in der Bauwirtschaft begannen, von der Exportindustrie übernommen werden mussten, was deren Wettbewerbsfähigkeit untergrub, sodass auch das Wachstum der Exporte litt.

All diese Prozesse nahmen einige Jahre in Anspruch. Einerseits benötigt die Entstehung eines Immobilienbooms Zeit, andererseits erhalten die Exporte erst dann einen Dämpfer, wenn die Exportpreise gestiegen sind, was eine Transmission des Lohnanstiegs in den wachsenden Industrien zu den Exportindustrien voraussetzt, die ihre Preise erhöhen müssen und entsprechende Absatzeinbußen erleiden. Es kommt hinzu, dass es bis zu solchen Absatzeinbußen zunächst einige Zeit zu dauern pflegt, weil die Kunden der Exportindustrien nicht sofort umdisponieren können. Deshalb ist es sogar möglich, dass die Exportwerte zunächst steigen, weil der positive Preiseffekt auf die Exporte den negativen Mengeneffekt dominiert. Im Extremfall ist es sogar denkbar, dass der Anstieg der Exportwerte temporär den Anstieg der Importwerte aufgrund des Wirtschaftsbooms überkompensiert, ein Fall, der in der Literatur unter dem Namen J-Kurven-Effekt bekannt ist.[12]

Zu beachten ist in dem Zusammenhang, dass der Auf- und Abbau von Leistungsbilanzdefiziten eines Landes in der Regel unterschiedlich schnell geschieht. Wenn ein Land keine Auslandsschulden mehr aufnehmen kann, um seinen Importüberschuss an Gütern zu finanzieren, werden die Waren aus dem Ausland einfach nicht mehr geliefert.[13] Das Leistungsbilanzdefizit hängt somit quasi wie an einer Schnur. Zieht man an der Schnur, ist es möglich, das Defizit sofort zu schließen. Wird die Schnur indes gelockert, kann der Anpassungsprozess lange dauern, weil erst die oben beschriebenen Reaktionen stattfinden müssen.

Als die Investoren im Jahr 2007 an der Schnur zogen und die Ära der gleichen Zinsen im Euroraum abrupt ein Ende fand, verwandelte sich der Trendanstieg der Leistungsbilanzdefizite der GIPSIZ-Länder in sein Gegenteil. In der Krise 2007/2008 weigerten sich die Kapitalmärkte, diese Defizite weiterhin zu finanzieren. Das ließ die Leistungsbilanzdefizite wieder schrumpfen. Das wirklich Überraschende bei dieser Schrumpfung war nicht, dass sie stattfand, sondern dass sie, anders als die Schnurmetapher suggeriert, nur relativ langsam stattfand. Abbildung 2.1 zeigt, dass noch Ende 2012, fünf Jahre nachdem der Inter-

> bankenhandel zusammengebrochen war, die Leistungsbilanzdefizite der GIPSIZ-Länder nicht völlig verschwunden waren. Erst 2013 verwandelten sie sich in einen leichten Überschuss.
>
> Das Rätsel wird in Kapitel 7 dieses Buches gelöst werden, denn dort wird sich zeigen, dass der Grund für die auch in der Abwärtsrichtung träge Reaktion der Leistungsbilanzen der Krisenländer in der Rettungsarchitektur der Eurozone liegt, die dazu führte, dass private durch öffentliche Auslandskredite ersetzt wurden. Die Schnurmetapher hat für viele Länder gestimmt, die in Zahlungsbilanzschwierigkeiten kamen, nicht aber für die Eurozone.

ENTLASTUNG DER STAATSBUDGETS

Den Kapitalmärkten glaubhafte Versicherungen für eine hohe Zahlungsfähigkeit zu geben, war für die südeuropäischen Länder ein treibendes Motiv, die Euromitgliedschaft anzustreben, denn nur mit solchen Versicherungen konnte man auf niedrige Zinsen hoffen. Und in der Tat kam es ja, wie gezeigt, zu solchen Zinssenkungen. Alle südeuropäischen Länder haben davon massiv profitiert.

Betrachten wir z. B. Italien. Die italienische Zinslast als Anteil des BIP war im Zeitraum von 1985 bis 1995 erheblich angestiegen, von 8,1 auf 11,1%.[14] Das lag vor allem an der damals rapide steigenden Staatsschuldenquote Italiens, die von 78% im Jahr 1985 auf 117% im Jahr 1994 hochgeschnellt war. Investoren wurden zunehmend nervös und zweifelten an Italiens Fähigkeit, die Schulden zu bedienen.

Die Ankündigung des Euro auf dem Gipfel von Madrid 1995 beruhigte die Ängste der Investoren und reduzierte die Zinssätze italienischer Staatspapiere um sechs Prozentpunkte in nur zweieinhalb Jahren, wie Abbildung 2.2 zeigt. Dies ermöglichte es Italien, sich zu günstigen Bedingungen umzuschulden und die Zinslast des Staates zu senken. Nur fünf Jahre nach dem Gipfel von Madrid, im Jahr 2000, musste der italienische Staat nicht mehr 11,1% wie 1995, sondern nur noch 6,1% des BIP für den Schuldendienst aufwenden, und zehn Jahre später, im Jahr 2010, waren es noch 4,3%. Die relative Zinslast fiel wegen der durch den Euro induzierten Zinskonvergenz, aber auch wegen einer immer noch hohen Inflationsrate, die das BIP nominell aufblähte, also die Zinsen relativ zum BIP verringerte. Abbildung 2.4 verdeutlicht diesen Vorteil.

In Griechenland war die Situation, wie die Abbildung zeigt, ganz ähnlich.

Die griechische Kurve verläuft auf weiten Strecken bis 2008 wie die italienische, was angesichts der Größe Italiens und der Ereignisse in Griechenland eine beängstigende Parallele ist. Wie in Italien profitierte der Staat von den fallenden Zinsen infolge des Euro. Nach dem Ausbruch der Krise nahm die relative Zinslast Griechenlands stark zu, nicht zuletzt wegen der hohen Staatsdefizite, und erreichte 2011 ihren Höhepunkt, bevor sie wieder fiel. Die Erklärung hierfür sind der Ersatz von teuren Krediten der Kapitalmärkte durch billiges Geld aus den Rettungspaketen (wie die Kapitel 7 und 8 dokumentieren werden), die Niedrigzinspolitik der EZB sowie einen Schuldenschnitt im Frühjahr 2012, der die griechische Schuldenlast um 105 Milliarden Euro oder 54% des BIP sinken ließ.

Im Gegensatz zu Griechenland sahen sich die übrigen GIPSIZ-Länder, wie man am rechten Rand der Abbildung 2.4 erkennen kann, in der Krise mit durchgängig ansteigenden Zinslasten für ihre Staatsschulden konfrontiert. Das ließ die Sorge wachsen, dass die Zinslasten untragbar zu werden drohten. Daher wurde von vielen Politikern aus diesen Ländern, aber auch aus Frankreich und von der EU-Kommission argumentiert, man brauche zur gemeinsamen Kreditaufnahme Eurobonds, um die Zinssätze zu senken. In der Tat würde ein gemeinsames Haftungsversprechen der emittierenden Länder die Zinsen der Krisenländer senken und die der anderen Länder steigen lassen. Deutschland lehnt die Eurobonds jedoch bekanntlich ab, weil es befürchtet, dass am Ende die mit Eurobonds einhergehende Zinssatzsenkung zu noch mehr Staatsschulden der Krisenländer Südeuropas führen würde, die dann gemeinsam zu tragen wären und in der Summe weit über den Beträgen lägen, die durch die Rettungsschirme ohnehin schon sozialisiert wurden.

Es lässt sich jedoch darüber streiten, wie berechtigt diese Klagen sind. Zum einen entsprechen die aktuellen Zinssätze nicht jenen Zinsen, die die Kapitalmärkte fordern würden, sondern Zinssätzen, die durch verschiedene Interventionen der EZB und der Staatengemeinschaft künstlich gesenkt wurden, und zwar dadurch, dass den Gläubigern öffentlich versprochen wird, dass sie ihr Geld zurückbekommen. Zum anderen waren die Zinssätze, die einige Länder während der Krise als unzumutbar erklärten, in den Jahren vor dem Eurobeitritt wesentlich höher, wie Abbildung 2.2 belegt. Gemäß Abbildung 2.4 war sogar der Zinsanteil am BIP sehr viel höher als in der Krise, obwohl die Schuldenquoten bezüglich des BIP im Verlauf der Krise dramatisch anstiegen.

Sicher, damals gab es auch mehr Inflation, und der Staat konnte insofern aus seinen Schulden herauswachsen. Das BIP blähte sich inflationär immer wieder auf, während die Schulden nominal definiert waren und insofern relativ zum BIP zurückblieben, wenn man nicht wieder neue Schulden aufnahm. Die Zinsen enthielten damals eine Inflationskomponente, die die Käufer der Staatspapiere als Entschädigung für die Entwertung des Kapitals verlangten. Gleichwohl mussten die hohen Zinsen in den Haushalt eingestellt und erst einmal bezahlt werden. Beim Bestreben, in den Euro zu gelangen, ging es auch darum, genau diese Inflationskomponente zu vermeiden.

Abbildung 2.4 Zinslast öffentlicher Schulden in Prozent des BIP (1985–2015)

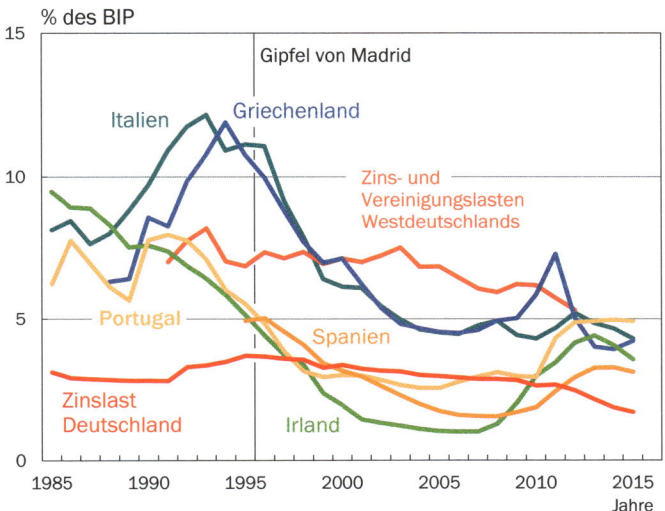

Quellen: Europäische Kommission, Economic and Financial Affairs, *Economic Databases and Indicators*, AMECO – The annual macro-economic database; Eurostat, Datenbank, *Wirtschaft und Finanzen*, Sektor Staat, Sektor Staat – historische ESVG95 Daten, Jährliche Finanzstatistiken des Staates; Statistisches Bundesamt, *Fachserie 18* Volkswirtschaftliche Gesamtrechnungen, Reihe S. 29; dasselbe, *Fachserie 18* Volkswirtschaftliche Gesamtrechnungen, Reihe 1.4, 2014; Arbeitskreis »Volkswirtschaftliche Gesamtrechnungen der Länder«, Bruttoinlandsprodukt, Bruttowertschöpfung in den Ländern der Bundesrepublik Deutschland 2000 bis 2014; derselbe, Bruttoinlandsprodukt, Bruttowertschöpfung in den Ländern der Bundesrepublik Deutschland 1991 bis 2013; M. Kloß, R. Lehmann, J. Ragnitz und G. Untiedt, »Auswirkungen veränderter Transferzahlungen auf die wirtschaftliche Leistungsfähigkeit der ostdeutschen Länder«, *ifo Dresden Studien* 63, München 2012, S. 35.

Erläuterung: Westdeutschland beinhaltet die alten Bundesländer ohne Berlin.

Um ein Gefühl dafür zu bekommen, ob die Größenordnung der Lasten zumutbar ist, mag auch ein Vergleich mit jenen Lasten nützlich sein, die Westdeutschland nach der deutschen Wiedervereinigung zu tragen hatte. Die obere der beiden roten Kurven in Abbildung 2.4 zeigt, dass die kumulierte Last aus den anteiligen Zinsen auf die Staatsschuld und den West-Ost-Transfers, die Westdeutschland tragen musste, im Jahr 2012 bei 5,3% des BIP lag, während die Zinslasten von Italien und Spanien im Jahr 2012 nur bei 5,2 bzw. 2,9% des BIP lagen. Auch insofern kann im Gegensatz zur Behauptung der Regierungen dieser Länder von exorbitanten Lasten aus der Staatsverschuldung überhaupt nicht die Rede sein.

Im Jahr 2013 lag der Zinsvorteil, den Italien durch den Euro erzielen konnte, trotz der sich ausspreizenden Zinsen der Jahre 2011 und 2012 gegenüber dem Referenzzeitraum 1991 bis 1995 bei 105 Milliarden Euro. Das ist mehr als das gesamte Mehrwertsteueraufkommen Italiens, das im Jahr 2013 bei 94 Milliarden Euro lag.

Man hat Italien seinerzeit sehr gelobt, weil es das Defizitziel für den Eintritt in die Eurozone gegen die Erwartung vieler mit leichter Hand erreichte. Noch im Jahr 1995 hatte das Defizit des Staates bei 7,7% des BIP gelegen, doch im Referenzjahr 1997 betrug es nur noch 2,7% und unterschritt damit das zulässige Höchstniveau von 3%, was Italien endgültig für den Euro qualifizierte.[15] Die Zinseinsparung wegen des Eurobeitritts betrug in dieser Zeit aber 1,9 Prozentpunkte des BIP. Sie erklärt also nahezu zwei Fünftel der Defizitverringerung um fünf Prozentpunkte. Ein weiterer Teil beruhte auf »kreativer Buchführung« bei der Defizitberechnung, sodass sich die echte Anstrengung des italienischen Staates, seinen Haushalt zu konsolidieren, in Grenzen hielt. Zu einem erheblichen Teil hatte der Euro selbst bereits für Italien die Beitrittsbedingungen erfüllt.[16]

FOLGENLOSE HAUSHALTSDEFIZITE

Die durch den Eurobeitritt fallenden Zinsen am Kapitalmarkt bedeuteten einen direkten rechnerischen Einkommensvorteil für Schuldner. Diesen Vorteil hätten die Schuldner verwenden können, um ihre Staatsdefizite zurückzufahren, wenn nicht gar Schulden zurückzuzahlen. Sie taten aber genau das Gegenteil. Nach einer kurzen Phase der Haushaltsdisziplin vernachlässigten sie ihre Spar- und Reformanstrengungen und erhöhten ihre Defizitquoten von Neuem.

Zum Teil war diese Entwicklung schon bei der Ankündigung des Euro befürchtet worden. Daher wurde beim Gipfel von Madrid 1995 beschlossen, einen Stabilitätspakt vorzubereiten, mit dem die Budgetdefizite der Staaten begrenzt werden sollten. Der daraufhin ausgearbeitete Pakt wurde im Dezember 1996 auf der Ratstagung in Dublin beschlossen und anschließend ratifiziert, aber nicht ohne dass die französische Regierung die Regeln vorher noch aufweichte und eine Namensänderung in »Stabilitäts- und Wachstumspakt« erreichte, wobei im französischen Verständnis »Wachstum« stets Schuldenfinanzierung meint. Die Mitgliedsländer verpflichteten sich, mittelfristige Ziele für die Haushaltslage zu fixieren. Vorgegeben war eine festgelegte Spanne für den Finanzierungssaldo des Staates, die »konjunkturbereinigt und ohne Anrechnung einmaliger und befristeter Maßnahmen zwischen minus 1% des BIP und einem ausgeglichenen oder einem einen Überschuss aufweisenden Haushalt liegt«.[17] Im Ausnahmefall einer konjunkturellen Flaute war ein Defizit von bis zu 3% erlaubt. Nur wenn ein Land sich in einer echten Rezession befand, bei der das BIP innerhalb eines Jahres um mindestens 2% zurückging, durfte man sich temporär höher verschulden, um die Wirtschaft anzukurbeln. Die Mitgliedsstaaten verpflichteten sich, haushaltspolitische Korrekturmaßnahmen zu ergreifen, wenn es Anzeichen für eine Abweichung von den Haushaltszielen gab, und übermäßige Defizite nach ihrem Auftreten rasch zu beseitigen.[18] Für den Fall, dass die Defizitquote von 3% überschritten wurde, waren Geldstrafen angekündigt worden.[19]

Die Regeln wurden aber nicht eingehalten; nicht einmal, nachdem sie im Jahr 2005 aufgeweicht und die Sanktionsmöglichkeiten beschränkt worden waren, weil sowohl Deutschland als auch Frankreich die vereinbarte Defizitquote überschritten hatten. Die Überwachung nationaler Haushaltspolitik schlug fehl. So wurde bis zum Jahr 2014 die 3%-Defizitgrenze insgesamt in 156 Fällen überschritten.[20] Abbildung 2.5 zeichnet die Entwicklung der Defizitquoten der größten Schuldenländer nach. Es ist ersichtlich, dass die Defizitquoten öfter über der 3%-Grenze lagen als unter ihr.

Nur in 51 von 156 Fällen wäre die Überschreitung der 3%-Grenze aufgrund einer hinreichend starken Rezession erlaubt gewesen. Mit anderen Worten hätten in 105 Fällen Sanktionen ausgesprochen werden müssen. Nach den ursprünglichen, noch nicht aufgeweichten Regeln hätte man die Strafe gar in 123 Fällen verhängen müssen. Tatsächlich wurde niemand sanktioniert, denn das Gremium, das über die Strafe hätte entscheiden müssen, war der Ecofin-Rat, die Versammlung der Finanzminister der EU-Länder. Die Richter waren also identisch mit den Sündern. All die heiligen Schwüre, man werde in Zukunft Disziplin üben, waren Schall und Rauch, der Stabilitäts- und Wachstumspakt war ein zahnloser Tiger.

Die Länder mit der schwächsten Fiskaldisziplin waren Griechenland und Portugal. Die Defizitquote beider Länder lag nie unter, aber meist über der 3%-Grenze, obwohl beide Länder anfangs und Griechenland sogar bis zur Finanzkrise ein exorbitantes Wachstum hatten und sich bis zum Beginn der Eurokrise im Jahr 2008 wahrlich nicht auf makroökonomische Notstände berufen konnten. Die Kreditwelle wurde in Griechenland und Portugal vor allem verwendet, um den Staatsbediensteten (Beschäftigte in den Wirtschaftsbereichen Öffentliche Verwaltung, Verteidigung, Erziehung und Unterricht, Gesundheits- und Sozialwesen) höhere Gehälter zu zahlen, weniger, um in die Infrastruktur zu investieren. In Griechenland stiegen die öffentlichen Gehälter von 2000 bis 2008 um (nominal) 62% und in Portugal um 18%. In Deutschland dagegen stiegen sie in der gleichen Zeitspanne nur um 7%, was weniger als der Anstieg der Verbraucherpreise war, der in der gleichen Zeitspanne kumuliert bei 15% lag.[21] Auch die Zahl der Staatsbediensteten wurde ausgeweitet. Während die Zahl der Staatsbediensteten in Deutschland zwischen 2000 und 2008 um 4% zunahm, stieg sie in Portugal um 7% und in Griechenland gar um 22%.[22]

In Griechenland und Portugal führte die öffentliche Verschuldung auch zu einem Konsumboom. Im Jahr 2007 erreichte die Summe von privatem und öffentlichem Konsum 103 und 105% des Nettonationaleinkommens der jeweiligen Länder und stieg in der Krise auf Spitzenwerte von 115 und 109%. Noch im Jahr 2014 konsumierte Griechenland, dessen Regierung sich bei den Verhandlungen über neue Kredite der Staatengemeinschaft, die sie mit der Troika aus IWF, EZB und Euroländern führte, bitter über eine angebliche Austeritätspolitik beklagte, 14% mehr als sein Nettonationaleinkommen. Während es auch andere Länder gab, die später große Anteile ihres Einkommens konsumierten – insbesondere Zypern und Italien –, waren Griechenland und Por-

Abbildung 2.5 Die Defizitquoten ausgewählter Länder

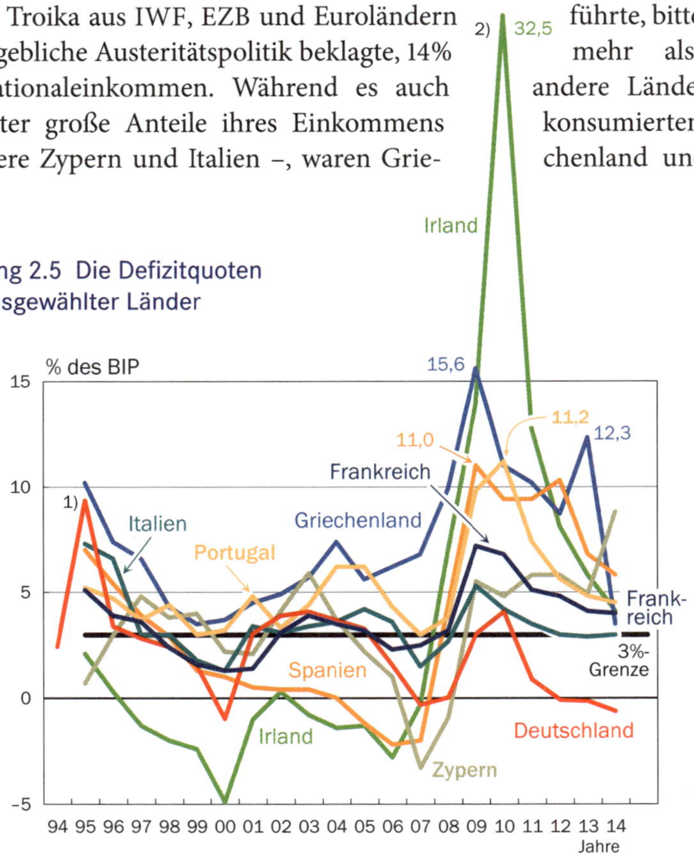

1) Mit Übernahme der Treuhand-Schulden.
2) Mit übernommenen Schulden von Geschäftsbanken.

Quelle: Eurostat, Datenbank, *Wirtschaft und Finanzen*, Sektor Staat, Finanzstatistik des Sektors Staat (VÜD und ESVG2010); dasselbe, Datenbank, *Wirtschaft und Finanzen*, Sektor Staat, Sektor Staat – historische ESVG95 Daten; Statistisches Bundesamt, *Fachserie 18*, Reihe 1.4.

tugal offensichtlich ein Sonderfall, wie Abbildung 2.6 demonstriert. Beide Länder lebten und leben noch heute über ihre Verhältnisse.

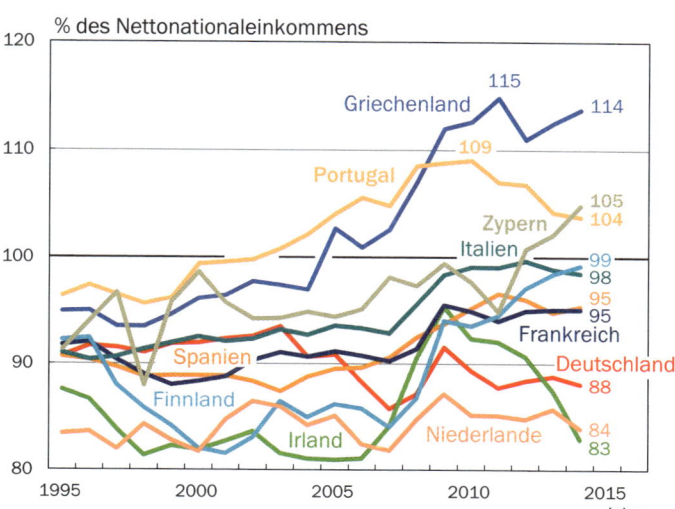

Abbildung 2.6 Gesamter öffentlicher und privater Konsum ausgewählter Euroländer als Anteil vom Nettonationaleinkommen (1995–2014)

Quelle: Eurostat, Datenbank, *Wirtschaft und Finanzen*, Volkswirtschaftliche Gesamtrechnungen (ESVG 2010), Jährliche Volkswirtschaftliche Gesamtrechnungen, Hauptaggregate des BIP; und Jährliche Sektorkonten (ESVG 2010), Nichtfinanzielle Transaktionen; Europäische Kommission, Economic and Financial Affairs, *Economic Databases and Indicators*, AMECO – The annual macro-economic database.

Das ist aber nur eine Aussage über die Durchschnitte. Sie sagt nichts über die Verteilung der Einkommen und Konsummöglichkeiten innerhalb dieser Gesellschaften aus, denn trotz der Statistik gibt es viel Armut bei Bevölkerungsschichten, denen es nicht gelungen ist, die Einkommenskanäle des Staates anzuzapfen. Einflussreichen Gruppen in Griechenland und Portugal gelang es, sich enorme Ressourcen zulasten der Schwachen in diesen Gesellschaften zuzuordnen. Diese Schwachen, die wirklichen Opfer der mit dem Begriff »Austerität« gekennzeichneten Reformpolitik, werden dann der internationalen Gemeinschaft vorgeführt, um den Staaten und der von ihnen bedienten Nomenklatura noch mehr öffentliche Mittel der Staatengemeinschaft zu verschaffen.

Waren Griechenland und Portugal hinsichtlich der Konsumquote innerhalb der Euroländer noch die Ausnahme, wuchs der Schuldenstand seit dem Gipfel von Madrid im Jahr 1995 bei fast allen Euroländern schneller als das BIP. Der durch niedrige Zinssätze angefeuerte Anreiz zur Schuldensucht griff allgemein um sich, Sparanreize erstickten. Viele Länder, auch solche, die nicht in der Abbildung 2.5 gezeigt werden, hielten sich nicht an die Defizitgrenzen. Abbildung 2.7 zeigt, wie sich die staatlichen Schuldenquoten, also das Verhältnis von Staatsschulden und BIP, bei den heutigen Euroländern in der Zeitspanne von 1995 bis 2014 veränderten. Man sieht, dass die meisten Länder erheblich zugelegt haben und inzwischen noch weiter über der zulässigen Grenze von 60% liegen als im Jahr 1995. Löbliche Ausnahmen sind nur Belgien und die Niederlande. Belgiens Erfolg ist besonders bemerkenswert, setzt man ihn in Relation zu Italiens Entwicklung. Während Belgien mit einer Staatsschuldenquote von 131% begann, stehen nun 107% zu Buche; Italien begann 1995 mit 117% und steht im Jahr 2014 bei 132%.

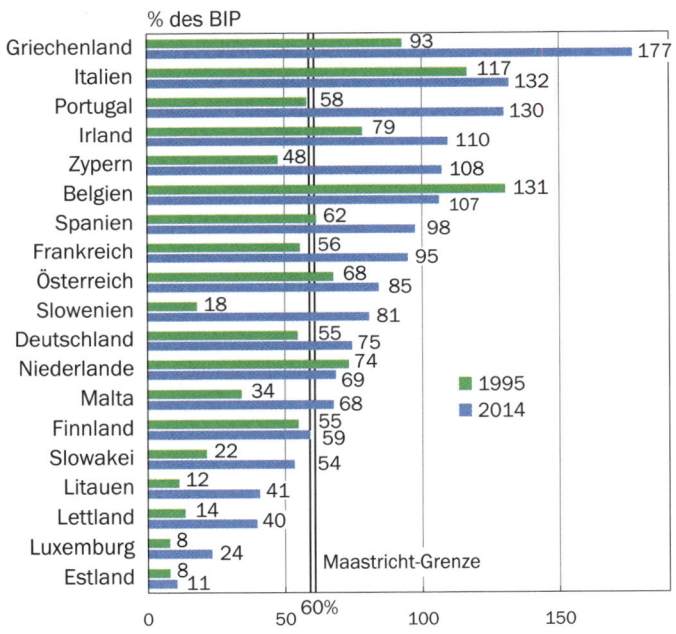

Abbildung 2.7 Staatsschuldenquote der Euroländer, 1995 und 2014

Quelle: Eurostat, Datenbank, *Wirtschaft und Finanzen*, Sektor Staat, Finanzstatistik des Sektors Staat, Staatsdefizit und -verschuldung; Europäische Kommission, Economic and Financial Affairs, *Economic Databases and Indicators*, AMECO – The annual macro-economic database.

Ausreißer ist Griechenland mit einem Zuwachs der Schuldenquote um 84 Prozentpunkte, von 93% im Jahr 1995 auf 177% im Jahr 2014. Das ist umso verblüffender, als Griechenland, wie schon erwähnt, im Jahr 2012 in den Genuss eines Schuldenschnitts von 105 Milliarden Euro kam. Ohne diesen Schuldenschnitt läge die Staatsschuld nicht bei 177%, sondern bei 236% des BIP, wäre also um 143 Prozentpunkte höher als 1995.

Im Durchschnitt stieg die Schuldenquote der Euroländer von 1995 bis 2014 um 21 Prozentpunkte von 71 auf 92%.[23] Der Euroraum selbst hätte so gesehen beim Euro nicht mitmachen dürfen.

Zu den frühen Sündern gehörte auch Deutschland, denn auch seine Defizitquote wuchs, wie Abbildung 2.5 zeigt, in den Jahren 2001 bis 2005 über die 3%-Grenze hinaus, ohne dass Deutschland in einer Rezession war und insofern die Erlaubnis dafür gehabt hätte. Seine damals hohe und wachsende Arbeitslosigkeit zählte nicht zu den Kriterien, nach denen der Stabilitäts- und Wachstumspakt ein überhöhtes Defizit erlaubte. Bereits im Jahr 1995 war Deutschlands Defizitquote mit 9,3% extrem hoch gewesen, aber das lag an der Übertragung der Treuhand-Schulden, die durch die deutsche Vereinigung entstanden waren, in den Bundesetat, wie die Abbildung verdeutlicht – ein einmaliger Effekt, der wenig über die langfristige Solidität der Finanzen aussagt.[24] Ohne diesen Sondereffekt hätte das Defizit bei 3,0% des BIP gelegen. Das wirkliche Problem bezieht sich auf die fünf Jahre von 2001 bis 2005.

Bundeskanzler Gerhard Schröder setzte sich damals massiv dafür ein, die Regeln des Stabilitäts- und Wachstumspakts aufzuweichen, damit Deutschland um die im Stabilitäts- und Wachstumspakt vereinbarte Strafe herumkam. Da Frankreich die Defizitgrenze in den Jahren 2002 bis 2005 ebenfalls überschritt, verlangten beide Länder eine Modifikation der Regeln des Stabilitäts- und Wachstumspakts, womit dieser Pakt faktisch zu Fall gebracht wurde.[25] Deutschland tat sich damals schwer mit dem Defizitkriterium, weil die Steuereinnahmen wegen seiner eigenen Eurokrise wegbrachen (wie im nächsten Kapitel diskutiert werden wird) und man sich nicht traute, der Bevölkerung, der man ohnehin schon mit der Agenda 2010 eine schmerzliche Sozialreform zumutete, nun auch noch die Last von Haushaltskürzungen oder Steuererhöhungen aufzuerlegen. Das Argument ist nachvollziehbar. Indes ändert es nichts daran, dass die deutsche Vertragsverletzung massiv dazu beigetragen hat, die Haushaltsdisziplin des Rests der Eurogruppe zu untergraben.

Im Jahr 2010 sprang durch die Schaffung von zwei *Bad Banks* für toxische Wertpapiere, meistens amerikanischer Provenienz, auch der Schuldenstand Deutschlands um acht Prozentpunkte oder 290 Milliarden Euro in die Höhe, von 73 auf 81% des BIP am Jahresende. Es war nötig geworden, die staatlichen Landesbanken verschiedener Bundesländer, die Commerzbank und vor allem die Bank Hypo Real Estate zu retten, die durch Abspaltung eines Teils des Immobilienportfolios und anderer Anlagen aus der HypoVereinsbank entstanden war. Die Hypo Real Estate und die WestLB konnten die toxischen Wertpapiere in Bad Banks geben und erhielten dafür zum Ausgleich Wertpapiere der jeweiligen Bad Bank, die vom deutschen Staat besichert waren und als Teil der deutschen Staatsschuld gezählt wurden. Der deutsche Staat war zu dieser Aktion gezwungen, weil die Gläubiger der staatseigenen Banken aufgrund der sogenannten Gewährträgerhaftung einen direkten Anspruch gegen die öffentliche Hand hatten.[26] Deutschland hat sich seitdem angestrengt und seine Schuldenquote durch eine Kombination aus Finanzierungsüberschüssen (in den Jahren 2012 bis 2014), einem gewissen Wirtschaftswachstum und einem positiven Abwicklungserfolg bei den Bad Banks wieder gesenkt. Dennoch belief sich die Quote 2014 noch auf 75%, während sie 1995 nur 55% betragen hatte.

Die französische Schuldenquote stieg von 56% im Jahr 1995 auf 95% im Jahr 2014, als Resultat der Jahre exzessiver Defizite, niedrigen Wachstums in der Krise und verschiedener Bankenrettungen, insbesondere im Kontext der Dexia, einer Bankengruppe, die 2008 Insolvenz anmelden musste.

Bei all der gerechtfertigten Kritik muss man mit Spanien und Irland aber auch zwei heutige Krisenländer positiv hervorheben: Denn sie haben das Defizitkriterium in der Zeit, als der Euro zu funktionieren schien, nicht verletzt. Ihre Schuldenquoten blieben dementsprechend lange Zeit niedrig. Der Boom, den diese Länder erlebten, hat in den »guten Jahren« des Euro das nominale BIP und die Steuereinnahmen schneller wachsen lassen als den Schuldenstand. Spanien hatte nur ganz zu Anfang, bis zum Jahr 1997, ein Defizit von mehr als 3%. Danach fiel das spanische Defizit beständig und schlug ab dem Jahr 2005 in einen Überschuss um, der bis zum Jahr 2007 auf 2,0% des BIP anwuchs. Noch besser war die Lage in Irland. Dort hatte man nur in den Jahren 1995 und 1996 überhaupt ein nennenswertes Defizit. Danach tilgten die Iren ihre Schulden fast in jedem Jahr bis 2007.

Die Probleme für beide Länder kamen erst mit Ausbruch der Krise. Sie entwickelten riesige Budgetdefizite und häuften Schulden an, insbesondere wegen der großen nationalen Bailout-Operationen zugunsten des heimischen Bankensystems, aber auch weil die Wirtschaftskraft und die Steuereinnahmen wegbrachen. Für das Jahr 2010 veröffentlichte Irland ein astronomisches Defizit von 32,5% des BIP, da die Regierung in riesigem Umfang Schulden der Banken übernahm. Die Hilfen für die Anglo Irish Bank allein erklärten 16 Prozentpunkte des irischen Defizits.[27] Die Regierung gab zugleich Garantien in einer Größenordnung von 245% des BIP.[28] In Spanien kletterte die öffentliche Schuld in der Krise aufgrund von Kapitalspritzen für mehrere Geschäftsbanken, aber auch zur Finanzierung des Budgets bei schrumpfenden Steuereinnahmen auf 98% des BIP.[29]

ITALIENS VERPASSTE GELEGENHEIT

Das größte jener Länder, die heute in Schwierigkeiten sind, ist Italien. Italiens Entwicklung unter dem Euro ist besonders aufschlussreich, da sie die Anreizstrukturen, die der Euro geschaffen hat, verstehen hilft. Italiens Eurogeschichte ist eine Geschichte der verpassten Gelegenheiten.

Wie schon Abbildung 2.5 gezeigt hat, nahm Italiens Defizitquote nach dem Gipfel von Madrid bis zum Jahr 2000 laufend ab, stieg danach aber wieder an und oszilliert seitdem um die 3%-Marke, wobei diese Marke seit 2012 erstaunlicherweise fast genau getroffen wurde. Diese Entwicklung genügt zwar gerade noch den vertraglichen Vorgaben, ist aber insofern enttäuschend, als Italiens Volkswirtschaft einer der größten Nutznießer der Zinskonvergenz war und insofern die Möglichkeit gehabt hätte, nur noch minimale Budgetdefizite zur realisieren, ohne den Gürtel enger schnallen zu müssen.

Hätte Italien seinen Primärüberschuss, also den Überschuss der Einnahmen über die Ausgaben, die nichts mit dem Schuldendienst zu tun haben, konstant bei einem Wert von ca. 4% gehalten, den es im Jahr 1995 innehatte, hätte es angesichts der Zinsersparnis, die der Euro brachte, in den Jahren 2003 bis 2014 ein Budgetdefizit von 0,4 bis 1,3% des BIP gegeben. Offensichtlich wurde der Zinsvorteil, den der Euro brachte, nicht benutzt, um Schulden zu tilgen, sondern um das Staatsbudget auszudehnen.

Anfangs hatte man gute Vorsätze. Ministerpräsident Lamberto Dini, der den Beitritt Italiens verhandelt hatte, versuchte, seine haushaltspolitischen Versprechen einzulösen. So stieg der Primärüberschuss, also der Überschuss der Einnahmen des italienischen Staates über seine anderen (nicht mit dem Schuldendienst zusammenhängenden) Ausgaben, anfangs sogar noch an. Von 1995 bis 2000 wuchs er von 3,9 auf 4,8%. Der italienische Staat verwendete also bis dahin die gesamte Zinsentlastung für die Schuldentilgung und sparte noch zusätzlich Teile seines normalen Budgets. Der Versuch einer nachhaltigen Konsolidierung des Staatshaushalts wurde unternommen.

Aber die guten Vorsätze hielten nicht lange. Schon im Jahr 2001, fünf Jahre und vier Ministerpräsidenten nach Dini, war der Primärüberschuss wieder auf 2,7% gefallen. Und im Jahr 2008, dem Jahr vor dem Konjunktureinbruch wegen der Weltwirtschaftskrise, betrug er nur noch 2,2%. Im Jahr 2010 war er dann zur Gänze verschwunden (0,0%). Anschließend stieg der Primärüberschuss wieder leicht an auf 1,2% (2011), 2,2% (2012), 1,9% (2013) und 1,6% (2014), blieb aber stets unter dem Niveau des Jahres 1995, als er 3,9% betragen hatte.[30] Somit hat Italien seit 2001 wesentliche Teile der Zinsvorteile des Euro konsumtiv verwendet, ohne sie für den Schuldenabbau zu nutzen. Das erklärt, warum Italiens Schuldenquote heute wesentlich höher ist als im Jahr 1995.

Es zeigt sich hier ein fundamentales Problem der Demokratie. Eine Regierung unterschreibt Vereinbarungen und hält sich meist anstandshalber auch noch selbst daran, doch ihre Nachfolger scheren sich nicht mehr darum und bedienen die aktuellen Interessen ihrer Wähler, anstatt die Lasten für nachkommende Generationen oder für die Gläubiger zu berücksichtigen, die einem zunehmenden Risiko ausgesetzt sind. Solange man darauf hoffen kann, dass der Schutz des Eurosystems die Refinanzierungskosten der Regierungen künstlich nach unten drückt, ist die Verschuldung immer ein angenehmer Weg, das Staatsbudget zu füllen und den Problemen der Gegenwart auszuweichen.

Hätte Italien seinen Zinsgewinn gespart, hätte es heute kaum noch irgendwelche Staatsschulden. Folgende Rechnung beleuchtet diesen Sachverhalt:

Nehmen wir an, Italien hätte in den Jahren ab 1996 Jahr für Jahr denselben Anteil des BIP für Zinsen und Tilgung seiner Staatsschuld ausgegeben, den es 1995 für die Zinsen allein benötige (11,1%). Wenn Italien somit jeweils die laufenden Zinsen auf die Restschuld bezahlt und das übrige Geld zur Tilgung verwendet hätte, dann wäre seine Schuldenquote unter sonst gleichen Bedingungen, insbesondere der gleichen Wirtschaftsentwicklung, Jahr für Jahr gefallen und hätte sich so entwickelt, wie es durch die dunkelblaue Kurve in Abbildung 2.8 dargestellt ist. Zum Ende des Jahres 2014 hätte die Schuld bei nur noch 0,5% des BIP oder acht Milliarden Euro gelegen anstatt bei 132% oder 2,1 Billionen Euro, sie wäre also faktisch verschwunden.[31]

Zugegebenermaßen erfasst diese Rechnung nicht die Senkung der Inflationsrate, die der Euro mit sich brachte. Italiens hohe Inflation hatte traditionell die Bedienung der Schulden stark erleichtert. War die nominale Zinslast hoch, hielt der inflationäre Anstieg des BIP die Schuldenquote letztendlich unter Kontrolle. Somit konnte stets ein Teil der Zinsverpflichtungen des Staates mit neuen Schulden anstatt mit höheren Steuern gedeckt werden, ohne dass die Schuldenquote stieg. Dieser Spielraum hat sich durch die Euromitgliedschaft verringert, weil sie parallel zur Absenkung der Zinsen auch zu einer Absenkung der Inflationsrate führte. So gesehen stand der italienischen Regierung nicht die gesamte Senkung der nominalen Zinsen zur Tilgung zur Verfügung, ohne andere Staatsausgaben in Mitleidenschaft ziehen zu müssen, sondern nur die Differenz zwischen Zinssenkung und Senkung der Inflationsrate, also nur die Senkung des sogenannten realen Zinssatzes. Korrigiert man die obige Rechnung um diesen Effekt, so ergibt sich die hellblaue Kurve in Abbildung 2.8 als hypothetisch mögliche Senkung der Schuldenquote. Die italienische Regierung hätte also ohne Anstrengung zum Ende des Jahres 2014 eine Schuldenquote von 54% erreichen können, wenn sie die Budgetentlastung, die der Euro durch die Zinskonvergenz brachte, zur Schuldentilgung verwendet hätte. Das ist weniger als die 60%, die der Maastrichter Vertrag für eine Euromitgliedschaft vorsieht.

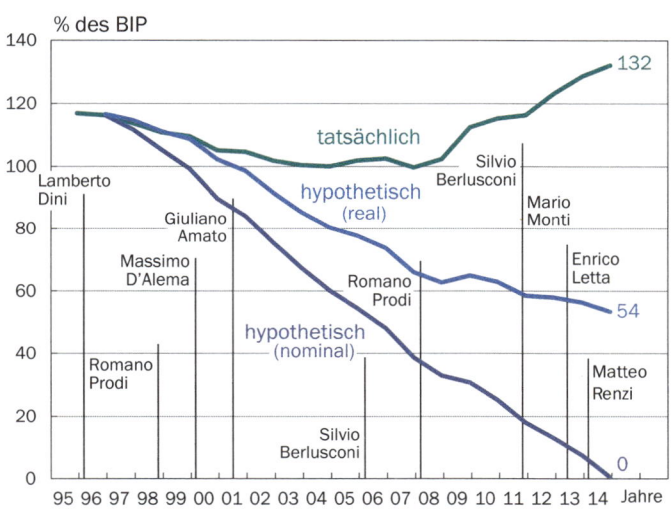

Abbildung 2.8 Hypothetischer und tatsächlicher Verlauf der italienischen Staatsschuldenquote (1995–2014)

Quelle: Eurostat, Datenbank, *Wirtschaft und Finanzen*, Sektor Staat, Finanzstatistik des Sektors Staat, Jährliche Finanzstatistiken des Staates; Governo Italiano, *Presidenza del Consiglio dei Ministri*, 7. August 2012, <http://www.governo.it/Governo/Governi/governi.html>.

Ähnliche Rechnungen können für die übrigen Krisenländer angestellt werden. Sie würden zeigen, dass auch diese Länder es vorzogen, die Budgetentlastung durch die Zinssenkung, die der Euro mit sich brachte, zu konsumieren und sich zusätzlich zu verschulden, statt ihre Finanzen in Ordnung zu bringen. Der Verschuldungsanreiz der Zinssenkung wog überall schwerer als der Entlastungseffekt durch die Zinssenkung selbst. Insofern führte der Euro nicht aus der Schuldenfalle heraus, sondern noch tiefer in sie hinein.

DAS AUSLANDSSCHULDENPROBLEM

Die Krise trieb die meisten Länder der Eurozone in die Staatsverschuldung. Jedoch bedeuten Staatsschulden nicht automatisch Auslandsschulden, denn Staatspapiere können auch von einheimischen Gläubigern gekauft worden sein; Auslandsschulden sind wiederum nicht notwendigerweise Staatsschulden, da auch private Haushalte und Institutionen ihr Geld vom Ausland geliehen haben können. Daher ist die These, dass die Staaten in die Krise gerieten, weil sie sich zuvor zu stark verschuldet hatten, nicht generell richtig. Sie trifft auf Griechenland und Portugal zu, aber nicht auf Irland und Spanien.

Trotz einer nachhaltigen Staatsschuldenpolitik litten beide Länder unter einer hohen Auslandsverschuldung, wie Abbildung 2.9 belegt. Die Endpunkte der dort gezeigten Säulen, genauer die Endpunkte der gelben Balken, messen die Nettoauslandspositionen der Länder, die 2012 zum Euroraum gehörten. Ist die Zahl negativ, gibt sie die erwähnte Nettoauslandsschuld eines Landes wieder, ist sie positiv, misst sie das Nettoauslandsvermögen. Am Ende des Jahres 2012 hatte Irland eine Nettoauslandsschuld von 112%, Griechenland von 109% und Spanien von 91% des BIP. Portugal wies mit einer Quote von 115% einen noch höheren Wert auf. Also sollte man eher von einer Auslandsschuldenkrise als von einer Staatsschuldenkrise sprechen.

Die Nettoauslandsposition ist definiert als die Summe aller Forderungstitel von Inländern gegenüber Ausländern mitsamt ausländischem Realvermögen, aber abzüglich der entsprechenden Titel, die Ausländer im Inland halten. Die Nettoauslandsposition bildet sich über die Zeit durch die Addition von Leistungsbilanzsalden, die in der Statistik noch durch Marktwertänderungen der Vermögenstitel korrigiert werden.[32] Analog bilden sich Nettoauslandsschulden über die Zeit durch die Addition von Leistungsbilanzdefiziten; ihr Wert wird ebenfalls durch Bewertungseffekte korrigiert. Ist die Nettoauslandsposition positiv, liegt ein Nettovermögen im Ausland vor. Man sagt dazu, die Volkswirtschaft sei ein Nettogläubiger gegenüber dem Ausland, obwohl nicht nur Schuldtitel, sondern auch Sachvermögen, Aktien und dergleichen erfasst werden. Ist die Nettoauslandsposition negativ, sagt man auch, die Volkswirtschaft habe bei Ausländern eine Nettoschuld und sei Nettoschuldner.

Interessant ist die Frage, wann die Nettoauslandsschulden der einzelnen Krisenländer entstanden sind. Bildeten sie sich, bevor der Euro angekündigt worden war? Kamen sie in der Folgezeit zustande, als die Zinssätze bereits konvergierten? Oder entstanden sie erst in der Krise? Die Antwort auf diese Fragen ist insofern wichtig, als sie Licht auf die Debatte wirft, ob der Zinsvorteil des Euro von den Schuldnerländern für einen Schuldenabbau genutzt wurde, da sie ihre Schulden nun einfacher begleichen konnten, oder ob sie stattdessen die günstigen Zinssätze in dem Sinne nutzten, um weitere Schulden und damit Leistungsbilanzdefizite zu akkumulieren.

Abbildung 2.9 gibt die Antwort, indem sie die Entstehungsgeschichte der Nettoauslandpositionen verschiedener Euroländer für das Jahr 2012 auf-

Abbildung 2.9 Komponenten der Nettoauslandsposition (2012)

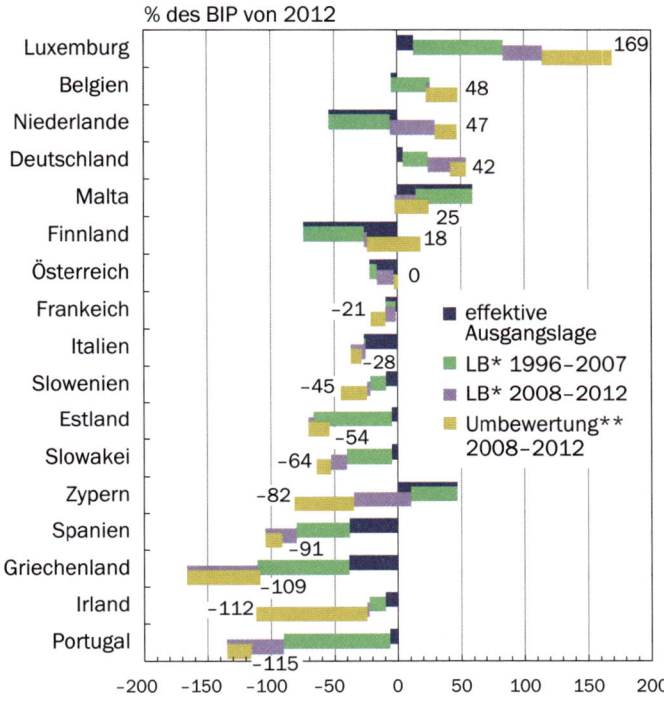

* LB = akkumulierter Leistungsbilanzsaldo.
** Marktwertveränderung der Forderungen und Verbindlichkeiten der Länder im Ausland.

Quelle: Eurostat, Datenbank, *Wirtschaft und Finanzen*, Zahlungsbilanz – Internationale Transaktionen, Zahlungsbilanzstatistiken und Auslandsvermögensstatus, Datenstand Februar 2014; Banca d'Italia, *Base Informativa Pubblica*, Balance of Payments and International Investment Position.

Erläuterung: Die Zahlenwerte geben die Nettoauslandspositionen in Prozent des BIP der Euroländer Ende 2012 an. Sie werden durch die Gesamtlänge der Balken bis zu der jeweiligen Zahl dargestellt. Die dunkelblaue Fläche verkörpert die effektive Nettoausgangsposition von 1995, die grüne Fläche die akkumulierten Leistungsbilanzsalden vor der Krise (1996 bis 2007), die hellviolette Fläche die entsprechenden akkumulierten Leistungsbilanzsalden während der Krise (2008 bis 2012), und die gelbe Fläche misst die Bewertungseffekte aufgrund von Marktwertveränderungen der Vermögens- und Schuldtitel zwischen 2008 und 2012. (Bewertungseffekte zwischen 1996 und 2007 werden mit den ursprünglichen Nettoauslandspositionen von 1995 verrechnet und unter dem Begriff »effektive Nettoauslandsposition« zusammengefasst.) Balken auf der rechten Seite messen einen Vermögenszuwachs (oder eine Schuldenreduktion), Balken auf der linken Seite messen einen Schuldenzuwachs (oder eine Vermögensabnahme). Alle Balken werden als Prozentpunkte des BIP aus dem Jahr 2012 des entsprechenden Landes angegeben. Die Daten zur Nettoauslandsposition und zum Leistungsbilanzsaldo nach den Definitionen und Konzepten der neuen Systematik der Zahlungsbilanzstatistik (BPM6) liegen nur unvollständig vor (vgl. Erläuterung zu Abbildung 2.1). Deshalb wird hier auf den Datenstand vom Februar 2014 zurückgegriffen. Damals waren alle Daten einheitlich nach dem alten Konzept der Leistungsbilanzstatistik (BPM5) dargestellt worden.

schlüsselt. Sie bezieht sich leider nur auf das Jahr 2012 und den Datenstand vom Februar 2014, weil Eurostat inzwischen die Erhebungsmethode für Auslandsschulden und -forderungen geändert, diese Änderungen aber in den einzelnen Ländern unterschiedlich weit in die Vergangenheit zurückgerechnet hat, sodass man die Entstehungsgeschichte der Schulden nicht mehr nach einem einheitlichen statistischen Konzept rekonstruieren kann. Deshalb ist das Jahr 2012 das aktuellste, für das die nachfolgenden Berechnungen bei der Abfassung dieser Zeilen im Jahr 2015 durchgeführt werden konnten.

Die Historie des Aufbaus der Nettoauslandspositionen der Euroländer wird in der Abbildung für die Zeit seit dem Gipfel von Madrid (1995), in dem die Zinskonvergenz begann, aufgeschlüsselt und in eine Periode vor und nach Ausbruch der Krise untergliedert. Die Nettoauslandsposition der Euroländer 2012 wird dabei in vier verschiedene Komponenten aufgeteilt:

1. Eine effektive Nettoauslandsposition aus der Zeit vom Gipfel in Madrid 1995. Sie umschließt den Buchwert der damals vorhandenen Auslandstitel und sich anschließende statistische Höherbewertungen dieser Vermögenstitel aufgrund eines Rückgangs der Zinsen für neue Schuldtitel, die durch den Eurobeitritt hervorgerufen wurden (blauer Balken).[33]
2. Leistungsbilanzdefizite bzw. -überschüsse während der Blasenbildung zwischen 1996 und 2007 (grüner Balken).
3. Leistungsbilanzdefizite bzw. -überschüsse in der Krise von 2008 bis 2012 (violetter Balken).
4. Bewertungseffekte aufgrund der Verringerung der Marktwerte langfristiger Schulden und Forderungen in den Krisenjahren 2008 bis 2012 (gelber Balken).

Die Komponenten werden in der Abbildung 2.9 durch horizontale Balken dargestellt, welche sich aus dem Wert der Nettoauslandsposition des jeweiligen Landes im Jahr 2012 zusammensetzen. Jede Komponente wird in Relation zum BIP des jeweiligen Landes im Jahr 2012 ausgedrückt (und nicht in Relation zum BIP des jeweils korrespondierenden Jahres). Ist die Summe der Effekte negativ (links von der Nulllinie), hat das Land am Ende des Jahres 2012 eine Nettoauslandsschuld. Ist sie positiv (rechts von der Nulllinie), hält das Land per saldo ausländische Forderungstitel, ist also Nettogläubiger. Die Summe der grünen und hellvioletten Flächen beschreibt somit ungefähr dasselbe wie die Fläche unterhalb der Kapitalimportkurve aus Abbildung 2.1.

Um zu veranschaulichen, wie man die Abbildung zu lesen hat, betrachten wir Spanien. Spanien wies im Jahr 1995 effektiv 390 Milliarden Euro an Nettoauslandsschulden (oder 38% ihres BIP des Jahres 2012) aus, dargestellt durch den dunkelblauen Balken. In der »guten Zeit« des Euro (1996 bis 2007) kam noch ein Schuldenzuwachs durch kumulierte Leistungsbilanzdefizite (grün) von 433 Milliarden Euro hinzu. In der Krise von 2008 bis 2012 häufte Spanien weitere 253 Milliarden Euro Auslandsschuld durch zusätzliche Leistungsbilanzdefizite (violett) an. In derselben Zeitspanne verringerte sich jedoch der Marktwert der ausstehenden Schuldtitel, sodass sich auch die Nettoauslandsschuld um 135 Milliarden Euro verringerte (gelb). Daher kann für Spanien am Ende des Jahres 2012 eine Nettoauslandsschuld von 941 Milliarden Euro (= 390 Milliarden Euro + 433 Milliarden Euro + 253 Milliarden Euro – 135 Milliarden Euro) konstatiert werden, was 91% des BIP aus dem Jahr 2012 entspricht.

Das Beispiel Spaniens macht deutlich, dass Nettoauslandsschulden nicht etwa während der Krise aufgebaut wurden, sondern zwischen 1996 und 2007, als die Zinsen bereits konvergiert waren. Die Zinssenkung, die der Euro mitbrachte, hatte dabei drei Effekte auf die Nettoauslandsschuld. Der erste war ein positiver Bewertungseffekt: Die Abnahme der Zinsen erhöhte den Marktwert der ausstehenden Staatspapiere, die noch mit Vor-Gipfel-Zinsen emittiert wurden. Dieser Effekt drückte die Nettoauslandsschuld von der ursprünglichen Ausgangslage nach oben.[34] Der zweite Effekt der sinkenden Zinssätze ging in die entgegengesetzte Richtung: Der Schuldendienst für spanische Schuldner fiel, sodass eine Entschuldung der externen Verbindlichkeiten viel leichter war. Leider nutzte man diese Chance nicht. Stattdessen sollte der dritte Effekt die Entwicklung der Nettoauslandsschuld dominieren, nämlich die Verlockung, sich bei niedrigen Zinsen weiter zu verschulden. So lieh sich Spanien während der fetten Jahre des Euro, zwischen 1996 und 2007, mehr Geld im Ausland als in den vorangegangenen Jahren und vergrößerte damit die externe Schuld mit Leistungsbilanzdefiziten in Höhe von 433 Milliarden Euro.

Diese Entwicklung relativiert die These, Spanien hätte sich in Schuldendisziplin geübt. Diese Aussage mag für den staatlichen Sektor stimmen, aber gewiss nicht für die Gesamtwirtschaft, also Staat und privaten Sektor zusammengenommen. Wie der nächste Abschnitt zeigen wird, ist die gigantische Größe der spanischen Nettoauslandsschuld das bei Weitem gravierendste ungelöste Finanzproblem der Eurozone.

Abbildung 2.9 offenbart, dass Griechenland und Portugal sich in einer ähnlichen Situation wie Spanien befinden. Zwischen dem Gipfel von Madrid bis zum Krisenbeginn wuchsen die Auslandsschulden relativ zu ihrem jeweiligen BIP noch kräftig an (grün), obwohl bereits substanzielle Altschulden vorlagen und die Schuldnerländer demnach signifikant von dem Zinsrückgang profitierten. Die niedrigen Zinsen hätten ohne größere Opfer für die Entschuldung und Haushaltsdisziplin genutzt werden können, doch man wollte sich lieber höher verschulden.

Auf Wegen, die in den Kapiteln 5 bis 7 diskutiert werden, bauten Portugal und Griechenland sogar noch während der Krise (violett) zusätzliche Auslandsschulden auf. Dies verschlimmerte ihr ursprüngliches Schuldenproblem weiter.

Als einzige Volkswirtschaft unter den GIPSIZ-Ländern verschuldete sich Irland in der Krise netto nicht weiter. Als die Zinsen nach oben gingen, wurden Irlands Außenschulden durch kriseninduzierte Bewertungseffekte noch vergrößert anstatt verringert. Das liegt vermutlich daran, dass irische Banken im großen Stil als Finanzintermediäre tätig sind: Sie leihen sich kurzfristig Geld im Ausland und verleihen es wieder langfristig dorthin. Sie betreiben eine Fristentransformation und verdienen daran, dass der kurzfristige Zins in der Regel niedriger ist als der langfristige. Da nun die Marktwerte der bereits bestehenden Anlagen wegen der neuen Risikoeinschätzung fielen, erlitt Irland in der Krise Vermögensverluste auf langfristige ausländische Vermögenstitel, ohne von den gegenläufigen Vermögensgewinnen der kurzfristigen ausländischen Titel zu profitieren.

Spanische, griechische und portugiesische Institutionen profitierten dagegen von den kriseninduzierten Bewertungseffekten, da der Marktwert ihrer langfristigen Nettoauslandsschulden fiel. Der vollständige Schuldenerlass von 105 Milliarden Euro im Fall Griechenlands, das im Frühjahr 2012 bereits faktisch insolvent war, ging in dieselbe Richtung.

Ende des Jahres 2012 hatte Portugal noch eine Nettoauslandsschuld von 115% des BIP, Irland von 112%, Griechenland von 109% und Spanien von 91%. Ohne Schuldenerlass und Bewertungseffekte hätten für Griechenland, Portugal und Spanien Nettoauslandsschulden von ungefähr 221, 135 und 105% zu Buche gestanden. Subtrahiert man einzig den Schuldenerlass Griechenlands ohne Berücksichtigung der Bewertungseffekte, ergäbe sich für Griechenland eine Nettoauslandsschuld von 167% des BIP.

Zypern unterscheidet sich von den übrigen Krisenländern insofern, als es 1995 nicht mit einer Nettoauslandsschuld begann, sondern im Gegenteil mit beträchtlichem Nettoauslandsvermögen. Zypern nutzte ebenfalls die Gelegenheit, sich im Ausland vor und während der Krise netto zu verschulden. Zusätzlich litt es unter einem ähnlichen Bewertungseffekt wie Irland, vermutlich ebenfalls aufgrund der Fristentransformation der gehandelten Schuldtitel. Die zypriotische Nettoauslandsschuld betrug am Ende des Jahres 2012 82%, hatte also ungefähr die Größe der spanischen.

Bei den übrigen Nettoschuldnern fallen die osteuropäischen Mitgliedsländer Slowenien, Estland und Slowakei auf. Vor der Krise verschuldeten sich die Länder beträchtlich, in der Krise weniger. Besonders Estland drosselte nach 2007 die Kreditaufnahme und profitierte von der Abwertung bisheriger Schuldtitel. Slowenien dagegen litt unter der Abwertung seiner Vermögenstitel; vermutlich lag der Fall ähnlich wie bei Irland. Ende des Jahres 2012 betrug Sloweniens Nettoauslandsschuld 45% des BIP, Estlands 54% und der Slowakei 64%.

Unter den Krisenländern stach vor allem Italien positiv hervor, da es eine deutlich geringere Nettoauslandsschuld relativ zum BIP hat als die anderen Länder. Das ist überraschend, weil Italien doch den Vorteil niedriger Zinsen wie oben beschrieben verpasste. Ganz im Gegensatz zu vielen anderen Ländern verschlechterte Italien seine Nettoauslandsschuld in den »guten« Niedrigzinsjahren zwischen 1996 und 2007 nicht, indem es sich bei anderen Ländern verschuldete: Italien lieh sich recht wenig (18 Milliarden Euro). Erst in der Krise wandelte sich Italiens Leistungsbilanz ins Negative. Durch kriseninduzierte Bewertungseffekte der verbliebenen Schuldtitel vergrößerte sich die italienische Nettoauslandsschuld aber kaum (gelber Balken in Abbildung 2.9). Ende des Jahres 2012 betrug Italiens Nettoauslandsschuld nur 28% des BIP. Das entsprach zwischen einem Drittel und einem Viertel der entsprechenden Werte der anderen GIPSIZ-Länder und erklärte nur etwas mehr als ein Fünftel der Schuldenquote des italienischen Staates. Die Haupterklärung hierfür liegt in der Tatsache, dass der italienische Staat vor allem bei italienischen Bürgern und weniger im Ausland verschuldet ist.

Mit einem Nettovermögen von 169% des BIP ist Luxemburg der Spitzenreiter derjenigen Länder, deren Nettoauslandsposition ein positives Vorzeichen hat. Belgien kann den zweiten Platz behaupten mit einem Nettoauslandsvermögen von 48% des BIP. Schon vor der Krise hatte Belgien signifikante Überschüsse, und in der Krise profitierte das Land von Bewertungseffekten langfristiger Schuldtitel. Berücksichtigt man den großen staatlichen Schuldenstand von ungefähr 100% des BIP, überrascht dieses Vermögen. Die Situation ist ähnlich wie in Italien. Belgier und Italiener sind offenbar nicht geneigt, sich sonderlich stark privat zu verschulden, insbesondere die Belgier nicht; dafür lassen sie ihren Staat aber in die Vollen gehen.

Andere Länder mit hohen Nettoauslandspositionen sind Finnland und die Niederlande. Beide exportierten große Teile ihres Kapitals vor und nach Ausbruch der Krise. Abbildung 2.9 zeigt, dass sie 1995 eine negative Ausgangslage aufwiesen, sich dann aber in den positiven Bereich robbten, wobei ihnen auch ein positiver Umbewertungseffekt half. Die Niederlande zogen fast mit Belgien gleich.

Deutschlands Nettoauslandsposition ist relativ klein im Vergleich zu den Niederlanden und Belgien. Da Deutschland aber die größte Volkswirtschaft ist, ist auch die Nettoauslandsposition in absoluten Werten mit Abstand die größte. Deutschland häufte Nettoauslandsvermögen vor und während der Krise an, litt aber krisenbedingt unter substanziellen Abwertungen seiner Forderungen (in Höhe von 13% des BIP oder 336 Milliarden Euro). Langfristige Vermögenstitel der Deutschen, wie ausländische Staatspapiere oder Wertpapiere, die von Krisenländern und den USA gehandelt wurden, verloren maßgeblich an Marktwert. Trotz dieser Verluste betrug das Nettoauslandsvermögen Deutschlands Ende des Jahres 2012 noch 42% des BIP oder 1.107 Milliarden Euro. Ohne Bewertungseffekte hätte das Nettoauslandsvermögen 54% des BIP ausgemacht und läge also noch vor Belgien, das ohne Bewertungseffekte auf 23% des BIP gekommen wäre.

Nachrichtlich sei noch erwähnt, dass für Deutschland die Nettoauslandsposition mittlerweile nach der neuen Methodik von Eurostat auch für das Jahr 2014 vorliegt. Sie beträgt danach 1.056 Milliarden Euro. Das ist das zweitgrößte Nettoauslandsvermögen auf der Welt nach China![35]

DIE SEIFENBLASEN

Ob nun die Auslandsverschuldung über den Staat oder über den privaten Sektor lief: Gemeinsam war allen Ländern der Umstand, dass der Euro einen inflationären Boom erzeugte, der sie ihrer Wettbewerbsfähigkeit beraubte. Speziell dem Thema der Wettbewerbsfähigkeit wird sich das Kapitel 4 näher widmen. Der Boom wurde über zwei Wirkungskanäle erzeugt.

Einerseits führten die eingesparten Zinszahlungen privater oder öffentlicher Schuldner an ausländische Gläubiger zu einem Realeinkommensanstieg, der nachfragewirksam wurde und die Inflation anheizte. Private Schuldner konnten wegen der Zinsentlastung mehr konsumieren, und die Staaten hatten mehr Geld übrig, um neue Leute einzustellen und die vorhandenen Mitarbeiter besser zu bezahlen, was deren Konsum anregte.

Andererseits verlockten niedrige Zinsen dazu, sich noch mehr zu verschulden, was abermals inflationäre Nachfrageeffekte auslöste. Auch diese Verlockung war nicht auf staatliche Schuldner beschränkt; ihr erlagen private Schuldner gleichermaßen. In Spanien war dies der dominierende Aspekt des Geschehens.

Vor der Euroeinführung kannte man in Spanien keine langfristigen Hypothekenkredite mit festen Zinsen wie in Deutschland.[36] Die Bauzinsen lagen extrem hoch, noch höher als die staatlichen Zinsen. Zum Beispiel musste man noch im Jahr 1991 mit einem Anfangszins von 17% rechnen.[37] Deshalb wurde wenig gebaut. Als der Euro kam, bzw. schon bei seiner Ankündigung auf dem Gipfeltreffen von Madrid im Dezember 1995, änderte sich das. Weil sich die spanischen Banken den Kredit plötzlich auf dem europäischen Interbankenmarkt zu sehr viel günstigeren Zinsen besorgen konnten, boten sie auch den Bauherren immer günstigere Konditionen an, nicht ohne zunächst noch von den höheren Zinsmargen selbst kräftig zu profitieren.[38] Die spanischen Privatleute ließen sich die Chance nicht entgehen. Sie nahmen die angebotenen Kredite auf, kauften sich Häuser, renovierten sie oder bauten sich neue. So setzte ein gewaltiger Bauboom ein, der die gesamte Wirtschaft erfasste und mitzog.

Die Außenschulden, die in Spanien wegen des Euro entstanden, sind heute das größte Problem der Eurozone, ganz einfach, weil Spanien ein großes Land ist und insofern auch die Schulden riesige Ausmaße haben. Wie Abbildung 2.10 verdeutlicht, sind sie mit genau 1.000 Milliarden Euro nur etwas kleiner als die Nettoaußenschulden aller anderen Krisenländer zusammen (1.086 Milliarden Euro). Zufällig ist dies ein Betrag, der in etwa so groß ist wie das gesamte deutsche Nettoauslandsvermögen in Höhe von 1.056 Milliarden Euro am Ende des Jahres 2014.

Abbildung 2.10 Spanische Nettoauslandsschulden im Vergleich
(2014, in Milliarden Euro)

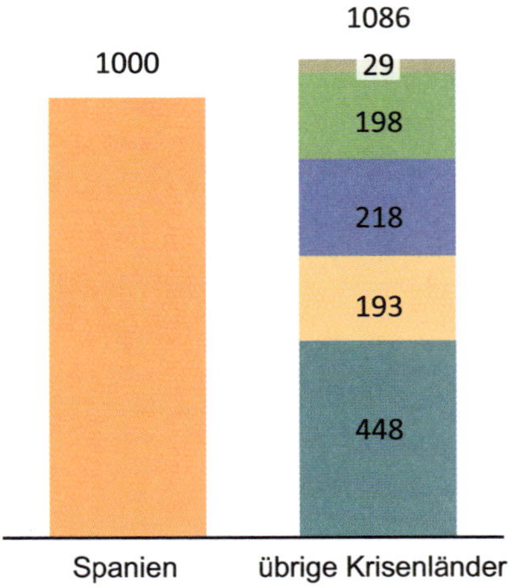

Spanien: 1000
übrige Krisenländer: 1086 (29, 198, 218, 193, 448)

Quelle: Eurostat, Datenbank, *Wirtschaft und Finanzen*, Zahlungsbilanz – Internationale Transaktionen (BPM6), Zahlungsbilanzstatistiken und Auslandsvermögensstatus (BPM6), Datenstand August 2015.

Banken und andere Kreditgeber, aber auch die staatliche Bankenaufsicht hätten den Prozess aufhalten können, aber auch sie wurden vom allgemeinen Fieber erfasst und ließen ihre normalen Sorgfaltsgrundsätze fahren. Ganz ähnlich wie man es von der amerikanischen Immobilienkrise kannte, war es auch in Spanien. Die Banken drängten den Kunden die Kredite geradezu auf, sie begnügten sich mit geringen Sicherheiten und beliehen die Immobilien zu viel höheren Prozentsätzen, als es in anderen Ländern üblich ist. In Deutschland beispielsweise gibt es ein branchenübliches Maximum von 60% des Immobilienwerts für private Hypotheken. In Spanien war es nicht unüblich, dass man Immobilienkredite zu bis zu 130% des Immobilienwerts vergab, damit sich die Kreditnehmer auch noch einen sportlichen Geländewagen von dem Überschuss kaufen konnten, wie mir ein Banker aus Barcelona einmal erzählte.

Ende des Jahres 2014 lagen die Schulden der Banken der sechs Krisenländer mitsamt der Sichteinlagen ihrer Depositenkunden, die selbst 3,6 Billionen Euro ausmachen, bei 8,0 Billionen Euro oder 248% ihres BIP.[39] Sie entstanden zu einem erheblichen Teil durch die Gewährung von Krediten an die Privatwirtschaft sowie an Immobilienkäufer, die später notleidend wurden. Nach dem Beschluss des EU-Gipfels vom 29. Juni 2012 wurden Rettungsmittel von der Staatengemeinschaft bereitgestellt, um die Auswirkungen der Bankenkrise auf den Rest der Wirtschaft zu minimieren.[40] Kapitel 8 wird dies im Detail diskutieren.

Der spanische Bauboom hatte auch Auswirkungen auf die Migration. Da die Firmen immer mehr Leute suchten und die Zahl der offenen Stellen zunahm, stiegen die Löhne. Der Lohnanstieg und die offenen Stellen lockten immer mehr Migranten an. In den zehn Jahren von 1999 bis 2008, als der Boom mit der Lehman-Krise ein jähes Ende nahm, kamen brutto sechs Millionen Einwanderer aus dem Ausland nach Spanien und halfen beim Bauen sowie in anderen Wirtschaftsbereichen. Von den Immigranten kamen 2,3 Millionen aus EU-Ländern, davon allein 770.000 Personen aus Rumänien.[41] Der Rest stammte überwiegend aus Nordafrika und Lateinamerika. Insgesamt betrug die Zuwanderung brutto 15% der ursprünglich vorhandenen spanischen Bevölkerung, was für nur eine Dekade ein extrem hoher Wert ist. Die Bauarbeiter hatten nun das Geld, um sich andere Güter zu kaufen, und auch bei der Produktion dieser Güter kamen immer mehr Menschen zu Arbeit und Brot. Spaniens Wirtschaftsleistung wuchs zwischen 1995 und 2007 real um 56% (wie Abbildung 3.2 des folgenden Kapitels zeigen wird), während die deutsche Wirtschaftskraft nur um 21% zulegte.

Das Bild in Irland sah ähnlich aus. Dort schossen die Baupreise sogar noch höher als in Spanien, und es kam zu einer relativ noch höheren Massenzuwanderung. In der genannten Zeitspanne lag die Zuwanderung brutto bei 20% und netto bei 10% der ursprünglichen Bevölkerung.[42] Irlands Wirtschaft wuchs sogar noch schneller als die spanische Wirtschaft und wurde zum Spitzenreiter in ganz Europa. In der betrachteten Zeitspanne von 1995 bis zum Ausbruch der Krise im Jahr 2007 hatte das irische Wachstum 122% betragen. Die Wirtschaftsleistung hatte sich also mehr als verdoppelt. Auch diese Effekte kamen im Gegensatz zu Griechenland und Portugal ohne staatliche Beteiligung zustande.

Im Endeffekt war es aber irrelevant, wie der Boom zustande und ob der billige Kredit über den Privatsektor oder den Staatssektor in das Land kam, denn der jeweils andere Sektor profitierte automatisch. In Portugal und Griechenland bauten sich die Staatsbediensteten von ihren kreditfinanzierten Gehaltserhöhungen Häuser, und in Irland und Spanien zahlten die Bauarbeiter, Baufirmen und Hausbesitzer von ihren kreditfinanzierten Einkommen Steuern. So schaukelte sich die gesamte Wirtschaft hoch, und es entwickelte sich das, was man eine Blase nennt: Ein durch übermäßig optimistische Erwartungen getragener Wirtschaftsboom, der irgendwann zum Erliegen kommen muss, weil die Fundamentaldaten der Länder nicht mehr zu den nominalen Vermögenswerten passen und die Kreditgeber Angst um ihr Geld bekommen.

Der Wirtschaftsboom an sich war ja genau das, was man sich vom Euro erhofft hatte. Er führte zunächst zu einer realen Konvergenz innerhalb der Eurozone, also zu einem Aufholprozess der bisher ärmeren Länder. Der Boom gewann jedoch zu viel Eigendynamik und führte weit über das langfristig tragbare Niveau der Löhne, der Güterpreise und der Immobilienpreise hinaus. Das hätte nicht wirklich verwundern sollen. Bei Investitionsentscheidungen neigen Menschen nun einmal dazu, einen einmal wahrgenommenen Trend gedanklich beliebig weit in die Zukunft zu verlängern, und schießen dabei regelmäßig über das Ziel hinaus.

DIE IMMOBILIENPREISE

Das gilt insbesondere für Immobilienpreise. Wenn die Immobilienpreise erst einmal zu steigen beginnen, werden immer mehr Menschen optimistisch und finden, dass sie noch rechtzeitig einsteigen sollten, um auch noch von den Steigerungen zu profitieren. Dann steigen die Preise erst recht, und noch mehr Menschen werden optimistisch. Es gibt einen sich selbst verstärkenden Erwartungsprozess mit immer höheren Preisen, immer mehr realer Bautätigkeit, einer immer stärker boomenden Binnenwirtschaft und immer höheren Löhnen, bis die ersten Banken und Investoren nervös werden und einige Bauprojekte keine Nachfrager mehr finden. Dann kann sich Misstrauen sehr schnell ausbreiten, was zu einem Käuferstreik und einem Überangebot auf den Immobilienmärkten führt. Dann fallen die Preise, die Neubauprojekte werden gestoppt, die Bauarbeiter werden entlassen, die

Nachfrage schrumpft, und es kommt zu einer allgemeinen Wirtschaftskrise und Massenarbeitslosigkeit.

Abbildung 2.11 zeigt, wie rasch die Immobilienpreise in verschiedenen europäischen Ländern anstiegen und dann auch wieder fielen. Man sieht, dass in Irland und Spanien, wo der Boom im Immobiliensektor begonnen hatte, besonders starke Preisbewegungen zu beobachten waren. Zwischen dem Gipfel in Madrid und dem Zusammenbruch von Lehman Brothers, in nur 13 Jahren, vervierfachten sich die irischen Immobilienpreise und die spanischen verdreifachten sich. Selbst griechische und französische Immobilienpreise waren zum Ausbruch der Krise zweieinhalbmal so hoch wie zu jener Zeit, als der Euro angekündigt wurde.

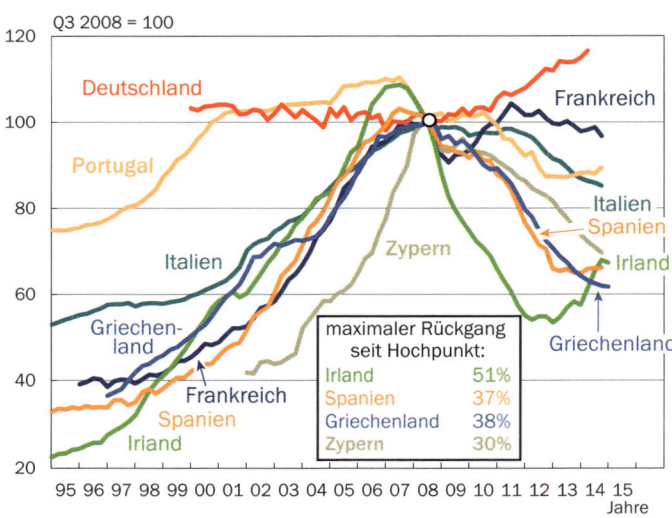

Abbildung 2.11 Immobilienpreise in der Eurozone

Quellen: Europäische Zentralbank, Statistical Data Warehouse, *Economic Concepts* – Prices, Output, Demand and Labour – Prices – Residential Property Price Indicator, Residential Property Price Index Statistics; Statistisches Bundesamt, *Genesis-Online Datenbank*, Themen, Preise – Agrar-, Erzeuger-, Bau-, Großhandelspreise – Preisindizes für Wohnimmobilien – Häuserpreisindex.

Bemerkenswert ist, dass Deutschland am Auf und Ab der Preise nicht teilnahm. Da sich Deutschland in seiner eigenen Eurokrise befand, fielen die Preise bis in die Finanzkrise hinein sogar leicht und begannen erst nach der Krise zu steigen, paradoxerweise infolge derselben Krise. Dieser Zusammenhang wird im nächsten Kapitel genauer erklärt.

Die Blase bildete sich indes nicht nur über steigende Immobilienpreise. Auch das allgemeine Wachstum der Preise und der realen Einkommen, zu dem die billigen Eurokredite geführt hatten, verleitete die öffentlichen und privaten Schuldner zu dem Glauben, sie könnten sich problemlos weiterverschulden. Es sprach sich herum, dass es den Schuldnern regelmäßig gelang, aus ihren Schulden herauszuwachsen. Auch deswegen traute man sich, immer mehr Schulden zu machen. Ganz irrational war dieses Verhalten nicht, denn in der Tat kam es ja in den meisten der heutigen Krisenländer zu einem massiven Wachstumsprozess, der in etwa ein Jahrzehnt anhielt. Der Fehler lag nur darin, dass man dachte, der Prozess würde immer so weitergehen.

Aber jeder stürmische Wachstumsprozess hört einmal auf. Der Prozess bricht jäh ab, wenn sich das Bewusstsein schärft, dass durch die Preis- und Lohnsteigerungen, die durch den Boom angeregt werden, die Wettbewerbsfähigkeit der Firmen verloren geht und damit Zweifel an der Fortsetzung des Wachstumstrends aufkommen – nur ist es dann meist schon zu spät. Wenn die Löhne und Preise sich bereits zu weit von ihrem nachhaltig möglichen Wettbewerbsniveau entfernt haben, ist es sehr schwer, den Weg zurückzufinden. Nur Immobilienpreise bewegen sich frei in beide Richtungen.

Heute sind fast alle Immobilienpreise, die in den »guten Jahren« des Euro explodiert sind, wieder gefallen, schneller und hektischer, als sie einst anstiegen. Der Preisverfall in Irland war besonders schnell. Die irischen Immobilienpreise fielen vom dritten Vierteljahr 2007 bis zum ersten Vierteljahr 2013 um mehr als 50%, um dann innerhalb von nur zwei Jahren erneut um mehr als ein Viertel zu steigen. Im Gegensatz dazu haben die französischen Immobilienpreise noch nicht ihr hohes Niveau verlassen. Während der ersten Krisenwelle fielen sie um 10%, dann stabilisierten sie sich und erreichten bis zum dritten Vierteljahr 2011 wieder den Stand von vor dem Ausbruch der Krise. Seitdem sind sie bis zum ersten Vierteljahr 2015 unter leichten Schwankungen um insgesamt 7% gesunken. Sollten die französischen Preise so hoch bleiben, wie sie derzeit sind, trotz des explosiven Wachstums nach der Einführung des Euro, wäre dies ein außergewöhnliches Ereignis in der Geschichte.

Obwohl die trügerischen Vermögenspreisblasen in der Peripherie der Eurozone offenkundig waren, hat die europäische Geldpolitik nicht gezielt gegengesteuert. Stattdessen bestand, wie es Bundesbankpräsident Jens Weidmann einmal kritisierte, unter vielen Notenbankern Konsens, dass sich Zentralbanken darauf beschränken sollten, die »Scherben wieder aufzukehren, wenn es an Finanzmärkten mal wieder gekracht hat«, um bloß nicht auf den Verdacht einer Blasenbildung hin den Wirtschaftsaufschwung abzuwürgen.[43] Erst wenn Blasen platzen, sei die Zeit zum Handeln gekommen. Dann solle die Geldpolitik mit massiven Zinssenkungen reagieren, um die realwirtschaftlichen Verwerfungen abzufedern. Notenbanken könnten ex ante nicht besser als der Finanzmarkt beurteilen, ob steigende Vermögenspreise fundamental gerechtfertigt oder als spekulative Übertreibungen einzustufen seien, war damals das Credo. Im Nachhinein muss man feststellen, dass diese Politik grundfalsch war. Indem die Zentralbanken, so auch die EZB, in der scheinbar »guten« Zeit des Euro die explosive Entwicklung auf den Vermögensmärkten haben laufen lassen, haben sie die anschließende Krise, die heute die politische Einheit Europas erschüttert, mit zu verantworten. Ähnliches gilt für die staatlichen Bankenaufsichten, die die Dinge viel zu lange haben treiben lassen, ohne auf die Bremse zu treten. So schön ist der Boom, als dass man ihn sich von Bedenkenträgern kaputt machen lassen möchte.

DAS PRIVATVERMÖGEN

Der wirtschaftliche Auftrieb, den der Euro mit Kreditschwemmen generierte, schuf nicht nur Arbeitsplätze und erhöhte das Einkommen in Südeuropa, sondern war auch Quelle beträchtlichen Wohlstands, der diese Länder reicher als den Rest der Eurozone machte. Dies wird in Abbildung 2.12 ersichtlich. Die Abbildung fasst die Ergebnisse einer Vermögensumfrage der EZB zwischen 2008 und Mitte 2011 zusammen, wobei 2010 das Referenzjahr für die meisten Länder darstellt. Die Balken auf der linken Seite zeigen den arithmetischen Durchschnitt des Vermögens pro Haushalt, die rechten Balken das Medianvermögen, also das Vermögen jenes Haushalts, der die Gesamtbevölkerung in zwei gleich große Teile aufspaltet: Genau 50% der Haushalte sind reicher als der Medianhaushalt, und 50% sind ärmer. Überaschenderweise schneiden die Krisenländer bei beiden Statistiken sehr gut ab.

Beispielsweise ist ein spanischer Haushalt im Durchschnitt 49% und ein italienischer Haushalt 41% wohlhabender als ein deutscher; während griechische und portugiesische Haushalte nur 24 bzw. 22% unter dem deutschen Wert liegen. Zypriotsche Haushalte mit einem durchschnittlichen Vermögen von 671000 Euro sind sogar 3,4-mal so vermögend wie deutsche und 2,9-mal so vermögend wie französische. Leider standen keine irischen Zahlen zur Verfügung. Es wäre interessant gewesen, die irischen Zahlen mit den Zahlen aus Zypern zu vergleichen, da beide Länder ähnliche Bankensysteme aufgebaut haben. Im Schnitt übertrifft das Vermögen privater Haushalte in den Krisenländern Griechenland, Italien, Portugal, Spanien und Zypern das Vermögen der Haushalte im Rest der Eurozone um etwa ein Viertel, nämlich genau um 23%.

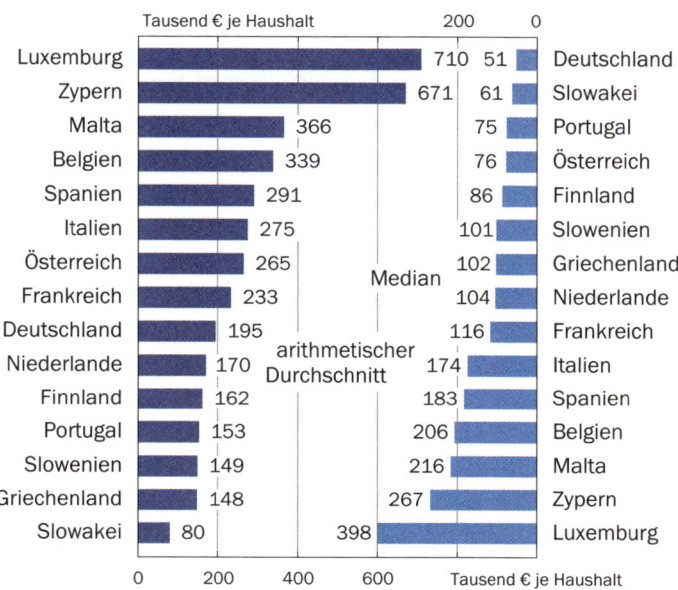

Abbildung 2.12 Haushaltsvermögen (2010)

Quelle: Europäische Zentralbank, »The Eurosystem Household Finance and Consumption Survey: Results from the First Wave«, *Statistics Paper Series*, Nr. 2, April 2013, S. 76.

Die Unterschiede werden noch größer, wenn man das Medianvermögen betrachtet. Das Medianvermögen liegt stets unter dem Durchschnittsvermögen, da die Einkommensverteilung links naturgemäß gestaucht ist und das lange Ende der Vermögensverteilung am rechten Rand im stärkeren Maß den Durchschnitt verändert als den Median. Wie die Abbildung verdeutlicht, übertreffen das griechische und portugiesische Medianvermögen das deutsche um 98 bzw. 46%. Das spanische übertrifft das deutsche sogar um 255%, das italienische um 238% und das zypriotische um 419%.

Angesichts der in Relation zum Norden überraschend guten Zahlen der südeuropäischen Länder wurden Zweifel an der Aussagekraft der EZB-Studie laut, insbesondere das Gefälle zu Finnland und Deutschland entsprach nicht den Erwartungen. So wurde argumentiert, dass die gemessenen Vermögensunterschiede mit Unterschieden in der durchschnittlichen Haushaltsgröße erklärt werden können.[44] Das Argument ist nicht ganz falsch, da im Süden häufiger noch Großfamilien anzutreffen sind mit Kindern, die auch im Erwachsenenalter noch bei den Eltern leben. Aber selbst wenn man diesen Effekt berücksichtigt, bleiben Italiener und Spanier im Schnitt weiterhin 14% wohlhabender als Deutsche, 42% wohlhabender als Niederländer und 40% wohlhabender als Finnen.[45]

Es gibt zumindest zwei andere Erklärungsansätze für das hohe Vermögen südeuropäischer Haushalte in der EZB-Umfrage. Nach der einen folgt der Anstieg der Staatsschuld der südlichen Länder aus dem Umstand, dass die Bürger dort nicht genügend Abgaben in Form von Steuern und Gebühren an den Staat zahlen, um damit die staatlichen Ausgaben für staatliche Infrastruktur und insbesondere für einen Wohlfahrtsstaat nach mittel- und nordeuropäischem Muster zu finanzieren. Das ermöglicht den Anstieg des privaten Vermögens bei gleichzeitiger Überschuldung des Staates. Private Armut ist demgegenüber das Spiegelbild gesünderer öffentlicher Kassen in Zentral- und Nordeuropa. Kurzum: Sowohl im Süden als auch im Norden verwenden die Regierungen das Geld ihrer Bürger, um Ausgaben zu finanzieren. Doch während die Regierungen Nordeuropas den Bürgern das Geld ersatzlos in Form von Steuern wegnehmen, geben die Regierungen Südeuropas ihnen dafür Staatspapiere.

Die andere Erklärung ist, dass die ausländische Kreditschwemme den oben beschriebenen Bauboom verursachte, der den Wert des Immobilieneigentums in die Höhe trieb. In den Ländern, die in der Vermögensstudie reich erscheinen, sind die Immobilienpreise infolge der Spekulationsblase nach oben verzerrt. Kredite produzierten zusätzliches Privatvermögen oder zumindest die Illusion davon.

MARKTVERSAGEN ODER STAATSVERSAGEN?

Angesichts des Desasters, das das Platzen der Blase in West- und Südeuropa verursachte und das nun die Existenz des Euro und den Zusammenhalt der EU bedroht, muss man sich die Frage stellen: Wie konnte all das passieren? Wie konnten Investoren für ein Jahrzehnt ihre Vorsicht über Bord werfen und mit nur einer winzigen Risikoprämie von 30 Basispunkten in Vermögenstitel wie griechische Staatspapiere investieren, die sich am Ende als Schrottanleihen herausstellen würden (vgl. Abbildung 2.3)? Wie konnten sie das Insolvenzrisiko für ein Jahrzehnt ignorieren, obwohl der Maastrichter Vertrag eindeutig vorschrieb (Artikel 125 AEUV), dass es keinen Bailout, also keine Rettungsaktionen, für Krisenländer gibt und Gläubiger auf ihren Forderungen sitzen bleiben würden?

Es gibt zwei mögliche Erklärungsansätze für diese Fragen. Der erste ist, dass Marktteilnehmer mitunter falsche Erwartungen an die Zukunft haben und daher falsche Entscheidungen treffen. In der Geschichte gab es schließlich viele Kreditblasen überall auf der Welt.[46] Blasen sind im Prinzip sozialpsychologische Phänomene. Bestimmte Ereignisse lassen die Renditeerwartungen nach oben schießen, sodass Investoren mitunter einfach ihre Vorsicht verlieren und Risiken systematisch unterschätzen. Berauscht vom Spekulationswahn stecken sie sich gegenseitig mit ihrem Optimismus an, der in Wahrheit nur der Irrglaube des ewigen Wachstums ist. Sie treiben Vermögenspreise in die Höhe, bis die Blase platzt; erst dann, ganz plötzlich, verändert sich ihre Markteinschätzung. Herdenverhalten und animalische Instinkte (»animal spirits«) beflügeln irrationale Erwartungen, und irrationale Angst materialisiert sich in Panik.[47]

Einige Ökonomen verwechseln diese Erwartungsfehler mit Marktfehlern. Tatsächlich liegt das Problem wohl eher darin, dass es hinreichend weit in die Zukunft reichende Terminmärkte, auf denen heute schon die zukünftige Lieferung von Gütern und Krediten vereinbart und koordiniert wird, nicht gibt.[48] Das Problem ist also, dass Märkte fehlen, nicht, dass die Märkte, die es gibt, fehlerhaft sind. Das ist ein feiner, aber fundamentaler Unterschied!

Vermutungen und Spekulationen über das zukünftige Marktgeschehen und über die subtile Dynamik von Marktpreisen und Einkommen müssen die fehlenden Märkte ersetzen, und dabei kommt es zu Koordinationsfehlern. Die Vorhersagen stellen sich allzu oft als trügerisch heraus, weil Menschen falsche Intuitionen haben, weil sie unerfahren sind oder weil die statistischen Modelle, auf die sie sich verlassen, falsch sind. Das fundamentale Problem von Unkenntnis und Unsicherheit auf solchen Märkten kann nicht ohne Weiteres aufgelöst werden. Perfekte Voraussicht und vollkommene Marktbedingungen für den intertemporalen Handel sind unmöglich. Eine punktuelle Regulierung ausgewählter Marktsegmente ohne vollständige Planungssicherheit droht die Verzerrungen am Ende nur noch schlimmer zu machen.[49] Man macht es sich etwas zu einfach, von einem Marktfehler zu sprechen, der einen Staatseingriff begründet, wenn mit der Planungsunsicherheit tatsächlich nur die Unvollkommenheit des Kapitalmarkts das Problem ist.

Der zweite Erklärungsansatz beruht auf der These, dass Politiker ihren eigenen Anteil an dem Krisengeschehen haben. So verzerrten sie selbst die Erwartungen der Kapitalmärkte, indem sie Euphorie und exzessiven Optimismus in der Phase der Blasenbildung verbreiteten und damit geradezu zu Fehlinvestitionen ermunterten. Man denke nur an die vermessene Prognose der Lissabon-Agenda, nach der Europa bis 2010 zum »wettbewerbsfähigsten und dynamischsten wissensbasierten Wirtschaftsraum in der Welt« werden würde, worüber eingangs in Kapitel 1 berichtet wurde. Die Politiker gaben solche Stellungnahmen ab, weil ihre Erwartungen auf noch schlechteren Modellen des Wirtschaftsgeschehens basierten als jene der privaten Marktteilnehmer oder aber, weil sie unbedingt wollten, dass die Märkte von einer effizienten Allokation des Kapitals innerhalb der Eurozone abwichen, um durch eine Umlenkung von Kapitalströmen in ihre Heimatländer bei den eigenen Wählern Pluspunkte zu sammeln.

Aber noch viel wichtiger war, dass die EU unzählige Signale an die Investoren sandte, dass im Fall einer Krise eines bestimmten Landes andere Länder zur Seite stehen und die Gläubiger zulasten der Steuerzahler retten würden. Sicher, man wusste vom Beistandsverbot des Maastrichter Vertrags, doch die EU unterminierte dieses Verbot, indem sie Investoren ermunterte, Risiken zu ignorieren und ihr Geld in Investitionsprojekte zu stecken, die sich unter normalen Bedingungen nicht lohnen würden, und an Staaten zu verleihen, die es womöglich nicht zurückzahlen würden, wie gleich noch erläutert wird. Der ganze institutionelle Apparat war buchstäblich in diese Richtung gepolt. Nimmt man zur Kenntnis, dass die Lenkung der Kapitalströme die ursprüngliche Antriebsfeder für das ganze Europrojekt war, verwundert es nicht, dass eine kleine Vertragsklausel, auf der zudem nur eine Minderheit an Ländern bestanden hatte, von den Marktteilnehmern bei der Jagd nach Renditen kaum ernst genommen wurde.

Wäre das Beistandsverbot respektiert worden, hätte die EU für die Länder der Eurozone Richtlinien für den Fall von Staatsinsolvenzen erlassen, die von den Ländern anschließend in nationale Gesetze hätten übertragen werden müssen. Die Gesetze hätten spezifiziert, was im Fall einer Insolvenz zu passieren hat. Vor allem wäre Klarheit über die Reihenfolge geschaffen worden, in der die Gläubiger bei Schuldenschnitten in Haftung genommen werden. In dem Zusammenhang hätten Regeln für einen geordneten Austritt aus der Eurozone formuliert werden müssen. Das hätte nicht nur klare Regeln für die fiskalischen Rettungsaktionen vom Mai 2010 bedeutet, sondern den Märkten zur Zeit des griechischen Schuldenschnitts im März 2012 und vor allem auch beim Staatskonkurs Griechenlands vom Juli 2015 viel Konfusion erspart. Eine Insolvenzordnung hätte klare Signale an die Kapitalmärkte gesendet und das Beistandsverbot letztendlich glaubwürdig gemacht. Infolgedessen wären sich Investoren viel eher bewusst geworden, welch beträchtliches Risiko sie eingehen, wenn sie überschuldeten und nicht wettbewerbsfähigen Ländern ihr Geld leihen. Sie hätten es dann vermutlich nicht verliehen.

Sofern die Kapitalmärkte adäquate Risikoprämien verlangt hätten, wären die Blasen in Griechenland und Portugal unter solchen Bedingungen nicht möglich gewesen. Entweder hätte es frühzeitig Kreditbeschränkungen gegeben, oder die Investoren hätten saftige Zinsaufschläge verlangt, die den Appetit der verschuldeten Länder nach ausländischem Kredit gedrosselt hätten. Indirekt hätten solche Maßnahmen auch jenen Kräften Einhalt geboten, die die privaten Immobilienblasen in Spanien und Irland inflationär aufblähten, da sie die Aussicht auf eine staatliche Bankenrettung substanziell gesenkt hätten.

Marktversagen oder Staatsversagen?

Wie in Kapitel 8 noch zu berichten sein wird, bereitet die EU gegenwärtig Regeln für die Auflösung insolventer Banken vor. Austritte von Staaten aus der Eurozone sowie Staatskonkurse bleiben demgegenüber jedoch Tabuthemen, um Investoren nicht zu verschrecken. Die Fehler der Vergangenheit werden perpetuiert.

Die wichtigste politische Entscheidung der EU, die das Unterlaufen des im Maastrichter Vertrag vorgesehenen Beistandsverbots mehr als deutlich macht, lag in der den Geschäftsbanken gegebenen Erlaubnis, unabhängig vom regulatorischen Modell, Staatspapiere aller EU-Länder zu kaufen, ohne sie bilanziell mit Eigenkapital hinterlegen zu müssen. Kein Wunder, dass die Banken ihre Vorsicht über Bord warfen und sich mit Staatspapieren vollsogen, die sich später als toxisch herausstellten.[50]

Nach den Basel-Abkommen zur Regulierung der Banken mussten die Banken einen Teil ihrer risikogewichteten Aktiva mit teurem Eigenkapital unterlegen. Bei der Berechnung der risikogewichteten Aktiva werden die Anlagen der Bank, also die Kredite, die die Bank vergibt, je nach dem damit verbundenen Risiko mit Gewichtungsfaktoren multipliziert. Die Risikogewichte werden entweder exogen über den sogenannten Standardansatz oder endogen über interne Risikomodelle bestimmt, welche Banken ihren jeweiligen Regulierungsbehörden vorlegen. Während es beim Standardansatz erlaubt war, die Risikogewichte für Staatspapiere pauschal auf null zu setzen, mussten bei dem aus anderen Gründen attraktiveren internen Risikomodell (IRB-Ansatz) positive Risikogewichte entsprechend divergierender Ratings der Länder verwendet werden. Die EU weichte diese Regel im Jahr 2006 auf, indem sie das Privileg einer Nullgewichtung von Staatspapieren auf Banken mit eigenem Risikomodell ausweitete.[51] Daher mussten Banken bei Krediten an Länder von nun an grundsätzlich kein Eigenkapital mehr einsetzen, auch wenn Ratingagenturen die Bonität des betreffenden Landes abwerteten und Banken ihre eigenen Risikomodelle verwendeten. Regulatorisch wurde kein Unterschied mehr zwischen kreditwürdigen und weniger kreditwürdigen Ländern gemacht. Diese Praxis war nicht etwa im Basel-Abkommen zur weltweiten Regulierung von Banken angelegt, sondern, unbeachtet von der Öffentlichkeit, durch die Regierungen der EU in einer einfachen Zusatzerklärung zu diesem Abkommen legitimiert worden, wahrscheinlich weil alle Finanzminister auf diese Weise günstigere Zinsen für Staatsanleihen erhielten.

Kleine und undifferenzierte Risikogewichte wurden auch erlaubt, wenn Banken anderen Banken der Eurozone Geld liehen. Unabhängig von Unterschieden der Kreditwürdigkeit wurde eine einheitliche Gewichtung von nur 0,2 für Kredite an andere Banken erlaubt – und damit viel weniger als an gut geführte Unternehmen, die mit einer Gewichtung von 0,5 und mehr leben mussten. Die verzerrende Bankenregulierung heizte den europäischen Interbankenmarkt künstlich auf. Kreditströme wurden in Länder mit geringer Kreditwürdigkeit gelenkt. Nordeuropäische Banken wurden aus Renditegründen dazu veranlasst, exzessiv an Banken Südeuropas und Irlands zu verleihen, die selbst wiederum das Geld an lokale Firmen, Haushalte und Regierungen weiterleiteten. Auch dies leistete seinen Beitrag zu dem exorbitanten Investitions- und Konsumboom, der die Blase aufblähte. Viele dieser Kredite wurden in höhere Löhne für Staatsdiener und Arbeiter im Bausektor überführt. Sie erhöhten die Lebensstandards und Importe, machten die Länder aber abhängig von der Droge des billigen Kredits.

Eine reine Verwaltungsentscheidung der EU-Administration, die weit unter dem medialen Stellenwert eines Gipfels und daher unbemerkt von der Öffentlichkeit getroffen wurde, reduzierte die Eigenkapitalanforderungen von Banken und legte fest, dass jeder Kredit an Staaten und Banken in der Eurozone als gleichermaßen sicher anzusehen war, was der Realität Hohn sprach. Er unterminierte die fundamentale Rolle der Kapitalmärkte bei der Bewertung von Risiken und der Festlegung von Risikoprämien im Zins. Die Repräsentanten von Ländern, die sich vor der Euroeinführung im Nachteil gefühlt hatten, verfügten nun über eine Mehrheit in den entsprechenden EU-Gremien und nutzten sie für regulatorische Sonderregeln, um ihren Staaten Zugang zu billigen Krediten zu sichern. Die so induzierte Umlenkung der Kapitalströme in Europa ging zulasten besserer Investmentmöglichkeiten in anderen Ländern und stand im Widerspruch zu den Bestimmungen des Maastrichter Vertrags. Mehr noch, EU-Administratoren haben damit die Marktwirtschaft an einer entscheidenden Stelle, nämlich in Bezug auf einen funktionierenden Kapitalmarkt, außer Kraft gesetzt und Europas Wachstumsschwäche maßgeblich mit verursacht.

Eine offenbar durch Länderinteressen gesteuerte, leichtfertige Entscheidung war einer der Hauptgründe dafür, dass sich europäische Banken und Staaten gegenseitig so bereitwillig Kredite gaben, ohne die damit verbundenen Insolvenzrisiken zu beachten. Sie erklärt, warum die Banken des Nordens Staatsanleihen der südlichen Länder sowie Wertpapiere aus den heutigen Krisenländern in riesigen Mengen erwarben. Sie erklärt zudem die verhängnisvolle Verzahnung zwischen südeuropäischen Banken und ihren Staaten, die die EU heute lauthals, aber scheinheilig beklagt.[52] Der regulatorische Fehler verursachte große Verzerrungen der internationalen Kapitalströme, die die südeuropäischen Länder von billigen Krediten abhängig machten, Exportindustrien zerstörten und konsumorientierte Ökonomien schufen, die ihre ganze Kraft in die Verteilung von Importwaren steckten. Er verursachte außerdem schmerzhafte Entzugserscheinungen, als die Droge des billigen Geldes versiegte und die Märkte Austerität, also Sparzwänge, verhängten.

Mittlerweile hat das Basel-Komitee zur Bankenüberwachung ein neues regulatorisches System, Basel III, geschaffen, das während der Übergangsphase von 2013 bis 2019 einsetzt und noch vor dem Jahr 2019 von den Parlamenten der EU-Länder in nationales Recht übertragen werden soll. Leider perpetuiert das neue Regulierungssystem die alten Politikfehler. Die verfehlte Risikogewichtung, die die EU zugelassen hatte, wird von nun an sogar Bestandteil der formellen Baseler Beschlüsse, was die Fehlallokation des Kapitals in Europa zementiert.[53]

Ähnlich ist es bei der neuen Regulierung von Versicherungsunternehmen, Solvency II, auf die sich das Europäische Parlament und der Europäische Rat verständigt haben.[54] Die Solvabilitätsvorschriften verlangten bisher von Versicherungsunternehmen, dass sie im Umfang eines bestimmten Anteils am Prämienvolumen Eigenkapital vorhalten. In Zukunft müssen Versicherungsunternehmen Eigenkapital proportional zu ihren Vermögensanlagen vorweisen. Wie auch die Banken müssen sie jedoch kein Eigenkapital bei Staatspapieren aus EU-Ländern sowie aus Norwegen, Liechtenstein und Island unterlegen. Einmal mehr unterscheidet das System somit nicht zwischen guten und schlechten Schuldnern und ermuntert die Versicherungsunternehmen, ihr Geld blindlings an Staaten verschiedenster Bonität zu verleihen. Wenn man bedenkt, dass sie einen Teil der Altersvorsorge der Europäer verwalten, kann einem dabei angst und bange werden.

Natürlich könnten Banken und Versicherungsunternehmen bei ihren Geschäften unterschiedliche Risikoprämien verlangen und freiwillig höhere Eigenkapitalpuffer halten. Aber sie werden sich hüten, das zu tun, weil sie genau wissen, dass sie das Eigenkapital im Fall des Falles verlieren könnten. Die Strategie, mit minimalem Eigenkapital zu arbeiten, ist allen Banken und Versicherungen der Welt zu eigen. Das ist ein zentrales Element ihres Geschäftsmodells. Wenn alles gut geht, schüttet man die Gewinne an die Aktionäre aus, und wenn das Geschäft einmal platzen sollte, macht man den Laden eben zu und verliert das eingesetzte Eigenkapital, aber nicht mehr, denn eine Privathaftung gibt es bei den meisten Rechtsformen, in denen die Gesellschaften organisiert sind, nicht. Dieses Grundprinzip des Kasino-Kapitalismus, das seine Ursache im Privileg der Haftungsbeschränkung auf das eingesetzte Eigenkapital hat, trug maßgeblich zur exzessiven Kreditvergabe an die heute am Rande der Pleite stehenden Staaten Südeuropas bei.[55]

Der Effekt einer laschen und verzerrenden Regulierung für die exzessive Kreditvergabe wurde noch verstärkt durch das implizite Schutzversprechen, das die Länder der Eurozone mit ihrem politischen Verbund gegeben hatten. Man glaubte, dass die starken Länder letztlich nicht umhinkommen würden, einzuspringen, wenn es zu Insolvenzen von Staaten und ihrer Bankensysteme käme, auch weil schwache Länder im Eurosystem über hinreichenden politischen Einfluss verfügen, um sich notfalls von der EZB helfen zu lassen. Zwar hat die EZB im Maastrichter Vertrag nicht das Mandat bekommen, als *Kreditgeber der letzten Instanz* zu agieren, also billige Kredite bereitzustellen, wenn sich der Markt bereits vor einer Insolvenz fürchtet. Doch waren die Entscheidungsstrukturen so gezimmert – man denke nur an die im letzten Kapitel beschriebene Gleichheit der Stimmgewichte großer und kleiner Länder – dass ein erhebliches strukturelles Gewicht der schwachen Länder in den Entscheidungsgremien gesichert war. Selbst wenn die Staaten nicht mit Rettungsschirmen geholfen hätten, was sie letztlich taten, war die lokale Druckerpresse für Eurostaaten verfügbar, um Euros anstatt Drachmen, Lire oder Peseten zu drucken. Das ließ die Vorstellung, dass einem Schuldnerland das Geld ausgehen könnte, als unwahrscheinlich erscheinen.

Sicher, die Druckerpresse hätte nach den Regeln des Maastrichter Vertrags nicht angeworfen werden dürfen, um einen Staatskonkurs zu verhindern, doch diese Regeln waren biegsam. So bestand für die nationalen Notenbanken stets die Möglichkeit, Hilfsliquidität in Form von ELA-Krediten nach eigenem Gusto zu vergeben, sofern nicht zwei Drittel des EZB-Rats widersprachen. Die EZB wurde als Institution mit unbegrenzter Feuerkraft ausgestattet, die riesige Geldsummen ins Schaufenster legen konnte, um Liquiditätskrisen zu vermeiden und vor Insolvenzen zu schützen.

Die Ereignisse in Griechenland zeigen, wie sehr die Anleger mit dieser Einschätzung Recht behalten sollten. Seit Beginn der Krise im Jahr 2008 wurde Griechenland ausschließlich von der Staatengemeinschaft finanziert, weil aus dem Ausland per saldo keinerlei private Kredite mehr kamen (vgl. Kapitel 7). Das bot den Anlegern Gelegenheit, sich aus dem Staube zu machen und ihr Geld in Sicherheit zu bringen. Noch im ersten Halbjahr 2015 druckte sich die griechische Notenbank mit Billigung der EZB für 89 Milliarden Euro ELA-Kredite, um den Geldnachschub für die Banken sicherzustellen, während die Troika mit Griechenland gleichzeitig über Hilfskredite in Höhe von 7,5 Milliarden Euro verhandelte. Erst dann kam die notwendige Zweidrittelmehrheit im EZB-Rat zustande, um die Reißleine zu ziehen, was Griechenland sofort zwang, Kapitalverkehrskontrollen zu verhängen, und den europäischen Rettungsschirm EFSF, wie erwähnt, am 3. Juli 2015 veranlasste, den Konkurs des Landes formell zu erklären.

Der leichte Zugang zur Druckerpresse war von den Konstrukteuren des Eurosystems so gewollt. Angesichts der negativen Erfahrungen der europäischen Länder unter dem Europäischen Währungssystem (EWS), das 1979 gegründet worden war, schien die unbegrenzte Feuerkraft der EZB die ultimative Lösung für das Wechselkursproblem zu sein. Wie im ersten Kapitel beschrieben, war das EWS unter der Last der deutschen Wiedervereinigung zusammengebrochen, die Interventionssummen zum Schutz vor spekulativen Attacken verlangt hätte, die den europäischen Zentralbanken nicht zur Verfügung standen.[56] Die Bundesbank stellte beispielsweise im September 1992 insgesamt 92 Milliarden D-Mark bereit, um gefährdete Fremdwährungen zu stützen,[57] von denen 60 Milliarden D-Mark zur Stützung des Franc genutzt wurden.[58] Das reichte jedoch nicht.

Die Vorstellung war, ein felsenfestes System zu schaffen, bei dem Großanleger niemals würden hoffen können, einzelne Länder erfolgreich zu attackieren oder aus dem Währungsverbund herauszutreiben und zu einer Abwertung zu zwingen, wie es George Soros, für ihn sehr profitabel, im Jahr 1992 mit Großbritannien gemacht hatte. Wegen des so garantierten Ausschlusses von Wechselkursänderungen erwartete man eine Zinskonvergenz, die eine Entlastung für private und öffentliche Schuldner in den bis dato als weniger sicher erscheinenden Ländern Europas bedeuten würde und somit der europäischen Wirtschaft insgesamt zu einem besseren Gleichgewicht verhelfen würde.[59]

Leider war es jedoch genau jene unbegrenzte Feuerkraft, die die Blasen und die sich anschließenden Katastrophen in Südeuropa auslöste. Aufgrund seiner bloßen Existenz verschaffte das Eurosystem den Mitgliedsländern eine Zinskonvergenz und eine zehnjährige Wirtschaftsblüte. Zehn Jahre reichte es tatsächlich aus, das Geld im Schaufenster bloß zu zeigen. Doch war es gerade das überzogene Vertrauen, das man so produziert hatte, das die Wirtschaftsblüte in eine gefährliche inflationäre Wirtschaftsblase verwandelte, die nach ihrem Platzen schließlich doch dazu führte, dass das Geld aus dem Schaufenster herausgenommen und verwendet wurde.

Dies zeigt das Dilemma bei der Konstruktion der Eurozone auf. Auf der einen Seite will man Wechselkursstabilität. Dazu braucht man die unbegrenzte Feuerkraft des EZB-Systems. Auf der anderen Seite will man Haushaltsdisziplin ohne Verschuldungsexzesse bei allen Beteiligten. Dafür braucht man harte Budgetbeschränkungen und Zinsspreizungen nach der Bonität der Schuldner. Der Spagat zwischen diesen beiden divergierenden Zielen ist dem Eurosystem offenkundig nicht gelungen, weil zu viel Augenmerk auf das erste Ziel und zu wenig auf das zweite gelegt wurde. Zwar wurden die Euroländer vor spekulativen Attacken geschützt, doch verfielen sie genau deshalb dem Schuldenwahn, der die Wirtschaftsblasen erzeugte.

Die meisten europäischen Politiker hatten diese Problemlage entweder nicht erkannt, oder sie hatten nur die kurzfristigen Vorteile für ihre Länder im Blick. Und diejenigen, die sie erkannt hatten, trösteten sich mit der Hoffnung, der Stabilitäts- und Wachstumspakt werde mit seinen Schuldengrenzen schon rechtzeitig greifen. Diese Hoffnung war aber trügerisch, denn erstens nahmen die amtierenden Politiker den Pakt nicht ernst, und zweitens war der Pakt ja ohnehin völlig machtlos gegen die exzessive Verschuldung im privaten Sektor, die zumindest in Spanien und Irland im Zentrum der Krise stand. Der Stabilitäts- und Wachstumspakt war letztlich nur ein Placebo, das man den Deutschen zu ihrer Beruhigung gab, um das Projekt des Euro politisch durchzusetzen, während man den Banken mit der Verzerrung der Basel-Regulierung und dem impliziten Schutzversprechen der Europäischen Zentralbank gleichzeitig unter dem Tresen Aufputschmittel zuschob.

ANMERKUNGEN

1 H.-W. Sinn und R. Koll, »Der Euro, die Zinsen und das europäische Wirtschaftswachstum«, *ifo Schnelldienst* 53, Nr. 32, 2000, S. 46–47, <http://www.cesifo-group.de/DocDL/ifosd_ 2000_33_8.pdf>; ferner vgl. H.-W. Sinn, »Rescuing Europe«, *CESifo Forum Special Issue* 11, August 2010, S. 1–22, <http://www.cesifo-group.de/DocDL/Forum-Sonderheft-Aug-2010_0.pdf>; O. Blanchard, »Current Account Deficits in Rich Countries«, *IMF Staff Papers* 54, 2007, S. 191–219; F. Giavazzi und L. Spaventa, »Why the Current Account May Matter in a Monetary Union: Lessons from the Financial Crisis in the Euro Area«, *CEPR Discussion Paper* Nr. 8008, September 2010.

2 Die Endprodukte eines Landes (inklusive der Dienstleistungen), deren Wert durch das Bruttoinlandsprodukt (BIP) gemessen wird, werden für Konsum, inländische Realinvestitionen und Exportüberschüsse verwendet. Da das BIP zugleich die Summe aller in einem Land verdienten Einkommen darstellt, ist die Differenz zwischen dem BIP und dem Konsum die Ersparnis des Landes. Diese Ersparnis ist damit gleich den inländischen Investitionen zuzüglich des Exportüberschusses. Weil der Teil der Ersparnis, der nicht für die inländischen Investitionen gebraucht wird, ins Ausland fließt, ist der Exportüberschuss gleich dem Kapitalexport. Eine genauere Analyse zeigt, dass es streng genommen der Leistungsbilanzüberschuss ist, der dem Nettokapitalexport gleicht. Der Leistungsbilanzüberschuss ist gleich dem einfachen Exportüberschuss zuzüglich der Nettokapitalerträge im Ausland und abzüglich der netto vom Inland an das Ausland fließenden Transfers (Geschenke). Der Leistungsbilanzüberschuss ist dem Nettokapitalexport eines Landes definitorisch gleich, so wie die linke Seite der Bilanz einer Firma die gleichen Zahlenwerte hat wie die rechte, obwohl dort inhaltlich andere Dinge verbucht werden.

3 Für diesen und die folgenden Abschnitte: vgl. H.-W. Sinn, »Rescuing Europe«, a. a. O., August 2010.

4 Diese Länder waren Österreich, Belgien, Finnland, Frankreich, Deutschland, Irland, Italien, Luxemburg, die Niederlande, Portugal und Spanien. Griechenland (2001), Slowenien (2007), Zypern (2008), Malta (2008), die Slowakei (2009), Estland (2011), Lettland (2014) und Litauen (2015) folgten später.

5 Eurostat, *Report on the Revision of the Greek Government Deficit and Debt Figures*, 22. November 2004.

6 Vgl. R. J. Shiller, *Die Subprime-Lösung: Wie wir in die Finanzkrise hineingeraten sind – und was wir jetzt tun sollten*, Börsenmedien AG, Kulmbach 2008; W. Münchau, *Kernschmelze im Finanzsystem*, Carl Hanser Verlag, München 2008; G. A. Akerlof und R. J. Shiller, *Animal Spirits: Wie Wirtschaft wirklich funktioniert*, Campus Verlag, Frankfurt am Main 2009; C. Reinhart und K. S. Rogoff, *Dieses Mal ist alles anders: Acht Jahrhunderte Finanzkrisen*, FinanzBuch Verlag, München 2010; H.-W. Sinn, *Kasino-Kapitalismus. Wie es zur Finanzkrise kam, und was jetzt zu tun ist*, Econ Verlag, Berlin 2009; A. Admati und M. Hellwig, *Des Bankers neue Kleider – Was bei Banken wirklich schief läuft und was sich ändern muss*, FinanzBuch Verlag, München 2013.

7 Vgl. Europäische Zentralbank, *Technical Features of Outright Monetary Transactions*, Presseerklärung, 6. September 2012, <http://www.ecb.europa.eu/press/pr/date/2012/html/pr120906_1.en.html>.

8 *Introductory statement to the press conference (with Q&A) by Mario Draghi, President of the ECB, Vítor Constâncio, Vice-President of the ECB*, Frankfurt am Main, 6. September 2012, <http://www.ecb.europa.eu/press/pressconf/2012/html/is120906.en.html>. Draghi hat eine ähnliche Bemerkung bereits im Juli 2012, ohne Erwähnung des OMT, gemacht. Für eine Diskussion des OMT vgl. Kapitel 8.

9 Bundesverfassungsgericht, *2 BvR 1390/12, 2 BvR 1421/12, 2 BvR 1438/12, 2 BvR 1439/12, 2 BvR 1440/12, 2 BvE 6/12*, 12. September 2012, <http://www.bverfg.de/entscheidungen/

rs20120912_2bvr139012en.html>. Der Bundespräsident unterschrieb am 27. September 2012.
10 Vgl. »Kein Stopp der Kapitalkontrollen ohne frisches Geld«, Handelsblatt online, 26. Juli 2015, <http://www.handelsblatt.com/politik/international/griechenland-kein-stopp-der-kapitalkontrollen-ohne-frisches-geld/12105834.html> sowie »Cyprus and Capital Controls – Capital Punishment«, Economist.com, 1. Juli 2015, <http://www.economist.com/blogs/freeexchange/2015/07/cyprus-and-capital-controls>. Siehe ebenfalls N. Anastasiades, »The President of the Republic gave a Press Conference on the Economy«, Speeches and Statements of the President, 3. April 2015, <http://www.presidency.gov.cy/Presidency/Presidency.nsf/All/C60C8A4E5BDD1B9AC2257E1F00275A30?OpenDocument>.
11 Vgl. A. Marshall, Money, Credit and Commerce, Macmillan, London 1932; A. P. Lerner, The Economics of Control, Macmillan, London 1962; S. P. Magee, »Currency Contracts, Passthrough and Devaluation«, Brookings Papers on Economic Activity 1, 1973, S. 303–325; R. Dornbusch, »Expectations and Exchange Rate Dynamics«, Journal of Political Economy 84, 1976, S. 1161–1176; R. und S. Fischer, »Exchange Rates and the Current Account«, American Economic Review 70, 1980, S. 960–971; D. W. Henderson, »The Dynamic Effects of Exchange Market Intervention Policy: Two Extreme Views and a Synthesis«, Kredit und Kapital 6, 1981, S. 156–209; H.-W. Sinn, »International Capital Movements, Flexible Exchange Rates and the IS-LM Model. A Comparison Between the Portfolio Balance and the Flow Hypotheses«, Weltwirtschaftliches Archiv 119, 1983, S. 36–63; R. Dornbusch, »Exchange Rates and Prices«, American Economic Review 77, 1987, S. 93–106.
12 Siehe ebd.
13 Vgl. G. A. Calvo, »Capital Flows and Capital-Market Crises: The Simple Economics of Sudden Stops«, Journal of Applied Economics 1, 1998, S. 35–54.
14 Vgl. Eurostat, Datenbank, Wirtschaft und Finanzen, Sektor Staat – historische ESVG95 Daten und Europäische Kommission, Economic and Financial Affairs, Economic Databases and Indicators, AMECO – The annual macro-economic database.
15 Nach damaligem Datenstand, siehe Europäische Kommission, »Commission's Recommendation Concerning the Third Stage of Economic and Monetary Union. Convergence Report 1998. Growth and Employment in the Stability-oriented Framework of EMU«, European Economy Nr. 65, Januar 1998, S. 364, <http://ec.europa.eu/economy_finance/publications/publication8013_en.pdf>.
16 Siehe ebd., S. 366.
17 Rat der Europäischen Union, »Verordnung (EG) Nr. 1466/97 des Rates vom 7. Juli 1997 über den Ausbau der haushaltspolitischen Überwachung und der Überwachung und Koordinierung der Wirtschaftspolitiken«, Amtsblatt der Europäischen Gemeinschaften L 209, 2. August 1997, <http://eur-lex.europa.eu/legal-content/DE/TXT/PDF/?uri=CELEX:31997R1466&rid=1>, sowie »Verordnung (EG) Nr. 1055/2005 des Rates vom 27. Juni 2005 zur Änderung der Verordnung (EG) Nr. 1466/97 über den Ausbau der haushaltspolitischen Überwachung und der Überwachung und Koordinierung der Wirtschaftspolitiken«, Amtsblatt der Europäischen Union L 174, 7. Juli 2005, <http://www.europarl.europa.eu/brussels/website/media/Basis/InternePolitikfelder/WWU/Pdf/VO_1055_2005.pdf>, insbesondere Artikel 2 Buchstabe a.
18 Europäischer Rat, »Entschließung des Europäischen Rates über den Stabilitäts- und Wachstumspakt, Amsterdam, 17. Juni 1997«, Amtsblatt der Europäischen Gemeinschaften C 236, 2. August 1997, S. C236/2, <http://eur-lex.europa.eu/legal-content/DE/TXT/PDF/?uri=CELEX:31997Y0802(01)&from=DE>. Dort heißt es: »Die Mitgliedstaaten ... werden übermäßige Defizite nach ihrem Auftreten so rasch wie möglich beseitigen; die Korrektur des übermäßigen Defizits sollte spätestens in dem Jahr, das auf dessen Feststellung folgt, abgeschlossen werden, sofern nicht besondere Umstände vorliegen.«
19 Rat der Europäischen Union, »Verordnung (EG) Nr. 1467/97 des Rates vom 7. Juli 1997 über die Beschleunigung und Klärung des Verfahrens bei einem übermäßigen Defizit«,

Amtsblatt der Europäischen Gemeinschaften L 209, 7. Juli 1997, S. 6, <http://eur-lex.europa.eu/legal-content/DE/TXT/PDF/?uri=CELEX:31997R1467&rid=1>, insbesondere Artikel 11–13.
20 H.-W. Sinn, »Die Europäische Fiskalunion«, *Perspektiven der Wirtschaftspolitik* 13, 2012, S. 137–178. Aktualisierung auf der Basis der Daten von Eurostat, Datenbank, *Wirtschaft und Finanzen*, Volkswirtschaftliche Gesamtrechnungen (ESVG2010), Jährliche Volkswirtschaftliche Gesamtrechnungen, Hauptaggregate des BIP; dasselbe, Datenbank, *Wirtschaft und Finanzen*, Sektor Staat, Finanzstatistik des Sektors Staat, Jährliche Finanzstatistiken des Staates. Daten für Griechenland für die Jahre vor 2011 vgl. Eurostat, Datenbank, *Wirtschaft und Finanzen*, Sektor Staat, Sektor Staat – historische ESVG95 Daten; diese Daten sind nach der alten VGR-Systematik erstellt.
21 Vgl. Eurostat, Datenbank, *Wirtschaft und Finanzen*, Volkswirtschaftliche Gesamtrechnungen (ESVG 2010), Jährliche Volkswirtschaftliche Gesamtrechnungen, Hauptgliederung der Aggregate des BIP und der Erwerbstätigkeit bzw. Statistisches Bundesamt, Preise, Verbraucherpreisindizes für Deutschland, Lange Reihen ab 1948, April 2015.
22 Vgl. Eurostat, Datenbank, *Wirtschaft und Finanzen*, Volkswirtschaftliche Gesamtrechnungen (ESVG 2010), Jährliche Volkswirtschaftliche Gesamtrechnungen, Hauptaggregate des BIP; und Jährliche Sektorkonten (ESVG 2010).
23 Der Wert für 1995 bezieht sich auf Daten nach der alten VGR-Systematik ESVG 95, weil für Griechenland, Estland und Litauen keine Daten nach dem neuen Standard ESVG 2010 vorliegen.
24 Vgl. Eurostat, Datenbank, *Wirtschaft und Finanzen*, Government Finance Statistics, Government Deficit and Debt.
25 Vgl. C. Reiermann und K. Wiegrefe, »Herr und Helfer«, *Der Spiegel*, Nr. 29, 16. Juli 2012, S. 32–34, <http://magazin.spiegel.de/EpubDelivery/spiegel/pdf/87347210>.
26 H.-W. Sinn, *The German State Banks. Global Players in the International Financial Markets*, Edward Elgar, Aldershot 1999.
27 Gemäß den mysteriösen Regeln von Eurostat wurden Bankschulden als öffentliches Defizit ausgewiesen, die Schulden der deutschen Landesbanken und der Hypo Real Estate, welche die deutsche Schuldenquote um acht Prozentpunkte in die Höhe trieben, nicht.
28 Diese Garantien sind Eventualverbindlichkeiten, die weder als öffentliche Schuld noch in Schuldenstatistiken erscheinen; H.-W. Sinn, *Kasino-Kapitalismus. Wie es zur Finanzkrise kam, und was jetzt zu tun ist*, a. a. O., Kapitel 9: »Bleibt Europa stabil?«, S. 193.
29 Insgesamt 50,3 Milliarden Euro in den Jahren 2010 bis 2014. Darunter für Banco Financiero y de Ahorros (BFA) 18,9 Milliarden Euro, Catalunya Banc 11,3 Milliarden Euro, NCG Banco 7,7 Milliarden Euro, Banco de Valencia 5,7 Milliarden Euro, NGC und Catalunya Caixa 1,8 Milliarden Euro, BMN 1,6 Milliarden Euro, CEISS 1,3 Milliarden Euro, Unnim Banc 1,0 Milliarden Euro; Eurostat, *Finanzstatistiken des Sektors Staat*, Ergänzende Tabellen für die Finanzkrise.
30 Errechnet aus: Eurostat, Datenbank, *Wirtschaft und Finanzen*, Sektor Staat, Finanzstatistik des Sektors Staat, Jährliche Finanzstatistiken des Staates.
31 Vgl. Eurostat, Datenbank, *Wirtschaft und Finanzen*, Sektor Staat, Finanzstatistik des Sektors Staat, Jährliche Finanzstatistiken des Staates.
32 Bewertungseffekte entstehen, wenn sich der Marktwert der Vermögensgüter oder Wertpapiere verändert. Interessanterweise verbucht die Statistik umgekehrt auch bei den Schuldnern die Marktwertänderung der von ihnen selbst ausgegebenen Schuldtitel. So ist die Nettoauslandsschuld Griechenlands und Portugals durch Kurssenkung bei den von Ausländern gehaltenen Staatsschuldtiteln zurückgegangen, obwohl noch die volle Rückzahlungsverpflichtung bestand (z. B. vor dem griechischen Schuldenschnitt im Jahr 2012).
33 Die effektive Nettoauslandsposition wird berechnet, indem die akkumulierten Leistungsbilanzüberschüsse des Zeitraums 1996 bis 2007 von dem bekannten Wert des Nettovermögens von 2007 abgezogen werden. Dieser Wert kann auch Bewertungseffekte beinhal-

ten, die, wie später erklärt wird, von hohen Zinsen auf Altschulden resultieren und somit einen versteckten, impliziten Teil der Schuld ausmachen. Da die Eurostat-Statistiken diese zwei Effekte aber nur für wenige Länder angeben, sind beide hier zusammengefasst unter dem Term: »effektive Nettoauslandsposition«.

34 Die effektive Nettoauslandsschuld von 1995 besteht aus zwei Komponenten, für die im Fall Spaniens Daten verfügbar sind. Die erste Komponente ist der fiktive Wert der spanischen Nettoauslandsschulden von 1995, also zu der Zeit des Gipfels in Madrid, von 99 Milliarden Euro. Die zweite Komponente ist ein riesiger Umbewertungseffekt in Höhe von 291 Milliarden Euro, der sich später materialisierte, als die Zinsen für Neuschulden sanken. Im Endeffekt deckt dieser Effekt jenen Teil der Altschulden auf, der sich hinter den hohen Zinsen verbarg. Die Summe beider Komponenten ergibt die effektive Schuld von 390 Milliarden Euro (dunkelblauer Balken).

35 Vgl. Eurostat, Datenbank, *Wirtschaft und Finanzen*, Zahlungsbilanz – Internationale Transaktionen (BPM6), Zahlungsbilanzstatistiken und Auslandsvermögensstatus (BPM6), Datenstand Juli 2015; World Bank, *World Development Indicators* – Net foreign assets (current LCU).

36 Vgl. European Mortgage Federation, »Study on Interest Rate Variability in Europe«, 2006, S. 1–29, <http://www.hypo.org/content/default.asp?PageID=203#INTEREST%20RATE%20VARIABILITY>; und dieselbe, »Hypostat 2010. A Review of Europe's Mortgage and Housing Markets«, 2010, S. 1–98, insbesondere S. 8, <http://www.hypo.org/Content/Default.asp?PageID=524>.

37 Vgl. Banco de España, »Official Mortgage Market Reference Rates«, *Boletín Estadístico* 2013, <http://www.bde.es/webbde/es/estadis/infoest/series/be1901.csv>.

38 So sind in Spanien die Hypothekenzinsen zwischen 1995 und 2001 um 5,44 Prozentpunkte gesunken, während sie in Deutschland nur um 1,75 Prozentpunkte zurückgingen, vgl. Europäische Zentralbank, *Structural Factors in the EU Housing Market*, 2003, S. 1–55, insbesondere S. 22, <http://www.ecb.int/pub/pdf/other/euhousingmarketsen.pdf>. Für den Zeitraum von 1991 bis 2001 betrug der Rückgang sogar über zehn Prozentpunkte, vgl. Banco de España, »Official Mortgage Market Reference Rates«, a. a. O.

39 Vgl. Deutsche Bundesbank, Statistiken, Zeitreihen-Datenbanken, *Statistiken des Europäischen Systems der Zentralbanken*, Monetäre Statistiken, Aggregierte Bilanz der monetären Finanzinstitute im Europäischen Währungsgebiet; Eurostat, Datenbank, *Wirtschaft und Finanzen*, Volkswirtschaftliche Gesamtrechnungen (ESVG 2010), Jährliche Volkswirtschaftliche Gesamtrechnungen, Hauptaggregate des BIP.

40 Rat der Europäischen Union, *Gipfelerklärung der Mitglieder des Euro-Währungsgebiets*, 29. Juni 2012, <http://www.consilium.europa.eu/uedocs/cms_data/docs/pressdata/de/ec/131365.pdf>.

41 Vgl. Eurostat, Datenbank, *Bevölkerung und soziale Bedingungen*, Demographie und Migration.

42 Vgl. ebd.

43 J. Weidmann, »Zur Rolle der Finanzstabilität für die Geldpolitik«, *ifo Schnelldienst* 68, Nr. 7, 2015, S. 34–42, <http://www.cesifo-group.de/DocDL/ifosd_2015_7_3.pdf> (Vortrag des Präsidenten der Deutschen Bundesbank, Jens Weidmann, anlässlich des *Münchner Seminars*, *CESifo* und *Süddeutsche Zeitung*, Ludwig-Maximilians-Universität München, 25. März 2015).

44 G. D'Alessio, R. Gambacorta und G. Ilardi, »Are Germans Poorer than other Europeans? The Principal Eurozone Differences in Wealth and Income«, *VoxEU*, 24. Mai 2013, <http://www.voxeu.org/article/are-germans-poorer-other-europeans-principal-eurozone-differences-wealth-and-income>.

45 Vgl. Europäische Zentralbank, »The Eurosystem Household Finance and Consumption Survey: Results from the First Wave«, *Statistics Paper Series*, Nr. 2, April 2013, S. 76. Die durchschnittliche Haushaltsgröße in Italien beträgt 2,53, in Spanien 2,68, in Deutschland 2,04, in den Niederlanden 2,22 und in Finnland 2,08. Vgl. ebd., S. 12. Das Netto-

vermögen pro Kopf beträgt daher in Italien 108.800 Euro, in Spanien 108.700 Euro, in Deutschland 95.700 Euro, in den Niederlanden 76.700 Euro und in Finnland 77.600 Euro.
46 Vgl. C. Reinhart und K. S. Rogoff, *Dieses Mal ist alles anders: Acht Jahrhunderte Finanzkrisen*, a. a. O.
47 Der Begriff »animalische Instinkte« geht auf J. M. Keynes zurück, der die Ansicht vertrat, dass eine Volkswirtschaft grundlegende psychologische Instabilitäten aufweist. J. M. Keynes, *Allgemeine Theorie der Beschäftigung, des Zinses und des Geldes*, Duncker & Humblot, München/Leipzig 1936; vgl. ferner: R. J. Shiller, *Irrationaler Überschwang: Warum eine lange Baisse an der Börse unvermeidlich ist*, Campus Verlag, Frankfurt am Main 2000; G. A. Akerlof und R. J. Shiller, *Animal Spirits: Wie Wirtschaft wirklich funktioniert*, a. a. O.; P. De Grauwe, »Animal Spirits and Monetary Policy«, *Economic Theory* 47, 2011, S. 423–457.
48 Vgl. R. J. Shiller, *The New Financial Order: Risk in the 21st Century*, Princeton University Press, Princeton 2003; sowie die Beiträge von K. Arrow, P. Diamond, J. Drèze, P. Dubey, D. Duffie, J. Geanakoplos, S. J. Grossman, A. Mas-Colell, O. Hart, R. Radner und M. Santos in M. Magill und M. Quinzii (Hrsg.), *Incomplete Markets*, Edward Elgar, Northampton 2008.
49 Siehe O. Hart, »On the Optimality of Equilibrium when the Market Structure is Incomplete«, *Journal of Economic Theory* 11, 1975, S. 418–443; sowie M. C. Kemp und H.-W. Sinn, »A Simple Model of Privately Profitable but Socially Useless Speculation«, *Japanese Economic Review* 51, 2000, S. 85–95.
50 H.-W. Sinn, *Kasino-Kapitalismus. Wie es zur Finanzkrise kam, und was jetzt zu tun ist*, a. a. O., Kapitel 4: »Warum Wall Street zum Spielkasino wurde«, S. 99.
51 *Verordnung über die angemessene Eigenmittelausstattung von Instituten, Institutsgruppen und Finanzholding-Gruppen*, § 26 Nr. 2 Buchstabe b in Verbindung mit § 70 Absatz 1 Buchstabe c; »Richtlinie 2006/48/EG des Europäischen Parlaments und des Rates vom 14. Juni 2006 über die Aufnahme und Ausübung der Tätigkeit der Kreditinstitute (Neufassung)«, *Amtsblatt der Europäischen Union* L 177, 30. Juni 2006, <http://eur-lex.europa.eu/legal-content/DE/TXT/PDF/?uri=CELEX:32006L0048&from=DE>, Artikel 80 Absatz 1 in Verbindung mit Artikel 89 Absatz 1 Buchstabe d. Soweit man weiß, haben sämtliche Euroländer diese Regeln in nationales Recht überführt. Zwar legt das Basler Abkommen Risikogewichte auch für Staatspapiere fest, die in Abhängigkeit vom Rating oder der Klassifizierung einer Exportversicherungsagentur auch null sein können, doch nur für den Fall, dass sich eine Bank an den Standardansatz für die Risikobewertung hält. Weiterhin sieht der Standardansatz die Option vor, den Forderungen gegen den eigenen Staat niedrigere Risikogewichte zu geben. Nutzen Banken hingegen die Möglichkeit, ein eigenes Risikomodell (IRB-Ansatz) zu verwenden, so ergeben sich die Risikogewichte für Staatspapiere eigentlich endogen, auch unter Berücksichtigung der Ratings der Länder. Die Politik der EU hat also die Basel-Regeln substanziell aufgeweicht. Vgl. auch H.-W. Sinn, *Kasino-Kapitalismus. Wie es zur Finanzkrise kam, und was jetzt zu tun ist*, a. a. O., Kapitel 7: »Politikversagen«.
52 Vgl. V. Acharya und S. Steffen, »The ›Greatest‹ Carry Trade Ever? Understanding Eurozone Bank Risks«, *Journal of Financial Economics* 115, 2015, S. 215–236.
53 Basel Committee on Banking Supervision, *Basel III: A Global Regulatory Framework for more Resilient Banks and Banking Systems*, Dezember 2010 (aktualisiert Juni 2011), <http://www.bis.org/publ/bcbs189.pdf>; und Basel Committee on Banking Supervision, *Basel III: The Liquidity Coverage Ratio and Liquidity Risk Monitoring Tools*, Januar 2013, <http://www.bis.org/publ/bcbs238.pdf>.
54 EIOPA, *EIOPA Report on the Fifth Quantitative Impact Study (QIS5) for Solvency II*, 2011, <https://eiopa.europa.eu/fileadmin/tx_dam/files/publications/reports/QIS5_Report_Final.pdf>.
55 H.-W. Sinn, *Kasino-Kapitalismus. Wie es zur Finanzkrise kam, und was jetzt zu tun ist*, a. a. O., Kapitel 4: »Warum Wall Street zum Spielkasino wurde«. Der Autor nannte den

Anreiz zur Risikofreude aufgrund des Privilegs der beschränkten Haftung nach dem englischen Sprichwort »You cannot get blood out of a stone« BLOOS-Regel, was frei übersetzt etwa heißt: »Wo nichts ist, kann man auch nichts holen.« Vgl. H.-W. Sinn, *Ökonomische Entscheidungen bei Ungewißheit,* J. C. B. Mohr (Paul Siebeck), Tübingen 1980 (Dissertation, Universität Mannheim 1977), insbesondere S. 172–192, und derselbe, »Kinked Utility and the Demand for Human Wealth and Liability Insurance«, *European Economic Review* 17, 1982, S. 149–162. Die Theorie wurde seinerzeit in einem abstrakten risikotheoretischen Modellrahmen entwickelt (Erwartungsnutzen und -ansatz) und auf den Versicherungsmarkt, die Devisenspekulation und andere Beispiele angewendet, bei denen die Haftungsbeschränkung eine untere Begrenzung des Vermögens impliziert. Später wurde von anderen Autoren der Begriff »gamble for resurrection«, was wörtlich »Spiel um die Auferstehung« heißt, verwendet, um dasselbe Phänomen zu beschreiben. M. Dewatripont und J. Tirole, »Efficient Governance Structure: Implications for Banking Regulation«, in: C. Mayer und X. Vives (Hrsg.), *Capital Markets and Financial Intermediation,* Cambridge University Press, Cambridge, 1993, S. 12–35, sowie dieselben, *Prudential Regulation of Banks,* MIT Press, Cambridge, Mass., 1994, S. 97 und 113. Vgl. ferner: H.-W. Sinn, *Risk-Taking, Limited Liability, and the Banking Crisis,* Selected Reprints, ifo Institut, München 2008, <www.ifo.de/de/w/43e7rkviz>.

56 Siehe H. Geiger, *Das Währungsrecht im Binnenmarkt der Europäischen Union,* Verlag Versicherungswirtschaft, Karlsruhe 1996, S. 40.
57 H. Hesse und B. Braasch, »Zum optimalen Instrumentarium der Europäischen Zentralbank«, in B. Gahlen, H. Hesse und H. J. Ramser (Hrsg.), *Europäische Integrationsprobleme aus wirtschaftswissenschaftlicher Sicht,* Mohr Siebeck Verlag, Tübingen 1994.
58 G. Braunberger, »Die Krise im EWS kann den Gewinn der Bundesbank schmälern«, *Frankfurter Allgemeine Zeitung,* Nr. 183, 10. August 1993, S. 11.
59 »Stellungnahme des Wirtschafts- und Sozialausschusses zum Thema ›Eine Bilanz der ersten Monate mit der einheitlichen europäischen Währung‹«, *Amtsblatt der Europäischen Gemeinschaften* C 11, 26. April 2000, S. 23–27, Abschnitte 7.1 und 7.2, <http://eur-lex.europa.eu/LexUriServ/LexUriServ.do?uri=OJ:C:2000:117:0023:0027:DE:PDF>.

3 Die andere Seite der Medaille

Eurogewinner und Euroverlierer – Kapitalexporte aus den Kernländern in die Peripherie – Massenarbeitslosigkeit in Deutschland – Agenda 2010 – Der neue Bauboom – Ein fehlinterpretierter Tango

EUROGEWINNER UND EUROVERLIERER

Der atemberaubende Absturz, der die GIPSIZ-Länder Griechenland, Irland, Portugal, Spanien, Italien und Zypern in den letzten Jahren erfasste und von dem die hohen Arbeitslosenzahlen (Abbildungen 1.2 und 1.3) und implodierenden Immobilienblasen (Abbildung 2.11) in den vorangegangenen Kapiteln zeugten, ging mit einer historischen Wirtschaftskrise einher. Abbildung 3.1 zeigt das ganze Ausmaß der Rezession in der Eurozone. Das Jahr 2007, in dem erstmalig der Interbankenmarkt zusammenbrach, ist das Referenzjahr in der Abbildung, sodass die Indexkurven im Jahr 2007 alle bei 100 liegen. Als die Weltwirtschaft in den Jahren 2008 und 2009 in ihre größte Krise seit dem Krieg stürzte, wurden sehr rasch alle GIPSIZ-Länder mit Ausnahme von Zypern erfasst. Doch obwohl sich das weltwirtschaftliche Klima wieder zu verbessern begann und das globale BIP im Jahr 2010 erstmals wieder substanziell wuchs, konnten sich die meisten GIPSIZ-Länder kaum erholen. Ganz im Gegenteil fielen sie, und mit ihnen nun auch Zypern, immer weiter zurück. Nur Irland hat die Krise überwunden und wird im Jahr 2015 vermutlich als erstes der Krisenländer das Vorkrisenniveau des BIP wieder erreichen oder überschreiten. Bei den anderen Ländern sieht es vorläufig nicht nach einer durchgreifenden Verbesserung aus. Es ist davon auszugehen, dass sie mindestens ein Jahrzehnt brauchen werden, bis sie wieder auf dem Vorkrisenniveau sind. Gemessen am BIP-Wachstum traf Griechenland die Rezession dabei am härtesten: Die Volkswirtschaft brach um 26% ein, ohne dass man davon ausgehen kann, dass es damit bereits sein Bewenden hat.

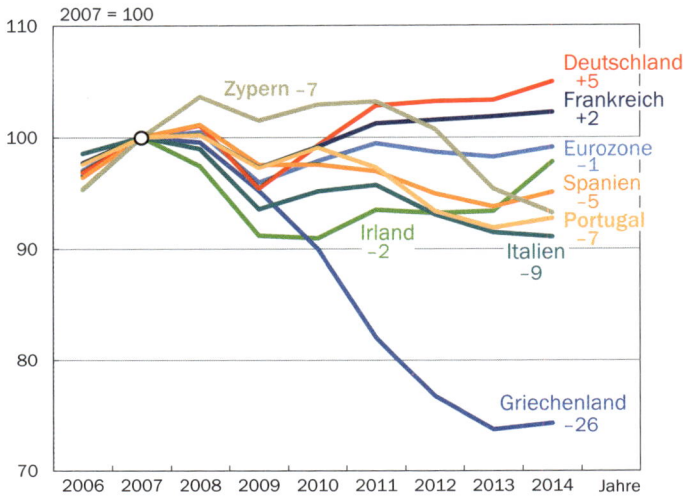

Abbildung 3.1 Wachstum ausgewählter Euroländer in der Krise (2006–2014)

Quelle: Eurostat, Datenbank, *Wirtschaft und Finanzen*, Volkswirtschaftliche Gesamtrechnungen (ESVG 2010), Jährliche Volkswirtschaftliche Gesamtrechnungen, Hauptaggregate des BIP.

Erläuterung: BIP-Wachstumsraten gemäß verketteter Volumen in Preisen von 2010. Die Zahlenwerte am Ende der Kurven zeigen BIP-Wachstumszahlen für den Zeitraum 2007 bis 2014. Siehe auch die Erläuterung zu Abbildung 3.2.

Auch große europäische Volkswirtschaften wie Frankreich stagnierten seit dem Krisenbeginn. Doch Deutschland, Europas größte Volkswirtschaft, verzeichnete seit Beginn der Krise ein regelrechtes Wirtschaftswunder und wuchs mit Kraft aus der Rezession heraus.[1]

Angesichts des Auseinanderdriftens der Wachstumspfade innerhalb der Eurozone könnte sich der Leser dieses Buches in der weitverbreiteten Behauptung bestätigt sehen, dass Deutschland vom Euro am meisten profitiert habe. Schließlich floriert Europas größte Volkswirtschaft heute, während Südeuropa am Boden liegt. So wird vielerorts in den Medien und in politischen Kreisen oft von Leuten argumentiert, die Deutschland als großen Gewinner des Euro darstellen wollen, um anderweitige Ziele, die sie mit dem Euro verbinden, zu stützen. Die Europäische Kommission interpretiert die wirtschaftlichen Effekte des Euro in eben dieser Weise, und auch die deutsche Regierung äußerte sich in der Vergangenheit oft ebenso.[2] Die Fakten sehen indes etwas anders aus, wie in diesem Kapitel gezeigt wird. Es wird klar werden, dass Deutschland bereits vor dem Beginn der aktuellen Krise seine eigene, durch den Euro verursachte Standortkrise erleben musste, die zu schmerzhaften Strukturreformen geführt hat. Betrachtet man das Bruttoinlandsprodukt in einer längeren Perspektive, kann Deutschlands Entwicklung unter dem Euro keinesfalls als rosarot beschrieben werden.

Abbildung 3.2 zeigt noch einmal die Wachstumspfade derselben Euroländer wie in Abbildung 3.1, nun aber mit dem Referenzjahr 1995, jenem Jahr also, in dem auf dem Gipfel in Madrid der Euro als Währung endgültig beschlossen wurde und sich die Ka- pitalmärkte dar-

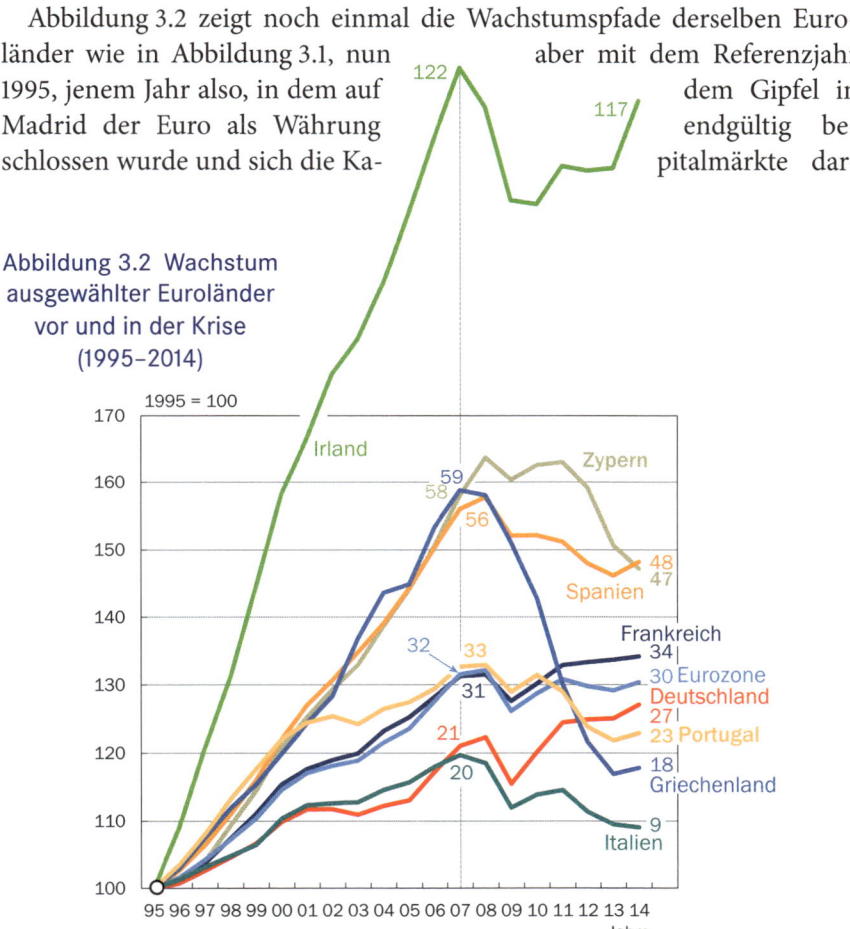

Abbildung 3.2 Wachstum ausgewählter Euroländer vor und in der Krise (1995–2014)

Quelle: Eurostat, Datenbank, *Wirtschaft und Finanzen*, Volkswirtschaftliche Gesamtrechnungen (ESVG 2010), Jährliche Volkswirtschaftliche Gesamtrechnungen, Hauptaggregate des BIP.

Erläuterung: BIP-Wachstumsraten gemäß verketteter Volumen in Preisen von 2010. Die Zahlenwerte am Ende der Kurven zeigen das BIP-Wachstum für den gesamten Zeitraum 1995 bis 2014. Die Zahlenangaben stehen für das prozentuale Wachstum, definiert als das nominale Wachstum deflationiert mit dem jeweiligen nationalen BIP-Deflator. Dies ist die übliche statistische Definition, aber sie ist nicht über jeden Zweifel erhaben, denn es lassen sich gute Gründe dafür anführen, dass man in einer Währungsunion mit einem harmonisierten Gesamtpreisindex deflationieren sollte. In dem Fall sähe die deutsche Wachstumskurve noch sehr viel schlechter aus, und Deutschland wäre mit riesigem Abstand noch hinter Italien das Schlusslicht aller Länder.

auf einstellen konnten. Wie man sieht, verliefen die Wachstumspfade der verschiedenen Länder vor dem Beginn der Krise großenteils spiegelbildlich zur Entwicklung während der Krise.

Sowohl vor als auch in der Krise unterscheidet sich die deutsche Entwicklung sehr deutlich von der Entwicklung der übrigen Volkswirtschaften. Über den gesamten zwölfjährigen Zeitraum zwischen 1995 und 2007 hinweg wuchs Deutschland um 21%. Das war zwar um einen Prozentpunkt schneller als Italien, doch der Durchschnitt der Eurozone lag bei 32%. Man sieht in der Abbildung sogar, dass sich Deutschlands Bruttoinlandsprodukt bis zum Jahr 2006 schlechter als das italienische entwickelt hatte, weshalb man seinerzeit Deutschland besorgt als kranken Mann Europas bezeichnete. In der Sache war Deutschland somit in der Zeitspanne vom Madrid-Gipfel bis zum Ausbruch der Krise (2007) die am langsamsten wachsende Volkswirtschaft unter allen Ländern Europas, wenn man die Grenze am Ural zieht. Der Leser wird sich vielleicht an die rote Laterne erinnern, die ein Bundestagsabgeordneter im Jahr 2002 durch den Plenarsaal trug, um zu verdeutlichen, dass die deutsche Ökonomie den allerletzten Waggon des europäischen Geleitzuges bildete.³

Die GIPSIZ-Länder konnten dagegen zunächst ein rapides Wachstum verzeichnen. Zwischen 1995 und 2007 wuchsen sie zusammengenommen um satte 37%, Irland beispielsweise um 122%, Griechenland um 59% und Spanien um 56%. Diese Blüte sollte sich ab dem Jahr 2007 jedoch in das Gegenteil umkehren, wovon Abbildung 3.1 bereits zeugen konnte. Gazellen verwandelten sich in Schildkröten, und Schildkröten wurden zu Gazellen.

Dennoch verlief die Entwicklung nicht ganz symmetrisch. Die anfängliche Wachstumsphase erwies sich als so kräftig, dass sie die 2007 einsetzende Rezession der GIPSIZ-Länder bisher immer noch mehr als kompensieren konnte. Über den Zeitraum 1995 bis 2014 wuchs Irland beispielsweise um 117%, Spanien um 48% und Zypern um 47%. Zusammengenommen erzielten die GIPSIZ-Länder über die gesamte Zeitspanne somit eine Wachstumsrate von 25%, was auf einem ähnlichen Niveau liegt wie das Wachstum der gesamten Eurozone mit 30%.

Und trotz der jüngsten Wachstumsepisode, die Deutschland seit 2009 erlebte, war es über die gesamte Zeitspanne gerechnet ein *Underperformer*, also nur ein Nachzügler. Das Wachstum von 27%, das es zwischen 1995 und 2014 insgesamt erreichte, lag unter dem Durchschnitt der Eurozone. Dieses Ergebnis überrascht umso mehr, als Deutschland nicht nur das entwickelte Westdeutschland umfasste, sondern auch das sehr viel ärmere Ostdeutschland. An sich hätte man einen Konvergenzprozess des Ostens mit hohen Wachstumsraten wie in den mittel- und osteuropäischen EU-Beitrittsländern erwarten können und nicht nur ein unterdurchschnittliches Wachstum in Ost- wie in Westdeutschland.

Portugal und Italien konnten ebenfalls nicht glänzen. Portugal wurde in den ersten fünf Jahren nach der Ankündigung des Euro zwar von einem immensen Wachstumsschub ergriffen, ähnlich wie Irland und Spanien, verlor dann aber bereits seit Beginn des letzten Jahrzehnts zunehmend an Dynamik und fiel immer weiter zurück. Über die komplette Zeitspanne gerechnet hatte Portugal ein geringeres Wachstum (23%) als Deutschland.

Italien dagegen lag schon vor der Krise am unteren Ende der Wachstumsstatistik und konnte diese Position auch in der Krise nicht verlassen. Das italienische BIP war im Jahr 2014 sogar nur 9% höher als jenes von 1995. Unter dem Euro zeigte Italien damit die bei Weitem schlechteste Wirtschaftsentwicklung aller Euroländer, sofern man davon ausgeht, dass die übermittelten italienischen Daten korrekt und nicht durch Italiens florierenden Schwarzmarkt nach unten verzerrt sind.[4]

Vergleicht man das Wachstum der Pro-Kopf-Werte des realen BIP, sieht die Statistik für Deutschland etwas günstiger aus als bei Betrachtung der Absolutwerte, die in Abbildung 3.2 dargestellt sind. Ursächlich hierfür ist der Umstand, dass die deutsche Bevölkerung in den 19 Jahren stagnierte und nur um 0,9% wuchs, was weit unter der Wachstumsrate der Bevölkerung der Eurozone lag (7,2%).[5] Da Deutschland mit nur 8,8 Neugeborenen pro 1.000 Einwohnern pro Jahr im Durchschnitt der Jahre 1995 bis 2013 zugleich die geringste Geburtenrate aller OECD-Länder hatte,[6] während die Sterberate höher lag, reichte die (Netto-)Immigration in diesen Jahren gerade aus, einen Bevölkerungsschwund zu verhindern. Hatte Deutschland noch in den 1990er Jahren eine gewaltige Welle osteuropäischer Migranten angezogen, verlor es unter dem Euro seine Attraktivität für Immigranten. Die Nettozuwanderungszahlen wurden fortwährend kleiner und rutschten in den Jahren 2008 und 2009, als die Krise ausbrach, sogar in den negativen Bereich. Seit 2005 erleben wir eine Nettoauswanderung der Deutschen, seit 2006 sogar Jahr für Jahr per saldo eine Rückwanderung in die Türkei. All dies führte zu einem beständigen Rückgang der deutschen Bevölkerung zwischen 2003 und 2010. Nur dank des jüngsten Wirtschaftswunders in der Krise konnte der Trend etwas korrigiert werden.[7]

Doch trotz der schrumpfenden Bevölkerung fiel Deutschland beim BIP pro Kopf in der Rangfolge der Euroländer zwischen 1995 und 2014 deutlich zurück. Abbildung 3.3 zeigt die Entwicklung der Rangpositionen der 19 heutigen Euroländer seit 1995. Man sieht, dass Deutschland noch im Jahr 1995 hinter dem kleinen Luxemburg, das wegen seines immensen Bankensektors außer Konkurrenz läuft, auf dem zweiten Platz der Euroländer stand, obwohl die deutsche Vereinigung den Durchschnitt gedrückt hatte. Angesichts

Kapitel 3   Die andere Seite der Medaille

des stürmischen Wachstums der kleineren Euroländer fiel Deutschland dann aber sukzessiv zurück und war 2005 auf den achten Platz gefallen. Im Jahr 2007 robbte es sich wieder auf den siebten Platz vor und behielt diese Position seither. (Bezüglich aller Länder, die 2015 in der EU sind, fiel Deutschland vom dritten Platz 1995 hinter Luxemburg und Dänemark bis 2005 bis auf den elften Platz, rangiert aber seit 2008 wieder auf dem neunten Platz.) Kein anderes Land der Eurozone ist so weit abgestürzt. Griechenland fiel in der Zeit um drei Plätze, Frankreich um zwei Plätze sowie Belgien, Italien, Österreich, Portugal, die Slowakei und Lettland jeweils um einen Platz zurück. Irland und Malta waren mit einer Verbesserung um sieben bzw. drei Plätze die Spitzenreiter unter den erfolgreichen Ländern, gefolgt von Finnland mit einer Verbesserung um zwei Plätze.

Abbildung 3.3 Die Reihung der Euroländer im Hinblick auf ihr BIP pro Kopf

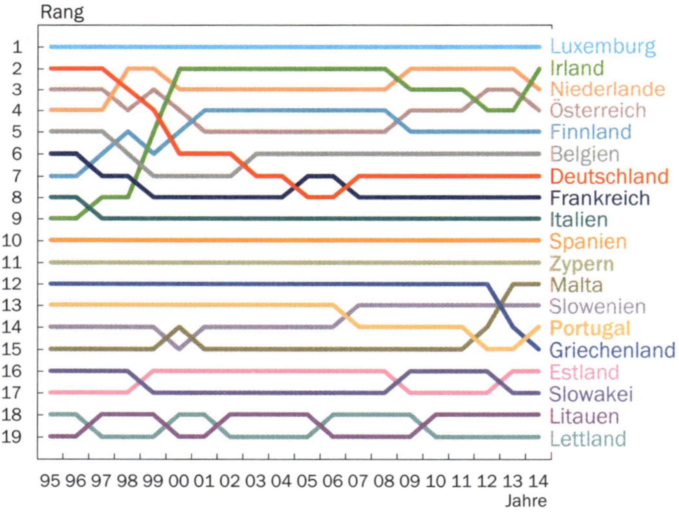

Quelle: Europäische Kommission, Economic and Financial Affairs, *Economic Databases and Indicators,* AMECO – The annual macro-economic database.

Auch diese Fakten passen nicht zu dem Narrativ, Deutschland sei der große oder gar größte Eurogewinner. Der Blick auf die Statistiken vermittelt vielmehr den gegenteiligen Eindruck.

KAPITALEXPORTE AUS DEN KERNLÄNDERN IN DIE PERIPHERIE

Um zu verstehen, was in Europa zwischen der Euroeinführung und dem Ausbruch der Krise passiert war, ist es nützlich, einen Blick auf die Kapitalbewegungen in dieser Zeit zu werfen. Denn der in Kapitel 2 beschriebene Investitionsboom in Südeuropa, der in einer inflationären Blase mündete, musste von irgendwoher kommen, und dieses »Irgendwo« war oftmals Deutschland. Deutschland stellt sich als der bei Weitem größte Kapitalexporteur dieser Zeit heraus, und das – so wird man später sehen – zu seinem eigenen Nachteil.

In den ersten Jahren des Euro floss ein immer größerer Teil der deutschen Ersparnisse in das Ausland. Wenig wurde in Deutschland investiert, und genau diese fehlenden Investitionen erklären Deutschlands enttäuschende Wachstumsentwicklung, wie sie in Abbildung 3.2 dokumentiert ist. Sicher, Deutschland war seit jeher ein Kapital exportierendes Land. Erst 1991 wurde es temporär zum Kapitalimporteur, als es Ressourcen zur Versorgung der neuen Bundesländer benötigte. Ab dem Jahr 2002, in dem der Euro physisch eingeführt wurde, exportierte Deutschland per saldo wieder Kapital ins Ausland. Bald schon übertrafen die Kapitalexporte jene von China, Russland und Saudi-Arabien, im Jahr 2006 überholten sie sogar jene von Japan. Zwischen 2007 und 2009 avancierte Deutschland hinter China zum zweitgrößten Kapitalexporteur der Welt. Im Jahr 2011 übernahm es sogar die Führungsposition, die es, wie Abbildung 3.4 verdeutlicht, bis heute innehat.

Der dramatische Anstieg der deutschen Kapitalexporte folgte der Ankündigung des Euro im Jahr 1995 (auf dem Gipfel in Madrid) mit etwas Verzögerung. Dies lag an den bereits in Kapitel 2 in Box 2.1 erwähnten Gründen, nämlich der Trägheit der Leistungsbilanz. Als die Kapitalexporte begannen und die Investitionen zu Hause abfielen, kam es in Deutschland zu einer hitzigen Standortdebatte.[8] Auch das ifo Institut hat sich daran in den Jahren 2002 und 2003 mit Vorschlägen zur aktivierenden Sozialhilfe und dem Buch *Ist Deutschland noch zu retten?* beteiligt, was Niederschlag in der Reform Agenda 2010 der Regierung Schröder fand.[9] Dass die Löhne deutscher Industriearbeiter damals die höchsten der Welt waren, schien im Widerspruch zu der wachsenden Standortkonkurrenz zu stehen, die aufgrund

- der Globalisierung,
- des Falls des Eisernen Vorhangs,

- der Osterweiterung der EU und nicht zuletzt
- der Einführung des Euro

zustande kam.

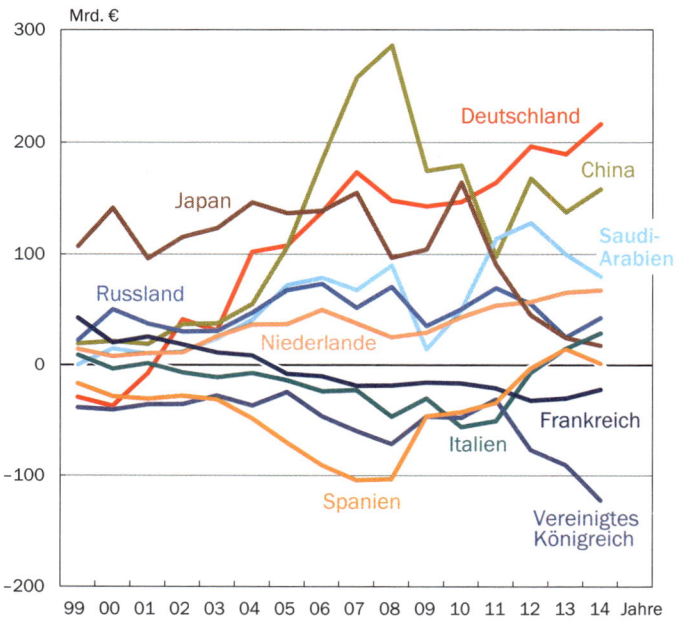

Abbildung 3.4 Die weltgrößten Kapitalexporteure und andere Länder (1999–2014)

Quelle: Internationaler Währungsfonds, *World Economic Outlook*, April 2015; Deutsche Bundesbank, Zeitreihen-Datenbank, *Makroökonomische Zeitreihen,* Außenwirtschaft, Devisenkurse, Euro-Referenzkurse der Europäischen Zentralbank.

Der Euro legte die fehlende Wettbewerbsfähigkeit der deutschen Arbeitnehmer schonungslos offen und erhöhte den Wettbewerbsdruck, dem sie ausgesetzt waren, weil er Transparenz bei den Preisen und Löhnen schuf, vor allem aber, weil er die Wechselkursunsicherheit beseitigte, die Banken und Unternehmen bislang noch daran gehindert hatte, in den Niedriglohngebieten Südeuropas zu investieren. Die Behinderung des freien Kapitalverkehrs durch die Wechselkursunsicherheit abzuschaffen, war ja, wie im ersten Kapitel erläutert wurde, eines der treibenden politischen Motive für die Einführung des Euro.

Nach der Euroeinführung trauten sich die Banken und Unternehmen mit ihren Direktinvestitionen viel eher aus Deutschland heraus. Dabei waren es vor allem die Banken und Versicherungen, die die deutschen Ersparnisse aufsogen, um sie in ausländische Finanzanlagen zu investieren sowie an Banken zu verleihen, von denen sie vorher die Finger gelassen hatten.

Deutschland war in dieser Situation zu lohnsenkenden Reformen bereit, um zu verhindern, dass die Industrie Schaden nahm und sich das Land zu einer »Basarökonomie«[10] entwickelte, die unter Verlust von Arbeitsplätzen in den Binnensektoren immer mehr arbeitsintensive Produkte importiert und Kapital, Talente und Wertschöpfung zunehmend auf die Endstufen der Exportsektoren verlagert. Die Verlagerung der Wertschöpfung von den Binnensektoren in die kundennahen Endstufen der Exportindustrien schritt zwar unaufhaltsam voran, doch wurde sie durch die Lohnzurückhaltung verlangsamt, die damals auch unter dem Druck der Standortdebatte einsetzte. So gelang es auch den noch vergleichsweise arbeitsintensiven Unternehmen, sich zu behaupten, und es entstanden im Dienstleistungssektor genug neue Stellen, um die in der Industrie wegfallenden Stellen zu kompensieren. Das alles waren schmerzliche, aber notwendige Anpassungsprozesse.

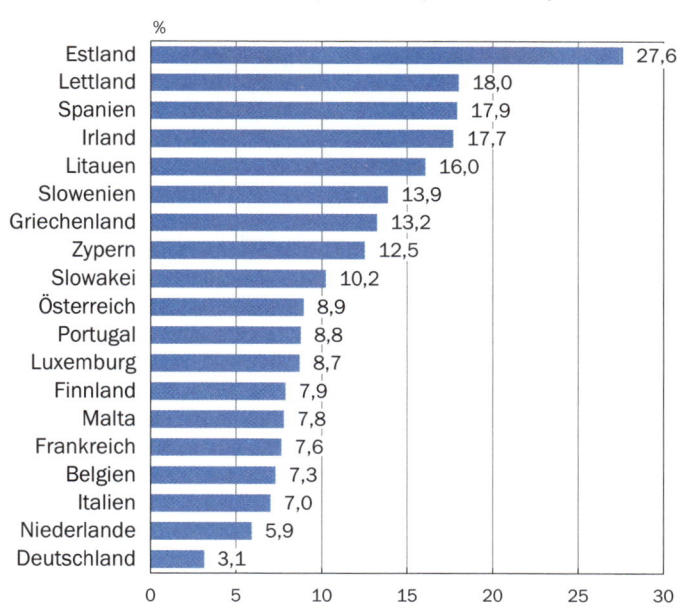

Abbildung 3.5 Gesamtwirtschaftliche Nettoinvestitionen als Anteil des Nettoinlandsprodukts (2003–2007)

Quelle: Europäische Kommission, Economic and Financial Affairs, *Economic Databases and Indicators*, AMECO – The annual macro-economic database.

Erläuterung: Die Abbildung zeigt die Summen von privaten und öffentlichen Investitionen, vermindert um Abschreibungen und relativ zum Nettonationaleinkommen. (Das Nettonationaleinkommen ist wohl der beste Indikator für den Vergleich der inländischen Verwendung der Ersparnisse. Nähme man stattdessen Nettoinvestitionen per BIP oder andere Vermögensindikatoren, würde dies aber nicht die Länderreihenfolge verändern.)

Kapitel 3 Die andere Seite der Medaille

Die Beseitigung der Wechselkursunsicherheit war für die Peripherieländer Europas ein Segen und Wachstumsmotor, doch für Deutschland ein Problem und Wachstumsdämpfer, da das Sparkapital in andere Länder abfloss und statt in Deutschland im Ausland investiert wurde. Deutschlands Standortkrise, durch den Euro verursacht und Folge der inländischen Kapitalflucht, manifestierte sich in den massiven Exportüberschüssen, die Reflex des Wachstums in den südeuropäischen Ländern waren. So hatte Deutschland in den fünf Jahren zwischen der Einführung des Euro und dem Jahr der Lehman-Pleite, also von 2003 bis 2007, die niedrigste Nettoinvestitionsquote aller Euroländer, wie Abbildung 3.5 in aller Deutlichkeit zeigt.[11]

Überall schienen die Kirschen besser zu schmecken als im eigenen Garten. Die Risiken, die heute in den Fokus rücken, sahen die Investoren nicht, sondern nur die etwas höheren Renditen, die man sich andernorts versprach. Deutsche Lebensversicherer und Banken, allen voran die heute angeschlagenen Landesbanken,[12] haben damals griechische, portugiesische und spanische Staatspapiere den deutschen vorgezogen, weil diese 20 bis 35 Basispunkte, also gerade mal 0,20 bis 0,35 Prozentpunkte, mehr Zinsen boten und den Vorständen Scheingewinne brachten, auf deren Basis sie ihre erfolgsabhängigen Gehaltskomponenten berechnen durften, während normale Bürger sich nun in ihrer Eigenschaft als Steuerzahler die Spargelder selbst via »Rettungsmaßnahmen« für die Krisenländer zurückzahlen dürfen. Das war die Phase, in der das deutsche Sparkapital das Land verließ, um im Ausland Renditen zu erwirtschaften, und dort Arbeitsplätze und Wachstum schuf.

Abbildung 3.6 Die Verwendung der deutschen Ersparnisse (2003–2007)

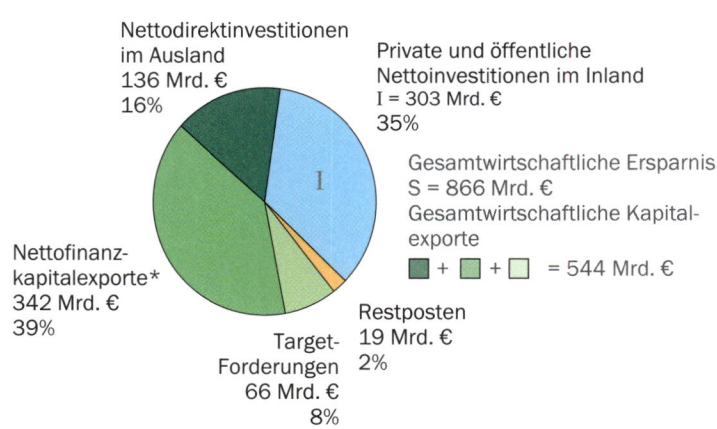

* Einschließlich statistisch nicht aufgliederbarer Transaktionen.

Quelle: Statistisches Bundesamt, *Fachserie 18*, Reihe 1.2, 1. Vierteljahr 2015, Tabelle 1.5; Deutsche Bundesbank, Statistiken, Zeitreihen-Datenbanken, *Außenwirtschaft,* Zahlungsbilanz, abgerufen am 13. Mai 2015.

Abbildung 3.6 gliedert auf, wie sich die deutsche Gesamtersparnis der Jahre 2003 bis 2007 in Höhe von insgesamt 866 Milliarden Euro auf private und öffentliche Nettoinvestitionen im Inland, auf einen Nettofinanzkapitalexport und auf Nettodirektinvestitionen im Ausland verteilte. 65% der deutschen Ersparnisse waren vom ersten Jahr des Euro bis zur Finanzkrise ins Ausland gewandert, insgesamt 563 Milliarden Euro. Nur 35% wurden zu Hause für öffentliche und private Belange investiert.[13] Mir ist kein Land bekannt, das irgendwann einmal in seiner Geschichte einen so großen Anteil seiner Ersparnisse ins Ausland getragen hat.

Die Abbildung zeigt auch die Target-Forderungen, die mit insgesamt 66 Milliarden Euro noch recht klein waren, sowie nicht weiter bemerkenswerte Restposten, die aus Buchungsfehlern resultierten, aber wohl Kapitalexporte sind. Target-Forderungen sind, wie später in diesem Buch noch näher erläutert wird, Forderungen aus der grenzüberschreitenden Verlagerung von Zentralbankkrediten und insofern ein öffentlicher Kapitalexport.[14] Bemerkenswert ist, dass der gewaltige Nettokapitalexport aus Deutschland nur zu einem kleinen Teil direkt investiert wurde. Die Geschichten über deutsche Industrieansiedlungen im Ausland, die die Wirtschaftsteile deutscher Zeitungen füllten, machten grundsätzlich nur einen kleinen Teil der Kapitalbewegungen aus. Viel wichtiger waren die Finanzkapitalströme, die anonym über die kommunizierenden Röhren des Banken- und Versicherungssystems ins Ausland geleitet wurden und sich der griffigen Berichterstattung in den Medien entzogen.

Per saldo bedeutet ein Kapitalexport normalerweise einen Vorteil für die exportierende Volkswirtschaft, da der Hinzugewinn an Kapitaleinkommen den Verlust des ausgelagerten Arbeitseinkommens überkompensiert. Die Sparer in Nordeuropa, beispielsweise in Deutschland, füllten ihre Sparbücher und zahlten brav ihre Lebensversicherungspolicen ein, und die Banken und Lebensversicherungsgesellschaften trugen das Geld ins Ausland in der Hoffnung, noch etwas mehr Rendite als im Inland zu erzielen. Dort finanzierte man dann viele sinnvolle Investitionsprojekte, aber leider auch einiges, was nicht sonderlich sinnvoll war. So floss ein Teil des Geldes über den Atlantik in dubiose ABS-Papiere, die aus zusammengewurstelten Kreditforderungen amerikanischer Banken bestanden. Mit diesen Papieren hatte man in den USA auf politischen Druck hin den armen Leuten den Hausbau ermöglicht, eine Praxis, die sich schließlich als Epizentrum der amerikanischen Banken- und Subprime-Krise herausstellen sollte. Nordeuropäisches Geld floss auch in die Staatspapiere der südlichen Länder, mit denen der Staatssektor Lohnerhöhungen seiner Bediensteten finanzierte, oder zu den spanischen Sparkassen, den *Cajas*, die heute in großem Umfang von der Pleite bedroht sind, weil sie das Geld für windige Immobilienprojekte weiterverliehen. Im Nachhinein entsprach die Rendite dieser Investitionen wahrlich nicht immer den Erwartungen.

Während Deutschland bei Weitem der größte Kapitalexporteur der westlichen Welt werden sollte, lagen die Ausleihungen des deutschen Bankensektors an die Krisenländer nicht an der Spitze der Statistik. Wie Abbildung 3.7 zeigt, war das Exposure französischer Banken viel größer. Die Abbildung gibt Aufschluss darüber, welche nationalen Bankensektoren zu der Zeit der Lehman-Krise (im dritten Quartal 2008) Ansprüche gegenüber den öffentlichen und privaten Sektoren der GIIPS-Länder Griechenland, Irland, Italien, Portugal und Spanien hatten.[15]

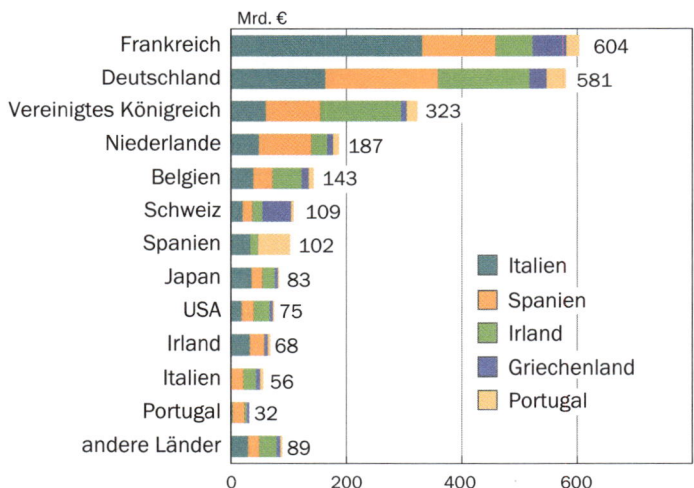

Abbildung 3.7 Internationale Bankenforderungen gegenüber dem öffentlichen und privaten Sektor von Griechenland, Irland, Portugal, Spanien und Italien zur Zeit der Lehman-Insolvenz

Quelle: Bank für Internationalen Zahlungsausgleich (BIZ), Statistiken, *Consolidated Banking Statistics*, Mai 2013.

Erläuterung: Die Abbildung zeigt grenzüberschreitende Ansprüche und lokale Ansprüche ausländischer Institute, die nach ihrer Höhe im dritten Quartal 2008 geordnet sind. Inländische Forderungen sind nicht erfasst. Die Forderungen bilden sich sowohl gegenüber privaten als auch gegenüber öffentlichen Wirtschaftseinheiten.

Die Ausleihungen französischer Banken machten 604 Milliarden Euro aus und entsprachen damit 30% des französischen BIP von 2008. Die Ausleihungen von deutschen Banken betrugen 581 Milliarden Euro und damit 23% des deutschen BIP. Selbst in absoluten Zahlen war das Exposure Frankreichs etwas größer (4%) als das von Deutschland. Relativ zum BIP war es um ein Drittel größer.

Es fällt auf, dass die französischen Banken absolut und relativ wesentlich stärker in Griechenland engagiert waren als die deutschen. Während Deutschlands Banken 29 Milliarden Euro an den griechischen Staat, die griechischen Banken und andere Institutionen in Griechenland verliehen hatten, waren von französischen Banken 58 Milliarden Euro gekommen. Dieser Unterschied mag erklären, warum Frankreich mit solchem Nachdruck auf der Griechenland-Rettung bestanden hat. So hatte der französische Präsident Nicolas Sarkozy Deutschland im Mai 2010 mit dem Austritt Frankreichs aus der Währungsunion gedroht, falls es nicht bereit sei, die Rettungsschirme mitzufinanzieren, wie der spanische Ministerpräsident José Luis Rodríguez Zapatero gegenüber der Zeitschrift *El País* bekundete.[16] Es ging damals um die Rettung des französischen Bankensystems, nicht um einen Akt der Nächstenliebe gegenüber einem geschundenen Griechenland.

Französische Banken hatten besonders viel Geld in Staatspapiere investiert. Die entsprechenden Daten sind für die Zeit der Lehman-Insolvenz zwar leider nicht verfügbar, aber im ersten Quartal von 2010 veröffentlichte die Bank für Internationalen Zahlungsausgleich (BIZ) zum ersten Mal Daten zu den Ausleihungen der europäischen Banken an den griechischen, irischen, portugiesischen und spanischen Staat. Es stellte sich heraus, dass die Risikoexposition französischer Banken für diese vier Krisenländer 55% größer war als jene deutscher Banken, und angepasst auf das kleinere BIP Frankreichs sogar 99% höher, wie bereits im ersten Kapitel erwähnt.[17] All dies erklärt, warum das französische Bankensystem im Vergleich zu Deutschland so stark in die europäische Schuldenkrise verstrickt ist, und außerdem, warum Frankreich neben den Schuldnerländern zu einem der größten Profiteure der Bailout-Operationen der EZB und der Staatengemeinschaft wurde. Allerdings muss man berücksichtigen, dass die amerikanische Subprime-Krise Deutschland und die nordwesteuropäischen Länder traf und deren Banken in Schwierigkeiten brachte, während französische und südeuropäische Banken kaum in den USA investiert hatten.

Abbildung 3.7 listet nur Finanzansprüche gegenüber öffentlichen und privaten GIIPS-Institutionen. Französische Banken sind aber auch über Eigenkapitalanteile in den Bankensystemen Südeuropas engagiert. Zum Beispiel ist die Bank Geniki, Griechenlands neuntgrößte Bank, eine Tochtergesellschaft der Société Générale, und die Emporiki Bank, die fünftgrößte Bank, war eine Tochter der Crédit Agricole, ehe sie für einen symbolischen Preis von einem Euro an die griechische Alpha Bank verkauft wurde. Die Crédit Agricole ist außerdem Miteigentümer von Italiens Intesa Sanpaolo und Cariparma, sowie Portugals Banco Espirito Santo, während die Banque Nationale de Paris Teile bei der italienischen Bank BNL besitzt.

Der Grund für die starke französische Risikoexposition bei den Staatspapieren der GIIPS-Länder ist nicht etwa, dass Frankreich Kapitalexporteur wäre. Wie Abbildung 3.4 zeigt, war Frankreich tatsächlich ein Kaptalimporteur. Stattdessen war das französische Bankensystem vielmehr die Drehscheibe für internationales Sparkapital. Französische Banken liehen sich Geld auf dem internationalen Kapitalmarkt und verteilten es auf die Länder Südeuropas, mit denen Frankreich traditionell kulturelle Gemeinsamkeiten verband, dank ihrer geografischen Nähe, aber auch wegen der gemeinsamen romanischen Wurzeln.

Großbritannien, vor allem die City of London, hatte auch eine Drehscheibenfunktion für Südeuropa. Großbritannien war zwar Nettokapitalimporteur (vgl. Abbildung 3.4), hatte aber auch stark in die europäischen Krisenstaaten investiert. Sein Exposure gegenüber öffentlichen und privaten Institutionen betrug 17% des britischen BIP im Jahr 2008.

Neben Großbritannien wiesen die Banken der Niederlande, Belgiens, der Schweiz und Spaniens (nicht inkludiert sind inländische Forderungen) signifikante Engagements in den Krisenländern auf. Relativ zum jeweiligen BIP von 2008 steht Belgien ganz oben auf der Liste (40%), gefolgt von Irland (37%), Frankreich (30%), den Niederlanden und der Schweiz (je 29%), Deutschland (23%), Portugal (18%), Großbritannien (17%), Spanien (9%), Italien und Japan (je 3%) und den USA (1%).

MASSENARBEITSLOSIGKEIT IN DEUTSCHLAND

Die fehlenden Investitionen in Deutschland riefen eine Massenarbeitslosigkeit hervor, die kaum noch beherrschbar zu sein schien. In der Spitze schoss die Arbeitslosenquote auf ein vergleichbar hohes Niveau wie die heutige italienische (vgl. Abbildung 1.2). Zwar hatte es auf dem Höhepunkt des Internet-Booms noch so ausgesehen, als würde Deutschland den verhängnisvollen Trend einer seit den frühen 1970er Jahren immer weiter steigenden Massenarbeitslosigkeit verlassen können, doch nach dem 11. September 2001 verschwand diese Hoffnung. Die Arbeitslosigkeit in Deutschland stieg immer weiter an und erreichte im Jahr 2005 einen traurigen Höhepunkt, der selbst den Maximalwert des vorangegangenen Konjunkturzyklus deutlich übertraf (9,7% in der Periode April 1997 bis Februar 1998): 11,2% der Erwerbspersonen waren damals arbeitslos. Abbildung 3.8 verdeutlicht die Entwicklung der deutschen Arbeitslosenquote im Vergleich zu den Krisenländern und Frankreich.

Die deutsche Malaise zwischen 2001 und 2006 kontrastierte stark mit der Prosperität der GIPSIZ-Länder, die heute in der Krise stecken. Insbesondere

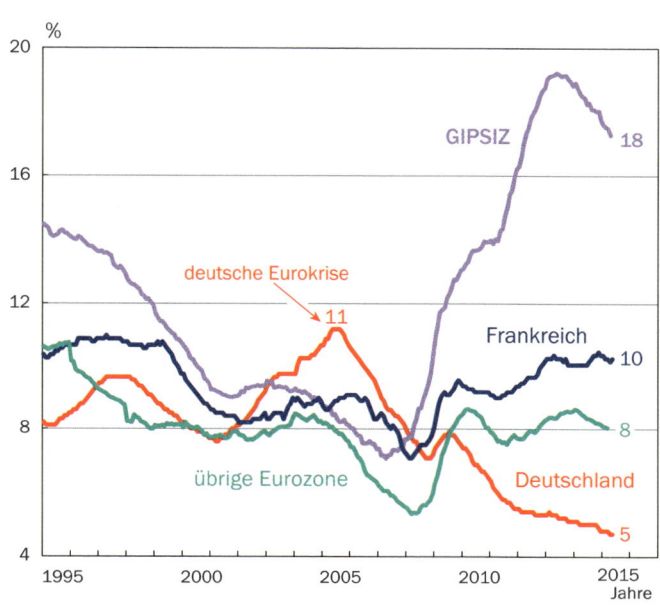

Abbildung 3.8 Arbeitslosenzahlen in Ländern der Eurozone, saisonbereinigt (1995–2015)

Quelle: Eurostat, Datenbank, *Bevölkerung und soziale Bedingungen*, Arbeitsmarkt, Beschäftigung und Arbeitslosigkeit.

Erläuterung: Die Kurven beziehen sich auf alle heutigen Länder der Eurozone, basierend auf Daten von Eurostat: Slowenien ist seit Januar 1996 berücksichtigt, Litauen und die Slowakei seit Januar 1998, Griechenland und Lettland seit April 1998, Zypern und Malta seit Januar 2000, Estland seit Februar 2000.

in Irland, Griechenland und Spanien gingen die Arbeitslosenzahlen nach der Ankündigung des Euro deutlich, teilweise dramatisch zurück. In Irland gab es vom Jahr 2000 bis zum Beginn der Finanzkrise ein wahres Beschäftigungswunder. Portugal tat sich sichtlich schwerer, nachdem der anfängliche Elan verflogen war, aber dennoch hatte es noch im Mai 2005 eine Arbeitslosenquote, die knapp drei Prozentpunkte unter der von Deutschland lag. Italien verzeichnete dagegen zwischen 1998 und 2007 fast in jedem Jahr einen Rückgang der Arbeitslosigkeit, obwohl es nur wenig wuchs, und erzielte mit etwa 6% eine der niedrigsten Arbeitslosenquoten der Eurozone. Wie Abbildung 3.8 zeigt, sank die Arbeitslosenquote der GIPSIZ-Länder zusammengenommen von 10% im Jahr 2000 auf 7% im Jahr 2007. Im August 2005 lag sie etwa drei Prozentpunkte unter der deutschen.

Auch in Frankreich gingen die Arbeitslosenzahlen nach der Ankündigung des Euro stark zurück und lagen von 2002 bis 2007 unter dem deutschen Niveau. Im Mai 2005 waren sie 2,4 Prozentpunkte niedriger als die deutschen. Die Krise drehte dann all diese Trends um. Deutschlands Beschäftigungslage, die schon mit dem allgemeinen Konjunkturaufschwung im Jahr 2006 eine Trendwende erlebt hatte, verbesserte sich nun stark, und in den anderen Ländern, vor allem in Spanien und Griechenland, kam es zu katastrophalen Einbrüchen. Anfang 2015 hatte Deutschland eine deutlich niedrigere Arbeitslosigkeit als auf dem Höhepunkt seines letzten Booms im Jahr 2008, und Frankreich hatte eine höhere Arbeitslosigkeit als auf dem Höhepunkt der letzten Flauten im Winter der Jahre 2004/2005 sowie im Herbst des Jahres 2009.

AGENDA 2010

Die deutsche Eurokrise zwang die Regierung Schröder zu schmerzhaften Sozialreformen, die unter dem Namen Agenda 2010 zusammengefasst wurden.[18] Im Wesentlichen liefen sie darauf hinaus, staatliche Transferleistungen von Langzeitarbeitslosen auf arbeitende Geringverdiener zu verlagern. Die Regierung eliminierte die Arbeitslosenhilfe, eine besondere Form von Langzeitarbeitslosengeld, wie man es sonst fast nirgendwo auf der Welt fand, und reduzierte damit die Leistungen für Langzeitarbeitslose, die je nach Familienstand ungefähr 55% des letzten Lohnes ausgemacht hatten, auf das Sozialhilfeniveau. Zugleich führte sie durch die Verbesserung von Hinzuverdienstmöglichkeiten eine Art Lohnzuschusssystem ein. Sie nannte die neue, mit dem Lohnzuschusselement versehene Sozialhilfe Arbeitslosengeld II. Betroffen von der Abschaffung der Arbeitslosenhilfe waren damals 1,3 Millionen Menschen im Westen Deutschlands und eine Million Menschen im Osten. Noch auf dem Höhepunkt des letzten Booms, im Jahr 2008, gab es in Deutschland fünf Millionen erwerbsfähige Empfänger des neuen Arbeitslosengeldes II, von denen 1,3 Millionen erwerbstätig waren.[19] Bekanntlich hat die SPD ihrem Partei- und Regierungschef diese Reform nicht verziehen. Gerhard Schröder wurde abgewählt, als er einen vorgezogenen Bundestagswahlkampf, mit dem er die Flucht nach vorne suchte, knapp gegen Angela Merkel verlor.

Das war wahrlich kein Spaziergang für die deutschen Arbeitnehmer, vielmehr eine extrem hohe Belastung, ja meist eine Zumutung, die massiv in die Lebenswirklichkeit vieler Millionen Menschen eingriff und zu einer Zerreißprobe für die deutsche Gesellschaft wurde. Die These, dass Deutschland der große Eurogewinner war, ist angesichts dieser Ereignisse geradezu absurd.

Die Reformen der Schröder-Regierung, so hart sie auch waren, erwiesen sich indes als Segen für den Arbeitsmarkt, denn nun wurde weniger Geld fürs Wegbleiben und mehr fürs Mitmachen bezahlt. Beides hat die Lohnansprüche gesenkt, zu denen man bereit war, in den ersten Arbeitsmarkt zu wechseln, und damit den impliziten Mindestlohn, der im Sozialsystem angelegt war. Wie bei einer Ziehharmonika, die man nur an einer Hand hält, spreizte sich die gesamte Lohnskala nach unten hin aus. Dabei sanken auch die durchschnittlichen Löhne gegenüber dem Trend und im Vergleich zur Produktivitätsentwicklung, sodass der Gewinnanteil am Volkseinkommen stieg. Da Investitionen in erster Linie von zu erwartenden künftigen Gewinnen abhängen, ließ die sich verbessernde Wettbewerbsfähigkeit der deutschen Arbeitsbevölkerung allmählich immer mehr Stellen entstehen, vor allem im Niedriglohnsegment.

Dazu trug allerdings auch der Umstand bei, dass sich die Gewerkschaften anders organisierten. Die früher üblichen Flächentarifverträge waren zur Zeit der Schröder-Reformen in die Kritik geraten, und es wurde mehr Autonomie auf betrieblicher Ebene gefordert, um mehr Lohndifferenzierung zwischen den Branchen, den Betrieben und den Regionen zu ermöglichen. Die Unternehmen konnten sich hier tatsächlich gegenüber den Dachgewerkschaften, die auf den Flächentarifverträgen beharrten, durchsetzen und zusammen mit den Belegschaften mehr betriebsbezogene Lohnabschlüsse erreichen.[20]

Abbildung 3.9 zeigt, dass die strukturellen Anpassungen in der Tat einen bleibenden positiven Effekt auf den Arbeitsmarkt hatten. Vom Jahr 1970, als Willy Brandt Bundeskanzler war und Deutschland fast gar keine Arbeitslosen hatte (nur 149.000), bis zu der Agenda 2010 stieg die Arbeitslosigkeit in Westdeutschland einem linearen Trend folgend stetig an. In der Rezession schoss sie hoch, doch im nachfolgenden Boom sank sie nur wenig. Wie man sieht, gab es mit jedem Konjunkturzyklus etwa 800.000 Arbeitslose mehr, mal etwas mehr, mal etwas weniger. Nachdem der Bundestag im Jahr 2003 die Agenda der Regierung Schröder beschloss, die 2004 institutionell umgesetzt wurde und mit ihren Regelungen ab 2005 wirklich funktionierte, kippte der Trend. Über den letzten Konjunkturzyklus hinweg fiel die Arbeitslosenzahl um etwas mehr als 350.000, während bei einer Fortsetzung des Trends wiederum rund 800.000 zusätzliche Arbeitslose zu erwarten gewesen wären. Insofern kann man der Agenda einen Rückgang der Arbeitslosenzahl um etwa 1,2 Millionen in Westdeutschland zuschreiben, was auf der Basis der Erwerbspersonenzahl des Jahres 2012 einem Rückgang der Arbeitslosenquote (nach der Definition der Bundesagentur für Arbeit, also registrierte Arbeitslose in Prozent der zivilen Erwerbspersonen) um 3,5 Prozentpunkte entsprach.

Noch stärkere Effekte waren in Ostdeutschland zu beobachten, wo ein

Kapitel 3 Die andere Seite der Medaille

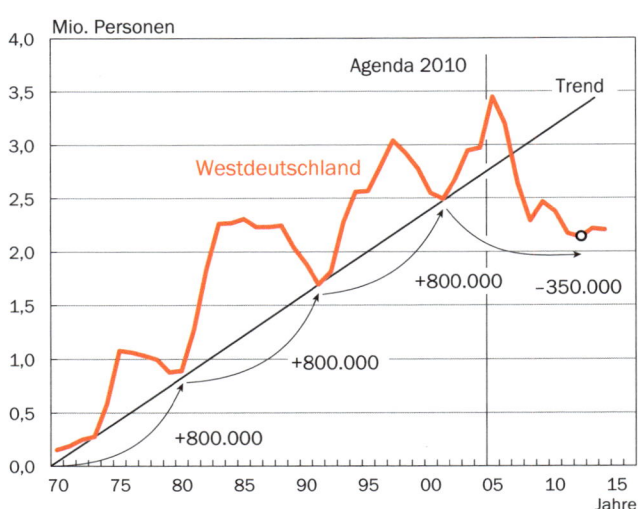

Abbildung 3.9 Entwicklung der westdeutschen Arbeitslosigkeit 1970–2014

Quelle: Bis 1990: Amtliche Nachrichten der Bundesanstalt für Arbeit: *Arbeitsstatistik – Jahreszahlen,* diverse Jahrgänge. Ab 1991: Bundesagentur für Arbeit; Aufteilung von Berlin: ab 2003 eigene Schätzungen.

großer Teil der Beschäftigten der ehemaligen Treuhand-Betriebe nach ihrer Entlassung und nach dem Auslaufen der normalen Fristen der Arbeitslosenversicherung durch die Arbeitslosenhilfe alimentiert wurde. Die Herabstufung von der Arbeitslosenhilfe auf die Sozialhilfe und die gleichzeitige Zurückdrängung der tariflichen Lohnvereinbarungen führte zu erheblichen Beschäftigungswirkungen, weil sich viele Arbeitslose nun mit niedrigeren Löhnen zufriedengaben und bei niedrigeren Löhnen mehr Betriebe rentabel bewirtschaftet werden konnten. Der allgemeine Lohndruck und die wachsende Konkurrenz der Menschen um Arbeitsplätze veranlasste viele junge Arbeitslose, fortzuwandern und sich in anderen deutschsprachigen Gebieten, so in Westdeutschland, Österreich und der Schweiz, nach Arbeit umzusehen. Diese Effekte sind leider in der Grafik nicht sinnvoll darstellbar, weil es naturgemäß für die Zeit vor 1989 keine vergleichbare Statistik gab.

Wenn heute, nach dem Ausbruch der Eurokrise, die deutsche Wirtschaft und der deutsche Arbeitsmarkt im internationalen Vergleich einen guten Eindruck machen, so liegt das maßgeblich an den Reformen der Regierung Schröder. Der Erfolg ist aus der Not geboren, die durch den Euro entstand, doch es wäre ein Euphemismus zu sagen, er sei dem Euro zu verdanken.

Hätte Deutschland die schmerzliche Niedriglohnstrategie nicht verfolgt, dann hätte es seine Arbeitslosigkeit nicht so schnell abbauen und aus der damaligen Finanzkrise nicht so dynamisch herauswachsen können, wie es geschah.

DER NEUE BAUBOOM

Das Wachstum hat aber noch eine andere Ursache, die unmittelbar mit der Krise zu tun hat. Vor der Krise floss das deutsche Sparkapital ins Ausland, vielleicht, weil die deutschen Finanzinstitute und auch die privaten Vermögensanleger das Risiko unterschätzten, oder wohl eher, weil sie auf den Schutz durch kollektive Rettungsaktionen bauten. Nach der Krise besannen sich die Anleger, und viele blieben lieber im sicheren Heimathafen, anstatt in die stürmische See zu stechen. Sie wandten sich ab etwa dem Jahr 2010 vor allem den deutschen Immobilien zu und setzten einen gewaltigen Bauboom in Gang, wie ihn Deutschland seit der Vereinigung nicht mehr erlebt hat. In der Tat kam es im Jahr 2010 erstmals seit vielen Jahren zu einem privaten Nettokapitalimport nach Deutschland. Nach der Bundesbankstatistik hatten die Banken, die Firmen und die privaten Haushalte in diesem Jahr 73 Milliarden Euro netto aus dem Ausland importiert.[21] Das war zwar kein gesamtwirtschaftlicher Kapitalimport, weil ihm ein umso größerer öffentlicher Kapitalexport über fiskalische Rettungsschirme und die Deutsche Bundesbank gegenüberstand, wie in nachfolgenden Kapiteln noch gezeigt wird. Außerdem ebbte der private Kapitalimport schnell wieder ab. Doch legte er den Anstoß für eine Entwicklung am deutschen Immobilienmarkt, die jedenfalls bis in den Sommer 2015 hinein noch nicht abgeebbt war.

Geld, das sie nicht selbst investierten, liehen die Anleger den Banken, die es selbst an die deutschen Häuslebauer weiterverliehen. Die Bauzinsen in Deutschland sind seit den Jahren 2011 und 2012, soweit bekannt, die niedrigsten in der deutschen Geschichte. (Sie bewegen sich analog zu den Zinsen von Staatspapieren, man vergleiche Abbildung 2.2.) Gleichzeitig investierten die Firmen wieder etwas mehr, was den Bauboom noch verstärkte. So entstanden viele neue Stellen, auf denen Lohneinkommen verdient wurden, und aus diesen zusätzlichen Lohneinkommen konnte weiterer Konsum finanziert werden, der die Konsumgüterindustrie belebte.

Der Verfasser hatte den als Reaktion auf die Krise zu erwartenden Bauboom bereits im Juni 2010 prognostiziert. Ich erwartete damals eine goldene Dekade, die Deutschland bevorstehe, weil das Kapital wieder im Heimathafen investiert werde, nicht ohne zu betonen, dass es zwischenzeitlich immer mal wieder konjunkturelle Einbrüche geben könnte.[22] Die Entwicklung hat dieser Prognose bislang Recht gegeben.

Nachdem die realen Bauinvestitionen zuvor eineinhalb Jahrzehnte lang (von 1994 bis 2009) nahezu kontinuierlich um insgesamt ein Viertel gefallen waren, stiegen sie ab 2010 wieder an. Im Jahr 2014 waren sie um 16% höher als 2009.[23] Die Zahl der Baugenehmigungen für Wohnungen lag 2014 um 60% über der Zahl von 2009, für Eigentumswohnungen sogar um 134%.[24] Die Auftragseingänge im Wohnungsbau legten dem Volumen nach um 46% zu.[25] Die Architekten konnten sich besonders freuen. Während ihre Auftragsbestände noch im Jahr 2007 im Schnitt nur 4,7 Monate und im Jahr 2009 noch 5,3 Monate betragen hatten, lagen sie im Jahr 2014 bei 6,3 Monaten. Das ist der höchste Wert seit 1994, als der Vereinigungsboom Deutschland erfasst hatte.[26]

So gesehen ist die Verbesserung der Wirtschaftsentwicklung Deutschlands nur eine Korrektur der verheerenden Vorkrisenentwicklung nach Ankündigung des Euro. Zu der Zeit, als das deutsche Sparkapital noch in die Ruinen floss, die heute das Bild der Vorstadtgebiete Spaniens prägen, oder als es von den Bediensteten des griechischen Staates konsumiert wurde, stagnierten die deutsche Infrastruktur und der Wohnungsbau. Seitdem es da nicht mehr hinwill, boomt Deutschland. Die Behauptung, der Nachkrisenboom Deutschlands beweise, dass Deutschland ein Eurogewinner ist, hat ungefähr die gleiche logische Qualität wie die Behauptung, dass jemand, der sich nach einer Krankheit in der Rekonvaleszenzphase befindet, Profiteur seiner Krankheit sei.

EIN FEHLINTERPRETIERTER TANGO

Aber sprechen nicht die schon lange anhaltenden deutschen Exportüberschüsse dafür, dass Deutschland vom Euro profitiert hat? Immerhin sichert der Export gute Gewinne und Arbeitsplätze, und in ganz Europa beneidet man uns darum.

Die Politiker Europas, insbesondere im merkantilistischen Frankreich, scheinen allesamt so zu denken, denn immer wieder wird das Exportargument herangezogen, um zu belegen, welche Vorteile die Deutschen vom Euro haben. Selbst die deutsche Bundeskanzlerin scheint vom Merkantilismus überzeugt zu sein. So erklärte sie:[27]

> »Wir sind uns in Deutschland sehr wohl bewusst, dass wir als Exportnation vom Euro in besonderer Weise profitieren.«

Und als sie noch französische Finanzministerin war, hat auch die jetzige Präsidentin des Internationalen Währungsfonds (IWF), Christine Lagarde, Deutschland immer wieder wegen der immensen Exportüberschüsse kritisiert, weil es damit anderen Ländern die Nachfrage wegnehme. Die Leistungsbilanzdefizite Südeuropas seien nur das Spiegelbild der deutschen Überschüsse.

»It takes two to tango«,

sagte sie, um den Sachverhalt zu verdeutlichen. Man brauche zwei zum Tango-Tanzen.[28]

Was die Statistik betrifft, hat Christine Lagarde natürlich Recht. Da der gesamte Euroraum nach außen hin eine weitgehend ausgeglichene Leistungsbilanz hatte, als sie das sagte, muss der deutsche Leistungsbilanzüberschuss sein Spiegelbild in den Defiziten anderer Euroländer haben. Abbildung 3.10 zeigt den deutschen Leistungsbilanzsaldo und den Saldo der GIPSIZ-Länder, die beide definitionsgemäß identisch mit den Kapitalexporten und -importen sind, die schon in den Abbildungen 2.1 und 3.4 darge-

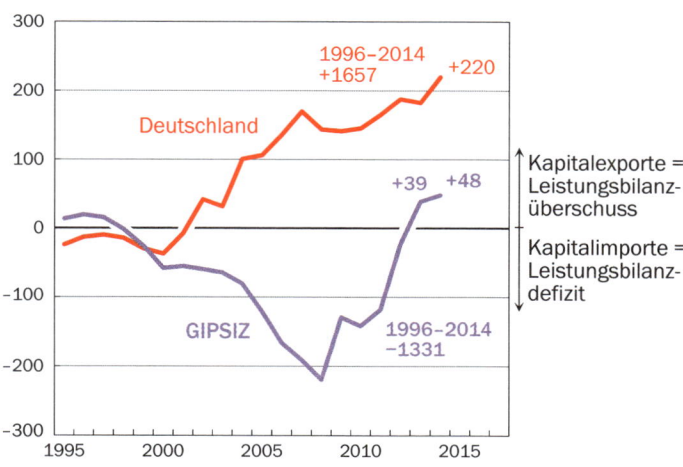

Abbildung 3.10 Kapitalflüsse und Leistungsbilanzsalden in der Eurozone – der europäische Tango (1995–2014)

Quelle: Eurostat, Datenbank, *Wirtschaft und Finanzen*, Zahlungsbilanz – Internationale Transaktionen (BPM6), Zahlungsbilanzstatistik und Auslandsvermögensstatus (BPM6), Zahlungsbilanzstatistiken nach Land – vierteljährliche Daten (BPM6); dasselbe, Datenbank, *Wirtschaft und Finanzen*, Zahlungsbilanz – Internationale Transaktionen (bop), Zahlungsbilanzstatistik und Auslandsvermögensstatus, Zahlungsbilanzstatistiken nach Land; Central Statistics Office Irland, Databases, Statebank, *Economy*, Balance of Payments.

Erläuterung: Zum Datenstand siehe Erläuterung zu Abbildung 2.1.

stellt wurden. Offenkundig folgte der deutsche Überschuss lange Zeit spiegelbildlich in etwa derselben Entwicklung wie das Defizit der GIPSIZ-Länder. Als der Euro 1995 beschlossen wurde, gab es noch keine nennenswerten makroökonomischen Ungleichgewichte. Solche Ungleichgewichte entwickelten sich aber in den darauffolgenden Jahren stürmisch und schossen in den Jahren 2007 und 2008, in denen die Krise begann, bis in den Bereich von 200 Milliarden Euro pro Jahr hoch.

Aber hat sich Deutschland wirklich durch die Exportüberschüsse Vorteile verschafft und womöglich noch Vorteile zulasten anderer Länder? Zuletzt hat sich die Europäische Kommission im sogenannten Europäischen Semester 2015 in dieser Richtung geäußert, indem sie Deutschland sogar ein makroökonomisches Ungleichgewicht für das Jahr 2014 bescheinigt hat.[29] Zwar sei keine spezifische Überwachung Deutschlands notwendig, da der erzielte Leistungsbilanzüberschuss auf der hohen Wettbewerbsfähigkeit der Industrie beruhe, jedoch solle Deutschland diesen Überschuss abbauen und vielmehr Maßnahmen zur Ausweitung der öffentlichen Investitionen liefern, um so positive Impulse für den Euroraum zu setzen und Wachstum auch in anderen Volkswirtschaften zu ermöglichen.

Nun, der deutsche Leistungsbilanzüberschuss resultiert sicherlich nicht aus dem Export von Waren in andere Länder der Eurozone. Wie Abbildung 1.5 verdeutlicht hat, gingen 2014 nur noch 35% der deutschen Exporte in die Eurozone, nachdem es im Jahr der virtuellen Euroeinführung (1999) 44% gewesen waren. Und während der deutsche Handelsbilanzüberschuss gegenüber dem Rest der Welt im Jahr 2007, also zum Beginn der Krise, 202 Milliarden Euro (8% des deutschen BIP) ausgemacht hatte, lag der Handelsüberschuss gegenüber der Eurozone 2014 bei nur 54 Milliarden Euro (1,8% des BIP); davon entfielen 22 Milliarden Euro auf die Länder Griechenland, Italien, Portugal und Spanien. Zieht man importierte Zwischenprodukte ab und kalkuliert die Nettoexporte zu diesen vier Ländern im Hinblick auf den jeweils eigenen Wertschöpfungsgehalt der Waren, ergibt sich sogar nur noch ein Überschuss von rund 17 Milliarden Euro (0,6% des BIP).[30]

Die schwache Beziehung zwischen den Leistungsbilanzsalden Deutschlands und der Krisenländer erkennt man auch daran, dass der Lagardesche Tango eigentlich nur bis zum Beginn der Krise spiegelbildlich getanzt wurde, dann aber in der Krise seinen Rhythmus verlor. Während das Leistungsbilanzdefizit der GIPSIZ-Länder schrumpfte und sich ab 2013 sogar in einen Überschuss verwandelte, der im Jahr 2014 auf 48 Milliarden Euro angewachsen war, blieb der deutsche Leistungsbilanzüberschuss zunächst weitgehend unverändert und legte dann sogar noch weiter zu. Im Jahr 2014 lag der deutsche Leistungsbilanzüberschuss bei 220 Milliarden Euro, was 7,6% des BIP entsprach. Auch das zeigt, dass der deutsche Leistungsbilanzüberschuss nicht den Nettoumfang an Gütern und Dienstleistungen misst, die in die Krisenländer geliefert werden.

Der deutsche Überschuss war, wie schon eingangs von Kapitel 2 erläutert wurde, in der betrachteten Zeitspanne ohnehin weniger von der Güterseite her zu erklären als von der Seite des Kapitalverkehrs. Er entstand aus Kapitalexporten, die die deutsche Volkswirtschaft eher schwächten als stärkten. Das Kapital ist der zentrale Treiber für ein nachhaltiges Wirtschaftswachstum. In den Ländern, in denen es den Unternehmen als Eigen- oder Fremdkapital zur Verfügung gestellt wird, kann die Produktionskapazität durch Investitionen erweitert oder neu aufgebaut werden. In den Ländern, aus denen es herausfließt, fehlt es für entsprechende Investitionen, sodass der Aufbau entsprechender Kapazitäten unterbleibt, wenn nicht gar vorhandene Kapazitäten durch Verzicht auf Ersatzinvestitionen für Abschreibungen abgebaut werden.

Hinter den Kapitalexporten Deutschlands stand der Versuch der Investoren, ihr internationales Portfolio neu zu strukturieren und deutsche Anlagen durch ausländische Anlagen zu ersetzen, allzu häufig freilich auch Staatspapiere der südlichen Länder. Wie durch die Zinskonvergenz (Abbildung 2.2) belegt wird, reduzierte der Euro die wahrgenommenen Investitionsrisiken in Südeuropa und begründete damit realwirtschaftliche Prozesse in Südeuropa, die Leistungsbilanzungleichgewichte erzeugten. Dabei floss das Kapital nicht nur direkt von Deutschland in die südeuropäischen Länder, sondern vor allem auch über den Umweg des internationalen Kapitalmarkts. Der Leser möge sich Abbildung 3.7 vergegenwärtigen: Frankreich hatte das höchste, Großbritannien das dritthöchste Exposure gegenüber den GIPSIZ-Ländern, obwohl beide Länder keine Nettokapitalexporteure waren. Das kann nur daran gelegen haben, dass sie Kapital in anderen Ländern aufsogen, bevor sie es in die Krisenländer verliehen.

Da in Deutschland nicht mehr genug investiert wurde und man die Ersparnisse lieber zu höheren Renditen im Ausland anlegte, kam Deutschland in die Standortkrise. Es fehlte an Binnennachfrage im Investitionsgüterbereich, vor allem im Bau, und es wurden nicht genug Arbeitsplätze geschaffen. Die deutschen Einkommen wuchsen nur noch wenig, und deswegen blieben auch die direkt davon abhängigen Importe im Trend gegenüber anderen Ländern zurück. Die Exporte indes, die ja Importe der anderen Länder sind, wuchsen mit dem Einkommen dieser anderen Länder. Deswegen war der deutsche Leistungsbilanzüberschuss zunächst vor allem ein Importdefizit.

Hinzu kam indes eine sogenannte reale Abwertung Deutschlands aufgrund der Lohnzurückhaltung, die sich durch die Massenarbeitslosigkeit und durch die in Folge eingeführte Agenda 2010 erklärt. Die Lohnzurückhaltung hielt die deutsche Inflationsrate niedrig, während der Rest Europas von einer bisweilen extrem starken Inflation erfasst wurde. Es war, als hätte Deutschland noch die D-Mark und würde sie abwerten. Wie es stets bei einer Abwertung der Fall ist, sahen sich die Verbraucher veranlasst, die teurer werdende Importware zu meiden und heimische Produkte zu kaufen, während umgekehrt auch ausländische Käufer mehr inländische Waren erwarben. Das trug neben den unmittelbaren Einkommenseffekten dazu bei, einen Exportüberhang entstehen zu lassen.

Bisweilen wird die Hypothese vertreten, Deutschlands hoher Kapitalexport sei auf einen Anstieg der Ersparnis zurückzuführen, die selbst das Ergebnis der Alterung der Bevölkerung sei. Da die Deutschen lange leben und weniger Kinder haben als andere, müssten sie mehr sparen, und die Mehrersparnis müsse sich irgendwo auf der Welt eine Investitionsmöglichkeit suchen.[31] Das ist grundsätzlich eine plausible Erklärung. Sie passt aber nicht zu dem Umstand, dass die Sparquote nur temporär anstieg, nämlich vom Jahr 2000 bis etwa zum Jahr 2008, vorher und nachher aber wieder fiel. Es ist schwer vorstellbar, dass den Deutschen ihre Altersprobleme nur gerade mal während dieser acht Jahre bewusst waren.

Hinter dem temporären Anstieg der Sparquote steht in Wahrheit nichts anderes als ein temporärer Anstieg der Gewinnquote am Volkseinkommen, der genau in dieser Zeit durch die Lohnzurückhaltung hervorgerufen wurde. Da die meisten Gewinne gespart und die meisten Löhne konsumiert werden, führt ein Anstieg der Gewinnquote stets zu einem Anstieg der gesamtwirtschaftlichen Sparquote. Die fundamentale Investitionsschwäche, die in Abbildung 3.5 dargestellt wurde, ist sicherlich der wesentlich wichtigere Grund für die Kapitalexporte, zumal die temporäre Lohnzurückhaltung – und damit der Anstieg der Gewinn- und Sparquote – selbst wiederum auf diese Investitionsschwäche zurückzuführen ist.

Und obwohl gerade auch Länder in der südlichen Peripherie der Eurozone unter ähnlichen demografischen Problemen leiden wie Deutschland, war dort alles genau umgekehrt. Dorthin floss das Kapital, dort gab es deshalb ein inflationäres Wachstum, mit dem Wachstum stiegen auch die Importe, und zugleich bedeuteten die steigenden Löhne und Preise, dass die Wettbewerbsfähigkeit der Exporte dieser Länder unterminiert wurde.

Dies ist das Gesetz des Kapitalismus. Wenn das Kapital von A nach B fließt, kommt A in die Flaute und B in den Boom. Das Boomgebiet erhöht seine Importe und senkt seine Exporte, weil es teurer wird, und im Flautegebiet ist es umgekehrt. Deutschland war bis zur Eurokrise das Flautegebiet, die europäische Peripherie war das Boomgebiet. Das erklärt die deutschen Exportüberschüsse und den europäischen Tango nach Christine Lagarde, und es ist wahrlich kein Beleg für die These, dass die deutschen Exportüberschüsse auf Kosten der anderen Länder realisiert wurden. Nichts wäre abwegiger, als ein Land, dessen Kapital in andere Länder wandert und dort Arbeitsplätze und Einkommen zulasten des Heimatlandes generiert, anzuklagen, es würde andere Länder übervorteilen. Den Leistungs- oder Handelsbilanzüberschuss eines Landes als Zeichen besonderer Gewinne eines exportierenden Landes zu sehen, ist eine Sichtweise, die von nicht wenigen deutschen Politikern geteilt wird, doch ist sie kruder Merkantilismus, der einer genaueren Analyse nicht standhält.

Natürlich haben Exportüberschüsse insofern ihr Gutes, als sie einen Vermögensaufbau der Inländer im Ausland und somit Forderungen gegenüber anderen Ländern messen. Der Leistungsbilanzüberschuss Deutschlands ist und war der Hauptgrund für den jährlichen Anstieg der deutschen Nettoauslandsposition (Abbildung 2.9), obwohl ein Teil der im Ausland akkumulierten Ersparnisse durch Bewertungseffekte verlorenging. Immerhin ist, gemessen durch den akkumulierten Leistungsbilanzüberschuss, von der Ankündigung des Euro auf dem Gipfel in Madrid im Dezember 1995 bis zum Jahr 2014 eine riesige Vermögenssumme in Höhe von 1.657 Milliarden Euro von Deutschen im Ausland angelegt worden. Das ist in der Abbildung 3.10 die Fläche zwischen der Nulllinie und der deutschen Kurve. Diese Forderungen gegenüber dem Rest der Welt sind sicherlich nicht primär Forderungen gegenüber den GIPSIZ-Ländern. Viele der deutschen Kapitalexporte flossen durch das französische Bankensystem, andere flossen in die USA, nach Osteuropa, Asien oder in andere Teile der Welt. Dennoch ist es bemerkenswert, dass der Schuldenaufbau der GIPSIZ-Länder in Form des akkumulierten Leistungsbilanzdefizits dieser Länder mit 1.331 Milliarden Euro eine ähnliche Größenordnung annimmt.

Der Vermögensaufbau im Ausland hilft prinzipiell natürlich den Vermögensbesitzern, denn sie erzielen darauf Zinseinnahmen. Deswegen haben sie ihr Geld ja schließlich ins Ausland getragen. Aber hierzu sind zwei Bemerkungen angebracht.

Erstens hatte der durchschnittliche deutsche Arbeitnehmer, der selten Besitzer dieser Vermögenstitel war, wenig von den Kapitalexporten. Die Produktivitätssteigerungen und Lohnerhöhungen, die man durch die Kapitalexporte im Ausland ermöglicht hat, hätte er sicher auch gern selbst gehabt. Exportüberschüsse nützen deutschen Arbeitnehmern im Gegensatz zu einer weitverbreiteten Meinung nicht wirklich. Zwar entstehen Arbeitsplätze in der Exportwirtschaft. Diesen trivialen Effekt hat jeder vor Augen. Doch ohne die Kapitalexporte, die hinter den Exportüberschüssen stehen, wären die Finanzmittel in die inländische Nachfrage geflossen und hätten insofern Arbeitsplätze in der Bauwirtschaft, beim Maschinenbau, im Dienstleistungssektor oder in anderen Branchen erzeugt. Die Exportüberschüsse kennzeichnen also keinen positiven Nettoeffekt zugunsten der deutschen Arbeitnehmer.

Der eigentliche Unterschied zwischen inländischen und ausländischen Investitionen liegt auf der Angebotsseite der Gütermärkte. Nur inländische Investitionen generieren mehr Angebot, indem sie die Produktionskapazität erhöhen. Wenn der Angebotseffekt woanders stattfindet, haben inländische Arbeitnehmer nichts davon. Sie profitieren nur, sofern ein Angebotseffekt zu Hause erzeugt wird, da dann durch die Errichtung neuer Fabriken und Maschinen neue Arbeitsplätze entstehen.

Zweitens ist zu bezweifeln, dass das große Sparkonto, das die Deutschen mit ihren Exportüberschüssen im Ausland gebildet haben, überhaupt verfügbar ist, wenn sie im Alter davon leben wollen. Wenn die deutschen Babyboomer, die jetzt etwa 50 sind, ihr Renteneintrittsalter in den Jahren 2025 bis 2030 erreichen und das Geld zurückhaben wollen, das ihre Lebensversicherungen in Südeuropa und sonst wo angelegt haben, dann braucht Deutschland einen Importüberschuss, um die zur Versorgung dieser Menschen notwendigen Güter herbeizuschaffen. Ein solcher Importüberschuss würde sich ganz automatisch ergeben, wenn die Bevölkerung ihre Ersparnisse zu verbrauchen beginnt. Aber das setzt natürlich voraus, dass die ausländischen Kreditnehmer, denen man sein Geld geliehen hat, auch tatsächlich zurückzahlen können und werden. Ob sie das angesichts ihrer eigenen demografischen Krise und der heute schon feststellbaren Überschuldung tun werden, steht aber in den Sternen. Kommt das Geld nicht zurück, hat man für den Exportüberschuss umsonst gearbeitet.

ANMERKUNGEN

1 Unter den Euroländern wuchsen nur Malta, die Slowakei und Luxemburg schneller.
2 Vgl. P. Plickert, »Die Vor- und die Nachteile des Euro«, *faz.net*, 22. Juni 2011, <http://www.faz.net/aktuell/wirtschaft/europas-schuldenkrise/waehrungsunion-die-vor-und-die-nachteile-des-euro-1653839.html>; A. Merkel, *Regierungserklärung zum Europäischen Rat in Brüssel*, 24/25. März 2011, <http://www.bundesregierung.de/ContentArchiv/DE/Archiv17/Regierungserklaerung/2011/2011-03-24-merkel-europaeischer-rat.html>; und »Wie profitiert Deutschland vom Euro?«, *ZDF heute-journal*, 8. September 2011, <http://www.etwasverpasst.de/sendung/88591/zdf/zdf-heute-journal/zdf-heute-journal-vom-08-september-2011.html>; und J. M. Barroso, »Geben Sie Ihr Ehrenwort, dass wir Deutschen kein Geld verlieren?«, Interview mit K. Diekmann und D. Hoeren, *Bild.de*, 10. Oktober 2011, <http://www.bild.de/geld/wirtschaft/jose-manuel-barroso/deutschland-euro-krise-20394200.bild.html>.
3 H.-W. Sinn, *Die rote Laterne. Die Gründe für Deutschlands Wachstumsschwäche und die notwendigen Reformen*, Nordrhein-Westfälische Akademie der Wissenschaften (Hrsg.), Ferdinand Schöningh Verlag, Paderborn 2003; ebenfalls *ifo Schnelldienst* 55, Sonderausgabe, Nr. 23, 17. Dezember 2002, S. 3–32, <http://www.cesifo-group.de/DocDL/SD23-2002.pdf>; und Deutscher Bundestag, »Das Geschehen im Parlament festhalten«, 12. Februar 2010, <http://www.bundestag.de/dokumente/textarchiv/2010/28642 186_kw06_stenografen/index.html>.
4 Prognosen für das Jahr 2015 gehen von einer Schattenwirtschaft in Höhe von 20,1% des BIP für Italien aus. F. Schneider und B. Boockmann, *Die Größe der Schattenwirtschaft – Methodik und Berechnungen für das Jahr 2015*, Linz und Tübingen, 3. Februar 2015, <http://www.econ.jku.at/members/Schneider/files/publications/2015/SchattenwirtschaftStudiefinal.pdf>; sowie F. Schneider und D. H. Enste, »Shadow Economies: Size, Causes, and Consequences«, *Journal of Economic Literature* 38, 2000, S. 77–114. A. Buehn und F. Schneider, »Shadow Economies Around the World: Novel Insights, Accepted Knowledge, and New Estimates«, *International Tax and Public Finance* 19, 2012, S. 139–171.
5 Dies wird von dem *Economist* systematisch übersehen. »Vorsprung durch exports. Which G7 Economy Was the Best Performer of the Past Decade? And Can It Keep It Up?«, *The Economist*, 3. Februar 2011, <http://www.economist.com/node/18061550>; sowie H.-W. Sinn, »Letter to the Editor: ›Germany's Economy‹«, *The Economist*, 23. Februar 2011, <www.ifo.de/w/3UfDQuwzg>.
6 Vgl. World Bank, World Data Bank, *World Development Indicators*, <http://databank.worldbank.org/data/home.aspx>.
7 Vgl. ebd.
8 Vgl. H.-O. Henkel, *Die Kraft des Neubeginns: Deutschland ist machbar*, Droemer, München 2004; Sachverständigenrat zur Begutachtung der gesamtwirtschaftlichen Entwicklung, *Jahresgutachten 2002/03: Zwanzig Punkte für Beschäftigung und Wachstum*, Wiesbaden, November 2002, <http://www.sachverstaendigenrat-wirtschaft.de/fileadmin/dateiablage/download/gutachten/02_ges.pdf>.
9 In einem Leserbrief an den *Spiegel* betonte Wolfgang Wiegard, damals Mitglied des Sachverständigenrats zur Begutachtung der gesamtwirtschaftlichen Entwicklung, dass diese Literatur die intellektuelle Basis der Agenda 2010 war. W. Wiegard, *Letter to the Editor*, <www.ifo.de/wiegard/w/j7yqcXB2>; sowie H.-W. Sinn, C. Holzner, W. Meister, W. Ochel und M. Werding, »Aktivierende Sozialhilfe. Ein Weg zu mehr Beschäftigung und Wachstum«, *ifo Schnelldienst* 55, Sonderausgabe, Nr. 9, 14. Mai 2002, <http://www.cesifo-group.de/DocDL/SD9-2002.pdf>; H.-W. Sinn, *Ist Deutschland noch zu retten?*, Econ, Berlin 2003; und ferner D. Snower, A. J. G. Brown und C. Merkl, »Globalization and the Welfare

Kapitel 3   Die andere Seite der Medaille

State: A Review of Hans-Werner Sinn's ›Can Germany Be Saved?‹«, *Journal of Economic Literature* 49, 2009, S. 136–158.

10   H.-W. Sinn, *Die Basar-Ökonomie. Deutschland: Exportweltmeister oder Schlusslicht?*, Econ, Berlin 2005.

11   Im Jahr 2011 fand eine große Revision der Volkswirtschaftlichen Gesamtrechnungen Deutschlands statt, die zu einer kompletten Überarbeitung der Rechenergebnisse führte. Vor der Revision hatte Deutschland jahrelang sogar die niedrigste Nettoinvestitionsquote aller OECD-Länder. Die dargestellten Daten entstammen den Statistiken nach der Revision.

12   Für eine frühe Kritik an den riskanten Investitionsstrategien der Landesbanken, die durch Gewährträgerhaftung möglich geworden waren, sei verwiesen auf H.-W. Sinn, *The German State Banks. Global Players in the International Financial Markets*, Edward Elgar, Cheltenham, UK, and Northampton, MA, USA, 1999.

13   H.-W. Sinn, »Germany's Capital Exports Under the Euro«, *VoxEU*, 2. August 2011, <http://www.voxeu.org/article/germany-s-capital-exports-under-euro>.

14   Forderungen und Verbindlichkeiten innerhalb des Eurosystems resultieren von unter- oder überproportionalen Banknotenausgaben und sind in vielerlei Hinsicht ähnlich wie Target-Salden der Notenbanken zu interpretieren. Jedoch sind sie im Gegensatz zu Target-Salden nicht Gegenstand der Zahlungsbilanzstatistik. Für Details sei auf Kapitel 6 verwiesen.

15   Daten für Zypern standen leider nicht zur Verfügung.

16   Vgl. J. Casqueiro, »Zapatero: Sarkozy amenazó con salirse del euro«, *elpais.com*, 14. Mai 2010, <http://elpais.com/diario/2010/05/14/espana/1273788002_850215.html>.

17   Vgl. Bank für Internationalen Zahlungsausgleich (BIZ), *BIS Quarterly Review*, September 2010, S. 16.

18   G. Schröder, »Regierungserklärung von Bundeskanzler Gerhard Schröder am 14. März 2003 vor dem Deutschen Bundestag« Deutscher Bundestag, *Plenarprotokoll* 15/32, 14. März 2003, <http://dip21.bundestag.de/dip21/btp/15/15032.pdf>, S. 2479 ff. Ein Teil der Reformen der Regierung Schröder war vorbereitet worden durch die ifo-Vorschläge zur Aktivierenden Sozialhilfe vom Mai 2002, einen parallelen Vorschlag des Wissenschaftlichen Beirats beim Bundeswirtschaftsministerium vom August desselben Jahres, die Vorschläge der Hartz-Kommission ebenfalls vom August, und vor allem durch das 20-Punkte-Programm des Sachverständigenrats vom November. H.-W. Sinn, C. Holzner, W. Meister, W. Ochel und M. Werding, »Aktivierende Sozialhilfe«, a. a. O., 14. Mai 2002; Wissenschaftlicher Beirat beim Bundesministerium für Wirtschaft und Technologie, »Reform des Sozialstaats für mehr Beschäftigung im Bereich gering qualifizierter Arbeit«, *BMWi Dokumentation*, Nr. 512, August 2002, <https://www.bmwi.de/BMWi/Redaktion/PDF/Publikationen/Dokumentationen/reform-des-sozialstaats-fuer-mehr-beschaeftigung-im-bereich-gering-qualifizierter-arbeit-512,property=pdf,bereich=bmwi,sprache=de,rwb=true.pdf>; P. Hartz, N. Bensel, J. Fiedler, H. Fischer, P. Gasse, W. Jann, P. Kraljic, I. Kunkel-Weber, K. Luft, H. Schartau, W. Schickler, H.-E. Schleyer, G. Schmid, W. Tiefensee und E. Voscherau, »Moderne Dienstleistungen am Arbeitsmarkt«, *Bericht der Kommission*, 16. August 2002, <http://www.bmas.de/SharedDocs/Downloads/DE/PDF-Publikationen/hartzbericht-teil1-hartz1.pdf?__blob=publicationFile>; Sachverständigenrat zur Begutachtung der gesamtwirtschaftlichen Entwicklung, *Jahresgutachten 2002/03*, a. a. O., November 2002.

19   Bundesagentur für Arbeit, *Grundsicherung für Arbeitsuchende: Erwerbstätige Arbeitslosengeld-II-Bezieher: Begriff, Messung, Struktur und Entwicklung*, Nürnberg, März 2010, Anhangtabelle 1, S. 48, <http://statistik.arbeitsagentur.de/Statischer-Content/Statistische-Analysen/Statistische-Sonderberichte/Generische-Publikationen/SGBII/Erwerbstaetige-AlgII-Empfaenger-Sonderbericht.pdf>.

20   Siehe H.-W. Sinn, *Ist Deutschland noch zu retten?*, a. a. O. 2003 und folgende Jahre, Kapitel 3: »Arbeitsmarkt im Würgegriff der Gewerkschaften«, wo eine Dezentralisierung der

Lohnfindung gefordert wurde. Vgl. auch C. Dustmann, B. Fitzenberger, U. Schönberg und A. Spitz-Oener, »From Sick Man of Europe to Economic Superstar: Germany's Resurgent Economy«, *The Journal of Economic Perspectives* 28, 2014, S. 167–188.
21 Deutsche Bundesbank, *Zahlungsbilanzstatistik*, Mai 2015, S. 56 f., <http://www.bundesbank.de/Redaktion/DE/Downloads/Veroeffentlichungen/Statistische_Beihefte_3/2015/2015_05_zahlungsbilanzstatistik.pdf?__blob=publicationFile>.
22 Die ersten Prognosen eines durch die Krise verursachten Baubooms findet man bei H.-W. Sinn, »Nachweisbare Wirkungen«, *Wirtschaftswoche*, Nr. 23, 7. Juni 2010, S. 39, <http://www.ifo.de/nachweisbare_wirkungen/w/3FZKYYgni>; auch: *ifo Standpunkt* 115, 22. Juni 2010; und H.-W. Sinn, »Rescuing Europe«, *CESifo Forum Special Issue* 11, August 2010, S. 19–20, <http://www.cesifo-group.de/DocDL/Forum-Sonderheft-Aug-2010.pdf>. Man vergleiche außerdem *ifo Konjunkturprognose 2010/2011: Auftriebskräfte verlagern sich nach Deutschland*, ifo Institut, München 23. Juni 2010, <http://www.cesifo-group.de/DocDL/ifosd_2010_12_3.pdf>, und H.-W. Sinn, »Europa in der Krise«, *ifo Jahresversammlung 2010*, <http://mediathek.cesifo-group.de/player/macros/_v_f_750_de_512_288/_s_ifo/_x_s-764870657/ifo/index.html>.
23 Vgl. Statistisches Bundesamt, *Fachserie 18*, Volkswirtschaftliche Gesamtrechnungen Reihe 1.2, Inlandsprodukt Vierteljahresergebnisse, 1. Vierteljahr 2015, Tabelle 3.10.
24 Vgl. Statistisches Bundesamt, Pressemitteilung vom 17. März 2011, Nr. 110 und die Pressemitteilung vom 17. März 2015, Nr. 100.
25 Vgl. Statistisches Bundesamt, *Genesis Datenbank,* Baugewerbe, Konjunkturerhebungen im Bereich Baugewerbe, Monatsbericht im Bauhauptgewerbe.
26 E. Gluch, »ifo Architektenumfrage: Reichweite der Auftragsbestände wieder über sechs Monate«, *ifo Schnelldienst* 68, Nr. 5, 12. März 2015, S. 47–48, Abbildung 4, <http://www.cesifo-group.de/DocDL/ifosd_2015_05_8.pdf>. Auch die Preise stiegen übrigens. Nach Aussagen von Maklern gab es allein von 2012 bis 2014 bei Eigentumswohnungen Zuwachsraten von etwa 12% und bei den Reihenhäusern Raten von rund 11% (vgl. bulwiengesa AG, *bulwiengesa-Immobilienindex 1975 bis 2013*, S. 4, sowie *bulwiengesa-Immobilienindex 1975 bis 2014*, S. 4). Besonders begehrt waren landwirtschaftliche Grundstücke. Die Preise dieser Grundstücke stiegen von 2009 bis 2013 insgesamt um 50% (vgl. Statistisches Bundesamt, *Fachserie 3*, Reihe 2.4, Kaufwerte für landwirtschaftliche Grundstücke 2013, S. 14). Dahinter stand der Wunsch von Großinvestoren, die ihr Geld sicher anlegen und vor den Wirren der Eurokrise schützen wollten.
27 A. Merkel, »Die Europa-Rede«, Pergamon Museum Berlin, 9. November 2010, <http://www.bundeskanzlerin.de/ContentArchiv/DE/Archiv17/Reden/2010/11/2010-11-09-merkel-europarede.html>.
28 C. Lagarde, »Transcript of Interview with Christine Lagarde«, *ft.com*, 15. März 2010, <http://www.ft.com/intl/cms/s/0/78648e1a-3019-11df-8734-00144feabdc0.html#axzz21iHcyCQk>.
29 Europäische Kommission, *Bericht der Kommission an das Europäische Parlament, den Rat, die Europäische Zentralbank und den Europäischen Wirtschafts- und Sozialausschuss – Warnmechanismusbericht 2015*, Brüssel, 28. November 2014, <http://ec.europa.eu/europe2020/pdf/2015/amr2015_de.pdf>.
30 Vgl. R. Aichele, G. Felbermayr und I. Heiland, »Der Wertschöpfungsgehalt des Außenhandels: Neue Daten, neue Perspektiven«, *ifo Schnelldienst* 66, Nr. 5, 14. März 2013, S. 29–41, <http://www.cesifo-group.de/DocDL/ifosd_2013_05_3.pdf>.
31 R. Kollmann, M. Ratto, J. I. Veld und L. Vogel, »What Drives the German Current Account? And How Does it Affect Other EU Member States?«, *Economic Policy* 30, 2015, S. 47–93.

4 In der Wettbewerbsfalle

Prognose und Realität – Warum sich die Leistungsbilanzen verbessern – Sterbende Industrien – Zu teuer – Die notwendigen realen Abwertungen – Kaum Fortschritte – Wie hat es Irland geschafft? – Das Baltikum: Sparpolitik bewährt sich – Die wahren Rivalen – Gefangen im Euro: Das Drama der Deflation

PROGNOSE UND REALITÄT

Heute, bei der Abfassung dieser Zeilen, ist es acht Jahre her, seit der europäische Interbankenmarkt seinen ersten Kollaps hatte (August 2007) und die Eurozone in ihre Existenzkrise geriet. Die meisten Krisenländer leiden noch immer unter einer extrem hohen Arbeitslosigkeit, und in den stabileren Ländern wächst die Angst der Bevölkerung vor den finanziellen Belastungen, die wegen der ungelösten Schuldenproblematik der Krisenländer auf sie zukommen. Die Staatspleite Griechenlands, die am 3. Juli 2015 vom Rettungsschirm EFSF verkündet wurde, zerrt an den Nerven, weil sie klarmacht, dass die Behauptung der europäischen Politiker, die Rettungsaktionen würden die Steuerzahler kein Geld kosten, nichts als eine leere Phrase war.

Bei jeder kleinen Verschnaufpause der europäischen Krise behauptete die Politik, dass dies nun die Trendwende sei. So atmete man auch vor der neuen Griechenland-Krise des Jahres 2015 demonstrativ auf und erklärte die Krise für überwunden. Das wird man auch in Zukunft wieder tun, wenn in Griechenland durch frisches Rettungsgeld erst einmal wieder Ruhe eingekehrt ist. Die Politik legitimiert die Rettungspolitik mit der Begründung, sie wolle

Zeit für Reformen kaufen, doch in Wahrheit will sie sich ein lästiges Thema erst einmal vom Halse schaffen und die Öffentlichkeit vor der nächsten Wahl beruhigen. Danach wird man weitersehen.

Auch für den Internationalen Währungsfonds (IWF) war die jahrelange Realitätsverweigerung kein Ruhmesblatt. Wieder und wieder kam er für Griechenland mit viel zu optimistischen Prognosen heraus, die keinerlei wirkliche ökonomische Basis hatten, sondern bloßem Wunschdenken entsprachen. Wie in einer Studie des IWF aus dem Jahr 2013 selbstkritisch von einer nachgelagerten Ebene des Hauses eingeräumt wurde,[1] ging es immer auch darum, die Schuldentragfähigkeit nachzuweisen, die im Fall eines staatlichen Budgetdefizits nur dann gewährleistet ist, wenn die Wirtschaft wächst. Wächst sie nicht, wachsen die Schulden relativ zum BIP über alle Grenzen, sofern jedes Jahr neue Schulden gemacht werden. Und schrumpft die Wirtschaft gar, dann braucht ein Land einen Budgetüberschuss, wenn es verhindern will, dass die Schulden relativ zum BIP ansteigen. Ohne Wachstum zu prognostizieren, hätte der IWF nach seinen Statuten keine Kredite gewähren dürfen, und ohne IWF-Kredite hätten auch die Staaten der Eurozone keine Kredite gewährt, weil sie vereinbart hatten, das nur im Gleichschritt mit dem IWF zu tun. Das griechische Kartenhaus wäre dann schon viel früher zusammengebrochen.

Abbildung 4.1 gibt einen Überblick über die wirkliche Entwicklung des griechischen BIP im Verhältnis zu den Prognosen, die der IWF jeweils im April für das laufende und die kommenden fünf Jahre veröffentlichte. Man sieht, dass der Abwärtstrend der Vergangenheit stets noch für das laufende Jahr prognostiziert wurde, dass aber für das jeweils darauffolgende Jahr regelmäßig eine Bodenbildung und für das sich anschließende Jahr ein neues Wirtschaftswachstum prognostiziert wurde. Nie hat diese Prognose auch nur annähernd gestimmt. Auch bei der aktuellen Prognose für das Jahr 2015 könnte es wieder ähnlich kommen, denn es wäre ja eher verwunderlich, wenn die Wirtschaftstätigkeit nach dem griechischen Staatskonkurs vom Juli und den sich anschließenden Bankenschließungen nicht einbräche. Das kann in der Abbildung nicht zum Ausdruck kommen, weil die dort verwendeten Ist-Daten bis zur Jahresmitte 2015 reichen.

Die Fehlprognosen, die vielleicht auch dazu führten, dass Griechenland sehr viel mehr Geld vom IWF geliehen bekam als Entwicklungs- und Schwellenländer, als sie in ähnlichen Krisen steckten, haben intern zu einer lauter werdenden Kritik an der französischen Leitung des IWF, zunächst unter Dominique Strauss-Kahn und dann unter Christine Lagarde, geführt. In den Schwellenländern hat der Fonds durch die Sonderbehandlung Griechenlands sehr viel Vertrauen verspielt. Das könnte dazu beigetragen haben, das Interesse an der neuen Entwicklungsbank mit dem Namen New Development Bank (NDB) zu stärken, die von den Schwellenländern im Jahr 2014 unter maßgeblicher Beteiligung Chinas gegründet wurde.

In Paris, Brüssel und Berlin ist die politische Sprachregelung, dass Griechenland ein Sonderfall ist, der auf den mangelnden Willen des Landes zur Umsetzung der mit den Rettungsaktionen verbundenen Reformauflagen zurückzuführen ist. Länder, die diese Auflagen erfüllt hätten, stünden heute sehr viel besser da und seien dabei, ihre Krise zu überwinden. Dieses Kapitel geht dieser These nach und versucht zu ergründen, wie es wirklich um die Wettbewerbsfähigkeit der anderen Krisenländer bestellt ist. Es wird sich zeigen, dass nur in Einzelfällen Entwarnung angebracht ist. Bei wichtigen Ländern ist der Unterschied zu Griechenland lange nicht so groß, wie die Politiker es gerne hätten und lautstark verkünden.

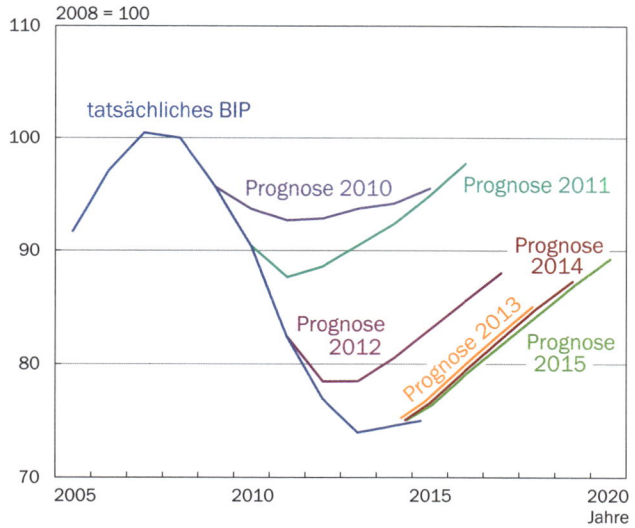

Abbildung 4.1 Die Griechenland-Prognosen des IWF und die Realität

Quellen: Internationaler Währungsfonds, *World Economic Outlook Database*, April 2010 bis April 2015; Eurostat, Datenbank, *Wirtschaft und Finanzen*, Volkswirtschaftliche Gesamtrechnung (ESVG 2010), *Vierteljährliche* Volkswirtschaftliche Gesamtrechnung, Hauptaggregate des BIP; Hellenic Statistical Authority, *Quarterly National Accounts*, Pressemitteilung, 13. August 2015.

Kapitel 4   In der Wettbewerbsfalle

WARUM SICH DIE LEISTUNGSBILANZEN VERBESSERN

Meist werden als Beweis des vermeintlichen Fortschritts der GIPSIZ-Länder der Abbau von Leistungsbilanzdefiziten, wie er in Abbildung 3.10 erkennbar war, sowie eine wieder erstarkende Exporttätigkeit angeführt. Den Abbau von Leistungsbilanzdefiziten interpretiert man dann als Ausdruck der strukturellen Genesung und einer verbesserten Wettbewerbsfähigkeit. Dies seien die Früchte der gemeinsam von der EU und der EZB forcierten schmerzhaften, aber couragierten Reformen.[2]

Bei einem Blick auf Abbildung 4.2 erweist sich diese Einschätzung jedoch als weit übertrieben. Die Abbildung zeigt für jedes einzelne Krisenland die zugrunde liegenden Importe und Exporte, die im Wesentlichen hinter den jeweiligen Leistungsbilanzsalden stecken. Um den Ursachen des Abbaus der Leistungsbilanzdefizite auf den Grund zu gehen, sind außerdem die Vorkrisen-Trendlinien der Importe und Exporte eingezeichnet.

Die Abbildung zeigt, dass sowohl die Importe als auch die Exporte in der Krise einbrachen und sich danach nur teilweise erholt haben. Indes waren es in allen Fällen die gegenüber dem Trend einbrechenden Importe, die die Verbesserung des Außenhandelssaldos erklärten. In Portugal und Spanien konnten die Exporte zwar wieder zugewinnen, es gelang ihnen jedoch nicht, ihren Vorkrisentrend wieder einzunehmen. Anders war es in Irland, das als einziges Land seinen Vorkrisentrend wieder erreicht hat. Das ist umso bemerkenswerter, als dieser Trend weit über den Importen liegt. Die Prognose, dass Irland aus all seinen Problemen herauswachsen könnte, ist auch noch aus anderen Gründen gerechtfertigt, wie dieses Kapitel zeigen wird.

Aber welch eine Misere in Griechenland, Zypern und Italien! Dort gibt es nicht die geringsten Indizien, dass die Exporte den Vorkrisentrends auf absehbare Zeit auch nur nahe kommen. Immerhin hat Italien aber zuletzt einen Exportüberschuss über die Importe entwickelt, weil die Importe noch viel stärker einbrachen als die Exporte.

Die Abnahme der Importe, die gegenüber dem Trend und – mit Ausnahme von Irland – auch absolut überall zu verzeichnen ist, ist das Resultat der Krise selbst. Der Zusammenbruch der Volkswirtschaften ließ zunächst die Beschäftigung und die Einkommen fallen, und wegen der fallenden Einkommen fielen die Importe. Arbeitslosen fehlt nun einmal das Geld, sich ein neues Auto aus Deutschland oder einen neuen Flachbildfernseher aus Korea zu kaufen. Mit einer Verbesserung der Wettbewerbsfähigkeit hat dieser Effekt wenig bis nichts zu tun.[3]

Abbildung 4.2 Komponenten der Leistungsbilanz, saisonbereinigt und arbeitstäglich bereinigt (2002–2014)

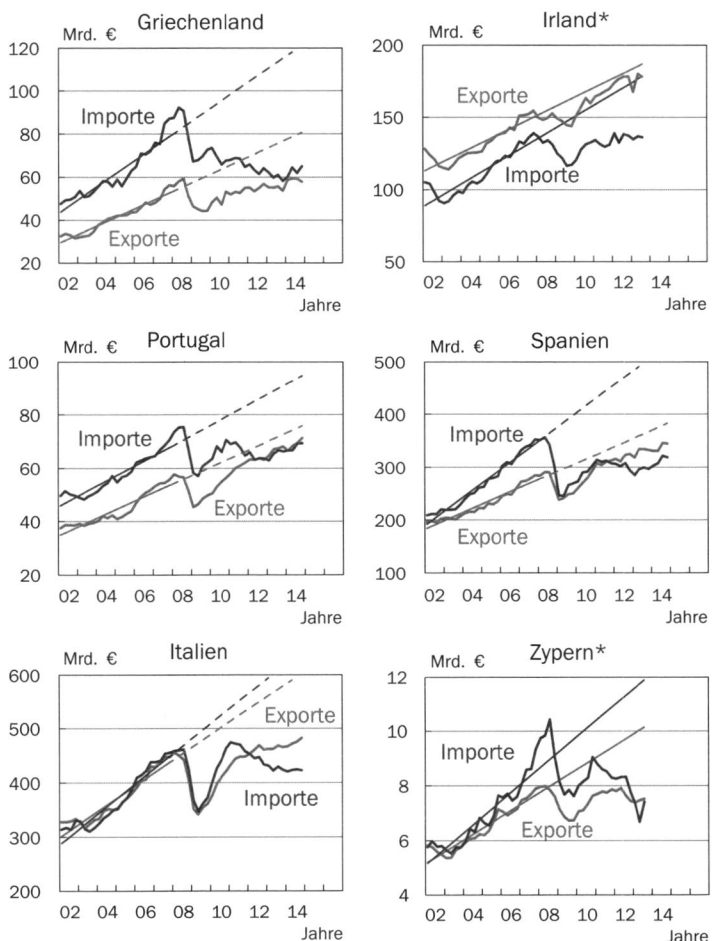

Erstes Vierteljahr 2002 bis drittes Vierteljahr 2013; Daten liegen nur nach alter VGR-Systematik (ESVG 95) vor.

Quelle: Eurostat, Datenbank, *Wirtschaft und Finanzen*, Volkswirtschaftliche Gesamtrechnungen (ESVG 2010), Jährliche Volkswirtschaftliche Gesamtrechnungen, Hauptaggregate des BIP und Hauptkomponenten (Produktionswert, Ausgaben und Einkommen); dasselbe, Datenbank, *Wirtschaft und Finanzen*, Volkswirtschaftliche Gesamtrechnungen (einschließlich BIP) (ESVG 95), Jährliche Volkswirtschaftliche Gesamtrechnungen, BIP und Hauptkomponenten – Jeweilige Preise.

Erläuterung: Exporte und Importe beinhalten Waren und Dienstleistungen (saisonbereinigte und arbeitstäglich bereinigte Daten) gemäß der Statistik von Eurostat. Der Trend ergibt sich als linearer Trend für den Zeitraum erstes Vierteljahr 2002 bis viertes Vierteljahr 2007. Die Abbildung beruht auf annualisierten Quartalsdaten.

Ein beträchtlicher Anteil an der Verbesserung der Leistungsbilanz kann zudem den fallenden Nettozinsverpflichtungen gegenüber ausländischen Kapitalgebern zugeschrieben werden. So profitierte man von den Niedrigzinsen der EZB, von niedrigverzinslichen fiskalischen Rettungskrediten sowie von Schutzversprechen der EZB und der Rettungsschirme, die die Marktzinsen drückten. Die Zinssenkungen wirkten sich auf die Leistungsbilanzen insofern aus, als eine Leistungsbilanz als Überschuss der Summe von Importen und Nettozinsverpflichtungen gegenüber dem Ausland über die Summe der Exporte und möglicherweise vom Ausland erhaltenen Transferleistungen definiert ist.[4]

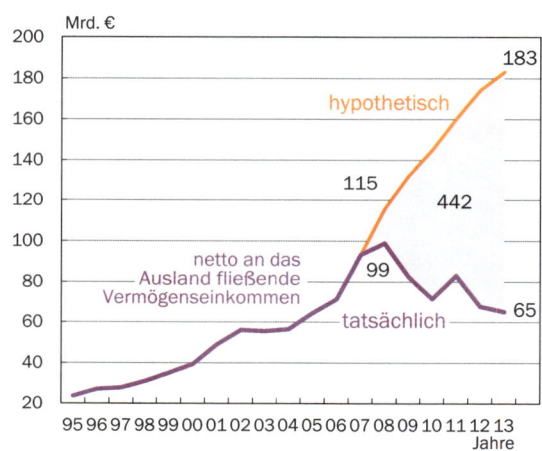

Abbildung 4.3 Die Zinsgewinne der GIPSIZ-Länder

Quelle: Eurostat, Datenbank, *Wirtschaft und Finanzen,* Zahlungsbilanz – Internationale Transaktionen (bop), Zahlungsbilanzstatistiken und Auslandsvermögensstatus.

Erläuterung: In der Abbildung werden hypothetische und tatsächliche Nettozinszahlungen der GIPSIZ-Länder an das Ausland verglichen. Die hypothetischen Nettozinszahlungen werden berechnet, indem der Durchschnittszins des Jahres 2007, den diese Länder wirklich auf die Nettoauslandsschulden zahlten, mit dem laufenden Niveau der Nettoauslandsschulden multipliziert wird, das sich bei einer Akkumulation der zu diesem Zins realisierten Leistungsbilanzdefizite ergeben hätte. Im Jahr 2007 zahlten die GIPSIZ-Länder netto gerechnet Zinsen und Kapitaleinkommen an das Ausland in Höhe von 93,4 Milliarden Euro, und sie hatten am Jahresende 2006 eine Nettoauslandsschuld von 1.307,4 Milliarden Euro. Daraus errechnet sich ein Durchschnittszins von 7,1%, wobei der Begriff »Zins« hier im weitesten Sinne inklusive aller Arten von Kapitaleinkommen definiert ist. Die Fortschreibung der Nettoauslandsschulden erfolgte so, dass zum Endbestand des Vorjahres das Leistungsbilanzdefizit des laufenden Jahres und zusätzlich der Differenzbetrag zwischen den hypothetisch an das Ausland zu leistenden Kapitaleinkommen und den statistisch erfassten Kapitaleinkommen im laufenden Jahr addiert wurden. Die Daten beziehen sich auf das alte Konzept der Zahlungsbilanzstatistik (bop), da Zahlen nach dem neuen Konzept nur für Portugal vorliegen. Wegen fehlender Daten wurde die Nettozinsbelastung Zyperns für die Jahre 1995 bis 1998 mit einem Betrag von null Euro angesetzt und die Nettozinsbelastung Irlands im vierten Vierteljahr 2013 mit dem gleichen Betrag wie im dritten Vierteljahr 2013 (7,1 Milliarden Euro). Beides dürfte für das Ergebnis unerheblich sein.

Wie groß der durch die Zinssenkungen verursachte Effekt war, wird in Abbildung 4.3 verdeutlicht. Die Abbildung vergleicht die tatsächlichen Nettozinszahlungen der GIPSIZ-Länder an den Rest der Welt (violette Linie) mit den hypothetischen Zahlungen, die diese Länder hätten leisten müssen (gelbe Linie), wenn ihr Zinssatz während der Krise durchwegs so hoch wie im Durchschnitt des Jahres 2007 geblieben wäre (7,1%). Die hypothetischen Zahlungen stiegen, wie man sieht, stark an, weil die Länder riesige Importüberhänge hatten, also weiter Schulden gegenüber dem Rest der Welt aufbauten, die zusammen mit den Zinsen auf die Altschulden durch neue Kredite zu finanzieren waren. Demgegenüber fiel die tatsächliche Zinslast fortwährend, weil die Senkung der Zinssätze offenbar schwerer wog als der Anstieg der Auslandsschuld, auf die diese Zinssätze anzuwenden waren. Die Fläche zwischen den Kurven beträgt bis zum Jahr 2013 insgesamt 442 Milliarden Euro, wovon 118 Milliarden Euro allein auf das Jahr 2013 entfallen, das aktuellste Jahr, für das die für die Berechnungen nötigen Daten verfügbar waren. So groß war der Zinsvorteil, den die GIPSIZ-

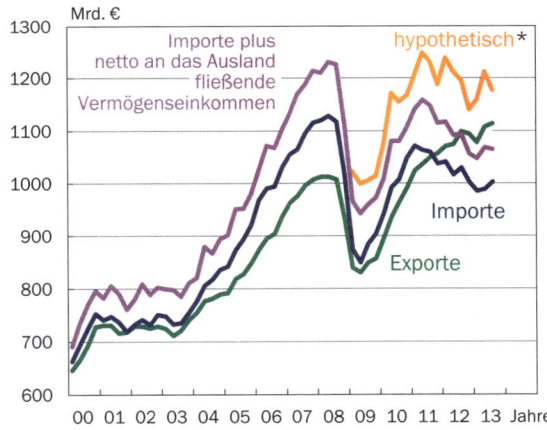

Abbildung 4.4 Exporte, Importe und Nettozinslast der GIPSIZ-Länder

* Berechnet auf Basis der durchschnittlichen Rendite des Jahres 2007. Vgl. Abbildung 4.3.

Quelle: Eurostat, Datenbank, *Wirtschaft und Finanzen*, Volkswirtschaftliche Gesamtrechnungen (ESVG 2010), Jährliche Volkswirtschaftliche Gesamtrechnungen, Hauptaggregate des BIP und Hauptkomponenten (Produktionswert, Ausgaben und Einkommen); dasselbe, Datenbank, *Wirtschaft und Finanzen*, Volkswirtschaftliche Gesamtrechnungen (einschließlich BIP) (ESVG 95), Jährliche Volkswirtschaftliche Gesamtrechnungen, BIP und Hauptkomponenten – Jeweilige Preise; dasselbe, Datenbank, *Wirtschaft und Finanzen,* Zahlungsbilanz – Internationale Transaktionen (bop), Zahlungsbilanzstatistiken und Auslandsvermögensstatus.

Erläuterung: Die Exporte und Importe sind saisonbereinigt und arbeitstäglich bereinigt, die Nettozinseinkommen, die an das Ausland fließen, sind unbereinigte Ursprungsdaten. Die violette Kurve beschreibt die Summe der Importe und des hypothetischen Nettozinseinkommens der ausländischen Investoren gemäß den Berechnungen der Abbildung 4.3.

Länder während der Krisenjahre im Vergleich zu einer Situation hatten, bei der sie dauerhaft die Zinssätze des Jahres 2007 hätten zahlen müssen. Im Vergleich zu einer Verpflichtung, die in dieser Zeit explodierenden Marktzinsen zu zahlen (man vergleiche Abbildung 2.2), hätte sich ein noch viel größerer Zinsvorteil errechnet. Insofern sind die 442 Milliarden Euro Zinsersparnis für die sechs Jahre von 2008 bis 2013 eine sehr konservative Schätzung.

Abbildung 4.4 zeigt die Auswirkung der Zinseinsparung auf die Leistungsbilanz der GIPSIZ-Länder. Es werden die aggregierten Importe und Exporte von Gütern und Dienstleistungen sowie die Nettozinszahlungen (im weiteren Sinne) der GIPSIZ-Länder an das Ausland dargestellt, die wesentliche Komponenten der Leistungsbilanz sind. Die Fläche zwischen der blauen Kurve und der violetten Kurve entspricht der tatsächlichen Zinslast der GIPSIZ-Länder. Wie erläutert, geht sie negativ in die Leistungsbilanz ein, ganz ähnlich einem gewöhnlichen Import von Gütern. Die Fläche zwischen der violetten Linie und der gelben Kurve zeigt die in Abbildung 4.3 dargestellte konservative Schätzung der zusätzlichen Zinsen, die die GIPSIZ-Länder ohne die seit 2007 realisierte Senkung der Zinssätze hätten zahlen müssen.

Am aktuellen, rechten Rand der Abbildung sieht man, dass die Summe aus Importen und tatsächlichen Nettozinsen an Ausländer zuletzt unter die Exporte gefallen ist, dass die Leistungsbilanz also insofern (abgesehen von den hier nicht gezeigten internationalen Transfers wie EU-Mittel und Gastarbeiterüberweisungen) in den positiven Bereich gedrückt wurde, wie es ja schon in Abbildung 3.10 gezeigt wurde. Doch offensichtlich wäre dies nicht geschehen, wenn die Außenwelt sich nicht mit einer geringeren Rendite zufriedengegeben hätte.

Ohne die Senkung der Zinssätze hätten die GIPSIZ-Länder im Jahr 2013 ein Leistungsbilanzdefizit von 80 Milliarden Euro gehabt, statt des Überschusses von 39 Milliarden Euro, wie er in Abbildung 3.10 ausgewiesen wurde. Auch diese Aussage zeigt, wie falsch es wäre, aus der Verbesserung der Leistungsbilanzsalden der GIPSIZ-Länder auf eine Verbesserung der Wettbewerbsfähigkeit zu schließen. Großenteils wird diese Verbesserung bereits durch die Rettungsmaßnahmen der Staatengemeinschaft erklärt.

STERBENDE INDUSTRIEN

Das enttäuschende Ergebnis der Analyse der Verbesserung der südeuropäischen Leistungsbilanzsalden findet seine Bestätigung, wenn man sich der Produktionsdynamik im Verarbeitenden Gewerbe zuwendet, wie sie in Abbildung 4.5 dargestellt wird. Da die Industrieproduktion (Verarbeitendes Gewerbe) in enger Beziehung zu den Exporten eines Landes steht und oft eine Schlüsselrolle bei der Wirtschaftsentwicklung einnimmt, ist sie für eine nachhaltige Genesung der Wirtschaft von großer Bedeutung.

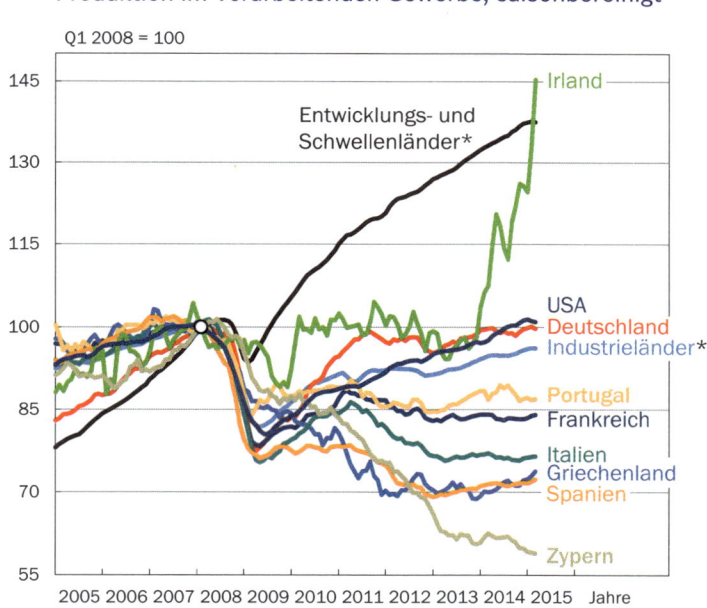

Abbildung 4.5 Der Krise entkommen?
Produktion im Verarbeitenden Gewerbe, saisonbereinigt

* Produktion in der Industrie (Bergbau, Verarbeitendes Gewerbe und Energiegewinnung).

Quelle: Eurostat, Datenbank, *Industrie, Handel und Dienstleistungen*, Konjunkturstatistik, Industrie, Produktion in der Industrie; CPB Netherlands Bureau for Economic Policy Analysis, *World Trade Monitor*, Database; OECD, *OECD.Stat Extracts*, Industry and Services, Production and Sale (MEI).

Erläuterung: Die monatlichen Daten sind saisonbereinigt und mit Dreimonatsdurchschnitten geglättet (Durchschnitt aus den Werten für den dargestellten und die beiden vorhergehenden Monate). Es handelt sich um Indexwerte, die für das erste Vierteljahr 2008 auf 100 gesetzt wurden.

Abbildung 4.5 zeigt, dass es den entwickelten Ländern der Welt am Ende des Jahres 2013 noch nicht gelang, das Produktionsniveau des Verarbeitenden Gewerbes auf das Vorkrisenniveau (erstes Vierteljahr 2008) zu heben. Die Schwellen- und Entwicklungsländer wuchsen hingegen rasant. Während die USA und Deutschland, die als Referenzmaßstäbe eingezeichnet sind, bereits ihr Vorkrisenniveau erreicht haben, blieben die GIPSIZ-Länder sowie Frankreich klar zurück. Es gibt allerdings eine Ausnahme: Irland. Dieses Land hat geradezu einen kometenhaften Wiederaufstieg aus der Krise geschafft. Seine Industrieproduktion lag im ersten Quartal 2015 um 45% über dem Vorkrisenniveau. Damit hat es sogar die Entwicklungs- und Schwellenländer überholt.

Die Entwicklung in Italien, dem größten Krisenland, ist insofern besonders beunruhigend, als die hochproduktiven, verarbeitenden Industrien Norditaliens, die sich im Familienbesitz befinden, seit jeher Italiens Stolz und der Anker für die Stabilität der ganzen Volkswirtschaft waren. Werkzeugbau, Metallverarbeitung, Leder- und Modeindustrien und viele andere Sektoren bildeten einst die Hauptstützen der Region, doch in der Krise starben die Unternehmen in diesen Sektoren wie die Fliegen. Das war womöglich auch der Grund dafür, dass die italienischen Statistikämter die Herausgabe von Daten über Insolvenzen mittlerweile eingestellt haben.

Sogar Fiat, eines der größten europäischen Automobilunternehmen, leidet bei seinen italienischen Betrieben unter einer existenzbedrohenden Krise. Im Jahr 2009 unternahm die Eigentümerfamilie Agnelli einen Ausbruchsversuch, indem sie den zuvor von einem Teil seiner Pensionslasten befreiten US-Autohersteller Chrysler erwarb, an dem sich die Daimler AG zuvor die Zähne ausgebissen hatte. 2014 verlegte Fiat Chrysler seine Firmenzentrale von Turin nach Amsterdam.

Wie die italienische Kurve in Abbildung 4.5 verrät, gab es im Jahr 2010 für kurze Zeit begründete Hoffnung für eine Erholung. Doch von April 2011 bis April 2013 befand sich das Verarbeitende Gewerbe wieder im Sturzflug. Kein Wunder, dass Silvio Berlusconi, der damalige italienische Ministerpräsident und ehemals erfolgreiche Unternehmer, im Herbst 2011 mit heimlichen Verhandlungen über einen Austritt Italiens aus der Eurozone begann, was in der Einführung zu diesem Buch schon erwähnt wurde. Dann kam über den Sommer 2013 bis in den Winter hinein ein kleiner Aufschwung zustande, der aber schon 2014 wieder in sich zusammenbrach und einen erneuten Rückgang der Produktion im Verarbeitenden Gewerbe mit sich brachte. Anfang 2015 lag die italienische Industrieproduktion immer noch auf dem Niveau, das sie unmittelbar nach der Weltwirtschaftskrise von 2009 hatte und damit 24% unter dem Vorkrisenniveau. Italien hatte während der Eurokrise offenkundig eine sogenannte »Double-Dip-Rezession«, ja wenn man genau schaut, sogar eine »Triple-Dip-Rezession«, wenn auch der dritte Hopser ganz klein ausfiel. Der Ball hopste dreimal hintereinander herunter und kam dann wieder ein bisschen hoch, ohne dass man aus der Statistik inzwischen eine grundlegende Belebung der Wirtschaftstätigkeit ablesen könnte.

Noch enttäuschender war die Entwicklung in Spanien. Hier gab es eine Double-Dip-Rezession, die so heftig und rasch nach unten führte, dass man eigentlich schon eher von einer Depression sprechen sollte. Auf dem Tiefpunkt der Entwicklung, Anfang 2013, hatte sich die spanische Wirtschaftsleistung im Verarbeitenden Gewerbe um 30% gegenüber dem Vorkrisenniveau verringert. Seitdem geht die Reise sehr moderat wieder ein wenig bergauf. Dennoch ist im Ganzen eine katastrophale Entwicklung zu verzeichnen, die an die Weltwirtschaftskrise zwischen 1929 und 1933 erinnert. Im März 2015 lag die spanische Produktion im Verarbeitenden Gewerbe immer noch um 28% unter dem Vorkrisenniveau!

Griechenland entwickelte sich ähnlich wie Spanien, obwohl es kein ausgeprägtes »Double-Dip« gab. Die Produktionstätigkeit schrumpfte bis Ende 2013 um 31%, expandierte danach aber ein Jahr lang recht zügig. Im März 2015 lag das Produktionsniveau des Verarbeitenden Gewerbes in Griechenland noch um 26% niedriger als im ersten Vierteljahr 2008. Aller Voraussicht nach geht die Reise jetzt wieder nach unten, denn die Staatspleite und die Bankenschließungen im Juli 2015 werden ihre Spuren hinterlassen. Am stärksten schrumpfte die Produktion in Zypern (41% bis Februar 2015); hier ist auch noch keine Erholung erkennbar.

Portugal und Frankreich haben sich ein wenig besser entwickelt. Aber mit Produktionsrückgängen von 13 bzw. 16% bis März 2015 sind beide Länder noch weit unterhalb des Durchschnitts aller Industrienationen der Welt (minus 4% bis Januar 2015) und produzieren kaum mehr als am letzten Tiefpunkt Ende 2012/Anfang 2013. Die französische Wirtschaft, in der Nachrichten über geschlossene Automobilfabriken das Bild bestimmen, erscheint geradezu abgewürgt. Nach der Entlassung von 6.120 Beschäftigten bei PSA Peugeot Citroën hat Frankreich im Jahr 2014 sogar einen Antrag auf Unterstützung aus dem Europäischen Fonds für die Anpassung an die Globalisierung (EGF) gestellt.[5]

Es bleibt festzuhalten, dass sich unter all den Krisenländern nur Irland gut entwickeln konnte. Dies bestätigt den positiven Eindruck, der sich bereits aus der Exportstatistik ergab, die in Abbildung 4.2 dargestellt war. Alle anderen Krisenländer, auch das mit ihnen eng verwobene Frankreich, liegen sieben Jahre nach dem Beginn der Krise noch immer am Boden.

ZU TEUER

Eine Verbesserung der Wettbewerbsfähigkeit im Sinne einer strukturellen Verbesserung der Leistungsbilanz und einer Erholung der Industrieproduktion kann grundsätzlich nur durch einen Substitutionseffekt infolge relativer Preisänderungen erfolgen, nicht aber durch Einkommenseffekte oder künstliche Maßnahmen, die die Kosten der Kredite drücken. Ein Land ist immer dann nicht mehr wettbewerbsfähig, wenn die Preise der Güter und Dienste, die es anbietet, zu hoch sind, und wenn es mangels Exporterlösen ausländischen Kredit zur Finanzierung der Importe und des Lebensstandards benötigt. Umgekehrt gilt, dass selbst die weltweit unproduktivste Ökonomie wettbewerbsfähig in dem Sinne sein kann, dass sie ohne ausländischen Kredit auskommt, wenn ihre Waren und Dienste billig genug sind und sie sich mit einem hinreichend niedrigen Lebensstandard zufriedengibt. Es gibt keinen technologisch bedingten Mangel an Wettbewerbsfähigkeit, denn es kommt immer nur auf die Frage an, wie hoch die Ansprüche in Relation zur Produktivität des Landes sind, denn von dieser Relation hängen die Preise ab.

Politiker und die Öffentlichkeit sprechen oft über mangelnde Wettbewerbsfähigkeit im Sinne einer zu niedrigen Produktivität der jeweiligen Volkswirtschaften, sei sie in Form einer schlechten Infrastruktur, eines ineffizienten Rechtssystems, niedriger Innovationsraten, fehlender Strafverfolgung, Korruption oder ähnlicher Fehlentwicklungen. Natürlich können all diese Faktoren die Wettbewerbsfähigkeit eines Landes untergraben, weil sie die Produktivität vermindern. Wenn sich diese Defekte freilich in entsprechend niedrigeren Löhnen niederschlagen und die Preise deshalb niedrig sind, bleibt die Wettbewerbsfähigkeit gesichert. Ein Mangel an Wettbewerbsfähigkeit im Sinne von langfristigen Handelsbilanzdefiziten meint eben einfach nur überzogene Ansprüche relativ zur Produktivität, und daher überteuerte Preise.

Dieser Zusammenhang soll der Gegenstand des restlichen Kapitels sein. Der folgende Abschnitt wird zeigen, dass die GIPSIZ-Länder ihre Wettbewerbsfähigkeit verloren, indem sich ihre Preise während der Kreditblase, die der Euro brachte, inflationär überhitzten. Die sich anschließenden Abschnitte werden die Möglichkeiten untersuchen, die Wettbewerbsfähigkeit durch eine Deflation zurückzuerlangen. Doch letztlich wird die Analyse zu einem negativen Urteil gelangen, weil das einfacher klingt, als es ist.

Wie stark die inflationäre Überhitzung letztendlich war, die mit dem Wirtschaftsboom in den frühen Eurojahren in Südeuropa und Irland einherging, verdeutlicht Abbildung 4.6. Die Balken verkörpern die Preisstei-

Zu teuer

gerung vom Gipfel in Madrid im Jahr 1995 bis zum Jahr 2007, dem Jahr also, in dem die amerikanische Finanzkrise nach Europa herüberschwappte. Die dargestellten Preisänderungen beziehen sich nicht auf die Konsumgüterpreise, die auch Importgüter umfassen, sondern auf den sogenannten BIP-Deflator, also auf den Preisindex der in einem Land selbst hergestellten Güter.

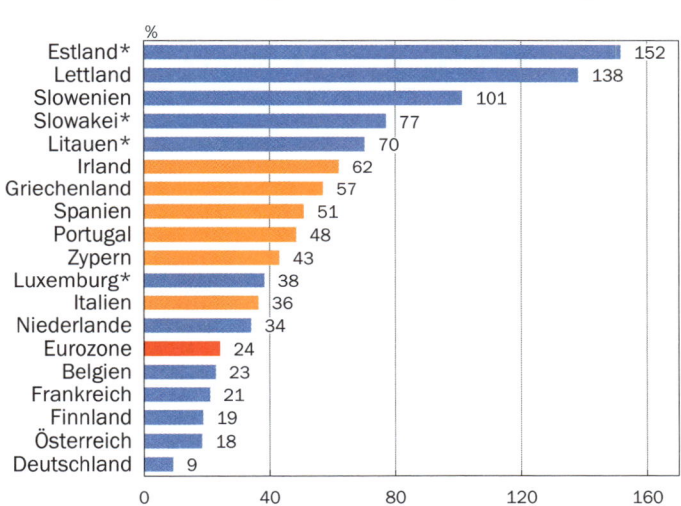

Abbildung 4.6 Preisänderungen zwischen 1995 und 2007 der in den Euroländern hergestellten Güter (BIP-Deflator)

* Nach alter VGR-Systematik (ESVG 95).

Quelle: Eurostat, Datenbank, *Wirtschaft und Finanzen*, Volkswirtschaftliche Gesamtrechnungen (ESVG 2010), Jährliche Volkswirtschaftliche Gesamtrechnungen, Hauptaggregate des BIP und Hauptkomponenten (Produktionswert, Ausgaben und Einkommen); dasselbe, Datenbank, *Wirtschaft und Finanzen*, Volkswirtschaftliche Gesamtrechnungen (einschließlich BIP) (ESVG 95), Jährliche Volkswirtschaftliche Gesamtrechnungen, BIP und Hauptkomponenten – Preisindizes.

Der BIP-Deflator ist ein guter Gradmesser für die Wettbewerbsfähigkeit einer Volkswirtschaft, da seine Änderung in etwa auf dasselbe hinausläuft wie die Änderung eines Wechselkurses bei einer selbständigen Währung. Es macht keinen Unterschied, ob die inländische Währung aufwertet oder die inländischen Preise und Nominaleinkommen steigen: Beides macht inländische Produkte relativ teurer für Ausländer und ausländische Produkte relativ billiger für Inländer. In beiden Fällen haben Ausländer und Inländer den Anreiz, ausländische gegen inländische Güter zu vertauschen, sodass automatisch ein Handelsbilanzdefizit in dem »aufwertenden« Land entsteht.

Die sechs Krisenländer sind durch die gelben Balken hervorgehoben, der rote Balken zeigt dagegen den Durchschnitt der Eurozone. Man erkennt, dass die Krisenländer allesamt eine Inflation hatten, die weit über dem Durchschnitt der Eurozone lag. Während die Preise im Durchschnitt der Eurozone um 24% stiegen, legten die italienischen Preise um 36%, die zypriotischen um 43%, die portugiesischen um 48%, die spanischen um 51%, die griechischen um 57% und die irischen um 62% zu. Deutschland hatte in dem betrachteten Zwölf-Jahres-Zeitraum demgegenüber nur einen Preiszuwachs um 9%.[6] Deutschland durchlief wegen seiner Eurokrise, die in den Jahren von 2001 bis 2005 an Schärfe gewann und dann erst sehr langsam abklang, eine sogenannte reale oder interne Abwertung relativ zu den anderen Ländern, und die anderen Länder hatten eine reale Aufwertung.

Ein Preisanstieg muss nicht notwendigerweise einen Verlust der Wettbewerbsfähigkeit bedeuten. Es kann sich unter bestimmten Bedingungen dabei auch um ein wettbewerbskonformes Gleichgewichtsphänomen handeln, wie es durch den sogenannten Balassa-Samuelson-Effekt beschrieben wird.[7] Dieser Effekt basiert auf der Annahme, dass es im Exportsektor zu einem Produktivitätsanstieg kommt, der Lohnerhöhungen ermöglicht. Wegen der Konkurrenz auf dem Arbeitsmarkt übertragen sich diese Lohnerhöhungen auf die Binnensektoren der Wirtschaft wie das Baugewerbe und den lokalen Dienstleistungssektor, deren Leistungen meistens nur in geringem Umfang international gehandelt werden. Da es in diesen Sektoren keine vergleichbaren Produktivitätszuwächse gibt, müssen sie ihre Preise erhöhen. Ein solcher Preisanstieg taucht dann auch im BIP-Deflator auf. Er ist aber nicht schädlich für die Wettbewerbsfähigkeit des Landes, eben weil die Güter nicht oder nur zu einem geringen Teil exportiert werden. So weit die theoretische Möglichkeit.

In Wahrheit resultierte der inflationäre Prozess in den GIPSIZ-Ländern aber nicht aus derartigen Produktivitätszuwächsen, sondern, wie in Kapitel 2 bereits erklärt, überwiegend aus den spekulationsgetriebenen Kreditblasen im Bau- und Staatssektor. Direkt oder indirekt finanziert durch Auslandskredite konnten Löhne in den Binnensektoren steigen, und wegen der Konkurrenz am Arbeitsmarkt mussten dann auch die Exportsektoren folgen. Dadurch wurde die Wettbewerbsfähigkeit unterminiert. Es war also genau andersherum als beim Balassa-Samuelson-Effekt.

Abbildung 4.7 zeigt, dass es im Fall von Spanien in der Tat keine Evidenz für den Balassa-Samuelson-Effekt gibt. Als es nach 1998 zur Zinskonvergenz im Euroraum kam (vgl. Abbildung 2.2) und sich die Immobilienblase sukzessiv aufblähte, stiegen die Löhne im Bausektor, wie man sieht, relativ zu den Löhnen im Verarbeitenden Gewerbe an. Die Löhne im Bausektor haben also die Löhne in der Industrie erhöht, und nicht umgekehrt. Auch das zeigt, dass der Preisanstieg durch die Kreditblase und nicht durch den Balassa-Samuelson-Effekt zustande kam.

Der Preisanstieg, der vom BIP-Deflator gemessen wird, war nicht für alle Güter identisch. Handelbare Güter wie exportierte oder importierte Industrieprodukte können nicht einfach teurer werden, denn ihre Preise sind größtenteils durch direkten internationalen Wettbewerb vorgegeben. Ein kleiner Preisanstieg reicht bereits aus, um viel Nachfrage zu zerstören. Daher entlädt sich der Inflationsdruck primär bei den nicht gehandelten Gütern der Binnensektoren, wie beispielsweise am Bau, bei haushaltsnahen Dienstleistungen oder im Friseur- und Gaststättengewerbe. Trotzdem ist der BIP-Deflator ein exzellentes Maß für die Wettbewerbsfähigkeit eines Landes, da ein Preisanstieg von nicht gehandelten Gütern oft in Lohnerhöhungen und gestiegenen Produktionskosten mündet, die geringere Gewinnmargen für handelbare Güter und somit einen Verlust der Wettbewerbsfähigkeit implizieren.[8] Im Übrigen sind die meisten Güter der Welt mindestens indirekt handelbare Güter, die letztlich durch Tourismus und Migration der internationalen Konkurrenz ausgesetzt sind.

Abbildung 4.7 Spanische Arbeitslöhne im Bausektor relativ zum Verarbeitenden Gewerbe (1990 bis zweites Vierteljahr 2014)

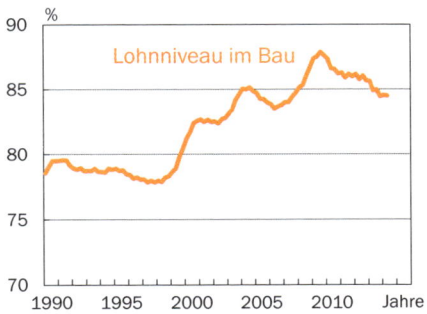

Quelle: Instituto Nacional de Estadística, *INEbase*, Labour Market, Wages and labour costs, Wage Survey for Industry and Services, Main annual series 1981–2000, Ganancia media por trabajador y mes. Pagos totales por sectores de actividad, periodo, categorías profesionales y unidad, empleados y obreros; dasselbe, *Quarterly Labour Cost Survey* (QLCS, since 2000), Main Series of the QLCS by Activity Sectors, Period, Cost Components and Measurement Unit, Total Wage Cost per Worker.

Erläuterung: Die Daten sind als gleitende Durchschnitte gezeigt.

Abbildung 4.6 bezog sich nur auf Preisänderungen in jeweils heimischer Währung gerechnet. Um den vollen Effekt auf die Wettbewerbsfähigkeit zu erfassen, muss man jedoch noch berücksichtigen, dass einige Wechselkursanpassungen noch in der Zeit zwischen dem Gipfel von Madrid im De-

Kapitel 4 In der Wettbewerbsfalle

zember 1995 und der unveränderlichen Festlegung der Umtauschverhältnisse im Mai 1998 stattfanden. So wertete Italiens Lira am 25. November 1996 um gut 11% gegenüber der D-Mark auf.[9] Rechnet man diesen Effekt mit ein, um eine reale Aufwertung durch Preis- und Wechselkurseffekte zu ermitteln, so ergibt sich, dass Italien von 1995 bis 2007 relativ zu Deutschland um 44% teurer wurde. Die Zeit, zu der die Adria ein Teutonengrill war, weil alles so billig war, ist lange vorbei. Wer im Urlaub billig essen möchte, bleibt lieber zu Hause. Sogar die Pizza ist in Deutschland bisweilen billiger als in Italien.

Abbildung 4.8 gibt an, um wie viel Prozent die einzelnen Euroländer in der betrachteten Zeitspanne relativ zu ihren jeweiligen Handelspartnern im Euroraum teurer oder billiger wurden, wenn man die anfänglichen Wechselkursanpassungen, so es sie gab, mit berücksichtigt. Man erkennt, dass alle Krisenländer erheblich aufgewertet haben. Spitzenreiter sind Italien mit 26% und Irland mit 39%. Für Italien ist der Prozentsatz der Aufwertung kleiner als die erwähnten 44% gegenüber Deutschland, weil manche der anderen Handelspartner Italiens auch aufwerteten.

Wie man sieht, haben auch die osteuropäischen Länder sehr stark aufgewertet. Dass sie trotzdem heute nicht als Krisenländer gelten, liegt zum einen daran, dass die Preise, mit denen sie das kommunistische System ver-

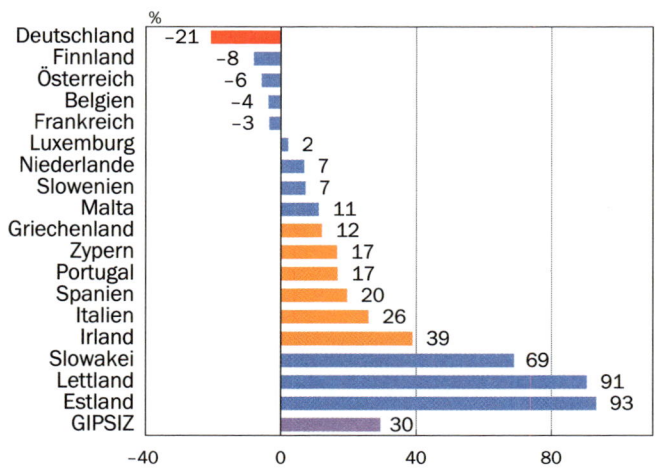

Abbildung 4.8 Reale Auf- und Abwertungen relativ zum Rest der Eurozone (1995–2007)

Quelle: Europäische Kommission, Economic and Financial Affairs, *Economic Databases and Indicators*, Price and Cost Competitiveness, Annual Real Effective Exchange Rates vs. (rest of) EA18, Price Deflator GDP, Market Prices.

Erläuterung: Die Zahlen beziehen sich auf Veränderungen des fiktiven BIP-Deflators relativ zum durchschnittlichen BIP-Deflator der übrigen Eurozone, mit den Handelsanteilen als Gewichtungsfaktoren.

ließen, vermutlich keine Markpreise waren und korrigiert werden mussten; zum anderen lag es wohl an dem Umstand, dass einige von ihnen gleich mit dem Ausbruch der Krise sehr stark abwerteten und insofern die möglichen Fehlbewertungen schnell wieder rückgängig machten. Dazu wird in einem gesonderten Abschnitt später mehr gesagt.

Der letzte Balken in der Abbildung zeigt die gemeinsame Aufwertung der Krisenländer im Euroraum, wenn man sie rechnerisch wie ein großes Land behandelt. Für die Rechnung wurde die Zunahme des durchschnittlichen Preisindex dieser Länder[10] gegenüber dem handelsgewichteten Rest des Euroraums bestimmt. Es ergibt sich eine Aufwertung um immerhin 30%.

Deutschland hat gegenüber dem Rest des Euroraums in der betrachteten Zeitspanne handelsgewichtet um 21% abgewertet. Die reale Abwertung im Euroraum ist der Hauptgrund dafür, dass Deutschland seine eigene Eurokrise überwinden konnte und wieder wettbewerbsfähig wurde. Ob sich in dieser Zeitspanne die Produktivität der deutschen Industrie stärker verbessert hat als jene anderer Industrien, sei dahingestellt. Es steht aber außer Frage, dass relativ gesehen die produzierten Güter billiger geworden sind. Das kann an der Lohnzurückhaltung nach der Agenda 2010, an überdurchschnittlichen Produktivitätszuwächsen oder an beidem gelegen haben. Wie in Kapitel 3 beschrieben wurde, waren die Anpassungen bei den Arbeitnehmern und der Industrie wahrlich kein Spaziergang; sie zahlten sich aber letztlich aus.

DIE NOTWENDIGEN REALEN ABWERTUNGEN

Die reale Aufwertung hat die Krisenländer nachweislich ihrer Wettbewerbsfähigkeit beraubt.[11] Die Preise und nominalen Einkommen schossen während der Phase der Wirtschaftsblase über das Niveau hinaus, das eine nachhaltige Wirtschaftsentwicklung ermöglicht hätte. Die in Abbildung 3.10 schon aufgezeigten Leistungsbilanzdefizite der GIPSIZ-Länder schwollen immer weiter an und mit ihnen der Bedarf an ausländischen Krediten zur Finanzierung eben dieser Defizite. Solange die Kapitalmärkte bereit waren, die Defizite zu bezahlen, schien noch alles gut zu gehen. Doch als sich die Kapitalmärkte ab dem Sommer 2007 zunehmend verweigerten, begann die Krise.

Wenn aber billige Kredite nicht mehr zur Verfügung stehen, ist eine reale Abwertung der GIPSIZ-Länder unvermeidbar. Sie kann erreicht werden, indem die Uhr der relativen Preise durch eine Deflation wieder ein gutes Stück zurückgestellt wird, oder indem der Kern der Eurozone, also allen voran Deutschland, stärker inflationiert, während die GIPSIZ-Länder bei den Preisen auf der Stelle treten. Eine Deflation ist schwierig, weil die Uhr der relativen Preise fast nur den Vorwärtsgang kennt. Löhne und Preise zu erhöhen, ist ein Kinderspiel, sie zu senken, stößt auf prohibitive Widerstände. Eine Inflation in Deutschland würde jedoch auch auf beträchtlichen Gegenwind stoßen, wie später in diesem Kapitel noch diskutiert wird. Es gibt keine Alternative zur notwendigen Änderung der relativen Preise in der Eurozone, wenn man die Wettbewerbsfähigkeit der Krisenländer im Eurosystem wiederherstellen möchte. Wenn dies ohne Inflation im Aggregat stattfinden soll, kann eine Deflation in einigen Ländern nicht vermieden werden.

Es ist allerdings schon sehr überraschend, dass der Präsident der EZB, Mario Draghi, eine solche Lösung ablehnt. So argumentierte er bei der Verteidigung des OMT-Programms der EZB, das in Kapitel 8 näher beschrieben wird, im Deutschen Bundestag:[12]

»In unseren Augen sind fallende Preise das größere Risiko für die Preisstabilität in einigen Ländern der Eurozone. In diesem Sinn steht das OMT-Programm nicht im Gegensatz zu unserem Mandat: Tatsächlich sind die ergriffenen Maßnahmen essenziell, um sicherzustellen, dass wir so weitermachen können wie bislang.«

Mit diesen Worten betont der EZB-Präsident nicht nur die Bedeutung der Preisstabilität im Durchschnitt der Eurozone, sondern lehnt eine Deflation selbst dann ab, wenn sie nur in einigen Ländern vorkommt. Diese Aussage ist höchst problematisch, da eine Deflation in bestimmten Ländern durchaus nützlich, ja sogar unvermeidlich für die Rückgewinnung der Wettbewerbsfähigkeit ist, wenn man keine Inflation im Durchschnitt haben will.

Die von Präsident Draghi vorgenommene Positionsbestimmung ist neu, denn bislang hat die EZB Preisstabilität immer nur im Sinne der durchschnittlichen Preise der Eurozone definiert und niemals auf landesspezifische Preisniveaus geachtet. Als die südeuropäischen Länder ihre Preise wesentlich schneller erhöhten als der Rest der Eurozone, hat das EZB-Direktorium es explizit abgelehnt, hierin ein Problem zu sehen, solange die durchschnittliche Inflation im Euroraum nicht aus dem Ruder geriet.[13] Es ist schwer verständlich, dass der Präsident der EZB es nun aber als Problem empfindet, wenn die Preise in eben diesen Ländern fallen, um die durch Inflation verloren gegangene Wettbewerbsfähigkeit wiederherzustellen. Wenn Länderpreise hätten stabilisiert werden sollen, hätte die EZB restriktive geldpolitische Maßnahmen in den Jahren des Aufbaus der inflationären Kreditblase ergreifen müssen. Es ist nicht Aufgabe der EZB, jetzt zu intervenieren, wo die Fehler von einst durch eine Deflation korrigiert werden müssten.

Sicher, es gibt gute Gründe für den Schutz einer Volkswirtschaft gegen die Massenarbeitslosigkeit und die Destabilisierung, die einer Deflation vorangehen. Aus ökonomischer Sicht kann man schon expansive geld- oder fiskalpolitische Maßnahmen rechtfertigen. Es liegt aber nicht im Mandat der EZB, darüber zu entscheiden. Wenn die Politik es vorziehen sollte, angebotsseitige Strukturreformen durchzuführen, die die Flexibilität der Löhne nach unten verbessern, um die Wettbewerbsfähigkeit durch eine Deflation wiederherzustellen, so hätte die EZB das zu tolerieren. Ihr Mandat erlaubt es ihr nicht, der Politik Vorschriften zu machen oder Marktprozesse abzublocken, sofern davon das durchschnittliche Preisniveau in der Eurozone nicht berührt wird.

Um wie viel müsste die Preis-Uhr zurückgestellt werden, um die Wettbewerbsfähigkeit wiederherzustellen? Die Antwort auf diese Frage ist schwierig, weil ein Teil der Preiserhöhungen der GIPSIZ-Länder vielleicht wegen des Balassa-Samuelson-Effekts vertretbar und effizient gewesen sein könnte, quasi eine natürliche Anpassung an ein durchschnittliches Preisniveau im Zuge der europäischen Konvergenz. Insofern müsste man die Uhr nicht ganz zurückstellen. Doch wurde oben schon gezeigt, dass dies kein dominanter Effekt war.

Wichtiger ist der Aspekt, dass eine Rückkehr zu den alten Preisen nicht ausreichen könnte, um eine ausgeglichene Leistungsbilanz zu erzielen, da die GIPSIZ-Länder enorme zusätzliche Schulden aufgebaut haben. Diese Schulden werden zu höheren Zinslasten führen, sobald sich die Finanzmärkte normalisieren und die Rettungskredite wieder durch Kredite zu normalen Marktzinsen ersetzt werden, und sie verschlechtern insofern, wie oben erläutert, die Leistungsbilanz. Die Preis-Uhr müsste demnach weiter zurückgedreht werden als nur in die Ausgangslage, um so zusätzliche Überschüsse in der Handelsbilanz zu erzeugen, damit eine künftig erhöhte Zinsbelastung in der Leistungsbilanz abgefangen werden kann.

Forscher der volkswirtschaftlichen Abteilung von Goldman Sachs haben eine nützliche Modellsimulation für die erforderlichen Abwertungen vorgenommen, um diese Fragen zu beantworten.[14] Die Autoren untersuchten die Frage, um wie viel die Schuldnerländer gegenüber ihren Wettbewerbern im Euroraum in der langen Frist (20 Jahre) abwerten müssen, um alle Nettoauslandsschulden auf einen Schwellenwert von unter 25% des BIP (in absoluten Zahlen) zu beschränken und dann dauerhaft die Zinslasten tragen zu können, während die Überschussländer aufwerten, bis ihr Nettoauslandsvermögen auf die lange Sicht unter 25% des BIP fällt. Sie fanden heraus, dass die Krisenländer ihre Preise in unterschiedlichem Maße relativ zum Durchschnitt der Eurozone absenken müssten, während Deutschland seine Preise relativ zum europäischen Durchschnitt erhöhen müsste. Man erinnere sich,

Kapitel 4   In der Wettbewerbsfalle

dass Nettoauslandsvermögen und -schulden primär aus der Akkumulation von Leistungsbilanzungleichgewichten entstehen. Wie in Abbildung 2.9 dargestellt, hatten Griechenland, Irland, Portugal, Spanien und Zypern im Jahr 2012 Nettoauslandsschulden zwischen 82 und 115% des BIP, während Deutschland ein Nettoauslandsvermögen von 42% des BIP hatte. Die Wissenschaftler gehen in ihrer Modellsimulation von einer durchschnittlichen Inflationsrate in der Eurozone von 2% aus. Ferner unterstellen sie, dass sich der externe Wert des Euro so anpasst, dass die durchschnittlichen Preise der Euroländer ausgedrückt in ausländischer Währung konstant bleiben. Da der Euro einen flexiblen Wechselkurs hat und die EZB keine Wechselkurspolitik machen darf, gingen die Forscher davon aus, dass die Eurozone im Ganzen eine ausgeglichene Leistungsbilanz mit dem Rest der Welt behält. Tabelle 4.1 zeigt die Ergebnisse der Modellrechnungen.

Die zweite Spalte zeigt die länderspezifischen Bandbreiten notwendiger Abwertungen bzw. Aufwertungen, die aus verschiedenen Modellspezifikationen auf der Basis der im dritten Vierteljahr 2010 erreichten Preisniveaus resultieren. Die dritte Spalte zeigt den Durchschnitt dieser Bandbreiten. Man beachte, dass die Notwendigkeit einer Anpassung aus den genannten Gründen nicht allein von den Annahmen über die reale Ökonomie abhängt, sondern eben auch vom Schuldenniveau des jeweiligen Landes und den Zinssätzen auf dem Kapitalmarkt. Für das Basisszenario wurden hierbei durchaus moderate Zinslasten für ausländische Schuldtitel angenommen (man vergleiche Abbildung 4.3), die tendenziell eine Unterschätzung der langfristig nötigen Änderungen der relativen Preise implizieren.

Nach der ursprünglichen Veröffentlichung gab es aktualisierte Schätzungen von Goldman Sachs, die der veränderten Situation vom dritten Vierteljahr 2012 Rechnung trugen. Die Revision ist in der dritten Spalte in Klammern abzulesen und beinhaltet unter anderem die bilateralen Kredite der Euroländer und die Unterstützung der EZB sowie den griechischen Schuldenschnitt von 105 Milliarden Euro (was 54% des griechischen BIP entsprach), der die Nettoauslandsschulden und die Zinslast Griechenlands erheblich senkte und deswegen auch den Prozentsatz der nötigen Abwertung verringerte.

Die Tabelle zeigt im Basisszenario erschreckend hohe Zahlen für die notwendigen Abwertungen in Griechenland und Portugal (30%). In dem revidierten Szenario von 2012 sind die notwendigen Anpassungen immer noch substanziell und liegen jeweils bei 20%. Die beiden Schätzungen zum erforderlichen Anpassungsprozess in Griechenland liegen im Übrigen in derselben Größenordnung wie jene, die von der European Economic Advisory Group (EEAG) at CESifo unter anderen Annahmen über die Einkommenselastizität der griechischen Importe berechnet wurde.[15]

160

Tabelle 4.1 Die notwendigen Ab- und Aufwertungen im Euroraum
(ab dem dritten Vierteljahr 2010, relativ zum Durchschnitt der Eurozone)

	Abwertung	Mittel	Nötige Abwertung, um Niveau der Türkei zu erreichen 2011–2014
Portugal	25–35%	30% (20%*)	28%
Griechenland	25–35%	30% (20%*)	35%
Spanien	25–35%	30% (27,5%*)	
Frankreich	15–25%	20%	
Italien	5–15%	10% (0%*)	
	Aufwertung	Mittel	
Irland	0–5%	2,5% (0%*)	
Deutschland	15–25%	20%	

* Aktualisierung mit nötigen Anpassungen ab dem dritten Vierteljahr 2012, unter Berücksichtigung des griechischen Schuldenschnitts, der Rettungspakete und der zinssenkenden Politik in der Eurozone.

Quelle: H. Pill, K. Daly, D. Schumacher, A. Benito, L. Holboell Nielsen, N. Valla, A. Demongeot und A. Paul, Goldman Sachs Global Economics, »Achieving Fiscal and External Balance (Part 1): The Price Adjustment Required for External Sustainability«, *European Economics Analyst*, Issue No. 12/01, 15. März 2012; H. Pill, K. Daly, D. Schumacher, A. Benito, L. Holboell Nielsen, N. Valla, A. Demongeot und S. Graves, Goldman Sachs Global Economics, »External Rebalancing: Progress, but a Sizeable Challenge Remains«, *European Economics Analyst*, Issue No. 13/03, 17. Januar 2013; OECD Database, *OECD.StatExtracts*, National Accounts, PPPs and Exchange Rates.

Erläuterung: Die Zahlen in der zweiten und dritten Spalte beziffern die Anpassungen des BIP-Deflators relativ zum Durchschnitt der Eurozone (vom dritten Vierteljahr 2010), um in der langen Frist (20 Jahre) die absoluten Werte der Nettoauslandspositionen aller Euroländer unter einen Schwellenwert von 25% des BIP zu bringen. Hierfür wird unterstellt, dass der externe Wert des Euro sich so anpasst, dass die durchschnittlichen Preise der Eurozone relativ zum Rest der Welt konstant bleiben. Die Zahlen in Klammern geben die notwendigen Abwertungen an, sofern man den griechischen Schuldenschnitt und die zinsverbilligende Politik der Eurozone berücksichtigt (Stand drittes Vierteljahr 2012). Die vierte Spalte beziffert die erforderlichen Anpassungen Griechenlands und Portugals relativ zur Türkei auf Basis der durchschnittlichen Preisniveaus der Jahre 2011 bis 2014.

Die Größenordnungen werden auch bestätigt, wenn man griechische und portugiesische Preisniveaus mit den Preisen der Türkei gemäß der OECD-Statistik zu Kaufkraftparitäten vergleicht. Die sich ergebenden notwendigen Abwertungen basieren auf durchschnittlichen Preisen und Wechselkursen der Jahre 2011 bis 2014 und werden in der vierten Spalte gezeigt. Kaufkraftparitäten sind Preisrelationen, die das Verhältnis von Preisen für die gleichen Waren oder Dienstleistungen in verschiedenen Ländern aufzeigen. Statistiken zu Kaufkraftparitäten erlauben eine Aussage dazu, wie teuer verschiedene Länder im Vergleich zueinander sind, wenn man die Preisniveaus in der jeweiligen Währung und den Wechselkurs zwischen den Währungen berücksichtigt. Wegen des Balassa-Samuelson-Effekts lassen sich die Preisniveaus von entwickelten Ländern nicht gut mit weniger entwickelten Ländern vergleichen, wohl aber die Preisniveaus von Ländern mit gleichem Entwicklungsstand, z. B. die der Türkei und Griechenlands. Für Touristen sind die Dienstleistungen enge Substitute. Auch die erzeugten Produkte sind vergleichbar. Insofern dürfte Griechenland nicht teurer sein als die Türkei, wenn es mit ihr wettbewerbsfähig sein wollte. In den Jahren 2011 bis 2014 war es aber tatsächlich im Schnitt um 54% teurer. In diesem Lichte müsste Griechenland um 35% abwerten, um wieder wettbewerbsfähig zu werden, was sogar noch etwas mehr ist, als von den Wissenschaftlern von Goldman Sachs berechnet wurde.[16] Die Türkei bildet zudem mit der EU eine Zollgemeinschaft, sodass es keine Restriktionen für Tourismus gibt. Daher ist es schlichtweg unmöglich für Griechenland, gegenüber dem direkten Nachbarn wettbewerbsfähig zu sein. Schert man Portugal auch über den türkischen Kamm, so ergibt sich eine notwendige reale Abwertung von 28%. Im Großen und Ganzen bestätigen die Zahlen der EEAG die in der Goldman-Sachs-Studie genannten Größenordnungen.

Unter jenen Ländern, die eine Abwertung brauchen, sticht Spanien wegen seiner schieren Größe (46 Millionen Einwohner) und der enormen Höhe der notwendigen Abwertungen heraus. Gemäß dem Basisszenario müssten die Preise um 30% fallen, und selbst im revidierten Szenario ist der notwendige Preissturz um 27,5% noch immens. Dies bestätigt die Befürchtungen, die in Kapitel 1 und 2 formuliert wurden, dass Spanien sich zum größten Problem der Eurozone entwickeln könnte. Spanien hat bei Weitem die größte externe Schuld in absoluten Werten und neben Griechenland die höchste Arbeitslosenquote in der Eurozone. Der nächste Abschnitt wird diskutieren, welchen Teil des notwendigen Weges bis zur Wiederherstellung der Wettbewerbsfähigkeit Spanien bereits zurückgelegt hat.

Bemerkenswert ist an den Rechnungen auch, dass Frankreich um 20% abwerten muss, ein Wert, der von der Aktualisierung nicht betroffen ist. Dieses Ergebnis, das aus einer problematischen Kombination aus einem Leistungsbilanzdefizit (Abbildung 3.4) und einem geringen Wirtschaftswachstum folgt, gibt der Thematik eine neue Dimension, denn Frankreich ist kein peripheres Krisenland der Eurozone.

Es ist umgekehrt erstaunlich, dass in Italien nur eine kleine Abwertung ausreicht, wenn man sich Italiens immense Inflation in den frühen Jahren des Euro und die Lira-Aufwertung von 1996 (vgl. Abbildung 4.6) vergegenwärtigt. Das liegt daran, dass Italiens externe Nettoschuld mit nur 24,7% des BIP im Jahr 2010, dem Basisjahr der Goldman-Sachs-Zahlen, recht klein war; dieser Wert liegt sogar unterhalb der 25%-Grenze von Goldman Sachs. So zeigen die Berechnungen, dass Italien keine positive Leistungsbilanz benötigt, um das Schuldennachhaltigkeitskriterium zu erfüllen, solange die Volkswirtschaft wächst. Zwar schrumpfte die Volkswirtschaft Italiens seit der Veröffentlichung der Daten, doch basieren die Zielwerte auf einer langfristigen Prognose (20 Jahre) und hängen somit nicht am seidenen Faden der Entwicklung von ein oder zwei Jahren.

Auf der anderen Seite der Medaille findet man Irland und Deutschland. Gemäß Tabelle 4.1 braucht Irland keine Preissenkungen, vielmehr, wenn überhaupt, eine kleine Aufwertung, während Deutschland seine Preise um 20% relativ zum Durchschnitt in der Eurozone erhöhen müsste, um die eigene Wettbewerbsfähigkeit und das Nettoauslandsvermögen zu erodieren und den Krisenländern zu helfen, ihre Wettbewerbsfähigkeit wiederzuerlangen.

KAUM FORTSCHRITTE

Hat der Prozess der Änderung der relativen Preise inzwischen vielleicht schon stattgefunden? Ist der Euroraum auf einem guten Weg zur Wiederherstellung der Wettbewerbsfähigkeit der südlichen Länder? Falls ja, gäbe es Grund zur Hoffnung, dass sie bald in der Lage sein werden, ohne die Haftungsübernahme anderer Länder und Rettungsgelder auszukommen, und ein Ende der Krise wäre absehbar. Wenn nicht, müsste über radikalere Maßnahmen zur Lösung der Eurokrise nachgedacht werden.

Vertreter der Finanzindustrie und der EU verweisen gerne darauf, dass die sogenannten Lohnstückkosten in den südlichen Ländern schon teilweise gefallen sind, was als erstes Zeichen zu werten sei, dass die EU-Politik auf dem richtigen Weg ist und die Steuerzahler der Gläubigerländer beruhigt sein können. Indes sind Lohnstückkosten das falsche Maß. Zunächst sind sie nur Instrumente zur Verminderung der Güterpreise. Ihre Senkung bedeutet nur dann eine Verbesserung der Wettbewerbsfähigkeit, wenn daraufhin auch die Güterpreise fallen. Für sich genommen besagen sie schon deshalb nichts, weil es neben Lohnkosten ja auch noch andere Kosten der Wirtschaft gibt, die das Preisniveau definieren. Zweitens signalisiert eine Reduktion der Lohnstückkosten grundsätzlich nur dann eine verbesserte Wettbewerbsfähigkeit, wenn die Beschäftigung konstant bleibt, denn allein ein Anstieg der Arbeitslosigkeit bedeutet schon eine Reduktion der Lohnstückkosten, da zunächst immer die weniger produktiven Arbeitsplätze mit den hohen Lohnstückkosten wegfallen.

Geht ein Land in die Krise, gehen zunächst einmal die Arbeitsplätze mit den höchsten Lohnstückkosten verloren. Unternehmen rationalisieren zunächst die unproduktiven Stellen mit hohen Lohnstückkostenbeiträgen weg, und Unternehmen, die insgesamt hohe Lohnstückkosten haben und sie durch Rationalisierung nicht senken können, gehen in die Insolvenz. Beide Effekte reduzieren die durchschnittlichen Lohnstückkosten der verbleibenden Arbeitsplätze durch Wegstreichen der Arbeitsplätze mit den hohen Lohnstückkosten, selbst wenn nicht ein einziger neuer wettbewerbsfähiger Arbeitsplatz geschaffen wurde. Die Lohnstückkostensenkung ist also ein reines Artefakt. Um Lohnstückkostenrechnungen gebrauchen zu können, müsste man sie zunächst um den Effekt der sogenannten Entlassungsproduktivität bereinigen, z. B. indem die Arbeitslosen mit einer Produktivität von null mit in die Rechnung eingehen, doch das geschieht fast nie.

Das Phänomen ist aus Deutschlands Diskussion um die schröderschen Reformen wohlbekannt. In Deutschlands eigener Eurokrise hatten sich die Lohnstückkosten ebenfalls verbessert, aber das lag auch damals allein am Wegfall der weniger produktiven Arbeitsplätze aus der Statistik.[17] Während Volkswirte argumentierten, dass die deutschen Löhne im internationalen Vergleich zu hoch waren, und daher Reformen zur Schaffung von mehr Lohnflexibilität nach unten verlangten, sahen die Gewerkschaften in der Verbesserung der Lohnstückkosten bereits eine Entwarnung und nahmen sie als Argument gegen harte, lohnsenkende Reformen auf dem Arbeitsmarkt. Tatsächlich hatte die Senkung der Lohnstückkosten damals weder etwas mit bereits realisierten Lohnsenkungen zu tun noch mit technologischem Fortschritt, der die Produktivität bei einer gegebenen Mitarbeiterzahl erhöht hätte. Der einzige Grund für die Verbesserung der Lohnstückkosten war vielmehr, so wie heute in Südeuropa, der Wegfall marginaler Arbeitsplätze und der damit einhergehende Anstieg der Arbeitslosigkeit. Der wahre Durchbruch für die deutsche Volkswirtschaft kam erst später, als die Reformen der Regierung Schröder zu einer substanziellen Lohnzurückhaltung (vgl. Kapitel 3, Abschnitt: »Agenda 2010«, besonders Abbildung 3.9) führten, durch die Wachstum und Beschäftigung nachhaltig gesteigert wurden.

Abbildung 4.9 gibt einen Überblick über die Veränderung der relativen Preise im Euroraum seit dem Gipfel von Madrid von 1995, die auch »reale effektive Wechselkurse« genannt werden.[18] Nach der Europäischen Kommission ist der »reale effektive Wechselkurs« eines Landes als sein BIP-Deflator relativ zu dem gewichteten Durchschnitt der BIP-Deflatoren der übrigen Eurozone definiert, wobei Handelsanteile als Gewichte benutzt werden. In der Abbildung sind die »realen effektiven Wechselkurse« bzw. relativen Preise im dritten Quartal 2007 auf 100% gesetzt, also auf jene Zeit indexiert, als der Interbankenmarkt erstmals zusammenbrach.

Abbildung 4.9 Die relativen Preise in der Eurozone
(reale effektive Wechselkurse als BIP-Deflator relativ zum Rest der Eurozone)

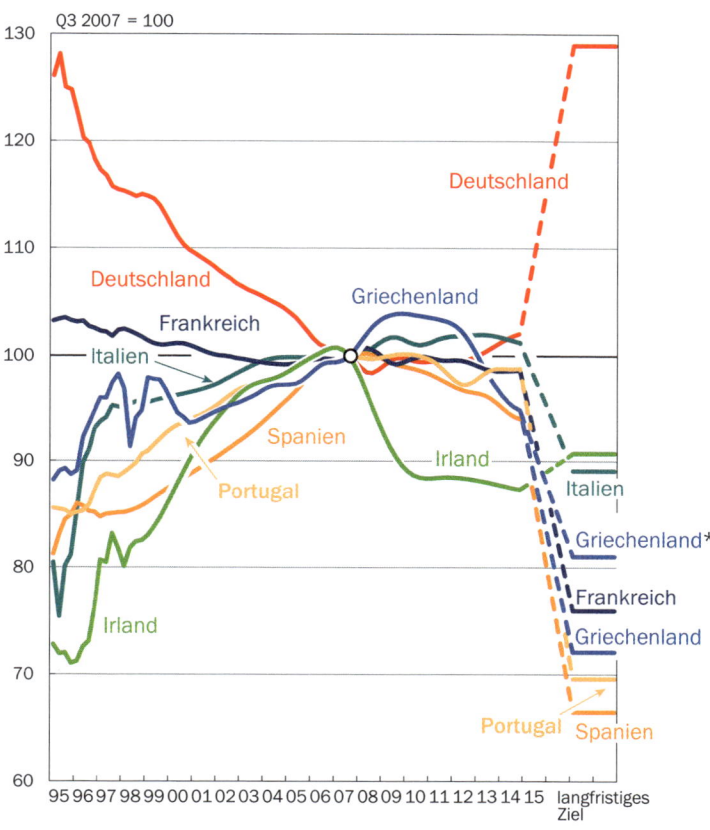

* Revidierte Berechnung nach dem griechischen Schuldenschnitt.

Quellen: Europäische Kommission, Economic and Financial Affairs, *Economic Databases and Indicators*, Price and Cost Competitiveness, Quarterly Real Effective Exchange Rates vs. (rest of) EA18, Price Deflator GDP, Market Prices; H. Pill, K. Daly, D. Schumacher, A. Benito, L. Holboell Nielsen, N. Valla, A. Demongeot und A. Paul, Goldman Sachs Global Economics, »Achieving Fiscal and External Balance (Part 1): The Price Adjustment Required for External Sustainability«, *European Economics Analyst*, Issue Nr 12/01, 15. März 2012; H. Pill, K. Daly, D. Schumacher, A. Benito, L. Holboell Nielsen, N. Valla, A. Demongeot und S. Graves, Goldman Sachs Global Economics, »External Rebalancing: Progress, but a Sizeable Challenge Remains«, *European Economics Analyst*, Issue Nr. 13/03, 17. Januar 2013.

Erläuterung: Die Abbildung zeigt die Originalwerte der realen effektiven Wechselkurse, wie sie von der Europäischen Kommission veröffentlicht werden. Per Definition messen diese das Verhältnis des Preisniveaus der im Inland produzierten Güter (BIP-Deflator) relativ zum handelsgewichteten Durchschnitt der Preisniveaus der Handelspartner dieses Landes, oder aber auch, wenn der Preisindex nicht verfügbar war, das Verhältnis zu einem Maß für das durchschnittliche Kostenniveau einer produzierten Gütereinheit, das von der Kommission als Proxy für das Preisniveau genommen wird. Der letzte Datenpunkt in der Grafik stammt vom vierten Vierteljahr 2014. Das ist der aktuelle Datenstand Anfang August 2015.

Die Abbildung offenbart, dass vor Krisenausbruch alle GIPSIZ-Länder relativ zu dem Rest der Eurozone dramatisch aufgewertet haben. Deutschland dagegen wurde bis 2007 sukzessive billiger. Dies ist die reale Abwertung von 21%, die oben in Abbildung 4.8 bereits gezeigt wurde.

Die Erkenntnis, die die Abbildung vermittelt, ist ernüchternd. Es zeigt sich, dass Deutschlands realer Abwertungsprozess zwar zu Ende gekommen ist, doch sich nur langsam in eine reale Aufwertung verändert. Vom Basiszeitpunkt im dritten Vierteljahr 2007 bis zum vierten Vierteljahr 2014 hat Deutschland um gerade mal 2% aufgewertet. Immerhin scheint sich der Preisauftrieb in Relation zum Rest der Eurozone zuletzt etwas beschleunigt zu haben.

Auch ist leider zu konstatieren, dass Italien während der Krise immer noch etwas mehr inflationierte als seine Handelspartner aus dem Euroraum, sodass sich seine Wettbewerbsfähigkeit weiter verschlechterte. Diesem Land steckt die Inflation so im Blut, dass selbst eine Massenarbeitslosigkeit es nicht zur Preis- und Lohnzurückhaltung bringt. Allerdings ist bei Italien ganz zum Schluss im Jahr 2014 endlich ein bisschen reale Abwertung zu erkennen, freilich noch lange nicht genug, um die Sonderinflation in den ersten Krisenjahren zu kompensieren.

Auch Griechenlands relatives Preisniveau erhöhte sich nach Ausbruch der Krise noch einige Jahre, etwa bis zum Ende 2010. Erst im Jahr 2011 zwang die sich verschärfende Krise das Land, den Inflationstrend umzudrehen. Aber es dauerte bis zum ersten Vierteljahr 2013, ehe Griechenland wieder das Wechselkursniveau erreichte, mit dem es die Krise begann. Inzwischen macht das Land aber Fortschritte: Ende 2014 lag das relative Preisniveau in Griechenland um 5% niedriger als zur Zeit des erstmaligen Zusammenbruchs des Interbankenmarkts.

Hierbei muss man allerdings berücksichtigen, dass Italien und Griechenland die Mehrwertsteuersätze in dieser Phase erhöhten, ein Vorgang, der nicht notwendigerweise wettbewerbsschädlich sein muss, da nur Importgüter mit diesen Steuern belastet werden, während Exportgüter mit Ausnahme touristischer Dienstleistungen befreit sind. So verursachte die Mehrwertsteuererhöhung für sich genommen im Fall Italiens etwas weniger als einen Prozentpunkt an gemessener realer Aufwertung und im Fall Griechenlands maximal drei Prozentpunkte.[19]

Nur Spanien hat relativ zu seinen Handelspartnern kontinuierlich real abgewertet. Zwischen dem dritten Vierteljahr 2007 und dem vierten Vierteljahr 2014 erlebte Spanien eine reale Abwertung von 6%. Spanien wird häufig für seine energischen Sozialreformen gelobt. Die Grafik spiegelt diese Erfolge durchaus wider, auch wenn das Ausmaß der bislang realisierten realen Abwertung vermutlich noch lange nicht reicht.

Bemerkenswert ist Portugal. Es wird stets als ein Land aufgeführt, das seine Sozialreformen gemacht habe. In Wahrheit aber ist in Portugal, gemessen an seinem relativen Preisniveau, bislang so gut wie nichts geschehen. Bis zum Jahr 2012 gab es zwar eine reale Abwertung von 3%, doch danach gingen die Preise wieder in die falsche Richtung, und am aktuellen Rand der Grafik, im vierten Vierteljahr 2014, lagen sie praktisch auf demselben Niveau wie im dritten Vierteljahr 2007. Über die gesamte Zeitspanne der Krise gerechnet, beträgt die Abwertung nur 1%. Offenbar gibt es eine erhebliche Diskrepanz zwischen der öffentlichen Wahrnehmung der portugiesischen Situation und der durch die Fakten nachgewiesenen Realität.

Frankreich ist nicht viel besser. Trotz der Franc-fort-Politik (wörtlich: starker Franken), der Festkurspolitik, mithilfe derer die Inflation in Frankreich vor der Eurozeit heruntergedrückt wurde, hat es das Land noch nicht geschafft, seinen Preistrend wirklich umzudrehen. Die Abwertung gegenüber dem Rest der Eurozone ist mit auch nur 1% über die gesamte Zeitspanne der Krise gerechnet genauso gering wie die von Portugal.

Am rechten Rand der Grafik sind die bereits aus Tabelle 4.1 bekannten langfristigen Zielwerte der relativen Preise dargestellt, wie sie im Basisszenario von Goldman Sachs berechnet wurden, das die zinsabsenkenden Maßnahmen der EZB und die zinssenkenden Effekte der Rettungsmaßnahmen nicht berücksichtigt. Während die Goldman-Sachs-Werte sich auf die Preisindizes vom dritten Vierteljahr 2010 beziehen und in Relation zum *Durchschnitt* (inklusive des betrachteten Landes) der Eurozone berechnet wurden, enthält die Abbildung entsprechend umgerechnete Werte, die das dritte Quartal 2007 als Basis haben und sich auf den *jeweiligen Rest* der Eurozone beziehen. Letzteres wurde nötig, da die von der EU-Kommission veröffentlichten Zahlen, mit denen die Goldman-Sachs-Werte hier verglichen werden, sich allesamt nur auf den jeweiligen Rest der Eurozone beziehen. Bei kleinen Ländern ist dieser Unterschied unerheblich. Bei großen zeigt er aus einfachen algebraischen Gründen einen etwas höheren Prozentsatz für den nötigen Anpassungsbedarf an.

Man sieht, dass mit Ausnahme Irlands, das eher schon zu weit gegangen ist, keines der Krisenländer eine reale Abwertung auch nur annähernd in der Größenordnung erzielen konnte, wie sie bei den Rechnungen von Goldman Sachs als Zielwerte herauskamen.

Spanien hatte, wie erwähnt, bis zum vierten Vierteljahr 2014 eine reale Abwertung von 6% gegenüber dem Rest erlebt, muss aber 34% erreichen. So gesehen hat es bislang ein Fünftel bis ein Sechstel des notwendigen Weges zurückgelegt. Portugal muss 30% erreichen und hat 1% geschafft. Italien muss auf eine Abwertung von 11% kommen, hat bislang aber um 1% aufgewertet, marschierte also in die falsche Richtung. Frankreich hat 1% reale Abwertung geschafft, muss aber 24% erreichen.

Für Griechenland sind in der Abbildung zwei Zielwerte angegeben: minus 28% und minus 19%. Beim ersten dieser Werte sind die Rettungsmaßnahmen nicht berücksichtigt, beim zweiten sind sie es aber, insbesondere der Schuldenschnitt von 54% des BIP aus dem Jahr 2012. Weil dies eine permanente Entlastung für Griechenland darstellt, könnte das Land selbst dann noch davon profitieren, wenn die Rettungspolitik zu einem Ende käme und die Zinssätze wieder zu ihrem normalen Niveau zurückfinden würden. Griechenland hatte vom dritten Quartal 2007 bis zum Ende des Jahres 2014 eine Abwertung von 5% erreicht. Angesichts der Proteste gegen die angebliche Austeritätspolitik, die dem Land auferlegt wurde, und der fast revolutionären Verhältnisse, die sich dort einstellten, kann man bezweifeln, dass das Land die Toleranz aufbringen wird, selbst nur den niedrigeren dieser beiden Werte zu erreichen.

Einer der alarmierenden Aspekte der Abbildung 4.9 ist, dass Deutschland in der Krise nicht spürbar aufwertete, obwohl das von Goldman Sachs gesteckte Simulationsziel eine Aufwertung von 20% gegenüber dem Durchschnitt vorschrieb, was 30% gegenüber dem Rest der Eurozone seit dem dritten Quartal 2007 entspricht. Erst wenn die Krisenländer abwerten und Deutschland gleichzeitig in dem genannten Umfang aufwertet, ist die Wettbewerbsfähigkeit der Krisenländer und Frankreichs (im Sinne der Schuldentragfähigkeit) wiederhergestellt.

Angesichts der im Vergleich zum Nötigen sehr geringen relativen Preisänderungen, die bislang erreicht wurden, ist es kein Wunder, dass keines der Krisenländer außer Irland bislang in der Lage war, seine Exporte wieder oder gar über den Vorkrisentrend zu heben, wie Abbildung 4.2 verdeutlicht hat. Die deutliche Absenkung der relativen Preise bleibt aber notwendig, damit der aus der Wirtschaftskrise und Massenarbeitslosigkeit resultierende Einkommenseffekt auf die Importe in einen Import-Substitutionseffekt übergehen kann, bei dem die Inländer die Importware durch billiger gewordene heimische Ware ersetzen und nicht nur deshalb mit dem Importieren aufhören, weil die Wirtschaft am Boden liegt. Das ist der einzige Weg, auf ein normales Niveau der Arbeitslosigkeit zurückzugelangen.

Es gibt zwei Gründe, warum sich die Wettbewerbsfähigkeit eines Landes verbessert, wenn seine Preise fallen. Einerseits reduzieren sich die Kosten der heimisch produzierten Zwischenprodukte, die für die Herstellung der Exportgüter eingesetzt werden, sodass auch die Preise der Exportindustrie fallen können. Andererseits substituieren Konsumenten dann ausländische durch inländische Güter, was die Importe reduziert, die binnenwirtschaftliche Aktivität fördert und so neue Arbeitsplätze schafft. Dieser Effekt ist besonders für ein Land wie Griechenland wichtig, da es mit Ausnahme des Tourismus keinen signifikanten Exportsektor mehr hat.

Griechenland hat z. B. ein riesiges Handelsdefizit bei Agrarprodukten, was angesichts der zum Teil idealen klimatischen Bedingungen und des großen agrarwirtschaftlichen Erfolges Israels, das sicherlich keine besseren Rahmenbedingungen hat, geradezu grotesk ist. Seine Importe an Agrarprodukten übersteigen die Exporte um etwa ein Viertel.[20] Das Land importiert sogar Tomaten aus den Niederlanden und raffiniertes Olivenöl aus Deutschland.[21] Fielen die Preise und Löhne in Griechenland, würden die Griechen sicherlich wieder mehr von ihren eigenen Agrarprodukten kaufen, die Bauern würden ihre Felder wieder bewirtschaften, anstatt sie brach liegen zu lassen, und es gäbe in der Landwirtschaft und der Lebensmittelverarbeitung wieder Stellen.

WIE HAT ES IRLAND GESCHAFFT?

So notwendig eine reale Abwertung für die Wiederherstellung der Wettbewerbsfähigkeit ist, so schwierig ist es, sie zu realisieren. Im Euroraum geht ihr womöglich eine reale Kontraktion, also eine Schrumpfung der Wirtschaftsleistung, mit einer Massenarbeitslosigkeit voraus, die man einem Land nur in Maßen zumuten kann. In Kapitel 9 werden später die realen Optionen von Abwertungen im Euroverbund und außerhalb dieses Verbundes diskutiert.

Umso überraschender ist es, dass Irland den Weg in die reale Abwertung im Euroraum offenkundig geschafft hat. Relativ zu den anderen Euroländern hat Irland seine Preise vom dritten Quartal 2007 bis zum vierten Vierteljahr 2014 um 12,7% gesenkt. Ja, relativ zum Maximum der Kurve der relativen Preise, das zum Jahresbeginn 2007 erreicht war, hat Irland seine Preise sogar schon um 13,4% gesenkt. Das ist ein beachtlicher Abwertungseffekt, der keinerlei Parallele bei den anderen Krisenländern findet.

Und in der Tat hat die Abwertung Früchte getragen. Während Irland in der Zeit vor der Krise ein wachsendes Leistungsbilanzdefizit aufwies, das von 0,6% im Jahr 2004 auf 5,7% im Jahr 2008 anstieg, ist dieses Defizit inzwischen verschwunden. Im Jahr 2010 verzeichnete Irland sogar schon wieder ein leichtes Plus, welches im Jahr 2013 auf 4,4% des BIP und 2014 gar auf 6,2% des BIP gestiegen ist.

Natürlich gibt es Argumente dafür, dieses Plus zu relativieren. Zum einen profitierte Irland ja wie die anderen Defizitländer von den zinsverbilligten Krediten der EZB und der Staatengemeinschaft, wie anhand von Abbildung 4.4 erörtert wurde. Zum anderen steht hinter dem irischen Überschuss wie bei allen Krisenländern der durch die Massenarbeitslosigkeit verursachte Einbruch der Importe (vgl. Abbildung 4.2).

Dennoch rechtfertigt die jüngste Dynamik des irischen Exportsektors (Abbildung 4.2) und insbesondere der phänomenale Sprung der Industrieproduktion um 40% gegenüber dem Vorkrisenniveau (Abbildung 4.5) eine sehr optimistische Einschätzung der irischen Wirtschaftsentwicklung. Während andere Krisenländer unter einer Double-Dip-Rezession oder gar einer Depression leiden, erlebt Irland derzeit wieder ein neues Wirtschaftswunder.

Wegen der günstigen Entwicklung war Irland fähig, einige seiner externen Schulden zurückzuzahlen. Die Zuversicht der Investoren manifestiert sich vor allem in den irischen Zinssätzen, die wie Abbildung 2.2 zeigte, die einzigen unter den Krisenländern sind, die die Kehrtwende bereits im Sommer 2011 geschafft haben.

Wie hat Irland die reale Abwertung geschafft, während sich die anderen Krisenländer so schwer damit tun? Für die Erklärung dieses Phänomens bieten sich gleich mehrere Hypothesen an.

Erstens hat Irland, für das das angelsächsische Gesellschaftsmodell stets Staatsräson war, flexiblere Arbeitsmärkte und schwächere Gewerkschaften als die anderen Länder, sodass Lohnkürzungen sich eher haben durchsetzen lassen. Abbildung 4.10 zeigt, wie sich die Lohnsumme in der Gesamtwirtschaft und beim Staat vor und nach Beginn der Krise in einigen der Krisenländer entwickelt hat.

Man sieht, dass die irischen Beschäftigten schon ab 2009 starke Lohnsenkungen hinnehmen mussten. Die Lohnsumme (Arbeitnehmerentgelte in der Gesamtwirtschaft) fiel von 2007 bis 2010 um 12%. Demgegenüber stieg sie in diesem Zeitraum in Spanien, Italien und Griechenland um jeweils 4% und in Portugal um 5%. Auch nach dem kräftigen Anstieg im Jahr 2014 lag die irische Lohnsumme zuletzt immer noch um 4% unter dem Niveau von 2007.

Aus der Abbildung folgt, dass die Lohnsumme in Irland viel früher fiel als die Lohnsumme der anderen Länder, dass sie anschließend aber auch wieder anstieg, während sie anderswo fiel. Das zeigt eine wichtige Phasenverschiebung in der Entwicklung an. Dadurch, dass Irlands Löhne früher nachgaben, konnte sich das Land wieder fangen und erlebt nun einen fulminanten Wirtschaftsaufschwung, in dem auch die Lohnsumme dank der zusätzlichen Beschäftigung wieder anzieht.

Das andere Extrem ist Griechenland. Hier wollte man sich gegen die Krise stemmen, indem man die Löhne trotzdem weiter erhöhte. Doch das führte zum Kollaps der Wirtschaft und zu einer Massenarbeitslosigkeit, die die Lohnsumme bis zum Jahr 2014 um 23% gegenüber 2007 fallen ließ.

Abbildung 4.10 Arbeitnehmerentgelte im öffentlichen Sektor und im Durchschnitt der Wirtschaft (Lohnsummen, 2005–2014)

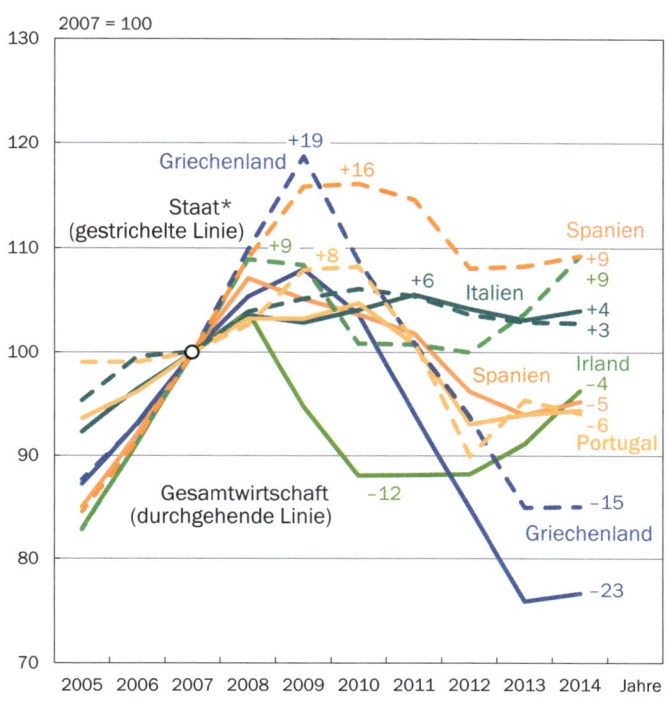

* Öffentliche Verwaltung, Verteidigung, Sozialversicherung.

Quelle: Eurostat, Datenbank, *Wirtschaft und Finanzen,* Volkswirtschaftliche Gesamtrechnungen (ESVG 2010), Jährliche Volkswirtschaftliche Gesamtrechnungen, Hauptgliederung der Aggregate des BIP und der Erwerbstätigkeit.

Erläuterung: Die Kurven zeigen den Verlauf des aggregierten Arbeitnehmerentgelts der Beschäftigten und nicht den Lohn pro Beschäftigten.

Interessant ist aber, dass die Lohnsumme im Staatssektor (hier definiert als die Wirtschaftsbereiche Öffentliche Verwaltung, Verteidigung, Erziehung und Unterricht, Gesundheits- und Sozialwesen) während der Krise meistens – mit Ausnahme von Portugal und Italien – weniger nachgab als in der Gesamtwirtschaft und damit auch weniger als in der Privatwirtschaft. Das liegt gewiss am fehlenden Konkurrenzdruck, ohne den weder Lohnkürzungen noch Entlassungen zwingend erscheinen. Selbst in Irland machte der Staatssektor die gesamtwirtschaftliche Lohnsenkung überhaupt nicht mit. In Griechenland akzeptierte der staatliche Arbeitgeber noch in den beiden ersten Krisenjahren 2008 und 2009 eine Steigerung der Lohnsumme der Staatsbediensteten um insgesamt 19%. Umso stärker war freilich später der

Absturz auch beim Staat, als das Geld zur Finanzierung der Gehälter fehlte. Insgesamt fiel die Lohnsumme im griechischen Staatssektor trotz des anfänglichen Anstiegs um 15%.

Ein zweiter Grund für die rasche reale Abwertung Irlands liegt in der Größe der Exportindustrie. Der irische Export lag 2014 bei 112% des BIP. Der spanische Export lag demgegenüber bei 32%, der portugiesische bei 40% und der griechische bei 33% des jeweiligen BIP. Wenn ein Land eine Exportindustrie besitzt, dann hat es auch eine starke Lobby für den Weg der realen Abwertung via Lohnzurückhaltung. Wenn es dagegen eine starke Importlobby hat, so wie Griechenland, dann ist eine reale Abwertung schwerlich durchzusetzen, weil sie das Importgeschäft schädigt. Denn wenn die Preise der Inlandsgüter fallen, kaufen die Leute natürlich weniger Importgüter, und den Importeuren geht es schlechter.

Die geringe Bedeutung des griechischen Exportsektors wurde vom griechischen Wirtschaftsminister Michalis Chrysochoidis im Februar 2012 erklärt. Der Minister klagte, dass die vielen EU-Subventionen die eigene Exportindustrie zerstört und die Unternehmer vom Export- in den Importsektor getrieben hätten.[22] Damit stellte er implizit auf ein Phänomen ab, das Ökonomen als *Holländische Krankheit* bezeichnen: Wenn einem Land aus anderen Quellen statt aus Exporten Devisen zufließen, dann erhöht es seine Löhne mit der Folge, dass der Exportsektor an Wettbewerbsfähigkeit verliert. In Holland war die namensgebende Krankheit in den 1970er Jahren ausgebrochen, nicht etwa weil EU-Gelder hinter dem Kapitalstrom standen, sondern weil Gas in Holland gefunden und an das Ausland verkauft wurde.[23]

Drittens, und wohl am wichtigsten, kam Irland früher in die Krise als die übrigen Krisenländer. Das zeigt sich ganz deutlich an dem früheren und rascheren Absinken der Immobilienpreise (Abbildung 2.11) und natürlich auch am Sinken der Güterpreise selbst (Abbildung 4.9), das schon nach dem Ende des Jahres 2006 einsetzte. Irland stand damals ganz allein. Es gab keine Rettungsschirme der Staatengemeinschaft und keine speziellen Programme der EZB. Das Land musste sich selber helfen und tat es, indem es seine Löhne und Preise kürzte.

Die anderen Krisenländer kamen gemeinsam ein bis zwei Jahre später in die Krise, praktisch erst mit dem Zusammenbruch der Lehman-Bank im September 2008. Anstatt den irischen Weg der Sparpolitik und sozialen Härten zu gehen, haben sie sich damals zusammengetan und mit ihrer politischen Macht die Regeln im Eurosystem so geändert, dass sie sich das Geld drucken konnten, das ihnen die internationalen Kapitalmärkte nicht mehr leihen wollten. Das wird das Thema der nächsten Kapitel sein. Der Gelddruck und die sich anschließenden fiskalischen Rettungsaktionen haben eine harte Austeritätspolitik nach irischem Muster zunächst entbehrlich gemacht, mit der Folge, dass die reale Abwertung nicht stattfand und der Absturz nachher umso härter und bitterer war.

Sicher, auch Irland hat sich reichlich Geld gedruckt. Aber dieses Geld kam eben zwei Jahre nach dem Ausbruch der irischen Krise und wurde, wie noch zu zeigen sein wird, vornehmlich zur Kompensation einer Kapitalflucht benötigt. So blieb Irland gezwungen, den Gürtel enger zu schnallen.

Manchmal wird behauptet, Irland sei ein Musterbeispiel dafür, dass die Rettungsgelder Zeit für Reformen gekauft hätten, die nun ihre Früchte zeigen. Davon kann, wie ein erneuter Blick auf Abbildung 4.9 zeigt, überhaupt nicht die Rede sein. Ganz im Gegenteil zu dieser Aussage hörte die reale Abwertung fast schlagartig auf, als gegen Ende des Jahres 2010 die ersten fiskalischen Rettungsgelder flossen. Zwölf der 13 Prozentpunkte realer Abwertung, die Irland seit dem Platzen seiner Blase (Ende 2006) erlebt hat, wurden bereits vor diesem Zeitpunkt realisiert, und nur noch ein Prozentpunkt danach.

DAS BALTIKUM: SPARPOLITIK BEWÄHRT SICH

Auch die baltischen Staaten haben eine ähnliche Strategie wie Irland gewählt. Lettland und Litauen befanden sich seit 2005 und 2004 im sogenannten EWS-II-System, einer Vorstufe zur Mitgliedschaft im Eurosystem, in der der Wechselkurs um nicht mehr als plus/minus 15% gegenüber dem Euro schwanken darf. Estland hat den Euro im Jahr 2011 eingeführt, Lettland 2014, und seit dem 1. Januar 2015 ist auch Litauen Mitglied des Euroraums.

Wie die anderen ehemals kommunistischen Länder hatten die baltischen Länder ihre Löhne und Preise seit 1995 exzessiv erhöht. Estland und Lettland haben, wie in Abbildung 4.6 gezeigt wurde, ihre Preisniveaus bis zum Ausbruch der Eurokrise mehr als verdoppelt. Die Preiserhöhungen sind zu einem erheblichen Teil sicherlich ein statistisches Artefakt, weil man die Güter, die in der Transformationsphase der ex-kommunistischen Länder hergestellt wurden und die weitgehend mit dem kommunistischen Warensegment identisch waren, nicht gut mit jenen Gütern vergleichen kann, die heute produziert werden.

Indes waren die Länder aus ähnlichen Gründen wie die heutigen Krisenländer offenbar doch zu teuer geworden und mussten den Entwicklungstrend ihrer Preise abbrechen. Wie Abbildung 4.11 zeigt, gelang dies durch Sparmaßnahmen, insbesondere durch dramatische Lohnsenkungen nach dem Ausbruch der Krise. Zwischen 2007 und 2012 betrug die Senkung der Lohnsumme im öffentlichen Sektor Lettlands 9% und in der Gesamtwirtschaft 13%. Für die Unterperiode 2008 bis 2010 bedeutete dies im öffentlichen Sektor Lettlands gar eine Schrumpfung von 34% und in der Gesamtwirtschaft eine solche von 35%. Das war ein Rekord unter den Krisenländern, sodass im Vergleich dazu selbst die irischen Maßnahmen verblassen.

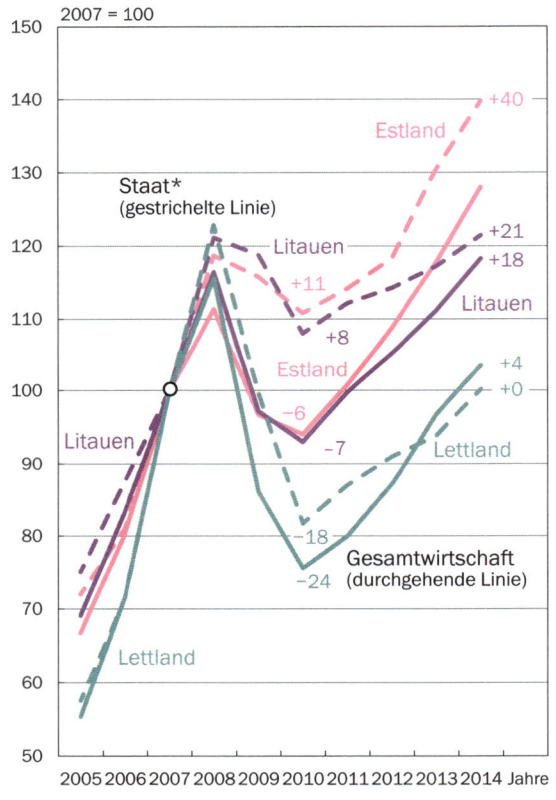

Abbildung 4.11 Arbeitnehmerentgelt im Baltikum (2005–2014)

Quelle: Eurostat, Datenbank, *Wirtschaft und Finanzen,* Volkswirtschaftliche Gesamtrechnungen (ESVG 2010), Jährliche Volkswirtschaftliche Gesamtrechnungen, Hauptgliederung der Aggregate des BIP und der Erwerbstätigkeit.

Alle drei baltischen Länder litten unter einer scharfen Rezession. Das reale BIP in Lettland schrumpfte zwischen 2007 und 2012 um 11%, in Estland um 6% und in Litauen um 2%.

Lettlands Entwicklung ist besonders bemerkenswert, und die Frage lautet, warum Lettland die bittere Pille einer realen Abwertung freiwillig schluckte, obwohl es noch die Möglichkeit einer offenen Währungsabwertung gab? Die Antwort gab der ehemalige Ministerpräsident und heutige

Das Baltikum: Sparpolitik bewährt sich

EU-Kommissar Valdis Dombrovskis bei einer Diskussionsveranstaltung in München:[24] Man habe die Wahl zwischen einer offenen Abwertung und einer realen Abwertung durch Lohnsenkungen gehabt. Beides wäre im Endeffekt fast auf dasselbe hinausgelaufen. Doch nach einer offenen Abwertung hätte Lettland die Eintrittsvoraussetzungen für den Euro nicht erfüllt. Deshalb sei es ihm gelungen, alle Sozialpartner von der Notwendigkeit der Lohnsenkungen zu überzeugen. Er fasste damals seine Botschaft so zusammen:

»Wenn man in den Euro hineinwill, tut man alles. Wenn man schon drin ist, kann man offenbar tun, was man will.«

Abbildung 4.12 (siehe folgende Seite) zeigt, dass die Lohnzurückhaltung in den baltischen Ländern positive Effekte auf die Wettbewerbsfähigkeit hatte. Während die Importe, so wie in den GIPSIZ-Ländern (vgl. Abbildung 4.2), stärker als die Exporte abnahmen, erreichten die Exporte mindestens wieder ihren Vorkrisentrend.

Litauen gelang es sogar, bei den Exporten weit über den Vorkrisentrend hinauszuwachsen.

»Sparpolitik zahlt sich aus«,

erklärte dazu der ehemalige litauische Premierminister Andrius Kubilius.[25]

Abbildung 4.12 Exporte und Importe des Baltikums saisonbereinigt und arbeitstäglich bereinigt (2002–2014)

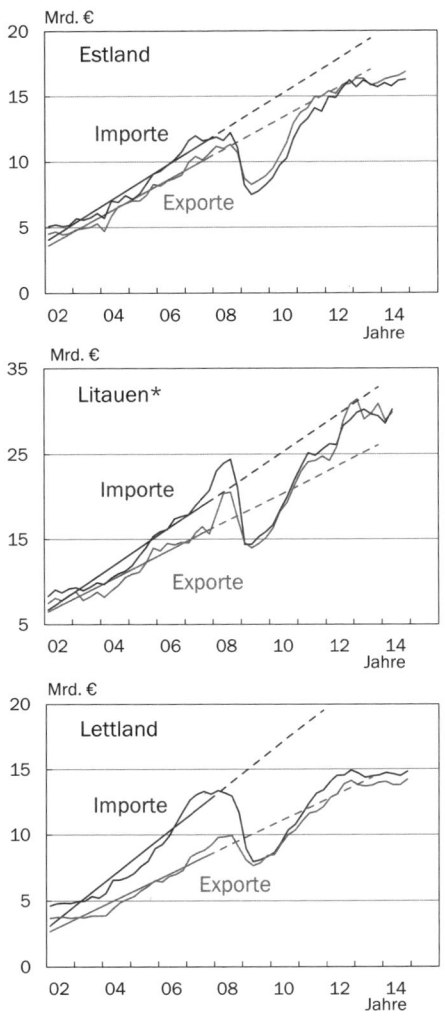

* Erstes Vierteljahr 2002 bis zweites Vierteljahr 2014; Daten liegen nur nach alter VGR-Systematik (ESVG 95) vor.

Quelle: Eurostat, Datenbank, *Wirtschaft und Finanzen,* Volkswirtschaftliche Gesamtrechnungen (ESVG 2010), Jährliche Volkswirtschaftliche Gesamtrechnungen, Hauptaggregate des BIP und Hauptkomponenten (Produktionswert, Ausgaben und Einkommen); dasselbe, Datenbank, *Wirtschaft und Finanzen,* Volkswirtschaftliche Gesamtrechnungen (einschließlich BIP) (ESVG 95), Jährliche Volkswirtschaftliche Gesamtrechnungen, BIP und Hauptkomponenten – Jeweilige Preise.

Erläuterung: Exporte und Importe beinhalten Waren und Dienstleistungen (saisonbereinigte und arbeitstäglich bereinigte Daten) gemäß der Statistik von Eurostat. Der Trend ergibt sich als linearer Trend für den Zeitraum erstes Vierteljahr 2002 bis viertes Vierteljahr 2007. Die Abbildung beruht auf annualisierten Quartalsdaten.

DIE WAHREN RIVALEN

Die relative Flexibilität der baltischen Länder deutet auf ein besonderes Problem der südeuropäischen Länder hin: den neuen Wettbewerb mit Osteuropa. Zum Zeitpunkt der Ankündigung des Euro auf dem Gipfel von Madrid im Jahr 1995 war ein solcher Wettbewerb kein großes Thema. Osteuropa, das dem Kommunismus gerade entkommen war, hatte man noch nicht im Blick. Diese Region wurde aber spätestens dann ein Thema für die südlichen Volkswirtschaften, als eine Reihe osteuropäischer Länder in den Jahren 2004 bis 2007 in die EU eintrat.

Die meisten osteuropäischen Länder hatten sich mittlerweile vom Joch des Sowjetsystems befreit und ihre wirtschaftlichen Transformationsprobleme überwunden. Die baltischen Länder, Polen, Tschechien, Slowenien, die Slowakei und Ungarn sind nun funktionierende Marktwirtschaften mit einer gut ausgebildeten arbeitsamen Bevölkerung. Alle sind attraktive Unternehmensstandorte und haben bereits wettbewerbsfähige Industriesektoren aufgebaut, großenteils dank Direktinvestitionen aus Deutschland und anderen Ländern. Vergleichbare Stärken findet man in Südeuropa nicht mehr, vielleicht mit Ausnahme von Norditalien und Nordostspanien, wo leistungsfähige Industrien beheimatet sind. Zusätzlich haben die osteuropäischen Länder einen unschlagbaren Vorteil gegenüber Südeuropa: Sie sind sehr billig.

Abbildung 4.13 vergleicht die Stundenlöhne für Industriearbeitnehmer in den sechs Krisenländern der Eurozone und den osteuropäischen Ländern. Die Arbeitnehmer in fast allen Krisenländern haben substanziell höhere Löhne als in den osteuropäischen Ländern. Die einzige Ausnahme ist Slowenien, das Griechenland, Zypern und Portugal übertrifft. Im Schnitt liegen die Stundenlöhne in den südlichen Euroländern und Irland um 238% über den Stundenlöhnen in den in der Abbildung gezeigten osteuropäischen Ländern, sind also fast dreieinhalbmal so hoch. Arbeiter in Tschechien, der Slowakei oder Ungarn, drei Ländern, die große Werke der Volkswagen-Gruppe beherbergen (Škoda, Porsche, VW und Audi), stehen in direkter Konkurrenz zu ihren Kollegen in Spanien, wo ebenfalls größere Fabriken im Besitz von Volkswagen sind (VW, Seat); aber ihre Lohnkosten je Stunde liegen bei nur knapp der Hälfte oder gar nur einem Drittel der spanischen.

Das größte osteuropäische Land Polen hat pro Stunde Arbeitskosten von nur sieben Euro, was der Hälfte der griechischen und einem Drittel der spanischen entspricht. Diese Lohnunterschiede sind in jeder Hinsicht riesig. Man muss kein Ökonom sein, um zu erkennen, dass Südeuropa angesichts dieser Standortkonkurrenz eine sehr harte Zeit bevorsteht. Die Arbeitnehmer Südeuropas werden erst dann wieder wettbewerbsfähig sein können, wenn die osteuropäischen Länder so stark inflationieren, dass ihre Löhne ein vergleichbares Niveau erreicht haben oder Südeuropa seine Löhne senkt.

Abbildung 4.13 Arbeitskosten je Stunde im Jahr 2014 im Verarbeitenden Gewerbe der GIPSIZ-Länder im Vergleich mit osteuropäischen Ländern sowie der Türkei (2013)

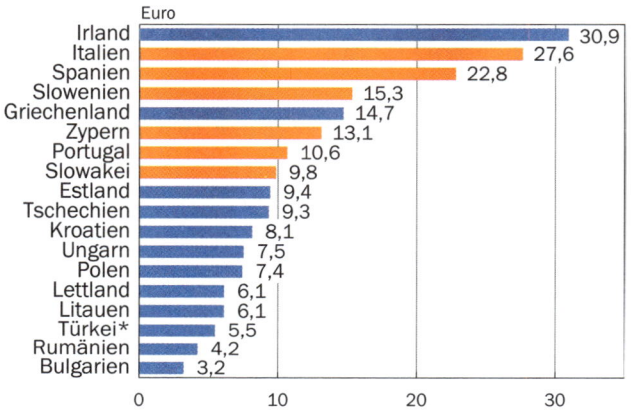

* 2013

Quellen: Alle Länder außer Türkei: Statistisches Bundesamt, *EU-Vergleich der Arbeitskosten 2014: Deutschland auf Rang acht*, Pressemitteilung Nr. 160, 4. Mai 2015, <https://www.destatis.de/DE/PresseService/Presse/Pressemitteilungen/2015/05/PD15_160_624.html>; Türkei: C. Schröder, »Industrielle Arbeitskosten im internationalen Vergleich«, iwTrends 4/2014, S. 6.

Das Problem für Südeuropa ist, dass Osteuropa groß und den großen Wirtschaftszentren in Deutschland relativ nahe ist. Bei einer kleineren Region wäre die Niedriglohnkonkurrenz keine so starke Bedrohung für den Aufschwung. Tatsächlich haben die osteuropäischen Mitgliedsländer aber insgesamt 104 Millionen Einwohner.[26] Dies ist zwar weniger als die Bevölkerung aller südeuropäischen Krisenländer zusammen, die bei ungefähr 130 Millionen liegt,[27] sie reicht jedoch, um schmerzhafte Standortverlagerungen von Firmen und eine Umlenkung der Sparströme für neues Investitionskapital zu bewirken.

Dieser Prozess gewinnt erst recht an Brisanz, wenn man feststellt, dass die EU bereits Assoziationsabkommen mit der Türkei und Serbien, zwei Ländern mit noch niedrigeren Löhnen, geschlossen hat, die diesen Ländern privilegierten Zugang zum EU-Markt verschaffen werden. Die gemeinsame Bevölkerung dieser beiden Länder macht momentan 84 Millionen aus.[28] Es ergeben sich auf absehbare Zeit so viele hochprofitable Investitionsmöglichkeiten in Südosteuropa und der Türkei, mit denen die südlichen Euroländer konkurrieren müssen, dass man schon ein arger Optimist sein muss, wenn man einen raschen Wirtschaftsaufschwung für die südlichen Euroländer erwartet.

GEFANGEN IM EURO: DAS DRAMA DER DEFLATION

Eine Korrektur der exorbitanten Löhne und Preise in Südeuropa ist unabdingbar für eine wirtschaftliche Erholung dieses Teils der Europäischen Union, aber diese Aufgabe wird hart sein, womöglich zu hart, wenn sie innerhalb der Währungsunion stattfinden soll. Auf den ersten Blick scheint es nicht allzu schwierig zu sein, eine notwendige reale Abwertung innerhalb der Eurozone zu bewerkstelligen. Wenn man durch eine exzessive Inflation zu teuer wurde, kann man auch durch ein Zurückfallen bei der Inflation, wenn nicht gar durch eine Deflation, relativ wieder billiger werden, so sollte man meinen. Doch leider geht es so einfach nicht. Wie bei einem alten Wecker kann man bei den Preisen den Zeiger immer nur in eine Richtung drehen, ohne die Uhr zu zerstören.[29]

Jene Länder, die nach der Ankündigung des Euro exzessiv inflationiert haben, sind solche mit einer langen inflationären Tradition. Gewerkschaften, Regierungen, Banken, Haushalte und Unternehmen hatten sich schon lange an eine substanzielle Inflation gewöhnt. Ihre Erwartungen, ihre Kaufgewohnheiten, ihre Lohnforderungen und ihr Preissetzungsverhalten hatten sich in Jahrzehnten auf die dauernde Inflation eingestellt und sie dadurch verfestigt. Umgekehrt waren jene Länder, die eine reale Abwertung unternehmen, insbesondere Deutschland, bereits vor der Euroeinführung an eine niedrige Inflationsrate gewöhnt. Es wird für Deutschland und Südeuropa nicht leicht sein, die Rollen zu tauschen, weil das bedeuten würde, etablierte nationale Gewohnheiten, Traditionen und Präferenzen zu überwinden, die tief in den Gebräuchen der Länder verankert sind.

Wie bereits betont, ist die Schwierigkeit besonders groß, weil der Weg zurück zu Gleichgewichtspreisen oftmals noch weiter sein wird als der Weg, der einst zu den heutigen Preisen geführt hat, eben weil die Krisenländer in der Zwischenzeit hohe Auslandsschulden akkumuliert haben, deren Zinsen die Leistungsbilanzen belasten, wie schon weiter oben ausgeführt wurde.

Um die Natur des Problems zu verdeutlichen, sei einmal angenommen, dass die strukturellen Preisänderungen in der Eurozone gemäß der Goldman-Sachs-Studie ohne Deflation in einem der Euroländer erzielt werden

Kapitel 4 In der Wettbewerbsfalle

sollen. Dann müsste Deutschland innerhalb von zehn Jahren jährlich um 5,5% inflationieren, was einen Preisanstieg von 71% und eine Reduktion des Realwerts der nominalen Ersparnisse von 42% bedeuten würde, wenn man sie für deutsche Waren ausgeben möchte. Die durchschnittliche Inflationsrate im Euroraum wäre in diesem Fall 3,1% pro Jahr.

Nun basiert diese Rechnung allerdings auf der ursprünglichen Preisverzerrung, die heute nicht mehr gar so groß ist. Da, wie Abbildung 4.9 zeigte, Irland, Griechenland und Spanien bereits ein Stück weit real abgewertet haben, verringert sich der weitere Anpassungsbedarf ein wenig. Geht man deshalb von den im Jahr 2014 erreichten relativen Preisen aus, so ergibt sich für die darauffolgenden zehn Jahre, also bis 2024, eine rechnerisch nötige Inflation von jährlich 5,2% für Deutschland, wenn alle Länder ihre Wettbewerbsfähigkeit ohne Deflation erreichen sollen. Die durchschnittliche Inflationsrate des Euroraums wäre dann 2,9%. Das deutsche Preisniveau wäre um 66% höher als im Jahr 2014 und der Realwert der für deutsche Waren verwendeten Ersparnisse um 40% kleiner. Auch das sind noch erhebliche Herausforderungen für die Geldpolitik und die Toleranz der inflationierenden Länder.

Selbst wenn es für die EZB technisch möglich wäre, eine Inflation von durchschnittlich 2,9% herbeizuführen, dürfte sie es nicht, weil sie gegen den Vertrag von Maastricht verstoßen würde. In Deutschland käme es zu einer großen Empörung, denn das Trauma der Hyperinflation zwischen 1915 und 1923 ist tief in der deutschen Psyche verankert. Zu jener Zeit hatte die Inflation die Mittelschicht ihres Vermögens beraubt, was zu radikalen politischen Verwerfungen führte und schließlich Adolf Hitler den Weg ebnete. Diese Erfahrungen sind auch der Grund dafür, dass Deutschland die D-Mark seinerzeit nur unter der Bedingung aufgab, dass die Wahrung der Preisstabilität zur zentralen Aufgabe der EZB gemacht wurde. Der erste Satz des Artikels 127 AEUV lautet daher wie folgt:[30]

»Das vorrangige Ziel des Europäischen Systems der Notenbanken ist es, die Preisstabilität zu gewährleisten.«

Ohnehin wird es schwer sein, in einer Situation, in der die Zinssätze bereits nahe bei null stehen und die Wirtschaft in einer Liquiditätsfalle steckt, mit geldpolitischen Maßnahmen nennenswerte Effekte zu erreichen. Japan bietet nützliches Anschauungsmaterial für den Kampf der Notenbank gegen Windmühlen, wenn eine solche Situation erst einmal vorliegt. Nach dem Platzen der Immobilienblase im Jahr 1990 und der Bankenkrise von 1997 fielen 40% der Banken an den Rand der Insolvenz und mussten vom Staat gerettet werden. Die japanische Zentralbank setzte die kurzfristigen Zinsen fast auf null, wo sie seitdem stehen, und überflutete die Wirtschaft mit Geld. Trotz all des Aufwands war die japanische Zentralbank aber nicht in der Lage, den langwierigen Kampf gegen eine Deflation und die sogenannte »säkulare Stagnation« zu gewinnen, die Japan erfasst hatte.[31] Nach einer Inflation von gut 21% zwischen 1980 und 1994 fiel der japanische BIP-Deflator von 1984 bis 2013 um 18%, sodass er ein Dritteljahrhundert später wieder auf dem Niveau von 1980 stand.[32]

Kommt es nicht zu einer hinreichenden Inflation in der Eurozone, verlangt die notwendige Restrukturierung der relativen Preise eine Deflation in den Krisenländern. Da diese Deflation nur eine Teilgruppe innerhalb der Eurozone betrifft, kann sie nicht in Form einer Aufwertung des Euro verpuffen. Die Wettbewerbsfähigkeit der deflationierenden Länder würde sich vielmehr verbessern, wie es in Irland, Lettland oder Litauen der Fall war.

Ein zusätzlicher Grund dafür, dass heute eine Deflation gebraucht wird, ist der Umstand, dass die GIPSIZ-Länder gegenwärtig von den Kapitalmärkten gemieden werden und ihnen daher nicht viel Zeit für eine graduelle Anpassung bleibt. Kapitalmärkte sind ungeduldig und können großen Druck ausüben, um die erforderlichen Preisanpassungen so schnell wie möglich umzusetzen und eine Deflation zu erzwingen.

Jedoch würde die Deflation in Ländern wie Griechenland, Portugal oder Spanien Not und Elend bringen, wie ihre aktuellen Arbeitslosenzahlen, besonders die Jugendarbeitslosigkeit (vgl. Abbildungen 1.2 und 1.3) zeigen. Während die Volkswirtschaft nach einer Deflation prosperiert, weil sie wieder wettbewerbsfähig ist, ist der Deflationsprozess als solcher schmerzhaft und rüttelt an den Grundfesten einer Gesellschaft. Die politischen Systeme Europas sind bereits heute durch den Streit der Partikularinteressen und durch starke Gewerkschaften einer hohen Belastung ausgesetzt und finden nur mühsam ihre Kompromisse. Eine massive Deflation halten sie womöglich nicht aus. Es ist wie bei einem Kranken, für den es zwar eine Therapie mit einer guten Erfolgswahrscheinlichkeit geben mag, dem man sie aber wegen der hohen Schmerzen und der damit verbundenen psychischen Belastungen vielleicht doch nicht zumuten möchte.

Dies ist ein Argument, das John Maynard Keynes schon in seinem Aufsatz »The Economic Consequences of Mr. Churchill« aus dem Jahr 1925 benutzt und später in seiner *General Theory* wiederholt hat.[33] Keynes warnte Winston Churchill davor, für Großbritannien erneut den Goldstandard einzuführen, mit der Begründung, ein solcher Schritt würde das Land zu einer realen Abwertung zwingen, die aufgrund des Widerstandes von Gewerkschaften in einer Massenarbeitslosigkeit münden würde. In der Weltwirtschaftskrise litt Großbritannien tatsächlich unter den von Keynes identifizierten Effekten und war 1931 gezwungen, den Goldstandard wieder zu verlassen.

Deutschland hat die von Keynes beschriebenen Probleme in der Zeit der Weimarer Republik noch schmerzlicher zu spüren bekommen. Durch den Dawes-Plan, mit dem die Reparationsleistungen nach dem Versailler Vertrag konkretisiert worden waren, war es Deutschland verboten, seine Währung abzuwerten, um seine Wettbewerbsfähigkeit zu verbessern. Wesentlicher Teil des auf dem Dawes-Plan basierenden Abkommens mit den Siegermächten war das deutsche Bankgesetz von 1924, mit dem der Wechselkurs zwischen Reichsmark und Gold unverrückbar festgeschrieben wurde, um die Werthaltigkeit der Reparationsverpflichtungen zu sichern. Es wäre zu schlimmsten Konflikten mit den privaten und öffentlichen Gläubigern Deutschlands gekommen, hätte man hieran etwas geändert. Selbst Hitler wagte daran später nicht zu rütteln.[34] In den Jahren nach Ausbruch der Weltwirtschaftskrise 1929 werteten aber einige der Wettbewerber Deutschlands ab, so insbesondere Großbritannien, Japan und einige skandinavische Länder. Nachdem Großbritannien seine Goldbindung im Jahr 1931 aufgab, fiel das Pfund um rund 30% gegenüber dem Goldstandard. (Später, im Jahr 1934, werteten dann auch die USA um ca. 40% ab, was der Anfang vom Ende des Goldstandards war.) Angesichts dieser Verhältnisse bestand Deutschlands einzige Möglichkeit, seine Wettbewerbsfähigkeit zu verbessern, in einer realen Abwertung durch die Senkung der Löhne und Preise, wie sie von der deutschen Regierung unter Reichskanzler Heinrich Brüning dann auch mit rabiaten Sparmaßnahmen erzwungen wurde.[35]

So sanken die deutschen Löhne von 1929 bis 1933 um 27%,[36] und die Verbraucherpreise fielen um 23%.[37] Die so betriebene reale Abwertung half, das Schlimmste zu vermeiden, doch Deutschland rutschte zunächst einmal in eine Massenarbeitslosigkeit von ca. 30%, ohne dass es Hilfe durch öffentliche Kredite anderer Länder erhielt,[38] und sein Sozialprodukt fiel von 1928 bis 1932 um 16%.[39] Die Austeritätspolitik trieb Deutschland an den Rand eines Bürgerkriegs. Auf den Straßen wurde geschossen, und die politischen Lager bekämpften sich. Was dann 1933 kam, erwies sich bekanntlich als noch schlimmer als jeder Bürgerkrieg.

Das deutsche Beispiel zeigt, dass politisch zerstrittene Länder mit realen Abwertungen in der Größenordnung, wie sie Portugal und Griechenland brauchen, überfordert sein könnten. Die Gewerkschaften machen eine solche Entwicklung nicht mit, sondern wagen den Straßenkampf, um die Position ihrer Mitglieder zu verteidigen. Die Gewerkschaften ließen sich zur Not vielleicht einbinden, wenn man die Löhne koordiniert senken könnte, weil die Nominallohnsenkung dann auch die Preise senken würde, und zwar umso mehr, je geringer der Importanteil ist. Aber in der Regel fehlt es an der

Möglichkeit, eine solche Lohnsenkung zu orchestrieren. Die Konsequenz ist, dass sich am Ende jede Einzelgewerkschaft, die vor den anderen die Löhne ihrer Mitglieder senken soll, mit größter Verve gegen die Lohnsenkung zur Wehr setzt. Keiner will der Erste sein, und jeder hofft, dass die anderen mit der Lohnsenkung vorangehen. Ein Hauen und Stechen ist die Konsequenz, die schon John Maynard Keynes nach der Beobachtung der Verhältnisse in der Weimarer Republik sehr deutlich beschrieben hatte.[40] Interessanterweise stimmte ihm sein großer Widersacher Milton Friedman in dieser Frage zu.[41] Da die Löhne in modernen Volkswirtschaften nach unten nominal fast starr sind, sind die Möglichkeiten einer realen Abwertung durch Preis- und Lohnsenkungen begrenzt.

Und selbst wenn die Gewerkschaften ein Einsehen hätten, gibt es im Inneren der Länder immer noch das Problem einer Verzerrung der bilanziellen Vermögens- und Schuldverhältnisse als Folge einer realen Abwertung. Bei den Preissenkungen der Größenordnung, um die es geht, werden viele normale Firmen, die über Sachvermögen (Maschinen und Gebäude) verfügen, aber Schulden bei den Banken des Landes haben, in Schwierigkeiten kommen, weil ihre Vermögenswerte fallen, während ihre Bankschulden bleiben. Viele Firmen der Realwirtschaft werden in den Konkurs getrieben, auch wenn sie wegen sinkender Preise auf den ersten Blick wettbewerbsfähiger werden.[42] Ähnlich werden viele private Haushalte, die Immobilien auf Kredit kauften oder Konsumentenkredite in Anspruch nahmen, nicht in der Lage sein, ihre Schulden zu bedienen, wenn nur eine Lohn- und Preissenkung stattfand. Ähnlich geht es Mietern mit langfristigen Mietkontrakten, die ihre Mietschulden nicht mehr bedienen können. Die Verzerrungen der inländischen Schuldverhältnisse sind ein unlösbares Problem, an dem jeder Versuch, eine umfangreiche reale Abwertung durch echte und nicht nur relative Preissenkungen zu erreichen, scheitern muss.

Das Problem der internen Schulden ist besonders für die GIPSIZ-Länder problematisch, denn alle haben ihre Wettbewerbsfähigkeit aufgrund der Kreditblase, die der Euro brachte, verloren. Firmen, Privathaushalte und Staaten sind hoffnungslos überschuldet und können deshalb keine größeren realen Abwertungen akzeptieren, selbst wenn Preise und Einkommen gleichzeitig und proportional zueinander fallen.

Dies ist der große Unterschied zwischen dem Baltikum und den GIPSIZ-Ländern. Die baltischen Länder entkamen dem Kommunismus und waren zu teuer, weil sie dem EWS-II-System mit überbewerteten Währungen beitraten; aber ihre Regierungen, Haushalte und Unternehmen waren nicht übermäßig verschuldet, und die Banken hatten ausländische Eigentümer. Die auch dort nötigen Abschreibungen auf Kredite mussten die Bankmütter bezahlen, die überwiegend in Skandinavien saßen. Daher war es relativ einfach, die verschiedenen Gruppen der Gesellschaft von dem Nutzen von Sparprogrammen zu überzeugen. Doch offensichtlich lässt sich dieses Beispiel nicht auf Südeuropa oder Irland übertragen.

Das ist das wahre Dilemma, die Sackgasse, in der die Eurozone heute steckt. 40% der Bevölkerung der Eurozone, nämlich die in den GIPSIZ-Ländern, und vielleicht auch noch jene in Frankreich mit zusätzlichen 20%, stecken in einer Falle, weil sie ihre Wettbewerbsfähigkeit infolge einer inflationären Kreditblase verloren haben, während der Fluchtweg durch Lohn- und Preissenkungen durch das interne Schuldenproblem verschlossen ist.

Abgesehen von einer nach dem Maastrichter Vertrag verbotenen Inflationierung der Eurozone existiert in einer solchen Situation praktisch keine andere Lösung als der Austritt, dem eine offene Abwertung folgt. Die Angst vor einem Austritt kann jedoch Bank-Runs und eine Kapitalflucht ins Ausland auslösen und den Bankensektor in eine Insolvenz führen, sodass bei den betroffenen Ländern Kapitalverkehrskontrollen und Schranken für Bargeldabhebungen erforderlich sind.

Die Finanzkrisen in Zypern und Griechenland machten die Natur der Probleme sehr deutlich. Zypern sah sich während des gesamten Jahres 2012 einer massiven Kapitalflucht ausgesetzt, weil das Vertrauen in die Solidität der Banken schwand. Die zypriotische Nationalbank hielt unter Tolerierung der EZB mit ELA-Notfallkrediten dagegen, doch als der EZB-Rat am 21. März 2013 beschloss,[43] diese Kredite nicht weiter auszudehnen, ging die Laiki Bank, die die zweitgrößte Bank des Landes war, in Konkurs, und die Bank of Cyprus, die an erster Stelle lag, taumelte. Teile der Laiki Bank wurden dann in die Bank of Cyprus überführt. Das zwang die zypriotische Regierung am 22. März 2013, Kapitalverkehrskontrollen zu verhängen, die bis zum April 2015 aufrechterhalten werden mussten,[44] obwohl zwischendrin immer wieder versprochen worden war, die Kontrollen in Kürze aufzuheben.

In Griechenland war es ähnlich. Der rapide Vertrauensverlust, der mit der Wahl der links-radikalen Partei Syriza verbunden war, führte zu einer Depositenflucht in Form von wachsenden Bargeldabhebungen und Auslandsüberweisungen. Diese Flucht wurde durch ELA-Notfallkredite an die Banken bis Ende Juni 2015 kompensiert. Als der EZB-Rat am 28. Juni beschlossen hatte,[45] der griechischen Notenbank die Vergabe weiterer ELA-Kredite zu untersagen, war die Regierung gezwungen, die Banken zunächst zu schließen. Sie erlaubte die Öffnung anschließend nur unter massiven Beschränkungen der Barabhebungen und der Auslandsüberweisungen. Bei der Abfassung dieser Zeilen waren nach abermaligen Verhandlungen neue ELA-Kredite gewährt worden,[46] doch bestehen die Kapitalverkehrskontrollen zunächst fort.[47]

Vergegenwärtigt man sich all diese Probleme, sollten die Vorteile einer offenen Abwertung nicht unterschätzt werden. Eine offene Abwertung hat den großen Vorteil, dass sie nicht nur die Nachfrage nach den Produkten der heimischen Wirtschaft erhöht, weil die Bevölkerung von den teurer werdenden Importwaren auf heimische Waren umsteigt und weil auch Ausländer mehr inländische Waren kaufen, sondern auch, die Schuldkontrakte innerhalb des Landes unberührt lässt. Alle Schulden, die man bei den Inländern hat, werden ja automatisch von der Währungsumstellung mit erfasst, sodass keiner wegen seiner Bankschulden oder anderer inländischer Schuldbeziehungen in den Konkurs getrieben werden kann. Das war sicherlich einer der Gründe dafür, dass der griechische Finanzminister Yanis Varoufakis mit Billigung des Regierungschefs Alexis Tsipras seit Aufnahme der Regierungsgeschäfte an einem Geheimplan zur Einführung einer Parallelwährung arbeitete, den er dem Kabinett am Abend nach dem überwältigenden Sieg der Regierungspartei bei dem am 5. Juli abgehaltenen Referendum erfolglos unterbreitete.[48]

Auslandsschulden bleiben, soweit sie in ausländischer Währung nach ausländischem Recht begeben wurden, auch nach einer Abwertung ein Problem. In der Hinsicht besteht freilich kein Unterschied zwischen einer inneren, realen Abwertung und einer offenen Abwertung durch Wechsel der Währung. In jedem Fall steigen die Auslandsschulden relativ zum Wert der inländischen Vermögenstitel und relativ zum Bruttoinlandsprodukt. Dieser Aspekt ist daher für die Wahl zwischen innerer und äußerer Abwertung irrelevant.

Der Anstieg der *relativen* Außenschulden, der nach einer Abwertung zu erwarten ist, wird bisweilen als Argument gegen eine solche Abwertung angeführt. Doch ist dieses Argument irreführend, denn nur durch die Abwertung lässt sich die Wettbewerbslage eines Landes so verbessern, dass es wieder Leistungsbilanzüberschüsse erzielt und überhaupt irgendwelche Schulden zurückzahlen kann. So gesehen führt der Weg zu einer Tragfähigkeit der Auslandsschulden ohne Schuldenerlass immer über eine anfängliche Erhöhung der Außenschulden in Relation zum Bruttoinlandsprodukt und zu den inländischen Vermögenswerten. Gerade wenn man diese Relation zunächst durch eine Abwertung erhöht, ist es möglich, die Außenschulden letztlich schneller zu tilgen, als es sonst der Fall gewesen wäre.

Davon abgesehen kann ein Land, das mit seinen Schulden nicht zurechtkommt, als souveräner Schuldner jederzeit seine Insolvenz erklären. Dann müssen entweder die Gläubiger auf einige ihrer Forderungen verzichten, um einen Neustart des Landes zu erlauben, oder die Steuerzahler anderer Länder müssten das Land retten. Aber dieses Problem ist dann unabhängig von der Frage der Wettbewerbsfähigkeit.

Selbst in Fällen, in denen das Schuldenproblem gelöst wird, können sich manche Länder nur durch den Austritt und die Abwertung der inländischen Währung aus ihrer Wettbewerbsfalle befreien. Im letzten Kapitel dieses Buches wird ein Weg aufgezeigt, wie dies in geordneter Weise stattfinden kann.

ANMERKUNGEN

1 Internationaler Währungsfonds, »Greece: Ex Post Evaluation of Exceptional Access under the 2010 Stand-By Arrangement«, *IMF Country Report* No. 13/156, Juni 2013, <http://www.imf.org/external/pubs/ft/scr/2013/cr13156.pdf>, insbesondere S. 2, 21 und 33.

2 Rat der Europäischen Union, *3220th Council Meeting – Economic and Financial Affairs*, Pressemitteilung 6083/13, Brüssel, 12. Februar 2013, <http://www.consilium.europa.eu/uedocs/cms_data/docs/pressdata/en/ecofin/135438.pdf>; Europäischer Rat, *Speech by President of the European Council Herman Van Rompuy at the Annual »State of Europe« Event*, Pressemitteilung 185/12, Brüssel 11. Oktober 2012, <http://www.consilium.europa.eu/uedocs/cms_data/docs/pressdata/en/ec/132796.pdf>; »On Being Propped up«, *The Economist*, 25. Mai 2013, S. 29, <http://www.economist.com/news/europe/21578394-spains-pain-likely-continue-despite-some-promising-reforms-unless-new-sour ces-growth>.

3 Auch der IWF kam gleichzeitig und unabhängig zu einer ähnlichen Diagnose wie schon die englische Fassung dieses Buches, T. Tressel und S. Wang, »Rebalancing in the Euro Area and Cyclicality of Current Account Adjustments«, *IMF Working Paper* No. 14/130, Juli 2014, <http://www.imf.org/external/pubs/ft/wp/2014/wp14130.pdf>.

4 Zinsverpflichtungen werden hier im weitesten Sinn interpretiert und implizieren z. B. Zinseinkommen, Dividenden und einbehaltene Gewinne bei ausländischen Tochterfirmen.

5 Europäische Kommission, *Beschäftigung: EU-Kommission will ehemalige Beschäftigte von PSA Peugeot Citroën in Frankreich mit 12,7 Mio. EUR aus dem Globalisierungsfonds unterstützen*, Pressemitteilung 14/994, Brüssel, 11. September 2014, <europa.eu/rapid/press-release_IP-14-994_de.htm>.

6 Die Zahlen beziehen sich auf die Wachstumsrate des BIP-Deflators, die im Fall Deutschlands unterhalb der Inflationsrate der Verbraucherpreise lag.

7 Siehe K. S. Rogoff, »The Purchasing Power Parity Puzzle«, *Journal of Economic Literature* 34, 1996, S. 647–668; H.-W. Sinn und M. Reutter, »The Minimum Inflation Rate for Euroland«, *CESifo Working Paper* Nr. 377, Dezember 2000, <http://www.cesifo-group.de/DocDL/cesifo_wp377.pdf>; A. Alesina, O. Blanchard, J. Galí, F. Giavazzi und H. Uhlig, *Defining a Macroeconomic Framework for the Euro Area*, Centre for Economic Policy Research, London 2001, Kapitel 3: »Country Adjustments within the Euro Area: Lessons after two Years«; É. Balázs, I. Drine, K. Lommatzsch und C. Rault, »The Balassa-Samuelson Effect in Central and Eastern Europe: Myth or Reality?«, *Journal of Comparative Economics* 31, 2003, S. 552–572; K. Rose und K. Sauernheimer, *Theorie der Außenwirtschaft*, Verlag Franz Vahlen, München 2006, Kapitel 3: »Die Determinanten des Wechselkurses«.

8 Die Wettbewerbsfähigkeit könnte auch durch das Preisverhältnis von handelbaren und nicht handelbaren Gütern gemessen werden. Diese Kennzahl würde denselben Verlauf wie der BIP-Deflator zeigen.

9 1.000 Lire hatten im EWS-Währungsverbund ursprünglich (am 13. März 1979) einen Wert von 2,19 D-Mark, doch Inflationswellen in den 1980ern erodierten dieses Umrechnungsverhältnis. Nachdem das EWS im Jahr 1992 zerbrach, fiel der Wert temporär sogar bis auf 80 Pfennig (am 19. April 1995), und zum Zeitpunkt des Gipfels in Madrid lag er bei 90 Pfennig. Die Aufwertung brachte ihn dann auf 1,01 D-Mark.

10 Errechnet als Verhältnis des summierten nominalen BIP der einzelnen Länder zum summierten realen BIP dieser Länder.

11 H.-W. Sinn, »Austerity, Growth and Inflation: Remarks on the Eurozone's Unresolved Competitiveness Problem«, *The World Economy* 37, 2014, S. 1–13, <http://www.cesifo-group.de/sinn-world-econ-2014_pdf>.

12 *Eröffnungsrede im Deutschen Bundestag – Rede von Mario Draghi, Präsident der EZB*, Er-

Kapitel 4   In der Wettbewerbsfalle

örterung der geldpolitischen Maßnahmen der EZB mit Mitgliedern des Deutschen Bundestags, Berlin, 24. Oktober 2012, <http://www.ecb.europa.eu/press/key/date/2012/html/sp1 21024.de.html>.

13   Zum Beispiel sagte José Manuel González-Páramo, zu jener Zeit Direktoriumsmitglied der Europäischen Zentralbank, in einer Rede: »First, there is a broad consensus among academics, observers and policy-makers that monetary policy should focus on maintaining price stability in the single currency area as a whole. [...] By contrast, it is widely recognised that assigning to monetary policy the additional role of directly addressing the relative balance between the sectors or regions of the single currency area in the process of adjustment to shocks would overburden monetary policy to the detriment of its primary role«. J. M. González-Páramo, »Inflation Differentials in the Euro Area«, *Rede bei der Cámara de Comercio, Industria y Navegación de la Región de Murcia*, Murcia, 23. Mai 2005, <http://www.ecb.europa.eu/press/key/date/2005/html/sp050523.en.html>. Lucas Papademos, zu jener Zeit Vizepräsident der EZB, betonte: »Needless to say, but I will say it anyway to make it abundantly clear, the single monetary policy cannot address the ULC growth and inflation divergences in individual countries. And since it cannot do it, it should not attempt to do it and it will not do it. However, by ensuring the preservation of price stability in the euro area as a whole, it can help guide and anchor inflation expectations to price stability in all euro area countries and thus help consumers and firms to take appropriate economic decisions«. L. Papademos, »Inflation and Competitiveness Divergences in the Euro Area Countries: Causes, Consequences and Policy Responses«, *Rede anlässlich der Konferenz »The ECB and its Watchers IX«*, Frankfurt am Main, 7. September 2007, <http://www.ecb.int/press/key/date/2007/html/sp070907_2.en.html>. Und sogar der damalige Präsident der EZB, Jean-Claude Trichet, machte im Jahr 2011 klar, dass eine »temporäre Abweichung von der durchschnittlichen Inflation in der Eurozone kein Grund zur Beunruhigung« sei. J.-C. Trichet, »Competitiveness and the Smooth Functioning of EMU«, *Vorlesung an der Universität von Liège*, Liège, 23. Februar 2011, <https://www.ecb.int/press/key/date/2011/html/sp110223.en.html>.

14   Die Datenquellen sind unter Tabelle 4.1 aufgeführt.

15   European Economic Advisory Group, *The EEAG Annual Report of the European Economy: The Euro Crisis*, CESifo, München 2012, Kapitel 2: »The European Balance-of-Payments Problem«.

16   Man beachte, dass $154 \cdot (100\% - 35\%) \approx 100$.

17   H.-W. Sinn, *Ist Deutschland noch zu retten?*, Econ Verlag, Berlin 2003, Kapitel 2: »Dr. Lieschen Müllers Denkfehler bei den Lohnkosten«.

18   H.-W. Sinn, »Austerity, Growth and Inflation. Remarks on the Eurozone's Unresolved Competitiveness Problem«, a. a. O., 2014.

19   In Italien wurde der Normalsatz der Mehrwertsteuer am 17. September 2011 von 20 auf 21% angehoben. Außerdem wurde im Dezember 2011 die Benzinsteuer erhöht, wodurch der Literpreis um 16 Cent stieg (vgl. »Italien erhöht Benzinsteuer stark«, *derstandard.at*, 7. Dezember 2011, <http://derstandard.at/1323222432610/Monti-Sparplan-Italien-er hoeht-Benzinsteuer-stark>). In Griechenland gab es mehrere Änderungen: Am 15. März 2010 wurden die ermäßigten Mehrwertsteuersätze von 4,5 bzw. 9 auf 5 bzw. 10% angehoben und der Normalsatz von 19 auf 21%. Am 1. Juli 2010 folgte eine Anhebung der ermäßigten Sätze auf 5,5 bzw. 11% und des Normalsatzes auf 23%. Zum 1. Januar 2012 wurden die ermäßigten Sätze nochmals erhöht und betragen seitdem 6,5 bzw. 13% (vgl. Europäische Kommission, Die Mehrwertsteuersätze in den Mitgliedstaaten der Europäischen Union, 1. Juli 2015, <http://ec.europa.eu/taxation_customs/resources/documents/taxation/vat/how_vat_works/rates/vat_rates_de.pdf>).

20   Im Jahr 2013 überstiegen die Importe von Agrarprodukten die Exporte um 23%. Vgl. World Trade Organization, *Statistics Database*, Trade Profiles, Greece, Mai 2014, <http://stat.wto.org/StatisticalProgram/WSDBStatProgramSeries.aspx?Language=E>.

21   »Greece Importing Olive Oil from Germany«, *ekathimerini.com*, 8. September 2011, <http://

www.ekathimerini.com/4dcgi/_w_articles_wsite1_1_08/09/2011_405493%CE%93%20%CE%B2%E2%82%AC>.

22 Michalis Chrysochoidis antwortete auf die Frage, ob die Subventionen Griechenland zerstört haben: »Ja. Während wir mit der einen Hand das Geld der EU nahmen, haben wir es nicht mit der anderen Hand in neue und wettbewerbsfähige Technologien investiert. Alles ging in den Konsum. Das Ergebnis war, dass jene, die etwas produzierten, ihre Betriebe schlossen und Importfirmen gründeten, weil sich damit mehr verdienen ließ. Das ist das eigentliche Desaster dieses Landes.« M. Chrysochoidis, »Die Gesellschaft ist reifer als ihr System«, Interview mit M. Martens, *faz.net*, 9. Februar 2012, <http://www.faz.net/aktuell/politik/europaeische-union/griechischer-wirtschaftsminister-die-gesellschaft-ist-reifer-als-ihr-system-11642768.html>.

23 Siehe N. M. Corden und J. P. Neary, »Booming Sector and De-Industrialization in a Small Open Economy«, *Economic Journal* 92, 1982, S. 825–848.

24 V. Dombrovskis, »Managing the Crisis. The Case of Latvia«, *9. Munich Economic Summit*, CESifo und BMW Stiftung Herbert Quandt, 30. April 2010. Dombrovskis traf die Aussage in der Paneldiskussion im Anschluss an den Vortrag.

25 Auf dem *12. Munich Economic Summit*, CESifo und BMW Stiftung Herbert Quandt, 16. Mai 2013.

26 Bulgarien, Tschechien, Kroatien, Estland, Ungarn, Lettland, Litauen, Polen, Rumänien, die Slowakei und Slowenien, vgl. Eurostat, Datenbank, *Wirtschaft und Finanzen*, Volkswirtschaftliche Gesamtrechnungen (ESVG 2010), Jährliche Volkswirtschaftliche Gesamtrechnungen, Zusätzliche Indikatoren.

27 Zypern, Griechenland, Italien, Portugal und Spanien.

28 Vgl. Internationaler Währungsfonds, *World Economic Outlook Database*, April 2015.

29 Siehe H.-W. Sinn, »Reining in Europe's Debtor Nations«, *Project Syndicate*, 23. April 2010, <http://www.project-syndicate.org/commentary/reining-in-europe-s-debtor-nations>, und P. Krugman, »The Euro Trap«, *nytimes.com*, 29. April 2010, <http://www.nytimes.com/2010/04/30/opinion/30krugman.html>. Ferner: H.-W. Sinn, »Schuldenbegrenzung nicht ernst genommen«, Interview mit R. Müller, *Berliner Zeitung*, 29. März 2010, Nr. 75, S. 12, <http://www.cesifo-group.de/w/3MaFL6G8B>; »Das zwingt uns in die Knie«, Interview mit J. Tietz, *Spiegel online*, 26. April 2010, <http://www.cesifo-group.de/w/Kcf7SuQZ>; und »Das Griechen-Drama wird schrecklich enden«, Interview mit A. Siemens, *Focus online*, 19. März 2010, <http://www.cesifo-group.de/w/3Fzcg9dcq>.

30 EU, »Konsolidierte Fassungen des Vertrags über die Europäische Union und des Vertrags über die Arbeitsweise der Europäischen Union«, *Amtsblatt der Europäischen Union* C 326, 26. Oktober 2012, Artikel 127, (ehemals Artikel 105), <http://eur-lex.europa.eu/legal-content/DE/TXT/?uri=OJ:C:2012:326:TOC>. Vgl. ferner Artikel 2 der Satzung der EZB: EU, »On the Statute of the European System of Central Banks and of the European Central Bank«, *Amtsblatt der Europäischen Union* C 115, 9. Mai 2008, <http://www.ecb.europa.eu/ecb/legal/pdf/en_statute_from_c_11520080509en02010328.pdf>.

31 A. Hansen, *Full Recovery or Stagnation*, Norton, New York 1938.

32 Vgl. Internationaler Währungsfonds, *World Economic Outlook Database*, April 2015. $1{,}21 \cdot 0{,}82 \approx 1{,}00$.

33 J. M. Keynes, *Essays in Persuasion*, Macmillan, London 1931, Kapitel 5: »The Economic Consequences of Mr. Churchill (1925)«; und J. M. Keynes, *The General Theory of Employment, Interest and Money*, Palgrave Macmillan, London 1936, hier Macmillan 1960, S. 267.

34 Siehe C. G. Dawes und R. McKenna, *Die Sachverständigen-Gutachten. Der Dawes- und McKenna-Bericht, mit Anlagen*, nach dem Originaltext redigierter Wortlaut, Frankfurter Societäts-Druckerei, Frankfurt am Main 1924, S. 10, Abschnitt VI und S. 12 f., Abschnitte IX und X. Ferner auch: P. Heyde, *Das Ende der Reparationen. Deutschland, Frankreich und der Youngplan; 1929–1939*, Ferdinand Schöningh Verlag, Paderborn 1998, S. 48 und 51.

35 Siehe K. Borchardt, »Zwangslagen und Handlungsspielräume in der großen Wirtschafts-

Kapitel 4   In der Wettbewerbsfalle

krise der frühen dreißiger Jahre: Zur Revision des überlieferten Geschichtsbildes«, Festrede vom 2. Dezember 1978, *Jahrbuch der Bayerischen Akademie der Wissenschaften*, Verlag C.H. Beck, München 1979, S. 85–132; detaillierte Beschreibungen der Situation während der deutschen Inflation der 1920er Jahre finden sich auch bei N. Ferguson, »Keynes and the German Inflation«, *English Historical Review* 110, 1995, S. 368–391; derselbe, »Constraints and Room for Manoeuvre in the German Inflation of the Early 1920s«, *Economic History Review* 49, 1996, S. 635–666; derselbe und B. Granville, »›Weimar on the Volga‹: Causes and Consequences of Inflation in 1990s Russia Compared With 1920s Germany«, *Journal of Economic History* 60, 2000, S. 1061–1087.

36 Vgl. J. H. Müller, *Nivellierung und Differenzierung der Arbeitseinkommen in Deutschland seit 1925*, Duncker & Humblot, Berlin 1954.

37 Vgl. Statistisches Bundesamt, *Fachserie 17*, Preise, Reihe 7. S. 2.

38 Vgl. D. Petzina, »Arbeitslosigkeit in der Weimarer Republik«, in W. Abelshauser (Hrsg.), *Die Weimarer Republik als Wohlfahrtsstaat. Zum Verhältnis von Wirtschafts- und Sozialpolitik in der Industriegesellschaft*, Vierteljahrschrift für Sozial- und Wirtschaftsgeschichte, Beiheft 81, Stuttgart 1987.

39 Vgl. A. Maddison, *The World Economy. Historical Statistics*, OECD, Paris 2003, S. 50.

40 J. M. Keynes, *The General Theory of Employment, Interest and Money*, a.a.O., 1936 (1960, S. 267).

41 M. Friedman, *Essays in Positive Economics*, University of Chicago Press, Chicago 1953, Kapitel: »The Case for Flexible Exchange Rates«, insbesondere S. 165 und S. 173.

42 Diese Probleme stehen im Zentrum von Irving Fisher's Schuldendeflationstheorie. I. Fisher, »The Debt-Deflation Theory of Great Depressions«, *Econometrica* 1, 1933, S. 337–357.

43 Europäische Zentralbank, *Governing Council Decision on Emergency Liquidity Assistance Requested by the Central Bank of Cyprus*, Pressemitteilung, 21. März 2013, <https://www.ecb.europa.eu/press/pr/date/2013/html/pr130321.en.html>.

44 N. Anastasiades, »The President of the Republic gave a Press Conference on the Economy«, *Speeches and Statements of the President*, 3. April 2015, <http://www.presidency.gov.cy/Presidency/Presidency.nsf/All/C60C8A4E5BDD1B9AC2257E1F00275A30?OpenDocument>.

45 Europäische Zentralbank, *ELA to Greek Banks Maintained at Its Current Level*, Pressemitteilung, 28. Juni 2015, <https://www.ecb.europa.eu/press/pr/date/2015/html/pr150628.en.html>.

46 Vgl. »EZB stockt Ela-Kredite auf – Finanzminister geben grünes Licht für Hilfsprogramm«, *n-tv.de*, 16. Juli 2015, <http://www.n-tv.de/politik/Finanzminister-geben-gruenes-Licht-fuer-Hilfsprogramm-article15534191.html>.

47 Vgl. »Kein Stopp der Kapitalkontrollen ohne frisches Geld«, *Handelsblatt online*, 26. Juli 2015, <http://www.handelsblatt.com/politik/international/griechenland-kein-stopp-der-kapitalkontrollen-ohne-frisches-geld/12105834.html>.

48 Y. Varoufakis, »Yanis Varoufakis Full Transcript: Our Battle to Save Greece«, Interview mit H. Lambert, *New Statesman*, 13. Juli 2015, <http://www.newstatesman.com/world-affairs/2015/07/yanis-varoufakis-full-transcript-our-battle-save-greece>; sowie Y. Varoufakis, N. Lamont und D. Marsh, »Telephone Conversation between Yanis Varoufakis, Norman Lamont and David Marsh«, *omfif.org*, 16. Juli 2015, <http://www.omfif.org/media/1122791/omfif-telephone-conversation-between-yanis-varoufakis-norman-lamont-and-david-marsh-16-july-2015.pdf>.

5 Der »weiße Ritter«

Der Crash – Hilfe mit der Druckerpresse – Die Absenkung der Sicherheitsstandards und die Verlängerung der Laufzeiten – Moralisches Risiko – Notkredite

DER CRASH

Zur Entgleisung des europäischen Zuges, der ohne wirksame private und öffentliche Schuldenbremsen dahinraste, kam es, als die US-Finanzkrise die europäischen Banken erreichte. Die Abschreibungsverluste auf toxisch gewordene amerikanische Wertpapiere raubten den europäischen Banken Eigenkapital und die Illusion, dass die Triple-A-Ratings Sicherheit bedeuteten. Die zunehmende Zahl notleidender Banken trug erheblich zur Verunsicherung bei. Dies führte im August 2007 zur ersten Krise auf dem europäischen Interbankenmarkt. Damit änderten sich auch die Risikoeinschätzungen für die Wertpapiere der europäischen Peripherie und die Bereitschaft, diese Papiere zu halten, wie es in den daraufhin wachsenden Zinsspreizungen jener Zeit zum Ausdruck kam (vgl. Abbildung 2.2).

Die vielen Bankpleiten waren besonders spektakulär. Nachdem die EZB im August 2007 die ersten Stockungen des Interbankenmarkts, die den Problemen von IKB und BNP Paribas folgten (vgl. Kapitel 2), durch großzügige Bereitstellung von Liquidität überwinden konnte, kam es zu einem ersten Bank-Run bei der britischen Bank Northern Rock.[1] Die Schwierigkeiten der Bank, sich kurzfristigen Kredit bei anderen Banken zu nehmen, hatten den Verdacht einer drohenden Insolvenz genährt. Die Kunden versuchten, sich ihre Sichtdepositen in Bargeld auszahlen zu lassen, aber da keine Bank all das Geld vorrätig hat, das sie auf den Konten ihrer Kunden ausweist, brach alsbald Panik aus.[2] Der britischen Notenbank und dem Staat, die sich erst geweigert hatten, zu helfen, blieb in dieser Situation nichts anderes übrig, als das Vertrauen in die Bank durch Finanzhilfen und letztlich im Februar 2008 sogar durch eine Verstaatlichung wiederherzustellen. Wenig später kam die US-amerikanische Investmentbank Bear Stearns in Schwierigkeiten, und die sächsische Landesbank stolperte über die Geschäfte ihrer irischen Zweckgesellschaft Sachsen LB Europe. Im Juli 2008 meldete der große US-amerikanische Immobilienfinanzier IndyMac Insolvenz an, und in Deutschland kam noch im ersten Halbjahr 2008 eine staatliche Bank nach der anderen ins Trudeln.[3]

Als im September 2008 die Investmentbank Lehman Brothers unterging, brach der Interbankenmarkt weltweit vollends zusammen, und Hunderte von Banken mussten in der Folge Konkurs anmelden.

Zwar erholen sich in den Folgemonaten die Finanzmärkte dank milliardenschwerer Programme zur Bankenrettung, und schon im zweiten Halbjahr 2009 setzte weltweit ein neuer Konjunkturaufschwung ein. Aber die Zeit des billigen Geldes für die Banken und Staaten der peripheren Euroländer und die daraus entstandene wirtschaftliche Überhitzung waren definitiv zu einem Ende gekommen. So spreizten sich die Zinsen, wie Abbildung 2.2 gezeigt hat, wieder so auseinander wie vor der Ankündigung des Euro. Was nach der Einführung des Euro zunächst als wünschenswerter Konvergenzprozess erschien, erwies sich als platzende Seifenblase.

Die Banken, die ihr Geld leichtfertig verliehen hatten, versuchten nun, sich so schnell wie möglich aus dem Staube zu machen. Abbildung 5.1 zeigt auf der Basis offizieller Daten der Bank für Internationalen Zahlungsausgleich (BIZ), wie die Banken der Gläubigerländer ihre Ausleihungen gegenüber den Krisenländern verringert haben. Die Abbildung ergänzt Abbildung 3.7, die diese Ausleihungen bereits in einer Momentaufnahme für den Zeitpunkt der Lehman-Krise gezeigt und nach Schuldnerländern aufgespalten hatte, indem sie die Entwicklung im Zeitablauf darstellt. Betrachtet sind Ausleihungen an die privaten und öffentlichen Sektoren der fünf Krisenländer Griechenland, Irland, Portugal, Spanien und Italien, nennen wir sie GIIPS (GIPSIZ minus Zypern). Man sieht, dass die Verringerung des Exposure sofort nach dem Lehman-Crash im dritten Quartal 2008 mit voller Macht einsetzte.[4] Typischerweise verlängerten die Banken ihre Darlehen nicht und verlangten stattdessen die fristgerechte Tilgung der gehaltenen Schuldtitel, was den Bestand der Ausleihungen an die GIIPS-Länder von 2,449 Billionen Euro im Dezember 2007 auf 1,396 Billionen im Dezember 2014, also um 1,053 Billionen Euro, fallen ließ. Das Kapital floh massiv zurück in den jeweiligen Heimathafen sowie in Drittländer, die als besonders sicher galten.

Das einzige Land, dessen Bankensektor das Exposure gegenüber den Krisenländern signifikant erhöhte, waren die Vereinigten Staaten, nämlich von 85 Milliarden Euro Ende 2007 auf 146 Milliarden Euro sieben Jahre später. Offensichtlich waren US-Banken weniger risikoavers als ihre europäischen Konkurrenten, witterten Renditen und sprangen an ihre Stelle.

Abbildung 5.1 Internationale Bankforderungen gegenüber dem öffentlichen und privaten Sektor in Griechenland, Irland, Portugal, Spanien und Italien

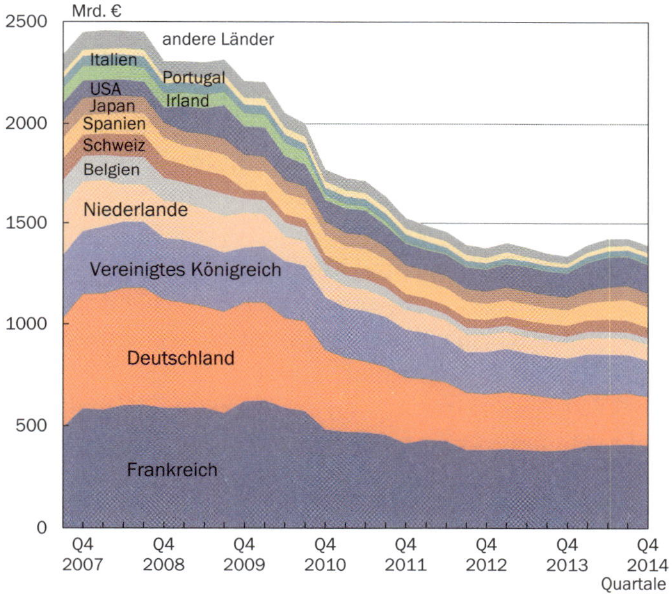

Quelle: Bank für Internationalen Zahlungsausgleich (BIZ), Statistiken, *Consolidated Banking Statistics.*

Erläuterung: Die Abbildung zeigt grenzüberschreitende Forderungen von Banken und lokale Forderungen ihrer ausländischen Töchter, geordnet nach ihrem Wert im Herbst 2008, also zur Zeit der Lehman-Krise.

Der Leser sollte an dieser Stelle jedoch beachten, dass Abbildung 5.1 nur die Bruttowerte der Ausleihungen der Banken an die privaten und öffentlichen Sektoren der GIIPS-Länder misst und somit die Tatsache ausblendet, dass auch die GIIPS-Banken selbst ihre Ausleihungen an andere Länder angepasst haben.[5] In dem betrachteten Zeitraum haben z. B. nach der BIZ-Statistik italienische Banken Vermögenstitel aus dem Ausland in Höhe von 134 Milliarden Euro zurückgerufen, vermutlich, um jene 302 Milliarden Euro teilweise zu kompensieren, die ausländische Banken aus Italien abgezogen hatten. Was die Anlagen der Banken betrifft, kam es also nur zu einer

Kapitalflucht in Höhe von 168 Milliarden Euro aus Italien heraus. Das ist immer noch eine Kapitalflucht seitens der Banken, aber doch nicht mehr eine von 302 Milliarden Euro, wie man bei einem Blick auf die Bruttozahlen glauben könnte.

Umgekehrt war es in Spanien. Einerseits haben ausländische Banken 299 Milliarden Euro im betrachteten Zeitraum 2008 bis 2014 aus Spanien abgezogen, andererseits taten spanische Banken das Gleiche und noch viel mehr. Sie brachten zusätzliche 395 Milliarden Euro an Anlagen in andere Länder. In Spanien kam es also insgesamt zu einer Kapitalflucht der Banken in Höhe von 694 Milliarden Euro, von der der größere Teil auf die spanischen Banken selbst zurückzuführen war. Ein großer Teil des Anlagekapitals, das spanische Banken ins Ausland brachten, ungefähr 182 Milliarden Euro, wurde nach Lateinamerika mitsamt den Karibischen Inseln und Brasilien geschafft. Allein nach Brasilien flossen aus Spanien 93 Milliarden Euro. In Großbritannien landeten 73 Milliarden Euro, in den USA 96 Milliarden Euro.

Ein ähnliches Phänomen war in Griechenland zu beobachten. Während ausländische Banken in der Zeitspanne von 2008 bis 2014 insgesamt 141 Milliarden Euro aus Griechenland abzogen, transferierten griechische Banken 69 Milliarden Euro an Anlagekapital in andere Länder. Die lange Liste der Zielorte der Überweisungen wird von der Türkei und Großbritannien angeführt und reicht über Zypern, die Marshallinseln, Bulgarien, Rumänien, Liberia, Deutschland, Ägypten, Serbien, Albanien, Luxemburg, Mazedonien, Panama und 50 weitere Länder bis Nigeria. Zusätzlich gab es wahrscheinlich viele Transfers in Länder, die nicht von der BIZ-Statistik erfasst werden. Beispielsweise wurde vermutet, dass Griechen allein in der Schweiz 200 Milliarden Euro geparkt hätten.[6] Die neue Kapitalflucht im Umfang von netto etwa 75 Milliarden Euro während der neuen Griechenland-Krise des Jahres 2015 ist bei diesen Zahlen noch nicht einmal erfasst.

Bevor es am Zielort ankam bzw. nachdem es die GIIPS-Länder verlassen hatte, floss das von den Banken zurückgerufene Geld oft durch eine Vielzahl anderer Länder. Auch das wird aus der BIZ-Statistik zu den Kreditbewegungen deutlich. Der Bestand der französischen Ausleihungen (brutto) an die GIIPS-Länder (alle Sektoren) sank zwischen Ende 2007 und Ende 2014 um 176 Milliarden Euro. Belgische Banken wiederum reduzierten ihr Exposure gegenüber Frankreich um 69 Milliarden Euro, niederländische Banken um 47 Milliarden Euro, und britische Banken um 46 Milliarden Euro. In der Summe haben die Banken dieser drei Länder 161 Milliarden Euro aus Frankreich abgezogen, also fast genauso viel wie französische Banken aus den GIIPS-Ländern zurückholten. Das zeigt, dass ein erheblicher Teil des Kapitals, das französische Banken vor der Krise an die GIIPS-Länder verliehen, ursprünglich aus anderen Ländern gestammt haben dürfte. In der Tat zeigt ein Vergleich der Abbildungen 3.7 und 5.1 mit Abbildung 3.4, dass Frankreichs Banken zwar das meiste Kapital an die Krisenländer verliehen hatten, dass aber Frankreich gar kein Nettokapitalexporteur war, denn dazu hätte Frankreich ja einen Leistungsbilanzüberschuss haben müssen. Also müssen wohl andere Länder das Sparkapital bereitgestellt haben, das die französischen Banken in den Krisenländern verteilten. Dank der gemeinsamen lateinischen Sprachfamilie und der kulturellen und geografischen Nähe zum Mittelmeerraum avancierte das französische Bankensystem zum europäischen Drehkreuz für die Verteilung des Sparkapitals auf südeuropäische Länder. Nur wenn man diese Tatsache in die Analyse einbezieht, versteht man das überragende Interesse Frankreichs an den europäischen Rettungsaktionen zugunsten der GIIPS-Länder.

Obschon also ein genauerer Blick auf die in der BIZ-Statistik erfassten Kapitalbewegungen erhellende Details offenlegt, ist diese Statistik selbst noch unvollständig, weil sie viele Marktakteure, wie z. B. Versicherungsunternehmen, *Private-Equity*-Firmen, Zweckgesellschaften, Hedgefonds, private Haushalte und Unternehmen der Realwirtschaft, gar nicht erfasst.

Solche anderen Marktakteure haben im Fall Irlands eine besondere Rolle gespielt. Für Irland zeigt nämlich die BIZ-Statistik, dass ausländische Banken 252 Milliarden Euro aus Irland abgezogen hatten, während irische Banken 411 Milliarden Euro aus dem Ausland zurückriefen. Insofern vermittelt diese Statistik den Eindruck, dass es gar nicht zu einer Kapitalflucht aus Irland heraus kam, sondern umkehrt zu einem Kapitalimport nach Irland. Aber das kann schon deshalb nicht stimmen, weil ausländische Banken gerade in Irland sehr viel außerbilanzielles Bankgeschäft über Zweckgesellschaften laufen lassen. Im Abschnitt über Irland in Kapitel 7 wird versucht, einen vollständigeren Überblick über die irischen Kapitalbewegungen zu gewinnen. Dort wird sich zeigen, dass es in der Tat eine riesige Kapitalflucht aus Irland gab.

Im Übrigen kann man die Informationen aus Abbildung 5.1 natürlich nicht so interpretieren, dass die Banken der Gläubigerländer das Geld, das sie aus den Krisenländern abzogen, nach Hause zurückgeholt haben. Sie können es ja stattdessen auch in andere Länder gebracht haben.

So zeigt z. B. die Bundesbankstatistik, dass die deutschen Banken in der Summe der Jahre 2008 bis 2014 zwar für 428 Milliarden Euro weniger Geld im Ausland angelegt haben, dafür sich aber auch für 483 Milliarden Euro dort weniger verschuldet haben, also per saldo trotz des Rückzugs aus den Krisenländern für 55 Milliarden Euro Kapital ins Ausland exportiert haben.[7] Das ist auch plausibel, denn ein Land, das einen großen Leistungsbilanzüberschuss hat, muss ja per saldo Kapital ins Ausland exportieren, auch wenn seine Banken als Drehscheibe im internationalen Kreditgeschäft agieren und sowohl Kapital im- als auch exportieren.

Noch viel mehr Geld haben nach dieser Statistik die privaten Nicht-Banken aus Deutschland, also deutsche Firmen der Realwirtschaft und deutsche Haushalte im Ausland angelegt. In der betrachteten Zeitspanne haben sie brutto gerechnet Kapital im Umfang von 1.458 Milliarden Euro in Form von gewöhnlichen Krediten für den Kauf von ausländischen Wertpapieren oder für Direktinvestitionen exportiert, während umgekehrt Ausländer ihnen 390 Milliarden Euro an zusätzlichem Kapital zur Verfügung stellten. Der private Nicht-Banken-Sektor hatte also netto Kapital in Höhe von 1.068 Milliarden Euro exportiert.[8]

Das alles ändert aber nichts an der Aussage, dass sich die internationale Bankenwelt und sicherlich auch viele andere internationale Anleger in der Krise von den GIPSIZ-Ländern abgesetzt haben. Damit stellt sich die Frage, wie die GIPSIZ-Länder die riesigen Leistungsbilanzdefizite, die sie während der inflationären Kreditblase aufbauten, finanziert haben. Eine Hypothese ist, dass die fiskalischen Rettungsschirme der Staatengemeinschaft die Lücke geschlossen haben. Sie kommen zumindest in der Anfangsphase der Krise aber schon deshalb nicht infrage, weil sie erst im Frühjahr 2010 beschlossen wurden. Das war fast drei Jahre nach dem ersten Kollaps des Interbankenmarkts im Sommer des Jahres 2007 und eineinhalb Jahre nach dem Zusammenbruch von Lehman Brothers, also lange, nachdem die privaten Kapitalanleger damit begonnen hatten, sich zurückzuziehen. Wer war der »weiße Ritter«, der die Finanzierungslücke in Südeuropa in der Zwischenzeit geschlossen hat? Die Antwort lautet: Das Eurosystem.

HILFE MIT DER DRUCKERPRESSE

Das Eurosystem entpuppte sich als der weiße Ritter, der den Krisenländern zur Seite sprang und ihre Wirtschaftssysteme rettete, obwohl sich das private Kapital ihnen versagte. Im Einklang mit den durch den EZB-Rat festgelegten Regeln gaben die nationalen Notenbanken der GIPSIZ-Länder den lokalen Geschäftsbanken Refinanzierungskredite zu großzügigen Konditionen; sie halfen ihnen somit mit der vom Eurosystem lizenzierten (elektronischen) Druckerpresse. Wie noch gezeigt werden wird, war dies der öffentliche Kapitalexport, der die beschriebenen Finanzierungsüberschüsse aufnahm und die Defizite schloss. Doch was zunächst als eine nationale Angelegenheit erscheinen mag, entpuppt sich bei näherem Hinsehen als mögliche Belastung für die Staatengemeinschaft. Ein weißer Ritter ist zu selbstloser Hilfe bereit, doch ganz so selbstlos waren die Entscheidungen dieses Ritters nicht, weil seine Knappen ja selbst aus den Krisenländern kamen und sich insofern auch selbst geholfen haben.

Die Selbsthilfe mit der Druckerpresse war von entscheidender Bedeutung für das Krisenmanagement, denn sie begann schon im Herbst 2008 nach dem Konkurs von Lehman Brothers. Ab Mai 2010 kamen dann fiskalische Rettungskredite der Staatengemeinschaft hinzu, und außerdem kauften die nationalen Notenbanken und die EZB-Zentrale die Staatsanleihen der GIPSIZ-Länder. Im September 2012 verkündete die EZB gar im Rahmen ihres sogenannten OMT-Programms, solche Käufe in Zukunft notfalls ohne Schranken durchführen zu wollen. Der Rest dieses Kapitels und das nächste werden sich nur mit dem ersten Teil dieses Rettungsgeschehens beschäftigen. Die Staatspapierkäufe der EZB sowie die zwischenstaatlichen Rettungsoperationen sind Gegenstand von Kapitel 7 und 8. Dort wird sich zeigen, dass die lokalen Refinanzierungskredite auf dem Höhepunkt der Krise ein Volumen hatten, das alle fiskalischen Rettungsoperationen weit in den Schatten stellt.

Vorläufig geht es hier aber erst einmal darum, die Rolle der lokalen Refinanzierungskredite im Geldwesen der Eurostaaten und Euronotenbanken zu analysieren und zu verstehen. Die Mechanismen der Geldschöpfung auf dem Wege der Vergabe von Krediten der nationalen Notenbanken an das Geschäftsbankensystem im Allgemeinen sind komplex und folgen eigenen Gesetzen. In Europa sind sie noch einmal komplizierter als ohnehin, weil die Geldschöpfung hier auf lokaler Ebene durch die jeweiligen nationalen Notenbanken vorgenommen wird. Der Weg von dort hin zu den makroökonomischen Aggregaten der volkswirtschaftlichen Gesamtrechnung und zum Thema der öffentlichen internationalen Kapitalströme ist keineswegs trivial und wird leider auch von vielen Ökonomen nicht wirklich verstanden. Dennoch sollte es jedem aufmerksamen Leser möglich sein, den Ausführungen dieses Buches zu folgen und nach der Lektüre die Mechanismen zu durchschauen und politisch einzuordnen.

Ein Refinanzierungskredit ist ein Kredit, den eine nationale Notenbank den Geschäftsbanken ihres Zuständigkeitsgebietes gegen Pfänder mit neu geschaffenem Geld gewährt. Als Pfänder werden Wertpapiere akzeptiert, deren Mindestqualitäten im Sinne einer Rückzahlungssicherheit vom EZB-Rat definiert werden. In Europa war der Refinanzierungskredit bis vor Kurzem das Hauptinstrument, mit dem nationale Notenbanken Geld geschaffen haben. Der Refinanzierungskredit ist unterteilt in Hauptrefinanzierungsgeschäfte, längerfristige Refinanzierungsgeschäfte und die Spitzenrefinanzierungsfazilität. Zusätzlich schaffen die lokalen Notenbanken und in begrenztem Ausmaß auch die EZB Geld durch Offenmarktkäufe von Vermögenswerten, die der Bankensektor hält. Letzteres ist die dominante Methode der Geldschöpfung in den USA. Die gekauften Vermögenswerte sind traditionell z. B. Gold, Auslandswährungen und Wertpapiere des Privatsektors. Neuerdings spielen Staatspapiere, die am Markt erworben werden, eine immer wichtigere Rolle. Der Einfachheit halber werden all die beschriebenen Quellen der Geldschöpfung in den folgenden Ausführungen mit den Begriffen »Refinanzierungskredite« und »Käufe von Vermögenswerten« beschrieben, für die bisweilen auch in der deutschsprachigen Literatur der kurze und prägnante englische Begriff »Assets« verwendet wird.

Das frisch geschaffene Geld kann durchaus die Form von Banknoten haben, aber typischerweise schreibt es die jeweilige Notenbank den Geschäftsbanken zunächst als Buchgeld auf den Sichtguthaben gut, die die Geschäftsbanken bei der Zentralbank unterhalten. Sofern es im Folgenden nicht anders bezeichnet wird, wird mit Geld stets nur Zentralbankgeld gemeint, das heißt Banknoten sowie Einlagen, die Geschäftsbanken bei ihren Notenbanken halten, und zwar als jederzeit verfügbare Sichteinlagen und als Einlagefazilität, einer Art sehr kurzfristigem Sparkonto für Über-Nacht-Einlagen.

Man nennt die Zentralbankgeldmenge auch »Geldbasis«, um sie von dem sogenannten Buchgeld oder Giralgeld zu unterscheiden, das die privaten Geschäftsbanken herstellen und verzinslich an ihre Kunden verleihen dürfen. Da für das Buchgeld eine proportionale Mindestreserve gehalten werden muss, ist es eine aus der Geldbasis abgeleitete Größe, die in diesem Buch nicht weiter interessiert.

Die Einlagefazilität hat im Euroraum einiges an ihrer praktischen Relevanz eingebüßt, da die Banken hierfür keine Zinsen mehr erhalten (seit 11. Juli 2012). Seit Juni 2014 müssen die Banken indes einen Strafzins dafür zahlen (0,2% seit September 2014).

Grundsätzlich können Banken das Zentralbankgeld, wenn sie es nicht benötigen, auch noch in Form von verzinslichen Terminanlagen bei der Zentralbank halten, doch derzeit tun sie das nicht. Terminanlagen würden nicht zur Geldbasis zählen.

Es sei darauf hingewiesen, dass der Begriff »Geld drucken« in der Fachliteratur nicht im wörtlichen Sinn zu verstehen ist. Vielmehr bedient man sich der Metapher des physischen Gelddrucks, wenn man beschreiben möchte, dass eine Notenbank Geld schafft und es dann an den Geschäftsbankensektor verleiht.[9] Das zusätzliche Zentralbankgeld wird in der Regel nicht als zusätzliches Papiergeld zur Verfügung gestellt, sondern als Buchgeld, konkret als Sichtguthaben der Geschäftsbanken auf den Konten, die sie bei ihren nationalen Notenbanken halten. Analog sind auch Begriffe wie »Geld schreddern« oder »Hilfe aus der Druckerpresse« in diesem Buch stets metaphorisch gemeint. Aus dem Zusammenhang wird klar werden, wenn tatsächlich einmal vom physischen Gelddruck die Rede ist. Das ist nur dann der Fall, wenn von Banknoten die Rede ist, denn das sind Papierscheine, die man anfassen kann.

Ein Refinanzierungskredit ist in der Regel von sehr kurzer Laufzeit – ein paar Tage bis zu maximal drei Monaten waren früher üblich –, und er muss laufend erneuert werden. Heute sind auch längere Laufzeiten möglich. Die nationale Notenbank schafft das benötigte Geld und verleiht es dann gegen Zinsen an liquiditätssuchende Banken ihres Zuständigkeitsgebietes, für gewöhnlich zum Hauptrefinanzierungssatz der EZB. Der Hauptrefinanzierungssatz lag früher bei einigen Prozentpunkten, doch wurde er in der Krise fast bis auf 0% gesenkt. Zum Zeitpunkt der Abfassung dieser Zeilen liegt er bei nur 0,05%.

Normalerweise beschafft sich eine Bank das Geld, das sie ausleiht, direkt von ihren Sparkunden oder von anderen Finanzinstituten, die es sich zuvor bei ihren Sparkunden geliehen haben. Das Geld kommt also aus der privaten Wirtschaft und fließt wieder dahin zurück. Das Problem ist nur, dass in einer wachsenden Wirtschaft ein immer größerer Bestand an Geld für allgemeine Transaktionen benötigt wird, weil immer ein Teil des Geldes unterwegs ist und in irgendwelchen Portemonnaies temporär herumliegt. Daher muss jedes Jahr in Proportion zur nominal wachsenden Wirtschaftsleistung zusätzliches Geld geschaffen und über einen Verleih an die Geschäftsbanken in den privaten Geldkreislauf gebracht werden. Der Bestand an Refinanzierungskrediten, der hinter der wachsenden und in der Wirtschaft zirkulierenden Zentralbankgeldmenge steht, muss also ständig erhöht werden. Das verschafft der Notenbank laufend mehr Zinseinnahmen, die sogenannten Seignorage-Gewinne, die sie dann an den Staatsetat abführen muss.[10] Wie bereits im ersten Kapitel erwähnt, betrug das Seignorage-Vermögen des Eurosystems Ende 2014 bei statischer Rechnung 1.211 Milliarden Euro und bei dynamischer Berechnung etwa 2.900 Milliarden Euro. Da die nationalen Notenbanken aber gemeinsamen Regeln unterliegen, werden ihre Zinseinkommen vergemeinschaftet, und jede Notenbank erhält einen Anteil gemäß der Größe der Volkswirtschaft des jeweiligen Landes, der gleichzeitig dem haftenden Eigenkapitalanteil des Landes am EZB-System entspricht.[11]

Auch in einer wirtschaftlichen Krise, die mit einem Vertrauensverlust zwischen Gläubigern und Schuldnern einhergeht, wird neues Geld von der Notenbank benötigt. Der Grund dafür ist, dass die Gläubiger ihr Geld lieber horten, anstatt es weiterzuverleihen, weil sie Angst haben, es von ihren Schuldnern nicht mehr zurückzubekommen. Das Horten von Geld ist aber Gift für die Konjunktur, weil im Umfang der zusätzlichen Horte Geld für Investitionsgüterkäufe fehlt. Der Geldfluss von Sparern zu Investoren ist gestört und impliziert ein Defizit an gesamtwirtschaftlicher Nachfrage. Um den destabilisierenden Effekt zu vermeiden, muss eine Notenbank in der Krise so viel Geld zusätzlich verleihen wie in die Horte fließt.

Das Horten ist insbesondere dann ein Problem, wenn das Geld der Sparer über viele Stufen wie Banken und Versicherungsunternehmen laufen muss, bis es bei dem endgültigen Kreditnehmer angelangt ist, der damit reale Güterkäufe finanzieren möchte. Im Fall eines allgemeinen Vertrauensverlustes werden gleichzeitig viele Geldhorte auf einmal gefüllt. Auf jeder Stufe des Kreditflusses vom Sparer zum finalen Investor versickert Geld in den Horten, sodass in einigen Fällen nur noch wenig beim Investor ankommt. So entsteht aus einer Finanzkrise eine Krise der Realwirtschaft, die zu einer Massenarbeitslosigkeit führen kann. Der Interbankenmarkt ist ein solches System mit vielen Stufen. Durch das plötzliche Horten von Geld ist er im August 2007 erst temporär und nach der Pleite der Investmentbank Lehman Brothers im September 2008 vollends zusammengebrochen. Die Auswirkungen auf die Realwirtschaft waren verheerend: Sie führten die Weltwirtschaft im Jahr 2009 in die schlimmste Rezession der Nachkriegszeit.

Die EZB hat das in die Horte wandernde Geld in der Krise aber nachzufüllen versucht, erst etwas zögerlich, dann in größerem Umfang. Bis auf eine direkte Intervention am 9. August 2007 und den darauffolgenden Tagen, bei der sie den Geschäftsbanken über Nacht unbegrenzt Liquidität zur Verfügung stellte,[12] hat sie sich anfangs auf die normalen Refinanzierungsmöglichkeiten verlassen, die den Banken offenstanden. Als sich die Krise aber verschärfte und der Interbankenmarkt nach der Lehman-Pleite zusammenbrach, setzte sie ein umfangreiches Programm der »erweiterten Maßnahmen zur Unterstützung der Kreditvergabe« *(Enhanced Credit Support)* auf, mit dem sie die Märkte flutete.[13] Nachdem sie bislang stets nur begrenzte Kontingente an Zentralbankgeld versteigert hatte, erlaubte sie den Banken ab Oktober 2008, unbegrenzt Refinanzierungskredite zu sukzessive fallenden Zinsen (von zunächst 1% bis mittlerweile zu 0,05%) von ihrer jeweiligen lokalen Notenbank zu beziehen, wenn sie die entsprechenden Sicherheiten vorweisen konnten. Die EZB nennt das Vollzuteilungspolitik *(Full Allotment Policy).*

Die Maßnahmen boten den Banken einen Ersatz für den wegbrechenden Interbankenmarkt. Statt sich ihr Geld von anderen Banken zu leihen, die es nicht mehr hergeben wollten, holten die Schuldnerbanken das Geld von ihrer jeweiligen nationalen Notenbank.

Zur Komplettierung des Programms erlaubte die EZB es den Banken, überschüssige Liquidität zu einem geringen Zins direkt bei ihr anzulegen, anstatt es zinslos zu horten. Die EZB machte sich mit dieser Politik zu einem Kreditvermittler zwischen Gläubigern und Schuldnern, der dem Gläubiger Sicherheit bot und dem Schuldner den Zugang zu günstigen Krediten sicherte.¹⁴ Das ist allerdings nur eine heuristische Beschreibung des Geschehens, denn der Geldverleih des EZB-Systems an eine Bank ist in keiner Weise davon abhängig, wie viel Geld sich diese Bank selbst zuvor von anderen Banken geliehen hat. Später bevorzugte es die EZB, von einer Verbesserung der »Funktionsweise des Transmissionsmechanismus der Geldpolitik« zu sprechen.

Die großzügige Gewährung von Refinanzierungskrediten durch das Eurosystem war ein voller Erfolg. Sie hat dazu beigetragen, zwischen den gesunden Banken der soliden Länder sehr rasch wieder das für einen funktionierenden Interbankenmarkt nötige Vertrauen herzustellen. Schon wenige Monate nach dem Beginn der Maßnahmen, um die Jahreswende 2008/2009, kam der Interbankenmarkt wieder in Gang. Dennoch waren die Märkte skeptisch geworden. Sie unterschieden die Schuldner jetzt nach der jeweiligen Höhe der Risiken und verlangten unterschiedliche Zinsen von ihnen. Deshalb ist es nicht verwunderlich, dass einige Banken und Länder weiterhin Interesse an den billigen Krediten des EZB-Systems hatten.

Das galt insbesondere für die Banken der GIPSIZ-Länder, denn sie mussten am regulären Kapitalmarkt nun deutlich höhere Risikoprämien zahlen, als sie es zuvor gewohnt waren. Das Vertrauen in die Solvenz der Finanzsysteme dieser Länder war durch die Ereignisse nachhaltig gestört, und der Blick der Anleger auf die exorbitanten Staats- und Außenschulden verhieß nichts Gutes. Da sich die Geschäftsbanken, wegen des fehlenden Zwangs, Staatskredite mit Eigenkapital zu unterlegen, mit Staatspapieren vollgesogen hatten, wurden sie zunehmend als gefährdet angesehen. Außerdem hatten sie riesige Volumina an Hypothekendarlehen an die Realwirtschaft vergeben, die sich angesichts des möglichen Platzens der Blasen am Immobilienmarkt als bedrohlich herausstellten. Die Banken der GIPSIZ-Länder mussten daher immer höhere Zinsen für Interbankenkredite zahlen, die sie aus Ländern erhielten, die den Überschuss ihrer Ersparnisse über die Investitionen ins Ausland verliehen, allen voran Deutschland. Der Zinsanstieg am Interbankenmarkt ließ die Nachfrage nach billigen Refinanzierungskrediten von der eigenen Notenbank steigen, und die EZB sah sich dem Verlangen ausgesetzt, ihre aus der akuten Not geborenen Hilfsprogramme trotz des weltweiten Konjunkturaufschwungs, der im Sommer 2009 einsetzte und in den Jahren 2010 bis 2012 an Kraft gewann, aufrechtzuerhalten. Nach der Beschlusslage vom Juni 2014 sollen die Hilfsprogramme mindestens bis zum Dezember 2016 fortgesetzt werden.¹⁵ Das wären dann neun Jahre nach Ausbruch der Krise und acht Jahre nach der Einführung der Programme.

Wenngleich die Refinanzierungspolitik der EZB grundsätzlich für den gesamten Euroraum angelegt und nicht als Sondermaßnahme zugunsten einzelner Länder vorgesehen war, wirkte sie de facto nach der Überwindung des Lehman-Schocks doch wie eine Spezialmaßnahme zur Finanzierung der süd- und westeuropäischen Länder, denn dort hielten die allgemeinen Finanzierungsengpässe an. Es handelte sich damit nicht mehr um eine Politik zur allgemeinen Krisenbekämpfung, sondern um eine gestalterische Maßnahme, die den GIPSIZ-Ländern Refinanzierungskredit aus der lokalen Druckerpresse unterhalb der Marktkonditionen zur Verfügung stellte. Der Refinanzierungskredit floss durch die Geschäftsbanken an die privaten Unternehmen und die nationalen Regierungen, wobei deren Staatsschuldpapiere von den Banken als Pfänder für die Refinanzierungskredite eingesetzt wurden.

Faktisch war die Perpetuierung der Refinanzierungspolitik der EZB, selbst nachdem die Weltwirtschaft und die Eurozone insgesamt wieder langsam aus der Krise herauskamen, somit ein Rettungsprogramm für die peripheren Volkswirtschaften, das den offiziellen fiskalischen Rettungsprogrammen der Staatengemeinschaft, mit denen im Mai 2010 begonnen wurde, um zweieinhalb Jahre vorausging.

Die Möglichkeit zum lokalen Gelddruck hatten die heute zum Euroraum gehörenden Länder natürlich schon vor der Einführung des Euro. Nur mussten Sie in der Vor-Euro-Zeit vorsichtig sein, da es im Fall einer exzessiven Finanzierung über die Druckerpresse zu einer Inflation und einer Abwertung der eigenen Währung gekommen wäre. Der Euro brachte indes den Vorteil, dass man im Innenverhältnis keine Abwertung mehr befürchten musste, auch wenn man die elektronische Notenpresse exzessiv nutzte, denn es gibt ja keinen Wechselkurs zwischen den Euroländern mehr. Außerdem gleicht im Eurosystem, wie noch zu zeigen sein wird, die zusätzliche Geldschöpfung einer Notenbank die verminderte Geldschöpfung anderer Notenbanken aus, sodass nicht einmal eine Inflationsgefahr besteht.

Der Vorteil der eigenen übermäßigen Geldschöpfung war klein, als das Eurosystem nur kurzfristige Liquidität gegen hochwertige Pfänder anbot und die Versteigerung dieser Liquidität das Angebot von Refinanzierungskrediten knapp hielt. Als das Eurosystem jedoch den Zugang zu Zentralbankkrediten in der Krise systematisch erleichterte, gewann der Vorteil an Bedeutung, und eine Reihe von nationalen Notenbanken nutzte nun die Möglichkeit, ihren Bankensystemen den Kredit aus der Druckerpresse unter Marktkonditionen zur Verfügung zu stellen, weil der Markt von ihnen wegen des vermuteten Ausfallrisikos hohe Zinsen verlangte. So konnte man trotz des Platzens der Kreditblase und der Verweigerung der privaten Investoren die eigenen Leistungsbilanzdefizite weiterfinanzieren. Man druckte sich das Geld, das man sich auf den internationalen Märkten nicht oder nur noch zu hohen Zinsen leihen konnte. Außerdem konnte man durch den Gelddruck die Kapitalflucht nach Frankreich, Deutschland und in andere nordeuropäische Länder sowie nach Großbritannien und in die USA kompensieren. Kapitel 7 wird die Finanzierung durch die nationale Druckerpresse Land für Land dokumentieren.

Nun wird sich der Leser fragen, ob das so stimmen kann. Ist es tatsächlich möglich, dass die nationalen Notenbanken des Euroraums so viel Geld drucken und dann an die heimische Wirtschaft und den Staat verleihen können, wie sie wollen? Gibt es denn keine Kontingente, durch die die Geldschöpfung an die Größe der Länder gebunden wird, nach dem Prinzip »kleines Land, kleine Notenpresse – großes Land, große Notenpresse«? Es kann doch nicht sein, dass sich krisengeschüttelte Länder das Geld drucken dürfen, das sie sich nicht mehr günstig leihen können, und dann einfach so weitermachen wie bisher?

Die Antwort ist, *dass* sie es dürfen. Eine Kontingentierung der Geldschöpfung nach der Größe der Volkswirtschaft eines Landes gibt es nach den Statuten der EZB oder den europäischen Verträgen nicht. Im Gegenteil ist es weitgehend akzeptiert, dass es letztendlich unerheblich ist, wo im Eurosystem der Refinanzierungskredit vergeben wird. Diese Sichtweise steht im Widerspruch zu der Tatsache,

- dass die europäischen Banken (noch) keiner wirklich funktionierenden einheitlichen Regulierung unterworfen sind,
- dass die Mitgliedsländer unterschiedliche Neigungen haben, ihre Staatsbudgets nach einem Umweg über das Bankensystem von ihrer Notenbank finanzieren zu lassen,
- dass die erforderliche Mindestqualität der Pfänder für Refinanzierungskredite in der Eurozone national sehr unterschiedlich interpretiert wird und
- dass es keinen einheitlichen europäischen Staat mit einem Fiskalsystem gibt, das in der Lage wäre, die Insolvenzrisiken der nationalen Finanzinstitute von den jeweiligen Länderrisiken zu trennen, und dass ein solcher Staat auch leider vorläufig wohl nicht gegründet werden wird.

Aber so ist die Lage.

Eine indirekte Bindung der Geldschöpfung an die Größe der Volkswirtschaft gibt es allerdings insofern, als die Geschäftsbanken, die das frisch gedruckte Geld ausleihen wollen, dafür zugelassene Pfänder hinterlegen müssen. Da man annehmen kann, dass ein kleines Land über weniger Pfänder der notwendigen Qualität als ein großes verfügt, liegt hierin eine gewisse indirekte Beschränkung der Geldschöpfung. Indes hat der EZB-Rat, der die Regeln für die zulässigen Pfänder definiert, alles getan, um diese Beschränkung aufzuheben.

DIE ABSENKUNG DER SICHERHEITSSTANDARDS UND DIE VERLÄNGERUNG DER LAUFZEITEN

Vor der Krise mussten die von den Banken bei ihrer nationalen Notenbank zur Besicherung des Refinanzierungskredits eingereichten Pfänder, gemessen am Urteil der Ratingagenturen, strenge Anforderungen erfüllen. Ein Pfand musste mindestens mit einem Rating der Kategorie Single A nach der harmonisierten Bewertungsskala der EZB versehen sein, damit es von der Notenbank als Sicherheit akzeptiert wurde. Das entspricht beispielsweise dem Rating A– von Standard & Poor's.[16] Der Refinanzierungskredit wurde nur für kurze Fristen bereitgestellt, normalerweise für eine Woche, maximal für drei Monate. Die Menge des gewährten Refinanzierungskredits war im Aggregat der Euroländer limitiert, weil stets nur feste Kontingente versteigert wurden. Die Idee war damals, dass die EZB die erforderliche Liquidität für die lokalen Transaktionen der Geschäftsbanken und der Wirtschaft bereitstellt, nicht aber, dass sie eine unzureichende nationale Ersparnis oder fehlende ausländische Kredite ersetzt. Wenn sich ein Land im Ausland mehr Waren kaufen wollte, als es dahin lieferte, konnte es sich nicht einfach seiner Notenbank bedienen, sondern musste sich den dafür notwendigen Kredit zu steigenden Zinsen am internationalen Kapitalmarkt beschaffen. Der daraus resultierende Zinsanstieg begrenzte den Importwunsch und erhielt das außenwirtschaftliche Gleichgewicht aufrecht.

Diese Form der Geldpolitik geriet aber in der Krise stark unter Druck. Weil sich die Kreditgeber, allen voran die ausländischen Banken auf dem Interbankenmarkt, von Ländern mit hohen Leistungsbilanzdefiziten abwendeten und ihre Kredite zurückzogen oder dafür höhere Zinsen forderten, sahen sich die Geschäftsbanken dieser Länder einer Liquiditätskrise, wenn nicht sogar einer Solvenzkrise ausgesetzt. Sie bezogen den von der Wirtschaft zur Importfinanzierung gewünschten Kredit stattdessen von ihrer Notenbank, indem sie dort die verlangten Pfänder einreichen. Aber die guten Pfänder waren rar und gingen schnell zur Neige, und zugleich waren die Laufzeiten der Refinanzierungskredite zu kurz, um den ausländischen privaten Kredit zu ersetzen.

Als sich die Krise mit der Insolvenz von Lehman Brothers im Herbst 2008 zuspitzte, half der EZB-Rat auf verschiedene Weise. Die offensichtlichste Hilfe lag in dem oben beschriebenen Wechsel von einer Versteigerung der Refinanzierungskredite im Rahmen fester Mengenkontingente zur Einführung einer Vollzuteilungspolitik. Wichtiger war jedoch die dramatische Absenkung der Qualitätsanforderungen für die Pfänder und die Verlänge-

Die Absenkung der Sicherheitsstandards und die Verlängerung der Laufzeiten

rung der Laufzeiten der Refinanzierungskredite.[17] Diese Maßnahmen sowie die weitere Krisenpolitik sind in Tabelle 5.1 zusammengefasst und werden im Folgenden beschrieben.

Tabelle 5.1 Veränderungen der Refinanzierungspolitik des Eurosystems (Zeitpunkt des Inkrafttretens)

Datum	Politikmaßnahme
15. Oktober 2008	Vollzuteilungspolitik
Bis 24. Oktober 2008	Mindestrating für Kreditvergabe: Single A
Seit 25. Oktober 2008	Mindestrating reduziert auf Triple B für alle Vermögenswerte, ausgenommen ABS[1]
	Begebene Wertpapiere durch Kreditinstitutionen auf nicht regulierten Märkten akzepiert (inklusive STEP[2]-Markt)
30. Oktober 2008	Fälligkeit von LTROs[3] auf sechs Monate erweitert
1. Februar 2009	Akzeptanz von staatlich garantierten eigenen Anleihen als Sicherheit
1. März 2009	Mindestrating von ABS: Triple A
23. Juni 2009	Erstes von drei LTRO-Tendern mit einer Fälligkeit von zwölf Monaten
6. Mai 2010	Verzicht auf Ratinganforderungen auf Anleihen, die durch Griechenland begeben oder garantiert sind
1. April 2011	Verzicht auf Ratinganforderungen auf Anleihen, die durch Irland begeben oder garantiert sind
7. Juli 2011	Verzicht auf Ratinganforderungen auf Anleihen, die durch Portugal begeben oder garantiert sind
19. Dezember 2011	Senkung der Ratinganforderungen auf Single A für spezielle ABS[4]; Annahme von ACC[5]
21. Dezember 2011	Erstes von zwei LTRO-Tendern mit einer Fälligkeit von drei Jahren
29. Juni 2012	Senkung der Ratinganforderung auf Triple B für alle ABS
3. Mai 2013	Verzicht auf Ratinganforderungen für Schuldinstrumente begeben oder garantiert durch Länder, welche unter EU-IWF-Programmen stehen
9. Mai 2013	Verzicht auf Ratinganforderungen auf Anleihen, die durch Zypern begeben oder garantiert sind
9. Juli 2014	Erweiterte Annahme kurzfristiger Schuldverschreibungen

1) ABS-Papiere.
2) Kurzfristige europäische Anleihen, unregulierter Markt (vgl. Box 5.1).
3) Langfristige Refinanzierungsgeschäfte.
4) ABS-Papiere aus Immobilienkrediten oder Mittelstandskrediten.
5) Zusätzliche Kreditforderungen.

Der erste Schritt der Lockerungsstrategie fand im Oktober 2008 statt, als die EZB die maximale Laufzeit ihrer Refinanzierungskredite auf sechs Monate verdoppelte und in den Jahren 2008 und 2009 insgesamt 265 Milliarden Euro mit dieser Laufzeit zur Verfügung stellte.[18] Sie gewährte diese Kredite unter dem Akronym *LTRO (Longer-Term Refinancing Operation)*, das für »längerfristige Refinanzierungsgeschäfte« steht. Im Mai 2009 entschloss sich die EZB, drei zwölfmonatige LTROs zur Vollzuteilung anzubieten. Das erste wurde im Juni angeboten und traf auf eine Gesamtnachfrage von 442 Milliarden Euro. Bis Ende des Jahres 2009 war das Gesamtvolumen der LTROs auf 614 Milliarden Euro gestiegen.[19]

Am 21. Dezember 2011 begann das Eurosystem sogar, Refinanzierungskredite mit bis zu dreijähriger Laufzeit zur Verfügung zu stellen.[20] In zwei Tranchen, deren letzte am 29. Februar 2012 gewährt wurde, wurden insgesamt 1.019 Milliarden Euro verliehen. Das war ein wahrhaft gigantisches Programm, das den Rahmen dessen sprengte, was man sich bis dahin hatte vorstellen können. Präsident Draghi nannte sein Programm die »Dicke Bertha«, in Anspielung auf einen festungsbrechenden Mörser, der im Ersten Weltkrieg eingesetzt worden war. Im Englischen sprach er von der »Big Bazooka«, der großen Panzerfaust.[21]

Von der genannten Summe diente der größere Teil, 566 Milliarden Euro, als Ersatz für schon vorhandene Refinanzierungskredite mit geringerer Laufzeit, doch der Rest (453 Milliarden Euro) wurde zusätzlich in Anspruch genommen. Einige Banken horteten das Geld; andere benutzten es, um private Kredite, die sie von anderen Banken erhalten hatten, zu ersetzen. Gleichzeitig parkten die Banken aber knapp 600 Milliarden Euro von ihren Finanzmitteln zunächst in der Einlagefazilität der EZB, um darauf in Zukunft bei Bedarf zurückgreifen zu können und sich nicht zu den höheren Marktzinsen verschulden zu müssen.[22]

Damit die Banken die Finanzmittel nach den Regeln der EZB auch in Anspruch nehmen konnten, musste die EZB die Anforderungen an die von ihr verlangten Pfänder absenken, um immer größere Teile der Aktiva der Banken für diese Zwecke verfügbar zu machen. Die eingeleiteten Maßnahmen zur Absenkung der Pfänderkriterien waren raffiniert, verschachtelt und in ihrer Wirkung dramatisch.

Der erste Schritt wurde kurz nach der Einführung der Vollzuteilungspolitik am 15. Oktober 2008 getan: Am 25. Oktober 2008 wurden die Anforderungen an notenbankfähige Pfänder, mit der Ausnahme von *ABS-Papieren*, von Single A auf Triple B gesenkt, was eine Stufe über dem Schrottstatus ist. Die EZB kündigte mehrmals an, dass sie zu festen Zeitpunkten zu den normalen Mindestratings zurückkehren werde, doch sobald der jeweilige Zeitpunkt erreicht war, verlängerte sie die Absenkung wieder. Die Absenkung der Standards ist bis zum heutigen Tag wirksam.[23]

Diese Verwässerung der Ratinganforderung half für einige Zeit, weil sie einen zunächst ausreichend erscheinenden Vorrat an Bankaktiva definierte, die als Pfänder dienen konnten. Als der Vorrat zur Neige ging, weil die Banken immer mehr Refinanzierungskredit bezogen, reagierte die EZB, indem sie die Anforderungen an notenbankfähige Pfänder noch weiter senkte, um für die Banken neues Pfandmaterial verfügbar zu machen. Dies erlaubte den Zentralbanken der Krisenländer fortan, den lokalen Geschäftsbanken wieder mehr Kreditgeld zu drucken. Die Entlastung durch die Lockerung war aber jeweils nur von kurzer Dauer und kam zu einem Ende, als der entsprechende Vorrat der jeweils neu zugelassenen Sicherheitsstufe erschöpft war. Wann immer dies geschah, senkte die EZB die Sicherheitsstandards noch etwas weiter und erlaubte es den Banken, noch mehr zulässige Pfänder aus ihren Bilanzen herauszukratzen.

Staatspapiere spielten und spielen als Pfänder eine bedeutende Rolle. Banken leihen sich frisch gedrucktes Geld von ihren Notenbanken, kaufen Staatsanleihen mit dem Geld und nutzen diese wiederum als Sicherheiten für neue Kredite. Dies war in einigen der heutigen Krisenländer schon immer eine komfortable Form der indirekten Staatsfinanzierung, denn in dem Maße, wie die Banken die Staatspapiere erwarben, konnten die Staaten neue Papiere auf den Markt werfen, ohne eine Übersättigung befürchten und höhere Zinsen zahlen zu müssen.

Der Prozess stoppte jedoch jäh, als die Ratingagenturen negative Aussichten für die Staatspapiere von Griechenland, Portugal und Irland veröffentlichten, diese Papiere herabstuften und sie zu Investitionsschrott erklärten *(non-investment grade)*: Griechenland im April 2010, Portugal und Irland im Juli 2011.[24]

Da dies den Kollaps der Bankensysteme dieser Länder bedeutet hätte, reagierte der EZB-Rat, indem er die von den betreffenden Ländern begebenen Anleihen sowie die privaten Wertpapiere, die von den jeweiligen Staaten garantiert worden waren, von der Anforderung befreite, eine Mindestratinganforderung vorzuweisen (Griechenland im Mai 2010, Portugal im April 2011, Irland im Juli 2011 und Zypern im Mai 2013).[25] Man begnügte sich nun also bei den Refinanzierungskrediten mit Investitionsschrott als Pfändern. Spätestens an dieser Stelle des Geschehens war klar geworden, dass die EZB nicht nur Geldpolitik betrieb, sondern eine fiskalische Rettungspolitik zum Schutz bedrohter Staaten und Banken der Eurozone. Am 3. Mai 2013 generalisierte die EZB dann die Ausnahmen von der Mindestratinganforderung für Länder, denen die Hilfe eines europäischen Rettungsschirms gewährt wurde.[26] Im Fall Griechenlands wurde diese Befreiung im Februar 2015 allerdings mit der Begründung wieder aufgehoben, dass ein erfolgreicher Abschluss der Verhandlungen mit der Troika über die Auszahlung weiterer Tranchen der schon grundsätzlich vereinbarten Rettungsgelder nicht in Sicht sei.[27]

Zu diesen Maßnahmen im Bereich der Refinanzierungspolitik kam hinzu, dass die EZB zusätzlich beschloss, Staatspapiere der Krisenländer im Rahmen des sogenannten *Securities Markets Programme (SMP)* zu kaufen, um den Wert der hinterlegten Sicherheiten zu stützen, wie es später in Kapitel 8 noch im Einzelnen diskutiert wird. Auch dieses Programm ermöglichte es den verschuldeten Staaten der Eurozone, neue Staatspapiere an die lokalen Banken zu verkaufen, und darüber hinaus sicherten sie den Banken das Refinanzierungsgeschäft, weil sie den Marktwert der dafür als Pfänder eingereichten Staatspapiere aufrechterhielten.

Die EZB selbst weist aus, dass das Gesamtvolumen einer solchen indirekten Staatenfinanzierung, regionale und zentrale Regierungen eingeschlossen, im Frühling 2013 bei 452 Milliarden Euro gelegen hat, wobei der Löwenanteil sicherlich die Krisenländer betraf.[28]

Die Investmentbank J. P. Morgan berichtet in diesem Zusammenhang, dass bereits im Februar 2011 beachtliche 39 % oder 56 Milliarden Euro der Sicherheiten der griechischen Notenbank aus griechischen Staatspapieren bestanden.[29] Es handelte sich dabei um eine indirekte Staatsfinanzierung mit der Druckerpresse, die die Staatsinsolvenz, die im Juli des Jahres 2015 offiziell festgestellt wurde, hinauszögerte, wenn nicht verschleppte.

Eine wichtige Rolle in der Pfänderpolitik der EZB spielten ABS-Papiere. Dies sind strukturierte, gebündelte Forderungen auf ein Portfolio von Vermögenstiteln, die als sicherer gelten als die zugrunde liegenden einzelnen Vermögenstitel, da eine Risikodiversifizierung innerhalb des Portfolios unterstellt und eine Forderungshierarchie gemäß dem Wasserfallprinzip konstruiert wird.[30] Den Banken wurde es erlaubt, ABS-Papiere, die auf Forderungen gegenüber privaten Unternehmen und anderen Banken basierten, zu konstruieren und diese dann bei den Notenbanken des Eurosystems als Sicherheiten zu hinterlegen. Solche ABS-Papiere wurden seit 2004 akzeptiert, sofern sie gehandelt wurden und ein Rating von mindestens Single A erhielten. Wie oben erwähnt, waren ABS-Papiere von der Absenkung des Mindestratings für notenbankfähige Sicherheiten am 25. Oktober 2008 auf Triple B zunächst ausgenommen. Trotzdem avancierten die ABS-Papiere zu einer wichtigen Pfandkategorie, als die Geschäftsbanken wegen der Krise immer mehr Pfänder für Refinanzierungskredite brauchten. Der Bestand an ABS-Papieren, der zu diesem Zweck genutzt wurde, nahm dramatisch zu, von durchschnittlich 182 Milliarden Euro im Jahr 2007 auf 490 Milliarden Euro im Jahr 2010.[31]

Um einen potenziellen Missbrauch zu verhindern, verschärfte die EZB das Mindestrating für ABS-Papiere am 1. März 2009 sogar noch von Single A auf Triple A.[32] Als jedoch die Zutaten für ABS-Papiere dieser höchsten Ratingklasse rar wurden, konnte der EZB-Rat nicht an dieser Politik festhalten. Am 19. Dezember 2011 entschied er, die Mindestrating für ABS-Papiere, besichert durch Wohnungsbauhypotheken oder durch Kredite an kleine und mittlere Unternehmen, wieder auf die Kategorie Single A zu senken.[33] Mehr noch, im Juni 2012 reduzierte er das Mindestrating weiter auf Triple B, der niedrigsten Bonität über dem Schrottstatus, und erweiterte diese Reduktion auf solche ABS-Papiere, die Ansprüche auf ein Sammelsurium verschiedenster Kreditforderungen wie Wohnungsbauhypotheken, Kredite an kleine und mittlere Unternehmen, gewerbliche Hypothekenkredite, Autokredite sowie Leasingverträge und Konsumentenkredite enthielten.[34]

Der Gebrauch von ABS-Papieren gab Banken reichlich Spielraum für die Untermischung von dubiosen Forderungen, die man sonst nur schwer als Sicherheit hätte hinterlegen können. In Irland hatte man notleidende Immobilienkredite zu Milliardenpaketen verschnürt und bei der nationalen Notenbank als Sicherheit eingereicht. Die ABS-Papiere wurden dann häufig noch von den Staaten mit einer Garantie geschützt, um sie trotz der niedrigen Qualität der zugrunde liegenden Vermögenstitel als Sicherheiten für Refinanzierungskredite tauglich zu machen. Auch spanische Banken waren in der Lage, große Mengen von Immobilienkrediten in ABS-Papieren zu bündeln und diese als Pfänder bei der nationalen Notenbank zu hinterlegen.

ABS-Papiere hatten bereits in der US-Finanzkrise eine unrühmliche Rolle gespielt, weil sie es ermöglicht hatten, dass Banken Vermögenstitel unterschiedlichster Qualität bündeln konnten, um im Glauben, dass die Diversifizierung des Risikos stochastisch unabhängige Risiken beseitigen würde, ein besseres Rating zu erhalten. In der Realität wiesen jedoch viele der Vermögenstitel korrelierte Risiken auf. Nachdem der institutionelle Schwindel mit dem Ausbruch der Krise aufflog, wurden nur noch wenige ABS-Papiere neu am Markt begeben.[35] Dessen ungeachtet florierten sie weiterhin als Sicherheiten in den Refinanzierungsgeschäften, die die EZB den Banken erlaubte. Einer der weltweit gewieftesten Investoren, Warren Buffett, bezeichnete die ABS-Papiere einst als »Massenvernichtungswaffen«.[36] Eine harmlosere Metapher, die bisweilen kolportiert wird, ist schlichtweg »Würste«, denn mit Würsten haben die ABS-Papiere gemein, dass man nicht so genau wissen möchte, was sie enthalten.

Die Fleischreste, die man durch den ABS-Wolf drehte, waren zum Teil gewiss nicht mehr genießbar. So wurde beispielsweise in einem spanischen ABS-Papier eine Kreditforderung gegen den Fußballverein Real Madrid verwertet, die aufgrund eines Kredits entstanden war, der dem Ankauf des Spielers Cristiano Ronaldo diente. Und in Portugal wurden Wertpapiere mit einer Laufzeit bis zum 31. Dezember 9999 (kein Tippfehler) verwurstet.[37] Es ist bemerkenswert, dass zeitweilig in Spanien über einen umfangreichen Schuldenschnitt für die total überschuldeten Fußballvereine diskutiert wird, der aber inzwischen durch Steuerstundungen bis 2020 vermieden wurde.[38] Was dann ist, wird man sehen. Wenn Schuldenschnitte eine ohnehin mit faulen Immobilienkrediten überladene Bank in Konkurs gehen lassen, kann die Bank ihren Refinanzierungskredit nicht zurückzahlen, und dann zahlen die Steuerzahler anderer Länder unter Umständen auch für Ronaldo mit.

Eine weitere Besonderheit der Pfänderpolitik der EZB ist, dass Banken Wertpapiere verpfänden können, die vom Bankensektor selbst begeben werden. Die einzige Bedingung für die Notenbankfähigkeit solcher Bankanleihen ist, dass sie auf einem regulierten oder einem der von der EZB anerkannten unregulierten Märkte gehandelt werden. Diese Möglichkeit wurde den Banken seit dem 25. Oktober 2008 eröffnet.[39]

Die Möglichkeit, Bankanleihen als Sicherheiten zu nutzen, war eng mit dem sogenannten *STEP-Markt* verbunden. Der STEP-Markt ist gewissermaßen eine französische Enklave, die von der französischen Notenbank kontrolliert wird und gemäß nationalen Regeln operiert. Am 5. Juni 2015 betrug das Gesamtvolumen ausstehender STEP-Anleihen, die von der EZB als Pfand akzeptiert und als »marktfähige Sicherheit« behandelt wurden, obwohl der STEP-Markt selber nicht von der EZB reguliert wurde, 429 Milliarden Euro, von denen Bankanleihen 354 Milliarden Euro (83%) ausmachten.[40] Die Rolle des STEP-Markts und weitere Details werden in Box 5.1 beschrieben.

BOX 5.1 Der STEP-Markt

STEP steht für »Short-Term European Paper«, also für kurzfristige Wertpapiere wie Bankanleihen mit Laufzeiten von einigen Tagen bis zu einem Jahr, die nicht an der Börse gehandelt werden. Der STEP-Markt wurde 2006 mit dem Ziel ins Leben gerufen, die europäischen Märkte für kurzfristige Anleihen durch die Konvergenz von Marktstandards und Methoden zu integrieren. Er wurde im April 2007 als unregulierter Markt von der EZB anerkannt, sodass gehandelte Wertpapiere als Sicherheiten für Refinanzierungskredite hinterlegt werden konnten. Zu dieser Zeit galt es jedoch als Tabu, Bankanleihen, die auf dem STEP-Markt gehandelt wurden, als Sicherheiten zu akzeptieren.[41] Im Oktober 2008 brach die EZB dieses Tabu zum ersten Mal, als sie von Banken emittierte STEP-Anleihen temporär als Pfänder für Refinanzierungsgeschäfte im Eurosystem akzeptierte und die Akzeptanz für ein weiteres Jahr im Dezember 2009 verlängerte.[42] Im September 2011 fand ein Paradigmenwechsel der EZB bezüglich der »General documentation on Eurosystem monetary policy instruments and procedures« statt:[43] Darin wurde festgelegt, dass Bankanleihen nicht mehr nur dann notenbankfähig sind, wenn sie auf einem regulierten Markt gehandelt werden. Seit Januar 2012 sind Bankanleihen, die auf dem STEP-Markt begeben werden, als Sicherheit für Refinanzierungskredite im Eurosystem ohne Zeitbeschränkung notenbankfähig.

Am 5. Juni 2015 betrug der Gesamtbestand an ausstehenden STEP-Papieren, die bei der EZB als Sicherheiten hinterlegt werden können, 429 Milliarden Euro, von denen 83% von Geschäftsbanken emittiert worden waren.[44]

Der STEP-Markt wird von EURIBOR-EBF verwaltet, einer Organisation der European Banking Federation, die kürzlich im Verdacht der Börsenmanipulation des Zinssatzes *Euribor* stand,[45] und wird von der Banque de France nach Kriterien, die nicht der EZB-Definition eines »regulierten Marktes« genügen, überwacht.[46]

Detaillierte Informationen über die gehandelten Papiere übermittelt die Organisation Euroclear France lediglich an die Banque de France, doch nicht vollständig an die EZB. Euroclear France ist eine Gesellschafterin der Euroclear Bank, die einer der großen Teilnehmer des STEP-Markts ist: Nach eigener Auskunft ist sie weltweit der zweitgrößte Händler von kurzfristigen Anleihen. All dies deutet auf eine französische geldpolitische Enklave innerhalb des Eurosystems hin. Dieser Eindruck erhärtet sich durch die Beobachtung, dass französische Banken den STEP-Markt in großem Maße zur Kreditaufnahme nutzen. Allein der Bestand an STEP-Anleihen der sechs französischen Banken BNP Paribas, Crédit Agricole, Crédit Mutuel, Dexia, Natixis und Société Générale belief sich am 5. Juni 2015 auf über 105 Milliarden Euro, wodurch sie einen starken Einfluss auf das gesamte Marktgeschehen haben.[47] Es scheint sogar, dass der STEP-Markt weiterwächst und viele neue Kunden wie spanische und portugiesische Banken gewinnt.

Mit der Akzeptanz von Bankanleihen als Pfänder wurde die Idee der Sicherung der Refinanzierungskredite durch Pfänder ad absurdum geführt, weil sie keinen Schutz vor systemischen Bankrisiken bieten und dem Missbrauch Tür und Tor öffnen. Der einzige Schutz vor Missbrauch war ursprünglich, dass die Bankanleihen wenigstens gehandelt werden mussten, um notenbankfähig zu sein.[48] Doch heute können schon wenige Banken solche Anleihen begeben, im Ringtausch handeln und dann als Sicherheiten für neue Refinanzierungskredite einreichen. Es ist im Endeffekt so, dass sich eine Gruppe von Banken durch die Refinanzierungskredite ohne irgendwelche tatsächlichen Sicherheiten, sondern einfach durch diesen Ringtausch das Geld aus der Druckerpresse besorgen kann.

Die EZB hat zwar versucht, diese offenkundige Möglichkeit des Missbrauchs durch eine Mengenbeschränkung bei Pfändern zu verhindern, die von eng verknüpften Emittenten stammten.[49] Gleichwohl betrug im ersten Quartal des Jahres 2015 der Bestand an ungesicherten Bankanleihen, die grundsätzlich als Sicherheit für Refinanzierungskredite akzeptabel gewesen wären, 2.500 Milliarden Euro. Zum Glück betrug der Bestand solcher Anleihen, die tatsächlich als Sicherheit hinterlegt wurden, »nur« 167 Milliarden Euro.[50]

Ein angenehmer Nebeneffekt dieses Handels war, dass er genutzt werden konnte, um aus dem Nichts Eigenkapital zu schaffen, wenn der Handel zu höheren als den Nominalwerten stattfand, etwa weil inzwischen mit niedrigeren Zinsen kalkuliert wurde als bei der Ausgabe der Papiere. Im Prinzip konnte jede Bank, die an dem symmetrischen Ringtausch teilnahm, Vermögenswerte oberhalb jener Verbindlichkeiten buchen, die durch die Herausgabe der Schuldtitel entstanden waren. Das ist ein allgemein bekannter Aspekt des Ringtauschs von Vermögenswerten, wie er in einem 2011 erschienenen Buch sehr schön beschrieben wird.[51]

Eine weitere Möglichkeit zur Nutzung von Bankanleihen ist die Verwendung von eigenen Schuldverschreibungen, die nicht zu Einnahmen für die Bank führen, weil sie nicht verkauft werden, sondern allein als Pfänder für Refinanzierungskredite dienen. Solche eigenen Schuldverschreibungen wurden von den nationalen Notenbanken akzeptiert, wenn sie mit einer Staatsgarantie versehen waren. Italienische Banken beispielsweise hinterlegten 2011 insgesamt 40 Milliarden Euro eigener Schuldverschreibungen als Sicherheit bei der Banca d'Italia, und irische Banken taten das Gleiche bei ihrer Zentralbank für 18 Milliarden Euro im Jahr 2011 und weitere acht Milliarden im März 2013.[52] Griechische Banken haben im Jahr 2011 eigene Schuldverschreibungen in Höhe von 6,4 Milliarden Euro als Sicherheit hinterlegt.[53] Diese seit 1. Februar 2009 mögliche Praxis hat die EZB aber zum 1. März 2015 wieder eingestellt.[54]

Nicht marktfähige Vermögenstitel, die als Pfänder akzeptiert werden, beinhalteten auch Kreditforderungen gegenüber Unternehmen. Nach einer hitzigen Diskussion verabschiedete sich der EZB-Rat am 8. Dezember 2011 – gegen das Votum der Deutschen Bundesbank – von der Idee, einheitliche

Mindestanforderung für Pfänder im Eurosystem zu verlangen, indem er den einzelnen Notenbanken das Recht gab, Kreditforderungen als Pfänder für geldpolitische Operationen des Eurosystems zu akzeptieren, die den Bonitätsanforderungen des Eurosystems nicht genügen.[55] Diese Politik, die als *Additional Credit Claims Framework (ACCF)* bezeichnet wird, wurde am 19. Dezember 2011 implementiert. Mit ihr erhielten die einzelnen Notenbanken die Erlaubnis, formell auf ihr eigenes Risiko hin Kreditforderungen mit Ratings unterhalb des Mindestratings der EZB zu akzeptieren, sofern diese Notenbanken ihre eigenen Pfänderkriterien entwickelten und diese vom EZB-Rat gebilligt worden waren.[56] Sieben von 18 nationalen Notenbanken des Eurosystems, unter ihnen die französische und die italienische Notenbank, nutzten diese Möglichkeit und reichten eigene Pfänderkriterien bei der Ratssitzung vom 9. Februar 2012 ein.[57] In der Folge wuchs im ersten Quartal 2013 das Volumen der Kreditforderungen, die als Pfänder genutzt wurden, auf 469 Milliarden Euro, was 19% des gesamten Pfändervolumens entsprach.

Die nicht marktfähigen Vermögenstitel, die als Pfänder akzeptiert wurden, umfassen die oben beschriebenen staatlich besicherten Kreditforderungen sowie nicht gehandelte Pfandbriefe nach verschiedenen nationalen Definitionen *(Retail Mortgage-Backed Debt Instruments, RMBD)*, Termineinlagen bei anerkannten Gläubigern wie dem öffentlichen Sektor oder internationalen oder supranationalen Institutionen. Sie wurden fortan das Instrument mit der größten Dynamik zur Besicherung der expandierenden Refinanzierungskredite. Das Volumen nicht marktfähiger Vermögenstitel, die bei der EZB hinterlegt wurden, verdreifachte sich zwischen 2007 und 2010 von einem durchschnittlichen Bestand von 109 Milliarden Euro auf 359 Milliarden Euro. Danach stieg es weiter auf 644 Milliarden Euro im ersten Quartal 2013.[58] Der Anteil an den insgesamt eingereichten Pfändern zur Geldschöpfung, der in die Kategorie nicht marktfähiger Pfänder fiel, stieg in dieser Zeitspanne von 10% auf über ein Viertel der gesamten Geldschöpfung im Euroraum, nämlich auf 26%. Bis zum ersten Quartal 2015 hatte er sich wieder auf 370 Milliarden Euro oder 21% verringert.

Die EZB verweist in dem Zusammenhang darauf, dass sie eine Unterbesicherung ihrer Refinanzierungskredite angesichts der Vielzahl unterschiedlicher nationaler Regeln dadurch zu verhindern versucht, dass sie Risikoabschläge auf die als Pfand eingereichten Forderungen vornimmt und nur den solcherart verminderten Wert der Forderungen als Pfand akzeptiert.[59] Doch während das Eurosystem allgemeine Regeln zur Bestimmung von Risikoabschlägen festlegt, gibt es bei der Anwendung dieser Regeln durch die nationalen Notenbanken beträchtlich Unterschiede, weil die notwendigen Bewertungen auf nationaler Ebene vorgenommen werden. So scheint es, dass die einzelnen nationalen Notenbanken in der Vergangenheit die lexikografische Ordnung der Bewertungsregeln der EZB unterlaufen haben und die Bewertung der Pfandqualitäten manipulierten, wodurch das anrechenbare Pfandvolumen und damit auch das Volumen der Refinanzierungskredite, die sie den Geschäftsbanken ihres Hoheitsgebiets gewähren konnten, vergrößert wurde.[60]

Festzuhalten ist also, dass die EZB mit der Kombination aus verlängerten Laufzeiten, immer lascher werdenden Pfänderkriterien und niedrigen Zinsen den Interbankenmarkt in den Krisenjahren massiv unterboten hat. Das hielt die in Schieflage geratenen Banken und ihre staatlichen und privaten Kunden über Wasser, bedeutete jedoch auch, dass die Rolle des privaten Kapitalmarkts als Selektionsmechanismus für gute und schlechte Investitionsmöglichkeiten ausgehöhlt wurde. Dies ist ein Aspekt, der im weiteren Verlauf des Buches noch aus anderen Blickwinkeln beleuchtet werden wird. Eine Reihe von Zombie-Banken blieb dank der beschriebenen Maßnahmen am Leben, und es ist davon auszugehen, dass sie in der inzwischen eilig konstruierten Bankenunion mit fiskalischen Kreditmitteln der Staatengemeinschaft rekapitalisiert werden müssen (vgl. Kapitel 8). Der EZB-Rat trat mit seinen Kredithilfen in Vorlage, und die Politik muss nun die notwendigen Nachfolgemaßnahmen beschließen.

Die EZB-Politik war alles andere als neutral bezüglich der Verteilung ihrer Kreditmittel aus der Druckerpresse, denn je höher die Zinsen waren, die die Krisenbanken in der Eurozone am Markt zahlen mussten, desto mehr half ihnen die Absenkung der Bonitätsanforderungen an die Pfänder in Kombination mit der Verlängerung der Laufzeiten und der Vollzuteilungspolitik. Daher hätte die Risikoabsorption der EZB durch die beschriebenen Politikmaßnahmen auch dann zu einer Marktverzerrung geführt, wenn die Anforderungen an die Bonität der Pfänder in allen Mitgliedsländern gleichmäßig und einheitlich abgesenkt worden wären. Aber nicht einmal das war der Fall.

Die EZB akzeptiert derzeit rund 33.000 unterschiedliche Vermögenstitel als Pfänder und nutzt detaillierte Beschreibungen und Regeln für ihre Aufnahme unter Berücksichtigung unterschiedlicher nationaler Gepflogenheiten, die sich schon vor dem Euro herausgebildet hatten.[61] Man kann sich angesichts der Komplexität der Materie und der Vielzahl der fragwürdigen Einzelmaßnahmen, die in diesem Abschnitt beschrieben wurden, des Eindrucks nicht erwehren, dass die EZB selbst den Überblick über dieses System mittlerweile verloren hat und nicht mehr in der Lage ist, die Einheitlichkeit der Geldpolitik gegenüber den Interessen der nationalen Notenbanken wirksam zu verteidigen.[62]

MORALISCHES RISIKO

Es steht für den Verfasser außer Frage, dass die EZB unmittelbar nach der Lehman-Pleite, als der Zusammenbruch des Interbankenmarkts ein schnelles Handeln notwendig machte, die richtigen Politikmaßnahmen ergriff. Jedoch bieten die extrem lange Dauer und die immer wieder von Neuem vorgenommene Erweiterung der Sondermaßnahmen der EZB nach der kräftigen Erholung der Weltkonjunktur ab dem zweiten Halbjahr 2009, insbesondere die Absenkung der Pfänderkriterien auf Schrottniveau, zunehmend Grund zur Sorge.[63] Man muss befürchten, dass die EZB eine Rettungspolitik für gefährdete Banken und ihre Gläubiger betreibt, die weit über die legitime Sphäre geldpolitischer Maßnahmen hinausgeht.

Im Frühjahr 2012 formulierte der Präsident der Deutschen Bundesbank Jens Weidmann in einem häufig zitierten Brief an EZB-Präsident Mario Draghi seine Bedenken bezüglich der sinkenden Qualität der von den nationalen Notenbanken akzeptierten Pfänder für Refinanzierungskredite.[64] Die Politik drohe, über die Grenzen einer gesunden Geldpolitik hinauszugehen, weil das EZB-System die Verluste, die im Fall von Bankenkonkursen drohen würden, möglicherweise nicht mehr zu tragen in der Lage sei. Der schwelende Konflikt zwischen der Bundesbank und der EZB, der bereits im Mai 2010 bei den Aufkaufbeschlüssen von Staatspapieren durch die EZB (SMP, vgl. Kapitel 8) begonnen hatte und in der Folge von den Rücktritten von Bundesbankpräsident Axel Weber und EZB-Chefvolkswirt Jürgen Stark überschattet worden war, fand mit diesem Protestbrief seinen vorläufigen Höhepunkt.

In der Theorie betrieb die EZB Geldpolitik und stellte notwendige Liquidität bereit. In der Praxis kam es zu einem Bailout von privaten Banken und ihren Gläubigern mit den Krediten der elektronischen Druckerpresse innerhalb der Eurozone. Wenn bei Banken lediglich ein Liquiditätsproblem vorgelegen hätte, hätte die EZB bei einer Politik der hohen Pfandqualitäten bleiben können. Doch offensichtlich wich die EZB nicht nur von dieser Politik ab, sondern stellte sie durch die Schaffung eines facettenreichen und intransparenten Systems von Pfänderkriterien auf den Kopf.

Man fragt sich, woher die Anreize für die dramatische Lockerung der Pfänderkriterien kamen. Eine mögliche Erklärung liegt in einer Verzerrung von Anreizstrukturen durch eine Sozialisierung von Risiken, wie sie in der ökonomischen Literatur mit dem Fachbegriff des »moralischen Risikos« oder auch mit dem Hinweis auf »opportunistisches Verhalten« gekennzeichnet wird.[65] In Kapitel 1 war schon beschrieben worden, wie die Zinserträge aus Refinanzierungskrediten und Anlagekäufen im Eurosystem vergemeinschafft werden. Jede einzelne Notenbank erhält an diesen Erträgen einen Anteil nach ihrem Kapitalanteil und damit gemäß der jeweiligen Landesgröße, und sie muss die ihr zufließenden Mittel an die jeweiligen nationalen Finanzministerien ausschütten. Analog ist es bei möglichen Abschreibungsverlusten auf Refinanzierungskredite, wenn die Banken, die diese Kredite bezogen, insolvent werden und sich die Pfänder als wertlos herausstellen. Diese Verluste werden in Form verminderter Gewinnausschüttungen des Eurosystems von den nationalen Notenbanken und damit auch von den hinter ihnen stehenden Nationalstaaten getragen. Damit ist es letztlich der jeweilige nationale Steuerzahler, der die Zeche übernimmt.

Die so angelegte Sozialisierung der Verluste mag die kontroversen Entscheidungen zur Absenkung der Bonitätsanforderungen für die Pfänder durch die Mehrheit im EZB-Rat gegen die erbitterte, aber aussichtslose Opposition einer Minderheit erklären. Auch erklärt sie, warum sich die Regierungen und nationalen Notenbanken der Krisenländer eifrig der elektronischen Druckerpresse bedienten, indem sie den nationalen Spielraum für die Absenkung der Pfänderkriterien bis zur Grenze des Möglichen dehnten, um es den lokalen Banken zu ermöglichen, Staatspapiere zu kaufen und Kredite an die Privatwirtschaft zu vergeben, selbst wenn der Kapitalmarkt dazu nicht mehr bereit war. Die unmittelbaren Vorteile des Kreditflusses in Form einer Bewahrung der Infrastruktur und des Schutzes von Vermögenswerten, Arbeitsplätzen, Renten und Löhnen verblieben in der nationalen Wirtschaft, doch die möglichen Verluste würden mit der Gemeinschaft der Staaten des Eurosystems geteilt werden.[66]

Man beachte dabei, dass die Fehlanreize, die aus der asymmetrischen Beteiligung an den Vor- und Nachteilen einer laschen lokalen Geldpolitik resultieren, für kleine Länder naturgemäß viel größer als für große sind, weil die kleinen Länder einen größeren Teil der Risiken, die aus ihren Aktionen resultieren, auf andere Länder abwälzen können. Die Tatsache, dass kleine Länder aber umgekehrt im EZB-Rat viel mehr Stimmgewicht pro Einwohner haben als große Länder (vgl. Kapitel 1), erscheint im Lichte dieser Anreizverzerrung als besonders problematisch.

Als Gegenargument zu dieser Sicht der Dinge könnte man anführen, dass die EZB trotz der eingeschlagenen Risikostrategie größere Verluste bislang hat vermeiden können. Doch, wie in Kapitel 8 argumentiert wird, übersieht dieses Argument die Tatsache, dass die vorangehenden Entscheidungen des EZB-Rats, das Insolvenzrisiko auf die Steuerzahler der Eurozone abzuwälzen, die nachfolgenden Entscheidungen der Parlamente über eine Neuverpackung eben dieser Risiken in riesigen fiskalischen Rettungsfonds präjudizierten. Dieser Prozess kann die Eurozone letztendlich in eine Transferunion verwandeln, in der immer wieder die eine Gruppe von Ländern Ressourcen an die andere transferiert, damit deren Banken nicht pleitegehen.

Die EZB hat sich diesen Bedenken bislang nicht gestellt, aber wiederholt darauf hingewiesen, dass man trotz der Absenkung der Pfänderkriterien kein Risiko für die vergebenen Kredite sieht, weil, wie schon erwähnt, hinterlegte Pfänder stets mit einem Risikoabschlag *(Haircut)* bewertet werden. Es heißt, man beobachte täglich den Marktwert der Pfänder, sodass im Fall einer Kurssenkung eine sofortige Nachbesicherung der Wertpapiere verlangt oder der Kredit gekündigt werden könne.[67] Leider hat die EZB bis zum heutigen Tag keine detaillierte Statistik über die eingereichten Pfänder sowie deren Risikoabschläge veröffentlicht; genauso wenig sind Informationen über den tatsächlichen Erfolg der Absicherungsstrategie verfügbar.[68] Im Übrigen ist die Anpassung der Risikoabschläge an tägliche Fluktuationen der Marktwerte nur dann möglich, wenn die Titel auch tatsächlich gehandelt werden, was aber, wie erwähnt, bei einem guten Fünftel aller eingereichten Pfänder nicht der Fall ist.

Aber selbst wenn die Titel gehandelt würden, wäre die Nachbesicherung für die EZB keine wirkliche Absicherung gegen Verluste, weil es im Fall eines Staatskonkurses zu einem sofortigen und dramatischen Abfall der Kurse der als Pfänder akzeptierten Staatspapiere kommen würde, der die Risikoabschläge um ein Vielfaches übersteigt. Die EZB kann in einem solchen Fall nicht mit einer Erhöhung der Sicherheitsabschläge reagieren, weil die Banken dann mehr Pfänder bräuchten, als sie haben. Es käme zu einer sofortigen Einschränkung der Refinanzierungskredite und einem Kollaps des Finanzsystems, der auch noch die restlichen Pfänder vernichten würde.

Eine ähnliche Gefahr bestand offenbar Ende Februar 2012 in Griechenland, nachdem das griechische Parlament am 23. Februar 2012 seinen Druck auf die Inhaber griechischer Staatspapiere erhöht hatte, einem »freiwilligen« Schuldenschnitt zuzustimmen. Das Parlament kündigte an, dass es die Vertragsbedingungen für Staatspapiere (die sogenannten *Collective Action Clauses*) nachträglich so ändern würde, dass man auch diejenigen Anleger, die dem Schuldenschnitt nicht freiwillig zustimmen, zur Beteiligung zwingen konnte. Damit war die so erreichte Zustimmung genauso freiwillig wie ein Geständnis bei der spanischen Inquisition.[69] Die Besicherung der ausstehenden Refinanzierungskredite der griechischen Notenbank war zu diesem Zeitpunkt offenbar nicht mehr gewährleistet, und den griechischen Geschäftsbanken war es auch nicht möglich, eine Nachbesicherung durch die Verpfändung weiterer Staatspapiere vorzunehmen. Daher sah sich die EZB am 28. Februar 2012 genötigt, einer Umwandlung der pfandbesicherten Refinanzierungskredite in bloße ELA-Kredite zuzustimmen, eine Form von Notkrediten unter subventionierten Bedingungen.[70] Nach dem Schuldenschnitt nahm sie griechische Papiere wieder als Pfänder an, doch gerieten die Kurse am 25. Juli 2012 wiederum so unter Druck, dass die griechische Notenbank erneut ELA-Kredite vergab.[71]

Ähnliches geschah ein weiteres Mal im Januar 2015, nachdem in Griechenland Alexis Tsipras mit seiner radikal-sozialistischen Partei Syriza Regierungsverantwortung übernahm. Es kam, wie Abbildung 2.3 zeigte, mit dem erwarteten Wahlsieg wieder zu heftigen Kurseinbrüchen auf griechische Wertpapiere wie schon zu Beginn des Jahres 2012, und abermals musste die EZB auf ELA-Kredite umstellen. Bis zur offiziellen Feststellung des griechischen Staatskonkurses durch den europäischen Rettungsschirm EFSF am 3. Juli 2015 hatte die griechische Zentralbank den Geschäftsbanken für 89 Milliarden Euro ELA-Kredite zur Verfügung gestellt.

Als der Euro vor 20 Jahren erstmalig diskutiert wurde, war eines der Hauptargumente, dass er die Schuldendisziplin in jenen Ländern Südeuropas stärken würde, die es gewohnt waren, ihre Schuldenprobleme mit der Druckerpresse zu lösen. In ihren nationalen Währungen verschuldeten sich Regierungen exzessiv, da sie große Teile der ausgegebenen Staatspapiere an ihre Notenbanken verkaufen konnten oder auch an ihre privaten Geschäftsbanken, die sie dann als Pfänder für Refinanzierungskredite verwendeten, mit denen sie den Kauf der Staatspapiere finanzierten. Dieser Prozess führte sowohl zu Inflation als auch zu laufenden Währungsabwertungen. Der Euro, so lautete das Argument, würde dem ein Ende bereiten, weil sich die Regierungen Geld in einer Währung leihen müssten, die sie nicht nach Belieben drucken könnten, ähnlich einer Kreditaufnahme in Fremdwährung.

Diese Einschätzung stellte sich als falsch heraus, denn die verschuldeten Länder hatten die Mehrheit im EZB-Rat und konnten tatsächlich die Regeln für den Zugang zur lokalen Notenpresse nach Belieben ändern. Die Situation war sogar besser als je zuvor, denn die Währung, die ihre Notenbanken drucken und als Refinanzierungskredite ausgeben konnten, wurde als rechtliches Zahlungsmitteln in der gesamten Eurozone akzeptiert und konnte zum Kauf von Gütern und Vermögenstiteln im Ausland genutzt werden, ohne dass die Volkswirtschaft zum Ausgleich andere Güter oder private Vermögenstitel ins Ausland liefern musste. Dieser Vorgang wird in den folgenden zwei Kapiteln näher diskutiert werden.

Und nicht einmal die Mehrheit im EZB-Rat war für die lokale Nutzung der Notenpresse notwendig. Die ELA-Kredite, die in der Krise vergeben wurden, glichen nämlich einem Selbstbedienungsladen.

NOTKREDITE

ELA ist eine Abkürzung für »Emergency Liquidity Assistance«, also »Notliquiditätshilfe«. Dabei handelt es sich um Kredite, die die nationalen Notenbanken ihren Banken auf eigenes Risiko geben dürfen, notfalls auch ohne irgendwelche Sicherheiten, es sei denn, dass zwei Drittel des EZB-Rats widersprechen.[72] Im Jahr 2013 kamen acht von 23 Mitgliedern des EZB-Rats, also etwas mehr als ein Drittel der Ratsmitglieder, aus den GIPSIZ-Ländern, die billigen Ersatzkredit benötigten, weil der Kapitalmarkt ihnen misstraute (vgl. Abbildung 1.6). In anderen Krisenjahren hatten die GIPSIZ-Länder einen noch größeren Stimmenanteil. Erst durch den Eintritt Lettlands im Jahr 2014 verloren die GIPSIZ-Länder das notwendige Quorum. Daher konnte die nötige Sperrmajorität von zwei Dritteln gegen die ELA-Kredite im EZB-Rat während der ersten Krisenjahre nicht zusammengebracht werden. Theoretisch konnten die Repräsentanten der GIPSIZ-Länder im EZB-Rat ihre Länder vor 2014 mit beliebig viel Kredit aus der Druckerpresse versorgen, und keiner hätte sie daran hindern können.

In der Tat wurden von den Notenbanken Griechenlands, Irlands und Zyperns umfangreich ELA-Kredite vergeben, als diese Länder nahe der Insolvenz standen. Für Irland betrug der maximale Bestand an ELA-Krediten 70 Milliarden Euro (Februar 2011) oder 41% des BIP, und für Zypern betrug er elf Milliarden Euro (April 2013) oder 59% des BIP.[73] Griechenland zog sich, wie schon erwähnt, zweimal in großem Umfang ELA-Kredite aus dem gemeinsamen Kassenautomaten, wenn man so will. Beim ersten Mal hatte man sich bis zum Mai 2012 einen Bestand von 126 Milliarden Euro oder 64% des BIP genehmigt. Beim zweiten Mal, als Griechenland auf seinen Staatskonkurs vom 3. Juli 2015 zusteuerte, waren es, wie schon erwähnt, 89 Milliarden Euro, was 50% des BIP entsprach, bevor der EZB-Rat mit der erforderlichen Zweidrittelmehrheit die Reißleine zog. Nach dem Staatskonkurs im Juli kam es zu einem Referendum und Neuverhandlungen über ein drittes fiskalisches Rettungspaket, während derer der EZB-Rat erneut zuließ, dass die ELA-Kredite nahezu im wöchentlichen Rhythmus weiter erhöht wurden. Am 22. Juli 2015 wurde der Verfügungsrahmen für die ELA-Kredite auf 90,5 Milliarden Euro ausgeweitet.

Im Ganzen hat der EZB-Rat die Vergabe von ELA-Krediten an die Geschäftsbanken aller bedrohten Länder bis zu einer maximalen Höhe von 251 Milliarden Euro toleriert. Dieser Betrag wurde im Juni 2012 erreicht. Bis zum Dezember 2014 war der Betrag bis auf 55 Milliarden Euro gesunken, zum Teil, weil er durch andere fiskalische Rettungskredite der Staatengemeinschaft ersetzt wurde, zum Teil, weil die Sicherungsversprechen der EZB neues privates Kapital in die Krisenländer lockten. Danach sind allerdings im Zuge der neuen Griechenland-Krise die von der griechischen Notenbank vergebenen ELA-Kredite wieder kräftig ausgeweitet worden, und zwar von einem statistischen Restposten von einer Million Euro zum Jahresende 2014 auf 87 Milliarden Euro Ende Juni 2015. Der Gesamtbestand an ELA-Krediten über alle Länder gerechnet lag zu dem Zeitpunkt bei 135 Milliarden Euro.[74]

Der Grund dafür, dass die Regularien nur ein Quorum von einem Drittel des EZB-Rats für ELA-Kredite vorsehen, liegt in der Annahme, dass die Kredite keine Haftungsrisiken für andere Länder bergen, weil vorgesehen ist, dass die emittierende Notenbank selbst für mögliche Kreditausfälle durch Bankenkonkurse geradesteht. ELA-Kredite werden somit als nationale Angelegenheit ohne Implikationen für den Rest der Eurozone betrachtet, solange nicht die gemeinsame Geldpolitik beeinflusst wird. Diese Position wurde wiederholt von EZB-Repräsentanten vertreten, so auch von Jörg Asmussen, einem ehemaligen Mitglied des EZB-Direktoriums, bei der öffentlichen Anhörung vor dem Bundesverfassungsgericht am 11. Juni 2013.[75] Doch ist das bestenfalls die halbe Wahrheit, da das Eurosystem sehr wohl ein Haftungsrisiko trägt, weil die nationale Notenbank zwar haften muss, aber mangels Vermögen gar nicht haften kann. Um das zu verstehen, muss man wissen, wie ELA-Kredite im Eurosystem abgerechnet werden.

Wie schon erläutert, werden die Zinseinnahmen aus geldpolitischen Operationen normalerweise vergemeinschaftet, also unter den Mitgliedern des Eurosystems aufgeteilt. Bei ELA-Krediten gibt es indes eine Sonderregelung. Diese Kredite werden von nationalen Notenbanken an Geschäftsbanken zu einem Zinssatz, der gewöhnlich einen Prozentpunkt höher als der Hauptrefinanzierungssatz der EZB ist, vergeben. Während dieser Zinsaufschlag bei den nationalen Notenbanken als Kompensation für das unterstellte Risiko verbleibt, muss die nationale Notenbank Zinsen in normaler Höhe, also in Höhe des Hauptrefinanzierungssatzes, in den gemeinsamen Zinstopf aller Notenbanken abführen, so wie es auch der Fall gewesen wäre, wenn sie normale Refinanzierungskredite vergeben hätte. Der Grund hierfür ist, dass bei gegebener Geldbasis des Eurosystems ELA-Kredite die Möglichkeit für normale Refinanzierungskredite andernorts im Eurosystem mindern und dort entsprechend weniger Zinserträge anlanden lassen.[76]

Interessanterweise hat sich unter einigen Ökonomen an dieser Stelle eine Fehlinformation verbreitet. So wurde behauptet, sämtliche Zinserträge auf die ELA-Kredite stünden der nationalen Notenbank zu, und weil das so sei, hätten die anderen Notenbanken auch kein Risiko, wenn diese Kredite ausfielen.[77] Es gehe nur etwas verloren, was ihnen ohnehin nicht zustehe. Insofern könne die EZB sehr großzügig ELA-Kredite tolerieren.

So ist es aber nicht. Vielmehr bedeuten ELA-Kredite sehr wohl ein Risiko für die anderen Notenbanken, weil die Notenbank, die die ELA-Kredite ausgibt, zwar rechtlich verpflichtet ist, dafür Zinsen an die anderen Notenbanken abzutreten, es im Fall eines Konkurses der Banken und eines Ausfalls der eingereichten Pfänder aber nicht kann.

Um zu verstehen, welches Risiko ein ELA-Kredit dem Eurosystem aufbürdet, ist es hilfreich, sich klarzumachen, dass der Wert eines Kredits dem Barwert eines unendlichen Zinsstroms gleicht, den dieser Kredit sowie zur Rückzahlung des Kredits nötige Ersatzkredite erwirtschaften. Deshalb gleicht der Barwert aller durch Refinanzierungskredite und Offenmarktoperationen des Eurosystems geschaffenen Zinserträge dem Volumen eben dieser Refinanzierungskredite und dem Wert der durch die Offenmarktoperationen erworbenen Aktiva. Das ist gerade die vorhandene Zentralbankgeldmenge, also die Geldbasis. Dabei ist allerdings noch zu berücksichtigen, dass den Banken die Mindestreserven, die Teil der Geldmenge sind, verzinst werden. Insofern ist das Seignorage-Kapital im Sinne des Barwerts der Zinserträge aus geldpolitischen Operationen gleich der Geldbasis abzüglich der Mindestreserve. Am Jahresende 2014 betrug das Seignorage-Kapital, wie schon in Kapitel 1 berichtet wurde, im gesamten Eurosystem 1.211 Milliarden Euro, wenn man nicht noch zukünftige Vermehrungen der Geldmenge mit einrechnen will. Durch die Vergabe von ELA-Krediten wird dieses Seignorage-Kapital, das allen Notenbanken gehört, mit einem Verlustrisiko belastet, obwohl die nationale Notenbank formal alleine haftet.

Können nämlich die Geschäftsbanken eines Landes wegen eines Zusammenbruchs des lokalen Finanzsystems die ELA-Kredite, die dank Bürgschaft ihrer jeweiligen Staaten von ihrer nationalen Notenbank zur Geldschöpfung akzeptiert wurden, nicht zurückzahlen und stellen sich die übrigen Pfänder, die sie möglicherweise hatten einreichen müssen (allzu häufig Staatspapiere), als wertlos heraus, dann kann die nationale Notenbank in Konkurs gehen, sofern ihr Eigenkapital und ihr Vermögensanteil am gemeinsamen Seignorage-Kapital des Eurosystems nicht ausreichen, den Verlust an ELA-Forderungen gegenüber dem Bankensystem zu decken. Die verbleibende Differenz lastet dann unweigerlich auf den anderen Notenbanken.

Und natürlich können die Notenbanken im Innenverhältnisse ihre gegenseitigen Verpflichtungen auch nicht durch Gelddruck ausgleichen. Behauptungen, Notenbanken könnten nicht pleitegehen, die man gelegentlich in der Presse findet, sind purer Unsinn, jedenfalls dann, wenn es um nationale Notenbanken im Eurosystem geht.

In der Krise übertraf der gesamte Bestand der ELA-Kredite die maximal mögliche Haftungssumme in Griechenland um bis zu 155%, in Irland um 357% und in Zypern um 263%.[78] Dies verweist die Annahme, dass ELA-

Kredite nur das Risiko des betreffenden Landes tangieren und daher keine Mehrheit im EZB-Rat benötigen, in das Reich der Mythen.

Auch in der aktuellen Krise haben die ELA-Kredite, die die griechische Notenbank an die Banken vergab, die maximal mögliche Haftung der griechischen Zentralbank wieder massiv überstiegen, denn während bis zum 30. Juni 2015, also kurz vor dem Konkurs vom 3. Juli 2015, 86,8 Milliarden Euro an ELA-Krediten vergeben worden waren, betrug die maximal mögliche Haftung der griechischen Notenbank Ende Juni nur 44,7 Milliarden Euro.[79] Es waren also 42,1 Milliarden Euro oder 24% des griechischen BIP von 2014 mehr an ELA-Krediten vergeben worden, als nach der Rechtskonstruktion der Selbsthaftung der griechischen Notenbank eigentlich möglich war.

Man könnte nun mutmaßen, dass die Staaten, denen die nationalen Notenbanken gehören, die Verpflichtung haben, ihre Notenbanken mit neuem Eigenkapital auszustatten, um die Verluste auszugleichen, doch ist das nicht der Fall. Die Statuten des Eurosystems sehen eine Nachschusspflicht der jeweiligen Staaten definitiv nicht vor.[80] Daher muss das Eurosystem als Ganzes die nicht abgedeckten Verluste tragen.

Da nationale Notenbanken selbst über die Vergabe von ELA-Krediten entscheiden können, verführt es jene, deren Bankensektor kurz vor der Insolvenz steht, dazu, sich dieses Instrumentes zu bedienen, um die Insolvenz zu verschleppen und wichtige Gläubiger auszuzahlen bzw. ihnen die Flucht zu ermöglichen, bevor der Zusammenbruch passiert. Dies schien zumindest bei einem Teil der elf Milliarden Euro zypriotischer ELA-Kredite passiert zu sein, von denen 9,5 Milliarden Euro (über die Hälfte des zypriotischen BIP) an die Laiki Bank vergeben wurden.[81]

Ähnliches wurde in einem Brief von Zyperns Präsident Nikos Anastasiades an EZB-Präsident Mario Draghi, der an die Öffentlichkeit geriet, dargestellt. Demnach war die Laiki Bank bereits insolvent, als sie ELA-Kredite erhielt, doch wurden die Kredite gebraucht, um einen Regierungswechsel und Wahlen zu ermöglichen.[82] Die Bank ging im März 2013 in Konkurs.[83] Ein zwischenstaatliches Rettungspaket von zehn Milliarden Euro, 55% des BIP von 2013, wurde Zypern daraufhin gewährt, um einen Staatsbankrott abzuwenden. Dies schützte zwar die EZB vor Abschreibungsverlusten, aber nicht den Steuerzahler. Er wird entweder für die Seignorage-Verluste der EZB, für die Verluste der Rettungsfonds oder für etwaige Transferzahlungen an Zypern, die den Rettungsfonds vor Verlusten schützen sollen, aufkommen müssen.

ELA-Kredite sollen per definitionem Banken aus Liquiditätskrisen helfen, aber keine Insolvenzen verschleppen. Sie sind auch nicht dazu gedacht, Regierungen bei der Unterstützung von Zombie-Banken zu entlasten, weil dies dem Verbot der monetären Staatsfinanzierung im Maastrichter Vertrag (Artikel 123 AEUV) widersprechen würde. Doch diese Einschränkungen haben in der Praxis nicht immer gewirkt.

Ein offensichtlicher Verstoß wurde von der EZB in Griechenland im Winter 2012 begangen, als die Troika temporär die Ausschüttung einer neuen Tranche der zwischenstaatlichen Rettungskredite stoppte, weil Griechenland nicht alle dafür notwendigen Bedingungen erfüllte. Da dies eine Staatspleite Griechenlands hätte auslösen können, vergab die griechische Notenbank ELA-Kredite an die Banken, die mit dieser Liquidität dann der Regierung halfen. Der EZB-Rat tolerierte diese Nutzung von ELA-Krediten zur Überbrückung der Finanzierungslücke, da man das Land unbedingt im Euro halten und die Insolvenz des Landes verdecken wollte.

Ähnlich war es im ersten Halbjahr 2015, als die Troika die Auszahlung restlicher Mittel aus dem zweiten Rettungspaket für Griechenland in Höhe von 7,5 Milliarden Euro stoppte und über die Erfüllung der Vertragsbedingungen mit Griechenland verhandelte. Auch in dieser Phase tolerierte der EZB-Rat die Vergabe von immer mehr ELA-Krediten. Die Mittel dienten letztlich dazu, eine Depositenflucht ins Bargeld und ins Ausland auszugleichen, doch zuvor erlaubte die EZB den Banken, neue Kredite an den privaten Sektor und den Staat zu vergeben. So wurden über zehn Milliarden Euro von diesen Mitteln verwendet, um dem Staat ein »Weiterrollen« seiner Staatsschuld zu erlauben, indem dafür Schatzwechsel gekauft wurden, mit deren Erlös der Staat in die Lage versetzt wurde, ältere, fällig werdende Schatzwechsel zu bezahlen. Hätten die ELA-Kredite für diesen Zweck nicht zur Verfügung gestanden, wäre der griechische Staat schon früher in Konkurs gegangen, und die Inhaber der alten Schatzwechsel hätten weniger Vermögen ins Ausland tragen können. Insofern ist der Vorwurf gerechtfertigt, dass die EZB zugelassen hat, dass die griechische Notenbank den Konkurs des griechischen Staates verschleppt hat.

Auch liegt wegen des Kaufs der Staatspapiere der Verdacht nahe, dass das Eurosystem das Verbot der monetären Staatsfinanzierung (gemäß Artikel 125 AEUV) unterlaufen hat. So warnte der Präsident der Deutschen Bundesbank, Jens Weidmann:[84]

»Wenn Banken ohne Marktzugang Schuldtitel ihres Staates kaufen, der ebenfalls vom Markt abgeschnitten ist, und wenn sie dabei auf ELA zurückgreifen, dann wirft das ernste Bedenken hinsichtlich einer monetären Staatsfinanzierung auf.«

Die EZB ist durch die Tolerierung der ELA-Kredite im Übrigen der Troika in den Rücken gefallen, denn die griechische Regierung konnte sich dank der Unterstützung durch die EZB alle Zeit der Welt lassen und die Verhandlungen durch immer wieder neue Vorschläge und Volten in die Länge ziehen. So gewann sie für sich und das Land Zeit und sehr viel mehr Geld als die 7,5 Milliarden Euro, die bei den Verhandlungen auf dem Spiel standen, und ermöglichte nicht zuletzt damit eine weitere gigantische Kapitalflucht reicher Griechen. Erst als die ELA-Kredite Ende Juni 2015 mit der nötigen Zweidrittelmehrheit im EZB-Rat gestoppt wurden und die Banken schließen mussten, kam Bewegung bei den Verhandlungen auf. Aber bis dahin hatte man sich bereits die erwähnten 87 Milliarden an ELA-Krediten genehmigt.

Im Fall Irlands wurde der Bestand an ELA-Krediten genutzt, um zwei Wellen der Kapitalflucht auszugleichen, die 2008 und 2010 stattfanden (vgl. Kapitel 7, Abbildung 7.4). Inzwischen sank der Bestand ausstehender ELA-Kredite aber schon wieder von den oben erwähnten 70 Milliarden Euro auf nur noch 1,5 Milliarden Euro. Der Grund war, dass Irlands Volkswirtschaft sich dank einer größeren Abwertung, wie im vorherigen Kapitel gezeigt, schnell erholt hatte. Die sinkende Beanspruchung von ELA-Krediten war zudem der Tatsache geschuldet, dass allein 40 Milliarden Euro der Irish Bank Resolution Corporation (IBRC), einer Bad Bank, die aus drei fast konkursreifen angloirischen Banken entstanden war, in niedrig verzinste langfristige Staatspapiere mit einer durchschnittlichen Laufzeit von über 34 Jahren konvertiert wurden. Diese Staatspapiere gingen als Ersatz für die ELA-Kredite an die irische Notenbank über, als die IBRC im Februar 2013 in die Insolvenz ging.[85] Auf diese Weise wurden potenzielle Abschreibungsverluste des Eurosystems in langfristige Zinsverluste umgewidmet, die finanzmathematisch auf etwas Ähnliches hinauslaufen, aber den kosmetischen Vorteil aufweisen, dass sie in der Bilanz der irischen Notenbank nicht erscheinen.

Für die Eurozone war die Konvertierung der ELA-Kredite in Staatspapiere im Besitz der irischen Notenbank insofern neutral, als dass sie dieselben Zinsen erhält, als wenn die ELA-Kredite noch existieren würden. Jedoch hat das Eurosystem, indem es diesem Tausch zustimmte, effektiv die Laufzeit der Refinanzierungskredite, die ursprünglich sehr kurzfristiger Natur waren, auf ein Dritteljahrhundert verlängert. Dadurch sind die Kredite zu langfristigen Staatspapieren mutiert, ohne dass dafür höhere marktgerechte Zinsen verlangt worden wären. Eine solche Konvertierung hat nichts mit Geldpolitik zu tun, sondern verletzt als direkte Form der Staatsfinanzierung offensichtlich Artikel 123 des EU-Vertrags, indem ein Teil des Insolvenzrisikos Irlands auf das Eurosystem übertragen wurde, ohne dass dies mit angemessenen Risikoprämien kompensiert wurde.

Das irische Beispiel weckte auch die Begehrlichkeiten anderer Länder. So schrieb der zypriotische Präsident Nikos Anastasiades an die EU-Kommission, die EZB und den IWF im Juni 2013 einen Brief, in dem er dasselbe Geschäft auch für sein Land vorschlug.[86] Jedoch wurde die Anfrage abgelehnt.

Das Umpacken gewöhnlicher Refinanzierungskredite in ELA-Kredite und danach in subventionierte Kredite des Eurosystems bzw. in fiskalische Rettungskredite zeigt, dass die Pfänderpolitik der EZB keineswegs risikofrei ist, sondern ganz im Gegenteil später eine Kette von weiteren Kredithilfen erzwingt, die mindestens auf dem Wege einer Kombination aus einer Verlängerung der Laufzeiten und Zinsnachlässen zu echten Verlusten für die Steuerzahler führen können, vielleicht aber sogar in eine Transferunion münden oder massive Schuldenschnitte zur Folge haben. Zum Zeitpunkt der Abfassung dieser Zeilen, im Sommer 2015, brandet gerade die Diskussion um große Schuldenschnitte für Griechenland auf, durch die Griechenland die Rückzahlung öffentlicher Kredite, die großenteils dem Ersatz früherer ELA-Kredite dienten, zur Gänze erlassen werden soll. So oder so besteht die Gefahr, dass ELA-Kredite, die die EZB toleriert, im Laufe der Zeit allmählich zu echten Geschenken der Staatengemeinschaft mutieren. Dass die EZB dabei stets Wege findet, eine saubere Weste zu behalten, indem sie die Abschreibungsverluste nicht bei sich selbst verbucht, steht dieser Interpretation nicht im Wege.

Mit ihrer ELA-Kreditpolitik entfernt sich die EZB von ihrem Mandat der Geldpolitik und institutionalisiert sich stattdessen fest als *Kreditgeber der letzten Instanz* für die nationalen Bankensysteme und damit auch für die Mitgliedsstaaten der Eurozone. Sie erscheint den in Not Geratenen als weißer Ritter, der großzügig Hilfsgelder bereitstellt, doch handelt dieser Ritter ohne ein demokratisches Mandat und nimmt die Steuerzahler der Eurozone an die Kandare, ohne dass sie sich dagegen wehren können, weil sie es sind, die die Kosten der Abschreibungsverluste der EZB, die Verluste der staatlichen Rettungsschirme, die die EZB ablösen, oder die Kosten sich nahtlos anschließender Transfersysteme, die es dann für den Bailout der Rettungsfonds zu mobilisieren gilt, werden begleichen müssen.

ANMERKUNGEN

1 Als Bank-Run bezeichnet man eine Vertrauenskrise bei einer Bank, die dazu führt, dass Kunden Schlange stehen, um ihre Konten zu räumen und Geld in Sicherheit zu bringen.
2 Die Gefahr von Bank Runs durch Kleinkunden kann heutzutage durch staatliche Einlagensicherungssysteme weitgehend gebannt werden. Elektronische Bank Runs durch institutionelle Anleger, Geldmarktfonds oder andere Banken, die nicht institutionell geschützt sind und ihre Einlagen innerhalb kürzester Zeit abziehen können, sind dagegen weitaus gefährlicher und lassen andere Interventionsinstrumente notwendig erscheinen. Siehe D. Diamond und P. Dybvig, »Bank Runs, Deposit Insurance and Liquidity«, *Journal of Political Economy* 91, 1983, S. 401–419; H.-S. Shin, »Reflections on Northern Rock: The Bank Run that Heralded the Global Financial Crisis«, *Journal of Economic Perspectives* 23, 2009, S. 101–119.
3 Vgl. W. Münchau, *Kernschmelze im Finanzsystem*, Carl Hanser Verlag, München 2008; H.-W. Sinn, *Kasino-Kapitalismus. Wie es zur Finanzkrise kam, und was jetzt zu tun ist*, Econ Verlag, Berlin 2009; und A. S. Blinder, *After the Music Stopped*, Penguin Press, New York 2013.
4 Da die zugrunde liegenden Daten aus konsolidierten Bankbilanzen stammen, beinhalten sie Abschreibungsverluste bei Fälligkeit sowie auch Marktwertveränderungen der bilanzierten Forderungen, sofern diese im Handelsbuch gehalten wurden. Der Einfluss veränderter Marktpreise wird jedoch nicht sonderlich dominant gewesen sein, da die Marktwerte bis zum Höhepunkt der Krise im August 2012 abstürzten und sich dann wieder erholten, ohne dass sich dies in den Kurven niederschlägt. Einer der Gründe für das Fehlen messbarer Bewertungsabschläge könnte der Umstand sein, dass die Banken zu Krisenzeiten ihre Vermögenstitel im sogenannten Anlagebuch behielten, sodass etwaige Marktwertverluste nicht bilanziert werden mussten.
5 Vgl. Bank für Internationalen Zahlungsausgleich (BIZ), Statistiken, *Consolidated Banking Statistics*, Tabelle 9E, <http:///www.bis.org/statistics/consstats.htm>.
6 Vgl. »Leveraging the Backstop: A Trillion Euro Insurance Policy for the Common Currency«, *Spiegel online International*, 19. Oktober 2011, <http://www.spiegel.de/internatio nal/europe/leveraging-the-backstop-a-trillion-euro-insurance-policy-for-the-common-currency-a-792641.html>.
7 Deutsche Bundesbank, *Zahlungsbilanzstatistik*, Mai 2015, S. 56 f., <http://www.bundes bank.de/Redaktion/DE/Downloads/Veroeffentlichungen/Statistische_Beihefte_3/2015/2015_05_zahlungsbilanzstatistik.pdf?__blob=publicationFile>.
8 Ebd. sowie auch H.-W. Sinn und T. Wollmershäuser, »Target Balances and the German Financial Account in Light of the European Balance-of-Payments Crisis«, *CESifo Working Paper* Nr. 4051, Dezember 2012, Abbildung 5, <http://www.cesifo-group.de/DocDL/cesi fo1_wp4051.pdf>.
9 Auch die internationalen Zahlungsvorgänge, um die es hier geht, sind rein elektronische Überweisungen, die nicht mit physischen Geldtransporten einhergehen. Die Metapher der Notenpresse ist in der Fachdiskussion üblich, wenn über Geldschöpfungs- und Überweisungsvorgänge gesprochen wird, aber man darf sie nicht wörtlich nehmen. Wenn einmal wirklich von physischen Banknoten die Rede ist, wird das aus dem Zusammenhang klar werden.
10 Die deutschen Zinserträge aus den Refinanzierungskrediten sind übrigens unter dem Euro gegen den Trend gerechnet deutlich kleiner geworden, weil die Sondergewinne, die die Bundesbank aufgrund der weiten Verbreitung der D-Mark in Osteuropa und der Türkei dort als Wertaufbewahrungsmittel erzielt hatte, mit dem Euro sozialisiert wurden. H. Feist und H.-W. Sinn, »Eurowinners and Eurolosers: The Distribution of Seignorage Wealth in EMU«, *European Journal of Political Economy* 13, 1997, S. 665–689.

Anmerkungen

11 Mit einbehaltenen Gewinnen aus Umbewertungen betrug das Eigenkapital der EZB am 31. Dezember 2014 insgesamt 27,6 Milliarden Euro.
12 J.-C. Trichet, »Supporting the Financial System and the Economy: Key ECB Policy Actions in the Crisis«, Rede anlässlich einer Konferenz organisiert von Nueva *Economía Fórum* und von *Wall Street Journal*, Madrid 22. Juni 2009, <http://www.ecb.int/press/key/date/2009/html/sp090622.en.html>.
13 J.-C. Trichet, »The ECB's Enhanced Credit Support«, *CESifo Working Paper* Nr. 2833, Oktober 2009, <http://www.cesifo-group.de/DocDL/cesifo1_wp2833.pdf>. Ein Überblick über die Geldpolitik der westlichen Notenbanken und über andere Rettungsmaßnahmen kann gefunden werden bei H.-W. Sinn, *Kasino-Kapitalismus. Wie es zur Finanzkrise kam, und was jetzt zu tun ist*, a. a. O. 2009, Kapitel 9: »Rettungsversuche«.
14 J.-C. Trichet, »The ECB's Enhanced Credit Support«, a. a. O., Oktober 2009.
15 Europäische Zentralbank, *EZB gibt Merkmale der geldpolitischen Geschäfte mit Abwicklung bis Dezember 2016 bekannt*, Pressemitteilung, 5. Juni 2014, <http://www.ecb.europa.eu/press/pr/date/2014/html/pr140605_1.de.html>.
16 Nach der harmonisierten Bewertungsskala der EZB entspricht eine Ratingnote von Single A mindestens einer Bewertung von A3 durch Moody's und ein A – von Fitch oder Standard & Poor's, während ein Rating von Triple B mindestens ein Baa3 von Moody's und BBB – von Fitch oder Standard & Poor's ist. Europäische Zentralbank, *Eurosystem Credit Assessment Framework (ECAF)*, <http://www.ecb.int/paym/coll/risk/ecaf/html/index.en.html>.
17 Europäische Zentralbank, *Collateral Eligibility Requirements – A Comparative Study Across Specific Frameworks*, Frankfurt am Main, Juli 2013; dieselbe, »Der Sicherheitenrahmen des Eurosystems während der Krise«, *Monatsbericht*, Juli 2013, S. 77–94, <http://www.bundesbank.de/Redaktion/DE/Downloads/Veroeffentlichungen/EZB_Monatsberichte/2013/2013_07_ezb_mb.pdf?__blob=publicationFile>; C. Hofmann, »Central Bank Collateral and the Lehman Collapse«, *Capital Markets Law Journal* 6, 2011, S. 456–469; J. Eberl und C. Weber, »ECB Collateral Criteria: A Narrative Database 2001–2013«, *ifo Working Paper* Nr. 174, Februar 2014, <http://www.cesifo-group.de/DocDL/IfoWorkingPaper-174.pdf>.
18 Europäische Zentralbank, *Measures to Further Expand the Collateral Framework and Enhance the Provision of Liquidity*, Pressemitteilung, 15. Oktober 2008, <http://www.ecb.int/press/pr/date/2008/html/pr081015.en.html>.
19 Europäische Zentralbank, Monetary Policy, Instruments, Open Market Operations, Tender Operations History, *History of all ECB Open Market Operations*, <http://www.ecb.int/mopo/implement/omo/html/top_history.en.html>.
20 Europäische Zentralbank, *ECB Announces Measures to Support Bank Lending and Money Market Activity*, Pressemitteilung, 8. Dezember 2011, <http://www.ecb.int/press/pr/date/2011/html/pr111208_1.en.html>.
21 Siehe »Stabile Preise ohne monetäre Staatsfinanzierung«, *Frankfurter Allgemeine Zeitung*, Nr. 47, 24. Februar 2012, S. 14.
22 Zwischen der 50. Kalenderwoche 2011 und der zehnten Kalenderwoche 2012 stieg die Einlagefazilität um 584 Milliarden Euro. Europäische Zentralbank, *Konsolidierter Ausweis des Eurosystems zum 16. Dezember 2011*, Pressemitteilung, 20. Dezember 2011, <http://www.ecb.europa.eu/press/pr/wfs/2011/html/fs111220.de.html>; sowie dieselbe, *Konsolidierter Ausweis des Eurosystems zum 9. März 2012*, Pressemitteilung, 13. März 2012, <http://www.ecb.europa.eu/press/pr/wfs/2012/html/fs120313.de.html>.
23 Am 15. Oktober 2008 verkündete die EZB ihre temporären Maßnahmen zur »Ausweitung des Sicherheitsrahmens und zur verbesserten Bereitstellung von Liquidität«, gültig ab dem 22. Oktober 2008 bis zum Ende des Jahres 2009. Die Bonitätsanforderungen aller Vermögenstitel mit Ausnahme von ABS-Papieren wurden von dem Rating Single A zu einem Triple B abgesenkt. Am 7. Mai 2009 wurde diese »Ausweitung« bis zum Ende des Jahres 2011 verlängert. Im März 2010 signalisierte EZB-Präsident Trichet, dass es im Sinn des EZB-Rats sei, die Bonitätsanforderungen über das Jahr 2011 hinweg aufrechtzuer-

halten, was auch am 8. April 2010 von offizieller Seite angekündigt wurde. Die auf Triple B abgesenkte Anforderung wurde immer wieder verlängert und zum 1. Mai 2015 im neuen General Framework der EZB festgeschrieben. Europäische Zentralbank, *Measures to further Expand the Collateral Framework and Enhance the Provision of Liquidity*, a. a. O., 15. Oktober 2008; dieselbe, *Technical Specifications for the Temporary Expansion of the Collateral Framework*, Pressemitteilung, 17. Oktober 2008, <http://www.ecb.europa.eu/press/pr/date/2008/html/pr081017_2.en.html>; dieselbe, *Longer-Term Refinancing Operations*, Pressemitteilung, 7. Mai 2009, <http://www.ecb.int/press/pr/date/2009/html/pr090507_2.en.html>; J.-C. Trichet, *Introductory Statement before the Plenary of the European Parliament*, Brüssel, 25. März 2010, <http://www.ecb.europa.eu/press/key/date/2010/html/sp100325.en.html>; Europäische Zentralbank, *ECB Introduces Graduated Valuation Haircuts for Lower-Rated Assets in its Collateral Framework as of 1 January 2011*, Pressemitteilung, 8. April 2010, <http://www.ecb.europa.eu/press/pr/date/2010/html/pr100408_1.en.html>; dieselbe, *ECB Reviews Risk Control Measures in its Collateral Framework*, Pressemitteilung, 28. Juli 2010, <http://www.ecb.int/press/pr/date/2010/html/pr100728_1.en.html>; dieselbe, »Leitlinie (EU) 2015/510 der Europäischen Zentralbank vom 19. Dezember 2014 über die Umsetzung des geldpolitischen Handlungsrahmens des Eurosystems (EZB/2014/60)«, *Amtsblatt der Europäischen Union* L 91, 2. April 2015, <http://www.ecb.europa.eu/ecb/legal/pdf/oj_jol_2015_091_r_0002_de_txt.pdf>.

24 Am 27. April 2010 senkte Standard & Poor's das Rating von Griechenland auf BB+. Standard & Poor's, *Greece Long- and Short-Term Ratings Lowered to »BB+/B«, Outlook Negative, »4« Recovery Rating Assigned to Sovereign Debt*, 27. April 2010, <http://www.standardandpoors.com/en_US/web/guest/article/-/view/sourceId/5978855>. Moody's Abstufung von Portugal auf Ba2 erfolgte am 5. Juli 2011 und Irlands auf Ba1 am 12 Juli 2011, Moody's, *Rating Action: Moody's Downgrades Portugal to Ba2 with a Negative Outlook from Baa1*, 5. Juli 2011, <http://www.moodys.com/research/Moodys-downgrades-Portugal-to-Ba2-with-a-negative-outlook-from?docid=PR_222043>; und dieselbe, *Rating Action: Moody's Downgrades Ireland to Ba1; Outlook Remains Negative*, 12. Juli 2011, <http://www.moodys.com/research/Moodys-downgrades-Ireland-to-Ba1-outlook-remains-negative?docid=PR_222257#>.

25 Europäische Zentralbank, *ECB Announces Change in Eligibility of Debt Instruments Issued or Guaranteed by the Greek Government*, Pressemitteilung, 3. Mai 2010, <http://www.ecb.int/press/pr/date/2010/html/pr100503.en.html>; dieselbe, *ECB Announces the Suspension of the Rating Threshold for Debt Instruments of the Irish Government*, Pressemitteilung, 31. März 2011, <http://www.ecb.int/press/pr/date/2011/html/pr110331_2.en.html>; dieselbe, *ECB Announces Change in Eligibility of Debt Instruments Issued or Guaranteed by the Portuguese Government*, Pressemitteilung, 7. Juli 2011, <http://www.ecb.int/press/pr/date/2011/html/pr110707_1.en.html>; dieselbe, *ECB Announces Change in Eligibility of Marketable Debt Instruments Issued or Guaranteed by the Cypriot Government*, Pressemitteilung, 2. Mai 2013, <http://www.ecb.int/press/pr/date/2013/html/pr130502_3.en.html>.

26 Diese Entscheidung ermöglichte das Ende der idiosynkratischen Ausnahmen für Griechenland, Irland und Portugal. Europäische Zentralbank, »Beschluss der Europäischen Zentralbank vom 2. August 2012 zur Aufhebung des Beschlusses EZB/2011/25 über zusätzliche zeitlich befristete Maßnahmen hinsichtlich der Refinanzierungsgeschäfte des Eurosystems und der Notenbankfähigkeit von Sicherheiten (EZB/2012/17)«, *Amtsblatt der Europäischen Union* L 218, 15. August 2012, <https://www.ecb.europa.eu/ecb/legal/pdf/l_21820120815de00190019.pdf>; sowie dieselbe, »Beschluss der Europäischen Zentralbank vom 20. März 2013 zur Aufhebung der Beschlüsse EZB/2011/4 über temporäre Maßnahmen hinsichtlich der Notenbankfähigkeit der von der irischen Regierung begebenen oder garantierten marktfähigen Schuldtitel, EZB/2011/10 über temporäre Maßnahmen hinsichtlich der Notenbankfähigkeit der von der portugiesischen Regierung begebenen oder garantierten marktfähigen Schuldtitel, EZB/2012/32 über temporäre Maßnahmen hinsichtlich der Notenbankfähigkeit der von der Hellenischen Republik be-

gebenen oder in vollem Umfang garantierten marktfähigen Schuldtitel sowie EZB/2012/34 über zeitlich befristete Änderungen der Regelungen hinsichtlich der Notenbankfähigkeit von auf Fremdwährungen lautenden Sicherheiten (EZB/2013/5)«, *Amtsblatt der Europäischen Union* L 95, 5. April 2013, <http://www.ecb.europa.eu/ecb/legal/pdf/l_09520130405 de00210021.pdf>.

27 Europäische Zentralbank, *Eligibility of Greek Bonds Used as Collateral in Eurosystem Monetary Policy Operations*, Pressemitteilung, 4. Februar 2015, <https://www.ecb.europa. eu/press/pr/date/2015/html/pr150204.en.html>.

28 Europäische Zentralbank, *Payments and Markets, Collateral, Collateral Data*, 16. Mai 2013, <http://www.ecb.europa.eu/paym/pdf/collateral/collateral_data.pdf?d8fde58106fc320aa 93eb9244a487513>.

29 N. Panigirtzoglou, G. Koo, S. MacGorain und M. Lehmann, »Flows & Liquidity. Who are the Losers from Greek Debt Restructuring?«, J. P. Morgan, *Global Asset Allocation*, 6. Mai 2011.

30 Siehe H.-W. Sinn, *Kasino-Kapitalismus. Wie es zur Finanzkrise kam, und was jetzt zu tun ist*, a. a. O., Berlin 2009, Kapitel 6: »Heiße Kartoffeln«.

31 Europäische Zentralbank, *Payments and Markets, Collateral, Collateral Data*, a. a. O., 16. Mai 2013.

32 Europäische Zentralbank, »Leitlinie der Europäischen Zentralbank vom 20. Januar 2009 zur Änderung der Leitlinie EZB/2000/7 über geldpolitische Instrumente und Verfahren des Eurosystems (EZB/2009/1)«, *Amtsblatt der Europäischen Union* L 36, 5. Februar 2009, <http://www.ecb.europa.eu/ecb/legal/pdf/l_03620090205de00590061.pdf>.

33 Europäische Zentralbank, »Beschluss der Europäischen Zentralbank vom 14. Dezember 2011 über zusätzliche zeitlich befristete Maßnahmen hinsichtlich der Refinanzierungsgeschäfte des Eurosystems und der Notenbankfähigkeit von Sicherheiten (EZB/2011/25)«, *Amtsblatt der Europäischen Union* L 341, 22. Dezember 2011, Artikel 4 Absatz 1; <https:// www.ecb.europa.eu/ecb/legal/pdf/l_34120111222de00650066.pdf>.

34 Vgl. Europäische Zentralbank, »Beschluss der Europäischen Zentralbank vom 28. Juni 2012 zur Änderung des Beschlusses EZB/2011/25 über zusätzliche zeitlich befristete Maßnahmen hinsichtlich der Refinanzierungsgeschäfte des Eurosystems und der Notenbankfähigkeit von Sicherheiten (EZB/2012/11)«, *Amtsblatt der Europäischen Union* L 175, 5. Juli 2012, <www.ecb.europa.eu/ecb/legal/pdf/l_17520120705de00170018.pdf>. Die Absenkung auf Triple B ist Bestandteil der temporären Maßnahmen, die die EZB zur Bewältigung der Krise etablierte.

35 Für eine Beschreibung des Ausgabevolumens vor und nach Krisenbeginn, siehe H.-W. Sinn, *Kasino-Kapitalismus. Wie es zur Finanzkrise kam, und was jetzt zu tun ist*, a. a. O., Berlin 2009, Kapitel 6: »Heiße Kartoffeln«, Abbildung 6.1.

36 »Buffett Warns on Investment ›Time Bomb‹«, *BBC News*, 4. März 2003, <http://news.bbc. co.uk/2/hi/2817995.stm>.

37 M. Brendel und C. Pauly, »Zweifelhafte Werte«, *Der Spiegel*, Nr. 23, 6. Juni 2011, S. 62–63, <http://magazin.spiegel.de/EpubDelivery/spiegel/pdf/78832446>; sowie dieselben »Auf schmalem Grat«, *Der Spiegel*, Nr. 21, 23. Mai 2011, S. 60–63, <http://magazin.spiegel. de/EpubDelivery/spiegel/pdf/78602563>.

38 »Fußball Spanien: Spanische Klubs dürfen auf Schuldenschnitt hoffen«, *Handelsblatt online*, 11. März 2012, <http://www.handelsblatt.com/fussball-spanien-spanische-klubs-duerfen-auf-schuldenschnitt-hoffen/6314162.html>; sowie B. Van Rompuy, »Plan to Relieve Spanish Football Club Tax Debts, Football Perspectives, 30. September 2012, <http:// footballperspectives.org/plan-relieve-spanish-football-club-tax-debts>; und »Spaniens Fußballklubs haben ihre Steuerschulden um rund 200 Millionen Euro gekürzt«, Handelsblatt online, 1. Oktober 2014, <http://www.handelsblatt.com/fussball-spanien-spaniens-fussballklubs-haben-ihre-steuerschulden-um-rund-200-millionen-euro-gekuerzt/107817 98.html>.

39 Europäische Zentralbank, »Verordnung Nr. 1053/2008 der Europäischen Zentralbank

vom 23. Oktober 2008 über zeitlich befristete Änderungen der Regelungen hinsichtlich der Notenbankfähigkeit von Sicherheiten (EZB/2008/11)«, *Amtsblatt der Europäischen Union* L 282, 25. Oktober 2008, <www.ecb.europa.eu/ecb/legal/pdf/l_28220081025de 00170018.pdf>.

40 Europäische Zentralbank, *Monetary and Financial Statistics, Short-Term European Paper (STEP)*, <http://www.ecb.int/stats/money/step/html/index.en.html>.

41 Europäische Zentralbank, *Assessment of STEP for Collateral Purposes in Eurosystem Credit Operations*, Pressemitteilung, 15. September 2006, <http://www.ecb.europa.eu/press/pr/date/2006/html/pr060915.en.html>.

42 Europäische Zentralbank, *Measures to Further Expand the Collateral Framework and Enhance the Provision of Liquidity*, a. a. O., 15. Oktober 2008; zur Prolongation vgl. dieselbe, *Longer-Term Refinancing Operations*, a. a. O., 7. Mai 2009.

43 Europäische Zentralbank, »Leitlinien der Europäischen Zentralbank vom 20. September 2011 über geldpolitische Instrumente und Verfahren des Eurosystems (Neufassung) (EZB/2011/14)«, *Amtsblatt der Europäischen Union*, L 331, 20. September 2011, <www.ecb.europa.eu/ecb/legal/pdf/l_33120111214de00010095.pdf>.

44 Für Statistiken des STEP-Marktes vgl. Europäische Zentralbank, *Monetary and Financial Statistics, Short-Term European Paper (STEP)*, a. a. O.

45 A. White, »Euribor Should Be Overseen by EU Regulators, EBF Chief Says«, *bloomberg.com*, 20. Juli 2012, <http://www.bloomberg.com/news/2012-07-12/euribor-should-be-overseen-by-eu-regulators-ebf-chief-says.html>.

46 Europäische Zentralbank, *Payments and Markets, Collateral, Eligibility Criteria and Assessment, Marketable Assets*, <https://www.ecb.int/paym/coll/standards/marketable/html/index.en.html>.

47 Europäische Zentralbank, *Monetary and Financial Statistics, Short-Term European Paper (STEP)*, a. a. O.

48 Europäische Zentralbank, »Leitlinien der Europäischen Zentralbank vom 20. September 2011 über geldpolitische Instrumente und Verfahren des Eurosystems (Neufassung) (EZB/2011/14)«, a. a. O., 20. September 2011.

49 Europäische Zentralbank, *Anpassung des Risikokontrollrahmens für neu begebene Asset-Backed Securities und ungedeckte Bankschuldverschreibungen*, Pressemitteilung, 20. Januar 2009, <http://www.ecb.europa.eu/press/pr/date/2009/html/pr090120.de.html>.

50 Europäische Zentralbank, *Payments and Markets, Collateral, Collateral Data*, 11. Juni 2015, <http://www.ecb.europa.eu/paym/coll/charts/html/index.en.html>.

51 Michael Lewis liefert hierzu ein aufschlussreiches Beispiel: »Du hast eine Katze und ich einen Hund. Wir vereinbaren, dass beide Tiere jeweils eine Milliarde Euro wert sind. Du verkaufst mir deinen Hund für eine Milliarde, und ich dir meine Katze für eine Milliarde. Jetzt sind wir nicht mehr Besitzer von Haustieren, sondern isländische Banken mit einer Milliarde neuer Vermögensgüter.« M. Lewis, *Boomerang. Travels in the New Third World*, W. W. Norton & Company, New York 2011, S. 17.

52 S. Sirletti und E. Martinuzzi, »Italy Banks Said to Use State-Backed Bonds for ECB Loans«, *bloomberg.com*, 21. Dezember 2011, <http://www.bloomberg.com/news/2011-12-20/italian-banks-are-said-to-use-state-guaranteed-bonds-to-receive-ecb-loans.html>; und J. Brennan, »Irish Banks Aid Funding With Own-Use Bonds Amid Cyprus Woes«, *bloomberg.com*, 28. März 2013, <http://www.bloomberg.com/news/2013-03-28/irish-banks-aid-funding-with-own-use-bonds-amid-cyprus-woes-1-.html>. Siehe auch Europäische Zentralbank, *Anpassung des Risikokontrollrahmens für neu begebene Asset-Backed Securities und ungedeckte Bankschuldverschreibungen*, a. a. O., 20. Januar 2009; und dieselbe, »Beschluss der Europäischen Zentralbank vom 20. März 2013 über die Regelungen bezüglich der Verwendung von ungedeckten staatlich garantierten Bankschuldverschreibungen zur Eigennutzung als Sicherheiten für geldpolitische Operationen des Eurosystems (EZB/2013/6)«, *Amtsblatt der Europäischen Union* L 95, 5. April 2013, <https://www.ecb.europa.eu/ecb/legal/pdf/l_09520130405de00220022.pdf>.

53 T. Alloway, »Greek Banks in € 6.4bn Bond Switch«, *Financial Times*, 6. November 2011, <http://www.ft.com/intl/cms/s/0/a008a664-0898-11e1-9fe8-00144feabdc0.html#axzz2Z7qWa4rG>.
54 Europäische Zentralbank, »Beschluss der Europäischen Zentralbank vom 20. März 2013 über die Regelungen bezüglich der Verwendung von ungedeckten staatlich garantierten Bankschuldverschreibungen zur Eigennutzung als Sicherheiten für geldpolitische Operationen des Eurosystems (EZB/2013/6)«, a. a. O., 5. April 2013.
55 Europäische Zentralbank, »Beschluss der Europäischen Zentralbank vom 14. Dezember 2011 über zusätzliche zeitlich befristete Maßnahmen hinsichtlich der Refinanzierungsgeschäfte des Eurosystems und der Notenbankfähigkeit von Sicherheiten (EZB/2011/25)«, a. a. O., 22. Dezember 2011, Artikel 4 Absatz 1. Dort heißt es: »Eine NZB kann Kreditforderungen, die nicht den Zulassungskriterien des Eurosystems entsprechen, als Sicherheiten für geldpolitische Operationen des Eurosystems hereinnehmen.«
56 Ebd., Artikel 4 Absatz 1; vgl. ferner dieselbe, *Eurosystem Credit Assessment Framework (ECAF)*, a. a. O.
57 Europäische Zentralbank, *EZB-Rat genehmigt Zulassungskriterien für zusätzliche Kreditforderungen*, Pressemitteilung, 9. Februar 2012, <http://www.ecb.europa.eu/press/pr/date/2012/html/pr120209_2.de.html>; sowie Banque de France, *Eligibility Criteria Regarding Additional Credit Claims*, Pressemitteilung, 9. Februar 2012, <http://www.banque-france.fr/uploads/tx_bdfgrandesdates/2012-02-9-eligibility.pdf>.
58 Europäische Zentralbank, *Payments and Markets, Collateral, Collateral Data*, a. a. O., 11. Juni 2015.
59 Siehe M. Brendel und C. Pauly, »Zweifelhafte Werte«, a. a. O., 6. Juni 2011, und M. Brendel, J. Eberl und C. Weber, »Riskante Risikokontrolle«, ifo Schnelldienst 68, Nr. 14, 30. Juli 2015, S. 41–49, <http://www.cesifo-group.de/DocBase/download/11012015014005/19166179/fip/sd-2015-14-weber-etal-risikokontrolle-2015-07-30.pdf>.
60 Siehe M. Brendel und S. Jost, »EZB leistet sich gefährliche Regelverstöße«, *Welt online*, 11. Juli 2013, <http://www.welt.de/wirtschaft/article115063852/EZB-leistet-sich-gefaehrliche-Regelverstoesse.html>; J. Eberl und C. Weber, »ECB Collateral Criteria: A Narrative Database 2001–2013«, a. a. O., Februar 2014, S. 14–15.
61 Siehe M. Brendel und S. Jost, »EZB leistet sich gefährliche Regelverstöße«, a. a. O., 11. Juli 2013; sowie Europäische Zentralbank, *Payments and Markets, Collateral, Eligibility Criteria and Assessment, Marketable Assets*, a. a. O.
62 Siehe auch M. Brendel, J. Eberl und C. Weber, »Riskante Risikokontrolle«, a. a. O., 30. Juli 2015.
63 Vgl. z. B. J. Rocholl, »Die Finanzflut der EZB ist gefährlich«, *Handelsblatt online*, 29. Februar 2012, <http://www.handelsblatt.com/meinung/gastbeitraege/gastkommentar-die-finanzflut-der-ezb-ist-gefaehrlich/6267948.html>; und J. Rocholl, »Die EZB und die Kunst des Unmöglichen«, *Handelsblatt online*, 14. Mai 2012, <http://www.handelsblatt.com/meinung/gastbeitraege/gastkommentar-die-ezb-und-die-kunst-des-unmoeglichen/6628940.html>; sowie M. J. M. Neumann, »Die Europäische Zentralbank auf Abwegen«, *Argumente zu Marktwirtschaft und Politik*, Nr. 116, Stiftung Marktwirtschaft und Politik, März 2012; A. Sibert, »The Damaged ECB Legitimacy«, *VoxEU*, 15. September 2011, <http://www.voxeu.org/article/damaged-ecb-legitimacy>; S. Eijffinger und L. Hoogduin, »The European Central Bank in (the) Crisis«, *CESifo DICE Report*, 10, Nr. 1, S. 32–38, Januar 2012, <http://www.cesifo-group.de/DocDL/dicereport112-forum6.pdf>.
64 Siehe S. Ruhkamp, »Die Bundesbank fordert von der EZB bessere Sicherheiten«, *faz.net*, 2. Februar 2012, <http://www.faz.net/aktuell/wirtschaft/schuldenkrise-die-bundesbank-fordert-von-der-ezb-bessere-sicherheiten-11667413.html>.
65 Für eine Übersicht über verschiedene Ausprägungen des Problems des moralischen Risikos (Moral Hazard) vergleiche man z. B. J. M. Graf v. d. Schulenburg, »Zum Verhalten von Versicherungsnachfragern in der sozialen Marktwirtschaft«, *Zeitschrift für die gesamte Versicherungswissenschaft* 73, 1984, S. 295–320, oder H.-W. Sinn, *Ökonomische Entschei-*

dungen bei Ungewißheit, J. C. B. Mohr (Paul Siebeck), Tübingen 1980, Kapitel V: »Anwendungsgebiete«, insbesondere S. 331 ff. und die dort genannte Literatur.

66 Dieses Argument wurde in ähnlicher Form vorgebracht von C. B. Blankart, »Goldgräber bedrohen Euroland«, in D. Meyer (Hrsg.), *Die Zukunft der Währungsunion. Chancen und Risiko des Euros*, LIT-Verlag, Berlin 2012, S. 291–295. Ein verwandtes Problem wird von Aaron Tornell und Frank Westermann beschrieben. Sie argumentieren, dass unter dem Euro jede nationale Notenbank den Anreiz hat, die Notenpresse zu überlasten, da die Lasten der Inflation alle Euroländer treffen, der Nutzen jedoch lokal anfällt. A. Tornell, »Target2 Imbalances and the Dynamic Tragedy-of-the-Commons in the Eurozone«, *UCLA Mimeo*, September 2012; A. Tornell und F. Westermann, »The Tragedy-of-the-Commons at the European Central Bank and the Next Rescue Operation«, *VoxEU*, 22. Juni 2012, <http://www.voxeu.org/article/tragedy-commons-european-central-bank>.

67 Europäische Zentralbank, »Leitlinien der Europäischen Zentralbank vom 20. September 2011 über geldpolitische Instrumente und Verfahren des Eurosystems (Neufassung) (EZB/2011/14)«, a. a. O., 20. September 2011, insbesondere S. 51.

68 Lediglich allgemeine Informationen sind bei der Europäischen Zentralbank verfügbar: Europäische Zentralbank, »Haircut Schedule for Assets Eligible for Use as Collateral in Eurosystem Market Operations«, *Monetary Policy*, Collateral, Risk Mitigation, Liquidity Categories, <http://www.ecb.int/press/pr/date/2010/html/sp090728_1annex.en.pdf?56d9b9db6fddaf7fcd28ebcd6706e630>.

69 Greek Ministry of Finance, *Rules for the Amendment of Securities, Issued or Guaranteed by the Greek Government by Consent of the Bondholders*, 23. Februar 2012, <http://www.hellenicparliament.gr/en/Nomothetiko-Ergo/Anazitisi-Nomothetikou-Ergou?law_id=3b426740-db7b-471a-9829-80a89a6518b5>.

70 Europäische Zentralbank, *Eligibility of Greek Bonds Used as Collateral in Eurosystem Monetary Policy Operations*, Pressemitteilung, 28. Februar 2012, <http://www.ecb.int/press/pr/date/2012/html/pr120228.en.html>.

71 Europäische Zentralbank, *Collateral Eligibility of Bonds Issued or Guaranteed by the Greek Government*, Pressemitteilung, 20. Juli 2012, <http://www.ecb.de/press/pr/date/2012/html/pr120720.en.html>; und D. Szarek, »Jetzt drucken sich die Griechen ihre Euro selbst«, *Focus online*, 25. Juli 2012, <http://www.focus.de/finanzen/news/staatsverschuldung/banken-refinanzieren-sich-ueber-notkredite-die-ezb-schaltet-auf-stur-also-schoepfen-sich-die-griechen-ihr-geld-selber_aid_786691.html>.

72 EU, »Protokoll (Nr. 4) über die Satzung des Europäischen Systems der Zentralbanken und der Europäischen Zentralbank«, *Amtsblatt der Europäischen Union* C 326, 26. Oktober 2012, <http://www.ecb.europa.eu/ecb/legal/pdf/c_32620121026de_protocol_4.pdf>, insbesondere Artikel 14.4.; und Europäische Zentralbank, *Jahresbericht 1999*, S. 102 f., <http://www.ecb.europa.eu/pub/pdf/annrep/ar1999de.pdf>.

73 Central Bank of Ireland, *Financial Statement of the Central Bank of Ireland*, Stichwort »Other Claims on Euro Area Credit Institutions« und »Other Assets«, <http://www.centralbank.ie/polstats/stats/cmab/pages/money%20and%20banking.aspx>, Central Bank of Greece, *Monthly Balance Sheet*, Mai 2013, Stichwort »Other Claims on Euro Area Credit Institutions Denominated in Euro«, <http://www.bankofgreece.gr/BogEkdoseis/financialstat201205_en.pdf>; und Central Bank of Cyprus, *Monthly Balance Sheets*, April 2013, Stichwort »Other Claims on Euro Area Credit Institutions Denominated in Euro«, <http://www.centralbank.gov.cy/media/pdf/BALANCE_SHEET_APRIL_2013_EN.pdf>. Im April 2015 betrug der Bestand von ELA-Krediten in Griechenland (hier steigen sie seit Jahresbeginn wieder sehr dynamisch) 74,4 Milliarden Euro, in Irland 1,5 Milliarden Euro und in Zypern 6,5 Milliarden Euro.

74 Europäische Zentralbank, *Konsolidierter Ausweis des Eurosystems zum 26. Juni 2015*, Pressemitteilung, 30. Juni 2015, <http://www.ecb.europa.eu/press/pr/wfs/2015/html/fs150630.de.html>. ELA-Kredite werden in den Bilanzen der EZB nicht explizit erwähnt. Jedoch wird die Bilanzposition »sonstige Forderungen in Euro an Kreditinstitute im Euro-Wäh-

rungsgebiet« gewöhnlich als Approximation genommen. Dieser Wert erreichte im Juni 2012 mit 251 Milliarden Euro sein Maximum.

75 Vgl. J. Asmussen, *Einleitende Stellungnahme der EZB in dem Verfahren vor dem Bundesverfassungsgericht*, Karlsruhe, 11. Juni 2013, anlässlich der Verfassungsbeschwerde 2 BvR 1390/12, 2 BvR 1439/12 und 2 BvR 1824/12, 2 BvE 6/12.

76 Die Informationen wurden dem Autor von der Bundesbank zur Verfügung gestellt und basieren auf den gegenwärtigen Regeln. Europäische Zentralbank, »Beschluss (EU) 2015/297 der Europäischen Zentralbank vom 15. Dezember 2014 zur Änderung des Beschlusses EZB/2010/23 über die Verteilung der monetären Einkünfte der nationalen Zentralbanken der Mitgliedstaaten, deren Währung der Euro ist (EZB/2014/56)«, *Amtsblatt der Europäischen Union* L53, 25. Februar 2015, <http://www.zentral-bank.eu/ecb/legal/pdf/oj_jol_2015_053_r_0007_de_txt.pdf>.

77 Siehe M. Hellwig, »Notstand oder Erpressung«, *Handelsblatt*, 3./4./5. Juli 2015, Nr. 125, S. 64, <http://www.handelsblatt.com/my/politik/international/gastkommentar-von-martin-hellwig-notstand-oder-erpressung/12007054.html>. Die Fehlinformation, der Hellwig aufsaß, findet man in ähnlicher Form bei W. Buiter, J. Michels, und E. Rahbari, »ELA: An Emperor Without Clothes?«, *Global Economics View*, Citigroup Global Markets, 2011, vgl. insbes. S. 2. Die Korrektur von Hellwig findet man bei C. Fuest und H.-W. Sinn, »Die Risiken der Notkredite«, *Handelsblatt*, 10./11./12. Juli 2015, Nr. 130, S. 64, <http://www.handelsblatt.com/my/politik/konjunktur/nachrichten/hans-werner-sinn-und-clemens-fuest-die-risiken-der-notkredite/12037224.html>.

78 Das Eigenkapital wird in allen Fällen einschließlich Bewertungseffekten gemessen. Die erwähnten Daten beziehen sich auf den Mai 2012 (Griechenland), Februar 2011 (Irland) und April 2013 (Zypern). Um die Berechnungen zu verstehen, schauen wir uns die irischen Zahlen im Detail an. Im Februar 2011 war der irische Bestand an ELA-Krediten (»Other assets«) 70,1 Milliarden Euro. Der irische Anteil am aggregierten Bestand der Geldbasis im Eurosystem (abzüglich der Mindestreserve) in Höhe von 845 Milliarden Euro beträgt aber nur 1,6%. Der Gegenwartswert der irischen Zinsansprüche gegenüber diesem Zinspool machte daher unter statischen Bedingungen nur 13,4 Milliarden Euro aus. Das Eigenkapital der irischen Notenbank betrug damals 1,7 Milliarden Euro, und der Bewertungsgewinn, der ebenfalls dem Eigenkapital zuzuzählen ist, machte 0,2 Milliarden aus, sodass der gesamte Bestand des Eigenkapitals 1,9 Milliarden Euro betrug. Die Summe von Eigenkapital und Gegenwartswert der irischen Zinsansprüche lag somit bei 15,3 Milliarden Euro. Die ELA-Kredite, die im irischen Bankensektor generiert wurden und einen Zinsstrom an den gemeinschaftlichen Pool auslötsen, betrugen also das 4,57-Fache der Summe von Eigenkapital und Gegenwartswert der Zinsansprüche. Dies impliziert, dass die ELA-Kredite um 357% höher als die maximal mögliche Haftungssumme waren.

79 Die Geldbasis des Eurosystems (ohne Mindestreserve) belief sich Ende Juni auf 1,402 Billionen Euro, der Anteil Griechenlands auf 2,89%, also 40,5 Milliarden Euro. Hinzu kam anzurechnendes Kapital in Höhe von 4,2 Milliarden Euro (Eigenkapital in Höhe von 0,8 Milliarden Euro, 3,4 Milliarden Euro auf dem Umbewertungskonto). Die Summe von Eigenkapital und Gegenwartswert der Zinsansprüche waren also 44,7 Milliarden Euro.

80 EU, »Protokoll (Nr. 4): Über die Satzung des Europäischen Systems der Zentralbanken und der Europäischen Zentralbank«, a. a. O., 26. Oktober 2012, Artikel 33.2.

81 Siehe K. C. Engelen, »From Deauville to Cyprus«, *The International Economy*, Frühjahr 2013, S. 51–53, 73–76.

82 Anastasiades zitiert das Bekenntnis, welches bei einer Pressekonferenz am 28. März 2013 von dem damaligen griechischen Notenbankpräsidenten Panicos Demetriades abgelegt wurde (eigene Übersetzung): »Das Volumen der ELA-Kredite an die Laiki Bank erreichte 60% des BIP von Zypern. Das war nicht erfreulich, aber wir mussten die Laiki Bank erhalten, damit Wahlen stattfinden konnten«, ebd.

83 Siehe H.-J. Dübel, *Bewertung des Bankenrestrukturierungsprogramms in Zypern und seiner*

Auswirkungen auf Konzepte und Institutionen der Bankenunion, Kurzgutachten im Auftrag der SPD-Bundestagsfraktion, Finpolconsult, Berlin, 18. April 2013, <http://www.finpolconsult.de/mediapool/16/169624/data/Zypern_Bankenrestrukturierung_Finpolconsult_4_18_13.pdf>; und derselbe, *Creditor Participation in Banking Crisis in the Eurozone – A Corner Turned? Empirical Analysis of Current Bank Liability Management and Restructuring Policies with Conclusions for the European Bank Restructuring and Resolution Framework*, Finpolconsult, Berlin, 28. Juni 2013, <http://www.finpolconsult.de/mediapool/16/169624/data/Duebel_Bank_Creditor_Participation_Eurozone_Final.pdf>.

84 Zitiert nach P. Plickert, »Weidmann verurteilt Ela-Notkredite für Athen«, *faz.net*, 25. Juni 2015, <http://www.faz.net/aktuell/finanzen/griechenland-krise-weidmann-verurteilt-ela-not kredite-13668307.html>.

85 Central Bank of Ireland, *Central Bank Statement*, 7. Februar 2013, <http://www.centralbank.ie/press-area/press-releases/Pages/CentralBankStatement.aspx>. Der ehemalige Chefökonom der EZB Jürgen Stark klassifizierte dies als verbotene Staatenfinanzierung. J. Stark, »Irlands verbotener ›Deal‹ mit der Notenbank«, *Welt online*, 14. März 2013, <http://www.welt.de/finanzen/article113645427/Irlands-verbotener-Deal-mit-der-Notenbank.html>.

86 Siehe R. Berschens, »Wieder Notruf aus Zypern«, *Handelsblatt*, Nr. 116, 20. Juni 2013, S. 10.

6 Target-Salden oder der Schatten der europäischen Zahlungsbilanzkrise

Das Zahlungsverkehrssystem »Target« – Explodierende Target-Salden – Warum die Target-Salden Kredite messen – Target-Salden als öffentlicher Kapitalexport – Binnengeld und Außengeld – Die Verdrängung der Refinanzierungskredite im Norden

DAS ZAHLUNGSVERKEHRSSYSTEM »TARGET«

Es grenzt an eine Herkules-Aufgabe, sich einen vollständigen Überblick über die Vielzahl an Politikmaßnahmen der EZB zu verschaffen, die den Krisenländern der Eurozone in den vergangenen Jahren zu Ersatzkrediten aus der Druckerpresse verhalfen. Die volle Dimension der Rettungsaktionen der EZB wird indes an den sogenannten Target-Salden aus den Bilanzen der nationalen Notenbanken deutlich, die erstmals vom ifo Institut veröffentlicht und analysiert wurden.[1] Bis vor Kurzem wussten die politisch Verantwortlichen auf europäischer oder nationaler Ebene wenig darüber, und mit dem Verweis auf die Unabhängigkeit der EZB wollten sie über diese Verrechnungsposten innerhalb der Währungsunion auch offenbar gar nichts erfahren. Nachdem jedoch bald die gesamte internationale Finanzwelt darüber in Aufregung geriet und die Ratingagentur Moody's die Aussicht für Deutschlands Rating auch aufgrund der rapide wachsenden deutschen Target-Risiken von »stabil« auf »negativ« abstufte,[2] kam die politische Stille zu einem jähen Ende und rief eine Reihe wissenschaftlicher Veröffentlichungen hervor.[3]

Kapitel 6 Target-Salden oder der Schatten der europäischen Zahlungsbilanzkrise

Das Thema rückte im Februar 2012, ein Jahr nach der ersten Veröffentlichung durch den Verfasser, in den politischen Fokus, als der neue Präsident der Deutschen Bundesbank, Jens Weidmann, seine Sorge über die Target-Forderungen der Bundesbank in dem schon im vorigen Kapitel erwähnten Brief an den Präsidenten der EZB, Mario Draghi, zum Ausdruck brachte. Dort forderte er nicht nur höhere Bonitätskriterien für die Pfänder der Refinanzierungskredite, sondern verlangte auch eine Besicherung der dramatisch wachsenden Target-Forderungen der Bundesbank.[4] Weidmann hatte seinen Brief nach einer Phase monatelangen Schweigens der Bundesbank zum Thema Target verfasst, in der die Target-Problematik innerhalb der Bundesbank ausführlich beraten worden war. Mit diesem Schreiben rückte Weidmann von der früheren Position der Bundesbank ab, dass es sich bei den Target-Salden um irrelevante Salden handele, die eine normale Begleiterscheinung der Geldschöpfung im Europäischen Währungssystem seien.[5] Diese Position war unter anderem von Helmut Schlesinger, einem früheren Präsidenten der Bundesbank, während dessen Amtszeit der Maastrichter Vertrag abgeschlossen wurde, kritisiert worden.[6] Nun teilte also die Bundesbank die Besorgnis darüber, dass die Target-Salden zwischen den nationalen Notenbanken sehr stark gewachsen waren und hohe Lasten für die Zentralbanken des Euroraums darstellen könnten.

Während die EZB bis zum heutigen Tag keine umfassende Statistik zu den Target-Salden veröffentlicht hat, bestätigt sie mittlerweile deren Bedeutung und Definition in einem halboffiziellen Beitrag im *CESifo Forum*[7] sowie indirekt durch die Aussage des EZB-Präsidenten Mario Draghi, dass er diese Salden laufend, ja »tatsächlich jeden Tag« beobachte.[8] Draghi wertete später auch den Rückgang der aggregierten Target-Salden ab dem Jahr 2013 als Indikator für den Aufbau neuen Vertrauens in der Eurozone.[9]

Die Target-Daten, über die das ifo Institut und eine Reihe von Institutionen seit den ersten Veröffentlichungen des Verfassers regelmäßig berichten, entstammen IWF-Statistiken und den nationalen Bilanzen der Notenbanken der Eurozone.[10] Wie schon in der Einleitung berichtet, haben nun leider Frankreich, Irland, Portugal und einige andere, kleinere Länder die Berichterstattung zu den Target-Salden mit dem Jahresbeginn 2015 eingestellt, sodass für diese Länder keine aktuelleren Daten als für das Jahresende 2014 zur Verfügung stehen.

Target-Salden messen Nettoüberweisungen von Eurogeld zwischen den Ländern. Diese Nettoüberweisungen werden möglich, wenn eine Zentralbank mehr Geld durch Refinanzierungskredite und Käufe von Vermögensobjekten schafft als für Transaktionszwecke innerhalb einer Volkswirtschaft gebraucht wird. Es handelt sich dabei also um einen Überhang der Kreditschöpfung der Zentralbank über den Liquiditätsbedarf eines Landes. Dieser

Überhang wird von der Wirtschaft des jeweiligen Landes dafür benutzt, im Ausland Waren und Vermögensobjekte zu kaufen sowie Schulden zu tilgen. Insofern bedeuten die Target-Salden etwas grundsätzlich anderes, als die nationale Wirtschaft mit Transaktions- oder Tauschmitteln zu versorgen, die von Konto zu Konto laufen, aber in einem Land bleiben. Sie messen einen Überziehungskredit im Eurosystem, den sich ein Land auf dem Wege der überproportionalen lokalen Geldschöpfung quasi aus dem gemeinsamen Kassenautomaten zieht, mit dem man all das machen kann wie mit einem normalen Überziehungskredit auch. Man kann damit in der Außenwelt Schulden tilgen, Vermögensobjekte kaufen oder Güter für den laufenden Verbrauch erwerben.

Dass es zu diesem Überhang der Kreditvergabe kam, ist das unmittelbare Ergebnis der Absenkung der Sicherheitsstandards für die Pfänder, die Geschäftsbanken bei ihren Notenbanken für Refinanzierungskredite hinterlegen mussten, wie es in Kapitel 5 diskutiert wurde. In ihrem ökonomischen Kern messen die Target-Salden deshalb öffentliche internationale Kredite an die GIPSIZ-Länder. Sie sind nichts grundsätzlich anderes als öffentliche Rettungskredite wie der EFSF oder ESM, über die die Parlamente Europas unter großen Mühen abgestimmt haben. Die Unterschiede liegen in den nationalen Empfängern – Banken oder Staaten – und in den Kreditkonditionen im Detail, nicht aber in der ökonomischen Substanz und dem Risiko.

Die zusätzlichen Refinanzierungskredite, die durch die Target-Salden gemessen werden, können erklären, warum die gesamtwirtschaftlichen Kapitalimporte der Krisenländer in der Eurokrise nicht eingebrochen sind (wie Abbildung 2.1 verdeutlicht hat), obwohl sich die Kapitalmärkte diesen Ländern verweigerten und die privaten Kapitalimporte versiegten. Nachdem die privaten Kapitalgeber ihr Geld aus den Krisenländern abgezogen hatten, traten die öffentlichen Kredite aus der elektronischen Druckerpresse an ihre Stelle. Target-Kredite bildeten den Rettungsschirm vor dem Rettungsschirm – oder sind, um das Bild des vorigen Kapitels aufzugreifen, der weiße Ritter, der als Ersatz für den wegbrechenden privaten Kapitalmarkt zu Hilfe kam. Aus Gründen, die später erläutert werden, werden die zusätzlichen Refinanzierungskredite, die durch die Target-Salden gemessen werden, in diesem Buch »Target-Kredite« genannt.

Das Volumen der Target-Kredite, das den Krisenländern zugutekam, war auf dem Höhepunkt der Krise, wie in Kapitel 8 (Abbildung 8.2) gezeigt wird, mit gut 1.000 Milliarden Euro weitaus größer als die offiziellen Rettungskredite. Sie sind im Wesentlichen das Ergebnis der Krise, die aus der zumindest temporär verloren gegangenen Wettbewerbsfähigkeit der GIPSIZ-Länder resultiert, wie in Kapitel 4 herausgearbeitet wurde. Man kann auch sagen, sie sind der Schatten der Krise.

Die Erklärung der Target-Kredite ist nicht trivial, und von einem fachlich nicht vorgebildeten Leser dieses Buches kann man nicht erwarten, dass er sie auf Anhieb versteht. Selbst viele Ökonomen hatten anfangs erhebliche Schwierigkeiten mit dem Thema. Es ist jedoch für die Zukunft der Eurozone von extrem großer Bedeutung, denn aus dem leichten Zugang zur Druckerpresse entsteht ein politisches Drohpotenzial für die Schaffung einer Rettungsarchitektur, wenn nicht für die Schaffung einer Transferunion, die einen erheblichen Teil des Vermögens der noch funktionsfähigen Länder der Eurozone aufs Spiel setzt. Dieses und die nachfolgenden Kapitel werden versuchen, die Komplexität Schritt für Schritt aufzulösen und das Thema für jedermann verständlich darzulegen.

Target ist eigentlich nur der Name des Zahlungssystems, über das die internationalen Zahlungen zwischen Banken im Euroraum abgewickelt werden. Er ist das Akronym eines komplexen Ausdrucks (*Trans-European Automated Real-time Gross Settlement Express Transfer System,* oder »Transeuropäisches automatisiertes Echtzeit-Brutto-Zahlungs-Express-Transfersystem«), den man am besten sofort wieder vergisst, nachdem man ihn gehört hat, weil er kaum zum Verständnis beiträgt. Das Target-System transferiert und misst die grenzüberschreitenden Geldüberweisungen zwischen den Euroländern aufgrund von internationalen Überweisungsaufträgen, die private Haushalte, Firmen und öffentliche Institutionen ihren jeweiligen Geschäftsbanken geben. Ein Target-Defizit einer nationalen Notenbank des Eurosystems entsteht durch eine Nettoüberweisung von Eurogeld in ein anderes Land, das nicht notwendigerweise zum Euroraum gehören muss. Ökonomen sprechen auch von einem Zahlungsbilanzdefizit. Entsprechend entsteht ein Target- oder Zahlungsbilanzüberschuss einer Notenbank des Eurogebiets durch eine Nettoüberweisung von Eurogeld aus einem anderen Land.[11] Heuristisch können wir auch von internationalen Geldflüssen sprechen, obwohl das nicht wirklich präzise ist, denn das Geld im Sinne von Einlagen der Geschäftsbanken bei ihren Zentralbanken wird in dem Land, in dem die Zahlungsaufträge gegeben werden, von der jeweiligen Notenbank eingezogen und im Zielland der Überweisung von der dortigen Notenbank neu geschaffen und einer Geschäftsbank gutgeschrieben, die es selbst wiederum dem Adressaten der Zahlung gutschreibt. Weil die EZB-Zentrale bei allen Überweisungen zwischengeschaltet ist, entstehen die Salden grundsätzlich immer mit dem Eurosystem als Ganzem, auch wenn der Geschäftspartner in einem Nicht-Euro-Land sitzt.

Die nationale Notenbank, die den Überweisungsauftrag ausführt und dafür Geld schafft, muss dieses Geld den Geschäftsbanken, die das Ziel der Überweisung sind, zur Verfügung stellen, ohne dafür Forderungen gegen sie zu erwerben, denn die entsprechenden Forderungen sind ja schon bei der

Notenbank, die den Überweisungsauftrag gab, gegenüber dem dortigen Geschäftsbankensystem entstanden, als sie das Geld schuf, das überwiesen wurde. Stattdessen erwirbt die ausführende Notenbank eine Forderung gegen das Eurosystem, und dieses System wiederum erwirbt eine Forderung gegen die auftraggebende Notenbank. Nationale Notenbanken verbuchen die so entstandenen Forderungen und Verbindlichkeiten in ihren Bilanzen, und die wiederum liefern die Zahlen für die Target-Statistiken dieses Buches.

Manchmal wird statt von Target von Target2 gesprochen, um die zweite, im Jahr 2007 in Kraft getretene Entwicklungsstufe des ursprünglichen Zahlungssystems zu kennzeichnen, das einfach nur Target hieß. Aber das betont einen Aspekt, auf den es gar nicht ankommt. Die Unterschiede zwischen dem ersten Target-System und dem zweiten sind nur technischer Natur und haben nichts mit der ökonomischen Interpretation der Salden als Zahlungsbilanzungleichgewichte zu tun.[12] Daher ist die »2« hinter dem Akronym ohne reale ökonomische Bedeutung und wird im vorliegenden Buch nicht weiter benutzt.

Im Target-System wird nur der elektronische Geldverkehr erfasst, also die internationalen Geldüberweisungen. Über die physischen Geldströme, die quasi im Koffer erledigt werden, gibt es keine Statistiken, wohl aber für das von einer nationalen Notenbank ausgegebene Bargeld. Da der elektronische Zahlungsverkehr in der Eurozone nicht eingeschränkt ist, während physische Bargeldtransporte auf 10.000 Euro beschränkt sind, kontrolliert werden und Transportkosten verursachen, kann man davon ausgehen, dass der Bargeldtransport zwischen den Euroländern eine vergleichsweise geringe Bedeutung hat. Ein gewisser Bargeldfluss findet aber durch den Tourismus und durch die Migration statt.[13] Notenbanken, die überproportional viel Bargeld ausgegeben haben, müssen dafür eine Verbindlichkeit gegenüber dem Eurosystem in ihrer Bilanz verbuchen, und andere, die unterproportional viel emittierten, erhalten eine Ausgleichsforderung gegen das Eurosystem.[14] Eine überproportionale Ausgabe von Bargeld muss nicht bedeuten, dass physisch Bargeld über die Grenzen wandert. So können Länder wegen eines unterentwickelten Bankensystems oder wegen einer Vertrauenskrise der Banken relativ viel Bargeld für Transaktionen nutzen oder auch nur horten, wie es z. B. in Griechenland heute der Fall ist. Auch kann die überproportionale Bargeldnutzung daran liegen, dass relativ viele Schwarzmarktgeschäfte getätigt werden. Es können aber auch einfach unterschiedliche Gewohnheiten in der Nutzung von Bargeld oder Giralgeld für Zahlungen sein.

Im Euroraum fließen die auf Euro lautenden Überweisungen der Händler und Finanzinstitute kreuz und quer, innerhalb der Länder und über die Grenzen hinaus, aber nur die grenzüberschreitenden Zahlungsströme werden im Target-System erfasst. Man wohnt in einem Land, kauft Güter im zweiten und liefert ins dritte. Es werden Aktien, Schuldverschreibungen, Immobilien und ganze Fabriken über die Landesgrenzen hinweg gekauft und verkauft. Neue Kredite werden aufgenommen, und alte werden getilgt. Immer führen diese Zahlungsvorgänge zu Geldströmen im Euroraum, aber es kommt in der Regel nicht zu Nettogeldströmen, weil sich die Zu- und Abflüsse die Waage halten. Eine solche Normalsituation bezeichnet man als Zahlungsbilanzgleichgewicht.[15]

Ein Zahlungsbilanzgleichgewicht zwischen Ländern ist nicht dasselbe wie ein Leistungsbilanzgleichgewicht. Letzteres meint, grob gesprochen, dass ein Land so viele Güter und Leistungen exportiert, wie es importiert. Ein Land kann ein Leistungsbilanzdefizit haben, weil es mehr importiert, als es exportiert, und dennoch kann seine Zahlungsbilanz ausgeglichen sein, weil ihm private ausländische Kredite zufließen, die das Defizit finanzieren.

Nehmen wir Griechenland. Griechenland kaufte seit Längerem mehr Güter im Ausland, als es dorthin verkaufte. Es brauchte also Geld. Dieses Geld lieh es sich im Ausland. Geld floss z. B. von einer französischen Bank über eine griechische Bank an einen griechischen Bankkunden, und der überwies es dann wieder nach Deutschland, weil er sich dort ein Auto kaufte. Das Geld kam aus dem Ausland und floss wieder ins Ausland zurück. Die griechische Zahlungsbilanz war im Gleichgewicht. So war es vor der Finanzkrise.

In einem Land wie Deutschland, das einen Exportüberschuss hat, war es genau umgekehrt. Deutschland kam in den Genuss von Geldzuflüssen aus dem Ausland, weil es mehr Waren verkaufte, als es kaufte, verwendete aber dieses Geld für Käufe von Anleihen, Aktien, Immobilien oder anderen Wertpapieren im Ausland oder gab direkt einen Kredit an das Ausland. Viel deutsches Geld floss beispielsweise über die Beneluxstaaten an französische Banken, die es dann nach Griechenland weiterleiteten.

Bei allen Ländern floss Geld in beide Richtungen über die Grenzen, aber es gab keine grenzüberschreitenden Nettoströme von elektronischem Geld. Die Target- oder Zahlungsbilanzsalden waren (ungefähr) null, mit anderen Worten, man befand sich im Zahlungsbilanzgleichgewicht. Abbildung 6.1 verdeutlicht diese Interpretation der Zahlungsbilanz exemplarisch anhand der drei Länder in schematischer Form mithilfe der durchgezogenen grünen Pfeile.

Von einem Ungleichgewicht in der Zahlungsbilanz, im Extremfall einer Zahlungsbilanzkrise, spricht man, wenn mehr Geld in die eine als in die andere Richtung über die Grenzen fließt, wenn sich also Zuflüsse und Abflüsse nicht ausgleichen und ein Saldo entsteht. Bekommt z. B. Frankreich keinen neuen Kredit mehr aus Deutschland, weil die deutschen Geldgeber Sorge haben, dass Frankreichs Banken durch die Krise in eine Schieflage geraten könnten, dann sind die französischen Banken gezwungen, auch den Kredit-

Das Zahlungsverkehrssystem »Target«

fluss nach Griechenland zu begrenzen. Will sich der griechische Kunde nun aber gleichwohl ein deutsches Auto kaufen, indem er das Geld verwendet, das er ohnehin noch auf dem Konto hat und es vielleicht auch in der Familie zusammensammelt, dann entsteht in Griechenland ein Target- oder Zahlungsbilanzdefizit. Zwar fließt noch genauso viel Geld aus Griechenland ab wie vorher, doch es fließt weniger zu. Wenn sonst nichts passiert, entsteht in diesem Beispiel in Deutschland ein Zahlungsbilanzüberschuss, weil weniger Geld nach Frankreich überwiesen wird, während das Auto ja noch bezahlt wird. Frankreich behält stattdessen eine ausgeglichene Zahlungsbilanz. Ungefähr so könnte es vielleicht in der Krise gewesen sein.

Abbildung 6.1 Kapitalströme im Zahlungsbilanzgleichgewicht und in der Zahlungsbilanzkrise

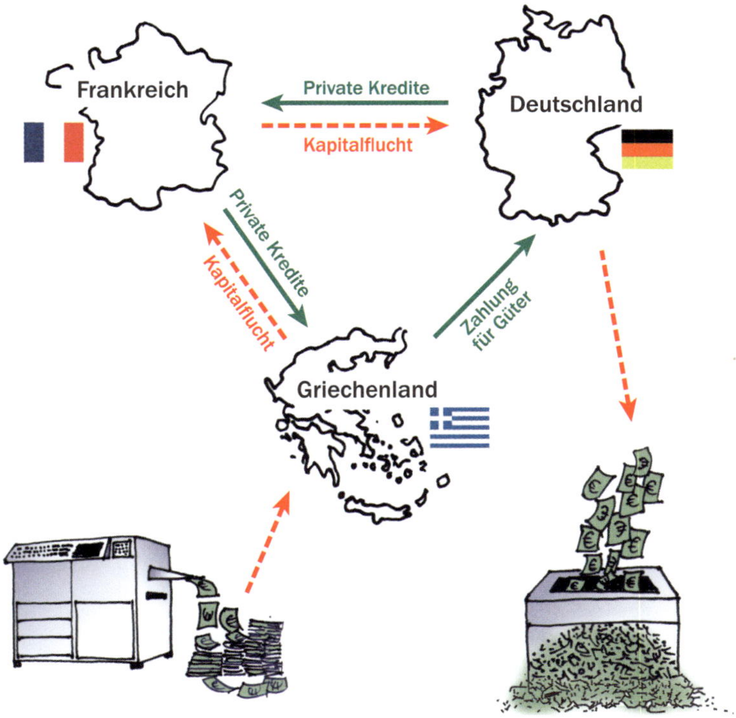

Quelle: ifo Institut

Dieses Beispiel ist allerdings noch viel zu grob und dient vor allem didaktischen Zwecken. In der Realität floss der Kreditstrom aus Deutschland in den großen Pool des internationalen Kapitalmarkts, aus dem Frankreich sein Kapital nahm, bevor es nach Griechenland verliehen wurde, ohne dass klar war, woher der von Frankreich bezogene Kredit kam. Außerdem gab es erhebliche Kapitalströme, die direkt von Deutschland nach Griechenland flossen. Davon wird in der Zeichnung abstrahiert.

In der Krise versiegten die privaten Kreditströme nicht nur, für einige Länder kehrten sie sich sogar um, da eine plötzliche Kapitalflucht einsetzte, die ihren Ausdruck darin fand, dass die Gläubiger die Altkredite nicht mehr verlängerten, sondern die Rückzahlung verlangten. Das geschah vor allem bei den europäischen Interbankkrediten, die typischerweise kurzfristig sind und die schnell zurückgeführt werden können, indem sie nicht verlängert oder bei Fälligkeit nicht mittels neuer Kredite weitergerollt werden.

Im oben beschriebenen Beispiel der Abbildung 6.1 wird die Kapitalflucht durch die gestrichelten Pfeile von Griechenland nach Frankreich und von Frankreich nach Deutschland symbolisiert. Griechenland muss nun nicht nur Nettozahlungsaufträge an andere Länder geben, um die dort gekauften Güter zu bezahlen, sondern auch, um die vorhandenen Schulden zu begleichen.

Zahlungsbilanzungleichgewichte wie zwischen den Euroländern kann es im Prinzip auch zwischen Regionen innerhalb der jeweiligen Länder oder auch zwischen der Eurozone und dem Rest der Welt geben. Die Gefahr solcher Ungleichgewichte ist aber klein.

Innerhalb der einzelnen europäischen Staaten stellen zumeist Finanzausgleichssysteme sicher, dass regionale und lokale Gebietskörperschaften aufgefangen und streng kontrolliert werden, wenn sie Finanzprobleme haben. Diese Beschränkungen verhindern die exzessive Kreditaufnahme und machen den plötzlichen Stopp von privaten Kapitalströmen oder sogar eine Kapitalflucht unwahrscheinlich. Sofern eine Region eines Landes in finanzielle Schieflage gerät, die der Kapitalmarkt nicht heilen kann, kommt es im Übrigen oft zu fiskalischen Krediten oder Transfers, also Geldgeschenken, aus anderen Regionen des gleichen Landes, sodass Zahlungsbilanzdefizite zwischen den Regionen vermieden werden können. Dies ist der Grund, warum man keine Verweigerung privater Kreditgeber gegenüber bestimmten Regionen innerhalb einzelner europäischer Staaten beobachtet.

Eine Ausnahme bildet in Europa allerdings die Schweiz, deren Stabilität gerade darauf basiert, dass regionale Gebietskörperschaften in Konkurs gehen können, weil es für sie keinen Bailout gibt. Die disziplinierende Wirkung, die dies auf Schuldner und Gläubiger hat, wird im letzten Kapitel dieses Buches diskutiert.

Ähnlich wie in der Schweiz ist es auch in den USA. Dort kennt man keinen formellen Finanzausgleich zwischen den Bundesstaaten, und infolgedessen sind Hilfen durch bundesstaatliche Institutionen oder bundesstaatliche Arbeitslosensysteme nur in geringerem Umfang verfügbar.[16] Es gibt hier jedoch andere institutionelle Schranken, die eine Tilgung und Begrenzung Target-ähnlicher Ungleichgewichte sicherstellen (vgl. Kapitel 7, Abschnitt: »Wie Überschüsse in den USA ausgeglichen werden«).

Gegenüber Ländern außerhalb der Währungsunion sorgen im Allgemeinen flexible Wechselkurse und unterschiedliche Währungen dafür, dass sich Güter- und Kapitalströme ungefähr die Waage halten. Größere Devisenströme über die Grenzen hinweg kommen nur vor, wenn die Notenbanken ausländische Währungen horten, um die Kurse zu beeinflussen. Zwischen Privatsektoren unterschiedlicher Währungsgebiete gibt es keine erheblichen Nettoströme von Devisen, weil man mit ausländischer Währung im Inland im Allgemeinen wenig anfangen kann. Die einzige Ausnahme bildet der Dollar, der überall auf der Welt ein Tauschmittel ist. Überweisungen zwischen einem Euroland und dem Nicht-Euro-Ausland laufen in Europa grundsätzlich immer über die EZB-Zentrale und lassen dort Salden mit den Einzelländern entstehen, die sich wegen des flexiblen Wechselkurses nach außen aber in aller Regel zwischen verschiedenen Euroländern ausgleichen.

Die internationalen Zahlungsvorgänge werden normalerweise nach Zahlungen im Rahmen der Leistungsbilanz und der Kapitalverkehrsbilanz unterschieden. In der Leistungsbilanz werden internationale Überweisungen im Zusammenhang mit dem Erwerb von Gütern aus laufender Produktion, Dienstleistungen einschließlich der Zinsen für Kreditgeschäfte sowie Geschenke erfasst. Die Kapitalverkehrsbilanz hingegen erfasst die internationalen Geldüberweisungen privater und öffentlicher Institutionen, wie sie für den Austausch von Vermögenstiteln, die Gewährung oder die Rückzahlung von Krediten inklusive kurzfristiger Kredite auf dem Interbankenmarkt, den Kauf oder Verkauf von Aktien, Direktinvestitionen sowie alle Arten von Vermögenstransaktionen stattfinden. Man spricht auch zusammenfassend von Kapitalex- und -importen.

Ein Zahlungsbilanzgleichgewicht liegt vor, wenn Kapitalverkehrsbilanz und Leistungsbilanz einander ausgleichen, und ein Ungleichgewicht, wenn sie es nicht tun. In der Eurozone lässt sich ein Zahlungsbilanz- oder Target-Defizit somit als jener Teil des Leistungsbilanzdefizits definieren, der nicht durch private oder fiskalische Nettokapitalimporte finanziert ist, oder, algebraisch äquivalent, als die Summe aus dem Leistungsbilanzdefizit und dem Nettokapitalexport privater und staatlicher Instanzen außer der EZB selbst. Diese Definition wird weiter hinten nützlich sein, wenn die Beziehung zwischen den Target-Salden und den Leistungsbilanzsalden analysiert wird.[17] Wie im übernächsten Abschnitt gezeigt wird, sind die Target-Salden selbst ein Maß für öffentliche Kapitalex- und -importe des Notenbankensystems.

Zurück zu Abbildung 6.1: Neben den schon erwähnten Positionen zeigt die Abbildung eine Notenpresse und einen Schredder. Beide Geräte sind wiederum sinnbildlich gemeint, denn es geht um Buchhaltungsvorgänge mit elektronischem Geld statt um physische Banknoten. Die Geräte kommen (gedanklich, metaphorisch) zum Einsatz, weil die Aktivitäten der Geschäftsbanken und Zentralbanken automatisch die Effekte der internationalen Geldströme auf die Geldbestände sterilisieren, die innerhalb der Länder zirkulieren. So geht der Abfluss des Geldes aus Griechenland Hand in Hand mit der Schaffung neuen Geldes in Griechenland durch die griechische Zentralbank, meistens durch geldpolitische Refinanzierungsgeschäfte, aber auch durch den Kauf von Wertpapieren von den Geschäftsbanken, weil ansonsten der Bestand des in Griechenland zirkulierenden Geldes durch Geldüberweisungen ins Ausland sehr schnell zur Neige gehen würde. Der Abfluss zwingt die griechische Notenbank, über die die Überweisung läuft, dafür Geld in Griechenland einzuziehen und zu vernichten, während sie gleichzeitig die Notenbank des Ziellandes der Überweisung bittet, in ihrem Auftrag neues Geld zu schaffen und es dortigen Geschäftsbanken zur Verfügung zu stellen.

Im Zielland der Überweisungen, im Beispiel der Abbildung Deutschland, landet zusätzliche Liquidität an, weil die Notenbank, also die Bundesbank, jenen Banken, bei denen die Adressaten der Überweisungen ihr Konto haben, im Auftrag der griechischen Notenbank ein Guthaben in Höhe der Überweisung einräumt und dafür neues Geld schafft. Die deutschen Banken benötigen das neue Geld aber nicht, weil schon genug Geld für die internen deutschen Transaktionen im Umlauf ist. Daher verwenden sie es, um alte Refinanzierungskredite, die sie bereits bezogen hatten, an die Bundesbank zurückzuzahlen, was für sich genommen Geld vernichtet.

Es ist wichtig, sich klarzumachen, dass die gesamte Geldmenge in Deutschland und in Griechenland bei diesem Vorgang grundsätzlich konstant bleibt. Wenn Griechenland seine Finanzprobleme mit der Druckerpresse lösen darf, so heißt das nicht notwendigerweise, dass insgesamt mehr Geld im Eurosystem in Umlauf kommt, und weil das so ist, entsteht aus dem Vorgang auch per se keine Inflationsgefahr.

EXPLODIERENDE TARGET-SALDEN

Während Abbildung 6.1 die grundsätzliche Bedeutung der Target-Salden als Maß für Sonderkredite aus der Druckerpresse erläutert, zeigt Abbildung 6.2 exakte Zahlenwerte aus einer Datenbank, die Timo Wollmershäuser und der Verfasser aus den Bilanzen der nationalen Notenbanken des Euroraums oder, wenn einzelne Notenbanken die Daten nicht veröffentlichen, aus den Statistiken des Internationalen Währungsfonds (IWF) zusammengestellt haben.[18] Die Datengrundlage wurde von einer Reihe Wissenschaftler repliziert, nachdem wir diese veröffentlicht und interpretiert hatten, wie es oben schon dargelegt wurde.

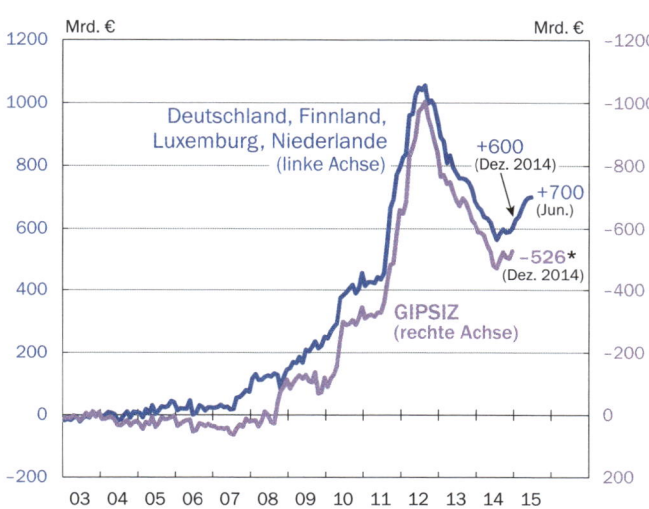

Abbildung 6.2 Akkumulierte Zahlungsbilanzsalden im Euroraum (Januar 2003 bis Dezember 2014 bzw. Juni 2015)

* Wert am Ende der Target-Berichterstattung Portugals und Irlands.

Quellen: Deutsche Bundesbank, *Statistiken*, Zeitreihen-Datenbanken, Makroökonomische Zeitreihen, Zeitreihe BBK01.EU8148B; Suomen Pankki, Statistics, *Balance Sheet of the Bank of Finland*; Banque Centrale du Luxembourg, Statistiks, *Monetary Policy Statistics*; De Nederlandsche Bank, *Statistics*, Financial Institutions, Domestic MFI-statistics (monetary), Balance Sheet of the Nederlandsche Bank (monetary presentation); Bank of Greece, Research and Publications, *Financial Statements*; Banco de España, Boletín Estadístico, *Balance de Situación Resumido del Banco de España*; Banca d'Italia, Statistical Database, *Bank of Italy Balance-Sheet Aggregates*; Central Bank of Cyprus, Financial Information, *Monthly Balance Sheets*; für die anderen Länder vgl. Internationaler Währungsfonds, *International Financial Statistics*, Net Claims on Eurosystem (IFS code xxx12e0szkm), Currency Issued (IFS code xxx14a00zkm) und Currency Put Into Circulation (IFS code xxx14m00zkm).

Erläuterung: Die Target-Salden für Deutschland, Finnland, Luxemburg, die Niederlande, Griechenland, Italien, Spanien und Zypern stammen direkt aus den Bilanzen der nationalen Notenbanken. Bei den übrigen Ländern wurde eine präzise Annäherung mittels Daten des IWF gemäß der Methodologie von H.-W. Sinn und T. Wollmershäuser, »Target Loans, Current Account Balances and Capital Flows: The ECB's Rescue Facility«, a. a. O., 2012, Appendix, S. 504 ff. approximiert. Die Target-Forderungen werden als Differenz zwischen den »Nettoforderungen gegenüber dem Eurosystem« und den »Intra-Eurosystem Forderungen durch Banknotenemission« berechnet. Letztere ergeben sich als Differenz zwischen »ausgegebener Währung« und »zirkulierender Währung«. Diese Abbildung wurde mit den aktuellen Daten erstellt, die am 6. August 2015 verfügbar waren und Daten bis einschließlich Juni 2015 (aus den Bilanzen der Notenbanken) bzw. bis zum Dezember 2014 (Daten des IWF) umfassen. Die Berechnung aus Daten vom IWF ist seit Januar 2015 nicht mehr möglich, da die entsprechenden Zeitreihen seit diesem Zeitpunkt nicht mehr aktualisiert werden.

Die Zahlenwerte sind in den Bilanzen der nationalen Notenbanken enthalten, weil sie, wie weiter unten noch näher erläutert wird, Schuldverhältnisse zwischen den Notenbanken begründen. Meistens stehen sie dort aber ziemlich versteckt und mit anderen Posten vermengt, sodass es nicht ganz einfach ist, sie herauszurechnen. Manche Länder geben die Daten nur an den IWF heraus, aus dessen Veröffentlichungen man sie dann herausrechnen muss. Auch die Fristen bis zur Veröffentlichung unterscheiden sich. Bis zum heutigen Tage gibt es keine zusammenfassende Primärstatistik zu den Target-Daten von der EZB selbst. Aber die Art, wie wir die Zahlen aus den Bilanzen und ergänzend auch aus den IWF-Statistiken berechnen, wird mittlerweile ebenfalls von der EZB verwendet und hat sich weltweit durchgesetzt.[19] Das Ergebnis dieser Statistik wurde vielfach als bedrohlich und unangenehm empfunden. Wie erläutert, berichten die von der Krise hart betroffenen oder zumindest angeschlagenen Länder Irland, Portugal und Frankreich seit dem Beginn der Griechenland-Krise nicht mehr über ihre Salden. Wegen des Fehlens der Irland- und Portugal-Daten für 2015 endet die eine der beiden Kurven in Abbildung 6.2 schon etwas früher als die andere.

Die Abbildung zeichnet nach, wie sich die Zahlungsbilanz- bzw. Target-Salden im Euroraum für eine Art »nordeuropäischen Euroblock«, der die Länder Deutschland, die Niederlande, Finnland und Luxemburg enthält, und die GIPSIZ-Länder entwickelt haben. Die blaue Kurve für den nordeuropäischen Euroblock zeigt akkumulierte Überschüsse, sogenannte Target-Forderungen, wie sie durch die linke Skala gemessen werden, und die hellviolette Kurve für die GIPSIZ-Länder zeigt akkumulierte Defizite, also Target-Schulden. Sie sind auf der rechten Skala abzulesen. Es handelt sich bei den dargestellten Zahlenwerten um Bestände und nicht etwa laufende Ströme. Die Ströme im Sinne der laufenden Zuwächse der Bestände kommen durch die Steigungen der Kurven zum Ausdruck. Beide Skalen haben die gleiche Einteilung und unterscheiden sich nur durch das Vorzeichen.

Man sieht, dass im Euroraum bis etwa zum Sommer 2007 approximativ ein Zahlungsbilanzgleichgewicht vorlag. Zwar waren die Salden nie exakt null, weil die internationalen Zahlungsströme von vielerlei stochastischen Einflüssen abhängen, doch die Abweichungen waren sehr klein. So lag die Summe der Target-Forderungen der Überschussländer im August 2007 bei nur 1,4% des BIP der Eurozone von 2006.

Nennenswerte Ungleichgewichte ergaben sich aber ab dem August 2007, weil damals der europäische Interbankenmarkt das erste Mal in Unordnung geriet. Bemerkenswerterweise verlaufen die Kurve für die GIPSIZ-Länder und die Kurve des nordeuropäischen Euroblocks parallel zueinander, obwohl sie sich lediglich auf eine Untergruppe von Euroländern beziehen und sich die Salden nur im Aggregat über alle Länder und die EZB-Zentrale auf null addieren, wie später noch erklärt wird.

Da die Banken des nordeuropäischen Euroblocks sowie die Banken jener Länder, die als Intermediär für europäische Kapitalströme agierten, wie Frankreich oder Belgien, ihre Kredite nur noch zögerlich ins Ausland vergaben, mussten die GIPSIZ-Länder, die dank der Kreditblase der Vorkrisenzeit allesamt nach wie vor große Defizite in der Leistungsbilanz hatten, ihre Güterkäufe durch die Hergabe von Geld finanzieren, ohne dass ihnen in entsprechendem Umfang Geld aus dem Ausland zufloss. In einigen Fällen, die in Kapitel 7 ausführlich untersucht werden, mussten sie sogar die Rückzahlung von ausländischen Altkrediten finanzieren. Sie haben dann, wie im vorangegangenen Abschnitt gezeigt wurde, die Geldverluste durch Refinanzierungskredite bei den nationalen Notenbanken ersetzt. Das wurde ermöglicht durch die Absenkung der Bonitätsanforderungen einreichbarer Pfänder durch die EZB-Beschlüsse, aber auch durch die Ausnutzung nationaler Bewertungsspielräume. Durch diese Absenkung wurden mehr und mehr Wertpapiere und Forderungen aus den Bilanzen der Banken pfandtauglich gemacht und konnten dann von den Banken für Refinanzierungskredite genutzt werden. Die nationalen Notenbanken stellten den zusätzlichen Kredit zur Verfügung, indem sie sich der elektronischen Notenpresse bedienten und Geld an ihre Geschäftsbanken verliehen, die dann im Auftrag ihrer Kunden Überweisungen in andere Euroländer realisieren konnten, deren Nettovolumina durch die jeweiligen nationalen Target-Salden gemessen wurden.

Noch im Frühjahr 2011, als die ifo-Zahlen das erste Mal die Runde machten und Deutschland etwas mehr als 300 Milliarden Euro an Target-Forderungen hatte, hieß es, die Target-Salden würden bald wieder schrumpfen; am aktuellen Rand zeichne sich ja schon eine Beruhigung ab. Davon konnte jedoch keine Rede sein. Zwischen April 2011 und August 2012 stiegen die deutschen Target-Salden jedes Vierteljahr im Schnitt um 83 Milliarden Euro oder 28 Milliarden Euro pro Monat. Sie erreichten im August 2012 mit 751 Milliarden Euro ihren vorläufigen Höhepunkt. Ähnliche Entwicklungen waren in den anderen Ländern des nordeuropäischen Euroblocks zu beobachten. Im August 2012 machten die gesamten Target-Forderungen des nordeuropäischen Euroblocks 1.056 Milliarden Euro aus, was 32% seiner Wirtschaftsleistung (BIP) im Vorjahr war. Auf der anderen Seite betrugen die Target-Verbindlichkeiten der GIPSIZ-Länder im August 2012 insgesamt 1.003 Milliarden Euro. Die Target-Salden waren regelrecht explodiert.[20]

Wie die Abbildung zeigt, nahmen die Salden seit September 2012 dann aber wieder ab, weil die Explosion der Target-Salden radikale Reaktionen der Staatengemeinschaft und der EZB hervorrief, durch die das Vertrauen der Investoren in die Bonität der Banken der Krisenländer wiederhergestellt wurde. Wie später in Kapitel 8 erklärt wird, handelte es sich dabei im Wesentlichen um das faktisch erzwungene Versprechen der Steuerzahler der noch gesunden Länder der Eurozone, die Investoren gegen Konkurse der Finanzsysteme der Krisenländer abzusichern. Die Versprechen haben ausländische Investoren inklusive der Banken dazu bewogen, erneut Staatspapiere der GIPSIZ-Länder zu kaufen und den Banken Südeuropas wieder neuen Kredit zur Verfügung zu stellen. Außerdem flossen in großem Umfang öffentliche Finanzhilfen an die Krisenländer. Das durch die Überweisungen der Finanzmärkte und der öffentlichen Rettungsschirme einströmende neue Geld ließ die Target-Salden wieder fallen.

Am rechten Rand der Abbildung sieht man, dass die Salden nun allerdings seit dem Herbst 2014 von Neuem stark ansteigen. In nur einem halben Jahr, vom Dezember 2014 bis zum Juni 2015, stiegen die Target-Forderungen des nordeuropäischen Blocks von genau 600 Milliarden Euro auf 700 Milliarden Euro, was nicht etwa gerundete, sondern verblüffenderweise exakte Zahlen sind. Der Anstieg hat seine Ursache darin, dass die Krise um Griechenland erneut aufflackerte und neue Kapitalbewegungen auslöste, die sich in Form der Nettoüberweisungen und somit Target-Salden zeigten. Bereits der sich abzeichnende Wahlsieg der radikal-sozialistischen Partei Syriza hatte die Märkte gegen Ende des Jahres 2014 in Unruhe versetzt und Fluchtreaktionen ausgelöst.

Wie erwähnt endet die GIPSIZ-Kurve am Jahresende 2014, weil Portugal und Irland ihre Target-Berichterstattung eingestellt haben. Das geschah gerade noch rechtzeitig vor dem neuerlichen Anstieg der Target-Verbindlichkeiten der GIPSIZ-Länder im Jahr 2015, der sonst mit hoher Sicherheit zu verzeichnen gewesen wäre.

Zum ökonomischen Verständnis des Geschehens und zur Vorbereitung der weiteren Analyse dieses Kapitels ist es hilfreich, zwischen dem sogenannten Binnengeld und dem Außengeld zu unterscheiden.[21] Außengeld ist Überweisungsgeld, das eine Notenbank schaffen muss, ohne dafür private Vermögenstitel oder Kreditforderungen gegen die lokalen Geschäftsbanken zu erhalten, weil solcherlei Aktiva bereits bei einer anderen Notenbank entstanden, von der das Geld ursprünglich geschaffen, aber im Zuge der Durchführung eines Überweisungsauftrags wieder eingezogen wurde. Statt der Forderung gegen die Banken erhält sie dafür eine Target-Forderung gegen das Eurosystem. Binnengeld ist demgegenüber Geld, das in demselben Land zirkuliert, in dem es durch Refinanzierungskredite oder Wertpapierkäufe geschaffen wurde.

Die blaue Kurve in Abbildung 6.2 misst demgemäß die Bestände an Außengeld, die im Nord-Euro-Block landeten, und die hellviolette Kurve misst das ursprünglich in den GIPSIZ-Ländern geschaffene Geld, das diese Länder auf dem Wege von internationalen Zahlungsaufträgen verließ und dadurch anderswo zu Außengeld wurde. Die Ähnlichkeit der Kurven suggeriert, dass das Außengeld, das im nordischen Euroblock zirkuliert, zum großen Teil aus den GIPSIZ-Ländern stammte.

Abbildung 6.3 gibt ein vollständigeres Bild der Target-Bestände, die sich bis zu ihrem Höhepunkt im August 2012 aufgebaut hatten. Man sieht, dass neben Deutschland auch noch Luxemburg, die Niederlande und Finnland nennenswerte Bestände an Außengeld oder eben Target-Forderungen akkumuliert hatten. Die GIPSIZ-Länder avancierten dagegen zu Target-Schuldnern, da sie mehr Geld in Form von Refinanzierungskrediten oder Vermögenskäufen produzierten, als sie für die interne Zirkulation benötigten. Damit tilgten sie ihre Auslandsschulden, bezahlten Warenlieferungen aus dem Ausland oder finanzierten den Kauf von Vermögensobjekten im Ausland. Neben den GIPSIZ-Staaten gehören auch noch Österreich, Belgien, Slowenien, die Slowakei und Malta zu den Defizitländern. Letztere hatten in der Summe der Jahre aber allesamt nur leichte Geldabflüsse ins Ausland zu verkraften.

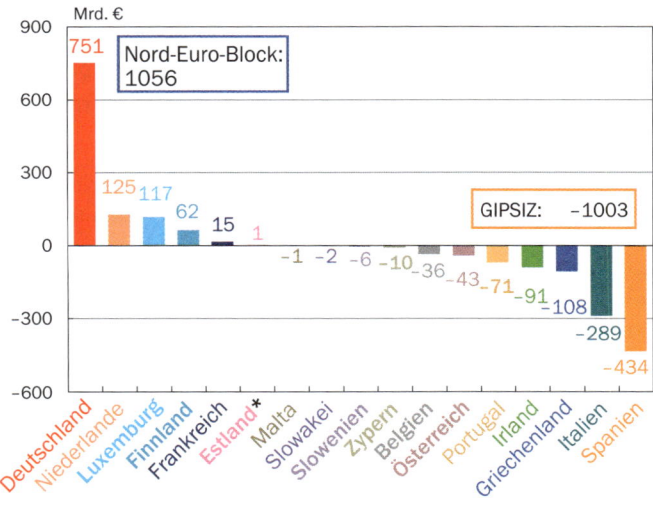

Abbildung 6.3 Nationale Target-Salden (Stand: August 2012)

* September 2012.

Quellen: Wie Abbildung 6.2 sowie: National Bank of Belgium, *Monthly Financial Statement*; Bank of Estonia, Statistical Indicators, *Eesti Pank Financial Statements*; Central Bank of Malta, *Financial Statement*; Oesterreichische Nationalbank, *Ausweis der OeNB*.

Erläuterung: Die anderen Länder, die nicht in Abbildung 6.2 erwähnt sind, werden mit den Daten des IWF in derselben Art und Weise berechnet wie Irland und Portugal. Zur Berechnung siehe H.-W. Sinn und T. Wollmershäuser, »Target Loans, Current Account Balances and Capital Flows: The ECB's Rescue Facility«, a. a. O., 2012, Appendix, S. 504 ff.

Die Deutsche Bundesbank war, wie man sieht, bei Weitem der größte Nettogläubiger der Target-Forderungen im EZB-System. Im August 2012 entfielen nicht weniger als 70% der gesamten Target-Forderungen des Eurosystems auf sie, obwohl sie nur 27% des Kapitals der EZB hält. Gemessen an den Werten pro Einwohner steht Luxemburg mit 219.500 Euro an der Spitze, gefolgt von Finnland mit 11.500 Euro, Deutschland mit 9.200 Euro und den Niederlanden mit 7.500 Euro.

Auf der Seite der Target-Schuldner sticht vor allem Spanien mit einer Target-Schuld von 434 Milliarden Euro hervor, gefolgt von Italien mit 289 Milliarden Euro, Griechenland mit 108 Milliarden Euro, Irland mit 91 Milliarden Euro, Portugal mit 71 Milliarden Euro und Zypern mit zehn Milliarden Euro. Es ist bemerkenswert, dass Belgien und Österreich mit 36 Milliarden Euro bzw. 41 Milliarden Euro ebenfalls substanzielle Target-Schulden auswiesen. Gemessen an den Werten pro Kopf lag Irland mit Target-Schulden von 19.800 Euro ganz vorne, gefolgt von Zypern mit 11.700 Euro, Griechenland mit 9.700 Euro, Spanien mit 9.300 Euro, Portugal mit 6.700 Euro, Österreich mit 5.100 Euro, Italien mit 4.800 Euro und Belgien mit 3.200 Euro.

Man beachte, dass die Summe aller Target-Salden der Euroländer nicht genau null ist. Das liegt daran, dass es auch zwischen der EZB-Zentrale und den Notenbanken der einzelnen Länder Zahlungsströme gibt. So hatte die EZB-Zentrale bis zum Dezember 2012 z. B. im Rahmen ihres SMP-Programms für 16 Milliarden Euro Staatspapiere der Krisenländer gekauft, was deren Target-Salden verringerte und bei der Zentrale eine Target-Schuld entstehen ließ.[22]

Zum anderen entstanden solche Zahlungsströme durch Devisengeschäfte der Euroländer, die grundsätzlich über die EZB-Zentrale laufen. Normalerweise gleichen sich solche Zahlungen aus, doch nicht, wenn die Devisenbestände im Eurosystem systematisch anwachsen oder abnehmen, was der Fall sein kann, wenn die EZB auf dem Devisenmarkt interveniert, um den Wechselkurs zu manipulieren, was sie eigentlich nicht darf, oder wenn sie interveniert, um spekulative Attacken auf den Euro abzuwehren.[23] Auf ähnlicher Ebene liegen Target-Forderungen der EZB-Zentrale gegenüber den Euroländern, die ihre Ursache in Nettoüberweisungen aus diesen Ländern in die Länder Bulgarien, Dänemark, Lettland, Litauen, Polen und Rumänien haben, die als assoziierte Mitglieder des Eurosystems berechtigt sind, Target-Forderungen, doch keine Target-Schulden aufzubauen.[24]

WARUM DIE TARGET-SALDEN KREDITE MESSEN

Zahlungsbilanzungleichgewichte spiegeln stets internationale Kredite zwischen Notenbanken wider. Sie sind eine besondere Art öffentlicher Kredit zwischen den Ländern. Gewöhnlich entstehen sie, wenn ausländische Währungsreserven im Tausch gegen Güter und Vermögenstitel verbraucht oder akkumuliert werden. Im Eurosystem werden statt ausländischer Währungsreserven Target-Forderungen und -Verbindlichkeiten akkumuliert, doch der Sachverhalt ist ähnlich.

Das ist freilich nicht offenkundig. Da normalerweise mit der Vergabe eines Kredits auch eine Übertragung von Geld verbunden ist, fragt man sich, wo und wie eine Notenbank als Target-Gläubiger einer anderen Notenbank Geld geben könnte, die dadurch ein Target-Schuldner wird. Aber sie gibt ihr kein Geld. Das Kreditverhältnis entsteht auf einem anderen Weg.

Betrachten wir z. B. den Fall, dass in Spanien eine niederländische Ware gekauft wird. Das Kreditverhältnis entsteht dadurch, dass die niederländische Notenbank eine von der spanischen Notenbank in Auftrag gegebene Überweisung durchführt, die wiederum im Auftrag der spanischen Geschäftsbank des Käufers der Ware agiert. Dazu muss die niederländische Notenbank der inländischen Geschäftsbank des niederländischen Lieferanten ein Guthaben einräumen. Indem sie das tut, gewährt sie der spanischen Notenbank einen Kredit und erwirbt eine Forderung gegen sie bzw. das Eurosystem, weil sie in ihrem Auftrag neues Geld herstellt und damit die Ware bezahlt.

Es ist, als ob ich für meinen Freund, der sein Portemonnaie vergessen hat, die Autoreparatur bezahle. Indem ich für ihn zahle, gebe ich ihm einen Kredit und erwerbe dadurch eine Forderung gegen ihn. Der Unterschied ist nur, dass mein Freund mir das Geld am Ende des Tages zurückgibt, während die Target-Forderung im Prinzip unbegrenzt stehen bleibt und niemals fällig gestellt werden kann. Spanien bezieht also die Ware und lässt anschreiben, ohne selbst eine Ware zurückliefern zu müssen. Und es geht nicht nur um Waren. Es ist egal, was in den Niederlanden mit dem Geld, das die Notenbank dem Verkäufer gutschreibt, erworben wird, ob es eine Ware, ein Wertpapier, eine Immobilie, eine mittelständische Firma oder ob es nur ein alter Schuldschein ist, den man zurückkauft, indem man seine Schuld tilgt. Der Vorgang als solcher ist immer derselbe. Die Analogie zum Freund hat auch insofern ihre Grenze, als ich mich jederzeit entscheiden kann, ob ich meinem Freund aus seiner Bredouille helfe oder nicht. Beim Target-Kredit hat die niederländische Notenbank hingegen keinerlei individuelle Entscheidungsfreiheit. Sie muss die Zahlungen ausführen und kann sie nicht verweigern. So ist nun mal das Eurosystem.

Durch die Ausführung der Zahlung schafft die niederländische Notenbank Geld, das dann in den Niederlanden zirkuliert. Gewöhnlich schafft sie Geld, indem sie Refinanzierungskredite an Geschäftsbanken weitergibt oder ihnen Vermögenstitel abkauft. In dem genannten Beispiel erhält sie indes weder eine Forderung gegenüber den holländischen Geschäftsbanken noch einen privaten Vermögenstitel. Stattdessen erwirbt sie eine Forderung gegen das Eurosystem, das selbst eine Forderung gegen die spanische Nationalbank erhält.

Die Nettozahlungsaufträge aus Spanien reduzieren sowohl in dem Beispiel als auch in der Realität den Bestand an zirkulierendem Geld in Spanien, weil der Käufer sein Konto bei der Bank belastet und seine Bank das ihre bei der spanischen Notenbank. Nach der Überweisung ins Ausland ist in Spanien das Zentralbankgeld um den Überweisungsbetrag gesunken. Deswegen müssen sich die Banken an die spanische Nationalbank wenden und sich neues Geld leihen, was die spanische Notenbank dank der großzügigen Refinanzierungspolitik, speziell der Absenkung der verlangten Pfandqualitäten, ja auch immer wieder in großem Umfang tat.

Das ist das Bindeglied zwischen der generösen Refinanzierungspolitik des EZB-Systems und dem Anstieg der spanischen Target-Schulden. Mit einer weniger generösen Politik hätten sich die Banken keine oder nur wenig Ersatzliquidität von der spanischen Nationalbank besorgen können, sondern sie hätten sie sich zu steigenden Zinsen auf dem Interbankenmarkt besorgen müssen. Das hätte gegenläufige Überweisungen nach Spanien induziert und den Anstieg der spanischen Target-Verbindlichkeiten reduziert, wenn nicht gar verhindert. Internationale Interbankenkredite und Kredite aus der heimischen Druckerpresse, die durch die Überweisung zu Target-Krediten mutieren, sind sehr enge Substitute. Wenn das eine nicht mehr oder nicht mehr zu den gleichen günstigen Bedingungen verfügbar ist, weicht man auf das andere aus.

Der Target-Kredit war ursprünglich übrigens nicht als Quelle für Kredite zwischen Notenbanken konzipiert. Wie Helmut Schlesinger erklärte, sollte das Target-System nur dem *Clearing*, also der Verrechnung der Finanzströme dienen, ohne dass es zu einer Kreditgewährung kommt.[25] Man dachte damals daran, dass die Target-Kredite über Nacht stehen bleiben, doch dann alsbald neutralisiert werden, und so in etwa war es ja auch bis 2007.

Schlesinger argumentierte auch, dass bei unausgeglichenen Bilanzen ursprünglich internationale Zahlungsaufträge von privaten Clearing-Häusern durchgeführt werden sollten und nicht vom Eurosystem. In der Tat gibt es auch private Zahlungsaufträge zwischen europäischen Geschäftsbanken sowie innerhalb multinationaler Banken, die interne Zahlungssysteme aufrechterhalten, die nicht über Target-Konten laufen. Wenn die Zahlungen in diesen Clearing-Systemen nicht zum Ausgleich kommen, gibt es Target-ähnliche Kredite zwischen den Teilnehmern des privaten Clearing-Systems. Sie werden aber nicht den Target-Salden zugerechnet und sollten es nicht, denn Target-Salden messen öffentliche Kredite zwischen den Notenbanken, während die Salden privater Clearing-Systeme letztlich ganz normale private Überziehungskredite darstellen, deren Inanspruchnahme Zahlungsbilanzungleichgewichte verhindern. Die EZB betont zu Recht, dass die Existenz solcher privaten Zahlungssysteme andere Target-Salden hervorbringen würde, als es ohne solche Systeme der Fall ist.[26] Sie erwähnt aber nicht, dass dies genau der Punkt ist, aus dem die Entbehrlichkeit des öffentlichen Target-Systems folgt. Wenn genug private internationale Kredite verfügbar sind, gibt es eben keine Target-Salden als öffentliche Kredite, keine Haftung des Steuerzahlers für den Konkurs von Banken und keine Verzerrung des Kapitalmarkts durch öffentliche Interventionen. Insofern hat Schlesinger Recht, dass die Währungsunion mit einem funktionierenden Zahlungsverkehr auch ohne das Target-System hätte realisiert werden können. Es wären dann leistungsfähige private Clearing-Systeme entstanden, die den Zahlungsverkehr zwischen den Ländern Europas hätten abwickeln und etwaige Defizite mit privaten Krediten hätten zum Ausgleich bringen müssen. In der Tat steht in den Verträgen auch nicht, dass der Zahlungsverkehr in Europa durch die EZB hätte organisiert werden müssen. Es steht da nur, dass eine grundlegende Aufgabe des Systems der europäischen Zentralbanken darin besteht, »das reibungslose Funktionieren des Zahlungsverkehrs zu fördern«.[27] Aus einer solchen Empfehlung auf eine staatliche Lösung des Zahlungsverkehrs zu schließen, hat die gleiche logische Qualität, wie aus dem Sozialstaatsgebot des Grundgesetzes eine Zentralplanungswirtschaft für Deutschland ableiten zu wollen.

Wie später detailliert in Kapitel 7 erklärt wird, können Target-ähnliche Salden auch in den USA entstehen, da aber das öffentlich kontrollierte, amerikanische Zahlungssystem praktisch in privater Hand ist, müssen diese Forderungen jährlich getilgt werden. Daher können sich in den USA Ungleichgewichte in der europäischen Größenordnung nicht aufbauen. In der Eurozone werden die Target-Positionen dagegen offen gelassen. Ein Tilgungsmechanismus existiert nicht. Die Gläubigerländer müssen sich mit einer buchhalterischen Forderung zufriedengeben und finden nur durch den Umstand Entlastung, dass das gesamte EZB-System die Target-Forderungen garantiert, da bilaterale Forderungen täglich sozialisiert werden.

In dem obigen Beispiel erwirbt die niederländische Notenbank zwar zunächst eine Forderung gegenüber der spanischen Notenbank; am Ende des Tages wird diese Forderung jedoch in eine Forderung gegenüber der EZB transformiert, und analog wird die Verbindlichkeit der spanischen Notenbank in eine solche gegenüber dem Eurosystem umgewandelt.[28] Daher muss bei einer Insolvenz des spanischen Bankensystems inklusive der spanischen Notenbank das Eurosystem für die Verluste aufkommen, gesetzt den Fall, dass es selbst überlebt.

Da es sich bei den Target-Salden eindeutig um Kredite handelt, ist es nur konsequent, dass sie verzinst werden. Weniger einsichtig ist, dass sie nur zum jeweiligen Hauptrefinanzierungssatz verzinst werden, also dem Zins, zu dem auch die Geschäftsbanken die mit frischem Geld ermöglichten Refinanzierungskredite von der jeweiligen nationalen Notenbank erhalten.[29] Bis zum Oktober 2008 lag dieser Zins bei 4,5%, doch dann wurde er schrittweise gesenkt, erst auf 1% im Mai 2009, dann auf 0,75% im Juni 2011, auf 0,5% im Mai 2013, 0,25% im November 2013, 0,15% im Juni 2014 und nur noch 0,05% im September 2014. Diese Zinsen werden jährlich einfach den Target-Beständen zugeschlagen und in das kommende Jahr übertragen.

Die Verzinsung relativiert die obige Aussage zu Abbildung 6.1, nach der die dort dargestellten Kurven die Bestände des elektronisch über die Grenzen geflossenen Zentralbankgeldes abbilden. Diese Aussage ist genau genommen um die aufgelaufenen Zinsen zu modifizieren, die ebenfalls in den bilanzierten Beständen erfasst werden. Da der Zins aber in den relevanten Jahren nicht über, sondern meistens weit unter 1% lag, ist diese kleine Unschärfe bei der Interpretation der Salden als grenzüberschreitende Geldmengen quantitativ vernachlässigbar. Umso präziser ist demgegenüber freilich die Interpretation der Salden als Kredite, weil man Kredite, die aus unterschiedlichen Zeitperioden stammen, erst auf einen einheitlichen Zeitpunkt auf- oder abzinsen und insofern gleichnamig machen muss, bevor man sie addieren kann.

Man fragt sich, warum eine Notenbank mit einem defizitären Target-Konto überhaupt Zinsen an das EZB-System zahlen muss und umgekehrt eine Notenbank wie die Bundesbank, deren Target-Konto im Plus steht, dafür Zinsen vom EZB-System erhält. Schließlich sind ja die Zinszahlungen zwischen den Notenbanken ohnehin irrelevant, weil Zinslasten und Zinseinnahmen zwischen den Notenbanken nach ihren Kapitalschlüsseln umverteilt werden. Das ist so, als wenn man in einer Gütergemeinschaft seiner Frau einen Zins dafür zahlt, dass man ein Auto gekauft hat. Das Geld für die Zinsen ist nicht weg, weil es vor der Zahlung und nach der Zahlung beiden Partnern je zur Hälfte gehörte. Die Antwort kann eigentlich nur darin liegen, dass die Urheber des Systems die Insolvenz einer Notenbank oder den Austritt aus dem Eurosystem als Möglichkeit ins Auge gefasst haben, denn in einem solchen Fall gehen die Zinsen in die Restforderungen des EZB-Systems gegen diese Notenbank ein. Sollte beispielsweise Griechenland aus dem Euroverbund austreten, behalten die anderen Länder ihre Forderungen gegenüber Griechenland mit Zins und Zinseszins. Ohne diese Möglichkeit im Hintergrund ins Auge zu fassen, wäre der Zins auf Target-Forderungen sinnlos.

TARGET-SALDEN ALS ÖFFENTLICHER KAPITALEXPORT

Der Grund für die Krediteigenschaft der Salden liegt im Übrigen tiefer als nur in der Notwendigkeit der doppelten Buchführung, denn dem internationalen Nettogeldfluss, der zu Target-Salden führt, steht ja ein wirklicher Nettofluss an Gütern und/oder Vermögensobjekten (inklusive des »Rückkaufs von privaten Schuldscheinen«, also der Schuldentilgung) zwischen den Ländern gegenüber. Dieser Nettofluss an Gütern und Vermögensobjekten muss zwischen den Notenbanken durch Forderungen und Verbindlichkeiten erfasst werden, weil es sich dabei sonst um Geschenke der einen Volkswirtschaft an die andere handeln würde. Wenn also ein deutscher Exportüberschuss vom Ausland nicht durch Hergabe von Vermögensobjekten bezahlt wurde und es sich insofern um einen Nettoexport ökonomischer Ressourcen handelte, der zum Aufbau von Target-Forderungen der Bundesbank führte, dann hat die Bundesbank die Lieferfirmen bezahlt und nicht etwa eine ausländische Notenbank. Letztere erhielt stattdessen einen Kredit von der Bundesbank. Nur die Forderung der Bundesbank gegen andere Notenbanken bzw. das EZB-System stellt den Gegenwert für den Exportüberschuss dar, wenn er mit der Bildung von Target-Salden einherging.

Es ist deshalb folgerichtig, dass die Target-Salden in der Zahlungsbilanzstatistik der jeweiligen Notenbank tatsächlich als öffentliche »Kapitalanlage im Ausland« bezeichnet und als Teil der Auslandsforderungen des Landes verbucht werden. Der Leser sei an die Diskussion des rapiden Anstiegs der Nettoauslandspositionen nach der Ankündigung des Euro in Kapitel 2 (und im Kontext von Abbildung 2.9 und 2.10) erinnert. Wie später in Kapitel 7 gezeigt wird, kann ein beträchtlicher Anteil dieses Anstiegs in den Jahren ab 2008 durch das Wachstum der Target-Salden erklärt werden. Abbildung 6.4 zeigt den Anteil der Nettoauslandspositionen für eine Reihe ausgewählter Euroländer, aufgelistet nach Nettoauslandsposition und nach Target-Salden, jeweils als Anteile am BIP für das Jahr 2012, in dem die Krise ihren Höhepunkt erreicht hatte.

Bemerkenswert ist, dass die Target-Verbindlichkeiten am Jahresende 2012 bei einigen Krisenländern, vor allem Griechenland und Irland, erhebliche Anteile der Nettoauslandsschuld dieser Länder darstellten. Diese »Schuld« setzt sich aus den netto bezogenen privaten und öffentlichen Krediten, dem Saldo zwischen ausländischem Vermögensbesitz im Inland und inländischem Vermögensbesitz im Ausland sowie Target-Verbindlichkeiten zusammen. Von der griechischen Nettoauslandsschuld, die 109% des BIP betrug, waren 51 Prozentpunkte Target-Schulden. Bei Spanien, dessen Auslandsschulden 90% des BIP ausmachten, erklärten die Target-Schulden 32 Prozentpunkte. In Italien erklärten sie 16 von 29 Prozentpunkten an Nettoauslandsschuld, in Portugal 39 von 114 Prozentpunkten und in Irland 46 von 110 Prozentpunkten.

Umgekehrt hatte sich in den Niederlanden ein Nettoauslandsvermögen angehäuft, das zum großen Teil aus Target-Forderungen der Notenbank bestand. Von der Nettoauslandsposition der Niederlande im Jahr 2012 in Höhe von 31% des BIP entfielen 19 Prozentpunkte auf Target-Forderungen der niederländischen Zentralbank. In Deutschland war die Target-Forderung der Bundesbank (656 Milliarden Euro; 24% des BIP) ungefähr so groß wie das gesamte Nettoauslandsvermögen (648 Milliarden Euro; ebenfalls 24% des BIP). Mit anderen Worten: Wäre zum damaligen Zeitpunkt die Target-Forderung aus irgendeinem Grunde verloren gegangen, dann hätte sich das gesamte damalige Nettoauslandsvermögen der Bundesrepublik Deutschland in Luft aufgelöst.[30]

Man beachte, dass diese Aussage sich auf das Jahr bezieht, in dem die Krise auf ihrem Höhepunkt war. Kapitel 7 wird die Information, die hier als Momentaufnahme dargestellt ist, im Zeitablauf verfolgen. Dort wird sich zeigen, dass die Target-Forderungen der Bundesbank zum Ende des Jahres 2014 »nur« noch etwa die Hälfte des Nettoauslandsvermögens der Bundesrepublik Deutschland betrugen.

In Finnland war die Situation noch ungewöhnlicher, da die finnischen Target-Forderungen die Nettoauslandsposition von 12% des BIP sogar um 18 Prozentpunkte übertrafen. Dies zeigt, dass die finnische Volkswirtschaft nicht mehr gewöhnliche Nettoforderungen gegenüber dem Rest der Welt hielt; vielmehr würde Finnland, sofern das Eurosystem die finnischen Target-Forderungen nicht bedienen sollte, zu einem Nettoauslandsschuldner in der Größenordnung von 18% des BIP werden. Der Grund für die im Vergleich zum Nettoauslandsvermögen ungewöhnlich hohen Target-Forderungen der finnischen Notenbank lag darin, dass in der Krise viel Fluchtkapital in Finnland anlandete. Ausländer erwarben finnische Vermögenswerte mit Geld, das ihnen – bzw. genauer: ihren Zentralbanken – die finnische Notenbank lieh. Dadurch änderte sich die finnische Nettoauslandsposition nicht,

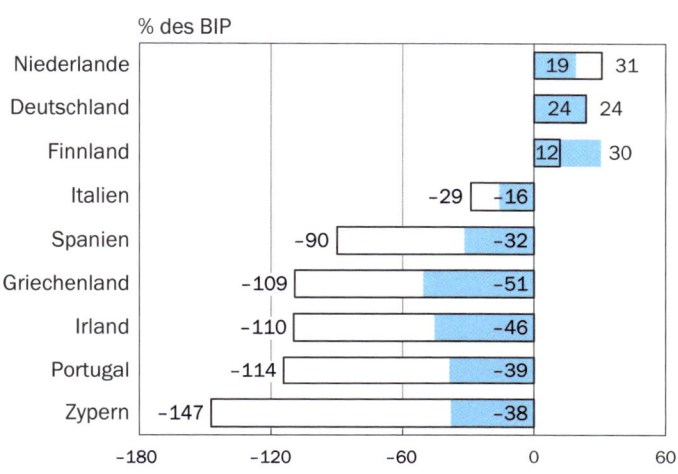

Abbildung 6.4 Target-Salden (hellblau) und Auslandsvermögen als Anteil am BIP (2012)

Quellen: Eurostat, Datenbank, *Wirtschaft und Finanzen*, Zahlungsbilanz – Internationale Transaktionen (BPM6), Auslandsvermögensstatus; dasselbe, Volkswirtschaftliche Gesamtrechnungen (ESVG2010), *Jährliche Volkswirtschaftliche Gesamtrechnungen,* Hauptaggregate des BIP; Suomane Pankki, Statistics Finland, Statistics, *National Accounts*, Balance of Payments and International Investment Position; Target-Salden: vgl. Abbildung 6.2.

doch da das Volumen dieser Geschäfte das Nettoauslandsvermögen überstieg, kam es zu der ungewöhnlichen Konstellation, die in der Grafik gezeigt wird. Auch die finnische Situation hat sich, wie in Kapitel 7 gezeigt werden wird, inzwischen wieder etwas entspannt.

BINNENGELD UND AUSSENGELD

Es ist nun an der Zeit, auf den Zusammenhang zwischen den Target-Salden und der Refinanzierungspolitik der EZB zurückzukommen, der bereits kurz im Kontext der Abbildung 6.1 angedeutet wurde und mit der die ökonomische Bedeutung der Target-Salden erklärt wurde. Aus einer Volkswirtschaft kann nicht immer mehr Geld für Überweisungen abfließen, ohne dass sie alsbald in eine Liquiditätskrise kommt, weil nicht mehr genug Geld für die inneren Transaktionen des Landes verfügbar ist. Der Grund dafür ist, dass der Bestand an Zentralbankgeld (und nur darum geht es bei den Target-Salden) in einer Volkswirtschaft zumeist recht klein ist. Während das Vermögen der Bürger typischerweise beim Drei- bis Fünffachen des BIP liegt, hat der Zentralbankgeldbestand im Sinne der sogenannten Geldbasis eine

Größenordnung von nur etwa einem Zehntel bis einem Fünftel des BIP. Im Jahr 2011 lag beispielsweise der Bestand an Zentralbankgeld in der Eurozone bei 12,2% des BIP. In Spanien und Italien machte dieses Basisgeld 10,0 bzw. 10,7% des BIP aus. In Deutschland lag sein Anteil indes bei 17,1% und in Griechenland bei 19,7%. Griechenland hatte damals ein Leistungsbilanzdefizit von 9,9% des BIP. Selbst wenn es keine Kapitalflucht aus diesem Land gegeben hätte und man nur das Leistungsbilanzdefizit durch Hergabe von bereits vorhandenem Geld hätte finanzieren müssen, wäre der Geldbestand schon nach zwei Jahren rechnerisch vollständig verbraucht und der Zahlungsverkehr im Inneren des Landes zum Erliegen gekommen. In Wahrheit wäre dies freilich schon viel früher der Fall gewesen, weil die Leute angefangen hätten, Bargeld zu horten, sobald sie gemerkt hätten, dass es knapp wird.

Tatsächlich gibt es in einer Krise stets eine Kapitalflucht, die sehr schnell sehr viel Liquidität aus einem Bankensystem entfernen kann, sodass es bereits innerhalb weniger Tage eng wird, wenn nicht die lokale Zentralbank neu geschaffenes Geld an die Banken verleiht. Eine solche Situation hatte sich im Juli 2015 in Griechenland eingestellt, nachdem der EZB-Rat die Ausweitung der ELA-Kredite der griechischen Notenbank am 28. Juni 2015 gestoppt hatte, weil die Frist für Auszahlungen aus dem zweiten Rettungspaket für Griechenland abgelaufen war. Die griechische Regierung sah sich daraufhin gezwungen, die Banken temporär zu schließen und anschließend sowohl die Auslandsüberweisungen als auch die maximal möglichen Bargeldabhebungen am Bankschalter und Kassenautomaten zu begrenzen.

Diese Überlegung macht klar, dass der Geldabfluss, der durch die Target-Salden gemessen wird, durch neue Refinanzierungskredite kompensiert worden sein muss, ja überhaupt erst ermöglicht wurde. Sicher, eine gewisse Flexibilität ist in der Volkswirtschaft vorhanden, ein gegebenes Sozialprodukt auch mit etwas weniger Bestand an umlaufendem Geld zu bewerkstelligen. Dies betonen keynesianische Ökonomen, die von einer variablen Geldnachfrage bzw. Umlaufgeschwindigkeit des Geldes ausgehen. In der Tat: Wenn man mehr bargeldlose Überweisungen tätigt und weniger Bargeld im Portemonnaie mit sich herumträgt, kommt man bei gegebenen Einnahmen und Ausgaben auch zurecht. Analog kann eine Geschäftsbank mit einem geringeren Bestand an Zentralbankgeld zurechtkommen, indem sie ein raffinierteres und riskanteres Liquiditätsmanagement betreibt.

Ein solches Verhalten würde automatisch durch eine Erhöhung des kurzfristigen Zinssatzes induziert werden, wenn das Geld knapp wird, weil dies die Opportunitätskosten für die Geldhaltung implizit erhöht. Aber diese Flexibilität reicht bei Weitem nicht aus, den hohen Nettogeldabfluss zu verkraften, wie er in den Krisenländern seit dem Ausbruch der Krise stattgefunden hat.

Es ist wie bei einer Privatperson. Wenn man kein Einkommen hat und sein verzinsliches Sach- und Finanzvermögen nicht hergeben will, kann man seinen Konsumstandard noch eine Weile aufrechterhalten, solange die flüssigen Mittel ausreichen. Dann hat man insofern eine negative Zahlungsbilanz, als sich das Girokonto schnell leert und das Portemonnaie noch schneller. Aber schon bald ist das Geld weg, und man muss etwas tun, um die Zahlungsbilanz zu verbessern, entweder mehr arbeiten, sich einen Kredit besorgen oder einen Teil seines Besitzes verkaufen. Wenn man die Leistungsbilanz nicht durch Arbeit verbessern kann, seinen Besitz nicht verkaufen will und die Bank einen hängen lässt, indem sie die Tilgung der fällig werdenden Schulden verlangt, statt einen neuen Kredit zu geben, dann hat man ein Problem. Es ist für ein Individuum nicht ratsam, das Problem zu lösen, indem es das fehlende Geld im Keller nachdruckt, denn dafür wird man mit einer Freiheitsstrafe nicht unter einem Jahr bestraft. Bei den Eurostaaten stellt sich der Sachverhalt etwas anders dar.

Das wird in Abbildung 6.5 gezeigt. Die violette Kurve zeigt die Entwicklung der in den GIPSIZ-Ländern vorhandenen Geldbasis, also des dort zirkulierenden Zentralbankgeldbestands seit dem ersten Krisenjahr. Die Geldbasis eines Landes besteht aus dem Bargeld, das die Notenbank dieses Landes ausgegeben hat, und aus den Sichteinlagen, die die Geschäftsbanken bei der Notenbank halten und für Überweisungen zwischen den Banken benötigen. Man sieht, dass die Geldbasis der GIPSIZ-Länder trotz der in den Jahren 2008 bis 2012 immens anschwellenden Zahlungsbilanzdefizite, die in Abbildung 6.2 schon dargestellt wurden, nicht verringert wurde, sondern sich im Laufe der Zeit zunächst sogar noch etwas vergrößert hat, ehe der Trend abflachte. Das Geld, das im Zuge von Zahlungsaufträgen ins Ausland wanderte, muss daher nachgedruckt worden sein. Wäre das nicht geschehen, hätte die Geldbasis im gleichen Ausmaß, wie die Target-Salden gestiegen sind, zurückgehen müssen.

Die ansteigende grüne Kurve gibt an, wie viel Geld in den GIPSIZ-Ländern ursprünglich durch Refinanzierungskredite und Vermögenskäufe geschaffen wurde. Dies ist viel mehr Geld, als in diesen Ländern zirkuliert, weil ein Teil durch den beschriebenen Überweisungsvorgang in andere Länder abgeflossen ist. Das netto in andere Länder abgeflossene Zentralbankgeld wird in der Abbildung durch die Differenz zwischen der oberen grünen Kurve und der violetten Kurve dargestellt. Sein Bestand wird durch die Target-Salden gemessen. Das ist die Größe, die im vorigen Abschnitt »Außengeld« genannt wurde. Es ist vom Binnengeld zu unterscheiden, das in dem Land, in dem es durch Refinanzierungsoperationen oder Vermögenskäufe geschaffen wurde, zumindest rechnerisch verbleibt und zirkuliert – wobei physische Transporte über die Landesgrenzen nicht gemessen werden können.

Wenn nicht Irland dabei wäre, könnte man das Außengeld auch Süd-Euros nennen, denn im Grunde ist es so, als gäbe es im Euroraum zwei Währungen, einen Süd-Euro und einen Nord-Euro. Die Notenbanken der nördlichen Länder, die netto Überweisungsaufträge ausführen, stellen für die Adressaten der Überweisungen Nord-Euros zur Verfügung und nehmen dafür Süd-Euros in Zahlung, die sie in ihrer Bilanz unter der Rubrik Target-Saldo aufbewahren. Das ist keine ganz falsche Heuristik zum Verständnis des Vorgangs. In Kapitel 7 wird sich zeigen, dass ein ganz ähnliches Phänomen seinerzeit im Bretton-Woods-Währungssystem der Nachkriegszeit auftauchte, als die Bundesbank in großem Umfang Dollars gegen D-Mark umtauschen musste und dabei Geld schuf, ohne dabei Kredit an das eigene Bankensystem zu geben, weil ein solcher Kredit zuvor schon in Amerika entstanden war.

Abbildung 6.5 fügt der bisherigen Analyse der Target-Salden eine tiefere ökonomische Interpretation hinzu. Wie oben erklärt, bilden diese Salden Kreditflüsse zwischen nationalen Notenbanken ab, die aus gegenseitigen Zahlungsaufträgen resultieren. Sie messen präzise und unmittelbar den grenzüberschreitenden Geldfluss. Für sich genommen nimmt die Geldbasis in jenem Land ab, in dem die Zahlungsaufträge gegeben werden, und steigt dort, wohin überwiesen wird. Aber da es keinen Abfluss von Geld geben kann, wenn nicht neues Geld geschaffen wird, misst eine Target-Verbindlichkeit auch die Sondergeldschöpfung über das Normalmaß hinaus.

Der Zeitpunkt, an dem der Bestand des Außengeldes dem Bestand des Binnengeldes glich, war bereits im Juli 2011 erreicht. Danach wäre kein Zentralbankgeld in den GIPSIZ-Ländern mehr vorhanden gewesen, wenn es nicht mit der elektronischen Druckerpresse aufgefüllt worden wäre. Indirekt messen die Target-Salden deshalb auch die Neuschöpfung von Geld und damit vor allem die zusätzliche Vergabe von Refinanzierungskrediten (oder Geldschöpfung durch den Kauf von Vermögenstiteln) über die zur Eigenversorgung der Länder nötige Liquidität hinaus, die durch die Absenkung der Standards für die Qualität der Pfänder für Refinanzierungskredite ermöglicht wurde. Sie gab den Bürgern der bedrängten Länder die Möglichkeit, sich weiterhin Güter im Ausland zu kaufen, Auslandsvermögen zu erwerben und ihre Außenschulden zu tilgen. Ohne den billigen Kredit aus der Druckerpresse, der die Marktkonditionen unterbot, hätte es Liquiditätsengpässe in diesen Ländern gegeben, die zu höheren Zinssätzen geführt hätten. Ihre Bürger hätten sich weniger ausländische Güter und Wertpapiere leisten können, und ausländische Investoren wären möglicherweise eher gewillt gewesen, privaten Kredit zur Verfügung zu stellen, denn die Nettorenditen wären höher ausgefallen. All dies hätte den explosiven Anstieg der Nettozahlungsaufträge, die durch die Target-Salden gemessen werden, aufgehalten.

Binnengeld und Außengeld

Abbildung 6.5 Binnengeld und Außengeld in den GIPSIZ-Ländern (Januar 2007 bis Dezember 2014)

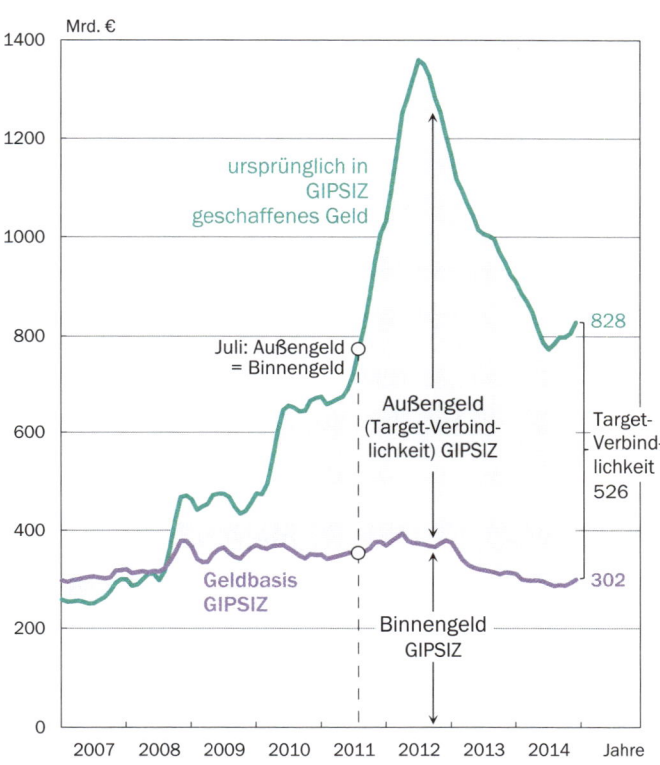

Quellen: Bilanzdaten der Europäischen Zentralbank, Central Bank of Ireland, Central Bank of Greece, Banco de Portugal, Banco de España, Banca d'Italia, Central Bank of Cyprus; Internationaler Währungsfonds, *International Financial Statistics*; H.-W. Sinn und T. Wollmershäuser, »Target Loans, Current Account Balances and Capital Flows: The ECB's Rescue Facility«, a. a. O., 2012, Abbildung 3, aktualisiert mit einer leicht veränderten Definition der Geldbasis (nun mit der Einlagefazilität gemäß der offiziellen Definition).

Erläuterung: Die Geldbasis eines Landes oder einer Gruppe von Ländern wird definiert als Summe der Sichteinlagen der Geschäftsbanken bei ihren nationalen Notenbanken (mitsamt der Einlagefazilität) plus dem statutarischen Banknotenumlauf (Banknotenausgabe proportional zur Wirtschaftskraft des Landes) plus »Intra-Eurosystem-Verbindlichkeiten aus der Begebung von Euro-Banknoten« (überproportionale Banknotenausgabe); Letztere ergeben null, wenn die Gruppe der betrachteten Länder die gesamte Währungsunion ausmacht. Binnengeld ist das Zentralbankgeld, das in einem Land durch Refinanzierungsgeschäfte oder Wertpapierkäufe geschaffen wurde und netto nicht auf dem Weg von Zahlungsaufträgen in andere Länder wandert. Außengeld ist das Geld, das durch die Target-Salden gemessen wird. Es ist jener Teil des in einem Land durch Refinanzierungskredit oder den Erwerb von Vermögensobjekten durch die Zentralbank geschaffenen Geldes, der netto durch Banküberweisungen ins Ausland abfloss und dort zirkuliert. Die in der Grafik dargestellten Daten wurden mit einem gleitenden Dreimonatsdurchschnitt geglättet. Im Dezember 2014 machte die Geldbasis der GIPSIZ-Länder 302 Milliarden Euro aus, die Sichteinlagen der Geschäftsbanken insgesamt 44 Milliarden Euro, der statutarische Banknotenumlauf 361 Milliarden Euro und die »Intra-Eurosystem-Forderungen aus der Begebung von Banknoten« 103 Milliarden Euro, sodass die tatsächliche Banknotenausgabe insgesamt 258 Milliarden Euro betrug.

Während man sich in den USA große Sorgen darüber macht, dass die amerikanische Zentralbank, die Federal Reserve Bank, die Geldbasis verdreifacht hat,[31] wurde die in den europäischen Krisenländern geschaffene – doch nicht dort bleibende – Geldbasis mehr als verfünffacht. Vom Juli 2007 bis zum Juli 2012 stieg das Volumen des in den GIPSIZ-Ländern geschaffenen Geldes von 252 Milliarden Euro auf 1.360 Milliarden Euro.[32] Die Selbstbedienung mit der Druckerpresse fand in einem atemberaubenden Ausmaß statt.

Von dem so realisierten Zuwachs des selbst geschaffenen Geldes in Höhe von 1.108 Milliarden Euro wurden 984 Milliarden Euro für den Nettoankauf von ausländischen Waren und Vermögensgütern oder zur Tilgung von externen Schulden genutzt, denn um so viel stiegen die Target-Verbindlichkeiten der GIPSIZ-Länder in dieser Zeit. Dies war eine stille Rettungsaktion des Eurosystems, die die offiziellen Rettungsprogramme weit in den Schatten stellte und von der die Öffentlichkeit wenig mitbekam.

DIE VERDRÄNGUNG DER REFINANZIERUNGSKREDITE IM NORDEN

Es drängt sich die Frage auf, welche Effekte die gewaltige Geldvermehrung in den Krisenländern auf den Rest Europas hatte. In der Öffentlichkeit wird meistens das Inflationsthema problematisiert. Politiker und Analysten warnen vor der Gefahr,[33] während die EZB beschwichtigt, dass es keinerlei Anzeichen für einen Inflationstrend gebe, sondern ganz im Gegenteil eine Deflationsgefahr bestehe.[34]

Fest steht, dass sehr viel der Liquidität, die in den GIPSIZ-Ländern ursprünglich erzeugt wurde, in den übrigen Euroländern landete. Das Geld, das vor der Krise auf dem Wege privater Kredite von den Kernländern des Eurogebiets in die GIPSIZ-Länder geflossen war, versiegte, doch die Zahlungsabflüsse für andere Zwecke hielten an und verstärkten sich sogar noch. Teilweise holten die Finanzinstitute der Kernländer das Geld, das sie in die Krisenländer verliehen hatten, wieder zurück und verlagerten es in andere Länder. Investoren hatten Angst vor den Risiken oder konnten und wollten nicht mit den lokalen Druckerpressen konkurrieren, die Kredite zu Konditionen unterhalb des Marktes ermöglichten. Wie zu Beginn des Kapitels 5 dokumentiert wurde, floss das Geld vor allem nach Frankreich, Deutschland und Großbritannien zurück. Hinzu kam eine riesige Kapitalflucht seitens der Vermögensbesitzer der Krisenländer, die häufig in Drittländer außerhalb der Eurozone führte.

Der Abfluss von Liquidität aus den Krisenländern und der fortwährende Nachschub durch Refinanzierungskredite seitens des EZB-Systems, der durch immer weiter sinkende Anforderungen für die Pfänder ermöglicht wurde, erzeugten einen Überschuss an Liquidität in den übrigen Euroländern. Selbst die Überweisungen in Nicht-Euro-Länder hatten diese Implikation, denn da man dort keine wachsenden Bestände von Euros hortete, sondern in Landeswährung investierte, muss es sofort zu einem Rückfluss der auf den Devisenmärkten angebotenen Euros gekommen sein, weil andere Handelspartner das Gegengeschäft machten und die Euros für den Kauf von Gütern oder Vermögensobjekten in der Eurozone verwendeten.

Die Konsequenz der anlandenden Liquidität war, dass die Zinsen auf historische Tiefststände getrieben wurden, was dazu beitrug, in Deutschland einen Bauboom einzuleiten (vgl. Kapitel 3). Der Konjunkturaufschwung in Deutschland absorbierte einen kleinen Teil des Geldes für die zusätzliche Transaktionskasse, aber doch längst nicht genug. Die Banken im Nord-Euro-Block schwammen in Liquidität und wurden sie nicht los.

Vor diesem Hintergrund kann man vermuten, dass sich inflationstreibende Kräfte entfalten. In der Tat hat Abbildung 4.9 gezeigt, dass die deutsche Inflationsrate für die selbst erzeugten Waren (Zuwachs des BIP-Deflators), die in der Vorkrisenzeit deutlich niedriger als im Rest der Eurozone gewesen war, seit 2013 wieder höher liegt und dass sich das relative deutsche Preisniveau allmählich wieder erhöht. Das heißt aber nicht, dass im Durchschnitt der Eurozone nun eine Inflation beginnt. Gemessen am harmonisierten Konsumentenpreisindex der Eurozone betrug die Inflationsrate im Jahr 2014 nur 0,4 %. Selbst die deutsche Inflationsrate für die Konsumentenpreise war im Jahr 2014 mit 0,8 % sehr gering. Das mag auch daran liegen, dass die Geldbasis nach ihrem starken Anstieg bis zum Sommer 2012 wieder erheblich gesunken ist und inzwischen wieder unter ihrem Vorkrisentrend liegt.

Außerdem wurde ein Teil des Außengeldes, das in den GIPSIZ-Ländern zusätzlich geschaffen wurde, im Norden wieder eingezogen. So verringerte sich die Binnengeldmenge in den Nicht-GIPSIZ-Ländern in der Zeit von Mitte 2007 bis Mitte 2012 um 196 Milliarden Euro, obwohl die Geldbasis einen stark wachsenden Trend aufwies und insgesamt um 1.108 Milliarden Euro expandierte. Die Kompensation des Geldzuwachses in den GIPSIZ-Ländern durch die Verringerung der Schöpfung neuen Binnengeldes im Rest der Eurozone ist auf die Reaktion der Geschäftsbanken dort zurückzuführen. Um zumindest einen Teil der einfließenden, aber nicht benötigten Liquidität loszuwerden, zahlten sie die schon zuvor von ihrer Notenbank bezogenen Refinanzierungskredite zurück, oder sie legten die Überschussliquidität dort als Termingeld an, was aber ein weniger bedeutender Effekt war.

Kapitel 6   Target-Salden oder der Schatten der europäischen Zahlungsbilanzkrise

Abbildung 6.6 verdeutlicht, dass das in den GIPSIZ-Ländern geschaffene Geld einen riesigen Beitrag zu der gesamten Geldmenge des Euroraums geliefert hat. Im April 2012 entsprach es dem Trendwert des aggregierten Geldbestands in der gesamten Eurozone, nämlich 1.189 Milliarden Euro. Zu diesem Zeitpunkt wurde das gesamte Geld, das normalerweise für Transaktionen in der Eurozone ausgereicht hätte, in den sechs Krisenländern geschaffen. Zwar gab es in den Nicht-GIPSIZ-Ländern zu der Zeit auch noch einen zusätzlichen Binnengeldbestand von rund 492 Milliarden Euro.[35] Doch war das eine Überschussliquidität, die irgendwo in den südlichen und nördlichen Euroländern gehortet wurde, sei es als Sichteinlagen der Banken bei den Notenbanken oder als Bargeld, das die Haushalte unter der Matratze versteckten.

Abbildung 6.6 Die Struktur der Geldbasis und die Rolle der Target-Salden (Januar 2002 bis Dezember 2014)

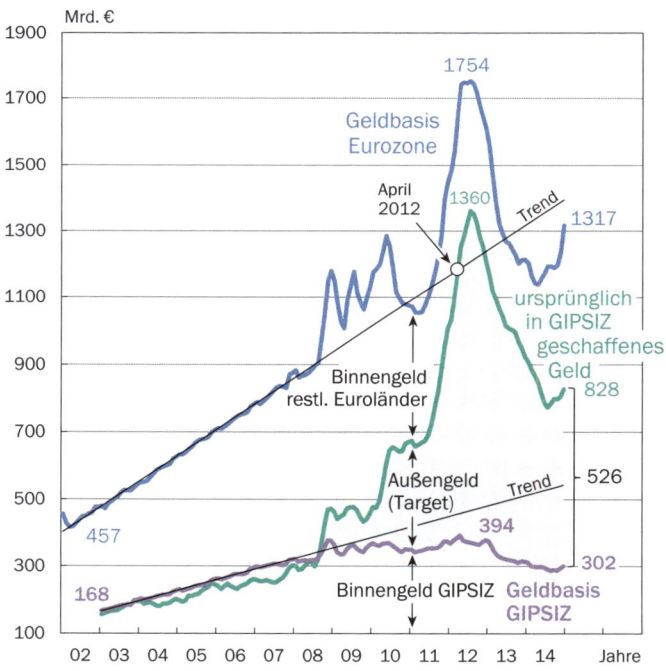

Erläuterung: Für die Definitionen und Quellen sei auf Abbildung 6.5 verwiesen. Das Binnengeld der Nicht-GIPSIZ-Länder beinhaltet auch Geld, das durch Wertpapierkäufe der EZB entstand.

Da das in den Nicht-GIPSIZ-Ländern geschaffene Binnengeld um knapp 200 Milliarden zurückging, während gleichzeitig die Geldbasis wuchs, müssen sich die prozentualen Anteile der verschiedenen Geldarten sehr stark

Die Verdrängung der Refinanzierungskredite im Norden

verschoben haben. Dies zeigt Abbildung 6.7, indem dort die gesamte Geldbasis gleich 100% gesetzt ist und alle anderen Werte als Anteil davon ausgedrückt sind. Die ansteigende grüne Kurve gibt an, welcher Anteil der Eurogeldmenge in den GIPSIZ-Ländern durch Refinanzierungsgeschäfte oder Vermögenskäufe (der Abstand gemessen von der Abszisse) und welcher Anteil in den Nicht-GIPSIZ-Ländern (der Abstand vom oberen Rand nach unten bis zur grünen Kurve) entstanden ist.[36] Analog gibt die violette Kurve den Anteil der in den GIPSIZ-Ländern zirkulierenden Geldmenge (die Höhe dieser Kurve) und auch den Anteil der in den anderen Euroländern zirkulierenden Geldmenge an, wenn man von oben nach unten liest, also den Abstand zwischen der violetten Kurve und der oberen Grenze des Diagramms betrachtet. Die Differenz zwischen der grünen und der violetten Kurve ergibt dann die Target-Salden, also das Außengeld, das durch Refinanzierungsgeschäfte und Vermögenskäufe in der einen Ländergruppe

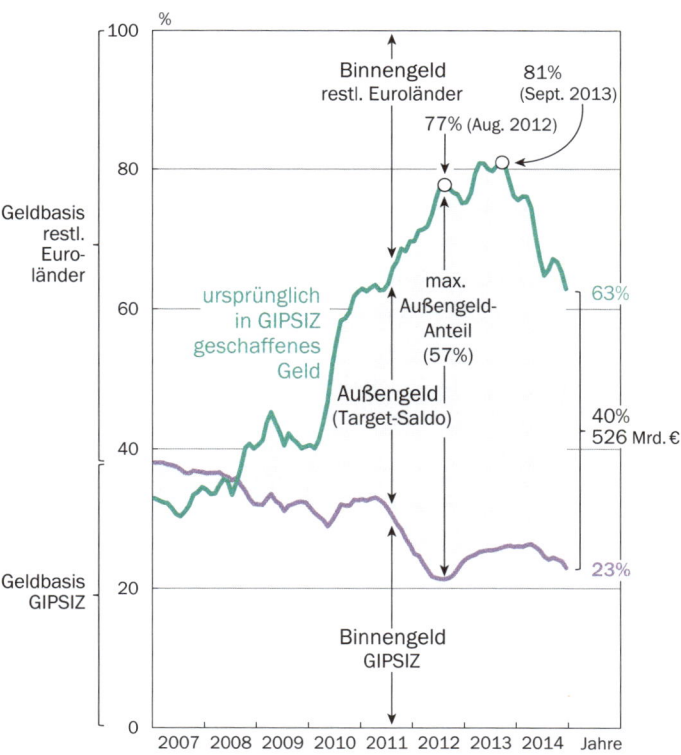

Abbildung 6.7 Internationale Verlagerung der Refinanzierungskredite als Resultat der steigenden Target-Salden (Januar 2007 bis Dezember 2014)

Erläuterung: Für Definitionen und Quellen sei auf Abbildung 6.5 sowie auf die Bilanz der EZB verwiesen.

entstanden ist, durch Zahlungsaufträge in die andere Gruppe abfloss und nun dort zirkuliert.

Man sieht, dass der Anteil des Außengeldes an der Geldbasis mit einem Wert von 57% im August des Jahres 2012 ein Maximum erreichte. Der Gesamtanteil des aus den GIPSIZ-Ländern stammenden Geldes inklusive desjenigen, das weiterhin dort zirkulierte, lag damals bei 77%. Mehr als Dreiviertel der Zentralbankgeldmenge des Eurosystems war also durch Kreditoperationen oder Vermögenskäufe seitens der Zentralbanken der GIPSIZ-Länder geschaffen worden, obwohl diese Länder nur ein Drittel der Wirtschaftskraft des Eurogebiets auf sich vereinten.

Das durch Überweisung geschaffene Außengeld hat die durch Refinanzierungskredite oder Wertpapierkäufe geschaffene Geldmenge in den Nicht-GIPSIZ-Ländern allmählich verdrängt, weil die Notenbank den lokalen Geschäftsbanken bereits ohne eine Kreditvergabe genug Geld aus den Überweisungsvorgängen mit den GIPSIZ-Ländern zur Verfügung stellte. Der Verdrängungsprozess dauerte bis zum April 2013 an, als der Prozentsatz der Geldbasis bestehend aus den Target-Schulden der GIPSIZ-Länder, also dem Außengeld, das in den Nicht-GIPSIZ-Ländern zirkuliert, aber ursprünglich in den GIPSIZ-Ländern geschaffen wurde, seinen Höhepunkt fand.[37] Zu der Zeit waren nur 19% der Geldbasis in der Eurozone durch Kreditoperationen oder Offenmarktgeschäfte in den Nicht-GIPSIZ-Ländern (oder von der EZB selbst) geschaffen, obwohl diese Länder 68% des BIP der Eurozone ausmachen. Ganze 81% des in der Eurozone zirkulierenden Geldes stammten aus GIPSIZ-Ländern. 25 Prozentpunkte dieses Geldes wurden genutzt, um diesen Ländern Liquidität bereitzustellen, und 56 Prozentpunkte waren Target-Kredite, welche es den GIPSIZ-Ländern ermöglichten, Waren und Vermögensgüter anderswo zu kaufen oder ihre Auslandsschulden zu tilgen.

Nach dem September 2013 nahm der relative Anteil des Außengeldes ein wenig ab. Trotzdem waren noch am Ende des Jahres 2014 fast zwei Drittel (63%) der Geldbasis in der Eurozone in den GIPSIZ-Ländern entstanden. 40% der Geldbasis in der Eurozone, oder 526 Milliarden Euro in absoluten Werten, bestanden aus Überweisungsgeld, das die Notenbanken der Nicht-GIPSIZ-Länder den Notenbanken der GIPSIZ-Länder kreditiert hatten.

Es bleibt zu diskutieren, ob diese Kreditierung eher den GIPSIZ-Ländern oder den restlichen Ländern der Eurozone half, deren Anleger sonst ihr Geld nicht wiedergesehen hätten. Nicht zu bestreiten ist jedoch, dass es zu einer riesigen Bailout-Aktion des Eurosystems kam, die implizit im Regelwerk des Eurosystems angelegt und weder von der breiten Öffentlichkeit noch von Fachkreisen bemerkt worden war. Deshalb lautet die Erstversion

Die Verdrängung der Refinanzierungskredite im Norden

eines Artikels zu diesem Thema auch »Die heimliche Rettungspolitik der EZB«.[38]

Am Beispiel Deutschlands wird der Verdrängungsprozess besonders deutlich.[39] Der Refinanzierungskredit, den die Bundesbank den Geschäftsbanken netto nach Abzug der Termineinlagen der Banken gewährt hatte, wurde im August 2011 erstmals negativ.[40] Das einzige Binnengeld, das in Deutschland zu dieser Zeit existierte, stammte von vormaligen Vermögenskäufen der Bundesbank. Nach dem August 2011 blieb die Nettokreditposition der deutschen Geschäftsbanken bei der Bundesbank noch für viele Monate negativ (bis März 2014 mit Ausnahme von Dezember 2013) und erreichte im November 2011 mit minus 120 Milliarden Euro oder minus 24% der deutschen Geldbasis ihren höchsten Absolutwert. Im Juni 2015 beliefen sich die Netto-Refinanzierungskredite der Bundesbank aber wieder auf plus 43 Milliarden Euro oder plus 6,5% der deutschen Geldbasis.

In Finnland war die Situation sogar noch dramatischer. Dort sanken die Netto-Refinanzierungskredite im Oktober 2010 ins Negative und verharrten dort bis Mai 2014, in der Spitze mit minus 21 Milliarden Euro oder minus 42% der finnischen Geldbasis im Januar 2012. Die finnische Notenbank lieh sich von ihren Geschäftsbanken also netto Mittel in Höhe von mehr als einem Drittel ihrer Geldbasis, um die Überschussliquidität zu absorbieren, die durch die Kapitalflucht angeschwemmt worden war. Im Mai 2015 betrug

Abbildung 6.8 Die Verdrängung des Binnengeldes in Deutschland und Finnland

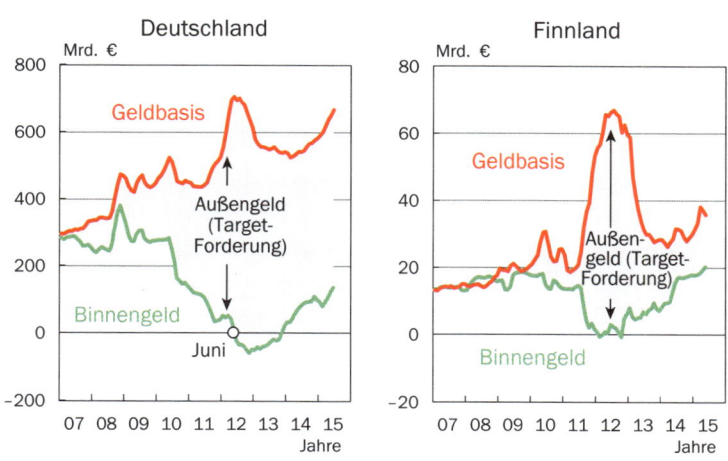

Quellen: Bilanzdaten der Deutschen Bundesbank und der Suomen Pankki; Internationaler Währungsfonds, *International Financial Statistics*, Thomson Reuters Datastream.

Erläuterung: Für die zugrunde liegenden Target-Salden sei auf Abbildung 6.2 verwiesen. Die korrespondierende Abbildung für die Niederlande kann nicht konstruiert werden, da die niederländische Notenbank keine Daten über die Geldbasis veröffentlicht.

die Überschussliquidität immer noch 0,7 Milliarden Euro oder 1,9% der Geldbasis.[41]

Allerdings hatte das Zentralbankgeld seinen Ursprung nicht nur in Refinanzierungskrediten, sondern auch in Offenmarktgeschäften, also dem Kauf von Wertpapieren von den Banken, und auch diese Geschäfte konnten prinzipiell für Sterilisierungsaktionen eingesetzt werden. Abbildung 6.8 zeigt den Nettoeffekt aller geldschaffenden und geldabsorbierenden Geschäfte in Deutschland und Finnland. Man sieht sehr deutlich, dass das Binnengeld, das durch Kreditoperationen und Offenmarktgeschäfte in diesen Ländern geschaffen worden war, durch das überwiesene Außengeld zeitweilig vollständig verdrängt wurde.

In Deutschland gab es die Vollverdrängung etwa eineinhalb Jahre lang, in der Zeit vom Juni 2012 bis zum Ende des Jahres 2013. Das gesamte in Deutschland vorhandene Zentralbankgeld war Überweisungsgeld, das die Bundesbank anderen Notenbanken statt dem eigenen Bankensystem hatte kreditieren müssen, weil die entsprechenden Refinanzierungskredite und Wertpapierkäufe bereits anderswo realisiert worden waren. In der Krise hat Deutschland somit seine gesamte Geldbasis verliehen, um den Krisenländern beizustehen.

Ja, es tat sogar noch ein bisschen mehr, denn ab Juli 2012 kletterten die Target-Forderungen der Bundesbank über die deutsche Geldbasis hinaus. Im November 2012 betrug der Überschuss 61 Milliarden Euro oder 9% der deutschen Geldbasis.[42] Die Bundesbank lieh sich also in dieser Zeit per saldo Geld bei den deutschen Banken oder verkaufte ihnen Wertpapiere aus ihrem Bestand, was faktisch dasselbe ist, um die durch Überweisungen entstehende Geldmenge wieder zu vernichten. Die Bundesbank entwickelte sich vollends zu einer Einrichtung zum Schreddern des elektronischen Geldes, das sie den anderen Notenbanken des Eurosystems durch die Überweisungsaufträge, die sie durchführte, kreditierte. Im Gegenzug für die Güter und Vermögensobjekte, die das Ausland in Deutschland erwarb, durfte sie Target-Forderungen in ihrer Bilanz verbuchen, für die sie heute nur noch 0,05% an Zinsen erhält und die sie niemals fällig stellen kann.

Erst ab Dezember 2013 gab es wieder Geld in Deutschland, das die Bundesbank nicht in Erfüllung von Überweisungsaufträgen hatte schaffen müssen. Zum Jahresende 2014 hatte das deutsche Binnengeld wieder einen Wert von 99 Milliarden Euro oder 17% der deutschen Geldbasis erreicht, während das Überweisungsgeld auf 481 Milliarden Euro oder 83% der Geldbasis zurückgegangen war. Doch wegen der erneut aufflammenden Griechenland-Krise ging die Reise in der ersten Jahreshälfte 2015 schon wieder in die andere Richtung. Im Juli 2015, kurz vor dem Redaktionsschluss für dieses Manuskript, lag der Bestand des Außengeldes, das durch Überweisung entstanden war, in Deutschland schon wieder bei 543 Milliarden Euro. Die Dinge beruhigen sich offenkundig nicht.

Ähnliches ist in der Krise auch in Finnland passiert, wie der rechte Teil der Abbildung zeigt. In Finnland wurde das Binnengeld am Anfang des Jahres 2012 vollständig verdrängt. Dann schloss sich eine kurze Periode von einem Jahr an, in der der Bestand an Binnengeld um die Nulllinie schwankte. Erst nachdem die dritte Welle der Krise abkühlte, fielen die finnischen Target-Forderungen wieder unter das Niveau der Geldbasis. Im Mai 2015 waren die Bestände an Binnengeld (57% der Geldbasis) und Außengeld (43% der Geldbasis) nahezu gleich groß.

All dies zeigt, dass die Target-Salden nicht Ausdruck einer Vergrößerung der Geldmenge sind, sondern vielmehr approximativer Ausdruck einer Verlagerung von Notenbankkrediten vom Norden in den Süden. Man könnte sagen, dass die Target-Salden das Ausmaß messen, in dem die elektronische Druckerpresse an die südlichen Notenbanken verliehen wurde, um auszuhelfen, als sich die privaten Kapitalmärkte versagten. Das gibt der Interpretation der Target-Salden als eines Maßes für zwischenstaatliche Kredite eine stärkere inhaltliche Fundierung.[43] Während die Notenbanken des Südens in der Krise in riesigem Umfang Geld geschaffen und verliehen haben, um ihrer Wirtschaft weiterhin die Möglichkeit zu geben, im Norden Importgüter zu kaufen, Schulden zu tilgen und die private Kapitalflucht zu finanzieren, haben die Notenbanken des Nordens das zufließende Geld vernichtet, indem sie sich bei den Geschäftsbanken verschuldeten oder ihnen weniger Refinanzierungskredit gaben.

Die EZB ist sich des Vorgangs bewusst. Sie rechtfertigt das Geschehen damit, dass sie sich zum Kreditvermittler zwischen den Banken deklariert. Da die Banken zögern, einander Kredit zu geben, weil sie Angst haben, ihr Geld nicht zurückzubekommen, legen sie es lieber bei der EZB an, und die EZB vergibt den Kredit dann selbst. Das hat für beide Seiten Vorteile, so argumentiert die EZB. Die Banken, die Kredit benötigen, kommen billiger an das Geld heran, und die Banken, die die Kredite vergeben, erhalten mehr Sicherheit für ihre Anlage.[44] Diese Sicht verdeckt freilich den Umstand, dass es sich bei den Aktivitäten der EZB nicht um eine allgemeine Funktionsverbesserung des Kapitalmarktes handelt, sondern um eine systematische Umlenkung des Sparkapitals von einer Gruppe von Ländern zu einer anderen, was die strukturellen Leistungsbilanzungleichgewichte zwischen den Euroländern perpetuiert und einen von der EZB realisierten öffentlichen internationalen Kapitalfluss darstellt. Das Ausmaß dieses öffentlichen internationalen Kapitalflusses wird durch die Target-Salden gemessen.

Man kann sagen, dass die Target-Kredite das Eurosystem in seiner jetzigen Form zunächst einmal stabilisiert haben, weil sie es den Banken anderer Länder, allen voran Frankreichs, ermöglicht haben, sich in der Krise aus dem Staube zu machen, ohne große Blessuren abzubekommen. Auch haben sie den Lebensstandard der Krisenländer trotz der sich versagenden Kapitalmärkte erhalten. Aber sie haben eben auch Spargelder in problematische Verwendungen geleitet, Steuerzahler in die Haftung genommen und Wirtschaftsstrukturen aufrechterhalten, die man sonst vielleicht schon sehr viel früher reformiert hätte.

ANMERKUNGEN

1 Siehe H.-W. Sinn und T. Wollmershäuser, »Target Loans, Current Account Balances and Capital Flows: The ECB's Rescue Facility«, *International Tax and Public Finance* 19, 2012, S. 468–508, <http://www.cesifo-group.de/DocDL/sinn-itax-2012-target.pdf>; Vorfassungen erschienen als *NBER Working Paper* Nr. 17626, November 2011, <http://www.cesifo-group.de/DocDL/NBER_wp17626_sinn_wollm.pdf>; und *CESifo Working Paper* Nr. 3500, Juni 2011, <http://www.cesifo-group.de/DocDL/cesifo1_wp3500.pdf>. Vgl. ferner H.-W. Sinn, »Die Target-Kredite der Deutschen Bundesbank«, *ifo Schnelldienst* 65, Sonderausgabe, 21. März 2012, S. 3–34, <http://www.cesifo-group.de/DocDL/Sd_Sonderausgabe_20120321.pdf>. Diese Fachaufsätze schlossen sich kürzeren Artikeln des Verfassers an, die erstmals die Definition der Target-Salden im Zusammenhang mit der Zahlungsbilanz darlegten: H.-W. Sinn, »Die riskante Kreditersatzpolitik der EZB«, *Frankfurter Allgemeine Zeitung*, Nr. 103, 4. Mai 2011, S. 10, <http://www.faz.net/aktuell/wirtschaft/europas-schuldenkrise/target-kredite-die-riskante-kreditersatzpolitik-der-ezb-1637926.html>; sowie derselbe (in englischer Sprache), »The ECB's Stealth Bailout«, *VoxEU*, 1. Juni 2011, <http://www.voxeu.org/article/ecb-s-stealth-bailout>. Zuvor war schon die erste öffentliche Stellungnahme zum alarmierenden Niveau der Target-Salden als H.-W. Sinn, »Neue Abgründe«, *Wirtschaftswoche*, Nr. 8, 21. Februar 2011, S. 35, publiziert worden. Eine englische Übersetzung des Artikels wurde als internationale Pressemitteilung des Verfassers publiziert: »Deep Chasms«, *Ifo Viewpoint* No. 122, 29. März 2011, <www.ifo.de/deep_chasms/w/4XRFPXeMj>. Zwei Tage später erschien eine erste Stellungnahme mit ähnlichen Informationen im Internet: J. Whittaker, »Intra-eurosystem Debts«, *Lancaster University Working Paper*, 31. März 2011, <http://eprints.lancs.ac.uk/51933/4/eurosystem.pdf>. Die erste Berechnung des Exposures der Bundesbank durch Target-Verbindlichkeiten anderer Länder, definiert nach dem Kapitalschlüssel im EZB-System, findet sich bei H.-W. Sinn, »Tickende Zeitbombe«, *Süddeutsche Zeitung*, Nr. 77, 2. April 2011, S. 24. Es gab einige frühe Fehlinterpretationen der Beiträge des Verfassers durch Blogger, die zu einer hitzigen Internet-Debatte führten, deren Verlauf hier nicht wiedergegeben werden kann. Hierzu sei auf den Anhang des oben zitierten *CESifo Working Papers* verwiesen sowie auf H.-W. Sinn, »On and off Target«, *VoxEU*, 14. Juni 2011, <http://www.voxeu.org/article/and-target>. Target-Ungleichgewichte sollten ursprünglich auf die Übergangsperiode vom fixen Wechselkursregime bis zur Einführung des Euro (Stufe III der Währungsunion) beschränkt werden. Die Probleme, die hierbei entstehen konnten, wurden diskutiert von P. M. Garber, »Notes on the Role of Target in a Stage III Crisis«, *NBER Working Paper* Nr. 6619, 1998; und derselbe, »The Target Mechanism: Will it Propagate or Stifle a Stage III Crisis?« *Carnegie – Rochester Conferences on Public Policy* 51, 1999, S. 195–220. Später schrieb Garber im Dezember 2010 darüber in einem internen Text für die Deutsche Bank, welcher dem Verfasser nach dessen eigener Veröffentlichung im Frühjahr 2011 durch Thomas Mayer, Deutsche Bank, vorgelegt und *anschließend* unter dem früheren Datum der internen Erstellung im Internet veröffentlicht wurde; P. M. Garber, »The Mechanics of Intra Euro Capital Flight«, *Deutsche Bank Economics Special Report*, Dezember 2010. Garber hatte jedoch keine Paneldaten über Target-Salden der Länder der Eurozone (wie sie Sinn und Wollmershäuser vorlegten) und diskutierte das Thema nicht im Zusammenhang mit Aspekten der Zahlungsbilanz (Leistungsbilanz, Kapitalbilanz etc.). Der Autor wurde, wie seine Kollegen, vom ehemaligen Präsidenten der Bundesbank, Helmut Schlesinger, im Frühherbst 2010 anlässlich einer Sitzung des Wissenschaftlichen Beirats des Bundesministeriums für Wirtschaft und Technologie auf die stark wachsenden Target-Salden in der Bilanz der Bundesbank aufmerksam gemacht, freilich ohne dass dem Beirat damals klar wurde, was diese Salden bedeuten.

2 Moody's, *Moody's Changes the Outlook to Negative on Germany, Netherlands, Luxembourg*

Kapitel 6   Target-Salden oder der Schatten der europäischen Zahlungsbilanzkrise

and Affirms Finland's AAA Stable Rating, 31. Juli 2012, London, <https://www.moodys. com/research/Moodys-changes-the-outlook-to-negative-on-Germany-Netherlands-Lu xembourg--PR_251214>. Wörtlich schrieb die Agentur: »The second and interrelated driver of the change in outlook to negative is the increase in contingent liabilities [...] The contingent liabilities stem from bilateral loans, the EFSF, the European Central Bank (ECB) via the holdings in the Securities Market Programme (SMP) and the Target 2 balances, and – once established – the European Stability Mechanism (ESM)«.

3   Nach dem ersten Erscheinen des Working Papers von H.-W. Sinn und T. Wollmershäuser (»Target Loans, Current Account Balances and Capital Flows: The ECB's Rescue Facility«, a. a. O.) im Juni 2011 folgte eine erste Runde an wissenschaftlichen Antworten, unter anderem von Vertretern der EZB und der Bundesbank. Diese Stellungnahmen wurden vom ifo Institut im August 2011 im *ifo Schnelldienst* publiziert: »Die europäische Zahlungsbilanzkrise«, *ifo Schnelldienst* 64, Nr. 16, 31. August 2011, <http://www.cesifo-group. de/DocDL/SD-16-2011.pdf>. Im Folgenden seien die Namen der Verfasser sowie ihre jeweiligen Beiträge genannt: H.-W. Sinn, »Die Europäische Zahlungsbilanzkrise – eine Einführung«, ebd., S. 3–8; H. Schlesinger, »Die Zahlungsbilanz sagt es uns«, ebd., S. 9–11; W. Kohler, »Zahlungsbilanzkrisen im Eurosystem: Griechenland in der Rolle des Reservewährungslandes?«, ebd., S. 12–19; C. B. Blankart, »Der Euro 2084«, ebd., S. 20–24; M. J. M. Neumann »Refinanzierung der Banken treibt Target-Verschuldung«, ebd., S. 25–28; P. Bernholz, »Was haben die Leistungsbilanzdefizite der GIPS-Länder mit ihren Target-Schulden bei der EZB zu tun?«, ebd., S. 29–30; T. Mayer, J. Möbert und C. Weistroffer, »Makroökonomische Ungleichgewichte in der EWU und das Eurosystem«, ebd., S. 31–38; G. Milbradt, »Die EZB auf der schiefen Bahn«, ebd., S. 39–45; S. Homburg, »Anmerkungen zum Target2-Streit«, ebd., S. 46–50; F. L. Sell und B. Sauer, »Geld-, Kapitalmärkte und Wohlfahrt: Eine Wirkungsanalyse der Target2-Salden«, ebd., S. 51–57; I. Sauer, »Die sich auflösende Eigentumsbesicherung des Euros«, ebd., S. 58–68; J. Ulbrich und A. Lipponer, »Salden im Zahlungsverkehrssystem Target2 – ein Problem?«, ebd., S. 69–72; C. Fahrholz und A. Freytag, »Ein Lösungsweg für die europäische Zahlungsbilanzkrise? Mehr Markt wagen!«, ebd., S. 73–78; U. Bindseil, P. Cour-Thimann und P. J. König, »Weitere Anmerkungen zur Debatte um Target2 während der Finanzkrise«, ebd., S. 79–86; F.-C. Zeitler, »Wege aus der europäischen Staatsschuldenkrise nach den Beschlüssen des Gipfels vom Juli 2011«, ebd., S. 87–89; K. Reeh, »Zahlungsbilanzausgleich in der Währungsunion: Eine alte Frage erscheint aus aktuellem Anlass in neuem Licht«, ebd., S. 90–94. Eine englische Übersetzung dieser Ausgabe wurde als Sonderausgabe des *CESifo Forum* im Januar 2012 veröffentlicht; vgl. H.-W. Sinn (Hrsg.), »The European Balance of Payments Crisis«, *CESifo Forum Special Issue* 13, Januar 2012, <http://www.cesifo-group. de/DocDL/Forum-Sonderheft-Jan-2012.pdf>. Neben den eben genannten Beiträgen aus dem *ifo Schnelldienst* ist in der *CESifo-Forum*-Ausgabe außerdem erschienen: A. Tornell und F. Westermann, »Greece: The Sudden Stop That Wasn't«, ebd., S. 102–103. Vgl. ferner U. Bindseil und P. J. König, »TARGET2 and the European Sovereign Debt Crisis«, *Kredit und Kapital* 45, 2012, S. 135–174; U. Bindseil und A. Winkler, »Dual Liquidity Crises – A Financial Accounts Framework«, *Review of International Economics* 21, 2013, S. 151–163; J. Pisani-Ferry, »The Known Unknowns and Unknown Unknowns of European Monetary Union«, *Journal of International Money and Finance* 34, 2013, S. 6–14. Einen aktuelleren Überblick über zusätzliche Literatur und eine Zusammenfassung der Themen aus der Perspektive der Fachleute über Target-Salden der EZB findet man bei: P. Cour-Thimann, »Target Balances and the Crisis in the Euro Area«, *CESifo Forum Special Issue* 14, April 2013, <http://www.cesifo-group.de/DocDL/Forum-Sonderheft-Apr-2013.pdf>. Vgl. auch T. Mayer, *Europe's Unfinished Currency*, Anthem Press, London 2012; R. Auer »What Drives Target2 Balances? Evidence from a Panel Analysis«, *Economic Policy* 29, 2014, S. 139–197; und N. Potrafke und M. Reischmann, »Explosive Target Balances of the German Bundesbank«, *Economic Modelling* 42, 2014, 439–444.

4   S. Ruhkamp, »Die Bundesbank fordert von der EZB bessere Sicherheiten«, *faz.net*, 29. Fe-

bruar 2012, <http://www.faz.net/aktuell/wirtschaft/schuldenkrise-die-bundesbank-fordert-von-der-ezb-bessere-sicherheiten-11667413.html>; und derselbe, »Bundesbank geht im Targetstreit in die Offensive«, *faz.net*, 12. März 2012, <http://www.faz.net/aktuell/wirtschaft/wirtschaftspolitik/f-a-z-gastbeitrag-bundesbank-geht-im-targetstreit-in-die-offensive-11682060.html>. Darin heißt es: »In einem Brief, dessen Inhalt der *FAZ* bekannt ist, nimmt Weidmann ausdrücklich auf die wachsenden Target-Forderungen Bezug. Er schlägt eine Besicherung dieser Forderungen der EZB gegenüber den finanzschwachen Notenbanken des Eurosystems vor, die einen Wert von mehr als 800 Milliarden Euro erreicht hätten.«

5 Deutsche Bundesbank, *Target2-Salden der Bundesbank,* Pressemitteilung, 22. Februar 2011, <http://www.bundesbank.de/Redaktion/DE/Pressemitteilungen/BBK/2011/2011_02_22_target2_salden_der_bundesbank.html>; und dieselbe, »Die Entwicklung des TARGET2-Saldos der Bundesbank«, *Monatsbericht* 63, Nr. 3, März 2011, S. 34–35. Ähnlich äußerte sich die Bundesbank in einem Brief an das ifo Institut vom 18. März 2011.

6 H. Schlesinger, »Die Zahlungsbilanz sagt es uns«, a. a. O., August 2011.

7 P. Cour-Thimann, »Target Balances and the Crisis in the Euro Area«, a. a. O., April 2013.

8 *Introductory statement to the press conference (with Q&A) by Mario Draghi, President of the ECB, Vítor Constâncio, Vice-President of the ECB,* Frankfurt am Main, 4. April 2012, <http://www.ecb.int/press/pressconf/2012/html/is120404.en.html>, wörtlich sagt Draghi: »… we have to look at the consolidated bank balance sheets, country by country. And, as you can imagine, we look at them every day. As well as inflation expectations and TARGET2 balances. These are three things that we look at almost every day. Every day actually, not almost every day!« Der Autor hat M. Draghi über die Problematik der Target-Salden bei einer Fachtagung der Banca d'Italia am 22. April 2011 in Form einer Power-Point-Präsentation informiert.

9 *Introductory statement to the press conference (with Q&A) by Mario Draghi, President of the ECB, Vítor Constâncio, Vice-President of the ECB,* Frankfurt am Main, 1. August 2013, <http://www.ecb.europa.eu/press/pressconf/2013/html/is130801.en.html>.

10 Die etwas komplexe Methodik der systematischen Erhebung trotz der unterschiedlichen Bilanzierung in den Einzelbilanzen wird erläutert in H.-W. Sinn und T. Wollmershäuser, »Target Loans, Current Account Balances and Capital Flows: The ECB's Rescue Facility«, a. a. O., 2011. Eine regelmäßige Panel-Berichterstattung über die Salden der einzelnen Euroländer findet man bei: *Der Haftungspegel – die Rettungsmaßnahmen für die Euroländer und die deutsche Haftungssumme,* ifo Institut, München, <http://www.cesifo-group.de/de/ifoHome/policy/Haftungspegel.html>; insbesondere in der Excel-Tabelle: »Target-Saldo der nationalen Zentralbanken im Eurosystem«. Ferner liefert das von Frank Westermann geleitete Institut für empirische Wirtschaftsforschung der Universität Osnabrück in seinem *Euro Crisis Monitor* stets die neuesten Target-Daten für alle Euroländer: <http://eurocrisismonitor.com/index.htm>.

11 Dies wurde zuerst dargelegt in H.-W. Sinn, »Die riskante Kreditersatzpolitik der EZB«, a. a. O., 4. Mai 2011; und derselbe, »The ECB's Stealth Bailout«, a. a. O., 1. Juni 2011. Eine erste ausführliche empirische und theoretische Analyse findet sich in derselbe und T. Wollmershäuser, »Target Loans, Current Account Balances and Capital Flows: The ECB's Rescue Facility«, a. a. O., 2012.

12 Als das Eurosystem seine Arbeit aufnahm, wurden nur Großbeträge über das Zahlungssystem der EZB geleitet. Zusätzlich zu Target hatten nämlich die Banken der jeweiligen nationalen Länder eigene, private Zahlungssysteme, über die die meisten Zahlungen abgewickelt und ausgeglichen wurden. Da den Zahlungen vom Land A in das Land B zumeist auch Zahlungen vom Land B in das Land A gegenüberstehen, brauchte man das Target-System der EZB tatsächlich nur für den Spitzenausgleich zwischen den privaten Zahlungssystemen. Das hat sich mit der Einrichtung des Target2-Systems im Jahr 2007 aber geändert. Seitdem werden zunehmend auch kleinere Zahlungen direkt über die Target-Konten der EZB abgewickelt. In letzter Zeit hatten mehr als zwei Drittel der Target-

Kapitel 6   Target-Salden oder der Schatten der europäischen Zahlungsbilanzkrise

Transaktionen ein Volumen von weniger als 50.000 Euro, und der Medianwert der Zahlungen lag bei weniger als 10.000 Euro. Europäische Zentralbank, *Target Annual Report 2014*, Frankfurt am Main 2014; und dieselbe, *The Payment System – Payments, Securities and Derivatives and the Role of the Eurosystem*, Frankfurt am Main 2010. Diese Umstellung hatte zwar auf das Transaktionsvolumen des Target-Systems einen erheblichen Einfluss, doch waren die dort jährlich neu verbuchten Salden davon nicht betroffen. Sie haben von Anfang an die Nettodefizite und -überschüsse im Zahlungsverkehr zwischen den Banken der einzelnen Euroländer vollständig erfasst. Insofern ist eine konsistente Interpretation der Zeitreihen, wie sie z. B. in Abbildung 6.2 gezeigt werden, möglich. Der dort sichtbare Anstieg der Target-Salden seit dem Jahr 2007 ist kein statistisches Artefakt.

13 Das war allerdings speziell für Deutschland wegen des Bargeldabzugs nach Osteuropa und in die Türkei schon immer ein wichtiger Posten. Siehe z. B. F. Seitz, »Der DM-Umlauf im Ausland«, *Diskussionspapier 1/95 Volkswirtschaftliche Forschungsgruppe der Deutschen Bundesbank*, Mai 1995, <http://www.oth-aw.de/fileadmin/user_upload/Professoren/Seitz/dkp199501.pdf>. Siehe auch H.-W. Sinn und H. Feist, »Eurowinners and Eurolosers: The Distribution of Seignorage Wealth in EMU«, *European Journal of Political Economy* 13, 1997, S. 665–689. Kapitel 7 wird den Sachverhalt im Zusammenhang mit dem deutschen Nettoauslandsvermögen im Abschnitt über Deutschland ausführlicher erörtern. Außerdem wird Kapitel 8 den Aspekt für die deutsche Haftungsübernahme berücksichtigen.

14 Siehe J. Whittaker, »Eurosystem Debts, Greece, and the Role of Banknotes«, *Lancaster University Working Paper*, 14. November 2011, <http://eprints.lancs.ac.uk/51935/1/eurosystemNov2011.pdf>. In der Bundesbankbilanz wird zwischen dem »statutarischen« Banknotenumlauf und dem darüber hinausgehenden Banknotenumlauf unterschieden. Der statutarische Banknotenumlauf bemisst sich nach der Wirtschaftskraft des Landes und kennzeichnet einen Normalwert. Liegt der tatsächliche Banknotenumlauf über diesem Normalwert, entsteht eine Verbindlichkeit, die unter der Rubrik »Intra-Eurosystem-Verbindlichkeiten aus der Begebung von Euro-Banknoten« verbucht wird. Sie hat sich in der Zeitspanne von Ende 2007 bis April 2015 um 178 Milliarden Euro vergrößert. Diese Veränderung steht einer Veränderung der Target-Forderungen der Bundesbank gegen das EZB-System um 461 Milliarden Euro gegenüber. Bis vor Kurzem gingen deshalb die Banknotenschulden im Gegensatz zu den Target-Forderungen nicht in die Berechnung der Nettoauslandsposition der Bundesrepublik Deutschland ein. Das wurde nun allerdings durch eine Umstellung in der statistischen Buchungspraxis der Zahlungsbilanzstatistik durch die Deutsche Bundesbank im März 2015 auch rückwirkend geändert. Die Erfassung dieser Position in den Zahlungsbilanzstatistiken der anderen Euroländer ist aber noch uneinheitlich. Deutsche Bundesbank, *Monatsbericht März* 67, Nr. 3, März 2015, <http://www.bundesbank.de/Redaktion/DE/Downloads/Veroeffentlichungen/Monatsberichte/2015/2015_03_monatsbericht.pdf?__blob=publicationFile>, insbesondere S. 96–98.

15 In Statistiken ist eine Zahlungsbilanz definitorisch immer im Gleichgewicht. Dies ist der Fall, weil ein Ungleichgewicht der Zahlungsströme von privaten Agenten und Finanzbehörden (Zahlungen »above the line«, oberhalb der Linie) durch eine Anpassung der Bilanzposition der jeweiligen Währungsbehörde vis-à-vis des Restes der Welt (Zahlungen »below the line«, unterhalb der Linie) ausgeglichen werden. Im Gegensatz hierzu bezieht sich die hier eingeführte Definition eines Gleichgewichtes auf die Zahlungen der ersten Kategorie.

16 Die automatische Kompensation von konjunkturellen Störungen durch fiskalische Mechanismen macht ungefähr 13% bis 15% aus, das heißt, dass ein lokaler Bruttoeinkommensverlust von einer Milliarde US-Dollar zu einem Nettoeinkommensverlust in Höhe von 870 Millionen US-Dollar bis 850 Millionen US-Dollar führt. P. Asdrubali, B. E. Sorensen und O. Yosha, »Channels of Interstate Risk Sharing: United States 1963–1990«, *Quarterly Journal of Economics* 111, 1996, S. 1081–1110, die 13% schätzten; oder D. Gros, *Fiscal*

Union after Banking Union or Banking Union instead of Fiscal Union?, unveröffentlichtes Manuskript für die österreichische Regierung, Juni 2013, der 15% schätzte; sowie derselbe und E. Jones, »External Shocks and Unemployment: Revisiting the Mundellian Story«, unveröffentlichtes Manuskript, *Centre for European Policy Studies*, Februar 1995; siehe auch J. von Hagen, »Achieving Economic Stabilization by Risk Sharing within Countries«, in R. Boadway und A. A. Shah (Hrsg.), *Intergovernmental Fiscal Transfers. Principles and Practice*, The World Bank, Washington, DC 2007, S. 107–132; M. Dolls, C. Fuest und A. Peichl, »Automatic Stabilizers and Economic Crisis: US vs. Europe«, *Journal of Public Economics* 96, 2012, S. 279–294.

17 Diese Definition wurde erstmalig eingeführt in H.-W. Sinn, »Die riskante Kreditersatzpolitik der EZB«, a. a. O., 4. Mai 2011. Eine kurze mathematische Interpretation kann gefunden werden in derselbe und T. Wollmershäuser, »Target Loans, Current Account Balances and Capital Flows: The ECB's Rescue Facility«, a. a. O., 2012; und H.-W. Sinn, *Ist Deutschland noch zu retten?*, Econ, Berlin 2003; oder auch in S. Homburg, »Anmerkungen zum Target2-Streit«, *Wirtschaftsdienst* 91, 2011, S. 526–530.

18 H.-W. Sinn und T. Wollmershäuser, »Target Loans, Current Account Balances and Capital Flows: The ECB's Rescue Facility«, a. a. O., 2012; vgl. insbesondere die Working-Paper-Vorfassungen beginnend im Juni 2011. Regelmäßig aktualisierte Daten zu den Target-Salden findet man unter dem Haftungspegel des ifo Instituts bei: <http://www.cesifo group.de/ifoHome/policy/Haftungspegel.html>. Die Daten wurden vom Verfasser erstmalig anlässlich einer Vorlesung am 22. April 2011 bei der Banca d'Italia und anlässlich des Munich Economic Summit am 19. Mai 2011 der Öffentlichkeit vorgestellt, von wo sie mit Erlaubnis des Verfassers ihren Weg in die *Financial Times* fanden und von Martin Wolf kommentiert wurden. M. Wolf, »Intolerable Choices for the Eurozone«, *ft.com* 31. Mai 2011, <http://www.ft.com/intl/cms/s/0/1a61825a-8bb7-11e0-a725-00144feab49a.html#ax zz2Z7HBqk4Z>. Das formale Working Paper erschien wenige Tage später im Juni, sodass der Sachverhalt und die Daten sofort öffentlich publik wurden.

19 Die EZB nahm das erste Mal zur ökonomischen Bedeutung der Target-Salden Stellung in ihrem Bericht vom Oktober 2011. Europäische Zentralbank »Target2-Salden der nationalen Zentralbanken im Euro-Währungsgebiet«, *Monatsbericht*, Oktober, 2011, S. 36–41, insbesondere S. 37. In Fußnote 5 erklärt sie, dass sie über keine Originalstatistik verfügt und die Daten unter Verwendung von IWF-Daten aus den Bilanzen der Einzelnotenbanken herausrechnet. Dabei wendet sie exakt die Methode an, die auch Sinn und Wollmershäuser in ihrem Working Paper vom Juni 2011 verwendet haben. H.-W. Sinn und T. Wollmershäuser, »Target Loans, Current Account Balances and Capital Flows: The ECB's Rescue Facility«, a. a. O., Juni 2011. Tatsächlich besteht noch die Möglichkeit, diese Methode weiter zu verfeinern, indem auch die Salden des Intra-Eurosystems, welche sich auf den Transfer von ausländischen Reserven beziehen, subtrahiert werden. P. Cour-Thimann, »Target Balances and the Crisis in the Euro Area«, a. a. O., April 2013, Annex D.

20 N. Potrafke und M. Reischmann, »Explosive Target Balances of the German Bundesbank«, a. a. O., 2014.

21 Die Definition lehnt sich an Gurley und Shaw an, ist aber nicht identisch. J. G. Gurley und E. S. Shaw, *Money in a Theory of Finance*, Brooking Institutions, Washington, DC 1960.

22 Europäische Zentralbank, *Jahresbericht* 2012, S. 210.

23 Als die französischen Banken Ende 2011 sehr viele Dollars benötigten, vermutlich um spekulative Umtauschwünsche befriedigen zu können, erwarb die EZB in großem Umfang Dollars bei der amerikanischen Federal Reserve Bank und verkaufte sie an die Banque de France, was bei ihr selbst eine Target-Forderung und bei der Banque de France eine entsprechende Verbindlichkeit entstehen ließ. Die Fed erwarb dadurch Target-Forderungen gegenüber der EZB. Siehe auch Europäische Zentralbank, ebd., S. 215.

24 P. Cour-Thimann, »Target Balances and the Crisis in the Euro Area«, a. a. O., April 2013, S. 48.

25 H. Schlesinger, »Die Zahlungsbilanz sagt es uns«, a. a. O. August 2011; sowie derselbe, »The Balance of Payments Tells Us the Truth«, a. a. O., Januar 2013.
26 Siehe Europäische Zentralbank, *Monthly Bulletin*, Mai 2013, S. 106.
27 In Artikel 127 Absatz 2 des Vertrags über die Arbeitsweise der Europäischen Union (AEUV) heißt es einfach nur: »Die grundlegenden Aufgaben des ESZB bestehen darin … das reibungslose Funktionieren der Zahlungssysteme zu fördern.« EU, »Konsolidierte Fassungen des Vertrags über die Europäische Union und des Vertrags über die Arbeitsweise der Europäischen Union«, *Amtsblatt der Europäischen Union* C 326, 26. Oktober 2012, <http://eur-lex.europa.eu/legal-content/DE/TXT/?uri=OJ:C:2012:326:TOC>. Auch in der Satzung des Europäischen Systems der Zentralbanken steht es nicht anders: »Nach Artikel 127 Absatz 2 des Vertrags über die Arbeitsweise der Europäischen Union bestehen die grundlegenden Aufgaben des ESZB darin … das reibungslose Funktionieren der Zahlungssysteme zu fördern.« EU, »Protokoll (Nr. 4) über die Satzung des Europäischen Systems der Zentralbanken und der Europäischen Zentralbank«, *Amtsblatt der Europäischen Union* C 326, 26. Oktober 2012, <https://www.ecb.europa.eu/ecb/legal/pdf/c_32620 121026de_protocol_4.pdf>, insbesondere Kapitel. 3: »Ziele und Aufgaben des ESZB«, Artikel 3.1.
28 Taxpayers Association of Europe (TAE), »Target2: Die finanzielle Atombombe«, *MMnews*, 24. Februar 2012, <http://www.mmnews.de/index.php/wirtschaft/9560-target2-die-finanzielle-atombombe>.
29 Antwort 2011/003864 der Bundesbank auf eine Frage des ifo Instituts vom 11. März 2011, und Schreiben der EZB an das ifo Institut vom 15. März 2012. In Artikel 2 Absatz 1 des unveröffentlichten Beschlusses EZB/2007/NP10 über die Verzinsung von Intra-Eurosystem-Nettosalden heißt es: »Intra-Eurosystem-Nettosalden … werden zu dem aktuellen marginalen Zinssatz verzinst, der vom Eurosystem bei seinen Tendern für Hauptrefinanzierungsgeschäfte gemäß Anhang I Abschnitt 3.1.2 der Leitlinie EZB/2007/7 über geldpolitische Instrumente und Verfahren des Eurosystems verwendet wird.«
30 In der englischen Originalausgabe dieses Buches hatte die Abbildung 6.4 noch gezeigt, dass das Nettoauslandsvermögen der Bundesrepublik am Ende des Jahres 2012 42% des BIP betrug und damit um 18% des BIP größer war als hier ausgewiesen. Der Grund für die dramatische Änderung ist die neue Erhebungsmethode BPM6, die im Frühjahr 2015 von Eurostat eingeführt wurde. Sie hat das für das Jahr 2012 ausgewiesene Nettoauslandsvermögen der Bundesrepublik von 953 Milliarden Euro auf 648 Milliarden Euro reduziert. Analog wurde der Endwert für das dritte Quartal 2014 von 1.424 Milliarden Euro auf 1.045 Milliarden Euro gesenkt.
31 Zu der Politik der amerikanischen Federal Reserve Bank im Zuge der Finanzkrise ab dem Jahr 2007, die zu der Verdreifachung führte, siehe B. S. Bernanke, *The Federal Reserve and the Financial Crisis*, Princeton University Press, Princeton 2013.
32 Siehe auch A. Tornell und F. Westermann, »Europe Needs a Federal Reserve«, *nytimes.com*, 21. Juni 2012, <http://www.nytimes.com/2012/06/21/opinion/the-european-central-bank-needs-more-power.html?_r=1>.
33 Siehe M. Feldstein, »Is Inflation Returning?«, *Project Syndicate*, 29. August 2012, <http://www.project-syndicate.org/commentary/is-inflation-returning-by-martin-feldstein> oder derselbe, The World from Berlin: »High Inflation Causes Societies to Disintegrate«, *Spiegel online International*, 11. Mai 2012, <http://www.spiegel.de/international/germany/fear-of-inflation-in-germany-after-bundesbank-comments-a-832648.html>.
34 M. Draghi, »Stabile Preise ohne monetäre Staatsfinanzierung«, Interview mit H. Steltzner und S. Ruhkamp, *Frankfurter Allgemeine Zeitung*, 24. Februar 2012, <http://www.ecb.int/press/key/date/2012/html/sp120224_1.en.html> sowie *Einleitende Bemerkungen, Mario Draghi, Präsident der EZB*, Frankfurt am Main, 22. Januar 2015, <https://www.ecb.europa.eu/press/pressconf/2015/html/is150122.de.html>.
35 Diese Zahl umfasst auch einen kleinen Anteil an Geld, welches durch eigene Vermögenskäufe der EZB geschaffen wurde.

36 Letzteres schließt Geld ein, das durch eigene Vermögenskäufe der EZB geschaffen wurde.
37 Der Begriff »Verdrängungseffekt« (*crowding out*) hat im Internet eine hitzige Phantomdebatte ausgelöst, da ein in der Blog-Sphäre sehr aktiver Nicht-Ökonom darunter eine durch eine Angebotsverknappung induzierte Verdrängung des Kredits verstand, über den die Wirtschaft hätte verfügen können. Seine Fehlinterpretation hat er dann auch auf Englisch international verbreitet und dem Verfasser in die Schuhe geschoben. Da viele international tätige Ökonomen und Wirtschaftsjournalisten sich nicht die Mühe machten, den Originaltext heranzuziehen, wurde die Darstellung meiner Argumentation in seinen Blogs dann ungeprüft übernommen. Es wurde dann sogar unterstellt, Sinn und Wollmershäuser (»Target Loans, Current Account Balances and Capital Flows: The ECB's Rescue Facility«, a.a.O., 2011) hätten argumentiert, dass Target-Salden eine Kreditklemme hervorriefen. Der Verdrängungseffekt durch den Refinanzierungskredit in den Nicht-GIPSIZ-Ländern kommt jedoch aufgrund der Beschränkung der Nachfrage nach Refinanzierungskredit seitens der Geschäftsbanken statt aufgrund einer Beschränkung des Angebots an Refinanzierungskredit durch die nationalen Notenbanken zustande. Dies beschränkt die EZB als Anbieter von Kredit und nicht die Geschäftsbanken als Nachfrager. Das ist das genaue Gegenteil einer Kreditklemme. Diese Form von »Verdrängungseffekt« geht zurück auf eine Debatte unter Geldmarktökonomen. Am Beginn dieser Debatte steht das Argument von Milton Friedman, dass nützliche öffentliche Güter private Güter zurückdrängen, weil sie Substitute der privaten Güter sind. M. Friedman, *Capitalism and Freedom*, University of Chicago Press, Chicago 1962, Kapitel VI: »The Role of Government in Education«. Als Beispiel führte Friedman die freie Schulspeisung an, die die Ernährung der Kinder durch die Eltern verdränge, weil die Nachfrage nach Essen begrenzt sei. Es ist genau diese Verdrängung durch die Begrenzung der Nachfrage, die durch das hereindrängende Target-Geld hervorgerufen wird. Eine ausführliche Diskussion dazu gibt es in H.-W. Sinn und T. Wollmershäuser, »Target Loans, Current Account Balances and Capital Flows: The ECB's Rescue Facility«, a.a.O., 2012; man vergleiche vor allem auch die Working-Paper-Fassungen aus dem Jahr 2011, die eingangs dieses Kapitels zitiert sind, die sich mit einzelnen Kritikern auseinandersetzen. Auch der Artikel H.-W. Sinn, »On and off Target«, a.a.O., 14. Juni 2011, thematisiert dieses und andere Missverständnisse.
38 H.-W. Sinn, »The ECB's Stealth Bailout«, a.a.O., 1. Juni 2011. Für eine wissenschaftliche Analyse sei verwiesen auf derselbe und T. Wollmershäuser, »Target Loans, Current Account Balances and Capital Flows: The ECB's Rescue Facility«, a.a.O., 2011 und 2012.
39 Leider veröffentlicht die niederländische Zentralbank keine Daten über ihre aggregierte Geldbasis. Daher ist es nicht möglich, diesen Aspekt für die Niederlande genauer zu beleuchten.
40 H.-W. Sinn und T. Wollmershäuser, »Target Loans, Current Account Balances and Capital Flows: The ECB's Rescue Facility«, a.a.O., 2012, S. 485; vgl. ferner A. Tornell und F. Westermann, »Has the ECB Hit a Limit?«, *VoxEU*, 28. März 2012, <http://www.voxeu.org/article/has-ecb-hit-limit>.
41 Vgl. Suomen Pankki, *Balance Sheet of the Bank of Finland*, <http://www.suomenpankki.fi/en/tilastot/tase_ja_korko/Pages/tilastot_rahalaitosten_lainat_talletukset_ja_korot_taseet_ja_raha_aggregaatit_SP_tase_en.aspx>; und Internationaler Währungsfonds, *International Financial Statistics*, Thomson Reuters Datastream.
42 Die Schwierigkeiten, welche die Bundesbank haben würde, wenn sich die gesamte Geldbasis in Target-Forderungen verwandeln würde, wurden diskutiert und für das Jahr 2013 vorausgesagt in H.-W. Sinn und T. Wollmershäuser, »Target Loans, Current Account Balances and Capital Flows: The ECB's Rescue Facility«, a.a.O., Juni 2011; vgl. insbesondere Abbildung 15.
43 Diese Interpretation wurde zunächst in H.-W. Sinn, »Die riskante Kreditersatzpolitik der EZB«, a.a.O., 4. Mai 2011 vorgebracht.
44 J.-C. Trichet, »Enhanced Credit Support: Key ECB Policy Actions for the Euro Area

Economy«, Vorlesung anlässlich des *Münchner Seminars*, *CESifo* und *Süddeutsche Zeitung*, 13. Juli 2009; und derselbe, »The ECB's Enhanced Credit Support«, *CESifo Working Paper* Nr. 2833, Oktober 2009, <http://www.cesifo-group.de/DocDL/cesifo1_wp2833.pdf>.

7 Bestandsaufnahme 2015: Von Leistungsbilanzdefiziten, Kapitalflucht und Target-Salden in den Euroländern

Die Finanzierung der Zahlungsbilanzdefizite – Die griechische Tragödie – Portugal und Zypern: Leben von der Druckerpresse – Die irische Kapitalflucht – Der Rückzug aus Italien und Spanien – Kreditvermittler Frankreich – Deutschland: Die Exporte finanziert die Bundesbank – Finnland und die Niederlande als sichere Häfen – Rätsel Österreich – Bretton Woods und die Europäische Zahlungsunion – Der Transfer-Rubel – Das Schweizer Vorbild – Wie Überschüsse in den USA ausgeglichen werden – Die fundamentale Dichotomie der Rettungspolitik

DIE FINANZIERUNG DER ZAHLUNGSBILANZDEFIZITE

Kapitel 2 und 4 haben gezeigt, dass der Euro die heutigen Krisenländer (GIPSIZ) über die Absenkung der Zinsen in eine inflationäre Kreditblase trieb, die sie ihrer Wettbewerbsfähigkeit zumindest temporär beraubte und riesige strukturelle Leistungsbilanzdefizite aufbauen ließ, die in der Krise nur durch eine Massenarbeitslosigkeit und niedrige Zinsen eingedämmt wurden. Die Defizite wurden vor der Krise von den Kapitalmärkten finanziert, doch nicht mehr, nachdem sie ausbrach. Dann half man sich unterstützt durch eine immer lascher werdende Pfandpolitik der EZB mit der Druckerpresse. Das wurde in Kapitel 5 und 6 analysiert. Dieses Kapitel schaut nun auf die Länder im Einzelnen und setzt die Leistungsbilanzsalden, die Target-Salden, die Rettungsschirme und die Entwicklung der Auslandsschulden der Volkswirtschaften in Beziehung zueinander. Unter anderem versucht es herauszufinden, in welchem Umfang die Druckerpresse eingesetzt wurde, um Leistungsbilanzdefizite zu finanzieren und um bei den verschiedenen Wellen der Kapitalflucht, die die Eurozone erschüttert haben, eine Ersatzfinanzierung zur Verfügung zu stellen.

Ein Leistungsbilanzdefizit, also der Überschuss der Zahlungen für Importe und Zinsen an das Ausland über die empfangenen Zahlungen durch Exporte und Geschenke aus dem Ausland, muss gegenfinanziert werden. Bei konstanter Geldbasis hat ein Land nur drei Möglichkeiten:[1]

1. Aus dem Ausland für Kapitalimporte eingehende Überweisungen: Der dadurch zustande kommende Nettozufluss von Geld resultiert z. B. aus Anlageentscheidungen ausländischer privater Investoren und der von ihnen beauftragten Finanzinstitute, die Wertpapiere im Inland kaufen wollen, wenn nicht gleich ganze Firmen oder Anteile davon. Möglich ist auch, dass inländische Anleger ihren Auslandsbesitz verkaufen und das Geld in die Heimat zurückholen, um es dort anzulegen. Diese Form der Finanzierung der Leistungsbilanz bildet den Normalfall, wie er vor der Krise herrschte.
2. Nettoüberweisungen von anderen Staaten und internationalen Organisationen für Kredite: Das sind im Wesentlichen die zwischenstaatlichen Kredite und die Kredite der internationalen Einrichtungen wie EU, IWF, EFSF, EFSM, ESM und wie sie alle heißen. Solche Hilfskredite flossen an einzelne Euroländer bereits ab Mai 2010. Sie werden in Kapitel 8 eingehend behandelt. (Man beachte, dass Überweisungen wie die Entwicklungshilfe oder verlorene EU-Hilfen nicht dazugehören, weil sie bereits leistungsbilanzmindernd verbucht wurden.)
3. Lokale Geldschöpfung durch Refinanzierungskredite oder Wertpapierkäufe der nationalen Notenbank: Aus Gründen, die in Kapitel 6 erläutert wurden, nennt dieses Buch das zusätzlich von der Notenbank geschaffene und an die Banken verliehene Geld zur Kompensation der lokalen Geldvernichtung durch Auslandsüberweisungen »Target-Kredit«.

Der Zusammenhang zwischen diesen drei Größen und der Leistungsbilanz eines Landes folgt mathematisch aus einer harten nationalen Budgetbeschränkung, die man außer durch Diebstahl nicht überwinden kann. Wann immer sich das Vorzeichen eines der Posten ändert, müssen die anderen Posten diese Änderung vollständig kompensieren. Wenn z. B. der private Kapitalimport schrumpft oder gar negativ wird, weil es zu einer Kapitalflucht kommt, müssen Target-Kredite oder fiskalische Kredite hierfür einspringen. Andernfalls muss das Leistungsbilanzdefizit schrumpfen, weil es nicht mehr finanzierbar ist.[2]

Wenn Land A einen Target-Kredit nutzt, um sein Leistungsbilanzdefizit gegenüber Land B oder eine Kapitalflucht nach Land B zu finanzieren, bedeutet dies einerseits, dass in Land A mehr Refinanzierungskredit gewährt wird, um den Liquiditätsverlust durch die Überweisung auszugleichen. Andererseits heißt es, dass die Notenbank des Landes B neues Geld herstellen und den Adressaten der Überweisungen gutschreiben muss, ohne dass dadurch eine Forderung gegenüber den Geschäftsbanken des eigenen Hoheitsgebiets entsteht. Stattdessen erhält sie eine Forderung gegen das Eurosystem. Das Eurosystem selbst hält diese Forderung gegen die Notenbank von Land A, die den Überweisungsauftrag im Eurosystem gab, und die Notenbank von Land A wiederum hält eine entsprechende Forderung gegen die eigenen Geschäftsbanken wegen der Vergabe des Refinanzierungskredits. Dieser Zusammenhang wurde im vorigen Kapitel erklärt.

Diese Mechanik gilt theoretisch auch dann, wenn ein Euroland ein Ungleichgewicht in seiner Zahlungsbilanz mit einem Drittland außerhalb der Eurozone aufbaut, nur mit dem Unterschied, dass sich dann der Target-Saldo mit der EZB-Zentrale bildet, weil sie die für die Auslandsüberweisungen nötigen Devisen bereitstellt. Freilich kommt es in diesem Fall wegen des Kaufs der Devisen zu einer Euroabwertung, die Überweisungen aus Drittländern in den Euroraum induziert, um nun billiger gewordene Waren oder Vermögensobjekte irgendwo im Euroraum zu kaufen. Durch die Käufe aus Nicht-Euro-Ländern entsteht ein kompensierender Target-Saldo zwischen der EZB-Zentrale und den Euroländern, in denen die Waren oder Vermögen gekauft werden. Anders wäre es, wenn die Notenbanken die Wechselkurse manipulieren, indem sie Auslandswährungen akkumulieren. Dies tun sie aber bislang jedenfalls nicht, und dazu fehlt zumindest der EZB das Mandat.[3] Insofern bezieht sich die mathematische Bilanzidentität von oben nicht etwa nur auf Wirtschaftsbeziehungen innerhalb des Euroraums, sondern genauso auf Transaktionen mit dem Rest der Welt, nur dass die dorthin gehenden Überweisungen quasi in ein anderes Land des Euroraums zurückgespiegelt werden. Dieses Thema wird weiter unten im Zusammenhang mit den deutschen Target-Salden noch einmal in einem konkreteren Zusammenhang aufgegriffen.

Die Frage ist nun, zu welchen Anteilen Target-Kredite, private Kapitalimporte und gegebenenfalls fiskalische Rettungskredite die Leistungsbilanzdefizite der Krisenländer tatsächlich finanziert haben. Dabei geht es nicht darum, ob Target-Kredite die Ursache von Leistungsbilanzdefiziten gewesen sind oder ob beide Größen miteinander korreliert sind. Da die Leistungsbilanzdefizite der Krisenländer nur sehr träge reagieren[4] und irgendwie finanziert worden sein müssen, ist es trivial, dass es eine negative kurzfristige Korrelation zwischen Target-Krediten und den beiden anderen Kredittypen gegeben haben muss. Die Frage, die hier beantwortet werden soll, ist jedoch buchhalterischer Natur: In welchem Umfang wurden die Leistungsbilanzdefizite der GIPSIZ-Länder während der Krise mit welchem Typ von Kredit finanziert?

Einen ersten Überblick liefert Abbildung 7.1, welche der GIPSIZ-Länder zu einem Komplex zusammenfasst und gemeinsam betrachtet. Diese sehr detailreiche und mit Zahlen bespickte Abbildung erfordert vom Leser viel Aufmerksamkeit und sollte sorgfältig studiert werden, da sie die Grundlage für das Verständnis dieses Kapitels bildet und die Kernbotschaften zusammenfasst. Die Abbildung zeigt im Zeitablauf

- die Summe der seit dem 1. Januar 2008 akkumulierten Leistungsbilanzdefizite der GIPSIZ-Länder (blaue Kurve),
- den Bestand der Target-Schulden der GIPSIZ-Länder (Höhe der hellblauen Fläche),
- den Bestand an fiskalischen Rettungskrediten, der an die GIPSIZ-Länder gezahlt wurde (Höhe der grünen Fläche, in der Zeichnung auf die hellblaue Fläche der Target-Schulden aufgetürmt),
- den Bestand der Staatspapiere von GIPSIZ-Ländern, der von den Notenbanken der Nicht-GIPSIZ-Länder und der EZB gekauft wurde (Höhe der ockerfarbenen Fläche, auf die beiden vorigen Flächen aufgetürmt), und
- den Bestand der Nettoauslandsschulden der GIPSIZ-Länder (rote Kurve).

Alle dargestellten Daten stammen von Eurostat bzw. aus den offiziellen Bilanzen der nationalen Notenbanken. Da nur Bestände gezeigt werden, ergeben sich die entsprechenden Stromgrößen aus den Steigungen der Kurven.[5] So drückt z. B. die Steigung an jedem Punkt der Kurve der akkumulierten Leistungsbilanz das dazugehörige Leistungsbilanzdefizit aus. Der Leser kennt den Zeitpfad des aggregierten Leistungsbilanzdefizits der GIPSIZ-Länder bereits aus Abbildung 3.10. Wie man an der durchgängig hohen Steigung im linken Bildteil sieht, existierte das Leistungsbilanzdefizit bereits, bevor die Krise 2007 ausgebrochen war, und hielt auch danach noch einige Jahre an. Es verschwand schließlich auf dem Höhepunkt der Krise im Jahr 2012 und verwandelte sich ab 2013 in einen Überschuss, was man an der negativen Steigung rechts im Bild erkennt.

Die Finanzierung der Zahlungsbilanzdefizite

Abbildung 7.1 Nettoauslandsschulden, akkumulierte Leistungsbilanzsalden, Target-Schulden und fiskalische Rettungsaktionen (GIPSIZ)

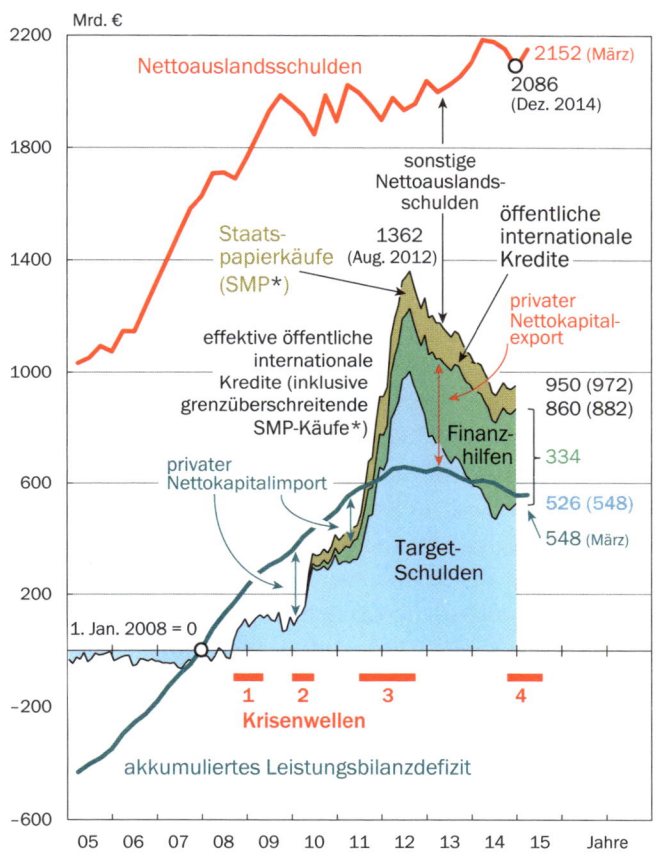

* Securities Markets Programme (SMP): Buchwert der Staatspapiere der GIPSIZ-Länder, die von Notenbanken in Nicht-GIPSIZ-Ländern gehalten werden.

Quellen: Eurostat, Datenbank, *Wirtschaft und Finanzen*, Zahlungsbilanz – Internationale Transaktionen (BPM6); dasselbe, Datenbank, *Wirtschaft und Finanzen*, Zahlungsbilanz – Internationale Transaktionen (bop); Central Statistics Office Ireland, Databases, Statbank, *Economy*, Balance of Payments; Europäische Kommission, *Economic and Financial Affairs*, The EU as a Borrower; dieselbe, *EU Budget 2012*, Financial Report; dieselbe, »The Economic Adjustment Programme for Greece: Fifth Review – October 2011«, *Occasional Papers* 87, 2011, <http://ec.europa.eu/economy_finance/publications/occasional_paper/2011/pdf/ocp87_en.pdf>; European Financial Stability Facility, *Lending Operations*; Internationaler Währungsfonds, *Financial Activities*; derselbe, *SDR Exchange Rate Archives by Month*; derselbe, *Updated IMF Quota* Data; European Stability Mechanism, *Financial Assistance*; derselbe, *ESM Factsheet*; Europäische Zentralbank, *Open Market Operations*; Banca d'Italia, *Base Informativa Pubblica*, Balance of Payments and International Investment Position; für die Target-Salden vgl. Abbildung 6.2.

Erläuterung: Die Zahlen in Klammern geben die Veränderungen der Kurvenwerte seit dem 1. Januar 2008 an. In diesem Diagramm unterscheiden sie sich von den Kurvenwerten im Ausmaß der GIPSIZ-Target-Forderungen vom 31. Dezember 2007 in Höhe von insgesamt 22 Milliarden Euro.

Kapitel 7   Von Leistungsbilanzdefiziten, Kapitalflucht und Target-Salden in den Euroländern

Die in der Grafik dargestellten Target-Daten und die aufgetürmten Kurven gehen bis Ende 2014, weil die Target-Reihe dort abbricht, da die Target-Werte seither, wie erläutert, für Portugal und Irland aus möglicherweise politischen Gründen nicht mehr veröffentlicht werden. Die Ziffern am Ende der Kurven beziehen sich auf die dann vorliegenden Werte, es sei denn, ein anderer Monat wäre angegeben.

Die Ziffern in den Klammern geben die Zuwächse seit dem 1. Januar 2008 an. Sie unterscheiden sich geringfügig von den Niveauwerten, weil die Target-Salden, jeweils verkörpert durch die Höhe der blauen Flächen, zu dem Zeitpunkt zwar klein, aber nicht null waren. Ende 2014 lagen die Target-Schulden der GIPSIZ-Länder bei 526 Milliarden Euro. Das sind 548 Milliarden Euro mehr als am 1. Januar 2008, da die Krisenländer damals Target-Forderungen von 22 Milliarden Euro hatten.

Wie in Kapitel 2 erklärt, waren die Kapitalmärkte vor Ausbruch der Krise noch bereit, die Leistungsbilanzdefizite zu finanzieren. Daher waren die Target-Salden bis zum Jahr 2007 vernachlässigbar klein. Seit Herbst 2008, als das Lehman-Debakel ganz Europa in die Krise stürzte, begannen die Target-Salden jedoch aufgrund der in Kapitel 5 beschriebenen Maßnahmen rasant zu klettern, insbesondere aufgrund der beschlossenen Absenkung der Bonitätsanforderungen für die Refinanzierungskredite sowie der Verlängerung der Kreditlaufzeiten, sodass die Ersatzfinanzierung mit der elektronischen Druckerpresse unterhalb der Marktkonditionen möglich wurde.

Der Vergleich der Target-Kurve mit der Kurve des akkumulierten Leis-

---

Fortsetzung Abbildung 7.1
Die empfangenen Finanzhilfen sind als Nettogröße der sechs Krisenländer berechnet. Die Beiträge, die die Krisenländer selbst zu den Hilfszahlungen geleistet haben sowie Schuldentilgungen (insgesamt 19,5 Milliarden Euro bis zum Dezember 2014) wurden von der Bruttogröße subtrahiert. Berücksichtigt werden die bis zum jeweiligen Monat ausgezahlten Finanzhilfen. Das sind für Griechenland das erste Rettungspaket der Euroländer und des IWF sowie das zweite Rettungspaket des EFSF und des IWF; für Irland und für Portugal die jeweiligen Hilfspakete von EFSF, EFSM und IWF; für Spanien die Hilfen des ESM und für Zypern das Hilfsprogramm von ESM und IWF. Im Dezember 2014 bedeutete dies einen Nettorettungskredit von 334 Milliarden Euro. Der eigene Beitrag der einzelnen Länder entspricht der für das erste Hilfspaket vereinbarten Beteiligung. Bei den EFSM-Hilfen richtet sich der Beitrag nach dem Anteil an den Einnahmen des EU-Haushalts von 2012. Außerdem wurden die von den GIPSIZ-Ländern geleisteten Kapitaleinzahlungen in den ESM als Eigenbeitrag berücksichtigt. Staatspapierkäufe der EZB: Da die Notenbanken aller Euroländer an den Staatspapierkäufen gemäß ihrem Kapitalschlüssel partizipieren, wurde der entsprechende Anteil der GIPSIZ-Länder (37 %) von der Gesamtsumme subtrahiert. Die Daten zu den Nettoauslandsschulden nach den Definitionen und Konzepten der neuen Systematik der Zahlungsbilanzstatistik (BPM6) liegen für vier der GIPSIZ-Länder nur unvollständig vor: für Irland seit dem ersten Vierteljahr 2008, für Griechenland seit dem vierten Vierteljahr 2008, für Spanien und für Zypern seit dem vierten Vierteljahr 2012. Zur Vervollständigung der Zeitreihe wurden die Nettoauslandsschulden hilfsweise Vierteljahr für Vierteljahr und Land für Land mit der nach der alten Systematik (bop) ausgewiesenen Veränderung in die Vergangenheit extrapoliert.

tungsbilanzdefizits zeigt approximativ, welcher Teil des – seit Januar 2008 kumulierten – Leistungsbilanzdefizits bis zum Betrachtungszeitpunkt aus dem Zahlungsverkehrssystem Target und damit von neuen Refinanzierungskrediten der nationalen Notenbanken stammte. Die Information ist nur approximativ, weil die Target-Salden am 1. Januar 2008 nur ungefähr bei null lagen.

Jedoch erhielten die GIPSIZ-Länder nicht nur Kredit von der EZB, sondern auch von öffentlichen Institutionen. Die Finanzhilfen oder fiskalischen Kredite, die aus verschiedenen Rettungspaketen resultierten, können an der Höhe der grünen Fläche oberhalb der Target-Fläche abgelesen werden. Die Rettungspolitik begann mit den Beschlüssen der EU-Länder am 11. April und 10. Mai 2010. Diese Beschlüsse bereiteten den Weg für zwischenstaatliche Hilfen für Griechenland, die ab Mai 2010 flossen, und die Errichtung der Europäischen Finanzstabilisierungsfazilität (EFSF), die ab Januar 2011 Kredite an Irland und ab Mai 2011 an Portugal ausgab. Zusätzlich wurden Rettungsschirme vom IWF und der EU aufgespannt, letzterer in Form des Europäischen Finanzstabilisierungsmechanismus (EFSM). Im Jahr 2012 kam noch der permanente Rettungsfonds ESM (Europäischer Stabilitätsmechanismus) hinzu. Die skizzierten Kreditflüsse sind netto errechnet, also nach Abzug von eigenen Beiträgen der GIPSIZ-Länder und bereits erfolgten Rückzahlungen. Die Höhe der grünen Fläche zeigt die tatsächlichen Auszahlungen, nicht das nominale Programmvolumen. Wie man sieht, nahmen diese Rettungskredite nach dem Mai 2010 stark zu und übernahmen von nun an einen Teil der Finanzierung der Krisenländer. Am Ende des Jahres 2014 lag der Nettobestand bei insgesamt 334 Milliarden Euro. Im Folgenden soll die obere Grenze der grünen Fläche »öffentliche internationale Kredite« genannt werden, da sie die Summe der Finanzhilfen und der Target-Kredite misst.

Die Differenz zwischen der Kurve der akkumulierten Leistungsbilanz und der Kurve der öffentlichen internationalen Kredite ergibt den privaten Nettokapitalimport in die GIPSIZ-Länder seit dem 1. Januar 2008 (abzüglich der damaligen kleinen Target-Forderung von 22 Milliarden Euro). Die beiden dunkelgrünen Doppelpfeillinien auf der linken Seite zeigen diese Differenz zu unterschiedlichen Zeitpunkten in Bezug auf die Anfangsphase der Krise. Offensichtlich hat bis dahin noch Privatkapital bei der Finanzierung der Leistungsbilanzdefizite mitgeholfen.

Die dritte, rote Doppelpfeillinie weiter rechts zeigt eine andere Situation. Da jetzt die Summe aus Target-Schulden und fiskalischen Krediten das akkumulierte Leistungsbilanzdefizit übertrifft, hat bis zu diesem Zeitpunkt der Krise (netto gerechnet) Privatkapital die GIPSIZ-Länder verlassen. Offenbar haben die öffentlichen Kredite im Umfang des die Leistungsbilanzkurve überschießenden Teils auch eine private Kapitalflucht finanziert.

Im Dezember 2014 betrug der öffentliche Kredit, also die Summe aus den Target-Krediten und den fiskalischen Rettungskrediten, netto nach Abzug der Eigenbeiträge der GIPSIZ-Länder, 860 Milliarden Euro (seit dem 1. Januar 2008 waren 882 Milliarden Euro an öffentlichem Kredit zusätzlich verfügbar geworden).

Die wahren öffentlichen Hilfen an die GIPSIZ-Länder waren aber noch höher als diese Summe, denn diese Länder profitierten auch davon, dass Notenbanken des Eurosystems ihre Staatspapiere im Rahmen des Securities Markets Programme (SMP) erwarben, das vom Mai 2010 bis zum Februar 2012 lief. Insgesamt wurden im Rahmen dieses Programms Staatspapiere im Umfang von 223 Milliarden Euro erworben (vgl. Abbildung 8.1). Sofern diese Käufe von den eigenen nationalen Notenbanken der GIPSIZ-Länder vorgenommen wurden, bedeuteten sie eine zusätzliche nationale Geldschöpfung und sind in den Target-Salden bereits erfasst. Für insgesamt 90 Milliarden Euro haben aber auch die Notenbanken der anderen Euroländer Staatsanleihen gekauft. Die Höhe der ockerfarbenen Fläche misst den Bestand der von Nicht-GIPSIZ-Ländern erworbenen Staatspapiere der GIPSIZ-Länder. Die Käufe gehen zwar nicht direkt in die Zahlungsbilanzstatistik ein, da die nationalen Notenbanken die Staatspapiere nur von Geschäftsbanken in ihren Hoheitsgebieten kaufen. Indes müssen sich die Banken diese Papiere ja letztlich in den Krisenländern, die sie emittiert haben, besorgen. Das löst internationale Kapitalbewegungen aus, die sehr wohl in der Zahlungsbilanzstatistik erfasst werden und die Target-Salden der GIPSIZ-Länder entsprechend senken. Allerdings werden diese Bewegungen als privater Kapitalimport der Krisenländer verbucht. Daher kann die Höhe der Fläche, die den grenzüberschreitenden SMP-Käufen entspricht, als ein öffentlich veranlasster, aber privat realisierter Kapitalstrom in die GIPSIZ-Länder interpretiert werden.

Die Kurve der »effektiven öffentlichen internationalen Kredite (inklusive grenzüberschreitende SMP-Käufe)« fasst sämtliche Hilfsleistungen der Staatengemeinschaft zusammen. Die Leistungen erreichten im Dezember 2014 ein Gesamtvolumen von 950 Milliarden Euro oder 29% des BIP der GIPSIZ-Länder, wie am rechten Rand der Abbildung zu erkennen ist. Im August 2012 hatte das Volumen mit einem Wert von 1.362 Milliarden Euro sein Maximum erreicht.

Es gibt zwei Posten, die man zusätzlich berücksichtigen könnte. Zum einen könnte die effektive Gesamtsumme der öffentlichen internationalen Kredite noch um die EZB-Programme zum Kauf von besicherten Schuldverschreibungen (*Covered Bond Purchase Programmes* I, II und III, CBPP) ergänzt werden, die allen Notenbanken vorschreiben, wohldefinierte, privat besicherte Anleihen zu kaufen. Am Ende des Jahres 2014 betrug der Bestand an Vermögenstiteln, die unter diesen Programmen gekauft wurden, 71 Milliarden Euro, von dem die Notenbanken der Nicht-GIPSIZ-Länder und die EZB-Zentrale zusammen 45 Milliarden Euro hielten.[6] Aber leider gibt die EZB nicht preis, was sie erwirbt. Insofern kommt man bei dieser Rechnung nicht weiter.

Der andere Posten betrifft über- oder unterproportionale Bargeldbestände, die von den nationalen Notenbanken ausgegeben wurden. Wie schon in Kapitel 6 erläutert wurde, führen solche Abweichungen von einer durch die Landesgröße abgeleiteten Norm (Kapitalanteile im Eurosystem) zur Verbuchung von Verbindlichkeiten oder Forderungen in den Bilanzen der nationalen Notenbanken. Die Änderung dieser Verbindlichkeiten könnte man als öffentliche Kapitalimporte oder -exporte interpretieren, wenn man davon ausgeht, dass damit grenzüberschreitende Transaktionen finanziert werden. In welchem Maße das so ist, ist aber nicht klar, denn im Gegensatz zu den Target-Salden geht dieser Posten nicht in allen Euroländern in die offizielle Zahlungsbilanzstatistik ein.[7]

Berücksichtigt man diesen Posten dennoch, so verringert sich die öffentliche Gesamtschuld der GIPSIZ-Länder, weil sie in ihrer Summe am Jahresende 2014 um 103 Milliarden Euro weniger Bargeldbestände hatten, als es (vgl. Abbildung 8.2) ihrer Größe entsprach und sie insofern Forderungen gegen das EZB-System hielten. Die solcherart korrigierte Summe der öffentlichen Kredite, die die GIPSIZ-Länder bis Ende 2014 von Nicht-GIPSIZ-Ländern erhalten haben, liegt somit bei 847 Milliarden Euro oder 26% ihres gemeinsamen BIP.

Ergänzend enthält die Abbildung noch die Kurve der Nettoauslandsschulden der GIPSIZ-Länder (Absolutwert der negativen Nettoauslandsposition). Gäbe es keine Bewertungseffekte, die die Statistik noch berücksichtigt (vgl. Abbildung 2.9), würde die Steigung dieser Kurve exakt der Steigung der Kurve der akkumulierten Leistungsbilanzdefizite entsprechen. Jedoch schrieb Eurostat, wie in Kapitel 2 diskutiert, einige Schulden der GIPSIZ-Länder und auch viele Forderungen Deutschlands ab, da ihr Marktwert sank. Im Dezember 2014 betrug die Nettoauslandsschuld der GIPSIZ-Länder 2086 Milliarden Euro oder 65% des gemeinsamen BIP. Davon waren 25% Target-Schulden, 16% fiskalische Rettungskredite und 4% Kredite von anderen Notenbanken durch Staatspapierkäufe der GIPSIZ-Länder. Nur die verbleibenden 55% waren tatsächlich privat.[8] Fast die Hälfte der netto im Ausland aufgenommenen Kredite waren von der Staatengemeinschaft zur Verfügung gestellt worden.

Das Verhältnis zwischen der Kurve der öffentlichen Kredite (Target-Salden und fiskalische Kredite) und der Kurve, die die akkumulierten Leistungsbilanzdefizite zeigt, erzählt die Geschichte der Krise. Wenn beide

Kurven dieselbe Steigung haben, ist das Leistungsbilanzdefizit in der betrachteten Periode komplett durch neue öffentliche Kredite gegenfinanziert, und es gibt keine anderen Nettokapitalflüsse über die Grenzen hinweg, obwohl der Bruttofluss in alle Himmelsrichtungen natürlich sehr groß sein kann. Wenn die Kurve der öffentlichen Kredite dagegen steiler als die der akkumulierten Leistungsbilanzdefizite ist, finanzierten öffentliche Kredite zu diesem Zeitpunkt mehr als das Leistungsbilanzdefizit, sodass privates Kapital netto exportiert wurde. Das sind Phasen der Kapitalflucht. Wenn die Kurve der öffentlichen Kredite flacher ist, finanzierten die öffentlichen Kredite weniger als das Leistungsbilanzdefizit, sodass es noch einen privaten Nettokapitalimport gegeben haben muss.

Die öffentlichen Kredite in verschiedenen Wellen der Eurokrise halfen, eine Kapitalflucht zu kompensieren, aber sie haben sie gleichzeitig überhaupt erst ermöglicht. Die Wellen kamen nicht mit gleicher Heftigkeit für alle Krisenländer, zeigen sich aber doch sehr deutlich bei den für die GIPSIZ-Länder aggregierten Daten.[9] Man kann vier Wellen unterscheiden, die unten im Diagramm durch die roten Balkenstücke gekennzeichnet sind:

1. Vom September 2008 nach dem Zusammenbruch von Lehman Brothers bis zum Frühjahr 2009. Die Europäische Zentralbank begann hier mit ihrer Vollzuteilungspolitik, und sie setzte die Bonitätsanforderungen für die Pfänder herab (vgl. Kapitel 5). Diese Krisenwelle war, wie wir sehen werden, besonders in Irland sehr heftig.
2. Vom Anfang des Jahres 2010 bis zur Jahresmitte 2010. Damals sah sich die Staatengemeinschaft genötigt, eine fiskalische Rettungsarchitektur zu etablieren. Griechenland stand dabei zunächst im Fokus.
3. Vom Sommer 2011 bis zum September 2012, als die Krise zunächst Italien und dann Spanien erfasst hatte und Berlusconi den Austritt Italiens aus der Währungsunion erwog (vgl. Einleitung). Griechenland kam damals in den Genuss eines Schuldenschnitts, der dauerhafte Rettungsschirm ESM wurde vorbereitet, und die EZB gab im Rahmen des OMT-Programms ihr Rettungsversprechen ab.[10]
4. Vom Herbst 2014 bis mindestens zum Redaktionsschluss für dieses Buch im Sommer 2015, als Griechenlands Wettbewerbskrise von Neuem aufbrach und in radikalen politischen Umwälzungen mündete.

Die letzte dieser vier Wellen kann man in der Grafik noch nicht gut erkennen, weil sie wegen der Einstellung der Berichterstattung über die Target-Salden in Irland und Portugal am Ende des Jahres 2014 abgeschnitten ist. Indes ist ja das Spiegelbild der Target-Schulden der Krisenländer in Form der Target-Salden des nördlichen Euroblocks vorhanden (vgl. Abbildung

6.2), und das zeigt bis in den Sommer 2015 hinein einen wiederum sehr dramatischen Anstieg der Salden. Die Zahlen für Griechenland gleich im nächsten Abschnitt dieses Kapitels werden diesen Sachverhalt zumindest für dieses eine Land konkret belegen.

Wie erwähnt war die Kurve der öffentlichen Kredite während der Krisen stets steiler als die der akkumulierten Leistungsbilanzdefizite, weil eine Kapitalflucht zu finanzieren war. Privates Kapital wurde von ausländischen Investoren netto in andere Länder gelenkt, meist in dem Sinne, dass Banken der Gläubigerländer ihre Interbankenkredite zurückriefen und woanders platzierten, denn ausländische Investoren waren nicht länger bereit, die Leistungsbilanzdefizite zu finanzieren, und wollten darüber hinaus ihr Geld lieber zurück, als die Darlehen bei Fälligkeit zu erneuern.

Anfangs füllten die GIPSIZ-Länder diese Finanzlücke hauptsächlich mit der elektronischen Druckerpresse, die aktiviert werden konnte, nachdem die Bonitätsanforderungen für Refinanzierungskredite von der EZB sukzessive gesenkt worden waren, wie in Kapitel 5 und 6 ausführlich geschildert wurde. Die GIPSIZ-Länder nutzen die Geldschöpfungskredite, die ihnen ihre nationalen Notenbanken zulasten des Eurosystems gewährten, zur Deckung ihrer Leistungsbilanzdefizite und, um einen Teil ihrer Altschulden abzulösen, weil die ausländischen Gläubiger die gewährten Kredite zurückforderten anstatt, wie es zuvor üblich war, Anschlusskredite zu gewähren. Und ab Mai 2010 kamen dann ja fiskalische Rettungsaktionen sowie Sonderaktionen zur Beruhigung der Kapitalmärkte durch die EZB hinzu.

Wie eingangs des Kapitels 5 schon dargelegt wurde, waren es hauptsächlich ausländische Investoren, die flohen, allen voran die Banken Frankreichs, Deutschlands und Großbritanniens in dieser Reihenfolge. Es gab aber auch eine Kapitalflucht durch die Bürger und Institutionen der betroffenen Länder selbst, die ihr Geld in sichere Häfen bringen wollten. Im Fall griechischer und spanischer Banken wurden im Zeitraum 2008 bis 2014 von Einheimischen immerhin 464 Milliarden Euro in andere Länder transferiert, wie zu Beginn von Kapitel 5 beschrieben wurde. Weiterhin war die Kapitalflucht aus Griechenland im ersten Halbjahr 2015 praktisch nur noch auf griechische Bürger selbst zurückzuführen, weil die internationalen Anleger schon nach der letzten Krisenwelle das Land verlassen hatten. Die lokalen Banken liehen sich Geld von ihren nationalen Notenbanken und verliehen es wiederum an andere Länder oder erwarben dort Sachkapital. Ferner benutzten die Geschäftsbanken das von den Notenbanken geliehene Geld, um Wertpapiere von heimischen Investoren, typischerweise Staatsanleihen, zu kaufen, womit diese das Geld erhielten, das sie dann ins Ausland überwiesen. Oder die Banken liehen den Bürgern und dem Staat Geld, das anschließend auf direktem Wege, oder nachdem es zu Gehältern der Staatsbediensteten geworden war, ins Ausland überwiesen wurde.

Nach den Krisenwellen und den einsetzenden Rettungsmaßnahmen beruhigten sich die Kapitalmärkte stets wieder etwas. Die Beruhigungsphasen gingen vom Frühjahr 2009 bis zum darauffolgenden Winter, vom Sommer 2010 bis zum Sommer 2011 sowie vom Herbst des Jahres 2012 bis zum Herbst des Jahres 2014. In diesen Perioden verläuft die Kurve der öffentlichen Kredite recht flach, während die Kurve der akkumulierten Leistungsbilanzdefizite kontinuierlich an Steigung verliert. Offenbar waren die Kapitalmärkte damals in einigen der GIPSIZ-Länder wieder bereit, einen wachsenden Teil, wenn nicht das gesamte Leistungsbilanzdefizit, zu finanzieren.

Die größte Welle der Kapitalflucht sollte die dritte werden, die vom Sommer 2011 bis zum Herbst 2012 abrollte. In dieser Zeit verließ mehr privates Kapital die Krisenländer als seit dem Beginn des Jahres 2008 zugeflossen war. Im Herbst 2011 wurde ein Punkt erreicht, an dem die Target-Kredite gerade ausreichten, um die vom Krisenbeginn bis dahin durch Leistungsbilanzdefizite aufgebaute Auslandsverschuldung vollständig abzulösen. Aber das war nur eine Momentaufnahme, da die Kapitalflucht bis zum Sommer 2012 andauerte und die Kurve der öffentlichen Kredite deutlich über die der akkumulierten Leistungsbilanzdefizite hob.

Nach dem Sommer 2012 beruhigten sich die Kapitalmärkte wiederum, und der Kapitalfluss änderte sogar seine Richtung, wie sich an der jäh fallenden Kurve für die öffentlichen Kredite ablesen lässt. Selbst die Kurve, die die effektiven öffentlichen Kredite misst, inklusive der grenzüberschreitenden SMP-Käufe von Staatspapieren durch die nationalen Notenbanken, fiel in dieser Periode. Die Abkühlung der Märkte hatte vermutlich mit der Errichtung des permanenten Rettungsschirmes ESM und der OMT-Ankündigung der EZB zu tun, da dies den Käufern der Staatspapiere von GIPSIZ-Ländern mehr Sicherheit gab und Investoren veranlasste, neues frisches Geld in diese Länder zu schießen. Dies wird in Kapitel 8 im Detail diskutiert.

Jedoch hat die Abnahme der Target-Schulden nicht nur mit dem wachsenden Vertrauen der Kapitalmärkte zu tun. Sie resultierte auch aus der Woge der fiskalischen Rettungskredite selbst, denn die Überweisungen der Rettungsgelder senkten die Target-Salden unmittelbar, eins zu eins. Außerdem veranlasste die Zusatzliquidität, die nun wieder verfügbar war, die Geschäftsbanken daraufhin, ihre Refinanzierungskredite zurückzuzahlen, um Zinsen zu sparen. Deshalb sank auch die Gesamtmenge des in den GIPSIZ-Ländern durch Kreditoperationen ursprünglich geschaffenen Geldes, während sie im Rest der Eurozone wieder zunahm (vgl. Abbildungen 6.5 bis 6.7). Die Reduktion der Target-Salden von der Spitze der Target-Kurve im August 2012 bis zum Dezember 2014 betrug 477 Milliarden Euro. In derselben

Zeit flossen durch die fiskalischen Rettungsgelder rund 107 Milliarden Euro von Nicht-GIPSIZ-Ländern an GIPSIZ-Länder. So können 22% des Target-Salden-Rückgangs während dieser Periode allein den fiskalischen Rettungsprogrammen zugeschrieben werden. Der Rest kann dem OMT-Programm der EZB und der Ankündigung des ESM zugeordnet werden.

Im Prinzip könnten auch die grenzüberschreitenden Käufe unter dem SMP die Target-Salden reduziert haben, da sie private internationale Überweisungen an die GIPSIZ-Länder verursachen; doch das SMP endete bereits im Februar 2012 und kann daher keinen Beitrag zur Senkung der Target-Salden geleistet haben. Es hat aber vor diesem Datum sicherlich insofern geholfen, als es den Anstieg der Target-Salden, der sonst zu erwarten gewesen wäre, verringert hat. Wie die Abbildung zeigt, wurde die Spitze der Kurve der effektiven öffentlichen Kredite im August 2012 erreicht, mit 1.362 Milliarden Euro. Unter sonst gleichen Bedingungen und einer hinreichenden Finanzierungsbereitschaft des Eurosystems wäre dieser Betrag in vollem Umfang eine Target-Schuld geworden, wenn es kein SMP und keine fiskalischen Rettungsprogramme gegeben hätte.

Tatsächlich haben der fiskalische Rettungskredit und der durch das SMP erteilte Kredit die bereits vorhandenen Target-Schulden neu verpackt und auf verschiedene Typen von Rettungssystemen verteilt, bei denen die Schulden nun sichtbar werden. Es wurde eben nur der eine öffentliche Kredit durch den anderen ersetzt. Diese Aspekte des Umwidmungsprozesses der Schulden blieben der Öffentlichkeit jedoch meist verborgen. Deswegen kommt es in der Tat auf die Summe der Target-Salden, der fiskalischen Rettungskredite und der SMP-Käufe an, wenn man wissen will, welchen Beitrag die Staatengemeinschaft zur Finanzierung der Krisenländer insgesamt geleistet hat.

Der Beitrag war in der Summe der Krisenjahre 2008 bis 2014 um 336 Milliarden Euro höher als die Summe der über diese Jahre realisierten Leistungsbilanzdefizite in Höhe von 546 Milliarden Euro. Das bedeutet, dass nicht nur die gesamten Leistungsbilanzdefizite von anderen Eurostaaten und ihren internationalen Organisationen einschließlich des IWF finanziert wurden, sondern auch noch eine erkleckliche Kapitalflucht. Summa summarum wurden netto 62% der öffentlichen Kredite an die GIPSIZ-Länder (Target-Salden und Finanzhilfen) benutzt, um Leistungsbilanzdefizite zu finanzieren, und 38% wurden zum Ausgleich einer Nettokapitalflucht verwendet. Wird auch das SMP miteinbezogen, das bis Dezember 2014 einen Kapitalstrom in die GIPSIZ-Länder von schätzungsweise rund 90 Milliarden Euro verursachte, machte die echte private Kapitalflucht, die neben den Leistungsbilanzdefiziten finanziert wurde, 426 Milliarden Euro aus, sodass der Anteil der öffentlichen Kredite, der für die Leistungsbilanzfinanzierung verwendet wurde, nur noch 56% betrug, während 44% die Kapitalflucht finanzierten.

Bei der Interpretation dieser Ziffern sollte dem Leser bewusst sein, dass es bei der Frage, wie die GIPSIZ-Länder ihre Leistungsbilanzdefizite während der Krise finanziert haben, um buchhalterische Kenngrößen geht und nicht um ökonomische Kausalitäten, Korrelationen oder Ähnliches. Die genannten Prozentsätze sind analog zu der Feststellung, dass über eine bestimmte Zeitspanne x% des Staatshaushalts steuerfinanziert und y% schuldenfinanziert wurden. Freilich kann man mit einem beeindruckenden ökonometrischen Instrumentarium die verschiedenen Größen modellieren, doch an der mathematischen Bilanzidentität ändert dies nichts.[11] Die in Kapitel 2 (Box 2.1) erörterte Trägheit der Leistungsbilanzdefizite impliziert, dass trotz der überwiegenden Finanzierung dieser Defizite mit öffentlichen Kreditmitteln inklusive der Target-Kredite eine nahezu perfekte negative Korrelation zwischen einem kurzfristigen Target-Defizit und privaten Kapitalimporten vorherrschen muss.[12] Das kurzfristig investierte Kapital der nervösen Anleger sprang immer wieder schnell und mit hoher Frequenz in beide Richtungen über die Grenzen und wurde dann durch die Druckerpresse abgepuffert. Das ökonomische Problem dabei ist nur, dass zu der kurzfristigen Pufferfunktion eine langfristige Finanzierungsfunktion hinzutrat, weil die Target-Salden immer weiter anwuchsen.

Im Übrigen sollte man bedenken, dass auch die schon vorhandenen Auslandsschulden, die mit Krediten aus der Druckerpresse getilgt wurden, durch Leistungsbilanzdefizite früherer Jahre entstanden waren. Letztlich wurden deshalb, wenn man weiter zurückrechnet, sämtliche öffentlichen Kredite inklusive der Target-Kredite, die den Krisenländern in ihrer Gesamtheit über die verschiedenen Kanäle gewährt wurden, zur Finanzierung ihrer laufenden und früheren Leistungsbilanzdefizite verwendet.

Das gilt nicht nur für Leistungsbilanzdefizite gegenüber dem Rest der Eurozone, sondern auch für Defizite gegenüber dem Rest der Welt, außerhalb der Eurozone. Auch die Leistungsbilanzdefizite, die die Krisenländer mit Nicht-Euro-Ländern unterhielten, mussten irgendwie finanziert werden, und wenn dazu die Kapitalmärkte nicht bereit waren, dann müssen es öffentliche Stellen gewesen sein, denn sonst hätten keine Defizite realisiert werden können. Wie oben erklärt wurde, führen internationale Buchungsaufträge an ein Land außerhalb der Eurozone zu einer Target-Schuld für das ausstellende Land und einer Target-Forderung irgendwo anders in der Eurozone, sofern die EZB oder eine andere Zentralbank nicht durch Horten von Devisen den Wechselkurs beeinflusst. Die Nicht-GIPSIZ-Notenbanken, die diese Forderungen aufbauten, haben den Krisenländern dann auch noch die Leistungsbilanzdefizite mit Drittländern finanziert.

Insgesamt bestätigt die Analyse dieses Abschnitts somit die überragende Bedeutung der öffentlichen Kredite, allen voran der Target-Kredite, bei der Erhaltung des Lebensstandards der Krisenländer und der Kompensation des aus ihnen geflohenen Kapitals. Die Target-Kredite waren in der Öffentlichkeit und im Bundestag zunächst kaum bekannt, sind aber nun weltweit in aller Munde. Doch obwohl sie quantitativ die bei Weitem größte Bedeutung für das Rettungsgeschehen haben, werden sie bis zum heutigen Tage gerade von den auflagenstärksten Medien zur politischen Meinungsbildung gemieden. Das Thema ist vermutlich zu sperrig für die schnelllebige Zeit.

Die Tatsache, dass Target-Kredite nur minimale Zinskosten in Höhe des Hauptrefinanzierungssatzes der EZB (zurzeit nur 0,05%) verursachen, ist vermutlich die hauptsächliche Erklärung für das anhand von Abbildung 4.3 diskutierte Rätsel, dass die GIPSIZ-Länder in der Krise immer weniger Zinsen an den Rest der Welt gezahlt haben, obwohl sie dort immer mehr Schulden machten und die Marktzinsen für sie in den Himmel schossen. Diese Länder waren dem Markt schon lange nicht mehr ausgeliefert, weil es ihnen gestattet wurde, sich das Geld zu drucken, das sie sich nicht mehr leihen konnten oder leihen wollten. Sie zogen sich einen Dispokredit aus dem gemeinsamen Kassenautomaten des Eurosystems, dessen Zinsniveau sie zusammen mit anderen Schuldnern des Euroraums auf einem Niveau festlegen konnten, das ihnen selbst als angemessen erschien. Auf diese Weise konnten sie einerseits den Markt unterlaufen und ihn andererseits für die restlichen Kredite, die sie von ihm noch bezogen, auf ein vergleichbares Zinsniveau herunterdrücken. Die Verteilungseffekte spüren die Sparkunden der europäischen Versicherer schon heute in aller Deutlichkeit, und sie werden sie noch stärker spüren, wenn sie mit dem Eintritt in die Rente an ihre Ersparnisse heranwollen.

DIE GRIECHISCHE TRAGÖDIE

Die gleiche Analyse wie für die GIPSIZ-Länder in ihrer Gesamtheit kann man auch für die einzelnen Länder durchführen – nur die Kurve der Staatspapierkäufe fehlt, weil die EZB länderspezifische Information zum SMP nur als Jahresendstände veröffentlicht.[13]

Beginnen wir mit Griechenland, dessen vom Rettungsfonds EFSF am 3. Juli 2015 erklärter Staatskonkurs die Eurokrise einem neuen Höhepunkt zutrieb,[14] nachdem monatelange Verhandlungen über die Auszahlung von restlichen Hilfskrediten nicht zu einer Einigung geführt hatten. Griechenland durchlief, wie in den Kapiteln 2 und 4 erläutert wurde, eine inflationäre

Kreditblase, die ein hohes Leistungsbilanzdefizit hervorrief und das Land seiner Wettbewerbsfähigkeit beraubte.

Griechenlands Leistungsbilanzdefizit lag im Jahr 2007 bei 14,6% des BIP.[15] Das Defizit wäre noch um etwa 1,5 Prozentpunkte größer gewesen, hätte das Land nicht schon damals in erheblichem Umfang auf öffentliche Transfers der EU zurückgreifen können. Es dürfte sich als schwierig erweisen, Beispiele in der Geschichte zu finden, in denen unabhängige Länder netto externe Ressourcen in einem solchen Ausmaß aus dem Ausland bezogen haben. Wie anhand von Abbildung 2.6 gezeigt wurde, ermöglichten diese Ressourcen ein staatliches und privates Konsumniveau von bis zu 115% des selbst verdienten Nettonationaleinkommens.

In der Zwischenzeit hat sich das Leistungsbilanzdefizit zwar abgebaut, doch nur aufgrund der Vergabe zinsverbilligter Kredite und der Einkommensverluste in der Krise, die, wie bereits in Kapitel 4 erläutert, zu einem Importrückgang führten. Der Abbau kam nicht aufgrund einer ausreichenden Anpassung der relativen Preise zustande, die für eine Verbesserung der Wettbewerbsfähigkeit notwendig gewesen wäre.

Abbildung 7.2 zeigt die Situation Griechenlands in Analogie zu Abbildung 7.1. Alle Kurven haben im Prinzip die gleiche Bedeutung wie zuvor. Wie man sieht, hat Griechenland in den Anfangsjahren der Krise sein Leistungsbilanzdefizit stets mit Target-Krediten finanziert. Es ist bemerkenswert und verständlich, dass es dies so lange tat, bis die fiskalischen Rettungsprogramme Ersatzkredite beibrachten, was im Mai 2010 der Fall war. Bis zu diesem Zeitpunkt liegen die Target-Kurve und die Kurve der akkumulierten Leistungsbilanzdefizite sehr dicht zusammen, was besagt, dass die Druckerpresse die Vollfinanzierung dieser Defizite übernommen hatte.

Privates Kapital aus dem Ausland kam ab dem Frühjahr 2008 nicht mehr herein, aber es gab interessanterweise auch keine Kapitalflucht, die über Nettoüberweisungen aus Griechenland ins Ausland zu einem Anstieg der Target-Salden hätte führen können. Dieser Sachverhalt wird mindestens implizit häufig ganz anders dargestellt, wenn behauptet wird, Target-Salden hätten mit der Leistungsbilanz nichts zu tun und seien allein ein Reflex privater internationaler Kapitalströme.

Die Abbildung zeigt allerdings, dass die Kapitalflüsse volatiler als die Handelsströme waren. Es gibt immer wieder kurze Zeiträume, in denen die Steigung der Target-Kurve jene der Leistungsbilanz übertrifft, was auf einen privaten Kapitalabfluss hinweist, gefolgt von kurzen Perioden neu zufließenden Kapitals, die, wenn man die Dinge ökonometrisch und in kurzen Zeitabständen betrachtet, eine negative Korrelation zwischen der griechischen Target-Verbindlichkeit und dem privaten Kapitalexport zeigen würde. Aber es ist nochmals zu betonen, dass die Aussage einer Totalfinanzierung der

Die griechische Tragödie

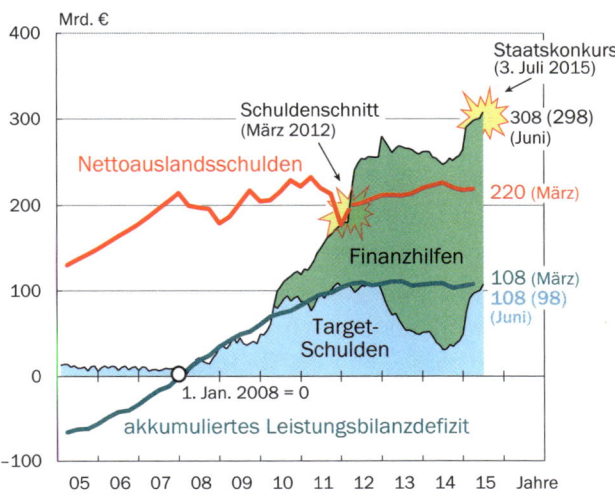

Abbildung 7.2 Griechenland

Quelle: Vgl. Abbildung 7.1.

Erläuterung: Die Finanzhilfen für die jeweiligen Länder in der vorliegenden und in den folgenden Grafiken sind als Nettowert ausgewiesen; es werden also gegebenenfalls die eigenen Beiträge zu den Rettungsprogrammen sowie die Tilgung von Rettungskrediten subtrahiert. Vgl. die Erklärung unter Abbildung 7.1. Die Zahlen in den Klammern zeigen die Veränderungen zwischen dem 1. Januar 2008 und dem 30. Juni 2015. Griechenland hatte Anfang des Jahres 2008 Target-Verbindlichkeiten von zehn Milliarden Euro.

Leistungsbilanzdefizite mit der Druckerpresse in der Zeit von Anfang des Jahres 2008 bis zum Beginn der fiskalischen Rettungsaktionen im Mai 2010 nicht als Korrelation, sondern als buchhalterische Aussage gemeint ist. Weil private Kapitalflüsse in dieser Zeitspanne per saldo nicht dazu beigetragen haben, Leistungsbilanzdefizite zu finanzieren, und fiskalische Rettungskredite noch nicht verfügbar waren, müssen die Target-Kredite des Eurosystems und mit ihnen die lokalen Druckerpressen definitorisch die gesamte Arbeit geleistet haben.

Als dann die Rettungsgelder ab Mai 2010 kamen, hätte man eigentlich davon ausgehen können, dass das Geld nun verwendet würde, um die Refinanzierungskredite bei der griechischen Notenbank zurückzuzahlen, aber weit gefehlt: Wie die Abbildung zeigt, wurden rein rechnerisch die Leistungsbilanzsalden bis Ende 2013, also für weitere dreidreiviertel Jahre weiterhin mit neuen Target-Krediten finanziert, während das riesige Volumen der Rettungskredite praktisch ausschließlich dafür verwendet wurde, die Kapitalflucht zu finanzieren, also letztlich wohl die privaten Anleger auszuzahlen.

Auch wenn man nicht weiß, welches Geld für welchen Zweck verwendet wurde – Target für die Leistungsbilanz und Finanzhilfen für die Finanzierung der Kapitalflucht oder umgekehrt –, ist es wohl diese Zeitspanne, die der griechische Finanzminister Yanis Varoufakis meinte, wenn er den Rettungsnationen vorwarf, sie hätten mit vielen Geld ja doch nur ihre eigenen Banken gerettet. Mit dieser Aussage hat er für die ersten zweidreiviertel Jahre dieser Zeitspanne, also bis Ende 2012 sicherlich Recht.[16] Und er hat vermutlich auch Recht, was die Motivationslage einiger wichtiger Architekten der Rettungsschirme betrifft.

Indes übersieht er, dass die Summe der öffentlichen Kredite (Target und Finanzhilfen), die Griechenland insgesamt erhielt, bereits bis Ende 2012 so groß war wie die gesamte Nettoauslandsschuld des Landes, die durch die rote Kurve dargestellt wird, und danach weit über die Nettoauslandsschuld hinauswuchs. In dieser Phase kann das Rettungsgeld nicht mehr zur Auszahlung ausländischer Kapitalanleger gedient haben, weil es per saldo gar keine Schulden bei privaten ausländischen Gläubigern mehr gab.[17]

Vielmehr müssen die öffentlichen Kredite, die Griechenland in weiterhin wachsendem Umfang zur Verfügung gestellt wurden, dafür verwendet worden sein, griechischen Anlegern die Flucht aus ihrem Heimatland zu ermöglichen. Konkret floss das Rettungsgeld z. B. an den Staat; der Staat bezahlte damit irgendwelche Lieferanten oder Mitglieder der griechischen Nomenklatura für Dienste, die sie erbrachten; und diese Institutionen oder Pesonen überwiesen das Geld dann ins Ausland.

Man sieht anhand der Abbildung, dass nach dieser Phase, und zwar während des Jahres 2013 bis in den Herbst des Jahres 2014 hinein, der wachsende Bestand der Rettungskredite auch verwendet wurde, die Target-Salden zu reduzieren. Das war die Zeit, die von den Griechen als einschnürende Austeritätspolitik empfunden wurde, denn das Rettungsgeld wurde nicht mehr konsumtiv verwendet, was neue Leistungsbilanzdefizite erzeugt hätte, und es wurde dann auch nicht mehr direkt ins Ausland getragen, sondern es floss zur Tilgung oder Ersparnis zurück an die Banken, die auf diese Weise ihre Refinanzierungskredite bei der griechischen Notenbank tilgten. Die Phase, die man als Austeritätspolitik empfand, war also eine Phase des Umpackens der Target-Kredite in fiskalische Kredite der Notenbank, damit das EZB-System aus der Bredouille kam und sich seiner Forderungen gegenüber dem maroden griechischen Bankensystem wenigstens teilweise entledigen konnte.

Trotz der Härten, die damit verbunden waren, wurde Griechenland in dieser Zeit aber noch nicht zum Sparen im Sinne der Tilgung öffentlicher Kredite gezwungen. Wie man an der Abbildung unschwer erkennen kann, blieb die Gesamtsumme der Kredite in dieser Phase einigermaßen konstant und ging allenfalls leicht zurück.

Die Phase der rückläufigen Target-Kredite ging dann aber im Herbst 2014 jäh zu Ende, als sich abzeichnete, dass Syriza an die Macht kommen würde. Es setzte eine neue Kapitalflucht ein, diesmal praktisch nur noch von Griechen selbst, denn die Ausländer waren ja schon weg. Das trieb die Target-Salden wieder gewaltig in die Höhe.

Die Griechen räumten in dieser Zeit ihre Bankkonten, so weit es nur irgend ging, und schafften das Geld ins Ausland, was die Banken zwang, die Liquiditätslücke durch neue Refinanzierungskredite bei der griechischen Notenbank zu schließen, nun als sogenannte ELA-Kredite, die in Kapitel 5 ausführlich analysiert wurden. Aber nicht nur das, man verkaufte seine Staatspapiere an die Banken und verschuldete sich auf seine Immobilien, um noch mehr Geld ins Ausland transferieren zu können. Die ausländischen Notenbanken waren daraufhin gezwungen, im Auftrag von griechischen Instanzen Bankkonten in ihrem jeweiligen Hoheitsgebiet zu füllen und der griechischen Notenbank insofern Kredit zu geben. Mit dem Kredit kauften Griechen im Ausland Wertpapiere, Immobilien und viele andere Vermögensobjekte.

Dabei ist bemerkenswert, dass zwar privates Kapital das Land verließ, es aber nicht auch gesamtwirtschaftlich zu einem Kapitalexport kam, weil die Leistungsbilanz annähernd ausgeglichen war, was man am fast horizontalen Verlauf der blauen Kurve erkennen kann. Das liegt eben daran, dass die Target-Kredite bereitgestellt wurden. So ist es stets bei Überweisungsvorgängen im Eurosystem. Wenn Griechen mit ihrem Vermögen nach Berlin gehen, um dort Immobilien zu kaufen, was sie in großem Umfang taten, so geht die Deutsche Bundesbank mit ihrem Vermögen nach Griechenland, indem sie die Target-Kredite vergibt. Genau genommen »investiert« die Bundesbank in das EZB-System, das dann selbst in Griechenland »investiert«, was die Haftung für Target-Kredite im Eurosystem vergemeinschaftet.

Geht das griechische Bankensystem in die Insolvenz, ist auch die griechische Notenbank insolvent. Mangels einer Nachschusspflicht des Staates, der aber ohnehin im Konkursverfahren steht und kein Geld mehr hat, schauen die anderen Notenbanken des Eurosystems in die Röhre, während der griechische Wertpapier- und Immobilienbesitz, der im Ausland erworben wurde, zunächst einmal unangetastet bleibt. Sicher, mögliche Bankschulden wird der Konkursverwalter der Banken bei den griechischen Kapitalflüchtigen eintreiben wollen, doch die sind bei einem solchen Szenario dann vermutlich schon lange in Drachmen umgestellt und haben nur noch einen Bruchteil des ehemaligen Werts. Ähnlich ist es mit den Staatspapieren und anderen griechischen Vermögensobjekten, die die Griechen an ihre Banken verkauft haben, um an das Geld zu kommen, das sie ins Ausland überweisen wollten.

Das mag einer der Gründe gewesen sein, warum die griechische Regierung die Verhandlungen sehr in die Länge zog. Jeder Tag, den sie bis zu einer endgültigen Entscheidung gewann, war ein weiterer Tag, an dem ausländische Notenbanken griechischen Bürgern Kredit gaben, den sie bei einem Konkurs des Finanzsystems und einem Austritt aus dem Euro nie hätten zurückzahlen müssen. Und während die Welt einschließlich der griechischen Öffentlichkeit den Eindruck hatte, durch die Kapitalflucht würde Griechenland etwas verloren gehen, war es doch in Wahrheit umgekehrt. Mit jedem Tag, der verstrich, verbesserte sich die mögliche Startposition der griechischen Vermögensbesitzer für ein Leben nach dem Konkurs und dem Euro, und gleichzeitig verbesserte sich damit die griechische Drohposition im Spiel um neue Gelder.[18]

Varoufakis wusste das alles, und er hatte ja in der Tat schon weitgehende Pläne. Wie er nach seinem Rücktritt mitteilte,[19] hatte er mit Billigung von Alexis Tsipras eine Arbeitsgruppe zur Vorbereitung einer neuen Parallelwährung gebildet und wollte die private (!) und unabhängige griechische Notenbank unter die Kontrolle der Regierung stellen, was dem Austritt aus der Währungsunion gleichgekommen wäre. Die Pläne unterbreitete er am Abend nach dem gewonnenen Referendum vom 5. Juli 2015 den restlichen Regierungsmitgliedern, die sie dann aber nicht akzeptierten.

Die Kapitalflucht zulasten des Eurosystems hätte der EZB-Rat verhindern können, wenn er nicht zugelassen hätte, dass die griechische Notenbank sie mit ELA-Krediten finanziert. Dann hätte der griechische Staat seine Kapitalverkehrskontrollen schon ein halbes Jahr früher verhängen müssen, und der Anstieg der Target-Kredite im Umfang von 58 Milliarden Euro von Anfang Januar bis Ende Juni hätte vermieden werden können. Aber das wollte mehr als ein Drittel des EZB-Rates nicht und blockierte eine solche Entscheidung. Es gab womöglich noch andere Länder, deren Führungspersonal sich vorstellen konnte, einmal in eine ähnliche Situation wie Griechenland zu kommen und deshalb den leichten Zugang zur Eurodruckerpresse erhalten wollte.

Bis zur Jahresmitte 2015, also zur Zeit des Konkurses, waren die griechischen Target-Schulden auf 108 Milliarden Euro und die griechischen Gesamtschulden bei internationalen öffentlichen Organisationen und anderen Staaten auf 308 Milliarden Euro angestiegen. Damit dürften diese öffentlichen Schulden um 200 Milliarden Euro über der Summe der in der Krise akkumulierten Leistungsbilanzdefizite und um etwa 88 Milliarden Euro über der Nettoauslandsschuld Griechenlands gelegen haben.

Grob gesprochen kann man deshalb sagen, dass ein gutes Drittel der vom Eurosystem und der Staatengemeinschaft gewährten Kredite für die Finanzierung des griechischen Lebensstandards während der Krise, ein gutes Drittel für die Auszahlung ausländischer Gläubiger (und damit für die Finanzierung eines überhöhten Konsums in der Vorkrisenzeit) und ein knappes Drittel für die Kapitalflucht von Griechen ins Ausland verwendet wurde.

Man kann die Rechnung allerdings noch verfeinern, indem man nun auch noch wie in Abbildung 7.1 die Käufe griechischer Staatspapiere im Rahmen der SMP-Käufe vom Jahresende 2014, für das die Zahlen bekannt sind, auf die Jahresmitte hochrechnet. Dann kommt man auf einen öffentlich veranlassten Kapitalimport nach Griechenland über die SMP-Käufe bis zur Jahresmitte 2015 von etwa 13 Milliarden Euro. Ferner kann man berücksichtigen, dass sich Griechenland für etwa 23 Milliarden Euro mehr Banknoten physisch gedruckt hat, als es seiner Größe entspricht, wofür der griechischen Notenbank entsprechende Verbindlichkeiten in die Bilanz geschrieben wurden. Diese Banknoten könnten zu einem erheblichen Teil im Koffer ins Ausland geschafft worden sein, so z. B. in bulgarische Grenzregionen, wo die Banken sprießen wie in einem Steuerparadies und Griechen mit ihren Immobilienkäufen schon einen Bauboom ausgelöst haben. Mit dieser Erweiterung errechnet sich bis zur Jahresmitte 2015 für Griechenland eine Gesamtsumme der öffentlichen Kredite von 344 Milliarden Euro oder 192% des BIP von 2014.[20] Die Erweiterung um das SMP und die Banknotenproblematik verschiebt die Proportionen gegenüber der obigen Abbildung etwas, weil die öffentlichen Hilfen danach zu einem guten Drittel als Gegenfinanzierung für eine Kapitalflucht von Griechen, zu fast genau einem Drittel für die Auszahlung ausländischer Investoren und zu einem knappen Drittel für die Finanzierung der griechischen Leistungsbilanzdefizite während der Krise verwendet wurden. Am Gesamtbild ändert sich aber nicht viel.

Die öffentlichen Kredite in Höhe von 344 Milliarden Euro entsprechen übrigens rund 83.000 Euro pro griechischen Haushalt. Gerade aus der Sicht Deutschlands, wo das mittlere Haushaltsvermögen nach der Erhebung der EZB, über die in Kapitel 2 berichtet wurde (Abbildung 2.12), gerade mal knapp über 50.000 Euro und damit nur bei der Hälfte des griechischen liegt, ist das kein Pappenstiel, insbesondere nicht, wenn man bedenkt, dass nun Verhandlungen über einen Schuldenerlass geführt werden, wodurch die Kredite in Geschenke verwandelt werden.

Kapitel 7 Von Leistungsbilanzdefiziten, Kapitalflucht und Target-Salden in den Euroländern

PORTUGAL UND ZYPERN: LEBEN VON DER DRUCKERPRESSE

Portugal und Zypern sind, was das Krisengeschehen betrifft, nicht unähnlich zu Griechenland. Beide hatten im Jahr 2007, also zu Krisenbeginn, riesige Leistungsbilanzdefizite (Portugal 9,7% des BIP und Zypern 11,7% des BIP), obwohl sie von der EU kräftig unterstützt wurden. In beiden Ländern wurden diese Defizite, wie Abbildung 7.3 zeigt, bis zum Einsetzen fiskalischer Rettungskredite vollständig mit der Druckerpresse finanziert, auch wenn der etwas zittrigere Verlauf der Target-Kurve auf unruhige Kapitalmärkte hindeutet. In Portugal wurde das Leistungsbilanzdefizit drei volle Jahre mit der Druckerpresse finanziert, und zwar vom Beginn des Jahres 2008 bis zum Ende des Jahres 2010, in Zypern gar fünf Jahre bis zum Ende des Jahres 2012. Auch hier zeigte sich, dass der Euro mehr als nur ein Zahlungsmittel war.

Die Rettungsgelder wurden in Portugal ähnlich wie in Griechenland verwendet, um damit eine Kapitalflucht zu finanzieren, im Wesentlichen wohl die Varoufakis-Variante, dass ausländische Investoren sich aus dem Staube

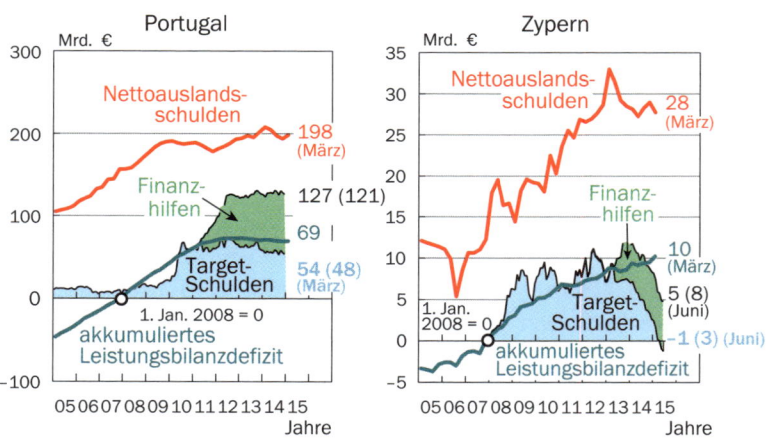

Abbildung 7.3 Portugal und Zypern

Quelle: Vgl. Abbildung 7.1.

Erläuterung: Die Finanzhilfen für die jeweiligen Länder in der vorliegenden und in den folgenden Grafiken sind als Nettowert ausgewiesen; es werden also gegebenenfalls die eigenen Beiträge zu den Rettungsprogrammen sowie die Tilgung von Rettungskrediten subtrahiert. Vgl. die Erklärung unter Abbildung 7.1. Die Zahlen in den Klammern zeigen die Veränderungen zwischen dem 1. Januar 2008 und dem 31. Dezember 2014 (für Portugal) bzw. dem 1. Januar 2008 und dem 30. Juni 2015 (für Zypern). Für Zypern sind vor 2008 keine Target-Daten verfügbar.

machen konnten, weil ihre Schulden mit den Rettungsgeldern zurückgezahlt wurden. Davon profitierten an erster Stelle die Banken Spaniens, denn sie hatten im März 2011, kurz bevor Portugal das Hilfsprogramm beantragte, dem Land das meiste Geld geliehen.[21]

In Zypern, dessen zweitgrößte Bank (Laiki Bank) im Frühjahr 2013 in Konkurs ging, wurden die Rettungsgelder stattdessen vor allem dafür benutzt, die Geldschöpfungskredite des Bankensystems zurückzuzahlen, denn die Summe aus öffentlichen Krediten, Target-Schuld und Finanzhilfen zusammengenommen, stieg nicht sonderlich an, während die Finanzhilfen flossen. Das lag freilich weniger an der Einsicht Zyperns als daran, dass die EZB die ELA-Kredite nicht mehr weiter ausweitete, die zuvor im Umfang von 11,4 Milliarden Euro gewährt worden waren, was den zypriotischen Staat zwang, Kapitalverkehrsbeschränkungen einzuführen und damit einen Richtungswechsel bei den Nettoüberweisungen ins Ausland zu erzwingen, die durch die Target-Salden gemessen werden. Die Kapitalverkehrsbeschränkungen konnten im April 2015 aufgehoben werden, als die Target-Kredite und damit die Sonderkredite in Form einer überhöhten nationalen Geldschöpfung wieder zurückgegangen waren, was vermutlich auch an einer Kapitalflucht von Griechenland nach Zypern lag.

Allerdings stand Zypern, das den Rettungsschirm noch nicht verlassen hat, am Jahresende 2014 immer noch mit acht Milliarden Euro (Target und Finanzhilfen) oder 48% des BIP in der Kreide. Verbindlichkeiten aus den SMP-Käufen von Staatspapieren oder einer überproportionalen Banknotenausgabe gibt es in Zypern nicht.

Für Portugal sieht die Rechnung ein wenig anders aus. Obwohl das Land den Rettungsschirm am 18. Mai 2014 verlassen hat, hatte es Ende 2014 immer noch Target-Schulden und Schulden aus fiskalischen Rettungskrediten von zusammen 127 Milliarden Euro. Addiert man die SMP-Schulden hinzu und zieht man Forderungen aus einer unterproportionalen Banknotenausgabe ab, so kommt man auf 105 Milliarden Euro oder 61% des BIP von 2014.

DIE IRISCHE KAPITALFLUCHT

Die Verhältnisse in Irland unterschieden sich erheblich von jenen in Griechenland, Portugal und Zypern, denn das Leistungsbilanzdefizit war kleiner, und die Kapitalflucht spielte eine sehr viel größere Rolle. Außerdem passierte alles früher und heftiger. Im Jahr 2007 lag das Leistungsbilanzdefizit bei 6,1% des BIP. Das war zwar viel im internationalen Vergleich, aber doch weniger als 40% des griechischen und nur etwa die Hälfte des portugiesischen Wertes. Als Steuerparadies war Irlands Hauptproblem, wie Abbildung 7.4 zeigt, ganz eindeutig die Kapitalflucht. Bei den Flüchtigen handelte es sich in erster Linie um britische Banken, denn sie hatten vor den ersten Hilfszahlungen im Januar 2011 unter allen in Irland engagierten Auslandsbanken das größte Exposure. Ihnen folgten die deutschen Banken, die ihr Kapital über irische Zweckgesellschaften, die für sie außerbilanzielles Geschäft betrieben, in der Welt verteilt hatten.[22]

Abbildung 7.4 Irland

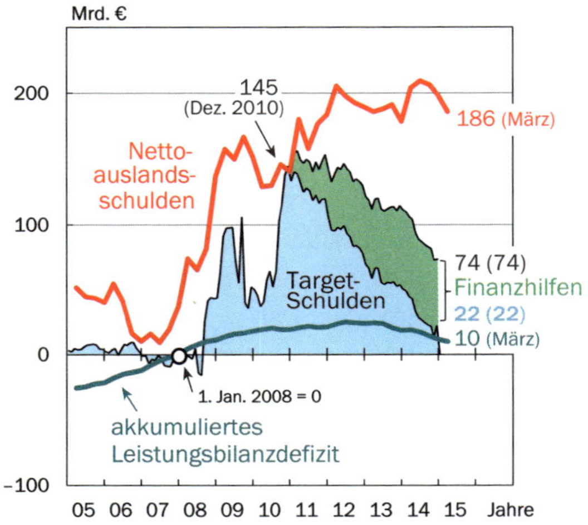

Quellen: Vgl. Abbildung 7.1.

Erläuterung: Vgl. Abbildungen 7.1 und 7.2. Die Zahlen in den Klammern zeigen die Veränderungen zwischen dem 1. Januar 2008 und dem 31. Dezember 2014.

Der Berg an Target-Schulden, den Irland aufbaute, war wesentlich größer als das, was zur Finanzierung des Leistungsbilanzdefizits erforderlich war. Der Target-Saldo zeigt also im Fall Irlands im Wesentlichen das Ergebnis der Kapitalflucht.[23] Und da die öffentlichen Kredite nicht über die Nettoauslandsschuld des Landes hinausgingen, die durch die rote Kurve dargestellt wird, gibt es keine Anhaltspunkte für die Vermutung, dass auch irische Wirtschaftssubjekte geflüchtet sein könnten. In der Tat war ja schon eingangs von Kapitel 5 berichtet worden, dass nach den Informationen der Bank für Internationalen Zahlungsausgleich irische Banken weitaus mehr Kapital aus dem Ausland zurückholten als ausländische aus Irland. Wenn es dennoch per saldo eine riesige Kapitalflucht gab, dann kann es nur daran gelegen haben, dass Investoren sich aus irischen Nicht-Banken, eben den besagten Zweckgesellschaften und ähnlichen Finanzinstituten, zurückzogen. Der Target-Saldo Irlands war bis zum Dezember 2010, dem Monat bevor die ersten Rettungsgelder für Irland flossen, auf einen Spitzenwert von 145 Milliarden Euro hochgeschnellt, was 88% des BIP des Jahres 2010 waren.

Danach ging der Saldo aber schnell wieder zurück und hatte am Jahresende 2014 einen Wert von 22 Milliarden Euro erreicht. Das lag daran, dass die Rettungsgelder, die Irland ab Januar 2011 erhielt, Ersatzkredite waren, die schon mechanisch die Salden eins zu eins verringerten. Wie im Fall Griechenlands hat dieses Geld die Target-Kredite in entsprechendem Ausmaß reduziert. Zwischen Januar 2011, als die ersten Hilfsgelder aus dem Rettungspaket für Irland ausgezahlt wurden, und Dezember 2014 kamen die irischen Target-Schulden um 122 Milliarden Euro herunter, während zur gleichen Zeit dem Land Rettungskredite von insgesamt 52 Milliarden Euro gegeben wurden. Also wurden zwei Fünftel (42%) der Reduktion der irischen Target-Schuld durch Umwidmung von Target-Verbindlichkeiten in fiskalische Kredite erwirkt. Die restlichen drei Fünftel sind auf die Rückkehr privaten Kapitals zurückzuführen, die womöglich durch das OMT-Programm ausgelöst wurde, das einen Versicherungsschutz durch die EZB versprach.

In der Tat war die Erwartung, dass man die Target-Kredite würde ablösen können, auch ein Grund dafür, dass der damalige Präsident der EZB, Jean-Claude Trichet, Irland geradezu gedrängt hat, unter den Rettungsschirm zu schlüpfen. Irland wollte damals das Geld gar nicht haben, weil es dafür marktübliche Zinsen hätte zahlen müssen, während es den Target-Kredit damals für nur 1% Zins bekam. Indes beharrte Trichet auf der Ablösung der irischen Druckerpresse durch die zwischenstaatlichen Hilfen der Euroländer und des IWF, um die EZB-Bilanzen wieder halbwegs in Ordnung zu bringen. Quasi als Belohnung für die Kooperation wurden die Zinsen für die Kredite des Rettungsschirms von Irland dann aber auch schon nach wenigen Monaten sehr stark reduziert. Ende 2014 hielt Irland noch eine Target-Schuld von 22 Milliarden Euro oder 12% seines BIP.

Irland hat sich aber auch selbst sehr angestrengt, von den ausländischen Krediten herunterzukommen. Zum einen hatte es ja schon lange vor den fiskalischen Hilfsgeldern, die erst ab Januar 2011 flossen, mittels einer harschen Austeritätspolitik eine reale Abwertung durch eine Senkung seiner relativen Preise um 12% erreicht. Das wurde in Kapitel 4 diskutiert. Außerdem hat es dann, als die Hilfsprogramme kamen, das Sparprogramm der Troika akzeptiert. Die Hilfsgelder hatten zwar zur Folge, dass die härteste Phase der Austerität dann zu Ende war und die reale Abwertung aufhörte, doch zumindest wurde das Rettungsgeld nicht wie in Griechenland verwendet, um den Berg der öffentlichen Gesamtschulden zu erhöhen. Man drehte auch nicht wie in Portugal die reale Abwertung wieder zurück. So gelang es, die Kapitalmärkte erneut von der Bonität des Landes zu überzeugen mit der Folge, dass zusätzlich zu den öffentlichen Hilfsgeldern nun auch wieder private Kredite zurückflossen. Die Target-Verbindlichkeiten fielen demzufolge gleich aus zwei Gründen.

Irland war damit gerettet. Nachdem es von den ersten beiden der in Abbildung 7.1 unterschiedenen Wellen der Krise erfasst wurde, gelang es dem keltischen Tiger, sich an das Ufer zu retten, wo ihm die dritte und die vierte Welle nichts mehr anhaben konnten. Das ist umso bemerkenswerter, als die dritte Welle ja die bislang heftigste war, weil mit Italien und Spanien nun auch zwei sehr große Länder erfasst wurden. Gerade auch wegen der Krise in Südeuropa sah man Irland als einen vergleichsweise sicheren Platz, wo man Schutz suchen konnte.

Bemerkenswert ist allerdings die Entwicklung der Auslandsschulden. Wie schon in Kapitel 2 im Abschnitt »Das Auslandsschuldenproblem« erläutert, waren die irischen Banken wegen ihrer Fristentransformation, also der kurzfristigen Gegenfinanzierung langfristig verliehenen Geldes, in größere Schwierigkeiten gekommen. Als die Krise ausbrach, wurde es immer teurer, Schulden aufzunehmen, weil die Risikokomponente im Zins an Bedeutung gewann. Zugleich verloren die langfristigen Anlagen der Banken an Wert. Das hat die Nettoauslandsschulden Irlands innerhalb von nur zwei Jahren, vom September des Jahres 2007 bis zum September des Jahres 2009, um 148 Milliarden Euro ansteigen lassen, was nicht viel weniger als die gesamte Wirtschaftsleistung des Landes war (168 Milliarden Euro BIP im Jahr 2009).

Der Staat versuchte, die Situation mit enormen Garantien für die Banken von mehr als 200% des BIP zu beruhigen. Das gelang ihm aber nicht. Stattdessen wurde er, wie schon in Kapitel 2 erläutert wurde, mit in den Strudel gezogen, musste innerhalb eines Jahres ein Budgetdefizit von 30% des BIP – statt der normalerweise erlaubten 3% – akzeptieren und war fortan auf den Rettungsschirm der Staatengemeinschaft angewiesen, was ihn eines Teils seiner Souveränität beraubte.

Irland hat den Rettungsschirm EFSF schon am 8. Dezember 2013 formell wieder verlassen. Es hat seitdem keine Ansprüche mehr auf weitere Finanzhilfen und muss keine Reformauflagen mehr erfüllen. Indes hat es seine Schulden bei den internationalen öffentlichen Kreditgebern noch lange nicht getilgt. Die fiskalischen Kredite lagen am Jahresende 2014 netto nach Abzug der Eigenleistungen (bilaterale Kredite im Rahmen des ersten Hilfsprogramms für Griechenland, Beitrag zu den EFSM-Programmen über den EU-Haushalt und Kapitaleinzahlung in den ESM) noch bei 52 Milliarden Euro, und die Target-Schulden lagen bei 22 Milliarden. Zusammen kommt man also auf öffentliche Kredite im Umfang von 74 Milliarden Euro oder 40% des BIP.

Wenn man noch die bei ausländischen Notenbanken und der EZB selbst liegenden SMP-Schulden mit berücksichtigt, die Ende 2014 sieben Milliarden Euro ausmachten, sowie die Verbindlichkeiten in Höhe von 16 Milliarden Euro aus Irlands überproportionalem Bargeldbestand, kommt man auf 97 Milliarden Euro öffentliche Gesamtschulden gegenüber der Staatengemeinschaft, was 52% des BIP von 2014 entspricht. Insofern wird das Land noch längere Zeit im Schatten der Krise leben müssen.

DER RÜCKZUG AUS ITALIEN UND SPANIEN

Das Jahr 2011 war das wahre Schreckensjahr des Euro, denn nachdem man glaubte, man hätte mit zwei Wellen der Krise, die die kleineren Staaten betrafen, bereits alles hinter sich, kam nun die Hauptwelle mit Italien und Spanien, die im darauffolgenden Jahr fast das ganze Eurosystem zum Kippen gebracht hätte.

Manch einer fiel aus allen Wolken. Wer wollte schon Italien mit Griechenland vergleichen? Italien ist ein produktives, reiches und großes Land, das 41% mehr privates Vermögen pro Haushalt als Deutschland hat.[24] Die norditalienische Wirtschaft ist eine der produktivsten ganz Europas. Auch der Umstand, dass Italien schon lange mit seiner großen Staatsschuld von über 100% des BIP zurechtgekommen war und damals (2012) nur eine relativ kleine Außenschuld von 28% des BIP zu tragen hatte (vgl. Abbildung 2.9), schien die Kapitalmärkte zu beruhigen. Im Gegensatz dazu lag die Außenschuld anderer Krisenländer in einer Gegend von 100%.

Und doch geriet auch Italien ins Straucheln.[25] Seit dem Juli 2011 vergrößerten sich die Zinsspreads relativ zu Deutschland wieder (vgl. Abbildung 2.2), und die ersten ausländischen Banken zogen ihre Kredite aus Italien zurück, was Italiens Target-Forderung zu einer Target-Schuld werden ließ. Abbildung 7.5 verdeutlicht diese Entwicklung. Nach dem August 2011 schoss diese Schuld raketenhaft in die Höhe und erreichte ein Jahr später, im August 2012, ein Niveau von 289 Milliarden Euro oder 18% des BIP dieses Jahres. Sie blieb aber, wie man sieht, noch weit unter der gesamten Nettoauslandsschuld Italiens.

Die Regierung unter Silvio Berlusconi versuchte, die Kapitalmärkte durch Sparprogramme zu beruhigen, die sie im August 2011 eilig zusammenschusterte, aber das gelang ihr nicht mehr. Die Erschütterungen des italienischen Finanzsystems ließen die Regierung über radikale Maßnahmen nachdenken. So führte Premierminister Silvio Berlusconi damals Geheimverhandlungen über Italiens Austritt aus der Eurozone, wie bereits in der Einführung zitiert, die damit endeten, dass er sein Amt niederlegen musste, in der gleichen Woche übrigens, in der auch der griechische Ministerpräsident Giorgos A. Papandreou zurücktrat, der ein Referendum über die Auflagen

Kapitel 7 Von Leistungsbilanzdefiziten, Kapitalflucht und Target-Salden in den Euroländern

der Troika plante, nach deren Ablehnung er ebenfalls aus dem Euro austreten wollte.[26] Italien wechselte in der Zeit vom Jahresbeginn 2008 bis zum August 2012 aus einer Target-Gläubigerposition in Höhe von 36 Milliarden Euro in eine Target-Schuldnerposition in Höhe von 289 Milliarden Euro, wobei der weitaus größte Teil der Verschlechterung des Saldos um 325 Milliarden Euro in die Zeit vom Sommer 2011 bis zum Sommer 2012 fiel und insofern von der dritten Welle der Krise erklärt wird.

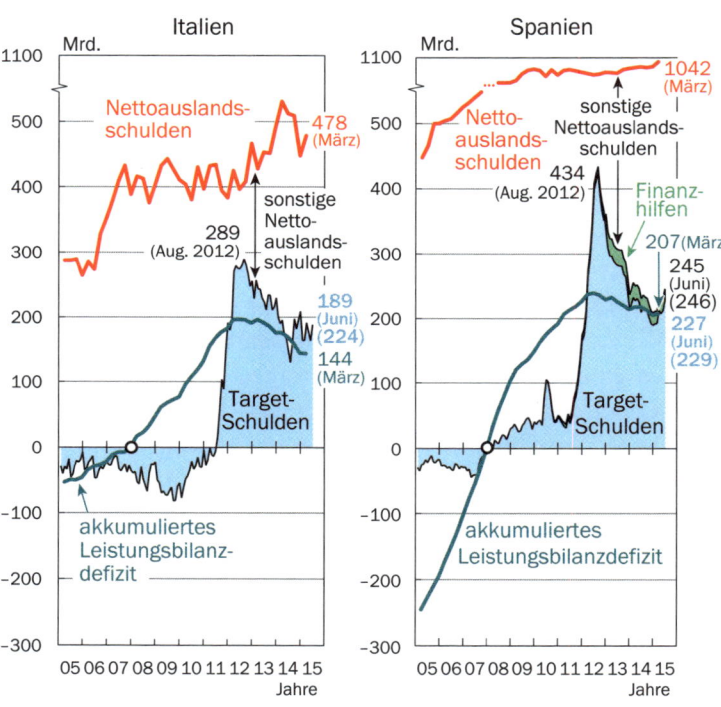

Abbildung 7.5 Italien und Spanien

Quellen: Vgl. Abbildung 7.1.

Erläuterung: Vgl. Abbildungen 7.1 und 7.2. Im Gegensatz zu den anderen GIPSIZ-Ländern beteiligte sich Italien netto an den fiskalischen Rettungsprogrammen mit einer Summe von 31 Milliarden Euro. Dies wird in dem Diagramm jedoch nicht berücksichtigt. Die Zahlen in den Klammern zeigen die Veränderungen zwischen dem 1. Januar 2008 und dem 30. Juni 2015.

Die Entwicklung in Spanien war ganz ähnlich. Bis zum Sommer 2011 war die Target-Schuld Spaniens zwar gestiegen, doch blieb sie moderat. Von Anfang Januar 2008 bis Ende Juni 2011 hatte die spanische Notenbank Target-Kredite im Umfang von 46 Milliarden Euro in Anspruch genommen, während das Leistungsbilanzdefizit sich in diesem Zeitraum auf etwa

213 Milliarden Euro belaufen hatte. Das war nicht so viel. Nur etwa ein Fünftel des Leistungsbilanzdefizits während der ersten dreieinhalb Jahre wurde also mit der elektronischen Druckerpresse finanziert. Den Löwenanteil erledigten private Anleger, die Spanien weiterhin vertrauten.

Ab Juli 2011 änderte sich die Situation aber schlagartig. Von Anfang Juli 2011 bis Ende August 2012 schoss die Target-Schuld von 45 Milliarden Euro auf 434 Milliarden Euro in die Höhe, ein Anstieg, der 37% des BIP des Jahres 2012 entsprach, und den Bestand dieser Schulden auf 41% des BIP erhöhte. Der Zuwachs von 389 Milliarden Euro war noch wesentlich größer als jener von Italien in der gleichen Zeitspanne, der bei 295 Milliarden Euro lag. Wie zu Beginn von Kapitel 6 diskutiert, zogen ausländische Banken große Mengen an Geldern von spanischen Banken ab, gleichzeitig schafften aber auch spanische Banken ihre Mittel ins Ausland.

Die Kapitalflucht, die diese Target-Schulden begründete, war bald größer als die gesamten privaten Kapitalimporte, die in den ersten beiden Wellen der Krise bis zum Sommer 2011, stattgefunden hatten. Dies kann näherungsweise durch den Abstand zwischen der Kurve der akkumulierten Leistungsbilanzdefizite und der Target-Kurve zu diesem Zeitpunkt abgelesen werden, da Spaniens Target-Saldo am 1. Januar 2008 praktisch null war (Forderungen von einer Milliarde Euro). Auch in Spanien blieben die Target-Salden weit unterhalb der gesamten Nettoauslandsschuld.

Schon im März 2012 hatte die spanische Target-Kurve die Kurve des akkumulierten Leistungsbilanzdefizits geschnitten. Damit hatte auch Spanien über die ersten vier Krisenjahre, von Januar 2008 bis März 2012, sein akkumuliertes Leistungsbilanzdefizit von 237 Milliarden Euro nicht mehr mit privaten Kapitalimporten, sondern ausschließlich mit der Druckerpresse finanziert. Das private Kapital hatte das Defizit halt nur vorfinanziert und wurde dann durch öffentliches Kapital aus der Druckerpresse ersetzt.

In Italien schneiden sich die Target-Kurve und die Kurve der Leistungsbilanz am Ende des Jahres 2011. Vom Jahr 2008, in dem Italien mit einer Target-Forderung startete, bis zum Ende des Jahres 2011 finanzierte die italienische Druckerpresse nicht nur das akkumulierte Leistungsbilanzdefizit dieser Periode, sondern auch eine erhebliche Kapitalflucht. Diese Kapitalflucht war so groß, dass sie den gesamten privaten Kapitalimport Italiens, der seit dem Anfang des Jahres 2008 stattgefunden hatte, innerhalb nur eines halben Jahres, nämlich von Mitte bis Ende 2011, überkompensierte.

Während Griechenland, Portugal und Irland offizielle Hilfen von der Staatengemeinschaft erhielten, war das bei Italien bislang noch nicht der Fall. Zwar setzte es auf die Unterstützung durch die Staatspapierkäufe seitens der EZB, erhielt aber nie Gelder aus den offiziellen Rettungsschirmen. Stattdessen hat sich Italien bislang sogar selbst als Retter an den zwischenstaatlichen Aktionen beteiligt, sei es durch den Kapitalanteil am ESM oder durch die zusätzlichen Garantien für den ESM, die jedoch nicht in Italiens Zahlungsbilanzstatistik erscheinen, bevor sie nicht zu tatsächlichen Zahlungsströmen führen.[27]

Spanien dagegen wurde nach einer kurzen Periode als Geberland für die fiskalischen Rettungsprogramme im Dezember 2012 mit einem Zustrom an Mitteln zum Nettoempfänger, was die grüne Fläche oberhalb der Target-Kurve am rechten Rand illustriert. Relativ zu dem großen Target-Kredit, den Spanien erhielt, erscheinen die fiskalischen Kredite jedoch geradezu klein.

Man kann nur mutmaßen, was der Grund für die neuerliche Unruhe auf den Kapitalmärkten im Sommer 2011 war. Die GIPSIZ-Länder hatten riesige Berge externer Schulden akkumuliert, der Verlust ihrer Wettbewerbsfähigkeit war offensichtlich, die Immobilienblase war geplatzt, Banken standen unter dem Verdacht, Unmengen toxischer Papiere in ihren Bilanzen zu halten, die Arbeitslosigkeit nahm zu, und die Hoffnung schwand, dass sich die Realwirtschaft schnell erholen würde. All dies war hinreichender Grund, die Investoren nervös werden zu lassen, aber es erklärt nicht das auslösende Ereignis im Sommer 2011, da die geschilderten Entwicklungen bereits seit einer geraumen Zeit zu beobachten waren. Was immer es war, sobald einmal der Keim des Misstrauens gesät ist, kommen Ansteckungseffekte zwischen Kapitalanlegern zum Tragen, die eine Verstärkung der Kapitalflucht auslösen und einen sich selbst erfüllenden Prozess der Zerstörung von Vertrauen bei den Investoren einleiten.[28]

Es gibt Gründe für die Vermutung, dass die Kapitalflucht aus Spanien und Italien bzw. der Ersatz privater Gläubiger durch öffentliche Gläubiger durch die Rettungspolitik der EZB verstärkt worden ist. Die »Dicke Bertha« der EZB, das offiziell als LTRO bezeichnete Programm, das im Dezember 2011 ins Leben gerufen wurde und den Banken, wie schon in Kapitel 5 erläutert, über 1.000 Milliarden Euro in Form von dreijährigen Refinanzierungskrediten zu extrem günstigen Konditionen zur Verfügung stellte, hatte beträchtliche Effekte.

Spanische Banken z.B. nahmen langfristige Refinanzierungskredite in Höhe von mehr als 250 Milliarden Euro in Anspruch, um im Ausland bezogene Interbankkredite zurückzuzahlen und spanische Investoren zu ersetzen, die ihr Vermögen im Ausland in Sicherheit bringen wollten. Sie kauften in dieser Zeitspanne etwa für zusätzlich 85 Milliarden Euro spanische Staatspapiere.[29] Spanische Banken investierten auch selbst große Beträge im Ausland, in allen Krisenjahren zusammengenommen allein 182 Milliarden Euro, wie zu Beginn des Kapitels 5 gezeigt wurde.

Die italienischen Banken nahmen in den Monaten Dezember 2011 bis Juni

2012 von der Banca d'Italia 201 Milliarden Euro an dreijährigen Refinanzierungskrediten auf.[30] Sie verwendeten das Geld für die Tilgung von ausländischen Interbankenkrediten, für den Kauf von inländischen Wertpapieren, auch Staatsanleihen, und sie vergaben neue Kredite.[31] All das bedeutete, dass Geld für Auslandsüberweisungen frei wurde. Das Geld floss entweder direkt ins Ausland oder wurde zunächst Italienern ausgezahlt, die es dann in sichere ausländische Häfen schafften. Insofern hat die »Dicke Bertha« zwar die Kurse der italienischen und spanischen Staatsanleihen kurzfristig stabilisiert, doch war der Preis dafür die Verstärkung der Kapitalflucht, zu deren Bekämpfung sie eigentlich vorgesehen war.

Die italienische Krise führte im November 2011 zum Sturz der Berlusconi-Regierung. Der Nachfolger Mario Monti, ehemals EU-Kommissar und Professor für Volkswirtschaftslehre an der berühmten Bocconi-Universität in Mailand, begann mit weitreichenden Reformen. So brachte er im Dezember 2011 sein 30 Milliarden Euro umfassendes erstes Sparpaket durch Senat und Abgeordnetenhaus. Darin waren unter anderem eine Erhöhung des Renteneintrittsalters, Kürzungen der Gesundheitsausgaben und eine Mehrwertsteuererhöhung vorgesehen.[32] Als er jedoch außerdem eine Liberalisierung des Arbeitsmarktes ankündigte, die die Arbeitsrechte von älteren Beschäftigten beschneiden sollte, um jüngeren in den Arbeitsmarkt zu verhelfen, traf er auf den erbitterten Widerstand der Gewerkschaften, die angesichts der Hilfe der Banca d'Italia keine Notwendigkeit sahen, die sozialen Errungenschaften, für die sie jahrzehntelang gekämpft hatten, über Bord zu werfen.[33] Wie schon fast alle seine Vorgänger musste Monti bereits nach wenigen Monaten das Amt aufgeben. Er verlor die Wahlen im Februar 2013, um einer neuen Regierung unter Enrico Letta Platz zu machen, die mittlerweile durch die Regierung von Matteo Renzi ersetzt wurde.

Italien hat zwar keine Hilfen von den fiskalischen Rettungsschirmen bekommen, doch wurde es in der Krise massiv mit öffentlichen Krediten der Staatengemeinschaft gestützt, die über das Eurosystem kamen. Wenn man die Eigenbeteiligung an den Rettungspaketen von den Target-Verbindlichkeiten abzieht, kommt man am Jahresende 2014 auf Nettoschulden bei der Staatengemeinschaft einschließlich der EZB-Schulden in Höhe von 177 Milliarden Euro. Rechnet man hinzu, was Italien netto von anderen Ländern im Rahmen des SMP bekommen hat (49 Milliarden Euro), und berücksichtigt man die Verbindlichkeiten aus einer überproportionalen Banknotenausgabe, kommt man auf eine Gesamtsumme der Schulden gegenüber anderen Staaten und internationalen Organisationen von 249 Milliarden Euro oder 15% des BIP im Jahr 2014. Mehr als die Hälfte der gesamten Nettoauslandsschuld des Landes liegt also inzwischen bei anderen Staaten in ihrer Eigenschaft als Eigentümer der nationalen Notenbanken.

In Spanien liegt der Gesamtbetrag, relativ zum BIP gesehen, in der gleichen Größenordnung. Ende 2014 beliefen sich Spaniens Target-Schulden und die Nettoschulden aus den fiskalischen Rettungsaktionen zusammen auf 209 Milliarden Euro, die Schulden über das SMP betrugen zehn Milliarden Euro, und die Forderungen aus einer unterproportionalen Banknotenausgabe standen bei 70 Milliarden Euro. Das entsprach insgesamt 149 Milliarden Euro oder 14% des spanischen BIP des Jahres 2014.

KREDITVERMITTLER FRANKREICH

Die große Unbekannte in der europäischen Rechnung ist Frankreich. Einerseits sollte die *Grande Nation* über jeden Zweifel an ihrer finanziellen Stabilität erhaben sein. Frankreich verfügt über ein funktionierendes Staatswesen, das die Macht hat, sich jederzeit benötigte Finanzmittel von seinen Bürgern zu verschaffen und die europäische Politik zu seinen Gunsten zu beeinflussen, falls nötig. Ein Staatskonkurs ist deshalb *a priori* unwahrscheinlich.

Andererseits hat der französische Staat sein Potenzial schon ziemlich weit ausgereizt. Frankreich hatte 2014 mit einem Wert von 57,5% nach Finnland die zweithöchste Staatsquote bezüglich des BIP unter allen entwickelten Ländern dieser Erde (OECD-Länder),[34] und seine Staatsschuldenquote bezüglich des BIP liegt bei 95%. Die französische Arbeitslosenquote war im Mai 2015 mit 10,3% nahezu so hoch wie die deutsche auf dem Höhepunkt der deutschen Eurokrise im Jahr 2005 (vgl. Abbildung 3.8). In der Finanzkrise (2008–2014), in der die Leistungsbilanzdefizite vieler Länder wegen des rezessionsbedingten Rückgangs der Importe verringert wurden, schlug die französische Leistungsbilanz, die in den Jahren vor der Krise ausgeglichen war, in ein Minus von bis zu 1,5% des BIP im Jahr 2012 um. Auch Frankreich muss nach Analyse des Kapitels 4 (Tabelle 4.1 und Abbildung 4.8) um etwa 20% relativ zum Durchschnitt der Eurozone abwerten, um seine Schulden tragen zu können. Die Ratingagentur Standard & Poor's hat Frankreich im Januar 2012 seine Bestnote genommen und es auf AA– herabgestuft; es folgten Abwertungen von Moody's im November 2012 sowie der französischen Agentur Fitch im Juli 2013.

Das besondere Problem Frankreichs ist, dass seine Banken als Drehscheibe für europäisches Sparkapital fungierten. Französische Banken liehen sich Geld auf dem europäischen Interbankenmarkt, insbesondere in Belgien, den Niederlanden und Großbritannien, der wiederum Geld aus anderen Ländern, insbesondere Deutschland, bekam, und verteilten die Mittel in Südeuropa, einer Region, die kulturell und historisch eng mit Frankreich verbunden ist (vgl. die Diskussion der Abbildung 5.1). Während

Deutschlands Banken sich auf das Amerika-Geschäft konzentriert hatten und sich durch Abschreibungsverluste auf strukturierte Wertpapiere aus den USA eine blutige Nase holten, waren die französischen Banken davon kaum betroffen, da sie sich auf Südeuropa spezialisiert hatten.[35] Als man sich im Frühjahr 2010 auf die fiskalischen Rettungskredite einigte, hielten die französischen Banken relativ zum BIP des Jahres 2008 fast genau doppelt so viele Staatspapiere aus Griechenland, Irland, Portugal und Spanien in ihren Büchern wie deutsche Banken.[36]

Die Zitterpartie Frankreichs spiegelt sich auch in der Target-Kurve des Landes, die in Abbildung 7.6 dargestellt ist, wider. Allerdings sieht man weder einen Trend in der Kurve noch eine Beziehung zur französischen Leistungsbilanz. Ende 2014 lag die Target-Schuld Frankreichs nahe bei null und damit nur fünf Milliarden Euro über dem Wert zu Krisenbeginn. Das bestätigt Frankreichs Rolle als Kreditvermittler zwischen Ländern wie Deutschland, die viele Ersparnisse exportieren, und Ländern wie Griechenland oder Spanien, die sie zumindest lange Zeit importiert hatten.

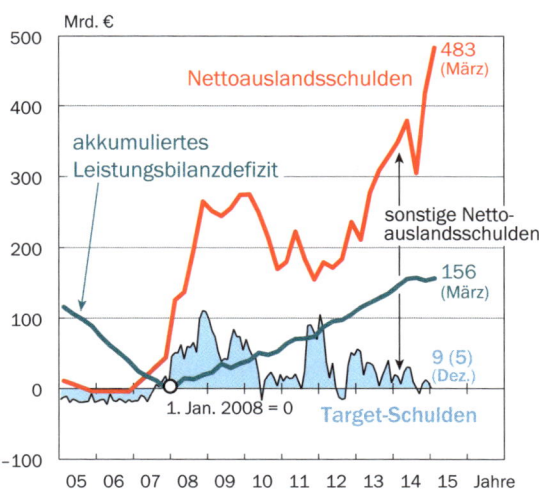

Abbildung 7.6 Frankreich

Quellen: Vgl. Abbildung 7.1; für die Target-Salden vgl. Abbildung 6.3.

Erläuterung: Die Zahl in den Klammern zeigt die Veränderung zwischen dem 1. Januar 2008 und dem 31. Dezember 2014.

Die Kreditvermittlung erkennt man auch, wenn man die französische Target-Kurve mit der Target-Kurve für die GIPSIZ-Länder aus Abbildung 7.1 vergleicht. Wenn man genau schaut, sieht man, dass es einen Zeitversatz zwischen diesen Kurven gibt. Offenbar kam es bei den ersten drei Krisenwellen der GIPSIZ-Länder immer schon vor oder am Anfang der Welle zu einem Anstieg der französischen Target-Salden, und als sich die Welle ihrem Gipfel näherte, gingen die französischen Salden bereits wieder zurück. Das lässt darauf schließen, dass zuerst die Investoren, die Frankreich ihr Geld geliehen hatten, nervös wurden und das Weite suchten, während sich die französischen Banken anschließend mangels Mitteln gezwungen sahen, sich selbst aus den Krisenländern zurückzuziehen, was die französischen Target-Schulden fallen und jene der GIPSIZ-Länder steigen ließ. Der Leser mag vielleicht noch einmal die Erläuterung zu Abbildung 6.1 zurate ziehen, wo ein ähnlicher Sachverhalt exemplarisch beschrieben wurde.

Bemerkenswert ist, dass Frankreich vor der Krise keine Nettoauslandsschulden hatte, wohl aber in der Krise solche Schulden aufbaute. Wie man sieht, schießen die Werte ziemlich steil in die Höhe und erreichen zum Schluss fast die Marke von 500 Milliarden Euro. Dass der Zuwachs dieser Schuld wesentlich größer ist als der Zuwachs, der durch die Leistungsbilanzdefizite verursacht wird, könnte eine ähnliche Erklärung wie bei Irland haben. Wenn die französischen Banken sich Geld geliehen und selbst wieder an Schuldner weiterverliehen haben, die nicht zurückzahlen können, weil sie von der Krise getroffen wurden, kommen ihre Bilanzen erheblich in Unordnung, denn der Wert der Anlagen schwindet, während die Schulden bleiben.

DEUTSCHLAND: DIE EXPORTE FINANZIERT DIE BUNDESBANK

Mit einem Leistungsbilanzüberschuss von 220 Milliarden Euro im Jahr 2014 ist Deutschland derzeit der weltweit größte Kapitalexporteur vor China (vgl. Abbildung 3.4). Entsprechend den Kapitalexporten hat es ein sehr hohes Nettoauslandsvermögen aufgebaut, das mit 1.109 Milliarden Euro das zweithöchste nach China ist.

Außerdem hat Deutschland, wie schon in Kapitel 6 gezeigt wurde, extrem hohe Target-Forderungen im Eurosystem akkumuliert, die zuletzt (Juni 2015) bei 531 Milliarden Euro standen. Eine interessante Frage ist deshalb, welcher Anteil der gesamtwirtschaftlichen Kapitalexporte, die während der Krise vorgenommen wurden, überhaupt noch privat ist und welcher Anteil durch die Target-Salden erklärt wird.

Abbildung 7.7 vermag eine Antwort auf die Frage zu geben, welchen Anteil die Target-Kredite an den Kapitalexporten während der Krise hatten, die ja durch die Leistungsbilanzüberschüsse gemessen werden. Sie repliziert die vorherigen Abbildungen mit dem Unterschied, dass nun Vermögen und Forderungen anstatt Verbindlichkeiten und Schulden dargestellt werden.

In der Abbildung sind zwei Kurven für den akkumulierten Leistungsbilanzüberschuss Deutschlands eingetragen. Die blaue Kurve kennzeichnet den Überschuss gegenüber der Welt insgesamt und die grüne Kurve den Überschuss gegenüber den Ländern der Eurozone. Außerdem zeigt die Abbildung die Target-Forderungen der Bundesbank (Höhe der blauen Fläche) und das gesamte Nettoauslandsvermögen der Bundesrepublik (rote Kurve).

Man sieht, dass der deutsche Target-Saldo einem Trend zu folgen scheint, der dem Leistungsbilanzüberschuss mit dem Rest der Eurozone folgt, auf den sich aber in der dritten und größten Krisenwelle, die im Sommer 2012 ihren Höhepunkt hatte, ein wahrer Berg draufsattelt. Während die Target-Kurve im Juni 2012 an die Kurve des akkumulierten Leistungsbilanzüberschusses mit dem Rest der Welt anstößt, liegt sie am aktuellen Rand (März/Juni 2015) wieder in der Nähe des akkumulierten Leistungsbilanzüberschusses mit der Eurozone wie schon in den ersten Krisenjahren bis etwa Mitte 2011, als die dritte Krisenwelle begann.

In den ersten fünf Jahren der Krise (2008–2012) betrug der Anstieg der Target-Forderungen 585 Milliarden Euro, während die akkumulierten Leis-

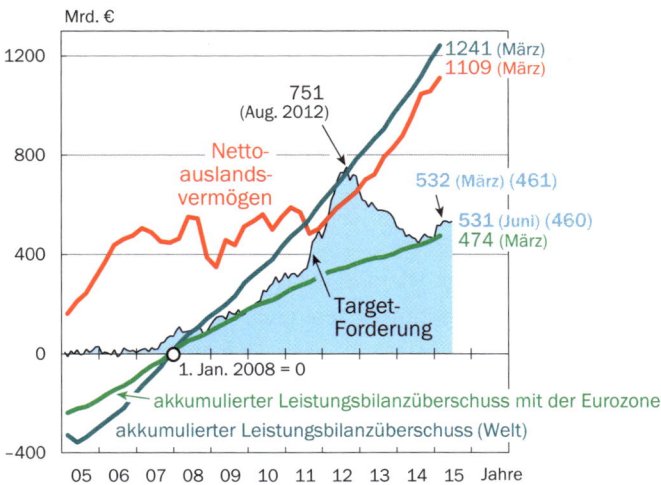

Abbildung 7.7 Deutschland

Quellen: Vgl. Abbildung 7.1 sowie Deutsche Bundesbank, Statistiken, Zeitreihen-Datenbanken, Makroökonomische Zeitreihen, *Außenwirtschaft,* Zahlungsbilanz, Leistungsbilanz nach Ländergruppen und Ländern.

Erläuterung: Die Zahl in Klammern gibt den Zuwachs zwischen dem 1. Januar 2008 und dem 30. Juni 2015 wieder.

tungsbilanzüberschüsse gegenüber der übrigen Welt einen Wert von 781 Milliarden Euro erreicht hatten. Somit wurden 75% des deutschen Leistungsbilanzüberschusses in diesen ersten fünf Jahren der Krise nicht mit marktfähigen Wertpapieren oder Realkapital bezahlt, sondern mit Target-Salden.

Die Situation hat sich für Deutschland deutlich verbessert, nachdem die dritte Krisenwelle am Ende des Jahres 2012 auslief. Im Jahr 2013 fielen die Target-Salden Deutschlands signifikant, weil es angesichts des neuen Vertrauens wieder zu einem starken Anstieg von privaten Kapitalexporten aus Deutschland kam. Damit wurden Target-Forderungen der Bundesbank wieder in marktfähige Forderungstitel verwandelt. Die Verbesserung kam allerdings vor allem auch wegen der Schutz- und Rettungsprogramme der EZB und der Staatengemeinschaft und damit letztlich wegen des Schutzes durch die Steuerzahler der noch gesunden Länder Europas zustande. In ihrer Eigenschaft als Steuerzahler haben die Sparer selbst ihre Schuldner gegen einen Konkurs geschützt, damit sie es wieder wagten, ihnen ihre Ersparnisse erneut anzuvertrauen.

Wegen dieses Selbstschutzes hat sich der Anteil der deutschen Leistungsbilanzüberschüsse, der nur mit Target-Salden bezahlt wurde, seit dem Jahr 2012 wieder verringert. Von den 1.241 Milliarden Euro an Überschüssen, die Deutschland vom Beginn des Jahres 2008 bis zum März 2015 akkumuliert hatte, wurden aber immer noch 461 Milliarden Euro oder 37% mit einem Zuwachs der Target-Salden der Deutschen Bundesbank bezahlt und nur 63% mit marktfähigen Anlageobjekten.

Noch desillusionierender für die Bewunderer des deutschen Exportüberschusses ist es, wenn man den deutschen Leistungsbilanzüberschuss mit dem Rest der Eurozone statt mit dem Rest der Welt betrachtet. Akkumuliert seit Anfang 2008, betrug er, wie durch die grüne Kurve dargestellt, in siebeneinviertel Krisenjahren 474 Milliarden Euro. Der Zuwachs der deutschen Target-Forderung in Höhe der erwähnten 461 Milliarden Euro finanzierte davon 97%.

Target-Salden können, wie erläutert, nur im Verkehr zwischen den Eurostaaten entstehen, da der Euro einen nach außen flexiblen Wechselkurs hat, der letztlich dadurch definiert ist, dass die Zentralbanken keine Währungsreserven und Target-ähnliche Forderungen ansammeln. Deswegen kann man auch sagen, dass Deutschland in den gut sieben Krisenjahren, die seit dem Beginn des Jahres 2008 mittlerweile verstrichen sind, seinen Leistungsbilanzüberschuss mit dem Rest der Eurozone fast ausschließlich mit Target-Salden der Bundesbank bezahlt bekommen hat. Man ließ im Eurosystem anschreiben, anstatt echte Gegenwerte in Form von marktfähigen Vermögenswerten zu liefern, wobei der Kaufmann – hier die deutschen Steuerzahler vertreten durch die Bundesbank – nicht einmal die Möglichkeit hatte, seine Forderung fällig zu stellen und sich zudem noch mit einem Zins nahe null zufriedengeben musste, ganz abgesehen davon, dass nicht klar ist, was mit den Target-Forderungen passieren würde, sollten Teile der Bankensysteme der Euroländer insolvent werden. Immerhin sind diese Forderungen ja indirekte Forderungen aus Refinanzierungskrediten, die den Banken der Defizitländer gewährt wurden.

Diese Sicht der Dinge wird den Vertretern der deutschen Exportindustrie vielleicht nicht gefallen. Natürlich kann es ihnen egal sein, wo das Geld herkommt, das sie erhalten. Jedoch spielt für Deutschland als Ganzes die Herkunft des Geldes sehr wohl eine Rolle. Leistungsbilanzüberschüsse bedeuten, wie schon erläutert, dass eine Volkswirtschaft einen Teil ihrer Ersparnisse nicht zu Hause, sondern im Ausland investiert. Normalerweise wird dieser Teil der Ersparnisse von den Banken ins Ausland verliehen, damit dort entsprechende Defizite in der Leistungsbilanz bezahlt werden können. Dafür erhalten die Banken dann marktfähige Forderungstitel, also Schuldverschreibungen, Aktien oder einfach nur Buchforderungen. Im Fall der Target-Finanzierung der Leistungsbilanzüberschüsse ist es anders, weil die entsprechenden Spargelder von den Banken nicht für den Erwerb marktfähiger Forderungstitel, sondern für die Tilgung von Refinanzierungskrediten bei der Deutschen Bundesbank eingesetzt werden oder in Termineinlagen bei der Bundesbank fließen, während die Bundesbank eine Target-Forderung gegen das Eurosystem erhält. Damit agierte die Bundesbank ähnlich wie ein Staatsfonds, der mit den Einnahmen aus den Exportüberschüssen des Landes ein weltweites Vermögensportfolio aufbaut, nur mit dem Unterschied, dass der »Staatsfonds« bei der »Investition« keine Entscheidungsmöglichkeit hatte. Die Bundesbank erhielt ihre Forderungen ohne eigenes Zutun durch die Kontoüberziehung anderer Notenbanken. Aus freien Stücken hätte sie sich sicherlich nicht ein so riskantes und niedrig verzinsliches Anlageobjekt ausgesucht.

All dies bedeutet nicht, dass Target-Schuldner das frische Geld aus der elektronischen Druckerpresse auch tatsächlich eins zu eins genutzt haben, um speziell nur deutsche Waren zu kaufen. Die tatsächliche Beziehung zwischen Deutschland und den Target-Schuldnern ist vielschichtiger und beinhaltet viele andere Länder innerhalb und außerhalb der Eurozone.

Man muss sich noch einmal vergegenwärtigen, dass das Eurosystem einem Land erlaubt, nicht nur seine internen Zahlungsbilanzdefizite mit den restlichen Ländern des Euroraums mit Krediten aus der eigenen elektronischen Druckerpresse zu finanzieren, die dann zu Target-Schulden gegenüber dem Eurosystem mutieren, sondern auch seine Zahlungsbilanzdefizite mit Nicht-Euro-Ländern. Das Geld, das die eigene Notenbank herstellt und verleiht, kann in beliebige Länder der Welt überwiesen werden, um dort

Waren und Vermögensobjekte zu erwerben. Die Eurodevisen, die auf diese Weise außerhalb des Euroraumes landen, bleiben aber nicht dort, weil sie dort kein gesetzliches Zahlungsmittel sind, sondern fließen umgehend auf dem Wege der Überweisung zurück in andere Länder der Eurozone, um dort Waren und Wertobjekte zu erwerben. Das zwingt die Notenbank des Ziellandes dieser Überweisungen, für die Adressaten Geld gutzuschreiben, wofür sie eine Target-Forderung gegen das Eurosystem erwirbt.

Betrachten wir ein Beispiel: Ein chinesischer Geschäftsmann kauft ein deutsches Auto mit US-Dollar, die er von einem spanischen Käufer chinesischer Computer erhalten hat. Der spanische Käufer hat die US-Dollar von der EZB im Tausch für neue Euro von der spanischen Notenbank erhalten. Der deutsche Autohändler bringt nun die US-Dollar über seine Geschäftsbank zur Bundesbank, um sie in Euro zu konvertieren. In diesem Fall baut die Banco de España Target-Schulden auf, weil sie von der EZB Dollar bekam, während die Bundesbank eine Target-Forderung verbuchen darf, weil sie die eingenommenen Dollar an die EZB abtritt. Die Bundesbank finanziert also die Lieferung des deutschen Autos nach China sowie das Gegengeschäft in Form der Lieferung der Computer nach Spanien.

Ein anderes Beispiel ist eine Kapitalflucht aus Spanien nach Großbritannien durch die Zahlungsaufträge des Eurosystems. Die Euros, die die spanische Notenbank schafft und verleiht, erlauben es den spanischen Geschäftsbanken, ihre Schulden bei britischen Gläubigern zurückzuzahlen. Die verleihen das Geld dann vielleicht in die USA, und dort verwendet man es, um deutsche Autos zu kaufen. Sogar in diesem Fall geht der Aufbau der spanischen Target-Schuld mit dem Zuwachs einer deutschen Target-Forderung einher, da Deutschland die spanische Auslandsschuld mit der Lieferung seiner Autos tilgt, und dafür zum Ausgleich die Target-Forderung erhält.

Das letzte Beispiel ist insofern relevant, als es erklärt, warum der Zusammenhang zwischen den deutschen Target-Forderungen und den akkumulierten Leistungsbilanzüberschüssen, wie er in Abbildung 7.7 gezeigt ist, enger ist als jener zwischen den Target-Schulden Irlands, Spaniens und Italiens mit ihren jeweiligen akkumulierten Leistungsbilanzdefiziten. Das Geld floh aus diesen Ländern und durchwanderte vermutlich eine große Anzahl von Ländern innerhalb und außerhalb der Eurozone, bevor es an ausländische Importeure deutscher Waren verliehen wurde. Man denke beispielsweise an die substanzielle Flucht spanischen Kapitals nach Lateinamerika, wie zu Beginn von Kapitel 5 dokumentiert, oder an den Rückfluss britischen Kapitals aus Zypern und Irland. All diese Kapitalbewegungen bedeuten auf Euro lautende Zahlungsaufträge aus den GIPSIZ-Ländern, die an der Geldbasis der GIPSIZ-Länder zehren und dort durch neue Refinanzierungskredite aus den elektronischen Druckerpressen der jeweiligen nationalen Notenbanken ausgeglichen werden müssen. Nachdem sie die Welt durchkreuzten, wurden die in den GIPSIZ-Ländern neu geschaffenen Euro letztendlich verwendet, um deutsche Waren zu kaufen, und ersetzten so den potenziellen Aufbau marktfähiger Vermögenswerte seitens des deutschen Bankensystems durch den Aufbau von Target-Forderungen der Bundesbank.

Diese Überlegungen helfen auch zu verstehen, warum die deutschen Leistungsbilanzüberschüsse in der Krise stabil blieben, obwohl die Leistungsbilanzdefizite der GIPSIZ-Länder verschwanden (vgl. Abbildung 3.10). Die deutschen Leistungsbilanzüberschüsse nahmen sogar ein wenig zu und erreichten im Jahr 2014 ein neues Rekordniveau in Höhe von 7,6% des BIP, ein Niveau, das von EU-Politikern heftig kritisiert wurde. Ein möglicher Grund hierfür war die Finanzierung der Kapitalflucht aus den GIPSIZ-Ländern in Nicht-Euro-Länder durch lokale Geldschöpfung in den GIPSIZ-Ländern. Die Kapitalflucht schwemmte Euro in die Welt, führte zur Abwertung des Euro (13% zwischen 2008 und 2012 gegenüber dem US-Dollar) und stabilisierte so den deutschen Exportüberschuss. Ohne die generöse Pfänderpolitik der EZB und die Toleranz gegenüber nationalen ELA-Krediten hätte das Geld für die Kapitalflucht gar nicht zur Verfügung gestanden. Sie wäre entweder durch Zinserhöhungen oder Kapitalverkehrskontrollen verhindert worden, und dann hätte das Geld auch nicht für den Kauf deutscher Waren Verwendung finden können. Die Bundesbank hätte dann aber auch nicht für die GIPSIZ-Länder die Tilgung von Auslandsschulden und die Finanzierung von Vermögenskäufen übernommen.

Man könnte nun einwenden, dass der deutsche Leistungsbilanzüberschuss auch noch nach der Hauptkrise, ab 2013, auf seinem hohen Niveau verharrte, obwohl sich die privaten Kapitalflüsse wieder umgekehrt und der Euro gegenüber dem US-Dollar wieder etwas aufgewertet hatte (3% von 2012 bis 2013). Jedoch hat dies wahrscheinlich mit der in Box 2.1 schon diskutierten Trägheit und Anomalie der kurzfristigen Leistungsbilanzreaktionen zu tun, die aus der Trägheit der Export- und Importmengen und einer Preisreduktion von importierten Waren aus Drittländern resultiert.

Im Lichte dieser Überlegungen ist es schwer verständlich, wenn Deutschland von anderen EU-Ländern für seine Leistungsbilanzüberschüsse kritisiert wird. Die Persistenz dieser Überschüsse könnte das Resultat der dem Eurosystem innewohnenden Rettungsmaschinerie sein, an dem auch die Bundesbank teilnehmen muss. Wer von Deutschland gleichzeitig verlangt, dass es die Target-Kredite und andere öffentliche Hilfskredite toleriert und weniger Warenlieferungen verlangt, fordert das Unmögliche.

Ein letztes Wort noch zum Nettoauslandsvermögen der Bundesrepublik, das durch die rote Kurve dargestellt wird. Dieses Vermögen umschließt neben privaten Forderungen auch die Target-Forderungen, und es entsteht durch die Akkumulation der Leistungsbilanzüberschüsse, wobei von Eurostat auch noch Bewertungseffekte durch die Änderung von Marktpreisen berücksichtigt werden. Bemerkenswert und verblüffend ist, dass dieses Nettoauslandsvermögen nach einer im Frühjahr 2015 kurz vor dem Abschluss dieses Manuskripts vorgenommenen Änderung der Erhebungsmethode durch Eurostat deutlich gefallen ist und nun sogar unter der Summe der seit Krisenbeginn akkumulierten Leistungsbilanzüberschüsse liegt. Hätte man das Vermögen als Summe der seit dem Gipfel von Madrid Ende 1995 akkumulierten Überschüsse der deutschen Leistungsbilanz bis Ende 2014 berechnet, so wäre man, wie schon in Kapitel 3 in Zusammenhang mit Abbildung 3.10 mitgeteilt wurde, auf einen Betrag von 1.657 Milliarden Euro gekommen.

Neben Abschreibungen auf notleidende Kreditforderungen der Banken liegt der Unterschied zwischen diesen Zahlen zum Teil auch daran, dass die Verbindlichkeiten der Bundesbank aus einer überproportionalen Bargeldausgabe nach der neuen Methode vom Nettoauslandsvermögen abgezogen werden, was vorher nicht der Fall war.[37] Wie eingangs schon erwähnt, werden die Schuldverhältnisse aus einer über- oder unterproportionalen Bargeldausgabe im Euroraum im Gegensatz zu den Schuldverhältnissen aus einer über- oder unterproportionalen Buchgeldausgabe (Target-Salden) nicht in allen Euroländern bei der Verrechnung der Nettoauslandsposition berücksichtigt. Würde man diese Posten nicht abziehen, läge das Nettoauslandsvermögen in Deutschland im März 2015 statt bei 1.109 Milliarden bei 1.386 Milliarden Euro.

Bei der Verbindlichkeit aus einer überproportionalen Banknotenausgabe der Bundesbank handelt es sich wohl vor allem um Eurobargeld, das in Deutschland ausgegeben wurde und in anderen Ländern, so vor allem in Osteuropa und der Türkei, als Zweitwährung zirkuliert. Schon zu Zeiten der D-Mark hatte der Anteil der deutschen Geldbasis, der im Ausland vermutet wurde, bei etwa einem Drittel gelegen.[38] Dieser Bestand führte zu laufenden Zinseinnahmen für die Bundesbank, die an den Staat abzuführen waren, und er machte eben auch ein Drittel des Seignorage-Vermögens der Bundesbank aus (vgl. die Ausführungen zur EZB in Kapitel 2). Mit der Aufgabe der D-Mark hat Deutschland dieses Vermögen unter den Ländern der Eurozone vergemeinschaftet. Damals verstanden die Politiker das Problem nicht und wischten es vom Tisch. Heute wird der vergemeinschaftete Posten als nicht unerhebliche Verbindlichkeit bei der offiziellen Berechnung des Auslandsvermögens der Bundesrepublik Deutschland in Abzug gebracht. Gemessen an der Geldbasis der Bundesrepublik, die derzeit bei 600 Milliarden Euro liegt, könnten das unter heutigen Verhältnissen bis zu 200 Milliarden Euro sein.

Eine andere Bemerkung zum Nettoauslandsvermögen, bezieht sich auf die Beteiligung Deutschlands an den fiskalischen Rettungskrediten, die den Krisenländern außer Italien zur Verfügung gestellt wurden. Sie betrugen im Juni 2015 in der Summe, netto nach Abzug der Eigenleistungen der begünstigten fünf Länder, 332 Milliarden Euro. Man mag denken, dass ein Teil dieser Kredite zum Nettoauslandsvermögen der Bundesrepublik gehört, so wie sie auch bei den Krisenländern als Schulden gezählt werden. Das ist jedoch nur beim allerersten Rettungspaket für Griechenland der Fall, an dem Deutschland mit 15 Milliarden Euro beteiligt ist, denn all die anderen Kredite wurden demgegenüber von selbständigen Rettungsschirmen vergeben, die sich das Geld dafür auf dem internationalen Kapitalmarkt geliehen haben. Dadurch sind vermutlich in Deutschland die Target-Forderungen gedrückt und durch private Forderungen ersetzt worden, doch in welchem Umfang das der Fall ist, lässt sich nicht sagen.

Eher zu quantifizieren sind die SMP-Käufe von Staatspapieren durch die Bundesbank, die ursprünglich einen Umfang von 59 Milliarden Euro hatten, doch durch Tilgungen inzwischen (Juni 2015) nur noch mit 34 Milliarden Euro zu Buche stehen. Da die Bundesbank diese Papiere von deutschen Banken gekauft hat, die Banken sie sich indes wiederum direkt oder indirekt in den Emissionsländern besorgten, haben die Käufe die deutschen Target-Salden reduziert und wohl eins zu eins in private Forderungen gegen das Ausland verwandelt. Insofern sind sie in der Nettoauslandsposition enthalten. Gegenüber dem riesigen Posten der Target-Forderungen, der im März 2015 knapp die Hälfte (48%) des deutschen Nettoauslandsvermögens ausmachte, fallen diese Beträge aber nicht ins Gewicht.

FINNLAND UND DIE NIEDERLANDE ALS SICHERE HÄFEN

Zwei andere Länder mit Target-Forderungen sind die Niederlande und Finnland, wie das vorangegangene Kapitel (Abbildung 6.4) bereits dokumentiert hat.

Der Leser erkennt in der nachfolgenden Abbildung 7.8 unterschiedliche Muster bei der Entwicklung der Target-Salden der beiden Länder. Beide Muster haben offensichtlich viel mit Kapitalbewegungen zu tun, während eine Beziehung zu den akkumulierten Leistungsbilanzsalden nicht erkennbar ist.

Kapitel 7 Von Leistungsbilanzdefiziten, Kapitalflucht und Target-Salden in den Euroländern

Abbildung 7.8 Die Niederlande und Finnland

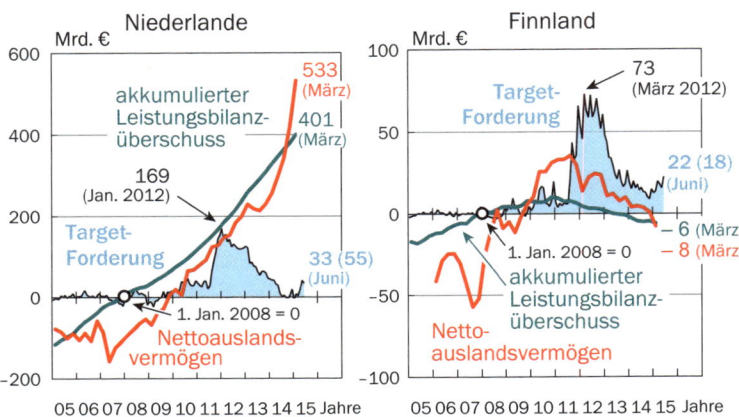

Quelle: Vgl. Abbildung 7.1 sowie Statistics Finland, Statistical Databases, PX-Web, *National accounts*, Balance of Payments and International Investment Position.

Erläuterung: Im Gegensatz zu Deutschland werden Daten zur Leistungsbilanz gegenüber dem Rest der Eurozone nicht veröffentlicht. Die Zahlen in Klammern geben wieder die Veränderung zwischen dem 1. Januar 2008 und Dezember 2014 an.

Im Fall der Niederlande, die, wie man sieht, stets einen beträchtlichen Leistungsbilanzüberschuss (Steigung der blauen Kurve) hatten und ein beständig wachsendes Nettoauslandsvermögen aufgebaut haben (rote Kurve), erreicht die Target-Kurve die Leistungsbilanzkurve nur einmal kurz im Januar 2012, also während der dritten Krisenwelle, die in Abbildung 7.1 identifiziert wurde. Das Kapital floh offenbar aus den GIPSIZ-Ländern auch dorthin. Mit den Vorbereitungen zum Rettungsschirm ESM im Frühjahr 2012 und erst recht nach dem Schutzversprechen der EZB im Rahmen des OMT-Programms vom Sommer desselben Jahres beruhigte sich die Situation, und die Salden verschwanden allmählich wieder. Nur am aktuellen Rand sieht man sie wegen der Griechenland-Krise wieder ansteigen. Die Niederlande waren auf dem Höhepunkt der Krise ein temporärer Fluchtort für Kapital, wohl im Wesentlichen aufgrund der vielen dort ansässigen Zentralen international tätiger Unternehmen, doch sobald die Luft wieder rein war, wurde dieses Kapital wieder zum Geldverdienen in die weite Welt geschickt.

In Finnland gab es praktisch das gleiche Muster der Kapitalbewegungen wie in den Niederlanden, nur mit einem leichten Versatz von zwei Monaten. Dabei darf sich der Leser nicht durch den Umstand täuschen lassen, dass die Grafiken wegen der ungleichen Landesgröße unterschiedlich skaliert sind. Bemerkenswert im Verhältnis zur Niederlande ist eigentlich nur der unterschiedliche Verlauf der Leistungsbilanzkurve. In Finnland ist die Zeit der

Überschüsse seit dem Niedergang von Nokia offenkundig vorbei. Das Land hat nicht geringe Probleme, damit fertigzuwerden. Man sieht an der negativ werdenden Steigung der Kurve der akkumulierten Leistungsbilanzüberschüsse, dass Finnland ab 2011 in ein Defizit rutschte. Dieses Defizit hat dann auch sein Nettoauslandsvermögen heruntergedrückt und das Land zum Schluss zu einem Nettoschuldner gemacht.

Dennoch wurde es in der Krise insbesondere von britischen Investoren als sicherer Hafen wahrgenommen, in dem die finnische Notenbank bereitstand, jedem im Austausch für eine eigene Target-Forderung gegen das Eurosystem Ersatzanlagen für jene toxisch gewordenen Forderungstitel zu gewähren, die die Investoren in Griechenland & Co bei den dortigen Bankensystemen entsorgten.[39] Das erklärt den enormen Zuwachs der finnischen Target-Forderungen auf dem Höhepunkt der dritten Krisenwelle, der, wie schon gezeigt (Abbildung 6.8), den finnischen Binnengeldanteil an der Geldbasis temporär eliminiert hatte. Nach der dritten Krisenwelle ging der finnische Saldo wieder zurück, doch nicht in die Nähe von null, und in der vierten, in Griechenland verursachten Welle, stieg er wieder ein wenig.

RÄTSEL ÖSTERREICH

Während die bislang betrachteten Länder meistens entweder Nettoauslandsschulden, Target-Schulden und Leistungsbilanzdefizite oder das Gegenteil, also Nettoauslandsvermögen, Target-Forderungen und Leistungsbilanzüberschüsse hatten, ist Österreich ein ungewöhnlicher Sonderfall, wie Abbildung 7.9 zeigt. Das Land hat, wie man an der positiven Steigung der türkisfarbenen Kurve sieht, Leistungsbilanzüberschüsse, exportiert also Kapital, und dennoch ist es ein Target-Schuldner. Allerdings waren die Target-Verbindlichkeiten, die im Juni 2013 bei 30 Milliarden Euro lagen, auch schon zu Krisenbeginn (Anfang 2008) mit 20 Milliarden Euro nicht gering.

Diese ungewöhnliche Konstellation zeigt, dass Österreichs Notenbank den Banken stets reichlich Refinanzierungskredit über das Maß hinaus zur Verfügung gestellt hat, das zur Liquiditätsversorgung der österreichischen Wirtschaft nötig war, obwohl durch die Leistungsbilanzüberschüsse bereits sehr viel Liquidität anlandete. Österreich hat also nicht nur das durch die Exportüberschüsse hereinströmende Geld verwendet, um es im Ausland anzulegen. Vielmehr haben österreichische Institutionen sich darüber hinaus noch Geld bei der Oesterreichischen Nationalbank geliehen, um damit netto gerechnet Auslandsüberweisungen für Investitionen oder zur Schuldentilgung zu bezahlen.

Kapitel 7   Von Leistungsbilanzdefiziten, Kapitalflucht und Target-Salden in den Euroländern

Abbildung 7.9 Österreich

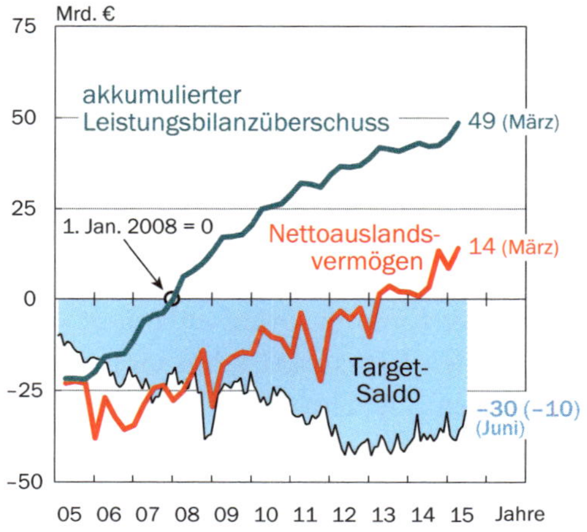

Quellen: Vgl. Abbildung 7.1.

Dabei spielen vermutlich die großen Investitionen der österreichischen Banken in Osteuropa eine Rolle, wenn nicht gar die problematischen Fremdwährungskredite, die die Banken nach Osteuropa gaben und die nun in Ländern wie Ungarn oder Kroatien solch enorme Probleme bereiten. Manche dieser Länder haben ihre Währungen bereits abgewertet, anderen steht die Abwertung noch bevor. Die Abwertung ist unerlässlich zur Wiederherstellung der Wettbewerbsfähigkeit von Volkswirtschaften, die ähnlich wie Südeuropa, in eine inflationäre Kreditblase gerieten, doch sie bürdet den Schuldnern in manchen Fällen eine unerträgliche Last auf, weil sie den Schuldendienst der Fremdwährungskredite in heimischer Währung gerechnet ansteigen lässt.

Die Fremdwährungskredite schienen anfangs ein gutes Geschäft für die österreichischen Banken zu sein, weil das Geld von der Oesterreichischen Nationalbank zu einem Zins zu bekommen war, der deutlich unter jenem Zins lag, den die Osteuropäer zu zahlen bereit waren. Das war insbesondere auch für manche der in Auslandsbesitz befindlichen österreichischen Banken wichtig, deren Muttergesellschaften dringend Gewinnausschüttungen benötigten, um damit ihre Probleme im Heimatland zu bewältigen. Ob das Geschäft im Endeffekt aber wirklich so gut war, wird sich erst noch erweisen, denn die Wahl zwischen Massenkonkursen und einer Wirtschaftsstagnation, vor der einige osteuropäische Länder heute stehen, hat auch für die österreichischen Gläubigerbanken nicht nur angenehme Seiten.

Immerhin ist die positive Nachricht der Grafik, dass die österreichische

Wirtschaft bislang noch erkleckliche Leistungsbilanzüberschüsse erwirtschaften konnte, die dazu beitrugen, die ehemals große Nettoauslandsschuld bis 2012 zu tilgen und sie ab 2013 in ein Nettoauslandsvermögen umzuwandeln. Angesichts der negativen Handelsbilanz Österreichs steht zu hoffen, dass dies nicht nur buchhalterische Vorteile sind, die aus dem Umstand resultieren, dass die osteuropäischen Schuldner durch Neukredite in die Lage versetzt wurden, ihren Zinsverpflichtungen nachzukommen.

BRETTON WOODS UND DIE EUROPÄISCHE ZAHLUNGSUNION

Zum Verständnis der ökonomischen Bedeutung und der Gefahren, die aus der europäischen Zahlungsbilanzkrise resultieren, ist es nützlich, den Verlauf ähnlicher Krisen in andern Währungssystemen zum Vergleich heranzuziehen. Dieser Abschnitt beginnt mit dem Bretton-Woods-System, das die Länder der Welt bis 1973 zu einem Festkurssystem zusammenband.[40]

Während der 1960er Jahre waren die USA in diesem System immer teurer geworden, und es bildeten sich immer größere amerikanische Leistungsbilanzdefizite heraus. Die Europäer fanden damals in den USA immer weniger zu kaufen, und die Amerikaner gingen in Europa auf Einkaufs-Tour. Sie kauften alles, was nicht niet- und nagelfest war, ob es nun Firmen, Autos oder Aktien waren. Auch die amerikanischen Touristen waren überall in Europa zu finden – so wie die Japaner und Chinesen heute.

Aber die Amerikaner liehen sich das Geld, das sie dafür im Ausland brauchten, nicht, sondern druckten es sich. Immerhin war der US-Dollar die Reservewährung, die man weltweit akzeptierte, ja akzeptieren musste, weil es ein Festkurssystem gab, das die Notenbanken der anderen Länder zwang, US-Dollar zu kaufen und zu horten, wenn es davon ein Überschussangebot auf den Märkten gab. So konnte die amerikanische Notenbank, die Federal Reserve, die amerikanische Wirtschaft mit mehr und mehr US-Dollar durch Wertpapierkäufe und die Ausgabe von Refinanzierungskrediten überschütten, die die Amerikaner dann für ihre Einkaufs-Tour nutzten. Die USA entwickelten ein riesiges Zahlungsbilanzdefizit, und die europäischen Länder bildeten entsprechende Überschüsse. Die zusätzlichen US-Dollar flossen vornehmlich nach Europa und wurden von den nationalen Notenbanken gegen heimische Währung umgetauscht. Bei der Banque de France und der Bundesbank sammelten sich von Jahr zu Jahr höhere Dollarguthaben an. Ein Teil davon wurde in amerikanische Schatzwechsel investiert, die wenigstens ein paar Zinsen brachten, aber im

Grunde auch nichts anderes als eine höhere Form amerikanischen Bargeldes waren.

Durch den Währungsumtausch kamen in Deutschland und Frankreich D-Mark- und Franc-Bestände in Umlauf, denen keine inländischen Wertpapierkäufe oder Refinanzierungsgeschäfte durch die entsprechenden Zentralbanken zugrunde lagen, weil diese schon in Amerika stattgefunden hatten.

Die so geschaffenen »Dollar-D-Mark« und »Dollar-Franc«, letztlich aus den USA stammendes Außengeld, verdrängten damals das in Umlauf befindliche Binnengeld, das zu Hause in früheren Jahren durch Wertpapierkäufe und Refinanzierungsgeschäfte der Bundesbank oder der Banque de France entstanden war. Die Außengeldbestände, die in Deutschland und Frankreich auf diese Weise in Umlauf kamen, waren von exakt der gleichen Natur wie die Außengeldbestände, die seit der Krise aus den GIPSIZ-Ländern in den Rest der Eurozone wanderten. Und was damals die Bestände an US-Dollar und US-Schatzwechsel bei den europäischen Notenbanken waren, das sind heute die Target-Forderungen der Kernländer des Eurogebiets gegen das Eurosystem.

Auch damals kam es zur internationalen Kreditverlagerung durch die Zentralbanken, denn während die europäischen Zentralbanken ihre Refinanzierungskredite sukzessive zurücknehmen mussten, hat die Federal Reserve die amerikanische Wirtschaft mit immer mehr Krediten versorgt, vorwiegend indem sie Wertpapiere der öffentlichen Hand von Banken kaufte. Die USA waren damals in einer sehr ähnlichen Situation wie die GIPSIZ-Länder heute. Damals hieß es, Europa habe indirekt den Vietnam-Krieg mitfinanziert, indem es die Dollar aufsog, die die USA für den Kauf der Kriegsgüter und die Unterstützung Vietnams benötigten, und die von dort aus für Güterkäufe und andere Handelsgeschäfte auf der Welt kursierten.[41]

Der französische Staatspräsident Charles de Gaulle, dem das Engagement der USA im ehemals französischen Indochina missfiel, hatte 1968 übrigens die Behauptung der USA, der US-Dollar sei eine Goldkernwährung, wörtlich genommen und den Umtausch der französischen Dollarbestände gegen Gold verlangt. Er schickte seine U-Boote nach Amerika, um das Geld aus den Tresoren in New York abholen zu lassen. Das war das Ende des Bretton-Woods-Systems, denn da die USA nicht genug Gold gehabt hätten, um alle Umtauschwünsche befriedigen zu können, mussten sie die Golddeckung ihrer Währung aufgeben.[42] Fünf Jahre nachdem de Gaulle die U-Boote seiner Kriegsmarine losschickte, um das Gold abzuholen, war das Bretton-Woods-System Geschichte. Seitdem bestimmen sich die meisten Wechselkurse der Welt durch Angebot und Nachfrage auf den Märkten.

Die Bundesbank hatte demgegenüber zugesichert, dass sie ihre Dollarreserven nicht in Gold umtauschen werde.⁴³ Sie hatte damals allerdings erhebliche Zahlungsbilanzüberschüsse gegenüber den anderen europäischen Ländern innerhalb der *Europäischen Zahlungsunion* (EZU) angesammelt.⁴⁴ Die EZU wurde am 1. Juli 1950 als Ergebnis US-amerikanischer Bemühungen errichtet, um ein multilaterales Zahlungssystem innerhalb Europas als Untersystem des 1944 gegründeten Bretton-Woods-Systems zu schaffen. Diese Bemühungen spiegelten sich in drei intra-europäischen Vereinbarungen über einen Saldenausgleich wider, die zwischen 1947 und 1949 beschlossen wurden. Die Tilgung der Finanzierungssalden innerhalb der EZU wurde monatlich von der Bank für Internationalen Zahlungsausgleich (BIZ) geregelt.⁴⁵

Ein wachsender Teil der Salden innerhalb der EZU, am Ende 75%, musste, abhängig von den Präferenzen der Gläubiger, entweder mit US-Dollar oder mit Gold zu den offiziellen Paritäten ausgeglichen werden. Da der Marktpreis für Gold jedoch damals unterhalb der offiziellen Parität lag, präferierten die Schuldner eine Tilgung mit Gold.⁴⁶ So akkumulierte die Bundesbank im Bretton-Woods-System bis 1958 einen Goldschatz von 2.346 Tonnen.⁴⁷

Die EZU wurde 1958 durch das *Europäische Währungsabkommen* ersetzt, das die Tigung der Salden mit US-Dollar verlangte, doch aufgrund des immer noch niedrigen offiziellen Goldpreises wurde der tatsächliche Ausgleich auch weiterhin meist mit Gold ausgeführt. So stieg in den folgenden zehn Jahren der physische Bestand der Goldreserven der Bundesbank um weitere 55% auf eine Gesamtsumme von 4.000 Tonnen (oder 18 Milliarden D-Mark) im Jahr 1968.⁴⁸ Dieser Schatz gehört, bis auf die Abtretung von ungefähr 6% an die EZB Anfang 1999, noch immer der Bundesbank.⁴⁹ Heute ist das Gold der Bundesbank nominal etwa 15-mal so viel wert wie der damalige Bestand, was in realen Werten 4,4-mal so viel ist und einer jährlichen Realverzinsung von 3,4% entspricht.⁵⁰ Im Gegensatz dazu bringen die Target-Forderungen gegenwärtig nur eine kümmerliche Verzinsung von nominal 0,05% bei einer Inflationsrate von praktisch null. Aufgrund der Notwendigkeit, Zahlungsbilanzsalden im Bretton-Woods-System zu tilgen, versuchten die europäischen Defizitländer, solche Salden von vornherein zu vermeiden, und hielten ihr lokales Geldangebot knapp. Dies erhöhte die Zinsen, was die lokale Kreditaufnahme begrenzte, die Leistungsbilanzdefizite unter Kontrolle hielt sowie Kapitalimporte anregte. So konnten etwaige Leistungsbilanzdefizite finanziert und Zahlungsbilanzdefizite weitgehend ausgeschlossen werden.

Die Grundlagen dieses Mechanismus wurden bereits im 19. Jahrhundert von David Hume, einem Vertreter der vorklassischen Ökonomie, beschrieben.⁵¹ Die Notwendigkeit, die Finanzierungssalden zum Ausgleich zu bringen, war sicherlich der Grund dafür, dass die Ungleichgewichte zur Zeit des Bretton-Woods-Systems viel kleiner waren als im Eurosystem, sogar im relativen Maßstab. Im Jahr 1968 lagen die Dollarreserven der Bundesbank bei 1,6% des deutschen BIP, und die Goldreserven betrugen 3,4%. Zusammen waren das 5% des BIP oder 26,72 Milliarden D-Mark.[52] Die Target-Forderungen der Bundesbank lagen im August 2012 jedoch bei 751 Milliarden Euro oder 27,3% des BIP von 2012.[53] Die Bundesbank hat die Dollarreserven bis zum heutigen Tag behalten, nicht in bar, aber in der Form von US-amerikanischen Staatspapieren und Schatzwechseln. Wie lange die Target-Forderungen im Eurosystem Bestand haben, wird man sehen.

DER TRANSFER-RUBEL

Ein anderes Beispiel für ein Kurssystem mit einer Saldenproblematik war das Verrechnungssystem der Sowjetunion. War der sowjetische Wirtschaftsraum auch weit von einer Marktwirtschaft entfernt, so brauchte er doch ein internes Zahlungssystem, um gegenseitige Transaktionen zu ermöglichen. Solch ein System wurde 1964 unter den sozialistischen Ländern der Welt unter dem Namen *RGW, Rat für gegenseitige Wirtschaftshilfe*, auf den Weg gebracht, international bekannt unter der englischen Bezeichnung *Council for Mutual Economic Assistance*, kurz *COMECON*. An ihm partizipierten die Sowjetunion, osteuropäische Länder und andere sozialistische Länder wie Kuba und Vietnam. Es ersetzte das ineffektive System des Realtausches, das vorher existiert hatte.[54] Jeder Staat hatte ein Konto bei der Internationalen Bank für Wirtschaftliche Zusammenarbeit (IBWZ) in Moskau, englisch International Bank for Economic Co-operation (IBEC), das es für Zahlungsaufträge an andere Staaten nutzen konnte. Die Verrechnungseinheit wurde Transfer-Rubel genannt.[55]

Weil das System jedoch keine Begrenzung für Zahlungsungleichgewichte setzte, nutzten es die Mitgliedsländer aus und bauten wachsende Verbindlichkeiten auf, die typischerweise bei der Zentralbank in Russland entstanden. Dies führte zu Inflation und zunehmenden politischen Spannungen innerhalb des Systems, da Russland dem Export realer wirtschaftlicher Ressourcen, den die Überschussländer forderten, nicht entsprechen wollte.[56] Diese Spannungen trugen schließlich mit zum Fall des sowjetischen Wirtschaftssystems bei. Im Jahr 1992, nachdem die Mauer gefallen war, veränderte Russland das System und führte bilaterale Überziehungsgrenzen ein.[57] Dies machte das System für die Mitgliedsländer weniger attraktiv und führte zu einer Austrittswelle, die im September 1993 zum Zusammenbruch der Rubelzone führte.[58]

Der russische Kredit an ehemalige Sowjetrepubliken machte 9,3% des russischen BIP aus, und die Verbindlichkeiten der Schuldnerländer lagen zwischen 11% (Weißrussland und Moldawien) und 91% (Tadschikistan) der jeweiligen Wirtschaftsleistung.[59] Das Ende des Systems war eine Katastrophe für Russland, denn es blieb letztendlich auf seinen Forderungen sitzen.[60]

DAS SCHWEIZER VORBILD

Ein anderes Beispiel, das helfen kann, die Target-Ungleichgewichte in der Eurozone einzuordnen, ist die heutige Schweiz. Sie war in einer ähnlichen Situation wie Deutschland seinerzeit im Bretton-Woods-System oder heute wieder im Eurosystem, weil ihre Notenbank den Wechselkurs zum Euro fixiert hatte. Die Notenbank wollte indes die Anbindung an den Euro nicht durchhalten und gab im Januar 2015 den Kurs schließlich doch wieder frei.

Gleich zu Beginn der dritten Krisenwelle im Sommer 2011 fixierte die Schweizer Notenbank den Wechselkurs, kurz nachdem die EZB damit begonnen hatte, italienische Staatspapiere zu kaufen, und Berlusconis Ministerpräsidentenstuhl zu wackeln begann. Das wegen der Krise in den Heimathafen zurückströmende Schweizer Anlagegeld und das aus Italien und anderen Krisenländern in die Schweiz hineindrängende Fluchtgeld hatten den Schweizer Franken schon erheblich aufgewertet, obwohl die Notenbank immer wieder interveniert und vom Beginn des Jahres 2008 bis Ende August 2011 für 228 Milliarden Franken Devisen gekauft hatte.[61] Das drohte die Wettbewerbsfähigkeit der Schweizer Wirtschaft zu lädieren. Daraufhin verkündete die Notenbank am 6. September 2011, dass sie ab sofort keinen Wechselkurs unter 1,20 Franken pro Euro, also keine Aufwertung des Franken über 83 Eurocent pro Franken tolerieren werde. Sie hoffte, der Spekulation damit den Boden unter den Füßen entzogen zu haben.

Diese Ankündigung schien zunächst glaubhaft zu sein, denn zwar kann eine Notenbank nicht die eigene Währung gegen beliebig viel Abwertungsdruck schützen, weil sie dafür Devisen braucht, wohl aber kann sie sie theoretisch gegen eine Aufwertung schützen, denn um der standzuhalten, braucht sie ja nur mehr eigene Währung zu drucken oder Schuldscheine auszugeben, um den Bedarf der Kapitalanleger nach Schweizer Geldanlagen zu befriedigen.

Die Märkte trauten der Ankündigung aber nicht wirklich, denn die Schweizer Notenbank musste innerhalb eines Jahres, vom Anfang des Monats der Wechselkursfixierung (also Anfang August 2011) bis zum Höhepunkt der dritten Krisenwelle (Ende August 2012), nochmals für 143 Milliarden Franken Devisen kaufen. Danach beruhigte sich die Spekulation allerdings, und die Devisenbestände stiegen nur noch langsam, bis zur vierten Krisenwelle, die sich im Herbst 2014 anbahnte und in der Zeit des Wahlsieges von Syriza in Griechenland, der am 25. Januar 2015 stattfand, gewaltig an Kraft gewann. In dieser Phase (Ende August 2012 bis Ende Dezember 2014) kamen noch einmal 74 Milliarden Franken hinzu.

Der Zustrom kann allerdings auch an der Ankündigung des neuen Programms des *Quantitative Easing* der Europäischen Zentralbank gelegen haben, von dem man eine Euroabwertung gegenüber vielen Währungen, so vielleicht auch dem Franken, erwartete. Viele Spekulanten wollten diese Aufwertung antizipieren und machten sich auch deshalb auf den Weg in die Schweiz.

Jedenfalls schoss nun der Strom der Fluchtgelder in die Schweiz wiederum dramatisch in die Höhe, sodass die Schweizer Notenbank am 15. Januar 2015 erklärte, dass sie die Kursbindung wieder aufgeben würde.[62] Damit machte sie den Spekulanten einen Strich durch die Rechnung, was, verteilt über die Welt, noch am Tag der Entscheidung einige von ihnen in den Ruin trieb, so z. B. einen Hedgefonds aus Neuseeland. Der Euro fiel dann gegen den Schweizer Franken innerhalb von nur wenigen Tagen von 1,20 Franken auf nur noch einen Franken, stieg danach noch einmal kurz auf 1,08 Franken, und lag zur Jahresmitte 2015 bei 1,04 Franken.

Die Schweizer Notenbank hatte vom Beginn des Monats der Kursfixierung bis zum Beginn des Monats mit der erneuten Freigabe des Kurses Devisen im Umfang von zusätzlich 218 Milliarden Franken erwerben müssen, was ca. 33% des Schweizer BIP waren. Insgesamt saß sie Anfang des Jahres 2015 auf einem Devisenpolster von 495 Milliarden Franken oder drei Viertel der Wirtschaftsleistung (76% des BIP von 2014).[63] Vermutlich hatte sie sich zur Freigabe entschlossen, weil ihr das Risiko von Abwertungsverlusten auf die Devisenbestände bei fortgesetzten Ankäufen und einer späteren Freigabe als nicht mehr beherrschbar erschien. Sie nahm lieber sofortige Buchverluste von 41 Milliarden Franken in Kauf, als sich in das Abenteuer unbegrenzter Verluste zu begeben, denn was wäre gewesen, wenn die ganze Welt sich auf die kleine Schweiz gestürzt hätte?

Dabei muss man bedenken, dass die Schweizer Notenbank die Devisen, die sie erwarb, in der Regel nicht als Bargeld hielt, sondern alsbald wieder in europäische Wertpapiere anlegte, insbesondere in deutsche Staatspapiere. Davon hat sie heute mehr im Portfolio als irgendeine andere Institution auf der Welt,[64] und sollte der Euro einmal zerbrechen, würden diese Teile des Portfolios der Schweizer Notenbank bestimmt nicht an Wert verlieren.

Die Bestände an deutschen Staatspapieren und anderen Anlagen, die sich heute im Besitz der Schweizer Notenbank befinden, sind das Analogon der

Target-Forderungen der Bundesbank im Eurosystem.[65] Nur besteht hier der Unterschied, dass diese Bestände marktfähig sind und jederzeit wieder gegen andere Vermögensobjekte oder auch gegen Konsumgüter umgetauscht werden können, während die Target-Forderungen nicht fällig gestellt werden können und bloße Buchforderungen gegen andere Notenbanken sind, von denen man nur hoffen kann, dass sie nicht eines Tages unter den Teppich gekehrt werden.

Würde die Bundesbank nach einem Austritt Deutschlands aus der Währungsunion versuchen, eine Aufwertung der D-Mark zu verhindern, um die Exportindustrie zu schützen, dann müsste sie als großes Land relativ zum deutschen BIP sicherlich lange nicht so viele ausländische Devisen absorbieren wie die Schweiz. Sie könnte das, was heute Target-Forderungen sind, in Form eines wohldiversifizierten Vermögensportfolios mit Anlagen aus aller Welt befüllen, die die deutsche Volkswirtschaft bei Bedarf in Konsumgüter rückumwandeln könnte. Das wäre eine ähnliche Strategie zur Verhinderung einer übermäßigen Aufwertung, wie sie der norwegische Staatsfonds seit Langem verfolgt. Mit ihren Target-Forderungen, die wie gezeigt die Hälfte des deutschen Auslandsvermögens ausmachen, wird eine spätere Rückumwandlung in Konsumgüter der Bundesrepublik vermutlich niemals gelingen, gleichgültig ob sie im Euroverbund verbleibt oder nicht, ein Thema, das im nächsten Kapitel wieder aufgegriffen wird.

WIE ÜBERSCHÜSSE IN DEN USA AUSGEGLICHEN WERDEN

Das Geldsystem der USA, Federal Reserve System oder »Fed« genannt, bietet ebenfalls sinnvolles Anschauungsmaterial für das Eurosystem, wie auch Hinweise auf Reformmöglichkeiten.[66] Die Fed hat ein in Washington ansässiges Direktorium und zwölf regionale Notenbanken oder »District-Feds«, die die Geldpolitik nach den Regeln der Fed durchführen. Die Struktur des amerikanischen Geldsystems ist insofern mit dem Eurosystem vergleichbar, wo es ja den EZB-Rat, das EZB-Direktorium und die nationalen Notenbanken der 19 Euroländer gibt. Ansonsten sind die Ähnlichkeiten aber eher begrenzt.

In den USA kommt Geld weniger durch Refinanzierungskredite in Umlauf wie in Europa, sondern eher durch eine Offenmarktpolitik, also indem die Notenbank den Banken Wertpapiere aus ihrem Besitz abkauft. Bei diesen Wertpapieren handelt es sich großenteils um bundesstaatliche Papiere (Schatzwechsel und Wertpapiere von Bundesbehörden) und Obligationen staatlicher Unternehmen, indes auch um sogenannte *Asset-Backed Securities*

(ABS) des privaten Sektors. Das sind strukturierte Papiere, die Ansprüche auf Rückzahlungen aus einer Vielzahl anderer Wertpapieren bündeln, eine Anlageform, die theoretisch den Vorteil der Risikodiversifikation bietet, praktisch aber die Möglichkeit, viel Schindluder zu treiben, wie die US-Finanzkrise bewies.[67]

Die Staatspapiere der Gliedstaaten kauft die Fed allerdings nicht. Insofern gibt es kein Analogon zu den SMP-Käufen der EZB, die die GIPSIZ-Länder in der Krise mit reichlich öffentlichem Kredit aus der Druckerpresse der anderen Euroländer versorgte – im Gegensatz zu den Target-Krediten, die aus der Druckerpresse der GIPSIZ-Länder selbst stammten.

Die meisten Käufe hat die Fed nicht selbst realisiert, sondern von der New York Fed, einer ihrer zwölf District-Feds ausführen lassen. Das daraus resultierende Vermögensportfolio, der sogenannte *System Open Market Account* (SOMA),[68] gehört allen District-Feds.

Zusätzlich zu dieser zentralisierten Form der Geldschaffung bieten die District-Feds in begrenztem Umfang auch Refinanzierungskredite durch das sogenannte Diskontfenster an sowie auch Refinanzierungskredite gegen Pfänder (»Repos«) ähnlich wie in Europa. Eine Anzahl zusätzlicher Instrumente wurde in der Krise eingeführt, um dem Bankensektor kurzfristige Kredite zur Verfügung zu stellen, darunter z. B. die *Term Auction Facility* und die *Primary Dealer Credit Facility*. Die *Term Securities Lending Facility* erlaubte zudem den Tausch privater Wertpapiere gegen Staatspapiere, um den privaten Sektor mit verbesserten Sicherheiten für Kredite aus privaten Quellen sowie von der Fed auszustatten.

Das amerikanische Zentralbankensystem ist im Gegensatz zum europäischen System kein staatliches System, wobei die Übergänge insofern fließend sind, als einzelne Notenbanken in Europa, wie auch die griechische oder italienische Notenbank, privaten Eigentümern gehören. Die District-Feds gehören den privaten Geschäftsbanken und werden für diese tätig. Das Federal Reserve System steht allerdings unter öffentlicher Kontrolle und muss die Seignorage-Gewinne an die amerikanische Bundesregierung abgeben.

Die Distriktgrenzen haben auch wenig mit den Grenzen der Bundesstaaten zu tun. Teilweise gehören mehrere Bundesstaaten zu einer District-Fed, und umgekehrt kann es sein, dass das Territorium eines Bundesstaates zwei Fed-Distrikte überlagert. Die District-Fed von San Francisco ist besonders riesig. Sie umfasst den gesamten Westen einschließlich Alaska und Hawaii.

Die Überweisungsaufträge zwischen den Geschäftsbanken laufen im US-System grundsätzlich über die District-Feds, von denen jede ein Verrechnungskonto mit jeder der elf anderen District-Feds unterhält, den sogenannten *Interdistrict Settlement Account* (ISA). Der Saldo auf diesem Konto ist im Prinzip dasselbe wie der Target-Saldo einer nationalen Notenbank im Eurosystem, denn er zeigt an, wie viele Überweisungen eine District-Fed netto im Auftrag der anderen ausgeführt hat, wie viel Kredit sie ihnen also insofern gewährt hat.[69]

Anders als in Europa können sich jedoch die Überschüsse bei grenzüberschreitenden ISA-Zahlungsaufträgen, die aus einer asymmetrischen Geldschöpfung resultieren, nicht Jahr für Jahr weiter aufbauen, sondern müssen zwischen den District-Feds im April eines jeden Jahres ausgeglichen werden. Das geschieht, indem die Eigentumsrechte am SOMA-Portfolio zwischen den District-Feds entsprechend der Veränderung der ISA-Salden jeweils neu verteilt werden.

Um das US-System zu verstehen, ist es nützlich, sich dessen 200-jährige historische Entwicklung vor Augen zu führen. Am Anfang gab es den US-Dollar nur als Münze. Da der Gold- und Silbergehalt durch Bundesgesetze genau festgelegt war, durften die staatlichen Münzanstalten der Bundesstaaten die erforderlichen Münzen prägen. Dollarbanknoten kamen erstmalig 1861 in Umlauf, um den Sezessionskrieg zu finanzieren. Sie waren zunächst eigentlich nur Schuldscheine, die der Bundesstaat ausgab, weil er nicht genug Gold und Silber hatte, um seine Soldaten zu bezahlen. Man würde heute dazu in Amerika IOUs sagen,[70] ähnlich wie die Parallelwährung aus Schuldscheinen, die Kalifornien im Jahr 2009 eingeführt hat, um seine Zahlungsunfähigkeit zu überwinden, oder wie sie der griechische Finanzminister Varoufakis nach dem siegreichen Referendum vom Juli 2015 einführen wollte.

Die heute bestehende amerikanische Zentralbank wurde erst 1913 ins Leben gerufen. Zuvor waren schon in den Jahren 1791 und 1816 Zentralbanken gegründet worden, doch waren sie nur jeweils für 20 Jahre lizenziert und wurden dann wieder geschlossen.

Bevor es das Federal Reserve System gab, wurden natürlich auch schon Dollarüberweisungen von einer zur anderen Bank quer durch die USA vorgenommen, ohne dass dabei Geld physisch transportiert wurde. Man verschickte Schecks, und zur Einlösung der Schecks mussten die Überweisungen zwischen den Geschäftsbanken durchgeführt werden. Auch damals haben die Banken diese Überweisungsaufträge ausgeführt und sich temporär auch kreditiert, falls sich die Salden nicht ausglichen. Doch die Salden mussten in regelmäßigen Abständen physisch ausgeglichen werden, zumeist mit Gold, das dann zwischen den Banken transportiert wurde, anfangs mit Postkutschen, später mit Zügen. Dass dies eine besonders teure, umständliche und riskante Prozedur für den Zahlungsausgleich war, ist jedem Liebhaber von Wildwestfilmen bestens bekannt.

Kapitel 7   Von Leistungsbilanzdefiziten, Kapitalflucht und Target-Salden in den Euroländern

Im 1915 neu gegründeten System der Federal Reserve Bank wurde der Zahlungsausgleich durch die Einführung eines Goldfonds vereinfacht. Anstatt das Gold physisch zwischen den Banken hin und her zu transportieren, um die Salden auszugleichen, die bei den Überweisungen entstanden, hat man es einfach auf einen Haufen gelegt und die Eigentumsanteile daran in den Büchern hin und her geschoben. Das war billiger und sicherer als der physische Transport.

Der Fonds enthielt nicht nur physische Goldbarren, sondern auch Goldzertifikate, also mit Gold besicherte Schuldscheine, und er gehörte anteilig den einzelnen District-Feds.[71] Die Zahlungsbilanzüberschüsse zwischen den District-Feds wurden durch Änderung der Eigentumsanteile wöchentlich getilgt. Im Jahr 1934 mussten die District-Feds all ihr Gold dem Federal Reserve System aushändigen. Danach fand die Tilgung nur durch die Verschiebung der Eigentumsanteile an den Goldzertifikaten statt.[72]

Das System hielt in dieser Form bis 1975. Es wurde abgeschafft, nachdem das goldbasierte Bretton-Woods-System für den internationalen Zahlungsaustausch im Jahr 1973 zusammenbrach. Mit dem Untergang des Bretton-Woods-Systems wurde der Transfer von Goldzertifikaten zwischen den District-Feds der USA durch den Transfer von Eigentumsanteilen am SOMA-Portfolio ersetzt. Dies ändert aber nichts Grundsätzliches an der Natur des Vorgangs.

Im Reformprogramm des letzten Kapitels dieses Buches wird ein ähnliches Tilgungssystem, wie es die USA hatten, auch für die Eurozone vorgeschlagen, um den Gläubigerländern für den Fall eines Zusammenbruchs des Eurosystems bleibende Vermögensansprüche zu geben, die sie im Target-System nicht haben. Solche Ansprüche vermindern das Drohpotenzial, das die Defizitländer bei Verhandlungen gegenüber den Überschussländern haben, wenn sie erreichen wollen, dass sie mit Finanzhilfen im Eurosystem gehalten werden. Sie vermindern damit indirekt auch die Anreize, Target-Salden durch eine exzessive lokale Geldschöpfung aufzubauen.

Es gibt im Übrigen mindestens drei Aspekte des Federal Reserve System, die erklären können, warum die ISA-Salden in den USA nicht als Beleg dafür herhalten können, dass auch in den USA der Kapitalmarkt in ähnlicher Weise wie in Europa durch die lokale Druckerpresse unterboten wird, wenn er Risikoprämien fordert.

1. Die private Natur und strukturelle Trennung der Grenzen von Bundesstaaten und District-Feds beschränkt den politischen Einfluss auf die lokalen geldpolitischen Entscheidungen.[73] Dies macht einen Bailout von Bundesstaaten, finanziert durch lokale Refinanzierungskredite und be-

Wie Überschüsse in den USA ausgeglichen werden

sichert durch Staatspapiere mit Schrottstatus, was ein essenzieller Aspekt der Bailout-Politik der EZB war (vgl. Kapitel 5), in den USA undenkbar. Der Erwerb von Wertpapieren, der der Hauptwirkungskanal der Geldschöpfung in den USA ist, basiert auf einem regional weitgehend diversifizierten, breit gestreuten Portfolio privater und bundesstaatlicher Papiere, und nicht auf dem Erwerb von Anleihen einzelner Bundesstaaten, ganz zu schweigen solcher, die sich in Schwierigkeiten befinden, wie Kalifornien oder Illinois.

In den USA kommt das Geld normalerweise in Umlauf, indem die New York Fed im Auftrag des Federal Reserve System bundesstaatliche Papiere kauft, die vorher von den USA zur Finanzierung des Staatshaushalts ausgegeben wurden. Der bloße Akt der Finanzierung der Staatsausgaben durch den Verkauf von Staatspapieren führt selbst nicht zu einem systematischen Aufbau von ISA-Salden, weil der Staat das Geld breit gestreut einnimmt und breit gestreut wieder ausgibt.[74] Jedoch ist der anschließende Aufkauf der Papiere durch die New York Fed nicht neutral. Vielmehr kommt es zu einem Fluss der Papiere aus dem gesamten Währungsgebiet nach New York und entsprechenden Überweisungsaufträgen an andere District-Feds, die eine ISA-Schuld für die New York Fed bedeuten. Diese Schuld ist jedoch nicht mit einer Target-Schuld einer Notenbank im Eurosystem vergleichbar, weil sie nicht durch das Unterbieten des Kapitalmarkts über die Notenpresse zustande kommt, sondern durch die Finanzierung der Zentralregierung, von deren Ausgaben alle Regionen gleichermaßen profitieren. Die New York Fed kauft die Papiere für das SOMA-Portfolio, entwickelt eine ISA-Schuld durch die Überweisung des Geldes in den Distrikt des Verkäufers und tritt einen entsprechenden Anteil am SOMA-Portfolio auch alsbald wieder ab, um diese Schuld zu tilgen. Irgendwelche Ähnlichkeiten zwischen diesem rein technischen Vorgang und der Finanzierung einzelner Länder der Eurozone mit immer mehr Refinanzierungskrediten durch die Herabsenkung der Pfänderqualität gibt es nicht.[75]

2. Da die USA ein föderaler Bundesstaat mit einheitlichen Bankengesetzen sind, gibt es landesweit operierende Geschäftsbanken, die ihre Nachfrage nach frisch geschaffenem Geld auf bestimmte District-Feds konzentrieren, typischerweise jene, in denen sich ihr Hauptsitz befindet. So ist z. B. der Hauptsitz der Bank of America in Richmond, Virginia, während der Hauptsitz von Wells Fargo in San Francisco liegt. Dies mag erklären, warum diese zwei Distrikte besonders hohe ISA-Schulden in der Krise aufgebaut haben, als die Fed ihre speziellen Liquiditätsprogramme durchgeführt hatte. Da diese Programme allen District-Feds besseren Zugang zu Geldschöpfungskrediten gegeben haben, wurde die Geldschöpfung

temporär von der New York Fed auf andere District-Feds verschoben.[76] Offensichtlich gibt es auch bei diesem Mechanismus keinerlei Analogie zur Eurozone. Die Geschäftstätigkeit der meisten europäischen Banken ist auf ihr jeweiliges Hauptsitzland beschränkt, und die wenigen international agierenden Geschäftsbanken geben ihren Niederlassungen meist den Status rechtlich selbständiger Töchter.

Die begrenzten Anreize und institutionellen Möglichkeiten in den USA, exzessiv viele Finanztitel zu emittieren, hat in der Geschichte der USA zu substanziellen Unterschieden in den kurzfristigen Zinsen von bisweilen mehr als 100 Basispunkten geführt, die die lokalen District-Feds für ihre Ausleihungen verlangten, wie der Bericht der European Economic Advisory Group (EEAG) von 2013 gezeigt hat.[77] Diese Zinsunterschiede hielten die Zahlungsbilanzsalden in den USA in Schach. Da eine Region ihre Schwierigkeiten bei der Finanzierung ihres Leistungsbilanzdefizits nicht mittels einer lokalen Geldschöpfung lösen konnte, erhöhte die lokale Kreditnachfrage die Zinsen. Zu höheren Zinsen kam zum einen mehr privates Kreditangebot aus anderen Regionen zustande, zum anderen reduzierten die höheren Finanzierungskosten die Nachfrage nach Importen. Dieser Mechanismus hielt die regionalen Zahlungsbilanzsalden in den USA unter Kontrolle.

Was dies alles für die Entwicklung der tatsächlichen ISA-Salden in der Krise bedeutet, beschreibt Abbildung 7.10. Die zwei Kurven zeigen die Summe der Brutto-Target-Forderungen und die Summe der Brutto-ISA-Forderungen (also die Summe aller Forderungen der District-Feds) relativ zum jeweiligen BIP (der Eurozone bzw. der USA).

Man erkennt, dass die Summe der ISA-Salden vor der Finanzkrise nur bei etwa 0,2 bis 0,3% des BIP lag, in der Krise auf 2 bis fast 3% hochschoss und dann wieder auf das Vorkrisenniveau zurückkehrte. Ebenso sieht man, dass die Forderungen jeweils zum April zurückgingen, falls sie vorher hochgeschossen waren, weil sie in diesem Monat von den Schuldnerdistrikten getilgt wurden. Das ist der fundamentale Unterschied zu Europa, wo nie getilgt wird.

Genau genommen wird das ISA-Konto jedoch nicht vollkommen getilgt, da der Ausgleich gemäß einer spezifischen Formel vorgenommen wird, die typischerweise nur eine partielle Tilgung impliziert. Im Wesentlichen wird die Differenz zwischen dem aktuellen Jahresdurchschnittswert des Saldos und dem Restbestand des Saldos im April des Vorjahres ausgeglichen. Das ist nicht unerheblich, denn es bedeutet, dass sich auch in den USA während einer Krise Salden aufbauen können. Aber die Salden steigen nicht stetig und systematisch, sondern werden regelmäßig durch den Ausgleichsprozess

Abbildung 7.10 Target-Salden und ISA-Salden* als Anteil des BIP der Eurozone bzw. der USA (Januar 2003 bis Juni 2015)

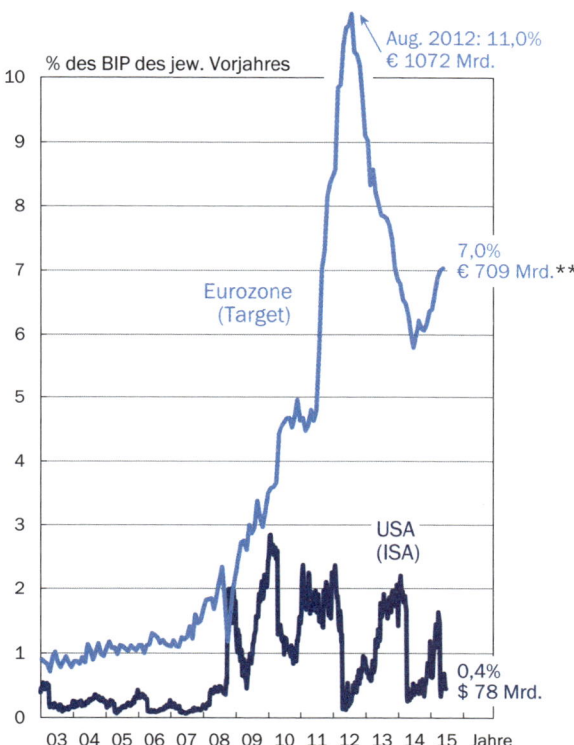

* Summe der Brutto-Target-Forderungen bzw. der Brutto-ISA-Forderungen der Notenbanken des Euro- bzw. Fed-Systems.

** Seit Januar 2015 werden keine Daten mehr für Slowenien und die Slowakei veröffentlicht, die bis Ende 2014 Überschussländer waren. (Das Gleiche gilt für einige Defizitländer, was aber bei dieser Darstellung irrelevant ist). Im Dezember hatte Slowenien eine Target-Forderung von 2,6 Milliarden Euro, die Slowakei eine von 2,7 Milliarden Euro zusammen waren das 0,05% des Euro-BIP im Jahr 2014. Um den Bruch in der Zeitreihe zu eliminieren, wurde für die beiden Länder von Januar bis Juni 2015 der Wert von Dezember 2014 angesetzt.

Quellen: H.-W. Sinn, »Fed versus ECB: How Target Debts Can Be Repaid«, *VoxEU*, 10. März 2012, <http://www.voxeu.org/article/fed-versus-ecb-how-target-debts-can-be-repaid>, aktualisiert; siehe auch derselbe und T. Wollmershäuser, »Target Loans, Current Account Balances and Capital Flows: The ECB's Rescue Facility«, a.a.O., 2012, Abbildung 9, aktualisiert.

abgebaut, wie die Abbildung zeigt. Außerdem sei nochmals betont, dass offene Positionen in den USA wegen der besonderen Rolle der New York Fed nicht bedeuten, dass die Kreditkonditionen des Kapitalmarkts zugunsten einzelner Regionen mit frischem Geldschöpfungskredit unterboten werden können.

In der Eurozone lagen die Brutto-Target-Salden bis zur Finanzkrise bei 1% des BIP, stiegen dann im Verlauf der Krise dramatisch in die Höhe und kamen schließlich im August 2012 bei 11% des BIP der Eurozone oder 1.072 Milliarden Euro an. Dabei zeigten die Salden den gleichen treppenförmigen Anstieg, der schon in Abbildung 7.1 diskutiert wurde. Die drei ersten Wellen der Krise sind deutlich an den steilen Stücken zu sehen, denen entweder ein Zwischenplateau folgt oder, im Fall der dritten Welle, das Maximum der Target-Kurve.

Am aktuellen Rand der Target-Kurve erkennt man bis zum Juni 2015 wieder einen Anstieg, der auf die vierte Krisenwelle zurückzuführen ist, die in Griechenland ihre Ursache hat. Auch ohne diesen neuerlichen Anstieg zeigt die Grafik einen meilenweiten Unterschied zwischen dem US-System und dem Eurosystem. Die Target-Salden im Euroraum lagen im Juni 2015 noch im Bereich von 709 Milliarden Euro oder 7,0% des BIP der Eurozone.

Ein interessanter Monat für das Verständnis des amerikanischen Systems ist der April 2009. Vor dem April des Jahres 2009 sanken die Salden allmählich, Monat für Monat, weil sich die District-Feds offenbar bemüht hatten, den Verlust von Vermögensanteilen am SOMA-Portfolio der Fed zu vermeiden, indem sie weniger Refinanzierungskredit vergaben. Der Rückgang des lokalen Refinanzierungskredits in den Defizitdistrikten erzeugte einen temporären Rückfluss von privaten Geldern aus anderen Distrikten, der nach der Tilgungsperiode gleich wieder umgedreht wurde, was die Salden steigen ließ. Das Fallen und Steigen der US-Salden im April 2009 deutet darauf hin, dass es sogar im US-System einen gewissen Anreiz gibt, die Tilgung durch Hergabe von Vermögensanteilen am SOMA-Portfolio zu vermeiden.[78] Im Juni 2015, dem letzten dargestellten Datenpunkt, machten die Brutto-ISA-Salden nur 0,4% des US-BIP oder 78 Milliarden US-Dollar aus.

Der Vergleich mit den USA zeigt den kapitalen Konstruktionsfehler des Eurosystems in aller Deutlichkeit auf. Wenn in einem Währungssystem unbegrenzte Geldbeträge für schwache Länder im Schaufenster liegen, dann wird zwar zunächst ein Maximum an Vertrauen erzeugt, das die Kapitalmärkte stabilisiert und Zinsunterschiede zwischen den Regionen minimiert. Aber genau deswegen werden die Volkswirtschaften destabilisiert, indem sie dem Anreiz zur übermäßigen Kreditaufnahme erliegen. Das führt zur inflationären Überhitzung, zu riesigen Außenhandelsungleichgewichten und zum Verlust der Wettbewerbsfähigkeit, bis die Außenschulden dann so groß werden, dass die Kapitalmärkte eine Sprengung der Systemgrenzen erwarten, sich zurückziehen und so die vom Kredit abhängigen Volkswirtschaften veranlassen, sich des Geldes aus dem Schaufenster zu bedienen, was wiederum andere Staaten zu Gläubigern der Krisenstaaten macht und gravierende politische Konflikte heraufbeschwört, die radikale Parteien hochbringen und internationale Spannungen erzeugen, die schwer zu beherrschen sind.

Es ist eben nicht ratsam, den Kapitalmärkten durch künstliche Schutzvorrichtungen wie eine unbegrenzte Geldmenge im Schaufenster oder eine unbegrenzte Feuerkraft der Notenbanken ein Maximum an Vertrauen in die Wirtschaft eines Landes oder einer Region zu geben. Vielmehr lebt das kapitalistische System vom gesunden Misstrauen der Anleger, von der dauernden Vorsicht derer, die Angst haben, ihr Geld zu verlieren. Die Möglichkeit, das eingesetzte Geld zu verlieren, darf man den Märkten nie nehmen, sonst geraten sie außer Rand und Band, und man verliert die Kontrolle – wie der Fahrer eines Autos, das ohne Bremsen den Berg hinunterrollt.

Man hat entgegengehalten, Maßnahmen zur Begrenzung der Target-Salden könne man nicht ergreifen, weil dann das Eurosystem kollabieren würde. Die Salden seien geradezu nötig für einen reibungslosen Zahlungsverkehr, und deswegen müsse alles so bleiben, wie es ist. Wenn diese Auffassung richtig wäre, hätte das US-System schon lange zusammenbrechen müssen.

Tatsächlich existiert das Geldsystem der USA nun schon geraume Zeit, weil es die Möglichkeit der Selbstbedienung über das Zahlungsausgleichssystem zwischen den Distrikten nicht bietet und stattdessen starke Beschränkungen für lokale Refinanzierungsgeschäfte auferlegt. Und wie gesagt mussten bis zum Jahr 1975 in den USA die ISA-Salden sogar mit Gold ausgeglichen werden. Das hat die Funktionsfähigkeit nicht beschränkt, sondern einfach nur die Kräfte gestärkt, die auf eine Finanzierung von lokalen Leistungsbilanzdefiziten durch private Kapitalimporte aus anderen Regionen hinwirkten. Das US-Ausgleichssystem ist nicht so strikt, als dass es einen stetigen Abbau von Zahlungsbilanzungleichgewichten verlangt – in der Tat wurden die Bedingungen für den Ausgleich ja 1975 und auch in der jüngsten Krise sogar gelockert. So haben sich zeitweilig Zahlungsbilanzdefizite aufgebaut, die nichts mit der Sonderrolle der New York Fed zu tun hatten. Doch die Mechanismen zur Begrenzung waren vor der Krise noch relativ stark und blieben auch in der Krise zum überwiegenden Teil erhalten.

Im Lichte der Entwicklungsgeschichte des US-amerikanischen Systems erscheint die Position der EZB, man könne auf den Ausgleich der Zahlungsbilanzsalden verzichten und sich mit dem bloßen Anschreiben auf dem Bierdeckel begnügen, wie es derzeit im Eurosystem der Fall ist, als wissenschaftlich nicht überzeugend. Für die Politik ist es allerdings eine schöne Ausrede.

DIE FUNDAMENTALE DICHOTOMIE DER RETTUNGSPOLITIK

Viele Banker und Politiker, ja selbst einige Ökonomen scheinen mit der Art und Weise, wie das Eurosystem funktioniert, zufrieden zu sein. Die Krisenländer müssten nur Reformen durchführen, um die Wettbewerbsfähigkeit wiederzuerlangen und das Vertrauen der Märkte zurückzugewinnen, behaupten sie. Bis das geschehen sei, müsse man ihnen finanziell mit Liquidität unter die Arme greifen.[79] Einige Beobachter des Geschehens erwecken sogar den Eindruck, dass die Leistungsbilanzdefizite und die Kapitalflucht weitgehend exogene Ereignisse seien, auf die man nur mit einer großzügigen Bereitstellung von Liquidität und öffentlichen Rettungsschirmen reagieren könne.

Diese Position ist im Sinne der eingangs dieses Buches zitierten Theorie zu verstehen, wonach eine Zentralbank nur fortwährend Geld ins Schaufenster stellen müsse, um kurzfristig spekulative Attacken abzuwehren. Eine solche Politik ist natürlich für Gläubiger und Schuldner attraktiv, da sie ultimativ in einem Bailout überschuldeter Länder samt ihrer Gläubiger mit dem Geld der Steuerzahler mündet. Dennoch darf man nicht übersehen, dass es in jeder Volkswirtschaft harte Budgetbeschränkungen gibt, die sich nicht durch Wunschdenken überwinden lassen. Es ist nun einmal eine unveränderliche Tatsache, dass ein Leistungsbilanzdefizit und ein privater Kapitalexport nur in dem Maße gleichzeitig stattfinden können, wie öffentliche Kredite in Form generöser Refinanzierungskredite der nationalen Notenbank oder in Form von zwischenstaatlichen Hilfen die Finanzierungslücke schließen. Hätten die öffentlichen Gelder nicht als Ersatz zur Verfügung gestanden, hätten die Krisenländer nicht gleichzeitig ihre Leistungsbilanzdefizite aufbauen und unter einer Kapitalflucht leiden können. Dies ist die fundamentale Dichotomie der Rettungspolitik: Entweder müssen die öffentlichen Kredite die Kapitalflucht ermöglicht haben, die die Politik zu bekämpfen vorgibt,[80] oder sie müssen die Leistungsbilanzdefizite aufrechterhalten haben, die von der Politik beklagt werden.[81] Mindestens einer dieser etwas unbequemen Schlussfolgerungen muss man sich stellen.

Vermutlich ist beides ein Stück weit geschehen. Die öffentlichen Kredite haben die strukturelle Verbesserung der Leistungsbilanzdefizite verlangsamt, weil sie den Krisenländern ermöglichten, nötige Reformen zur Verbesserung der Wettbewerbsfähigkeit zu verschleppen. Zugleich vertrieben sie jedoch das private Kapital, weil sie zu günstigeren Bedingungen verfügbar waren, als der Markt sie bot.

Besonders abenteuerlich war die radikale Absenkung der Bonitätsanforderungen der EZB für die Besicherung von Refinanzierungskrediten, die in Kapitel 5 beschrieben wurde, die zu einem Wildwuchs nationaler Sonderregeln führte, bei denen man die Sicherungsabsicht zum Teil nur noch als Vorwand empfinden und vage erahnen kann. Durch diese Absenkung kam die Rettungsspirale in Gang, die zunächst die EZB selbst zu einer Bailout-Institution verwandelte und anschließend fiskalische Rettungsaktionen erzwang.

Die Politiker hatten nicht unrecht, wenn sie argumentierten, dass ihre Interventionspolitik das notwendige Übel sei, um den Krisenländern genug Zeit für die erforderlichen Reformen zu geben. Doch während ihre Interventionen temporär angelegt waren und zu einem besseren Gleichgewicht führen sollten, beförderten sie ein opportunistisches Verhalten, das die Probleme, die es zu lösen galt, nur noch verschärfte. So ist es symptomatisch, dass, wie Abbildung 4.8 zeigte, Italien und Portugal noch keinerlei reale Abwertung gezeigt haben – entgegen stets anderslautenden Behauptungen. Eigentlich hat nur Irland eine substanzielle reale Abwertung gezeigt, jedenfalls eine solche, die gemessen an der Länge des Weges bis zum Gleichgewicht hinreichend war. Das lag, wie gezeigt, nicht an dem Zeitgewinn durch die öffentlichen Kredite, sondern ganz im Gegenteil daran, dass die Abwesenheit solcher Kredite der Politik keine Zeit ließ, untätig zu bleiben. Als Irlands Krise ausbrach, Ende 2006 und zwei Jahre vor den anderen Ländern, gab es noch keinen erleichterten Zugang zur lokalen Druckerpresse. Die irischen Target-Salden blieben niedrig. Erst nach dem Kollaps von Lehman Brothers gab die EZB ihre Schlüssel für die lokale Druckerpresse her, und erst 2011 kam Irland unter den fiskalischen Rettungsschirm der Staatengemeinschaft. Aber da waren zwölf von 13 Prozentpunkten realer Abwertung schon erreicht.

Im Gegensatz dazu zeigen die Daten der Abbildung 4.9, dass Spanien die Lohnzahlungen an seine Staatsbediensteten nach den ersten Anzeichen der Krise im Sommer 2007 während der zwei folgenden Kalenderjahre noch um 16 % erhöhte, Portugal um 8 % und Griechenland sogar um 19 %. Die privaten Gehälter stiegen etwas verhaltener, aber auch sie stiegen trotz der Krise und fielen erst ab 2010, in Portugal sogar erst ab 2011, wobei die Abnahme in den meisten Fällen nur den anfänglichen Lohnanstieg ausgleichen konnte. Sicher, die dritte und heftigste Krisenwelle kam erst danach, und sie führte dann tatsächlich zu einer gewissen realen Abwertung in Spanien und Griechenland. Doch haben diese Länder allenfalls ein Drittel bis ein Fünftel des notwendigen Weges bis zur Wiedererlangung der Wettbewerbsfähigkeit zurückgelegt. Die öffentlichen Kredite aus der Druckerpresse und den Rettungsschirmen haben die notwendigen strukturellen Verbesserungen der

Wettbewerbsfähigkeit durch eine reale Abwertung in den Krisenländern um mindestens ein halbes Jahrzehnt aufgehalten.

Die anderen Krisenländer haben sich nicht nur langsamer als Irland angepasst, sondern auch langsamer als vergleichbare Nicht-Euro-Länder, die ebenfalls an ein fixes Wechselkursregime gebunden sind. Wie in Kapitel 4 angedeutet, und wie von Daniel Gros und Cinzia Alcidi gezeigt, realisierten die sogenannten BELL-Länder in Osteuropa (Bulgarien, Estland, Litauen und Lettland), deren Wechselkurs relativ zum Euro fix war und die keine Unterstützung durch die EZB bekamen, ihre reale Abwertung durch Preis- und Lohnzurückhaltung sehr viel schneller als die südlichen Euroländer.[82] Die Autoren schreiben dies dem Umstand zu, dass die europäischen Rettungsoperationen harte Einschnitte entbehrlich machten.

Das bedeutet nicht, dass die EZB keine Liquidität hätte bereitstellen sollen, als die Finanzkrise über Europa hereinbrach. Im Herbst 2008, als der Zusammenbruch der Investment Bank Lehman Brothers die Märkte in Panik versetzte, tat sie das Richtige, indem sie die Märkte mit Liquidität flutete. Nach der Meinung vieler Beobachter hätte es ohne diese und ähnliche Maßnahmen auch in vielen anderen Ländern eine Kernschmelze auf den Finanzmärkten geben können.[83] Aber diese Rechtfertigung verschwand im Herbst 2009, spätestens im Frühjahr 2010, als sich die Weltwirtschaft überraschend schnell erholte und offenbar wurde, dass einige europäische Länder nicht einfach nur Opfer der globalen Krise mit temporären Liquiditätsproblemen waren, sondern unter einem fundamentalen Verlust ihrer Wettbewerbsfähigkeit litten, wenn sie nicht, wie Griechenland, bereits insolvent waren.

Ob freilich die Rettungsaktionen vom Frühjahr 2010 richtig waren, kann man füglich bezweifeln. Damit wurden Insolvenzen verschleppt, Steuerzahler wurden gezwungen, den professionellen Anlegern ihre toxischen Papiere abzunehmen, und Sparer wurden ihrer Zinserträge beraubt.

Die Rettungsaktionen ersetzten aber nicht nur das fliehende Kapital und halfen damit Schuldnern in Südeuropa und Irland; vielmehr machten sie die Kapitalflucht überhaupt erst möglich. Hätte die EZB durch eine rigorosere Besicherungspolitik die exzessive Vergabe von Refinanzierungskrediten verhindert und wären zudem keine fiskalischen Rettungskredite zur Verfügung gestellt worden, hätte das private Kapital auch nicht fliehen können. Das Volumen an Zentralbankgeld, das für die Tilgung der Kreditforderungen der Investoren über internationale Buchungsaufträge notwendig war, wäre einfach nicht verfügbar gewesen, die Krisenländer hätten schon frühzeitig die Kapitalverkehrskontrollen verhängen müssen, wie sie Zypern und Griechenland später einführten, und die privaten Investoren wären gezwungen gewesen, Schuldenschnitte zu akzeptieren, wie sie später kamen (im Fall der griechischen Schulden im März 2012 und bei zypriotischen Bankschulden

Die fundamentale Dichotomie der Rettungspolitik

im März 2013). Indem die Insolvenz verschleppt wurde, halfen die EZB und der Rettungsschirm den Banken und anderen Investoren, ihr Geld zurückzubekommen, weil der öffentliche Kredit zur Tilgung des privaten Kredits bereitgestellt wurde. Wie Abbildung 5.1 zeigte, waren die großen Nutznießer dieser Bailout-Politik (in dieser Reihenfolge) die Banken Frankreichs, Deutschlands, Großbritanniens, der Niederlande, Belgiens und der Schweiz.

Außerdem verhalfen die Rettungsoperationen – insbesondere die Herabsetzung der erforderlichen Pfänderqualität für Refinanzierungskredite – den Schuldnerländern zu billigen Krediten unter Bedingungen, die der Kapitalmarkt freiwillig nicht anbot. Die Rettungspolitik der EZB half also sowohl den privaten und öffentlichen Schuldnern als auch den privaten Gläubigern. Sie verlagerte aber die Verluste auf die Steuerzahler, die nun die Risiken trugen, sowie auf die Sparer, die aus sonst möglicherweise lukrativen Märkten verdrängt wurden und wegen der Konkurrenz mit der Druckerpresse gezwungen waren, ihre Mittel zu niedrigsten Zinsen zur Verfügung zu stellen. So leiden die Kunden der deutschen Lebensversicherer, die ihr Geld zur Verfügung stellten, um sich für das Alter eine Zusatzpension zu sichern, definitiv unter dieser Politik, weil die Versicherer keine adäquaten Zinsen mehr erwirtschaften können. Die Beobachtung in Abbildung 4.3, dass die von den GIPSIZ-Ländern tatsächlich geleisteten Zinsen für Nettoauslandsschulden dramatisch fielen, während sowohl die Auslandsschulden als auch die Marktzinssätze in die Höhe gingen, belegt die Bedeutung dieses Effekts.

Die Ironie ist, dass die EZB mit ihrer Politik eine noch größere Kapitalflucht auslöste als die, die man zu verhindern versuchte, weil sie den Kredit, der von der nationalen Notenbank kam, immer billiger machte. Gerne nahm man diesen Kredit, um seine privaten Auslandsschulden damit zurückzuzahlen. Zweifellos können die Ereignisse in der dritten Krisenwelle zwischen den Sommern von 2011 und 2012, in denen es eine riesige Kapitalflucht aus Spanien und Italien gab, in diesem Lichte interpretiert werden. Die »Dicke Bertha« oder die langfristigen Refinanzierungskredite im Umfang von 1000 Milliarden Euro, die vom EZB-Rat im Dezember 2011 beschlossen wurden, waren durch den Versuch motiviert, die Kapitalflucht aufzuhalten.[84] Jedoch legen die Abbildungen 6.2 und 7.1 bis 7.5 die Vermutung nahe, dass diese Entscheidung die Target-Salden entscheidend aufgebläht hat. Die »Dicke Bertha« war also keine wirksame Waffe, sondern nichts anderes als der heroische Versuch, ein Feuer mit einem Benzinkanister zu löschen.

Die EZB und die Staatengemeinschaft haben den unmittelbaren Schmerz einer Austeritätspolitik zwar abgeschwächt und unterdrückt, aber zugleich dem gewöhnlichen Selbstheilungsprozess einer Marktwirtschaft gegengesteuert. Wenn Kapital aus einem Land flüchtet, müssen die Zinsen des Landes netto, nach Abzug der Risikoprämie, nach oben schnellen, um zum einen der Kapitalflucht Einhalt zu gebieten und zum anderen die Kreditnachfrage abzuschwächen; das bringt den lokalen Kapitalmarkt wieder ins Gleichgewicht, da sich privates Kapital wieder in dieses Land zurücktraut. Wenn ein Land dagegen ein sogenanntes Stiglitz-Weiss-Szenarium erreicht, indem es seine Gläubiger selbst durch höhere Zinsen nicht erweichen kann, mehr Geld zu geben, muss es schlussendlich seine Insolvenz deklarieren. Dies wäre nicht zuletzt im Lichte der Nichtbeistandsklausel des Maastricht-Vertrags (Artikel 125 AEUV) der richtige und auch vertragsgerechte Weg gewesen.[85]

Der Versuch, durch das Angebot unbegrenzter Liquidität überall in der Eurozone dieselben nominalen Zinssätze aufrechtzuerhalten und damit die Marktzinsen zu unterbieten, verursachte riesige Wellen privater Kapitalflüsse zwischen den Mitgliedsländern der Währungsunion, die wegen der damit verbundenen Ansteckungseffekte das System destabilisierten. Diese Kapitalflüsse wären nicht möglich gewesen, wenn es Anreize gegeben hätte, die Target-Salden zu vermeiden und das lokale Geldangebot kurzzuhalten, was gleichgewichtige Zinsspreizungen hervorgebracht hätte.

Die Erschwerung des Aufbaus von Target-Salden hätte sicherlich zu einer Periode des Inflationsabbaus oder der Deflation in den Krisenländern geführt, durch die die erforderlichen Abwertungen der relativen Preise und Löhne früher auf den Weg gebracht worden wären, was am Ende jedoch Wachstum und Prosperität geschaffen hätte. Länder, für die solch ein Prozess zu schmerzhaft gewesen wäre, hätten den Euro aus eigenem Antrieb aufgegeben, zumindest bis zur Wiedererlangung ihrer Wettbewerbsfähigkeit. Doch die Politiker zogen es vor, die Kosten der notwendigen realen Anpassungen erst einmal zu verschieben. Das verlängerte die Wettbewerbskrise in den südeuropäischen Ländern und ließ sie chronisch werden.

ANMERKUNGEN

1 H.-W. Sinn, »Die riskante Kreditersatzpolitik der EZB«, *Frankfurter Allgemeine Zeitung*, Nr. 103, 4. Mai 2011, S. 10, <http://www.faz.net/aktuell/wirtschaft/europas-schuldenkrise/target-kredite-die-riskante-kreditersatzpolitik-der-ezb-1637926.html>; derselbe, »The ECB's Stealth Bailout«, *VoxEU*, 1. Juni 2011, <http://www.voxeu.org/article/ecb-s-stealth-bailout>; derselbe und T. Wollmershäuser, »Target Loans, Current Account Balances and Capital Flows: The ECB's Rescue Facility«, *International Tax and Public Finance* 19, 2012, S. 468–508, insbesondere Abschnitt 9, <http://www.cesifo-group.de/DocDL/sinn-itax-2012-target.pdf>; letzteres erschien auch als *CESifo Working Paper* Nr. 3500, Juni 2011, <http://www.cesifo-group.de/DocDL/cesifo1_wp3500.pdf> und als *NBER Working Paper* Nr. 17626, November 2011, <http://www.cesifo-group.de/DocDL/NBER_wp17626_sinn_wollm.pdf>; S. Homburg, »Anmerkungen zum Target2-Streit«, *ifo Schnelldienst* 64, Nr. 16, 31. August 2011, S. 46, <http://www.cesifo-group.de/DocDL/ifosd_2011_16_9.pdf>; G. Milbradt, »Die EZB auf der schiefen Bahn«, ebd., S. 39, <http://www.cesifo-group.de/DocDL/ifosd_2011_16_8.pdf>.

2 Der Leser beachte abermals, dass Transfers, also Geschenke, zwar die Leistungsbilanz verringern würden, aber ein Defizit derselben definitionsgemäß nicht finanzieren können. Sie können allerdings ein Handelsbilanzdefizit mitfinanzieren.

3 Ausnahmen bilden die Notenbanken von Bulgarien, Dänemark, Polen und Rumänien, die derzeit assoziierte Mitglieder des Eurosystems sind. Sie können zwar Target-Forderungen aufbauen, doch keine Target-Verbindlichkeiten. Dies macht aber nur einen kleinen Posten aus.

4 Vgl. Kapitel 2, Box: »Zur Zeitverzögerung zwischen Portfolioumschichtungswünschen und Leistungsbilanzreaktionen«.

5 Dieses Kapitel verwendet und erweitert die Methodologie von H.-W. Sinn und T. Wollmershäuser, »Target Loans, Current Account Balances and Capital Flows: The ECB's Rescue Facility«, a. a. O., 2011 und 2012.

6 Europäische Zentralbank, *Konsolidierter Ausweis des Eurosystems zum 31. Dezember 2014*, Pressemitteilung, 8. Januar 2014, <http://www.ecb.int/press/pr/wfs/2014/html/fs140108.en.html>. Annahme: Die Notenbanken der GIPSIZ-Länder partizipieren an den Käufen gemäß ihrem Eigenkapitalschlüssel am Kapital der EZB.

7 Deutsche Bundesbank, »Ausweis von Euro-Bargeld in der Zahlungsbilanz und im Auslandsvermögensstatus«, *Monatsbericht März 2015* 67, Nr. 3, 23. März 2015, <http://www.bundesbank.de/Redaktion/DE/Downloads/Veroeffentlichungen/Monatsberichte/2015/2015_03_monatsbericht.pdf?__blob=publicationFile>, insbesondere S. 96–98.

8 Die entsprechenden Daten für März 2015 lagen beim Verfassen des Buches nicht vor.

9 Die Kapitalflucht aus den einzelnen Ländern wurde in den verschiedenen Versionen des Target-Papiers von Sinn und Wollmershäuser dokumentiert, sobald die jeweiligen Daten verfügbar waren. Irland: CESifo-Version vom Juni 2011; Italien: NBER-Version vom November 2011; Spanien: Mai 2012. H.-W. Sinn und T. Wollmershäuser, »Target Loans, Current Account Balances and Capital Flows: The ECB's Rescue Facility«, a. a. O., 2012.

10 Für die nach Kenntnis des Verfassers erste Analyse der Kapitalflucht aus Italien im Spätsommer 2011 vergleiche man H.-W. Sinn, »Italy's Capital Flight«, *Project Syndicate*, 25. Oktober 2011, <http://www.project-syndicate.org/commentary/italy-s-capital-flight>.

11 Verschiedene Autoren haben behauptet, dass Sinn und Wollmershäuser eine solche positive Korrelation unterstellen, um dann empirisch den Beweis anzutreten, dass dies nicht der Fall war. Jedoch trifft die Behauptung dieser Autoren nicht zu. Die Schlussfolgerung, dass ein Leistungsbilanzdefizit mit Target-Krediten und nicht mit privaten ausländischen Krediten finanziert worden sein muss, ergibt sich als logische Konsequenz der Bilanzierungsmathematik und ist keine Aussage über statistische Korrelationen. H.-W. Sinn und

T. Wollmershäuser, »Target Loans, Current Account Balances and Capital Flows: The ECB's Rescue Facility«, a. a. O., 2012.
12 Auer zeigt jedoch empirisch, dass in der langen Frist auch eine statistisch signifikante positive Korrelation zwischen Leistungsbilanzdefiziten und Target-Defiziten vorliegt. R. Auer, »What Drives Target2 Balances? Evidence from a Panel Analysis«, *Economic Policy* 29, 2014, S. 139–197. Eine solche Korrelation folgt aus dem Umstand, dass der leichtere Zugang zur lokalen Druckerpresse einen höheren Lebensstandard und mehr Importe verursacht. Sie steht nicht im Widerspruch zu der Aussage, dass sich kurzfristig vor allem eine Korrelation zwischen Target-Salden und Kapitalströmen ergibt, weil die Druckerpresse als Kapitalersatz fungiert.
13 Die Aufteilung des Bestands der gekauften Vermögenswerte auf die unterschiedlichen Länder wurde nur für die Jahresendstände 2012, 2013 und 2014 veröffentlicht. Europäische Zentralbank, *Details on Securities Holdings Acquired under the Securities Markets Programme*, Pressemitteilung, 21. Februar 2013, <http://www.ecb.int/press/pr/date/2013/html/pr130221_1.en.html>; dieselbe, *Jahresabschluss der EZB für 2013*, Pressemitteilung, 20. Februar 2014, <http://www.ecb.europa.eu/press/pr/date/2014/html/pr140220.de.html>; und dieselbe, *Abschlüsse der EZB für 2014*, Pressemitteilung, 19. Februar 2015, <http://www.ecb.europa.eu/press/pr/date/2015/html/pr150219_1.de.html>.
14 European Stability Mechanism, *EFSF Board of Directors Reserves Its Rights to Act Upon Greece's Default*, Pressemitteilung, 3. Juli 2015, <http://www.esm.europa.eu/press/releases/efsf-board-of-directors-reserves-its-rights-to-act-upon-greeces-default.htm>.
15 Vgl. Abbildung 2.1 und die dortigen Erläuterungen.
16 Y. Varoufakis, »Schluss mit Schwarzer Peter«, *Handelsblatt*, Nr. 62, 30. März 2015, S. 48.
17 Da es in dieser Phase aber immer noch ausländische Anleger gab, die einige Dutzend Milliarden Euro in Griechenland investiert hatten, müssen die Kapitalanlagen von Griechen im Ausland noch um diese Beträge höher gewesen sein, als es bei der Fokussierung auf Nettozahlen den Anschein hat.
18 H.-W. Sinn, »Arbeiten am Drohpunkt«, *Handelsblatt*, 9. Juni 2015, S. 48.
19 Y. Varoufakis, »Yanis Varoufakis Full Transcript: Our Battle to Save Greece«, Interview mit H. Lambert, *New Statesman*, 13. Juli 2015, <http://www.newstatesman.com/world-affairs/2015/07/yanis-varoufakis-full-transcript-our-battle-save-greece>; sowie derselbe, N. Lamont und D. Marsh, »Telephone Conversation between Yanis Varoufakis, Norman Lamont and David Marsh«, *omfif.org*, 16. Juli 2015, <http://www.omfif.org/media/1122791/omfif-telephone-conversation-between-yanis-varoufakis-norman-lamont-and-david-marsh-16-july-2015.pdf>.
20 H.-W. Sinn, »Die griechische Tragödie«, *ifo Schnelldienst*, Sonderausgabe Mai 2015, S. 3–33, <http://www.cesifo-group.de/sinn-2015-griechische-tragoedie-pdf>; sowie derselbe, »Die griechische Tragödie«, *ifo Schnelldienst*, Sonderausgabe Mai 2015, Update Juni 2015, <http://www.cesifo-group.de/DocDL/sinn-2015-griechische-tragoedie-pdf.pdf>.
21 Vgl. Bank für Internationalen Zahlungsausgleich (BIZ), Statistiken, *Consolidated Banking Statistics*, Tabelle 9E, <http://www.bis.org/statistics/consstats.htm>.
22 Vgl. ebd.
23 Siehe auch H.-W. Sinn und T. Wollmershäuser, »Target Loans, Current Account Balances and Capital Flows: The ECB's Rescue Facility«, a. a. O., insbesondere das *CESifo Working Paper* Nr. 3500 aus dem Juni 2011, das die irische Kapitalflucht erstmalig dokumentiert.
24 Vgl. Kapitel 2, Abbildung 2.2 und die sich anschließende Diskussion.
25 H.-W. Sinn, »Italy's Capital Flight«, a. a. O., Oktober 2011. Eine frühe Prognose der bevorstehenden Schwierigkeiten kann gefunden werden in H.-W. Sinn, *Kasino-Kapitalismus. Wie es zur Finanzkrise kam, und was jetzt zu tun ist*, Econ Verlag, Berlin 2009, Kapitel 10: »Bleibt Europa stabil?«, Abschnitt: »Müssen wir Griechenland und Italien freikaufen?«.
26 S. Djankov, *Inside the Euro Crisis: An Eyewitness Account*, Peterson Institute for International Economics, Washington, DC Juni 2014, insbesondere S. 3, 17, 105.
27 Die Berechnung wird in der Fußnote zu Abbildung 7.1 erklärt.

28 Siehe P. De Grauwe, *Economics of Monetary Union*, Oxford University Press, Oxford 2012, für eine Analyse der Vertrauensbildung und Vertrauenszerstörung auf dem Kapitalmarkt.
29 Vgl. Banco de España, Boletín Estadístico, *Net Lending to Credit Institutions and its Counterparts*, Net Lending in Euro, Open Market Operations, LTROs, Tabelle 8.1.b, <http://www.bde.es/webbde/es/estadis/infoest/e0801e.pdf>; und dieselbe, Boletín Estadístico, Credit Institutions, *Aggregated Balance Sheet from Supervisory Returns*, Assets, Securities, Domestic, General Government, Total, Tabelle 4.4, <http://www.bde.es/webbde/es/estadis/infoest/a0404e.pdf>.
30 Vgl. Banca d'Italia, Central Bank: Assets – Lending to Euro-Area Financial Sector Counterparties Denominated in Euros: Longer-Term Refinancing Operations, *Base Informativa Pubblica*, Supplements to the Statistical Bulletin, Bank of Italy Balance-Sheet Aggregates: Assets, Juni 2012, <http://bip.bancaditalia.it/4972unix/homebipentry.htm?dadove=corr&lang=eng>.
31 Vgl. Banca d'Italia, General Government: Securities Held by Other Monetary Financial Institutions, *Base Informativa Pubblica*, Supplements to the Statistical Bulletin, The Public Finances, Borrowing Requirement and Debt, General Government Debt: By Holding Sector, Juni 2012, <http://bip.bancaditalia.it/4972unix/homebipentry.htm?dadove=corr&lang=eng>.
32 »Italy Senate Passes Monti's Austerity Package«, *BBC News Europe*, 22. Dezember 2011, <http://www.bbc.co.uk/news/world-europe-16301956>.
33 »Monti bringt Arbeitsmarktreform durchs Parlament«, *Handelsblatt online*, 27. Juni 2012, <http://www.handelsblatt.com/politik/international/italien-monti-bringt-arbeitsmarktreform-durchs-parlament/6807276.html>.
34 Vgl. OECD, *OECD Economic Outlook June 2015*, Nr. 97, OECD Publishing, Paris 2015, <http://dx.doi.org/10.1787/eco_outlook-v2015-1-en>, insbesondere Statistical Annex, Tabelle 25.
35 H.-W. Sinn, *Kasino-Kapitalismus. Wie es zur Finanzkrise kam, und was jetzt zu tun ist*, a. a. O., 2009, Kapitel 8: »Wie weit rollt die Lawine?«, Abbildung 8.6.
36 Vgl. Bank für Internationalen Zahlungsausgleich (BIZ), *BIS Quarterly Review*, September 2010, <http://www.bis.org/publ/qtrpdf/r_qt1009.htm>.
37 In der englischen Originalausgabe dieses Buches wurden diese Verbindlichkeiten, weil sie in der Bundesbankbilanz aufgeführt sind, bei den Berechnungen zur deutschen Haftung in Kapitel 8 in Abzug gebracht, doch wurden sie damals in diesem Kapitel nicht diskutiert, weil sie nicht zur deutschen Zahlungsbilanzstatistik zählten.
38 Siehe F. Seitz, »Der DM-Umlauf im Ausland«, *Diskussionspapier 1/95 Volkswirtschaftliche Forschungsgruppe der Deutschen Bundesbank*, Mai 1995, <http://www.oth-aw.de/fileadmin/user_upload/Professoren/Seitz/dkp199501.pdf>; sowie H.-W. Sinn und H. Feist, »Eurowinners and Eurolosers: The Distribution of Seignorage Wealth in EMU«, *European Journal of Political Economy* 13, 1997, S. 665–689; dieselben, »The Accidental Redistribution of Seignorage Wealth in the Eurosystem«, *CESifo Forum* 1, 2000, Nr. 3, S. 27–29; und dieselben, »Der Euro und der Geldschöpfungsgewinn: Gewinner und Verlierer durch die Währungsunion«, *ifo Schnelldienst* 53, 17. November 2000, Nr. 31, S 14–22.
39 S. G. Cecchetti, R. N. McCauley und P. M. McGuire, »Interpreting TARGET2 Balances«, *BIS Working Papers* Nr. 393, Dezember 2012, <http://www.bis.org/publ/work393.pdf>. Cecchetti et al. fehlinterpretieren jedoch die Arbeit von H.-W. Sinn und T. Wollmershäuser, »Target Loans, Current Account Balances and Capital Flows: The ECB's Rescue Facility«, a. a. O., 2011 bzw. 2012, indem sie den Autoren unterstellen, eine Verursachung der finnischen Target-Salden durch Leistungsbilanzdefizite behauptet zu haben. In Wahrheit haben Sinn und Wollmershäuser die Kapitalflucht, wo sie sichtbar wurde, von Anfang an gleichberechtigt mit den Leistungsbilanzsalden diskutiert. Schon der Titel ihres Aufsatzes legt klar, dass es wesentlich auch um Kapitalbewegungen ging.
40 Vgl. auch W. Kohler, »Zahlungsbilanzkrisen im Eurosystem: Griechenland in der Rolle des Reservewährungslandes?«, *ifo Schnelldienst* 64, Nr. 16, 31. August 2011, S. 12–19,

<http://www.cesifo-group.de/DocDL/ifosd_2011_16_3.pdf>; und C. B. Blankart, »Der Euro 2084«, ebd., S. 20–24, <http://www.cesifo-group.de/DocDL/ifosd_2011_16_4.pdf>. Einen Vergleich mit der Währungskrise Mexikos aus dem Jahr 1994/1995 liefern A. Tornell und F. Westermann, »Greece: The Sudden Stop that Wasn't«, *VoxEU*, 28. September 2011, <http://www.voxeu.org/article/greece-sudden-stop-wasn-t>. Eine Diskussion des Bretton-Woods-Systems und des europäischen Geldsystems findet man auch bei H. James, »The Multiple Contexts of Bretton-Woods«, *Oxford Review of Economic Policy* 28, 2010, S. 411–430, oder B. Eichengreen, *Global Imbalances and the Lessons of Bretton Woods*, MIT Press, Cambridge 2006.

41 Siehe R. D. Hormats, *The Price of Liberty: Paying for America's Wars*, Henry Hold and Company, New York 2007, insbesondere S. 255.

42 Für eine entsprechende Diskussion des Zusammenbruches des Bretton-Woods-Systems, vgl. T. Mayer, *Europe's Unfinished Currency*, Anthem Press, London 2012, insbesondere Kapitel 3: »A History of Failures«.

43 Brief des Präsidenten der Bundesbank Karl Blessing vom 30. März 1967 an den Präsidenten des Federal Reserve Systems, William M. Martin Jr., <http://www.mmnews.de/index.php/gold/7201-der-blessing-brief>.

44 Einen Vergleich zwischen EZU und der Europäischen Wirtschafts- und Währungsunion findet man bei J. C. Martínez Oliva, »The EMU versus the EPU. A Historical Perspective on Trade, Payments and the European Financial Crisis«, *World Economics* 14, 2013, S. 126–144.

45 Für eine detaillierte Studie der Europäischen Zahlungsunion, vgl. E. Tuchtfeldt, *Die europäische Zahlungsunion*, Forschungsstelle Völkerrecht und Recht, Frankfurt am Main 1953.

46 C.-L. Holtfrerich, »Geldpolitik bei festen Wechselkursen«, in Deutsche Bundesbank (Hrsg.), *50 Jahre Deutsche Mark – Notenbank und Währung in Deutschland seit 1948*, Verlag C. H. Beck, München 1998, insbesondere S. 400. Nach der Errichtung der EZU im Juli 1950 machte der Teil, der in Gold oder US-Dollar ausgeglichen werden musste, nur 25 % aus, 1954 waren es 50 % und seit 1955 waren es 75 %.

47 C.-L. Thiele, *Pressegespräch »Deutsche Goldreserven«*, Präsentation, 16. Januar 2013, <http://www.bundesbank.de/Redaktion/DE/Downloads/Presse/Publikationen/2013_01_16_thiele_praesentation_pressegespraech_gold.pdf?blob=publicationFile>.

48 Ebd., und Deutsche Bundesbank, Statistiken, Zeitreihen-Datenbanken, Makroökonomische Zeitreihen, *Außenwirtschaft*, Auslandsposition der Bundesbank bis zum Jahresende 1998, Zeitreihe BBK01.EU8201: Auslandsposition der Bundesbank – Bestand – /Gold, <http://www.bundesbank.de/Navigation/DE/Statistiken/Zeitreihen_Datenbanken/Makrooekonomische_Zeitreihen/its_details_value_node.html?tsId=BBK01.EU8201&listId=www_s201_b1005>; vgl. auch P. Bernholz, »Die Bundesbank und die Währungsintegration in Europa«, in Deutsche Bundesbank (Hrsg.), *50 Jahre Deutsche Mark – Notenbank und Währung in Deutschland seit 1948*, a. a. O., 1998, insbesondere S. 828, für eine Chronologie der europäischen geldpolitischen Integration; und J. H. Furth, »The European Monetary Agreement«, *Review of Foreign Developments*, 6. September 1955.

49 Insgesamt wurden sieben Millionen Feinunzen oder 218 Tonnen Gold an die EZB transferiert. Der Gesamtbestand betrug Ende 1998 119 Millionen Feinunzen. Deutsche Bundesbank, *Geschäftsbericht 1999*, Frankfurt am Main, 6. April 2000, insbesondere S. 182, <http://www.bundesbank.de/Redaktion/DE/Downloads/Veroeffentlichungen/Geschaeftsberichte/1999_geschaeftsbericht.pdf?__blob=publicationFile>; und dieselbe, *Geschäftsbericht 1998*, Frankfurt am Main, 1. April 1999, insbesondere S. 189, <http://www.bundesbank.de/Redaktion/DE/Downloads/Veroeffentlichungen/Geschaeftsberichte/1998_geschaeftsbericht.pdf?__blob=publicationFile>.

50 Deutsche Bundesbank, *Geschäftsbericht 2011*, Frankfurt am Main, 13. März 2012, insbesondere S. 146, <http://www.bundesbank.de/Redaktion/DE/Downloads/Veroeffentlichungen/Geschaeftsberichte/2011_geschaeftsbericht.pdf?__blob=publicationFile>; sowie dieselbe, Statistiken, Zeitreihen-Datenbanken, Euroraum-Aggregate, *Geldmengenaggre-*

gate, Zeitreihe BBK01.TUB600: Gold und Goldforderungen Deutsche Bundesbank, <http://www.bundesbank.de/Navigation/DE/Statistiken/Zeitreihen_Datenbanken/ Makrooekonomische_Zeitreihen/its_details_value_node.html?tsId=BBK01.TUB 600>; und C.-L. Holtfrerich, »Geldpolitik bei festen Wechselkursen«, a. a. O., 1998, insbesondere S. 351; und Deutsche Bundesbank, Zeitreihe BBK01.EU8201: *Auslandsposition der Bundesbank* – Bestand – /Gold, <http://www.bundesbank.de/Navigation/DE/Statistiken/Zeit reihen_Datenbanken/Makrooekonomische_Zeitreihen/its_details_value_node.html?tsId =BBK01.EU8201&listId=www_s201_b1005>.

51 M. Burda, »Hume on Hold?«, *VoxEU*, 17. Mai 2012, <http://www.voxeu.org/article/hume-hold-consequences-not-abolishing-euro-zone-national-central-banks>; M. D. Bordo und H. James, »The European Crisis in the Context of the History of Previous Financial Crises«, *NBER Working Paper* Nr. 19112, Juni 2013.

52 Ende 1968 lag der Wert des Goldbestandes der Bundesbank bei 18,156 Milliarden D-Mark oder 3,4% des BIP, das bei 533,28 Milliarden D-Mark lag. Die Dollarreserven betrugen zu dem Zeitpunkt 8,561 Milliarden D-Mark oder 1,6% des BIP. Deutsche Bundesbank, Zeitreihe BBK01.EU8201: *Auslandsposition der Bundesbank* – Bestand – /Gold, a. a. O.; dieselbe, Statistiken, Zeitreihen-Datenbanken, Makroökonomische Zeitreihen, Zeitreihe BBK01.EU 8215: *Auslandsposition der Bundesbank* – Bestand – Devisen und Sorten: US-Dollar Anlagen, <http://www.bundesbank.de/Navigation/DE/Statistiken/Zeitreihen_ Datenbanken/Makrooekonomische_Zeitreihen/its_details_value_node.html?tsId=BBK 01.EU8215>; sowie Statistisches Bundesamt, *Bruttoinlandsprodukt, Bruttonationaleinkommen und Volkseinkommen*, <https://www.destatis.de/DE/ZahlenFakten/Gesamtwirtschaft Umwelt/VGR/Inlandsprodukt/Tabellen/Volkseinkommen1925_pdf.pdf;jsessionid=AF2 76A52CFBB484125F96F4959D18368.cae3?__blob=publicationFile>.

53 Das BIP belief sich auf 2749,9 Milliarden Euro. Eurostat, Datenbank, *Wirtschaft und Finanzen*, Volkswirtschaftliche Gesamtrechnungen (ESVG 2010).

54 Siehe P. J. J. Welfens, *Market-oriented Systemic Transformations in Eastern Europe*, Springer-Verlag, Berlin 1992, insbesondere S. 151.

55 Siehe P. B. Kenen, »Transitional Arrangement for Trade and Payments Among the CMEA Countries«, *IMF Staff Papers* 38, Juni 1991, S. 235–267, insbesondere S. 238.

56 Siehe ebd., S. 293–322.

57 Siehe L. S. Goldberg, B. W. Ickes und R. Ryterman, »Departures from the Rouble Zone: The Implications of Adopting Independent Currencies«, S. 303.

58 Siehe A. Åslund, »Why a Collapse of the Eurozone Must Be Avoided«, *VoxEU*, 21. August 2012, <http://www.voxeu.org/article/why-collapse-eurozone-must-be-avoided-almost-any-cost>.

59 Siehe ebd. und T. Wolf und J. Odling-Smee, »Financial Relations among Countries of the Former Soviet Union«, *IMF Economic Reviews* 1, 1994.

60 Siehe P. Conway, »Currency Proliferation: The Monetary Legacy of the Soviet Union«, *Princeton Essays in International Finance* 197, Juni 1995.

61 Vgl. Schweizerische Nationalbank, Statistiken, Statistische Publikationen, *Bilanzpositionen der SNB*, <http://www.snb.ch/de/iabout/stat/statpub/balsnb/stats/balsnb/snbbil_ A1>.

62 Schweizerische Nationalbank, *Nationalbank hebt Mindestkurs auf und senkt Zins auf −0,75%*, Pressemitteilung, 15. Januar 2015, <http://www.snb.ch/de/mmr/reference/pre_ 20150115/source/pre_20150115.de.pdf>.

63 BIP 2014 nach Schätzung des Internationalen Währungsfonds, Internationaler Währungsfonds, *World Economic Outlook Database*, April 2015.

64 Die Schweizerische Nationalbank hält schätzungsweise 100 Milliarden Franken in deutschen Staatspapieren und finanziert daher zwischen 7 und 8% der deutschen Bundesschuld. H. Schöchli, »Standfest hinter der Nationalbank«, *nzz.ch*, 18. Juli 2012, <http://www.nzz.ch/aktuell/wirtschaft/wirtschaftsnachrichten/standfest-hinter-der-nationalbank-117368206>.

65 Auf diese Analogie wurde erstmals hingewiesen in H.-W. Sinn, »Ohne Wettbewerbsfähigkeit zerbricht der Euro«, Interview mit A. Trentin, *Finanz und Wirtschaft*, Nr. 47, 13. Juni 2012, S. 20, <http://www.fuw.ch/article/ohne-wettbewerbsfahigkeit-zerbricht-der-euro/>.
66 Für eine vergleichende Analyse des US-Systems mit der Europäischen Wirtschafts- und Währungsunion, siehe H. James, »Designing a Federal Bank«, *VoxEU*, Februar 2013, <http://www.voxeu.org/article/designing-federal-bank>.
67 Vgl. H.-W. Sinn, *Kasino-Kapitalismus. Wie es zur Finanzkrise kam, und was jetzt zu tun ist*, a. a. O., 2009, insbesondere Kapitel 6: »Heiße Kartoffeln«.
68 Das System Open Market Account (SOMA) ist ein Portfolio von Wertpapieren des US-Schatzamtes sowie von US-Bundesbehörden, von Investitionen in Auslandswährungen und von wechselseitigen Währungsabkommen. Die erworbenen Wertpapiere werden für Offenmarktgeschäfte des Federal Reserve System genutzt. Detaillierte Informationen zu den Aktivitäten und der Zusammensetzung können auf der Website der Federal Reserve Bank von New York gefunden werden: <http://www.newyorkfed.org/about-thefed/fedpoint/fed27.html>.
69 Ein Leser, der hier frisch einsteigt, möge sich ermuntert sehen, in Kapitel 6 den Abschnitt »Warum die Target-Salden Kredite messen« zu lesen, damit er versteht, warum jeder internationale Überweisungsvorgang im Eurosystem eine Kreditvergabe der Notenbank, die dem Adressaten das Konto füllt, gegenüber derjenigen Zentralbank ist, in deren Zuständigkeitsgebiet die Überweisung in Auftrag gegeben wurde.
70 IOU ist eine in den USA verwendete phonetische Abkürzung für Schuldscheine und steht für »I owe you«, wörtlich: »ich schulde dir«.
71 Federal Reserve, *Federal Reserve Bulletin*, 1. Juni 1915, <http://fraser.stlouisfed.org/docs/publications/FRB/pages/1915-1919/19705_1915-1919.pdf>.
72 Der Gold Reserve Act vom 30. Januar 1934 transferierte den gesamten Bestand an Gold der USA, inklusive des Goldes und der Goldzertifikate der Federal Reserve Banken, an das US-Schatzamt. Federal Reserve, *Monthly Bulletin*, February 1934, S. 67, <http://fraser.stlouisfed.org/docs/publications/FRB/1930s/frb_021934.pdf>, sowie United States, *Statutes at Large of the United States of America from March 1933 to June 1934*, Teil 1, S. 337–344, Government Printing Office, Washington, DC 1934.
73 Das hat Michael Burda zum Anlass genommen, für Europa eine länderübergreifende Neuaufteilung der Zuständigkeitsgebiete der Notenbanken zu verlangen. Siehe M. Burda, »Hume on Hold?«, a. a. O., 17. Mai 2012.
74 Die US-Regierung verkauft ihre Staatspapiere an Investoren in den unterschiedlichen US-Regionen und finanziert durch die eingenommenen Erträge die Staatsausgaben wiederum weit gestreut in unterschiedlichen Regionen. Deshalb gibt es keinen systematischen Grund dafür, dass sich auf diese Weise netto ISA-Salden bilden könne. Der Leser mag sich hierzu vorstellen, dass der Staat Zahlungen an Angestellte, Transferempfänger und Lieferanten direkt durch die Hergabe von Staatspapieren leistet. Das würde ebenfalls keinen Niederschlag in der ISA-Bilanz finden.
75 Deshalb ist es auch nicht überzeugend, wenn man darauf hinweist, dass sich die ISA-Salden ohne die jährliche Tilgung auch stets weiter aufgebaut hätten, ähnlich wie es in Europa der Fall war. Ein solches Argument wurde von Philippine Cour-Thimann vorgebracht. Siehe P. Cour-Thimann, »Target Balances and the Crisis in the Euro Area«, *CESifo Forum Special Issue* 14, April 2013, Abbildung 16, S. 30, <http://www.cesifo-group.de/DocDL/Forum-Sonderheft-Apr-2013.pdf>.
76 Siehe European Economic Advisory Group, *The EEAG Report on the European Economy: Rebalancing Europe*, CESifo, München 2013, <http://www.cesifo-group.de/DocDL/EEAG-2013.pdf>, Kapitel 4: »US Precedents for Europe«, Abbildung 4.5, S. 105. Eine andere Erklärung der Unterstützung schwächerer Regionen im Federal Reserve System, die eine Parallele zu den Hilfsmaßnahmen der EZB für bestimmte Regionen zieht, gibt P. Cour-Thimann, ebd.

Anmerkungen

77 European Economic Advisory Group, *The EEAG Report on the European Economy: Rebalancing Europe*, a. a. O., 2013, Abbildung 4.3, S. 103.
78 Die Nachteile der Tilgung durch die Hergabe von Anteilen am SOMA-Portfolio sind zwar begrenzt, da der Nettoertrag aus den Wertpapieren nach Abzug von Aufwendungen ohnehin der Bundesregierung übergeben werden muss. Doch können die District-Feds einen Teil ihrer lokalen Gewinne für sich behalten, indem sie mehr Beschäftigte einstellen oder höhere Löhne zahlen. Löhne der District-Feds in den USA sind in der Tat auch recht ungleich verteilt: So verdienen einige District-Fed-Präsidenten 50% mehr als andere. Im Jahr 2009 erhielt der Präsident der Federal Reserve Bank St. Louis 276 800 US-Dollar, während der Präsident der Federal Reserve Bank San Francisco 410 800 US-Dollar vergütet bekam. S. Reddy, »Fed Salaries: It Pays to be Private«, *Wall Street Journal Real Time Economics*, 24. Mai 2010, <http://blogs.wsj.com/economics/2010/05/24/fed-salaries-it-pays-to-be-private/>; und European Economic Advisory Group, *The EEAG Report on the European Economy: Rebalancing Europe*, a. a. O., 2013, S. 106.
79 Diese Sichtweise wurde z. B. von dem Chefvolkswirt des IWF, Olivier Blanchard, artikuliert; I. Madár und K. Kovács, »Blanchard: Eurozone Integration Needs to Go Forward or go Back, but it Can't Stay Here«, *Portfolio.hu*, 3. Oktober 2012, <http://www.portfolio.hu/en/equity/blanchard_eurozone_integration_needs_to_go_forward_or_go_back_but_it_cant_stay_here.24931.html>; siehe auch Z. Darvas, J. Pisani-Ferry und A. Sapir, »A Comprehensive Solution for the Euro Crisis«, *VoxEU*, 28. Februar 2011, <http://www.voxeu.org/article/three-part-plan-tackle-eurozone-debt-crisis>; Internationaler Währungsfonds, »Greece. 2013 Article IV Consultation«, *IMF Country Report* Nr. 13/154, Juni 2013, <http://www.imf.org/external/pubs/ft/scr/2013/cr13154.pdf>; derselbe, »Spain. 2013 Article IV Consultation«, *IMF Country Report* Nr. 13/244, August 2013, <http://www.imf.org/external/pubs/ft/scr/2013/cr13244.pdf>; P. De Grauwe, »In Search of Symmetry in the Eurozone«, *CEPS Policy Brief*, No. 268, Mai 2012; Z. Darvas, J. Pisani-Ferry und G. B. Wolff, »Europe's Growth Problem (and What to Do About It)«, *Bruegel Policy Brief*, Nr. 03/2013, April 2013.
80 M. Draghi, »The Euro, Monetary Policy and the Design of a Fiscal Compact«, *Ludwig Erhard Lecture*, Berlin, 15. Dezember 2011, <http://www.ecb.int/press/key/date/2011/html/sp111215.en.html>.
81 M. Draghi, »Competitiveness of the Euro Area and within the Euro Area«, Rede anlässlich des Kolloqiums *Les défis de la compétitivité*, organisiert von Le Monde und l'Association Française des Entreprises Privées (AFEP), Paris, 13. März 2012, <http://www.ecb.int/press/key/date/2012/html/sp120313.en.html>.
82 D. Gros und C. Alcidi, »Country Adjustment to a Sudden Stop: Does the Euro Make a Difference?«, *European Commission Economic Papers* 492, April 2013, <http://ec.europa.eu/economy_finance/publications/economic_paper/2013/pdf/ecp492_en.pdf>.
83 H.-W. Sinn, *Kasino-Kapitalismus. Wie es zur Finanzkrise kam, und was jetzt zu tun ist*, a. a. O., 2009.
84 Bei seiner Pressekonferenz vor der zweiten Tranche der »Dicken Bertha« am 9. Februar 2012 nannte der EZB-Präsident Draghi sie einen »fraglosen Erfolg« insofern, als unter anderem die Geldmarktfonds, die als Erstes aus dem Euro flüchteten, wieder zurückkehrten. *Introductory statement to the press conference (with Q&A) by Mario Draghi, President of the ECB, Vítor Constâncio, Vice-President of the ECB,* Frankfurt am Main, 9. Februar 2012, <http://www.ecb.int/press/pressconf/2012/html/is120209.en.html>; sowie *Introductory statement to the press conference (with Q&A) by Mario Draghi, President of the ECB, Vítor Constâncio, Vice-President of the ECB,* Frankfurt am Main, 8. März 2012, <http://www.ecb.int/press/pressconf/2012/html/is120308.en.html>.
85 J. E. Stiglitz und A. Weiss, »Credit Rationing in Markets with Imperfect Information«, *American Economic Review* 71, 1981, S. 393–410.

8 Im Rettungswahn

Die sieben Stufen der Rettungsarchitektur – Die Stützungskäufe von Staatsanleihen: Das SMP – Kein Risiko für die Steuerzahler? – EFSF, ESM & Co – Ein Überblick über die Rettungskredite – Das Haftungsrisiko der Geberländer – Die OMT-Kontroverse – Das OMT vor Gericht – Das QE-Programm als Kompromiss und Hoffnung – Die Bankenunion – Baldrian gegen den Stress – Bail-in oder Bailout? – Ein Abwicklungsmechanismus für die Banken der Eurozone – Die Aushöhlung von Marktwirtschaft und Demokratie

DIE SIEBEN STUFEN DER RETTUNGSARCHITEKTUR

Die gemeinsame Währung hat sich mittlerweile in eine Falle für die Eurostaaten verwandelt. Die südeuropäischen Länder tappten in sie, weil der Euro eine inflationäre Kreditblase erzeugte, die sie sukzessiv ihrer Wettbewerbsfähigkeit beraubte; die nordeuropäischen Länder tappten im Zuge der eingeschlagenen Rettungspolitik hinein, da sie sich nun in einer Haftungsspirale wiederfanden. Die erste dieser beiden Fallen wurde bereits in den Kapiteln 2 und 4 ausführlich diskutiert. Dieses Kapitel widmet sich der Haftungsspirale, die aus der Abfolge einer Vielzahl öffentlich finanzierter Rettungsaktionen resultierte, die der Selbstrettung mit der Druckerpresse folgte, wie sie in Kapitel 5 und 6 beschrieben wurde.

Die Sequenz der Maßnahmen zur Krisenbewältigung war weder geplant noch hatten die handelnden Politiker den Überblick, wohin das alles einmal führen würde. Stattdessen taumelte Europa von einer Krise zur nächsten. Auf jeder Stufe der Krise erschien es als rettende Idee, immer wieder neue Finanzierungsquellen zu erschließen, die sowohl private als auch öffentliche

Schuldner vor einer Insolvenz bewahren sollten. Die neuen Quellen lösten die Finanznot jedoch nur kurzzeitig, nämlich bis auch sie erschöpft waren und die Krise zurückkehrte. Dann mussten neue Töpfe gefunden werden, um die alten Schulden daraus zu bedienen und den Lebensstandard in den Krisenländern aufrechtzuerhalten. Politische Entscheidungsträger behaupteten bei jedem neuen Topf, der geöffnet wurde, dass das Schlimmste nun überstanden sei und man jetzt wieder neuer Prosperität und neuem Wachstum entgegensehen könne. Doch waren das nur Sonntagsreden. Tatsächlich zeigte die Krise ihr hässliches Gesicht immer wieder an neuen Stellen des Eurosystems, an die man vorher gar nicht gedacht hatte, und eiligst musste von neuem interveniert werden. Auch als das englische Original dieses Buches im Sommer 2014 herauskam, behaupteten die Politiker in Europa, nun sei die Krise nur noch Geschichte. Doch was ist nicht inzwischen alles passiert!

Gewiss, die politischen Entscheidungen auf jeder Stufe der Staatsintervention waren nicht irrational. Stets ließen eine überzeugende Logik und die Dringlichkeit der Situation die Maßnahmen als vernünftig erscheinen. Es ergab sich eine logische Kette von Zwängen, auf die rationale Politiker nach den Regeln ihres Berufes reagieren. Trotzdem hat in der Konsequenz jede Stufe eine Pfadabhängigkeit begründet und damit politische Strukturen in Europa geschaffen, die von den Gründervätern der Währungsunion so nicht intendiert waren und mittlerweile die Gefahr bergen, die Prinzipien der freien Marktwirtschaft und sogar der Demokratie auszuhöhlen.

Sieben Stufen sind heute ersichtlich und wurden zum Teil bereits in diesem Buch andiskutiert. Sie sollen hier zusammengefasst werden, um dem Leser noch einmal einen Überblick über die Chronologie der politischen Entscheidungen zu geben. Die Stufen waren eine unmittelbare oder mittelbare Reaktion auf die vier Wellen der Krise, die anfangs des letzten Kapitels anhand der Entwicklung der Target-Salden identifiziert wurden.

STUFE 1: DAS IMPLIZITE BAILOUT-VERSPRECHEN (DER EURO)

Die Ankündigung und die Einführung des Euro eliminierten zwar das Wechselkursrisiko, doch das an dessen Stelle tretende Insolvenzrisiko ganzer Staaten wurde von den europäischen Institutionen heruntergespielt. Dies geschah, obwohl der Maastricht-Vertrag den Investoren mit dem Beistandsverbot (Artikel 125 AEUV) eigentlich klarmachen wollte, dass sie im Fall einer Staatsinsolvenz Schuldenschnitte würden akzeptieren müssen. Wie in Kapitel 2 im Abschnitt *Marktversagen oder Staatsversagen* geschildert wurde, interpretierte die EU die Basler Vorschriften zur Bankenregulierung dergestalt, dass sämtliche Banken und Staaten der Eurozone unabhängig von ihrer Bonität gleich behandelt werden müssen, und verlangte, wenn überhaupt, nur eine minimale Eigenkapitalunterlegung als Sicherheitspolster in den Bankbilanzen. Staaten könnten nicht in Konkurs gehen, so lautete die implizite Annahme, und deshalb bräuchten die Banken für Staatskredite auch keine Eigenkapitalabsicherung. Das war ein fataler Fehler, weil er die Risikoprämien im Zins, die der Kapitalmarkt zum Funktionieren braucht, eliminierte.

Der gedankliche Ausschluss einer Konkursmöglichkeit im Regulierungsapparat steht im eklatanten Widerspruch zur Idee des Beistandsverbots gemäß Artikel 125 des Vertrages über die Arbeitsweise der Europäischen Union (AEUV). Die fehlende Konkursmöglichkeit hat das Eurosystem destabilisiert, weil sie Anreize setzte, jene Sorgfalt, Vorsicht und Skepsis über Bord zu werfen, die der Markt braucht, um knappe Finanzierungsressourcen effizient auf rivalisierende Verwendungen aufzuteilen und eine Überhitzung einzelner Volkswirtschaften zu vermeiden.

Außerdem verzerrte die EZB die Kapitalmärkte, weil sie sich als Kreditgeber der letzten Instanz präsentierte. Da sie ihnen Gewissheit gab, dass man sie vor einem Konkurs ihrer Schuldner schützen werde, begnügten sich die Gläubiger mit niedrigen Zinsen. Aber zu niedrigen Zinsen hatten die Schuldner keine Hemmungen, sich einem Leben auf Pump hinzugeben. Zu den Elementen, die diese künstliche Investitionssicherheit zu erzeugen vermochten, gehörte

- die Unabhängigkeit der EZB von demokratischer Kontrolle im Verein mit einer politischen Auswahl der Ländervertreter,
- das starke Stimmgewicht der Schuldnerländer im EZB-Rat, das auf der Ein-Land-Eine-Stimme-Regel basierte,
- die Errichtung eines staatlichen Systems mit unbegrenzten Dispokrediten für grenzüberschreitende Buchungsaufträge, wie es in den Verträgen überhaupt nicht angelegt war,
- die dezentrale Struktur des Eurosystems mit der jeder einzelnen Notenbank offenstehenden Möglichkeit, der eigenen Wirtschaft auf dem Weg über die Banken ELA-Notkredite zu gewähren, sofern keine Mehrheit von zwei Dritteln der Stimmen des EZB-Rates dagegen aufstand, und
- die Vergemeinschaftung der Gewinne und Verluste aus Refinanzierungskrediten, vor der selbst die angeblich nationale Haftung für ELA-Kredite nicht schützen konnte.

Die fast unbegrenzte Feuerkraft der EZB, die durch diese Maßnahmen gesichert schien, sollte ein Maximum an Finanzmarktstabilität und Vertrauen schaffen, beflügelte aber genau deshalb den Opportunismus von Gläubigern und Schuldnern und erzeugte eine inflationäre Kreditblase, die den südeuropäischen Ländern ihre Wettbewerbsfähigkeit nahm und eine unerträgliche Massenarbeitslosigkeit schuf. Die Massenarbeitslosigkeit spülte radikale politische Kräfte hoch, die sich weder mit den Grundregeln einer sozialen Marktwirtschaft noch mit den Vorgaben des Maastrichter Vertrages identifizieren und nun einem hemmungslosen Vulgär-Keynesianismus das Wort reden, der die Überschuldung (zulasten der mithaftenden heutigen und zukünftigen Gemeinschaft der Euroländer) zur Staatsräson erklärt.

STUFE 2: DER FREIE ZUGANG ZUR DRUCKERPRESSE (DIE TARGET-KREDITE)

Die US-amerikanische Immobilienkrise schwappte 2007/2008 nach Europa herüber. Als Investoren sich scheuten, überschuldeten Ländern weiterhin Kredite zu gewähren, erlaubte die EZB diesen Ländern, ihre Probleme mit der jeweils eigenen elektronischen Druckerpresse zu lösen, indem sie die Mindestqualität der Pfänder, die Banken für Refinanzierungskredite einreichen mussten, bis auf das Schrottniveau senkte, die Kreditlaufzeiten weit über das für geldpolitische Maßnahmen übliche Niveau hinaus erhöhte und den nationalen Notenbanken notfalls auch gegen den Willen der Mehrheit des EZB-Rates Zugang zu Notkrediten (ELA) zur Stützung der jeweiligen nationalen Geschäftsbanken gewährte. Dies ermöglichte es den GIPSIZ-Ländern, ungedeckte Buchungsaufträge im Umfang von über 1.000 Milliarden Euro an andere Länder durchzuführen, um Waren und Vermögenswerte zu kaufen oder ihre privaten Schulden zu tilgen. Wie in den Kapiteln 5 bis 7 diskutiert wurde, lief diese Strategie auf einen versteckten Bailout hinaus, der manche Banken und Staaten der Krisenländer vor dem Konkurs und ihre Gläubiger vor Verlusten bewahrte, mindestens aber schmerzliche Selbstrettungsmaßnahmen entbehrlich machte. Dies konnte die finanziellen Bedürfnisse der Krisenländer eine Zeitlang befriedigen, setzte jedoch die EZB als Gläubiger an die Stelle der sich eilig vom Acker machenden privaten Anleger, die ihr Geld zuvor ziemlich bedenkenlos in die sich aufblähenden Wirtschaftsblasen Südeuropas investiert hatten.

STUFE 3: DER KAUF DER PFÄNDER (DAS SMP)

Als die vom Markt verlangten Zinsaufschläge für einige Länder während der zweiten Krisenwelle im Frühjahr 2010 wieder anstiegen und der Marktwert der Staatspapiere dementsprechend absackte (man erinnere sich an die Abbildungen 2.2 und 2.3), hatte die EZB ein Problem, denn die Staatspapiere zählten zu den wichtigsten Pfändern, die die Banken eingereicht hatten, um die Refinanzierungskredite beziehen zu können. Da die EZB gewährte Refinanzierungskredite nicht hätte zurückholen können, ohne einen Kollaps des südeuropäischen Bankensystems zu riskieren, entschied sie sich, am Markt für Staatsanleihen Stützungskäufe vorzunehmen. Die Sicherung der Pfandqualität für die Refinanzierungskredite kann als wichtiges Motiv für das *Securities Markets Programme* (SMP) angesehen werden, auch wenn als offizielle Begründung vom Erhalt der »Transmission der Geldpolitik« gesprochen wurde. Das Programm wird weiter unten noch ausführlich diskutiert. Ein anderes Motiv war der Versuch, die Zinsen für Staatsanleihen vor als »fehlerhaft« empfundenen Zinsaufschlägen durch die Kapitalmärkte zu schützen. Dies sollte den Krisenstaaten zu günstigen Zinsen den Zugang zum Kapitalmarkt bewahren – eine Zielsetzung, die man in der Öffentlichkeit als »Verbesserung geldpolitischer Signale« titulierte. In dem Maße, wie die EZB die Staatspapiere erwarb, konnten die Staaten neue Anleihen emittieren, ohne dass sie den Käufern dafür, wie es normal gewesen wäre, höhere Zinsen bieten mussten, um sie zu bewegen, ihre ohnehin schon mit solchen Papieren übersättigten Portfolios noch weiter aus der Balance zu bringen.

Die Entscheidung des EZB-Rats, Staatspapiere zu kaufen, steht im Konflikt mit Artikel 123 des *Vertrags über die Arbeitsweise der Europäischen Union* (AEUV), der eine monetäre Staatsfinanzierung verbietet, sowie auch mit dem schon oben zitierten Beistandsverbot des Artikels 125. Beide Artikel waren seinerzeit Deutschlands Kernbedingung für die Unterzeichnung des Maastricht-Vertrags und für die Aufgabe der D-Mark. Daher lehnte der damalige Präsident der Bundesbank Axel Weber das SMP auch so entschieden ab und trat von seinem Amt zurück, nicht zuletzt, weil er von der deutschen Regierung nicht unterstützt wurde.

STUFE 4: DIE GROSSE UMPACKAKTION (ESM & CO)

Der Einwand der Bundesbank und die zweifelhafte Rechtmäßigkeit der Rettungsmaßnahmen der EZB erzeugten zumindest bei deutschen Politikern großes Unbehagen. Die allgemeine Meinung war, dass man die Handlungen der EZB akzeptieren müsse, da niemand anderes ähnlich große Rettungspakete schnell genug hätte schnüren können, um die Märkte zu beruhigen: Nun aber müsse man die EZB in ihrer Funktion als Gläubiger der Krisenländer ablösen. »Wenn jemand den bedrängten Ländern Kredit gewährt, dann sind wir es!«, war die stille Devise der Parlamentspolitiker. Gebraucht wurde dafür statt des EZB-Rats – eines technokratischen Gremiums, das Geldpolitik, aber keine Rettungspolitik zu betreiben hatte – eine von den Parlamenten kontrollierte Initiative, wenn gar eine neue europäische Institution. Dies war die zwingende politische Logik, die zu den zwischenstaatlichen Rettungsaktionen für Griechenland, zur Schaffung der *Europäischen Finanzstabilisierungsfazilität* (EFSF) und des *Europäischen Finanzstabilisierungsmechanismus* (EFSM) zu den Hilfsgesuchen an den IWF und nicht zuletzt zur Gründung eines permanenten Rettungsschirms, des *Europäischen Stabilitätsmechanismus* (ESM), geführt hat.[1]

Aber es gab auch andere als nur rechtliche Beweggründe. Die EZB selbst wollte aus der Haftung für die zu rettenden Staaten und Banken herauskommen oder sie reduzieren, und Frankreich wollte seine Banken dauerhaft retten, deren relatives und absolutes Exposure gegenüber den GIPSIZ-Volkswirtschaften, speziell deren Staaten, das höchste von allen Ländern war. Die EZB hatte einen Teil der Aufgabe übernommen, aber es gab noch sehr viel mehr zu tun. Das Thema wurde ja vorher in diesem Buch schon verschiedentlich angesprochen, so in Abbildung 3.7, Abbildung 5.1 und im Abschnitt über Frankreichs Rolle als Kreditvermittler im vorangegangenen Kapitel. Nicht zuletzt deshalb war die Rettungsaktion eine französische Initiative, bei der sich der französische Staatspräsident Nicolas Sarkozy zum Schluss mit der Drohung durchsetzte, Frankreich werde ohne eine Einigung aus dem Euro austreten, wie schon in Kapitel 3 erwähnt. Den Anstoß hatte indes der aus der französischen Ministerialbürokratie stammende EZB-Präsident Jean-Claude Trichet gegeben, der im April und Mai 2010 alle Hebel in Bewegung setzte, um die fiskalische Rettungsarchitektur auf den Weg zu bringen. Neben Sarkozy gewann er dafür auch seinen Landsmann Dominique Strauss-Kahn, der damals noch IWF-Chef war, bevor er über eine Sexaffäre stürzte. Dem Trio gelang es, bei den Verhandlungen, die am 10. Mai 2010 mit dem Beschluss über die Gründung des Rettungsschirms EFSF endeten, den Widerstand der deutschen Regierung zu brechen, die sich vergeblich an die von ihr vertraglich durchgesetzten Maastricht-Bedingungen klammerte.

Aber es gab auch noch andere Interessenten. Die Bankenwelt insgesamt, allen voran auch die deutschen und angelsächsischen Banken, teilten die Interessenlage Frankreichs, denn man hatte sein Geld zum Teil direkt in die Krisenländer verliehen, zum Teil hatte man es anderen europäischen Banken gegeben, die es dann dorthin weitergeleitet hatten. Die Rettung der fehlgeschlagenen Engagements durch die Steuerzahler der noch gesunden Länder Europas schien die bequeme Lösung aller Probleme zu sein.

Und natürlich hatten auch die Krisenländer selbst nichts gegen die Rettungsaktionen einzuwenden. Wenn sie auch die Kredite aus der Druckerpresse vorzogen, weil sie billiger waren, und sich zunächst noch gegen den Gläubigerwechsel sträubten, sahen sie ein, dass ein fiskalischer Rettungsschirm zu etwas höheren Zinsen besser war als keiner, zumal es ihnen dann noch bei Nachverhandlungen gelang, die Zinsen zu drücken. Im Übrigen sahen sie in den fiskalischen Bailout-Aktionen eher eine quantitativ willkommene Ergänzung zu den Rettungskrediten der EZB statt ein Substitut, wie von den Rettern behauptet.

Und selbst ohne das Hilfsgesuch der EZB hätten die Parlamente Nordeuropas wohl einem fiskalischen Rettungspaket zugestimmt, um einen Zusammenbruch der Banken Südeuropas zu vermeiden, die sie ihre Target-Forderungen und noch viel mehr gekostet hätten, wie später in diesem Kapitel noch erklärt wird.

STUFE 5: GRENZENLOSE VERSPRECHUNGEN (DAS OMT-PROGRAMM)

Die Kapitalmärkte blieben aber skeptisch, weil sie die Rettungsprogramme als zu knapp bemessen empfanden, und kritisierten, dass die Nutzung der Mittel an zu viele Bedingungen geknüpft war. Da sich die gewaltige Kapitalflucht aus Spanien und Italien trotz der Vorbereitung des ESM ungebremst fortsetzte und, gerechnet von Anfang Januar 2008 bis zum Höhepunkt der dritten Krisenwelle im August 2012, allein für diese beiden Länder 761 Milliarden Euro an zusätzlichen Target-Verbindlichkeiten hervorgerufen hatte (vgl. Abbildung 7.5), versprach die EZB am 6. September 2012 den Investoren, ihnen unbegrenzt Staatsanleihen von Krisenländern abzukaufen, sofern sich diese Länder im Krisenfall den Bedingungen des ESM unterwerfen und von ihm Hilfskredite erhalten würden. Die EZB nannte dieses Versprechen *Outright Monetary Transactions (OMT)*.

Die Deckungszusage bewirkte, dass sich Kapital in die Krisenländer zurückwagte, was die Target-Salden wieder fallen ließ, zusätzlich zu dem Eins-zu-Eins-Rückgang dieser Salden, der durch die Auszahlung der Rettungsgelder selbst induziert war. Das Versprechen des EZB-Präsidenten, zu tun, was immer nötig sei (»whatever it takes«), um den Euro zu retten, das er konkret mit dem OMT-Programm verband, hat sich als sehr wirksame Maßnahme zur Beruhigung der Märkte herausgestellt, ohne dass die EZB zusätzlich zu den SMP-Käufen weitere Staatspapiere erwerben musste.[2]

STUFE 6: DAS PROGRAMM DES QUANTITATIVE EASING (QE)

Die sechste Stufe der Rettungsmaschinerie besteht im *Quantitative Easing (QE)* der Europäischen Zentralbank, einem Programm zum Erwerb von Anleihen, die von Eurostaaten, europäischen Institutionen sowie privaten und öffentlichen Emittenten mit einem öffentlichen Förderauftrag begeben werden.[3] Über eine Zeitperiode, die sich von März 2015 bis mindestens September 2016 erstreckt, sollen monatlich für 60 Milliarden Euro, bis zum September 2016 also insgesamt für 1.140 Milliarden Euro, solche Papiere mit neuem Geld gekauft werden. Sollte dieses Geld zusätzlich von den Märkten aufgesogen werden, so würde die europäische Geldbasis dadurch rein rechnerisch von 1.264 Milliarden Euro auf 2.404 Milliarden, also um 90 %, erhöht.

Das neue Programm ist nicht nur radikal, weil es riesig ist, sondern auch weil es einen Systemwechsel bedeutet. Erstens wird ein gewaltiger Schritt hin zum US-System getan, in dem, wie erläutert, Geld in der Regel nicht über Refinanzierungskredite in die Wirtschaft kommt, sondern durch eine Offenmarktpolitik, also den Ankauf von Papieren, die am Markt gehandelt werden. Zweitens bricht das Programm mit dem Tabu, dass die EZB keine Staatspapiere kaufen soll, um nicht in Konflikt mit dem Maastrichter Vertrag zu geraten, der eine Monetisierung der Staatsschuld verbietet (Artikel 123 AEUV). Drittens wird durch den expliziten Einschluss der europäischen Institutionen die Monetisierung der Schuldpapiere, die bereits von Rettungssystemen ausgegeben wurden, vorbereitet. Nachdem die Rettung der Staaten und ihrer Gläubiger mit der Druckerpresse begann, dann in fiskalische Rettungsmechanismen umgepackt wurde, wird sie nun von dort wieder zur Druckerpresse zurückgepackt.

Andere Stufen der Rettungsarchitektur werden gewiss noch folgen, sobald neue Probleme am Horizont erscheinen. Zum Beispiel ist es möglich, dass die Reise Richtung Eurobonds weitergeht, indem eine Fiskalunion mit Gemeinschaftsschulden begründet wird. Alternativ könnte es sein, dass die für 2016 anstehende Erklärung des Bundesverfassungsgerichts zum OMT den Trend in Richtung Vergemeinschaftung aufhält. Angesichts des grünen Lichts, das der Europäische Gerichtshof mit seiner Entscheidung vom 16. Juni 2015 gab, ist das eine besonders interessante Frage.

STUFE 7: DIE BANKENUNION

Während SMP, OMT und QE den Marktwert der Staatspapiere stützen und damit die Banken, die diese Papiere halten, sollte man nicht die anderen Vermögenswerte vergessen, die in den Bankbilanzen schlummern und die in der Krise unter Druck gerieten. Aufgrund des Zusammenbruchs der Immobilienmärkte ist die Not bei Hypothekenkrediten besonders groß (vgl. Abbildung 2.11). Das war und ist ein besonderes Problem für die EZB, denn wie in Kapitel 5 und 6 erläutert, hatte sie zugelassen und ermöglicht, dass die nationalen Notenbanken in riesigem Umfang Refinanzierungskredite gegen schlechte Pfänder ausgegeben hatten, was im August 2012 für die Krisenländer zu Target-Schulden in Höhe von 1.003 Milliarden Euro führte. Da das gesamte Eurosystem, also die EZB und die nationalen Notenbanken zusammen, Eigenkapital von nur der Hälfte dieser Summe zur Verfügung hatte (496 Milliarden Euro im August 2012), befand sich das gesamte Eurosystem in großer Gefahr.

Um Banken zu helfen und Abschreibungsverluste für Notenbanken der Eurozone zu verhindern, entschied man auf dem EU-Gipfel vom 29. Juni 2012 in Brüssel, die Mittel aus dem ESM, die ursprünglich nur für die Unterstützung der Staaten gedacht waren, auch für die Rekapitalisierung von Banken zugänglich zu machen.[4] Des Weiteren wurde eine gemeinsame Bankenaufsicht mit dem Namen *Single Supervisory Mechanism (SSM)* geschaffen, die bei der EZB angesiedelt ist, sowie eine Abwicklungsbehörde, genannt *Single Resolution Board (SRB)*, für angeschlagene Banken mitsamt eines Regelwerks für ihre Abwicklung.

Was die Bankenunion und all die anderen Maßnahmen konkret bedeuten, wird in den folgenden Abschnitten dieses Kapitels näher beleuchtet, soweit es nicht schon vorher in diesem Buch geklärt wurde. Der letzte Abschnitt diskutiert die Implikationen dieser Politikmaßnahmen für die Zukunft Europas.

DIE STÜTZUNGSKÄUFE VON STAATSANLEIHEN: DAS SMP

Das Anleihekaufprogramm zum Erwerb von Staatsanleihen (englisch: *Securities Markets Programme, SMP*) wurde am 10. Mai 2010 von der EZB angekündigt, zusammen mit einem großvolumigen fiskalischen Rettungsprogramm, das im nächsten Abschnitt diskutiert wird. Die Abstände zwischen griechischen und deutschen Zinsen hatten sich damals beträchtlich erhöht, während der Marktwert griechischer Staatsanleihen abgestürzt war (vgl. Abbildungen 2.2 und 2.3). Die Rendite auf zweijährige griechische Staatspapiere sprang am 28. April 2010 auf 38%. Dies katapultierte Griechenland an den Rand einer Staatspleite und trieb damit auch das griechische Bankensystem an den Rand des Ruins, das große Mengen an Refinanzierungskrediten im Tausch für die Staatsanleihen in ihren Bilanzen hielt.

Die Geschäftsbanken mit griechischen Staatsanleihen liefen Gefahr, nicht nur riesige Abschreibungsverluste realisieren zu müssen, sondern auch ihre Sicherheiten für die Refinanzierungskredite zu verlieren. Sie hatten nicht nur ein offensichtliches Liquiditäts-, sondern auch ein massives Solvenzproblem. Als dann die Ratingagenturen den Staatsanleihen den Investment-Status absprachen, versuchte die EZB zu helfen, indem sie die Bonitätsanforderungen für besicherungsfähige Staatsanleihen dergestalt lockerte, dass ein Investment-Status kein zwingendes Kriterium für Pfänder mehr war (vgl. Kapitel 5). Dies konnte jedoch nicht die Erosion der Marktwerte der Pfänder als solche aufhalten (vgl. Abbildung 2.3), denn diese werden ausschließlich durch den Kapitalmarkt bestimmt. Und da immer nur ein bestimmter Prozentsatz der Marktwerte der für die Pfandleihe verwendeten Papiere als Sicherheit akzeptiert wurde, hieß das leider auch, dass sich das Volumen der möglichen Refinanzierungskredite verringerte.

Schon zu jener Zeit glaubten viele Experten, dass Griechenland in die geordnete Insolvenz gehen müsste, so wie es auch im Maastricht-Vertrag vorgesehen ist (Artikel 125 AEUV), und es gab auch Stimmen, die Griechenlands Austritt aus der Eurozone forderten. Der damalige EZB-Präsident Jean-Claude Trichet lehnte die Insolvenz jedoch kategorisch ab, da man Ansteckungseffekte auf den Finanzmärkten befürchtete, die unkontrollierbar seien.[5] Schließlich waren auch die Staatsanleihen aus Irland, Portugal, Spanien und Italien in Gefahr. Frankreich, dessen Bankensektor hier stark involviert war, lehnte eine solche Idee ebenfalls deutlich ab.[6] Stattdessen drängte Trichet im EZB-Rat dann erfolgreich auf die Etablierung des *SMP* und ließ von den Zentralbanken im Eurosystem griechische, irische, portugiesische, spanische und italienische Staatspapiere in Höhe von mehr als 200 Milliarden Euro kaufen.

Die Beschlüsse zum *SMP* wurden gegen das Votum des Chefvolkswirts der EZB Jürgen Stark und des Bundesbankpräsidenten Axel Weber getroffen. Beide wollten sofort zurücktreten, wurden jedoch zunächst zum Bleiben überredet. Tatsächlich traten sie dann erst ein Jahr später in offenem Protest gegen die Staatspapierkäufe des Eurosystems von ihren Ämtern zurück.[7] Luxemburg und die Niederlande hatten sich ebenfalls gegen die Ratsentscheidungen ausgesprochen.[8] Trichets Opponenten befürchteten einen politischen Ansteckungseffekt im europäischen Entscheidungsprozess, da ein Bailout Griechenlands durch den Maastricht-Vertrag eigentlich verboten wäre und das falsche Signal an verschuldete Länder senden würde. Die Motivation für Konsolidierungs- und Reformmaßnahmen nehme ab, sodass die Anreize, Haushaltsprobleme über den Weg von Steuererhöhungen zu lösen, unterminiert würden.[9]

Das Aufkaufprogramm begann im Mai 2010 mit griechischen, irischen und portugiesischen Staatspapieren. Als die Käufe im Februar 2012 beendet wurden, hatte das Eurosystem insgesamt bereits etwa 83 Milliarden Euro von diesen drei Ländern erworben. Im August 2011 begannen die Zentralbanken des Eurosystems dann auch große Mengen von italienischen und spanischen Anleihen zu kaufen, um deren Marktwerte zu stützen. Am Ende des Programms waren etwa 94 Milliarden Euro für italienische und 47 Milliarden Euro für spanische Staatspapiere ausgegeben worden, sodass insgesamt Anleihekäufe in Höhe von 223 Milliarden Euro zu Buche standen.[10] Abbildung 8.1 liefert einen Überblick über die Entwicklung der Käufe über die Zeit. Danach fielen die Bestände in den Händen der Notenbanken des Eurosystems kontinuierlich, womöglich, weil einige gekaufte Titel ausliefen oder an die Märkte weiterveräußert wurden. Ende 2012 sackte der Bestandswert der Staatsanleihen, die von nationalen Notenbanken gehalten wurden,

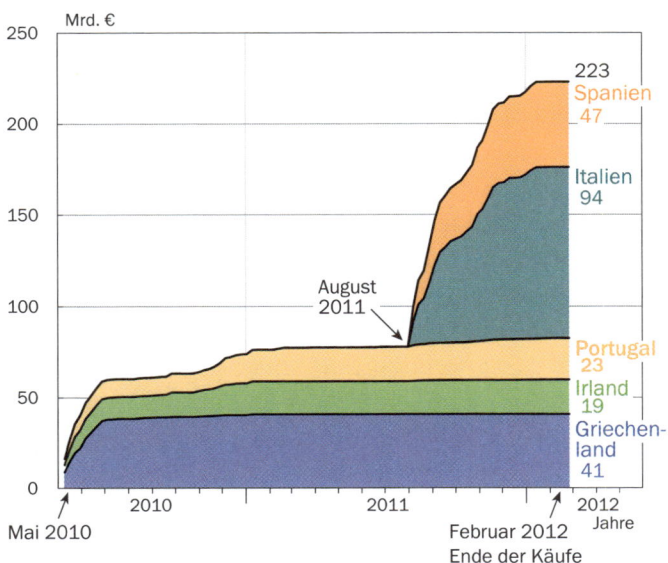

Abbildung 8.1 Die Staatspapierkäufe des Eurosystems unter dem SMP

Quellen: Barclays Capital, »ECB SMP: Marking to market«, *Interest Rates Research*, 6. Januar 2012; M. De Pooter, R. F. Martin und S. Pruitt, »The Liquidity Effects of Official Bond Market Intervention«, *Discussion Paper*, Federal Reserve Board of Governors, 2013.

auf 209 Milliarden Euro ab, Ende 2013 auf 179 Milliarden Euro und Ende 2014 auf 144 Milliarden Euro.[11]

Schenkt man den Medienberichten Glauben, so hat die EZB selbst diese Papiere gekauft. Aber das ist so nicht ganz richtig. Ihr Anteil war verschwindend klein.[12] Die EZB agierte vielmehr als Koordinationszentrum, das den nationalen Notenbanken des Eurosystems vorschrieb, was sie zu tun hatten. Beachtliche 93% der Käufe wurden analog zu dem Eigenkapitalanteil im Eurosystem von den nationalen Notenbanken durchgeführt, nur 7% von der EZB selbst. Die Notenbanken kauften die Staatsanleihen stets in Relation zu ihrem jeweiligen Kapitalanteil. Diese Käufe wurden nicht perfekt synchronisiert, einige Notenbanken schritten schneller voran als andere, der Ausgleich nach den Kapitalanteilen fand indes stets binnen weniger Tage oder Wochen statt. So hat zum Beispiel die Bundesbank an dem Ankaufprogramm bis Juli 2011 in Höhe von 20 Milliarden Euro teilgenommen, die Banca d'Italia mit 13 Milliarden Euro und die Banque de France mit 15 Milliarden Euro.

Während die Anleihekäufe die Zinssätze partiell stützten, nahmen die nationalen Notenbanken in dem Prozess hohe Insolvenzrisiken in Kauf, denn bei Zahlungsunfähigkeit eines Landes müssten diese Forderungen zum großen Teil abgeschrieben werden, wodurch das Eigenkapital der jeweiligen Notenbanken in Anspruch genommen wird. Im Fall der Bundesbank bedeutete dies zum Beispiel, dass sie bei einer Totalabschreibung der Staatsanleihen am Ende des Kaufprogramms 44% des Eigenkapitals verloren hätte, über das sie verfügte (inklusive Reserven, 134,4 Milliarden Euro am 31. Januar 2012). Auch ein Konkurs am Ende des Jahres 2014 hätte sie trotz der inzwischen geleisteten Tilgungen der Krisenländer noch ein Drittel ihres Eigenkapitals gekostet.

Viel diskutiert wurde die Frage, ob die EZB als vorrangiger Gläubiger gegenüber privaten Investoren auftreten sollte, was sie bei der griechischen Insolvenz des Jahres 2012 tat. Zu dem Zweck wurden die Staatsanleihen, über die das Eurosystem verfügte, zunächst in Anleihen mit neuen Nummern konvertiert, und dann wurde ein Schuldenschnitt für die alten Nummern verfügt. Ein solches Prozedere war allerdings nur möglich, weil fast alle Staatsanleihen nach griechischem Recht ausgegeben worden waren. Inwiefern diese Prozedur auf andere Länder übertragbar ist, bleibt ungewiss. Da nach dem Schuldenschnitt die griechischen Staatsanleihen dann in Anleihen britischen Rechts konvertiert wurden, wird eine Wiederholung dieses Tricks nicht möglich sein. Das ist einer der Gründe dafür, dass die EZB ihre Vorrangstellung gegenüber privaten Gläubigern aufgab, als sie im September 2012 die zeitlich und volumenmäßig unbegrenzte Fortführung des SMP unter dem Namen OMT-Programm ankündigte.

KEIN RISIKO FÜR DIE STEUERZAHLER?

Bisweilen werden die Risiken der Notenbanken des Eurosystems beim Kauf von Staatspapieren von Krisenländern mit der Bemerkung heruntergespielt, dass die Verluste einer Zentralbank generell nur virtuell seien und keine wirkliche Bedeutung hätten, da Zentralbanken auch mit negativem Eigenkapital arbeiten können. Weil sie sich das Geld, das sie bräuchten, jederzeit selbst drucken könnten, seien sie in der Lage, beliebige Verluste ohne Schaden für den Steuerzahler zu absorbieren. Doch ein solches Schlaraffenland, wo das Manna vom Himmel fällt und die Verluste ausgleicht, gibt es in der wirklichen Welt knapper Ressourcen leider nicht.

Richtig ist, dass die Staaten nach den Statuten des Eurosystems keine Nachschusspflicht gegenüber den Notenbanken haben. Sie sind nicht zu einer Rekapitalisierung ihrer Notenbank verpflichtet, wenn die Verluste das Eigenkapital übersteigen. Die Statuten sehen nur vor, dass etwaige Verluste vom Gewinn aus laufenden Zinserträgen abgezogen werden müssen. Neues Eigenkapital aus Steuermitteln müssen die Staaten als ihre Eigentümer nicht beisteuern, sollte das Eigenkapital durch Abschreibungen auf Aktiva wie zum Beispiel erworbene Staatspapiere anderer Länder verlorengehen.[13] Richtig ist auch, dass das buchhalterische Eigenkapital einer Zentralbank negativ werden kann, ohne dass ihre Funktionsfähigkeit eingeschränkt wird, denn ihr eigentliches ökonomisches Eigenkapital ist die Geldmenge, die sie verzinslich verleihen kann, das sogenannte Seignorage-Kapital, und dieses Kapital ist um ein Vielfaches größer als das bilanzielle Kapital. Das wurde gegen Ende von Kapitel 1 und in Kapitel 5 in Verbindung mit der Haftung für ELA-Kredite ja schon diskutiert.

Grob falsch ist es jedoch zu behaupten, die Abschreibungsverluste einer Zentralbank seien deshalb nur virtuell und träfen die Steuerzahler nicht. Abschreibungsverluste auf Wertpapiere bedeuten stets, dass die Eigentümer dieser Wertpapiere in einem entsprechenden Umfang auf Zins und Tilgung verzichten müssen, wobei der Barwert dieser Verluste, den man durch Diskontierung auf die Gegenwart gewinnt, genau gleich den Abschreibungsverlusten ist. Auch der Barwert der Gewinnausschüttungen der Notenbanken an die nationalen Finanzministerien wird exakt im Umfang der Abschreibungen verringert.[14] Der Sachverhalt ist ähnlich wie bei einer Aktiengesellschaft. Zwar hat man als Aktionär keine Nachschusspflicht, wenn Verluste das Eigenkapital verringern, doch die Verluste schlagen dennoch in vollem Umfang auf die Aktionäre durch, indem sie die Dividenden dauerhaft verringern.[15]

Der Leser erinnere sich an Kapitel 1, in dem dargelegt wurde, dass die

Summe des Eigenkapitals und des Seignorage-Vermögens des Eurosystems, das den Finanzministerien gehört, in einer dynamischen Betrachtung auf 3400 Milliarden Euro geschätzt wurde. Das ist der Barwert, der in einer wachsenden Wirtschaft zu erwartenden Gewinnausschüttungen führt. Kauft die EZB Anleihen, die nicht bedient werden, verringert sich dieser Barwert exakt um die Anleihen, die abzuschreiben sind.

Ein beliebtes Gegenargument lautet, dass keine Zinsverluste entstehen können, wenn für die Staatspapierkäufe oder Refinanzierungskredite zusätzliches Geld verwendet wird, das eigens für diesen Zweck geschaffen wird. Wenn die Kreditforderungen abzuschreiben seien, entfiele zwar dauerhaft ein Zinseinkommen, doch hätte es dieses Zinseinkommen ohne diese Maßnahmen ohnehin nicht gegeben. Insofern treffe den Steuerzahler kein Verlust.[16]

Dabei wird aber übersehen, dass solch eine Politik die Inflationsrate erhöht oder die Deflationsrate verringert und insofern Nachteile für die Geldhalter bedeutet, während die Vorteile bei jenen Ländern und ihren Gläubigern liegen, deren Staatspapiere gekauft und abgeschrieben werden müssen. Eine Bestätigung der Manna-vom-Himmel-Theorie lässt sich so nicht herleiten. Irgendwen treffen die Verluste immer. Und wenn es wirklich möglich wäre, mittels Gelddruck Vermögen aus dem Nichts zu schaffen, dann hätte die EZB es schon lange tun sollen, um den Lebensstandard der Europäer zu heben, statt es erst im Zusammenhang mit einer riskanten Kreditvergabe in einer Krise zu tun.

In Deutschland wurde das Aufkaufprogramm gerade wegen der befürchteten Inflationsgefahr mit besonderer Skepsis begleitet, denn Deutschland hatte sich beim Abschluss des Maastrichter Vertrages ausbedungen, dass es nicht zu einer Monetisierung der Staatsschuld kommen dürfe (Artikel 123 AEUV). Zu tief steckten noch die Erfahrungen mit der Hyperinflation nach dem Ersten Weltkrieg in den Knochen, die damals von der Zentralbank verursacht worden war, indem sie die Schulden des Staates übernahm. Damals finanzierte die Reichsbank die Regierung durch den Kauf von Staatsanleihen, indem sie diese mit frisch gedrucktem Geld finanzierte. Das Resultat war, dass stetig mehr Geld zirkulierte. Die Währung verlor derart an Wert, dass im Jahr 1923 Banknoten nicht einmal mehr das Papier wert waren, auf dem sie gedruckt wurden. Der Mittelstand, der zu wenig Geldvermögen hatte, um in Realwerte zu investieren, verlor seine gesamten Ersparnisse und radikalisierte sich, mit fatalen Folgen, die nur ein Jahrzehnt später folgen sollten.

Ob diese Skepsis heute berechtigt war, ist eine andere Frage. Die Inflationsrate lag im Jahr 2014 mit nur noch 0,4% so niedrig, dass die EZB ihr neues QE-Kaufprogramm sogar mit dem Versuch begründete, sie erhöhen zu wollen. Dennoch ändert das alles nichts daran, dass Abschreibungsverluste irgendwen treffen müssen. Wenn per saldo neues Geld geschaffen wird, ist die Inflation ein bisschen höher oder die Deflation ein bisschen niedriger, was zu Verlusten für die Geldhalter führt, und wenn nicht per saldo neues Geld geschaffen wird, treten die Abschreibungsverluste bei den Steuerzahlern auf. An diesem Sachverhalt kann man schwerlich vorbei.

Geldpolitik ist nicht dazu da, dem Staat Einnahmen zu verschaffen, sondern dient ganz anderen Zielen. Genau deshalb sollte man bei der Abschätzung der Risiken des SMP stets von einer gegebenen und anderweitig motivierten Ausweitung der Geldmenge und einem somit gegebenen Inflationsdruck ausgehen und sich anschließend überlegen, in welcher Form und mit welchen Risiken für wen eine solche Politik durchgeführt werden kann. Will man eine traditionelle Geldpolitik mit erstklassigen Pfändern und kurzen Kreditlaufzeiten, oder will man Staatspapiere aus Krisenländern kaufen? Wählt man die zweite Variante statt der ersten und gehen die Staatspapiere verloren, dann hat das unweigerlich negative Konsequenzen für den Steuerzahler. Auch das lässt sich schlechterdings nicht bestreiten.

Das heißt alles nicht, dass man eine solche Maßnahme nicht hätte durchführen sollen. Man konnte sie ja bewusst ergreifen, um damit bestimmte Anlegergruppen oder Staaten durch die Steuerzahler anderer Länder zu schützen. Nur wäre das dann eine fiskalische Umverteilungsmaßnahme, über die eigentlich die Parlamente anstelle des EZB-Rates entscheiden sollten, der dazu nicht demokratisch legitimiert ist. Genau hier liegt der Kern des Disputs über die mögliche Mandatsüberschreitung durch die Europäische Zentralbank. Man kann nicht alles Geldpolitik nennen, was zur Verausgabung von Geld führt, und sich dann mit einem semantischen Trick der Einflussnahme der Parlamente entziehen.

Dieser Aspekt ist insbesondere auch deshalb wichtig, als es ja nicht nur um die Umverteilung zwischen den ehemaligen Besitzern der Staatspapiere und den betroffenen Staaten auf der einen und Geldhaltern sowie Steuerzahlern auf der anderen Seite geht, sondern auch um die Umverteilung zwischen den Nationen Europas. Weil alle Notenbanken des Eurosystems an den Käufen der Staatspapiere der GIPSIZ-Staaten gemäß ihren Eigenkapitalanteilen an der EZB beteiligt waren, muss jedes Land die Verluste auf die selbst erworbenen Papiere schultern. Zusätzlich muss es noch etwaige Verluste auf die von der EZB-Zentrale erworbenen Papiere tragen, denn die hatte sich auch beteiligt. Daraus resultiert eine massive Umverteilung von Vermögen zwischen den Staaten Europas und den Investoren aus aller Welt, die durch die Kaufaktionen mitentlastet werden.

Nun mag man argumentieren, diese Verluste seien hypothetisch. Bislang hätten sie noch nicht stattgefunden. Alle Papiere, die das Eurosystem hielt, seien bedient worden. Aber das stimmt bestenfalls in einem sehr vordergründigen Sinne, weil Lasten, die das Eurosystem im ersten Schritt übernommen hatte, im zweiten auf die fiskalischen Rettungsschirme abgeschoben wurden, die die Länder, deren Papiere im Zuge des SMP gekauft wurden, vermutlich vor dem Konkurs gerettet haben.

Ganz deutlich wird diese Direktverlagerung auf die Steuerzahler im Falle Griechenlands, dessen Staat nach dem Konkurs vom 3. Juli 2015 nur noch durch fiskalische Rettungskredite der Staatengemeinschaft am Leben gehalten wurde. Zum Zeitpunkt des Konkurses besaß das Eurosystem noch griechische Staatspapiere im Umfang von schätzungsweise rund 17 Milliarden Euro, wovon nach dem Kapitalschlüssel der EZB etwa 0,5 Milliarden Euro auf die Bank of Greece entfielen.[17] Davon wäre sicherlich der größte Teil verloren, wenn es das neue dritte Hilfspaket nicht gäbe, das anschließend vorbereitet und zwischenfinanziert wurde. So konnte Griechenland die anstehenden Tilgungen an die EZB in Höhe von 3,5 Milliarden Euro am 20. Juli nur deshalb leisten, weil die Zwischenfinanzierung von der Staatengemeinschaft selbst zuvor übernommen worden war. Auch im Jahr 2012, als sich die EZB beim Schuldenschnitt für Griechenland aus der Affäre zog, hat sie entsprechend höhere Lasten auf die Staatengemeinschaft verlagert, die im Herbst des Jahres die Konditionen für Griechenland nachbessern musste, was barwertmäßig einem Schuldenschnitt von 43 Milliarden Euro zulasten der Staatengemeinschaft gleichkam.[18]

EFSF, ESM & CO

Wie schon erläutert, drängte EZB-Präsident Jean-Claude Trichet die europäischen Politiker und den IWF im Frühling 2010 erfolgreich, neue fiskalische Rettungsprogramme auf den Weg zu bringen. Aus Amerika half Präsident Barack Obama kräftig mit, nicht mit amerikanischem Geld, aber umso mehr mit politischem Druck. Nach vorbereitenden Beschlüssen einer EU-Regierungskonferenz vom 11. April vereinbarten die Euroländer zusammen mit dem IWF am 2. Mai ein zwischenstaatliches Hilfsprogramm für Griechenland in Höhe von 110 Milliarden Euro (80 Milliarden Euro von Euroländern und 30 Milliarden Euro vom IWF).[19]

Außerdem einigte man sich am 9. Mai 2010 nach extrem schwierigen Verhandlungen unter starkem Drängen der französischen Regierung, die mit dem äußersten drohte, auf einen separaten Rettungsfonds: die sogenannte *Europäische Finanzstabilisierungsfazilität (EFSF)*, eine privatrechtliche Kapitalgesellschaft mit Sitz in Luxemburg. Abgesichert durch die Garantien der Euroländer, sollte sie Anleihen herausgeben, deren Erträge an notleidende

Länder gehen, die im Gegenzug wiederum versprechen, Reformen durchzuführen.[20] Die EFSF hatte ein maximales Kreditvolumen von 440 Milliarden Euro und wurde auf drei Jahre begrenzt. Die damit verbundenen nationalen Gesetze wurden in den folgenden Wochen von den Parlamenten der Eurozone schnell umgesetzt.

Zusätzlich wurde ebenfalls am 9. Mai 2010 als EU-Gemeinschaftsinstrument der Europäische Finanzstabilisierungsmechanismus (EFSM) beschlossen.[21] Die Einigung auf diesen »Euroschutzschirm« gab der EU die Möglichkeit, bis zu 60 Milliarden Euro an Hilfskrediten bereitzustellen. Dabei bezog man sich auf Artikel 122 des Vertrages über die Arbeitsweise der Europäischen Union, der eigentlich für Naturkatastrophen gedacht war.

Auf Drängen der deutschen Regierung wurde der IWF als Partner für die Rettungsmaßnahmen hinzugezogen. Damit wollte man den Druck der Schuldnerländer bei zukünftigen Konflikten abschwächen, was aber, wie die Streitigkeiten zwischen Deutschland und Griechenland im ersten Halbjahr 2015 zeigten, nicht wirklich gelang. Die Beteiligung des IWF sicherte im Übrigen, so schien es, die Einhaltung recht strenger Reformauflagen. Die Devise bei der Rettung war »Hilfe gegen Reformen«, wobei die Reformen im Kern Budgetkürzungen und Privatisierungsauflagen waren, die sicherstellen sollten, dass die Hilfen ausreichen würden und nicht verlängert werden müssten.

Das Geld, das man bereitstellte, reichte indes nicht aus, um die Kapitalmärkte wirksam zu beruhigen. Aus diesem Grund einigte man sich beim EU-Gipfel vom 24./25. März 2011 in Brüssel unter dem Namen *Europäischer Stabilitätsmechanismus (ESM)* auf einen permanenten Rettungsfonds, der im Folgejahr von den europäischen Parlamenten ratifiziert wurde. Der ESM hatte ähnliche Aufgaben wie die EFSF, doch anders als sie erhielt er eine Rechtsform, die die Verschuldung des Fonds zum Zwecke der Auszahlung von Rettungskrediten nicht den Nationalstaaten zurechnen würde. Das kam den europäischen Finanzministern, die Sorge um die Optik ihrer eigenen Staatsfinanzen hatten, zupass. Der ESM verfügt über ein einzuzahlendes Eigenkapital, das zunächst auf 80 Milliarden Euro festgesetzt wurde, doch die Eurostaaten wurden zugleich verpflichtet, etwaige Verluste des Eigenkapitals, wenn nötig bis zu der Gesamtsumme des Stammkapitals von 700 Milliarden Euro, auszugleichen. Nach dem Beitritt Lettlands (am 13. März 2014) und Litauens (am 3. Februar 2015) zum ESM erhöhten sich beide Werte geringfügig und liegen nun bei 80,55 Milliarden bzw. 704,80 Milliarden Euro.[22] Bis zum 18. März 2015 wurden 80,15 Milliarden Euro eingezahlt. Die beiden Neuankömmlinge können ihr Kapital in Raten einzahlen.[23]

Der ESM kann als internationale Finanzinstitution auf dem Kapitalmarkt agieren, indem er Kredite aufnimmt und vergibt sowie Finanzhilfen an Länder ausspricht, die in finanzielle Schwierigkeiten geraten, nachdem mit diesen eine Absichtserklärung, ein sogenanntes *Memorandum of Understanding*, ausgehandelt wurde, in dem die wirtschaftspolitischen Bedingungen der Finanzhilfe festgelegt werden. Die auferlegten Zinsen liegen zwar zur Deckung von Verwaltungskosten oberhalb der Rate, zu der der ESM selbst auf dem Kapitalmarkt Geld leihen kann, aber noch unter dem Marktzinssatz der betroffenen Länder. Im Fall der Insolvenz hat der ESM den Status eines bevorrechtigten Gläubigers. Das Kreditvolumen des ESM im Sinne von Buchkrediten, die an die Krisenländer vergeben werden, wurde auf 500 Milliarden Euro beschränkt.

Jedoch darf der Fonds im Rahmen einer sogenannten *Secondary Market Support Facility (SMSF)* in einem Umfang Staatspapiere auf den Märkten erwerben, wie es seine Kreditgeber angesichts der Haftungsbeschränkung mitmachen. Es wurde spekuliert, dass dadurch eine Hebelwirkung bis zum Vierfachen der haftenden Mittel entstehen könnte, was mit 2.800 Milliarden Euro in die Nähe des Bruttoinlandsprodukts der sechs Krisenländer kam, das damals (2010) bei knapp 3.300 Milliarden Euro lag. Zweifellos ist für die Krisenländer die Hilfe in Form der SMSF attraktiver als die direkte Nothilfe durch den ESM, da die SMSF kein bevorrechtigter Gläubiger ist. Zum Zeitpunkt des Schreibens wurde die SMSF jedoch noch nicht aktiviert.

Sollte das alles nicht reichen, kann der Gouverneursrat des ESM mit einer qualifizierten Mehrheit von 85% eine Eigenkapitalerhöhung und damit eine Erweiterung des Kreditvolumens beschließen. Diese Mehrheit ist ebenfalls für andere größere Entscheidungen notwendig, wie insbesondere die formelle Aufnahme eines Landes unter den Rettungsschirm und die Vereinbarung des Memorandum of Understanding, die die Voraussetzungen für die Kredithilfen sind. Italien, Frankreich und Deutschland verfügen damit jeweils allein über eine Sperrminorität.

Obwohl der ESM zunächst als Ersatz für die EFSF angekündigt worden war, wurde er letztendlich als Ergänzung beschlossen, sodass beide Fonds bis zur Jahresmitte 2013 parallel agierten.

Als Komplement zum *ESM* einigten sich die EU-Länder auf einen *Fiskalpakt*, der rigorosere Schuldengrenzen vorschreibt als der *Stabilitäts- und Wachstumspakt* aus dem Jahr 1996.[24] Grundsätzlich verlangt der Fiskalpakt, dass alle Länder die bereits früher beschlossenen Fiskalregeln des Stabilitäts- und Wachstumspakts in nationales Primärrecht umwandeln und ihnen insofern Verfassungsrang geben müssen. Er verschärft diese Regeln aber insofern, als die Euroländer sich verpflichteten, ihre Schuldenquote um durchschnittlich jährlich 1/20 der Differenz zwischen dem Ausgangswert und der Maastricht-Grenze von 60% zu reduzieren.[25] Dieser Regel selbst musste aber kein Verfassungsrang gegeben werden. Vielleicht ist das der Grund dafür, dass sie außer von Deutschland, die sie zur Bedingung für seine Zustimmung zum ESM gemacht hatte, bislang nicht respektiert wurde. Die Krisenländer und Frankreich haben ihre Schuldenquoten seit dem Beschluss des Pakts nahezu Jahr für Jahr erhöht statt gesenkt.[26]

Weniger als ein halbes Jahr, nachdem der Fiskalpakt ratifiziert worden war, forderten Frankreich, Spanien, Portugal, Slowenien, die Niederlande und Polen bereits Ausnahmen für diese Regelung.[27]

In Deutschland stieß der ESM-Vertrag auf rechtliche Bedenken, und es gab Anträge auf eine einstweilige Verfügung beim Bundesverfassungsgericht. Sie führten dazu, dass Bundespräsident Gauck seine Unterschrift unter den Vertrag zunächst erst einmal aufschob, nachdem der Bundestag ihn bereits ratifiziert hatte. Diese Bedenken lösten sich am 12. September 2012 auf, als das Gericht in einer vorläufigen Entscheidung die Beschwerden ablehnte.[28]

Die Kläger waren dennoch insofern erfolgreich, weil das Bundesverfassungsgericht eine Reihe von Bedingungen für eine deutsche Beteiligung formulierte. So wurde von den deutschen Vertretern des Gouverneursrats des ESM verlangt, *vor* dem Entscheidungsprozess die Einverständniserklärung des Bundestags einzuholen,[29] sodass man die Möglichkeit heimlicher Finanzierungsentscheidungen, wie sie nach dem Vertrag möglich waren, ausschloss.[30] Zudem sollte die Bundesregierung eine gemeinsame Erklärung mit den übrigen Mitgliedsstaaten unter international bindendem Recht anstreben, aus der eindeutig hervorgeht, dass der ESM nicht im Sinne einer gesamtschuldnerischen Haftung aufgefasst wird, wie man aus den vagen Formulierungen des Vertrags durchaus hätte schließen können.[31] Nachdem eine solche Erklärung von allen Eurozonenländern mit Ausnahme Estlands am 27. September 2012 abgegeben wurde, trat der *ESM*-Vertrag am 1. Oktober 2012 in Kraft.

EIN ÜBERBLICK ÜBER DIE RETTUNGSKREDITE

Abbildung 8.2 liefert einen Überblick über die gesamten öffentlichen Kredite, die auf dem Höhepunkt der dritten und größten Krisenwelle (vgl. Abbildung 7.1), im August 2012, an die GIPSIZ-Länder aus den oben genannten fiskalischen und quasi-fiskalischen Quellen geflossen sind. Sie fasst die Informationen über Rettungskredite des vorangegangenen Kapitels in einer etwas anderen Form zusammen. Die nachfolgende Tabelle 8.1 gibt weitere Informationen zum aktuellen Stand und zur Aufspaltung der Hilfen nach den Empfängerländern. Es sei nochmals daran erinnert, dass Italien zur

Liste der Krisenländer gehört, weil es (mit dem größten Betrag, vgl. Abbildung 8.1) von den Staatspapierkäufen der EZB unter dem SMP profitierte und im Übrigen riesige Target-Kredite in Anspruch nahm. Es hat aber keine fiskalischen Rettungsgelder erhalten, sondern sich an den Rettungsaktionen für die anderen Länder mitbeteiligt.

Griechenland war das erste Land, das Unterstützung brauchte. Es erhielt bis zum Höhepunkt der Krise 53 Milliarden Euro an zwischenstaatlichen Rettungskrediten der anderen Euroländer auf Grundlage der intergouvernementalen Vereinbarung, die den offiziellen europäischen Rettungsschirmen vorausging. Griechenland, Irland und Portugal haben sodann zusammen 103 Milliarden Euro von der EFSF erhalten, wovon allein auf Griechenland 74 Milliarden Euro entfallen. Zudem bekamen diese drei Länder 59 Milliarden Euro vom IWF und 41 Milliarden Euro vom Katastrophenfonds der EU, dem EFSM. Insgesamt waren das 256 Milliarden Euro oder 48% ihres gemeinsamen BIP. Werden die Beiträge der jeweiligen Empfängerländer von den von ihnen bezogenen Rettungskrediten subtrahiert, so ergibt sich ein Nettobetrag der fiskalischen Hilfen für die drei Länder von 253 Milliarden Euro oder 47% des gemeinsamen BIP.

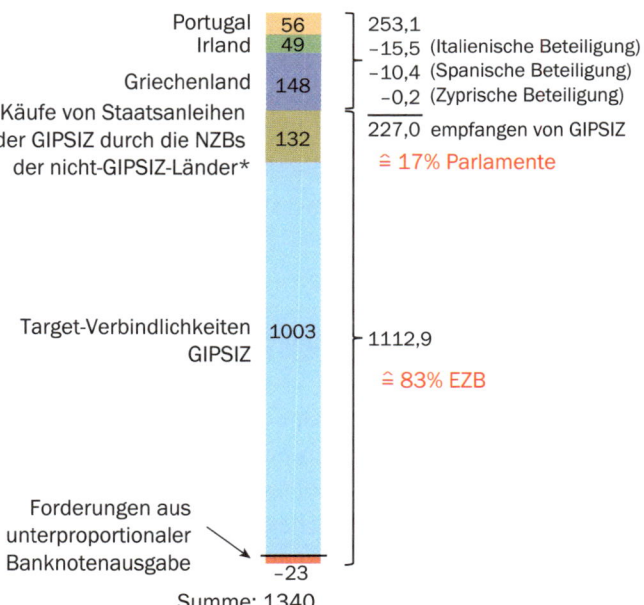

Abbildung 8.2 Öffentliche Kredite für die GIPSIZ-Länder (August 2012, in Milliarden Euro)

* Die Summe beinhaltet die Direktkäufe der EZB-Zentrale, die den unterschiedlichen Notenbanken gemäß dem Kapitalschlüssel zugeordnet wurden.

Allerdings ist bei einer Betrachtung der GIPSIZ-Länder in ihrer Gesamtheit auch noch die eigene Beteiligung der anderen drei Krisenländer Italien, Spanien und Zypern an den Rettungsaktivitäten in Höhe von insgesamt 26 Milliarden Euro abzuziehen, wie es in der Erläuterung zu Abbildung 7.1 schon beschrieben wurde. Nur diese drei Krisenländer haben sich selbst netto gerechnet mit Finanzmitteln an den fiskalischen Hilfsmaßnahmen beteiligt, weil sie auf dem Höhepunkt der Krise noch keine Finanzhilfen beantragt hatten. Alle GIPSIZ-Länder zusammen genommen haben demnach bis zum Höhepunkt der Krise netto 227 Milliarden Euro aus fiskalischen Hilfsprogrammen erhalten.

Des Weiteren zeigt die Abbildung die Kredite, die den GIPSIZ-Ländern von Notenbanken anderer Länder im Rahmen des SMP bereitgestellt worden waren (132 Milliarden Euro), sowie jene zusätzlichen, über das Normalmaß hinausgehenden Kredite, die sie sich quasi aus den lokalen Kassenautomaten ihrer Notenbanken ziehen konnten und mit denen sie Nettoüberweisungen tätigen konnten, wie es durch die Target-Salden gemessen wird. Das waren im August 2012 exakt 1.003 Milliarden Euro.[32]

Ein Posten, der von den erhaltenen Krediten abgezogen wurde, ist eine Forderung der GIPSIZ-Länder an das Eurosystem von 23 Milliarden Euro, die von ihrer leicht unterproportionalen Ausgabe von Banknoten herrührt. Der Sachverhalt ist analog zu den Target-Salden und wurde in Kapitel 7 schon beschrieben.

Wie man sieht, haben die GIPSIZ-Länder auf dem Höhepunkt der Krise im August 2012 insgesamt 1.340 Milliarden Euro erhalten. Bei einer Gesamtbevölkerung von ca. 134 Millionen Personen (im Jahresdurchschnitt 2012) sind das gerade 10.000 Euro pro Einwohner und etwa 25.400 Euro pro Haushalt.[33]

Dabei ist die Rechnung noch insofern unvollständig, als sie die Kreditaufnahme der GIPSIZ-Länder im Rahmen des Programms zum Ankauf gedeckter Schuldverschreibungen, dem sogenannten *Covered Bond Purchase Programme* (CBPP), noch nicht enthält, weil die notwendigen Details für eine analoge Rechnung bisher nicht publiziert wurden. Basierend auf den Einschätzungen aus dem Kapitel 7 im Zusammenhang mit Abbildung 7.1, kann vermutet werden, dass zusätzliche 45 Milliarden Euro zu den 1.340 Milliarden Euro öffentlichen Krediten der Abbildung hinzuaddiert werden können. Dann käme man auf eine Gesamtsumme der Hilfen in Höhe von 1.385 Milliarden Euro; diese Information ist aber nicht gesichert.

Bemerkenswert an Abbildung 8.2 ist insbesondere, dass die Hilfen der EZB um ein Vielfaches größer sind als die Direkthilfen der Staatengemeinschaft inklusive der des IWF. Wie mit den geschweiften Klammern hervorgehoben, haben die Notenbanken in der Spitze 83% der gesamten Hilfen für die Krisenländer geleistet, wobei der Löwenanteil auf die Target-Salden entfiel. Nur die verbleibenden 17% wurden durch Parlamente gebilligt. Wenn man berücksichtigt, dass der EZB-Rat kein demokratisch legitimiertes Organ ist (vgl. Kapitel 1, Abbildung 1.6), sondern ein technokratisches Gremium, das die Geldmenge steuern und die Preise stabil halten soll, entsteht ein schwerwiegendes demokratisches Legitimationsproblem. Während die Parlamente den Rettungsprogrammen nur mit großen Vorbehalten zustimmten, entschied der EZB-Rat, in dem die Länder mit einem Nettoauslandsvermögen in der Minderheit sind (vgl. Abbildung 2.9), über solche Anliegen mit einfacher Mehrheit, basierend auf dem Ein-Land-Eine-Stimme-Prinzip, und im Fall der Notfallkredite (ELA) sogar nur mit einem Quorum von einem Drittel der Stimmen (vgl. Kapitel 5).

Tabelle 8.1 spaltet die Information der Abbildung 8.2 nach den einzelnen Empfängerländern auf und drückt die an die GIPSIZ-Länder geleisteten Rettungsgelder aus, und zwar in Proportion zum BIP, als absoluter Betrag,

Tabelle 8.1 Internationale öffentliche Kredite
(August 2012, Dezember 2014 und für Griechenland Juni 2015)

	Target-Schulden	Bank-noten[1]	SMP[2]	Finanz-hilfen[3]	öffentliche Kredite insgesamt		
					Summe	pro Einwohner[4]	pro Haushalt[5]
	%	%	%	%	%	Mrd. €	Tsd. €	Tsd. €
Griechenland							
August 2012	56	9	13	76	**154**	299	27	72
Dezember 2014	28	3	8	120	**158**	283	26	68
Juni 2015	60	13	7	112	**192**	344	31	83
Irland							
August 2012	53	9	6	29	**96**	166	36	101
Dezember 2014	12	9	4	28	**52**	97	21	59
Portugal							
August 2012	42	−14	10	33	**71**	119	11	29
Dezember 2014	31	−18	6	42	**61**	105	10	26
Spanien							
August 2012	41	−3	2	−1	**39**	415	9	23
Dezember 2014	18	−7	1	2	**14**	149	3	8
Italien							
August 2012	18	0	4	−1	**21**	333	6	14
Dezember 2014	13	−1	3	−2	**13**	205	3	8
Zypern							
August 2012	52	−4	−2	−1	**45**	9	10	29
Dezember 2014	15	0	−2	33	**46**	8	9	27
GIPSIZ							
August 2012	31	−1	4	7	**42**	1340	10	25
Dezember 2014	16	−3	3	10	**26**	847	6	16

Ein Überblick über die Rettungskredite

als Betrag pro Kopf der Bevölkerung und als Betrag pro Haushalt der GIPSIZ-Länder. Dabei wird nicht nur über den Krisenhöhepunkt im August 2012, sondern zusätzlich noch über den Stand am Ende des Jahres 2014 und im Falle Griechenlands auch noch über den Stand Ende Juni 2015, drei Tage vor dem offiziellen Staatskonkurs, berichtet. Die Spalten zwei bis fünf zeigen die verschiedenen Arten von Hilfen als Prozentsätze des BIP des jeweiligen Jahres (beim griechischen Wert vom Juni 2015 als Prozentsatz des BIP des Jahres 2014). Die zweite Spalte informiert über die nominellen Target-Schulden, die dritte über die Verbindlichkeiten aus einer überproportionalen Banknotenausgabe (oder bei negativem Vorzeichen die Forderungen aus einer unterproportionalen Ausgabe), die vierte über die im Zuge des SMP von anderen Eurostaaten erworbenen Staatsanleihen des bezeichneten Landes abzüglich der von der Notenbank des Landes gekauften Staatsanleihen anderer Länder und die fünfte über die fiskalischen Rettungskredite. Die sechste Spalte zeigt die Summe all dieser Posten, also den gesamten öffent-

---

Fortsetzung Tabelle 8.1
1) Verbindlichkeiten aus überproportionaler Banknotenausgabe (Minuszeichen: Forderungen aus unterproportionaler Banknotenausgabe).
2) Käufe von Staatsanleihen des genannten Landes durch andere Notenbanken im Rahmen des SMP, netto nach Abzug der Käufe von Staatsanleihen der anderen Länder durch die Notenbank des genannten Landes.
3) Fiskalische Hilfskredite der europäischen Staatengemeinschaft und des IWF wie in der Erläuterung zu Abbildung 7.1 beschrieben.
4) Einwohner im Jahresdurchschnitt 2012 (für August 2012) bzw. Einwohner im Jahresdurchschnitt 2014 (für Dezember 2014 und Juni 2015).
5) Haushalte laut Volkszählung von 2011.

Quellen: Bilanzdaten der nationalen Notenbanken nach H.-W. Sinn und T. Wollmershäuser, »Target Loans, Current Account Balances and Capital Flows: The ECB's Rescue Facility«, *International Tax and Public Finance* 19, 2012, S. 468–508, Abbildung 1, aktualisiert; Eurostat, Datenbank, *Wirtschaft und Finanzen,* Volkswirtschaftliche Gesamtrechnungen (einschließlich BIP) (ESVG 95), Jährliche Volkswirtschaftliche Gesamtrechnungen, BIP und Hauptkomponenten; dasselbe, *Wirtschaft und Finanzen,* Volkswirtschaftliche Gesamtrechnungen (einschließlich BIP) (ESVG 95), Jährliche Volkswirtschaftliche Gesamtrechnungen, Zusätzliche Indikatoren (Bevölkerung BIP pro Kopf und Produktivität); dasselbe, *Bevölkerung und soziale Bedingungen*, Volks- und Wohnungszählung 2011; Europäische Kommission, *Economic and Financial Affairs*, »The EU as a Borrower; European Commission«, *EU Budget 2012*, Financial Report; dieselbe, *The Economic Adjustment Programme for Greece: Fifth Review*; European Financial Stability Facility, *Lending Operations*; Internationaler Währungsfonds, *Financial Activities*; derselbe, *SDR Exchange Rate Archives by Month*; European Stability Mechanism, *Financial Assistance*; derselbe, *ESM Factsheet*; Europäische Zentralbank, *Open Market Operations*; dieselbe, *Details on Securities Holdings Acquired under the Securities Markets Programm*, Pressemitteilung, 21. Februar 2013; dieselbe, *Abschlüsse der EZB für 2014*, Pressemitteilung 19. Februar 2015; für die Target-Schulden vgl. Abbildung 6.2; Staatsanleihen August 2012: Mangels offizieller Daten wurde der Bestand vom 31. Dezember 2012 verwendet; griechische Staatsanleihen am 30. Juni 2015: eigene Fortschreibung des Bestands vom 31. Dezember 2014; für die Target-Schulden vgl. Abbildung 6.2.

Hinweis: Die Prozentwerte beziehen sich auf das BIP von 2012 (für August 2012) bzw. das BIP von 2014 (für Dezember 2014 und Juni 2015).

lichen Kredit, den die sechs Empfängerländer als Prozentanteil ihres BIP erhielten. Die beiden letzten Zeilen für die GIPSIZ-Länder insgesamt geben das über alle sechs einzelnen Länder addierte Ergebnis wieder, wobei die Relativzahlen auf das gemeinsame (also aufsummierte) BIP Bezug nehmen. Die nächsten drei Spalten zeigen den jeweiligen Eurobetrag der Hilfen, die Hilfen pro Kopf der Bevölkerung und die Hilfen pro Haushalt.

Wie man an der Summenzeile am Ende der Tabelle sieht, hatten die GIPSIZ-Länder bis zum August 2012 zusammen 1.340 Milliarden an öffentlichen Krediten erhalten, was 42% ihres gemeinsamen BIP entsprach. Nach dem Abschwellen der dritten und größten Krisenwelle seit dem Herbst 2012 gingen aber auch die Überziehungskredite im Eurosystem deutlich zurück. Das von den GIPSIZ-Ländern bezogene Volumen an öffentlichen Krediten lag am Ende des Jahres 2014 noch bei 847 Milliarden Euro, was relativ zum BIP 26% waren.

Das in absoluter Rechnung bei Weitem größte Kreditvolumen war bis zum Sommer 2012 mit 415 Milliarden Euro nach Spanien geflossen, gefolgt von Italien mit 333 Milliarden Euro. Relativ zum BIP lag Spanien damit aber mit 39% im Mittelfeld und Italien mit 21% eher am unteren Ende der Skala. In beiden Ländern kam es mit der Beruhigung der Krise zu starken Rückgängen dieser Werte auf 14% bzw. 13%, weil beide proportional stärker auf die Target-Überziehungskredite im Euroraum zurückgegriffen hatten und sich diese Kredite automatisch reduzierten, als das Fluchtkapital zurückkehrte. Auch Irland konnte seine Target-Kredite deutlich reduzieren, womit die gesamten öffentlichen Kredite von 96% des BIP auf 52% sanken.

Pro Einwohner und pro Haushalt gerechnet, lag Irland im August 2012 mit Werten von 36.000 Euro bzw. 101.000 Euro an der Spitze. Die Werte hatten sich bis zum Jahresende 2014 auf 21.000 Euro bzw. 59.000 Euro gesenkt, sie liegen aber nach Griechenland noch immer auf dem zweithöchsten Niveau. Der Rückgang, der seit 2012 zu verzeichnen ist, liegt, wie die Zahlen zeigen, nicht daran, dass Irland seine fiskalischen Kredite zurückgezahlt hat – der Anteil der fiskalischen Kredite liegt nach wie vor knapp unter 30% des BIP –, sondern allein an der Senkung der Target-Kredite, die möglich wurde, weil privates Kapital zurücküberwiesen wurde und die irischen Banken die von der irischen Zentralbank bezogenen Refinanzierungskredite tilgen konnten.

Portugal lag mit einem Anteil der öffentlichen Kredite am BIP von 71% im Sommer 2012 an dritter Stelle bzw. mit 61% Ende 2014 an zweiter Stelle unter den Krisenländern. Besonders auffällig ist, dass Portugal im Gegensatz zu Irland trotz der scheinbaren Überwindung der Krise nach 2012 vom Tropf des öffentlichen Geldes nicht loskam. Wie man sieht, sind die verschiedenen Kreditposten, in welcher Rechnung auch immer man sie betrachtet, in Portugal, wenn überhaupt, nur wenig zurückgegangen. Die fiskalischen Kredite haben sich sogar stark erhöht, und zwar von 33% des BIP auf 42%. Dies bestätigt die Einschätzung, die schon in Kapitel 4 getroffen wurde, dass Portugal die Krise noch lange nicht überwunden hat. Die hohen fiskalischen Kredite der Staatengemeinschaft haben das Leben in Portugal aufrechterhalten und einen starken Einbruch der Binnenwirtschaft verhindert, aber genau deshalb hat Portugal auch noch keine messbare reale Abwertung gezeigt, aus der allein eine Verbesserung der Wettbewerbsfähigkeit resultieren könnte (vgl. Abbildung 4.9).

Auch in Zypern hat sich der Anteil der öffentlichen Kredite am BIP praktisch nicht verändert. Er ging sogar um einen Prozentpunkt hoch, von 45% auf 46%, was wohl vor allem am zwischenzeitlichen Rückgang des BIP lag. Indes ist es frappierend zu sehen, dass 37 Prozentpunkte des Target-Kredits, der im Sommer 2012 noch bei 52% des BIP gelegen hatte, bis Ende 2014 in 33 Prozentpunkte fiskalischen Kredits verwandelt wurde, der damals noch keine Rolle spielte. Das bestätigt die Umpackaktion, die eingangs dieses Kapitels als vierte Stufe der Rettungsarchitektur bezeichnet worden war. Erst bedient man sich, toleriert und ermöglicht vom EZB-Rat, des frei verfügbaren Target-Überziehungskredits, und dann bleibt der Staatengemeinschaft nichts anderes übrig, als fiskalischen Ersatzkredit zu liefern. Noch immer sitzt der durchschnittliche zyprische Haushalt auf einem öffentlichen Kredit der Staatengemeinschaft inklusive ihrer internationalen Institutionen von 27.000 Euro.

Der Ausreißer unter den Krisenländern ist Griechenland. Die griechische Volkswirtschaft erhielt bis zum Höhepunkt der Krise 148 Milliarden Euro in Form von fiskalischen ausländischen Krediten und 150 Milliarden Euro von anderen Notenbanken, was insgesamt 154% des BIP ausmachte. In Griechenland loderte die Krise wieder hell, nachdem die radikal-sozialistische Partei Syriza Regierungsverantwortung übernommen hatte. Da die Target-Salden hochschossen, kam das Land zur Jahresmitte 2015, wie die Tabelle zeigt, auf ein Gesamtvolumen der öffentlichen Kredite in Höhe von 344 Milliarden Euro[34] oder 192% des BIP. Von dem Geld wurde, wie schon in Kapitel 7 festgestellt, ein Drittel für die Rückzahlung von Altschulden verwendet, die durch überhöhten Konsum früherer Jahre entstanden waren, ein Drittel für die Außenhandelsdefizite (um auch weiter einen überhöhten Konsum zu finanzieren) und ein Drittel zum Ausgleich für die Kapitalflucht reicher Griechen. Griechenland hat fast genau 11 Millionen Einwohner (Jahresdurchschnitt 2014) und hatte bei der Volkszählung von 2011 etwa 4,13 Millionen Haushalte. Die 344 Milliarden Euro entsprechen deshalb 31.000 Euro pro Person oder 83.000 Euro pro Haushalt. Angesichts des Umstands, dass ein mittlerer griechischer Haushalt bei der letzten offiziellen Erhebung über ein Vermögen von 102.000 Euro verfügte, während ein mittlerer deutscher

Haushalt bei der gleichen Erhebung nur 51.000 Euro hatte (Tabelle 2.12), sind das Beträge, bei denen sich manch einer verwundert die Augen reibt.

Da Griechenlands Konkurs mit der Feststellung der EFSF vom 3. Juli 2015 offiziell ist, kann man auch nicht mehr behaupten, wie manche Politiker es lange taten, das Geld sei ja nur ein Kredit, der von Griechenland in Kürze bedient werde. Solcherlei Aussagen waren schon, als sie gemacht wurden, nicht ehrlich. Inzwischen gibt sich der Lächerlichkeit preis, wer sie noch wagt.

Praktisch zum Redaktionsschluss für dieses Buch, kurz nach dem Referendum, in dem das griechische Volk die Vereinbarung mit der Troika ablehnte, kam es für viele überraschend doch noch zu einer Vereinbarung über neue Hilfen für Griechenland. Das Land wird rund 86 Milliarden Euro erhalten, wovon 54 Milliarden Euro für die Bedienung von Altschulden und gut 31 Milliarden Euro für neue Ausgaben der griechischen Regierung eingesetzt werden.[35] Letzteres sind pro Person noch einmal knapp 8.000 Euro und pro griechischen Haushalt weitere 21.000 Euro, sodass die Gesamthilfe pro Haushalt auf etwa 104.000 Euro anstiege. Diese Beträge sind in der Tabelle nicht enthalten, weil dort nur die bereits ausgezahlten Beträge verbucht sind. Die Politik rollt die Griechenland-Kredite weiter, ohne dass die Aussicht besteht, dass sie jemals zurückgezahlt werden können.

Es wäre interessant zu wissen, was während der Griechenland-Krise in Portugal passiert ist. Leider sind aber die entsprechenden Statistiken für Portugal mit dem Ende des Jahres 2014 eingestellt worden, sodass ein solcher Vergleich nicht mehr möglich ist. So viel zum Thema Transparenz!

Die Rettungsprogramme waren kontrovers, weil sie gegen das Beistandsverbot des Artikels 125 AEUV verstoßen, wie es bereits im ersten Kapitel dargelegt wurde. Der Leser mag sich an das Zitat von Christine Lagarde, der damaligen französischen Finanzministerin und heutigen Chefin des IWF, erinnern, wonach es den europäischen Entscheidungsträgern durchaus bewusst war, dass die Entscheidungen vom Mai 2010 im Widerspruch zum Maastricht-Vertrag standen und damit offensichtlich rechtswidrig waren. Dies erklärt die beträchtliche Opposition von deutschen Experten. Nicht nur der Präsident der Bundesbank Axel Weber und der Chefvolkswirt der EZB Jürgen Stark lehnten sie ab. Auch der Rücktritt des Bundespräsidenten Horst Köhler am 30. Mai 2010, eingereicht kurz nachdem der Bundestag das Begleitgesetz zur EFSF verabschiedet hatte, kann angesichts einer fehlenden offiziellen Erklärung Köhlers in diesem Lichte gesehen werden.[36] Horst Köhler, ehemaliger Präsident des IWF und ehemaliger Staatssekretär des Bundesministeriums der Finanzen in der Regierung Kohl, war eine der Schlüsselfiguren für die Verhandlungen des Maastricht-Vertrages. Er war es, der damals auf dem Beistandsverbot und dem Verbot der monetären Staatsfinanzierung beharrt hatte. Die deutsche Regierung überging ihn bei ihren Vorbereitungen für die Rettungspakete und verlangte dann die kurzfristige Unterzeichnung des entsprechenden Gesetzes.

DAS HAFTUNGSRISIKO DER GEBERLÄNDER

Die Profiteure der Rettungspolitik waren die krisengeschüttelten Länder, genauso wie die privaten Gläubiger, die ihr Geld in Griechenland investiert hatten und die es anderenfalls womöglich nicht wieder gesehen hätten. Dabei lagen die französischen Banken, worüber in diesem Buch schon verschiedentlich berichtet wurde (vgl. vor allem Abbildungen 3.7 und 5.1), weit vor allen anderen. Doch auch die deutschen Banken und Versicherungen sowie natürlich Anleger aus aller Welt waren über die Rettungsgelder sehr froh, weil ihnen Abschreibungsverluste erspart blieben. Viele Altsparer wurden dadurch vor Verlusten geschützt, die sie sonst vielleicht wegen der Konkurse von Banken, denen sie ihr Geld anvertraut hatten, hätten erleiden müssen.

Sparer, deren Mittel frei wurden und neu angelegt werden mussten, wie auch Neusparer erlitten freilich Verluste, weil sie nun mit der lokalen Druckerpresse des EZB-Systems und den frischen Rettungsgeldern konkurrieren mussten und keine normalen Zinsen mehr bekamen. Auch die Institutionen, die diese Sparer vertreten, spüren zunehmend die Last der Politik. So wird die Sorge immer drängender, dass den Lebensversicherern allmählich die Luft ausgehen könnte, weil sie mit den niedrigen Zinsen nicht mehr klarkommen und ihre Garantieverzinsungen nicht halten können. Auch von den Sparkassen, die davon leben, das ihnen anvertraute Geld gutverzinslich weiter zu verleihen, hört man Klagen über die Erosion ihres Geschäftsmodells. Noch haben sie Zinserträge von langfristigen Ausleihungen, die sie früher vornahmen, doch schwindet der Bestand solcher Ausleihungen von Jahr zu Jahr.

Aber das assoziiert die Allgemeinheit noch nicht direkt mit der Krise, zumal der deutsche Staat durch die niedrigen Zinsen entlastet wird, wenn auch lange nicht so hoch, wie die Bürger belastet werden. Schließlich sind die Deutschen ja Nettogläubiger des Rests der Welt, und Gläubiger können nun einmal nicht von den niedrigen Zinsen profitieren.

Diejenigen, die eindeutig und sicherlich am stärksten unter der Rettungspolitik leiden werden, sind die europäischen Steuerzahler der noch gesunden Länder. Es bleibt zu befürchten, dass ihnen das gesamte Risiko der Rettungsaktionen aufgeladen wird und sie am Ende die Rechnung werden zahlen müssen – obwohl ihnen der Maastricht-Vertrag einst ausdrücklich versprach, sie genau vor diesem Schicksal zu bewahren. Der schleichenden Verfassungserosion, die mit den Entscheidungen vom Mai 2010 und den nachfolgenden Entscheidungen verbunden war, haben sie nie durch eine qualifizierte Mehrheit oder ein Referendum zugestimmt, insbesondere nicht den voluminösen Rettungsaktionen, die der EZB-Rat beschloss.

Der Leser mag sich an den bereits in Kapitel 1 zitierten Ausspruch Bundeskanzler Helmut Kohls aus dem Jahr 1998 erinnern, der seinen Landsleuten mit Nachdruck versprach, dass der Maastricht-Vertrag sie vor Haftungsverpflichtungen gegenüber anderen Euroländern schützt und jede Form von zusätzlichen Finanztransfers ausschließt.

Die Steuerzahler spüren freilich die ihnen auferlegten Belastungen noch nicht, da sie bislang zumeist nur einen Haftungscharakter haben, sich großenteils noch nicht realisiert haben und erst in der Zukunft in einer diffusen, undurchsichtigen und schwer zu antizipierenden Art und Weise auf den Schultern der Allgemeinheit abgeladen werden. Der öffentliche Widerspruch ist daher bislang begrenzt.[37]

Derweil dominieren die politischen Kräfte jener europäischen Regierungen und Finanzinstitute, die dringend Finanzmittel benötigen, weil sie ansonsten sofort in Probleme geraten. Sie haben im politischen Entscheidungsprozess die kräftigere Stimme, was auch daran liegt, dass sich gemäß der Theorie Mancur Olsons in einem Verteilungskonflikt zwischen zwei Gruppen die kleine Gruppe stets gegen die große durchsetzt, weil bei der kleinen Gruppe der Streitwert pro Kopf und damit auch das politische Engagement sehr viel größer ist.[38]

Wo sich genau die Verluste materialisieren, hängt natürlich von den Umständen ab. Wahrscheinlich wird es umfangreiche Ablenkungsmanöver von Politikern geben, sobald die Verluste immanent werden. Clevere Wirtschaftsprüfer werden sie von einer öffentlichen Institution zur nächsten schieben und die Verluste auf zukünftige Generationen zu verteilen versuchen, indem sie Zinszahlungen senken oder aufschieben und Laufzeiten der Kreditverbindlichkeiten verlängern, anstatt die Verluste zu realisieren, was sich in Abschreibungsverlusten in den Bilanzen widerspiegeln würde.

Wie in Kapitel 5 skizziert, war dies bei den irischen Notkrediten (ELA) der Fall, die ursprünglich als kurzfristige Liquiditätshilfe gedacht waren und dann in irische Staatsanleihen mit einer durchschnittlichen Laufzeit von 34 Jahren konvertiert wurden. Der Trick wurde auch genutzt, als die öffentlichen Gläubiger Griechenlands einer Umschichtung ihrer Kredite am 26. und 27. November 2012 zustimmten.[39] Unter anderem wurde die Laufzeit der EFSF-Kredite und der zwischenstaatlichen Kredite bis in die Jahre 2041/2042 verlängert, die Zinsverpflichtungen gegenüber der EFSF für die nächsten zehn Jahre erlassen und die Zinsen für den Rest der Zeit signifikant reduziert, während man neue EFSF-Kredite vergab, um dem Staat damit die Möglichkeit zu geben, alte Staatspapiere vom Markt zurückzukaufen. Zusammengenommen waren die Maßnahmen im Barwert nichts anderes als der sofortige Abschreibungsverlust von öffentlichen Krediten an Griechenland im Wert von 43 Milliarden Euro.[40] Nichts davon wurde in den öffentlichen Haushalten der Länder, deren Steuerzahler in Haftung genommen wurden, verbucht.

Obwohl es nicht möglich ist, die politischen Winkelzüge, die folgen werden, vorauszusagen, stellt das Volumen der öffentlichen Kredite, wie es in Abbildung 8.2 dargestellt ist, ein objektives Risiko für die Steuerzahler dar, das sich nach harten Kriterien berechnen und weiter aufgliedern lässt. Die nachfolgende Tabelle 8.2 liefert einen Überblick über die maximal möglichen öffentlichen Verluste in absoluten Werten und je Einwohner für eine ausgewählte Anzahl an Euroländern für das Jahresende 2014.

Tabelle 8.2 Maximal mögliche Verluste für ausgewählte Euroländer im Falle einer Insolvenz der GIPSIZ-Länder und ihrer Geschäftsbanken (Dezember 2014)

	Finanz-hilfen[1]	SMP[2]	Target[3]	Banknoten[4]	Eigenkapital[5]	EZB-Sichtguthaben[6]	Summe	Summe je Einwohner
	Milliarden €							Tausend €
Deutschland	120	59	217	-43	-65	-28	260	3,2
Frankreich	91	47	171	-34	-51	-22	202	3,0
Niederlande	26	13	48	-9	-14	-6	57	3,4
Belgien	17	8	30	-6	-9	-4	36	3,2
Österreich	13	6	24	-5	-7	-3	28	3,3
Finnland	8	4	15	-3	-5	-2	18	3,3

1) Finanzhilfen der fiskalischen Rettungssysteme.
2) Securities Markets Program (Kaufprogramm für Staatspapiere der GIPSIZ-Länder).
3) Verbindlichkeiten der GIPSIZ-Länder aus erhaltenen fiskalischen Rettungskrediten.
4) Target-Verbindlichkeiten der GIPSIZ-Länder gegenüber dem Eurosystem.
5) Forderungen der GIPSIZ-Länder gegenüber dem Eurosystem wegen unterproportionaler Banknotenausgabe.
6) Eigenkapital der GIPSIZ-Notenbanken.
7) Korrekturposten wegen Mindereinlagen der Geschäftsbanken bei der Notenbank im Vergleich zum Kapitalanteil an der EZB.

Erläuterung: Die potenziellen Verluste der einzelnen Geberländer sind unabhängig davon, ob die GIPSIZ-Länder im Euroverbund bleiben oder austreten. Der Rechengang wird in Box 8.1 erläutert. Dabei wurden folgende Annahmen zu den Haftungsanteilen der Euroländer zugrunde gelegt: Beim ersten zwischenstaatlichen Rettungspaket für Griechenland gemäß dem bilateralen Kredit; bei den EFSM-Krediten gemäß dem Länderanteil an den Einnahmen der Europäischen Union im Jahr 2011; bei den EFSF-Krediten gemäß dem Kapitalanteil an der EZB im Jahr 2011 (Euroländer ohne GIPSIZ-Länder, die in der EFSF als »stepping out guarantors« behandelt wer-

Erfasst sind in der Tabelle die fiskalischen Hilfsprogramme, wie sie oben diskutiert wurden, außerdem das SMP, die Target-Kredite und die Forderungen oder Verbindlichkeiten aus der nichtproportionalen Ausgabe von Banknoten. Gegengerechnet wurde das Eigenkapital (inklusive Bewertungsreserven) der Notenbanken der Krisenländer sowie ein Korrekturposten aus einem unter- oder überproportionalen Niveau der Sichtdepositen der Geschäftsbanken bei der Notenbank bestehend aus Einlagen auf Girokonten und der Einlagefazilität, der weiter hinten im Text noch erläutert wird. Weitere Details der Berechnungen werden in der Erläuterung unter der Tabelle und anschließend im Text erklärt. Alle Berechnungen beziehen sich nur auf die fiskalischen Implikationen, wie sie im Konkursfall sofort oder später budgetwirksam werden, jeweils in Gegenwartswerten ausgedrückt. Sie gelten für den Fall des Verbleibs in der Eurozone und mit Einschränkung auch für den Fall des Austritts. Die möglichen Vorteile für die Banken der Geberländer sowie die Zinsnachteile für die Sparer werden indes nicht erfasst.

Die vorletzte Spalte zeigt das gesamte Exposure wichtiger Geberländer, konkret das auf sie heruntergebrochene Ausleihvolumen aller Rettungseinrichtungen einschließlich EZB und IWF. Danach lag zum Beispiel der Teil des Ausleihvolumens, für den Deutschland haftet, Ende 2014 bei 260 Milliarden Euro, jener Frankreichs bei 202 Milliarden Euro und jener Österreichs bei 28 Milliarden Euro. Die Beträge sind nicht als erwartete oder wahrscheinliche Verluste interpretierbar; vielmehr handelt es sich um *maximal möglich*e Verluste für den Fall, dass die GIPSIZ-Staaten sowie die nationalen Bankensysteme unter ihrer Schuldenlast zusammenbrechen.

Pro Einwohner in den Geberländern liegen die Risiken stets ungefähr bei den gleichen Werten im Bereich zwischen 3.000 Euro und 3.400 Euro. Die geringen Abweichungen ergeben sich aus dem Umstand, dass die Kapital- und Haftungsanteile im EZB-System nach dem Mittelwert der Bevölkerungsanteile und der BIP-Anteile der einzelnen Länder bestimmt sind und sich das BIP je Einwohner zwischen den Ländern unterscheidet.

Die Höhe der möglichen Verluste der Gläubigerländer wird zwar zu einem erheblichen Teil durch Italien und Spanien erklärt, weil dies die beiden größten Krisenländer sind. Dem absoluten Betrag nach und erst recht relativ

---

Fortsetzung Tabelle 8.2
den); bei den ESM-Krediten gemäß dem Kapitalschlüssel des ESM am Jahresende 2014; bei den IWF-Krediten gemäß dem Länderanteil am IWF-Eigenkapital; bei den Staatsanleihekäufen im Rahmen des SMP, bei den Target-Schulden der GIPSIZ-Länder, bei den Forderungen der GIPSIZ-Länder aus ihrer (insgesamt gesehen) unterproportionalen Banknotenausgabe, beim Korrekturposten für ein unterproportionales Volumen der Sichtdepositen der Geschäftsbanken bei der Notenbank und beim Eigenkapital der GIPSIZ-Notenbanken gemäß den Kapitalanteilen der einzelnen Länder am haftenden Eigenkapital der EZB ohne GIPSIZ-Länder am Jahresende 2014.

zur Landesgröße steht aber Griechenland an der Spitze. Während der vierten Krisenwelle des Eurosystems, die, von Griechenland angestoßen, anschließend abrollte, stieg die deutsche Gesamthaftung für Griechenland (bei einem alleinigen Konkurs Griechenlands) auf 89 Milliarden Euro oder 1.079 Euro pro Einwohner in Deutschland.[41] Österreichs Haftung gegenüber Griechenland betrug zu dem Zeitpunkt 9 Milliarden Euro oder 1.098 Euro pro Einwohner.

Das bei weitem größte Risiko bei all diesen Rechnungen wird durch die Target-Kredite der GIPSIZ-Länder erklärt. Mancher Leser mag sich darüber wundern, denn ein möglicher Verlust der Target-Forderungen wird oft mit dem hypothetischen Fall eines Euroaustritts begründet. Das ist insofern nicht falsch, als es keine klare rechtliche Basis für einen Erhalt der Target-Forderungen nach einem Austritt gibt. Indes darf man nicht übersehen, dass die Target-Verbindlichkeiten der Krisenländer, wie der Leser weiß (vgl. Kapitel 5 und 6), aus den zusätzlichen Ausleihungen und Offenmarktgeschäften der Notenbanken der Krisenländer über das Normalmaß hinaus resultieren – ebenso wie die in der Notenbankbilanz verbuchten Verbindlichkeiten aus einer überproportionalen Banknotenausgabe. Auf diese zusätzlichen Ausleihungen und Offenmarktgeschäfte fallen Zinserträge bei den Notenbanken der GIPSIZ-Länder an, die diesen Ländern nicht allein gehören, sondern innerhalb der Eurozone nach den entsprechenden Länderquoten aufgeteilt werden müssen. Wenn aber die nationalen Bankensysteme in Konkurs gehen – was die automatische Folge eines Staatskonkurses ist, weil die Banken sehr viele Staatspapiere ihrer Sitzländer in den Büchern haben – dann ist davon auszugehen, dass diese Zinszahlungen an das Eurosystem nicht geleistet werden können, und das setzt die Target-Verbindlichkeiten und die Verbindlichkeiten aus einer überproportionalen Banknotenausgabe unmittelbar ins Risiko, und zwar auch dann, wenn kein Land aus dem Euro austritt.

Da der Gegenwartswert des Stroms der Zinseinahmen auf einen Vermögensbestand definitionsgemäß stets dem Wert dieses Bestands selbst entspricht, ist auch der Gegenwartswert des Zinsrisikos, das die GIPSIZ-Länder dem Rest des Eurosystems aufbürden, stets so hoch wie die Summe aus ihren Target-Verbindlichkeiten und den Verbindlichkeiten aus einer überproportionalen Banknotenausgabe. Die anderen Notenbanken des Eurosystems sind an diesen Verlusten gemäß ihren Kapitalanteilen beteiligt.

Deutschland, dessen Anteil an den Gewinnen und Verlusten des Eurosystems im Prinzip bei 26% liegt, müsste bei einem gemeinsamen Konkurs der GIPSIZ-Länder in Wahrheit somit 41% tragen, weil diese im Katastrophenfall selbst nicht mehr mithaften können, zumal die entsprechenden Staaten, wie erläutert, beim Konkurs einer nationalen Notenbank ohnehin keine

Nachschusspflicht haben. Frankreich trägt 32% und Österreich 4% des Risikos, um zwei weitere Beispiele zu nennen.

Nun stehen allerdings nicht nur die über das Normalmaß hinaus vergebenen Refinanzierungskredite und Offenmarktgeschäfte im Risiko, sondern auch der angesichts der Landesgröße normale Bestand an solchen Forderungstiteln, denn grundsätzlich werden ja alle Gewinne und Verluste aus geldpolitischen Operationen im Eurosystem vergemeinschaftet. Insofern könnte man geneigt sein, den Normalbestand der Refinanzierungskredite und Offenmarktgeschäfte in die Berechnung der Gemeinschaftshaftung einzubeziehen. In der Tat war so in der englischen Originalversion dieses Buches gerechnet worden.

Indes hat die Griechenland-Krise gezeigt, dass die EZB etwa ein halbes Jahr vor dem Konkurs einen erheblichen Teil der Refinanzierungskredite auf ELA-Kredite umstellte, für die die nationalen Notenbanken selbst in der Haftung stehen. Das klingt zunächst nach Entwarnung für die anderen Länder. Indes ist die faktische Haftung der nationalen Notenbank auf ihr Eigenkapital und ihren Anteil am Seignorage-Vermögen des Eurosystems beschränkt, der selbst durch die Geldbasis abzüglich der (unverzinslichen) Mindestreserve definiert ist. Für darüber hinausgehende Teile der ELA-Kredite muss die nationale Notenbank zwar haften, kann es aber nicht. Aus diesem Grund gibt es für diese Teile keinen Unterschied zwischen den in Gemeinschaftshaftung begebenen Refinanzierungskrediten und den ELA-Krediten. Das wurde in Kapitel 5 schon festgestellt. In der Konsequenz bedeutet dies, dass tatsächlich nur der das Normalmaß übersteigende Bestand an Refinanzierungskrediten und Wertpapieren abzüglich des Eigenkapitals der nationalen Notenbank der Kollektivhaftung unterliegt, und das ist, wie sich zeigen lässt, die Summe aus der Target-Verbindlichkeit und einer möglichen Verbindlichkeit aus einer überproportionalen Banknotenausgabe abzüglich des Eigenkapitals und abzüglich eines Korrekturpostens aufgrund unterproportionaler Einlagen der Geschäftsbanken bei der Notenbank. Box 8.1 präzisiert diesen nicht ganz einfachen, aber äußerst wichtigen Sachverhalt für den interessierten Leser.

Bei der in Tabelle 8.2 dargestellten Rechnung zur Haftung der Geberländer wurde unterstellt, dass ein Konkurs auch in Zukunft nach griechischem Muster ablaufen würde, also erst nach einer Umstellung eines hinreichend hohen Teils der Refinanzierungskredite auf ELA-Notkredite.

BOX 8.1 Zur Berechnung der Haftung der Nicht-GIPSIZ-Notenbanken

Wie die Haftung der anderen Länder mit den Target-Salden und der möglicherweise nichtproportionalen Höhe der Geldbasis der GIPSIZ-Länder zusammenhängt, lässt sich anhand folgender Gedankenschritte darlegen.

Im ersten Schritt unterstelle man, dass die beiden Komponenten der verzinslichen Geldbasis eines Landes, nämlich das umlaufende Bargeld und die Einlagen der Banken bei der Notenbank (abzüglich der unverzinslichen Mindestreserve), jeweils genau dem Eigentumsanteil (»Kapitalschlüssel«) des Landes an den entsprechenden Komponenten der aggregierten verzinslichen Geldbasis des gesamten Eurosystems entsprechen und dass sie allein durch ELA-Kredite finanziert wurden. Wenn die Banken dieses Landes in den Konkurs gehen und keine Geldschöpfungskredite zurückzahlen, liegt die Haftung allein bei der Notenbank dieses Landes. Sie ist in Zukunft nicht mehr an den Gewinnausschüttungen des bereits vorhandenen gemeinsamen Topfes der geldschaffenden Operationen beteiligt. (Nur an Ausweitungen durch Wachstum wäre sie beteiligt.) Die anderen Notenbanken verlieren nichts. Das ist die Rechtskonstruktion für die ELA-Kredite.

Im zweiten Schritt sei unterstellt, dass die betrachtete Notenbank zusätzliche ELA-Kredite vergibt, um daraus Auslandsüberweisungen und einen Zuwachs des nationalen Banknotenbestandes zu bezahlen, während die Guthaben der Banken bei der Notenbank konstant bleiben mögen. In diesem Fall erhöhen sich die möglichen Verluste bei einer Bankenpleite entsprechend des Zuwachses der Banknotenbestände und der Target-Verbindlichkeiten, aber solange die überproportionale Banknotenausgabe und die Target-Verbindlichkeiten das Eigenkapital der Zentralbank noch nicht erreicht haben, ist noch genug Haftungsmasse vorhanden, wenn es brennt. Noch immer entsteht für die anderen Eurostaaten kein Verlust. Der Verlust entsteht jedoch, wenn so viele zusätzliche ELA-Kredite vergeben werden, dass die Summe aus den Target-Verbindlichkeiten und der überproportionalen Banknotenausgabe über das Eigenkapital hinauswächst, was nun angenommen sei.

Im vierten Gedankenschritt kann man unterstellen, dass ein Teil der ELA-Kredite durch andere geldpolitische Operationen wie normale Refinanzierungskredite in gemeinschaftlicher Haftung oder Käufe von Wertpapieren am offenen Markt ersetzt wird, was für sich genommen keinen Einfluss auf die Target-Salden oder den Bargeldumlauf hat. Solange trotz dieser Umschichtung alle ELA-Kredite größer bleiben als die

Summe aus dem Eigenkapital und dem Teil der verzinslichen Geldbasis des Eurosystems, der der betrachteten Notenbank »gehört«, ändert sich bei einem Totalausfall einschließlich eines Ausfalls dieser Kredite und Wertpapiere im Hinblick auf das Haftungsrisiko der anderen Euroländer nichts. Für die Rechnung heißt das, dass die Haftung der anderen Euroländer auf die Differenz zwischen der Summe aus den Target-Verbindlichkeiten und der überproportionalen Bargeldausgabe abzüglich des Eigenkapitals beschränkt ist, weil es beim überschießenden Teil der Geldschöpfungsoperationen nicht darauf ankommt, ob die betreffende Notenbank nicht haften muss oder nicht haften kann.

Im fünften Gedankenschritt muss man aber nun noch berücksichtigen, dass die Banken ihre Einlagen bei der Notenbank möglicherweise reduzieren, um sie durch Barauszahlung oder Auslandsüberweisungen individuell zu sichern. Dies würde zwar die Summe aus den Target-Verbindlichkeiten und/oder der überproportionalen Banknotenausgabe vergrößern, doch da keine zusätzlichen Refinanzierungskredite ausgegeben werden, vergrößert sich das Haftungsrisiko für die anderen Länder nicht. Daraus folgt, dass das Haftungsrisiko der anderen Länder der Summe aus der Target-Verbindlichkeit und dem überproportionalen Bargeldbestand abzüglich des Eigenkapitals und abzüglich eines Korrekturpostens in Höhe unterproportionaler Einlagen der Banken bei ihrer nationalen Notenbank entspricht.

Eigentlich müsste man das Buchungssystem der nationalen Notenbanken so ändern, dass nicht nur Verbindlichkeiten und Forderungen aus Target-Salden und aus nichtproportionaler Banknotenausgabe verbucht werden, sondern auch Verbindlichkeiten oder Forderungen aus nichtproportionalen Einlagen der Banken bei ihren Notenbanken. Obwohl das noch nicht geschehen ist, muss dieser Posten bei der hier angestellten Haftungsrechnung Berücksichtigung finden. Er erklärt die drittletzte Spalte der Tabelle.

Eine Fußnote erläutert diese Posten für den konkreten Fall Griechenlands.[42] Dort lagen die ELA-Kredite (weit) über der Haftungsmasse. Ähnliches wird bei den Rechnungen der Tabelle 8.1 für den Konkursfall bei allen Ländern unterstellt.

Die Rechnungen der Tabelle 8.2 gelten grundsätzlich unabhängig von der Frage, ob die GIPSIZ-Länder im Euroverbund bleiben oder austreten. Das gilt jedenfalls dann, wenn ein Austritt mit einem Umtausch der in den

GIPSIZ-Ländern zirkulierenden Banknoten verbunden ist. Technisch könnte das so geschehen, dass in den im Euroverbund bleibenden Ländern neue Eurobanknoten eingeführt werden, während die alten Eurobanknoten, die noch die Schriftzeichen der austretenden Länder enthalten, ihren Wert verlieren und die Grenzen bis zum Ende der Umtauschfrist für Bargeldtransporte geschlossen werden.

Allerdings könnte es sein, dass ein Teil der in den GIPSIZ-Ländern zirkulierenden Banknoten in einem solchen Fall noch ins Ausland geschmuggelt wird. Das wären dann zusätzliche Verluste der anderen Eurostaaten. Auf der anderen Seite ist zu vermuten, dass nach der Währungsumstellung neue Euroscheine in die GIPSIZ-Länder diffundieren und dort dauerhaft zirkulieren würden. Das wiederum würde den Nicht-GIPSIZ-Ländern zusätzliche Seignorage-Gewinne in Form der Verzinsung des diffundierten Geldbestands bringen. Ohne die Modalitäten des Austritts zu kennen, kann man dazu keine belastbaren Rechnungen anstellen. Anhaltspunkte dafür, dass ein Konkurs mit Austritt die im Euroverbund bleibenden Länder teurer oder billiger käme, gibt es aufgrund dieser auf die kurze Frist abstellenden Überlegungen nicht.

Allerdings kann man wohl davon ausgehen, dass ein Konkurs ohne Austritt aus dem Euro für die Staatengemeinschaft im Laufe der Zeit insofern immer teurer wird, als ohne den Austritt und die Abwertung der neuen Währung die Wettbewerbsfähigkeit der betreffenden Länder nicht verbessert wird, sodass man erwarten muss, dass es erneut zum Aufbau von Schulden beim Eurosystem und bei den Rettungsschirmen kommt, die anschließend bei einem neuen Konkurs abermals zu erlassen sind. Ein Konkurs ohne Austritt kann zu einem Fass ohne Boden für den Rest des Eurosystems werden.

DIE OMT-KONTROVERSE

Die fünfte Stufe der Rettungsarchitektur bestand aus dem OMT-Programm der EZB, wobei OMT für »Outright Monetary Transactions« steht, was so viel heißt wie »reine geldpolitische Transaktionen«. Wie vieles aus dem Vokabular, das die EZB geschaffen hat, um ihre Politik öffentlich plausibel klingen zu lassen, sagt auch dieser Begriff nicht das Geringste darüber aus, was mit ihm gemeint ist. Denn tatsächlich handelt es sich beim OMT um eine kostenlose Deckungszusage im Rahmen einer Kreditausfallversicherung, wie man sie als Gläubiger auch auf den Märkten erwerben kann, nur mit dem Unterschied, dass sie nach oben hin nicht begrenzt ist. Solch kreative Wortschöpfungen der EZB erinnern an die Aufforderung zum »newspeak« oder »Neusprech« im Roman *1984* von George Orwell.

Mit dem OMT verspricht die EZB den Gläubigern konkret, ihnen Staatsanleihen aus Krisenländern mit einer Restlaufzeit von bis zu drei Jahren in beliebigem Umfang abzukaufen, um damit einen Ausfall der Papiere zu verhindern. Einzige Voraussetzung dafür ist, dass sich das Land dem Regelwerk des ESM unterwirft. Vor einem Konkurs brauchen Anleger also keine Angst mehr zu haben, denn das Konkursrisiko wandert zur EZB. Präsident Mario Draghi verkündete dies mit folgenden Worten, die bereits historische Bedeutung erlangt haben:[43]

»*Was ich sagte, ist exakt – und ich wiederhole, was ich zuerst in London gesagt habe –, dass wir im Rahmen unseres Mandats – im Rahmen unseres Mandats – tun werden, was immer nötig ist, um eine einheitliche Geldpolitik in der Eurozone zu haben, um die Preisstabilität in der Eurozone aufrechtzuerhalten und um den Euro zu erhalten. Und wir sagen, dass der Euro irreversibel ist.*«

Er spielte mit diesen Worten auf eine vorangegangene Rede vom 26. Juli anlässlich einer Investorenkonferenz an, auf der er das OMT-Programm jedoch nicht erwähnte.[44] Zusätzlich zum ESM konnte das OMT-Programm die Märkte ab September 2012 deutlich beruhigen und neues Vertrauen unter Investoren hervorrufen, was sie veranlasste, neue Kredite zu niedrigeren Zinsen zu vergeben (vgl. Abbildung 2.2). Bei den niedrigeren Zinsen konnten sich die Krisenländer nun günstig verschulden, um ihre Altkredite abzulösen und neue Kredite für den laufenden Bedarf aufzunehmen, was sie auch taten. Alle GIPSIZ-Länder hatten seit dem Versprechen Mario Draghis (Daten bis Ende 2014) Budgetdefizite von mindestens 3% (vgl. Abbildung 2.5), obwohl die Zinssenkung diese Defizite hätte deutlich verringern müssen.

Gemäß Abbildung 6.2 nahmen die Target-Salden wegen der erneuten Kreditvergabe in der Folgezeit in der Tat sehr deutlich ab. Abbildung 7.1 und die sich anschließende Diskussion in Kapitel 7 hatten jedoch gezeigt, dass 22% des Rückgangs der Target-Salden zwischen August 2012 und Dezember 2014 durch zusätzliche fiskalische Rettungskredite erklärt werden, die die Target-Salden bereits für sich genommen eins zu eins absenkten. Der Löwenanteil des Rückgangs der Target-Salden, 78%, ist aber wohl der Beruhigung durch die Rettungsaktionen zu verdanken, unter denen das OMT-Programm eine wichtige Rolle gespielt hat.

Dass die Beruhigung freilich nicht nur vom OMT-Programm herkam, sieht man daran, dass gemäß Abbildung 2.2 der Rückgang der Zinsunterschiede bereits lange vor jenem Zeitpunkt einsetzte, an dem die Märkte das Programm überhaupt erahnen konnten, nämlich bereits ab dem Winter 2011/2012 (Spanien: Dezember 2011; Portugal: Februar 2012; Griechenland:

März 2012). Die Erklärung mag in der »Dicken Bertha« liegen, also den dreijährigen längerfristigen Refinanzierungsgeschäften (LTRO), die die EZB anbot, sowie auch am dauerhaften Rettungsschirm ESM, der schon zum Beginn des Winters öffentlich diskutiert wurde. Die dreijährigen LTROs stellten den Banken umfangreiche Finanzierungsmittel zur Verfügung, die sie nutzen konnten, Staatsanleihen zu kaufen, was deren Kurse stützte und die Effektivzinsen senkte. Dass das OMT-Programm vom Sommer 2012 an die Märkte zusätzlich beruhigte und den Krisenländern half, das verlorengegangene Vertrauen der Investoren zurückzugewinnen, kann man gewiss nicht in Abrede stellen. Der Präsident der Schweizerischen Nationalbank Philipp Hildebrand sagte dazu:[45]

»Das OMT-Programm der EZB verändert die Spielregeln. Die beruhigende Kraft des OMT resultiert aus der Tatsache, dass die Marktteilnehmer dieses Programm als Verpflichtungserklärung für eine Vergemeinschaftung der Schulden innerhalb der Eurozone interpretieren: Die Länder stehen zusammen ein für die Schulden der Angeschlagenen.«

Aus der Sicht der Schuldnerländer sowie ihrer Gläubiger lag ein bedeutender Vorteil des OMT-Programms gegenüber dem Rettungskredit des ESM darin, dass die EZB explizit zusicherte, ihren Status als bevorrechtigter Gläubiger aufzugeben.[46] Hätte sie diesen Status beibehalten, wäre der Markt kaum beruhigt worden, denn in dem Maße wie die EZB in einer Krisensituation Papiere erworben hätte, hätte sich das Risiko der noch am Markt befindlichen Papiere vergrößert, weil sie im Konkursfall umso größere Abschreibungsverluste hätten verkraften müssen. Der Versicherungsschutz wäre ausgeblieben, und es wäre wohl auch kein Zinssenkungseffekt zustande gekommen. Die Zinssenkung wird zweifelsohne dadurch hervorgerufen, dass die Steuerzahler, die hinter der EZB stehen, einen Teil des Konkursverlusts zu übernehmen haben, und nicht etwa schon durch den Umstand, dass sie mithelfen, einen bloß temporären Liquiditätsengpass zu überwinden.

Einige Ökonomen, die einen öffentlichen Aufruf zur Unterstützung des Anleihekaufprogramms der EZB initiierten, argumentierten, dass das OMT-Programm eine der »geschicktesten und erfolgreichsten geldpolitischen Kommunikationsmaßnahmen seit Jahrzehnten« sei.[47] Die Tatsache, dass es gelungen sei, die Unsicherheiten und Schwankungen an Kapitalmärkten einzudämmen und die Kreditkosten für Regierungen und Banken in besonders gefährdeten Ländern zu senken, ohne auch nur einen einzigen Euro auszugeben, rühmten sie als besonderen Erfolg. Das OMT-Programm helfe, unter multiplen Marktgleichgewichten das bessere zu etablieren, eine Sicht, die in der Einleitung zu diesem Buch schon als »Theorie vom Geld im Schaufenster« tituliert wurde.

Die Sachlage ist jedoch nicht so einfach.[48] Man muss nämlich bedenken, dass das OMT als Nachfolger des SMP sehr wohl Geld gekostet hat, dass es einer kostenlosen Kreditversicherung gleichkommt und insofern geldwerte Vorteile bringt und dass es nicht nur dem Geist, sondern auch den Buchstaben des Maastrichter Vertrages widerspricht. Diese drei Aspekte werden nachfolgend näher beleuchtet.

Was den ersten Punkt betrifft, so steht die Behauptung, es sei noch kein Geld ausgegeben worden, insofern auf etwas tönernen Füßen, als das OMT das Nachfolgeprogramm des SMP bildet, für das immerhin 223 Milliarden Euro ausgegeben wurden (vgl. Abbildung 8.1). Gewiss gibt es Unterschiede in der Konditionalität, der Ankündigung unbegrenzter Käufe und im expliziten Verzicht auf Senioritätsrechte, aber wesentliche Aspekte wurden beibehalten, insbesondere der Umstand, dass sich die Käufe nicht in Proportion zur Landesgröße auf die Papiere aller Länder erstrecken, sondern sich speziell nur auf Krisenländer beziehen.

Zweitens ist das Argument mit den multiplen Gleichgewichten irreführend. Zwar freuen sich Gläubiger und Schuldner gleichermaßen über die kostenfreie Kreditversicherung, die das OMT-Programm bedeutet. Der Gläubiger wird vor dem Konkurs des Schuldners geschützt, und der Schuldner kommt in den Genuss niedrigerer Zinsen, mit denen sich der Gläubiger wegen dieses Schutzes begnügt. Beide Parteien können weiterhin Geschäfte tätigen, als ob es die europäische Wettbewerbs- und Schuldenkrise gar nicht gäbe. Natürlich stellt sich so ein anderes Marktgleichgewicht ein, als es ohne das OMT der Fall gewesen wäre. Das bedeutet aber nicht notwendigerweise, dass das entstehende Gleichgewicht *besser* im Sinne der Theorie multipler Gleichgewichte ist, weil die Verankerung der Erwartungen der Anleger eine panikartige Anlegerflucht verhindert.[49] Vielmehr bedeutet der kostenlose Versicherungsschutz nur, dass es ein *anderes* Gleichgewicht gibt, wie es stets ein anderes Marktgleichgewicht gibt, wenn der Staat eine bestimmte ökonomische Aktivität subventioniert und damit die Knappheitspreise verändert. Dieses andere Marktgleichgewicht ist dann aber in der Regel nicht besser, sondern schlechter, weil sich die Marktakteure zwischen Alternativen entscheiden, deren Kosten sie nicht vollständig selbst tragen müssen, sondern auf Dritte abwälzen können. Es impliziert eine andere Nutzung der Ressourcen, eine andere Einkommens- und Vermögensverteilung innerhalb der Gruppe der heute lebenden Bürger sowie zwischen heutigen und zukünftigen Generationen, wobei man befürchten muss, dass die Gewinner nicht einmal in der Lage wären, die Verlierer zu kompensieren.

Da der Markt für jenen Versicherungstyp, den das OMT-Programm anbietet, bereits existiert, ist sogar zu erwarten, dass die öffentliche Intervention zu einem schlechteren Gleichgewicht führt. Wenn Gläubiger sichere Investitionen möchten, könnten sie selbst CDS-Versicherungen auf dem Markt kaufen, sogenannte *Credit Default Swaps*, also eine Art Versicherung gegen den Ausfall einer Staatsanleihe. Dies werden sie aber nicht tun, wenn die EZB diesen Versicherungsschutz kostenlos anbietet. Dann verleihen sie ihr Geld womöglich sogar wieder exzessiv und skrupellos, wie sie es in den Jahren vor der Krise getan haben, und perpetuieren so die Fehlallokation der Ressourcen, durch die Europas Krise überhaupt erst ausgelöst wurde.

Ein grundsätzliches Prinzip der Marktwirtschaft ist, dass derjenige, der ein Gut oder einen Dienst beansprucht, auch bezahlen muss. Die Zahlung stellt sicher, dass der Nutzen des Gutes oder Dienstes groß genug ist, um die Kosten des Anbieters zu kompensieren. Dieses Kompensationsprinzip garantiert Allokationseffizienz und erklärt die Superiorität der Marktwirtschaft gegenüber einer zentralen Planwirtschaft. Der Versicherungsmarkt ist keine Ausnahme von diesem Prinzip. Daher kann der Staatseingriff in Bezug auf die Gewährung freier Kreditversicherung nicht schon dadurch gerechtfertigt werden, dass Gläubiger und Schuldner ihn mögen, während die Steuerzahler, die sich des ihnen aufgebürdeten Risikos nicht bewusst sind, keinen Widerstand leisten.

Abbildung 8.3 zeigt, wie sich die Versicherungsprämie für die Kreditversicherung der GIPSIZ-Länder gemessen als jährlicher Avalzinssatz, zu dem sich die Gläubiger gegen einen Ausfall ihrer Schuldner versichern können, in den letzten Jahren entwickelt hat. Sie demonstriert, dass die Versicherung als solche ein wertvolles ökonomisches Gut mit einem beträchtlichen Marktpreis ist. In diesem Licht ist die Aussage, dass ökonomische Effekte erzielt werden konnten, »ohne dass ein einziger Euro ausgegeben wurde«, irreführend. Eine Versicherung zur Verfügung zu stellen, ist eine ökonomische Leistung, die einen Marktwert hat, selbst wenn der Schadensfall nicht eintritt und die Versicherungsgesellschaft keinen Euro ausgibt. Das ist das Wesensmerkmal einer Versicherung an sich. Basierend auf der Logik der OMT-Befürworter, könnte man Versicherungsunternehmen bitten, Risiken ohne jede Versicherungsprämie zu versichern, solange sich der Schaden nicht einstellt, was offensichtlich eine absurde Vorstellung wäre.

Hätten die Steuerzahler das von den EZB-Entscheidungen auferlegte Risiko tatsächlich tragen wollen, so hätten sie auch CDS-Kontrakte auf dem weltweiten Versicherungsmarkt verkaufen können, einem Markt, der momentan ein Volumen von 27.000 Milliarden US-Dollar hat.[50] Hierdurch hätten sie womöglich ein jährliches Einkommen von mehreren Dutzend Milliarden Euro erwirtschaften können.

Die Abbildung zeigt, dass die Beruhigung der Kapitalmärkte durch die fiskalischen Rettungsprogramme und die Ankündigung des OMT die CDS-Versicherungsprämien für die meisten GIPSIZ-Länder signifikant reduziert haben. Einzig griechische Staatsanleihen konnten nicht mehr versichert werden, weil Griechenlands Insolvenz nicht mehr als ein nur mögliches Ereignis eingeschätzt wurde. Wie man sieht, begann die Abnahme der CDS-Versicherungsprämien im Herbst 2011 und setzte sich bis ins Jahr 2015 fort. Basierend auf der Risikoprämie des vierten Quartals 2011, hätte die jährliche Versicherung der Staatsschuld der »IPSIZ-Länder« (ohne Griechenland) 4,1% oder 152 Milliarden Euro gekostet, wie die Zahlen in der Abbildung sagen. Dreieinhalb Jahre später, im zweiten Quartal 2015, betrug die jährliche Versicherungsprämie nur noch 1,3%, und die Versicherung für dieselbe Staatsschuld hätte nur 46 Milliarden Euro gekostet. Daher war der kostenlose Versicherungsschutz, selbst wenn kein Rettungs-Euro verloren wurde, 106 Milliarden Euro pro Jahr wert: Das ist freilich etwas mehr als »ein einziger Euro«.[51]

Verteidiger des OMT-Programms würden womöglich entgegnen, dass die Situation in Europa bereits zu kritisch und nahe einem Zusammenbruch war, um allokative Betrachtungen anzustellen, und dass ohne die freie Versicherung durch das OMT und andere Rettungsmaßnahmen Bank-Runs und Insolvenzen Ansteckungseffekte verursacht und die Märkte destabilisiert hätten. Das ist zwar ein in sich schlüssiges Argument, doch reicht es schwerlich aus, das OMT-Programm zu rechtfertigen.

Erstens kann niemand beweisen, wie gefährlich die Situation tatsächlich war. Die Finanzwirtschaft malt immer Horrorszenarien von Ansteckungseffekten, die die Welt auseinanderfallen lassen, wenn Investoren nicht durch öffentliche Gelder gerettet werden. Das ist im gewissen Sinn ihr Geschäftsmodell. Erst unternimmt man viel zu riskante Investitionen und sammelt die Gewinne ein, die man anschließend in Form von Boni und Dividenden aus den jeweiligen Unternehmen entfernt, solange die Dinge gut laufen, doch wenn es brenzlig wird und Verluste drohen, verlangt man, dass der Steuerzahler die Rechnung zahlt mit der Begründung, dass alle in einem Boot säßen und gemeinsam untergingen, wenn man den Forderungen nicht nachgäbe. Die so geschaffene Möglichkeit der asymmetrischen Beteiligung an Gewinnen und Verlusten schafft einen künstlichen Anreiz zum Glücksrittertum und eine künstliche Quelle für Gewinne, auf die sich Kapitalmärkte überall auf der Welt und immer wieder verlassen, wenn man sie nicht durch eine straffe Regulierung zur Vernunft bringt.[52]

Die apokalyptischen Geschichten vom untergehenden Boot wurden vor dem griechischen Schuldenschnitt vom März 2012 zur Genüge erzählt, der zum größten in der Geschichte wurde. Und auch vor dem Schuldenschnitt

Abbildung 8.3 Entwicklung der CDS-Prämien für zehnjährige Staatspapiere der GIPSIZ-Länder

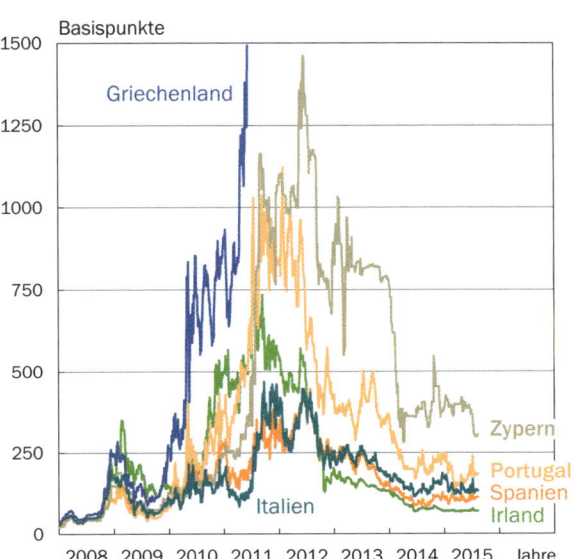

Quelle: Thomas Reuters Datastream, Datenkategorie: CDS.

Erläuterung: Der Marktpreis des CDS-Schutzes gegen eine griechische Insolvenz stieg bis zum Februar 2012 auf über 10.000 Basispunkte (100%) an und brach dann zusammen.

und Bail-in der Laiki Bank in Zypern im März 2013 wurden Schreckensszenarien an die Wand gemalt. Irgendwelche destabilisierenden Ansteckungseffekte gab es aber weder im einen noch im anderen Fall.

Zypern hat das Problem genauso wie Griechenland im Juli 2015 durch Kapitalverkehrskontrollen gelöst und die Barabhebungen bei Banken beschränkt, nachdem freilich zuvor monatelang eine riesige Kapitalflucht vom Eurosystem kreditiert worden war. Natürlich sind dies Maßnahmen, die man in einer gemeinsamen Währungsunion verhindern möchte, aber sie haben den Bank-Run und die Kapitalflucht wirksam beenden können, vor dem sich die Befürworter des OMT-Programms so fürchten. Kapitalverkehrskontrollen sind für die Steuerzahler wesentlich billiger als eine Fortsetzung der Rettung der nationalen und internationalen Gläubiger von maroden Banken und insolventen Staaten mit den Zwischenkrediten des EZB-Systems.

Zweitens birgt das OMT-Programm die Gefahr opportunistischen Verhaltens im Hinblick auf die Verschuldung undisziplinierter Länder, sodass auf dem Wege einer Rettungskaskade ein Flächenbrand zu entstehen droht, der sämtliche Staatshaushalte der Euroländer in Mitleidenschaft ziehen kann. Nur wenige Staaten Europas haben eine solide Haushaltsführung. Die meisten weisen bereits heute offizielle Schuldenstände jenseits der Maastricht-Grenze aus, obwohl sie unter verzerrten Alterspyramiden mit hohen impliziten Schuldenständen der sozialen Sicherungssysteme leiden, die für sich genommen schon in den Jahren 2025 bis 2035 eine Krise der öffentlichen Finanzen auslösen werden, dann nämlich, wenn die Mitte der 1960er Jahre geborenen Babyboomer in den Ruhestand treten wollen. Wenn man die Verluste aus Rettungskrediten, die nicht bedient werden, zu den bereits aufgelaufenen expliziten und impliziten Schulden hinzurechnet, können sich durchaus desaströse Szenarien für die Staatsbilanzen entwickeln, die die Gesellschaften politisch in Aufruhr bringen. Daher reicht es zur Begründung des OMT-Programms nicht aus, auf Ansteckungsrisiken auf den Finanzmärkten hinzuweisen. Vielmehr muss man nachweisen, dass die politischen Ansteckungseffekte kleiner als die finanziellen sind, dass der Schaden an den Finanzinstituten mehr wiegt als der Schaden für das Staatswesen und damit für die ganze Gesellschaft.

Drittens gibt es schwerwiegende rechtliche Bedenken gegen das OMT. Während viele Zentralbanken auf der Welt Staatspapiere kaufen, um Staaten zu finanzieren, wurde das Eurosystem mit einem begrenzten Mandat der Zentralbank ausgestattet. Schließlich bildet die Eurozone eine Währungsunion ohne gemeinsamen Staat, was für sich genommen eine ungewöhnliche Konstruktion ist. Da ein gemeinsamer Staat mit Umverteilungsaufgaben nicht gegründet wurde und zudem gerade von jenen, die eine Währungsunion fordern, meist rigoros abgelehnt wird (vgl. Kapitel 1), sieht der Maastricht-Vertrag die Möglichkeit einer monetären Staatsfinanzierung nicht vor.

Abgesehen davon ist selbst bei Zentralbanken in Föderationen wie den USA oder der Schweiz eine regionale Fiskalpolitik, wie sie von der EZB in der Krise entwickelt wurde, undenkbar. Natürlich hat die Federal Reserve in den USA Staatsanleihen gekauft, doch sie würde niemals als Kreditgeber letzter Instanz für einzelne Teilstaaten fungieren[53] und bei drohender Insolvenz deren Anleihen anrühren. Gleichermaßen ist es undenkbar, dass die Schweizerische Nationalbank einzelne Kantone rettet. Das Haftungsprinzip wird in den USA und der Schweiz streng beachtet. Wenn sich Bundesstaaten, Kantone oder Gemeinden überschulden, bleibt ihnen nichts anderes übrig, als den Konkurs zu erklären, und keine zentrale politische Institution, auch nicht die Zentralbank, kommt ihnen zu Hilfe. Das schreckt die Gläubiger dieser Bundesstaaten, Kantone und auch Gemeinden ab und verhindert so die Überschuldung und exzessive Kreditaufnahme. Dieser Gedanke wird in Kapitel 9 noch detaillierter verfolgt werden.

Wenn jemand die gegenwärtigen Regeln im Eurosystem für inadäquat hält, sollte er eine Veränderung des Maastricht-Vertrages fordern. Es ist nicht sinnvoll, diesen Vertrag unter Berufung auf höhere Gewalt von technokratischen Institutionen aushöhlen zu lassen, die sich die Freiheit nehmen, den Umfang ihres Mandats selbst zu bestimmen. Die EZB ist innerhalb eines engen, demokratisch garantierten Rahmenwerks unabhängig, aber nicht in dem Sinne, dass sie die Regeln nach Gutdünken ändern oder ihre Machtschranken umdefinieren darf. Der EZB-Rat wurde ursprünglich nach dem Ein-Land-Eine-Stimme-Prinzip unabhängig von der Ländergröße gebildet, da der Umfang des Mandats mit einer eng definierten Geldpolitik und dem Erhalt von Preisstabilität vorgegeben war. Die Verfolgung einer fiskalischen Politik der Rettung von Staaten und Bankensystemen mit all den massiven Umverteilungswirkungen, die sie hat, war nie beabsichtigt. Wenn der EZB-Rat nun dennoch eine solche Politik verfolgt, dann handelt er, wie Juristen sagen, *ultra vires:* Er überschreitet das Mandat, dass ihm die nationalen Parlamente gaben. Mit den Worten von Jürgen Habermas simuliert die EZB Fiskalsouveränität, ohne sie tatsächlich zu besitzen.[54]

Selbst die Bank of England, die ihre Geldpolitik unabhängig verfolgen kann, unternimmt geldpolitische Entscheidungen mit fiskalischen Implikationen nur mit Zustimmung des Finanzministeriums, um so eine demokratische Legitimation herzustellen, wie der ehemalige Präsident Mervyn King in seiner Abschiedsrede einst betonte.[55]

Die zwei Spezialnormen, die das Eurosystem von anderen Währungssystemen unterscheidet und die die Bedingung für die Aufgabe der D-Mark durch die Bundesrepublik waren, finden sich im Maastrichter Vertrag, heute zusammengefasst in Artikel 123 und Artikel 125 des Vertrages über die Arbeitsweise der Europäischen Union (AEUV). Der erstgenannte Artikel schließt eine monetäre Staatsfinanzierung aus und der letztere präzisiert das Beistandsverbot, wie in Kapitel 1 schon erläutert.

In der Zwischenzeit wurde der Artikel 125 durch die politischen Entscheidungen der EU-Parlamente für den Aufbau einer Rettungsarchitektur ausgehöhlt und unterlaufen, ohne dass dafür die für eine Revision des Maastrichter Vertrages nötigen Mehrheiten vorhanden waren. Juristen diskutieren noch heute intensiv, ob diese Maßnahmen kompatibel mit dem Maastricht-Vertrag waren oder ob eine generelle Revision des Vertrages notwendig ist.[56]

Für das OMT-Programm ist der Artikel 123 besonders wichtig. Er lautet folgendermaßen:[57]

»Überziehungs- oder andere Kreditfazilitäten bei der Europäischen Zentralbank oder den Zentralbanken der Mitgliedstaaten (im Folgenden als »nationale Zentralbanken« bezeichnet) für Organe, Einrichtungen oder sonstige

Stellen der Union, Zentralregierungen, regionale oder lokale Gebietskörperschaften oder andere öffentlich-rechtliche Körperschaften, sonstige Einrichtungen des öffentlichen Rechts oder öffentliche Unternehmen der Mitgliedstaaten sind ebenso verboten wie der unmittelbare Erwerb von Schuldtiteln von diesen durch die Europäische Zentralbank oder die nationalen Zentralbanken.«

Der Zweck dieses Artikels ist offenkundig das Verbot der monetären Staatsfinanzierung. Jedoch lässt er ein kleines Schlupfloch mit dem Adjektiv »unmittelbar« im letzten Satz. Expressis verbis sind also nur unmittelbare Käufe von Staatsanleihen verboten, während mittelbare erlaubt sind. Die EZB interpretiert dies als eine Erlaubnis für Staatsanleihekäufe auf dem Sekundärmarkt, also von anderen Eigentümern, die quasi als Zwischenhändler dienen.[58]

Diese Interpretation überzeugt allerdings nicht. Träfe sie zu, könnte die EZB gemeinsam mit einem Mitgliedsland diesen Artikel fortwährend umgehen, indem neu emittierte Staatsanleihen durch Geschäftsbanken oder sogar staatseigene Banken geschleust werden, ehe die EZB sie kauft. Ein solches Risiko wurde auch früh vom Europäischen Rat erkannt. Daher legte man in der Verordnung des Rates aus dem Jahr 1993 fest, dass »die nach Artikel 104 (nun Artikel 123 AEUV; der Verf.) des Vertrages vorgesehenen Verbote wirksam und uneingeschränkt angewendet werden und damit insbesondere das mit diesem Artikel verfolgte Ziel nicht durch den Erwerb auf dem Sekundärmarkt umgangen wird.«[59] Entsprechend wurden nur Sekundärmarktkäufe von Staatsanleihen aus EU-Ländern, die *nicht* zum Eurosystem gehören, erlaubt.

Statt der Sekundärmarktkäufe könnten mit den implizit erlaubten mittelbaren Käufen in Artikel 123 AEUV auch Käufe durch das Bankensystem mittels neuer Refinanzierungskredite der Notenbank gemeint gewesen sein, für die diese Staatspapiere sodann als Pfänder dienten. Wie in Kapitel 5 erklärt, spielte diese Form der mittelbaren monetären Staatsfinanzierung in der Krise eine prominente Rolle. Das ist für sich genommen problematisch genug, da die Banken das Risiko einer Staatsinsolvenz tragen und da das Eurosystem die entsprechenden Risiken durch Bankinsolvenzen auf dem Wege der Vergemeinschaftung der Erträge aus geldpolitischen Maßnahmen sozialisiert. Trotzdem ist zu vermuten, dass Banken beim Kauf von Staatsanleihen mehr Sorgfalt und Vorsicht walten lassen, wenn sie diese Anleihen auch tatsächlich erwerben und halten müssen, als wenn sie sie nach einer Wartezeit von wenigen Tagen an die nationale Notenbank verkaufen können.[60] Es ist nicht sonderlich plausibel anzunehmen, dass die Unterzeichner des Maastrichter Vertrages eine monetäre Staatsfinanzierung mit akribischen Ausformulierungen all ihrer Varianten verbannen wollten und dann das kleine Wort »unmittelbar« benutzten, um ein gigantisches Schlupfloch mit Umgehungsmöglichkeiten zu schaffen, die eine Verlagerung der finanziellen Risiken in der Größenordnung von Hunderten von Milliarden Euro zwischen den Staaten des Eurosystems erlauben.

EZB-Präsident Draghi verteidigte seine Interpretation mit dem Hinweis, dass Artikel 18 Absatz 1 des Protokolls des Maastrichter Vertrages besage, dass die EZB auf dem Finanzmarkt durch den Handel von marktfähigen Instrumenten operieren dürfe, ohne dass dies auf private Wertpapiere begrenzt sei.[61] Die von ihm zitierte Generalklausel erläutert jedoch nur, dass die EZB Offenmarktgeschäfte unternehmen darf, was niemand bestreiten würde. Die Generalklausel wird durch Artikel 125 AEUV spezifiziert und sogar noch einmal mit identischem Wortlaut in Artikel 21 des Protokolls zum Maastricht-Vertrag wiederholt, der einer der speziellen Artikel des Protokolls ist, der weder von der EU-Kommission noch vom EU-Parlament verändert werden darf.[62] Insofern kann die von Draghi zitierte Generalklausel den Artikel 125 AEUV nicht modifizieren.

Ein größeres rechtliches Problem des OMT liegt in seiner Ähnlichkeit zur SMSF, also der oben zitierten Secondary Market Support Facility des permanenten Rettungsschirms ESM begründet. Letztere gibt dem ESM das Recht, bei Bedarf Staatsanleihen von krisengeschüttelten Ländern als gleichrangiger Gläubiger zu kaufen, sofern sich das jeweilige Land einem formellen Reformprogramm unterwirft. Wie erklärt, versprach auch die EZB bei der Ankündigung des OMT-Programms den Märkten, beim Kauf von Staatspapieren auf ihren Status als gleichrangiger Gläubiger zu verzichten, sofern sich das jeweilige Land zuvor einem formellen Reformprogramm des ESM unterwirft. Das OMT-Programm ist somit in praktisch jeder Hinsicht identisch mit der SMSF des permanenten Rettungsfonds.

Der einzige Unterschied liegt in der Haftungsschranke der teilnehmenden Länder. Bei der EFSF ist die Haftung durch das Eigenkapital des ESM in Höhe von derzeit 704,8 Milliarden Euro strikt limitiert, doch bei der EZB ist die Haftung der Länder formell unbegrenzt oder, um präzise zu sein, durch die Summe aus dem Eigenkapital der Notenbanken und dem Seignorage-Vermögen im Eurosystem begrenzt. Wie in Kapitel 1 erklärt, kann das Eurosystem mit seinem versicherungsmathematischen Barwert der Zinseinnahmen bei statischer Rechnung Verluste von bis zu 1.636 Milliarden Euro absorbieren (1.211 Milliarden Euro Geldbasis abzüglich der unverzinslichen Mindestreserve und 425 Milliarden Euro Eigenkapital vom 31. Dezember 2014) und bei einer dynamischen Rechnung unter Berücksichtigung zukünftiger Anstiege der Geldmenge, ist es in der Lage, Verluste von bis zu 3.400 Milliarden Euro zu tragen.[63]

Es wäre nicht überzeugend, dem EZB-Rat, einem technokratischen Gremium von Geldspezialisten, das über ein eng begrenztes Mandat verfügt, die Erlaubnis zu geben, solch enorme Haftungsrisiken durch einfache Mehrheitsbeschlüsse zwischen den Bürgern Europas zu verteilen, während der ESM, kontrolliert von Parlamenten auf der Basis einer qualifizierten Mehrheit von 85%, über eine sehr viel kleinere Haftungssumme für die exakt gleichen Maßnahmen verfügt.

Davon abgesehen, impliziert die Parallele zwischen OMT und SMSF in letzter Konsequenz ein *ultra-vires*-Problem für mindestens eine der beiden Institutionen, den ESM oder die EZB. Wenn Staatspapierkäufe fiskalische Maßnahmen sind, überschreitet die EZB ihr Mandat, weil sie keine Wirtschaftspolitik betreiben darf. Wenn solche Käufe indes geldpolitische Maßnahmen sind, wie es die EZB für sich beansprucht, dann überschreitet der ESM sein Mandat, denn ihm ist es nicht erlaubt, Geldpolitik zu betreiben. Aus logischen Gründen muss mindestens eine der beiden Institutionen *ultra vires* operieren, also ihr Mandat überschreiten.[64]

Die EZB hätte diese Rechtsprobleme bei der Formulierung ihres OMT-Programms eigentlich erkennen können. Ihre Statuten besagen, dass der EZB-Rat die Kompatibilität der EZB-Politik mit Artikel 123 AEUV in einem jährlichen Bericht an den EZB-Rat nachweisen muss. Dieser Bericht wurde bislang nicht veröffentlicht, aber an EU-Institutionen ausgehändigt, unter ihnen die Europäische Kommission. Wie so oft kommt die Selbstbeurteilung des Handelns zu einem anderen Ergebnis als ein Fremdurteil.

DAS OMT VOR GERICHT

Im Februar 2014 gab das Bundesverfassungsgericht eine vorläufige Stellungnahme zum OMT-Programm im Zusammenhang mit Klagen gegen den permanenten Rettungsfonds ESM ab, wobei gleich mehrere tausend Klagen gebündelt wurden.[65] In einer Eilentscheidung hatte es am 12. September 2012 bereits einen Antrag auf eine einstweilige Anordnung als unbegründet verworfen und dem Bundespräsidenten Joachim Gauck die Erlaubnis erteilt, den ESM-Vertrag zu unterzeichnen.[66] Jedoch sagte das Gericht seinerzeit auch, dass man die kumulativen Effekte der Rettungsmaßnahmen betrachten müsse. In seinem Urteil im Hauptsacheverfahren, das für das Jahr 2016 erwartet wird, werde es auch die Rettungspolitik der EZB in ihrer Gesamtheit kommentieren und zu der Frage Stellung nehmen, ob die EZB ihr Mandat überschreitet, wenn sie das OMT-Programm fortführt.

Für die internationale Presse war der wichtigste Aspekt der Stellungnahme vom Februar 2014 die Nachricht, dass das Bundesverfassungsgericht bezüglich des OMT-Programms den Europäischen Gerichtshof (EuGH) konsultieren werde. Man interpretierte dies als eine gute Botschaft für die Investoren und die EZB, denn der EuGH ist für seine integrationsfreundliche Grundhaltung bekannt. So wurde allgemein erwartet, dass der EuGH das OMT-Programm durchwinkt.

Beim genauen Hinsehen hat das Bundesverfassungsgericht den Fall allerdings nicht abgegeben, sondern den EuGH lediglich nach seiner Meinung befragt, um sie bei seinem eigenen Urteil berücksichtigen zu können.[67] Und es fragte auch nicht, ob das OMT-Programm legal oder nicht legal sei, sondern welche Maßnahmen der Europäische Gerichtshof empfehlen würde, um es mit dem Maastrichter Vertrag kompatibel zu machen, denn nach seiner eigenen Einschätzung ist es das in seiner bisherigen Ausgestaltung nicht. Es machte dazu auch gleich eigene Vorschläge. So könne die EZB zum Beispiel das Volumen des Programms begrenzen oder die Zusicherung geben, dass sie selbst keine Verluste aus Staatsanleihekäufen akzeptieren werde, falls der betreffende Staat insolvent werden sollte, was die ökonomische Wirksamkeit des OMT als Kreditversicherung natürlich massiv eingeschränkt hätte.

Der EuGH unter seinem Präsidenten Vasilios Skouris ließ sich auf diese Bitten bei seinem Urteil vom Juni 2015 aber nicht ein und stellte der EZB stattdessen einen Freibrief aus, fast alles zu tun, was sie möchte, wenn sie dies nur geldpolitisch begründet.[68] Es folgte dabei dem Antrag des europäischen Generalanwalts Pedro Cruz Villalón, der schon im Januar 2015 erklärt hatte, dass das OMT nach seiner Einschätzung im Einklang mit dem Maastrichter Vertrag stehe.[69]

Der EuGH betonte zwar, die EZB dürfe nicht ihr Mandat überschreiten. Ob sie das tue, könne sie nicht selbst entscheiden, sondern unterliege vielmehr der Kontrolle des EuGH selbst.[70] Beim OMT-Programm werde das Mandat aber nicht überschritten. Das Gericht konzedierte ferner, das Aufkaufprogramm dürfe nicht die gleichen Wirkungen entfalten wie ein Direkterwerb der Staatspapiere, doch das sei ja auch nicht der Fall.[71]

Die Verringerung der Zinsunterschiede zwischen den Ländern, auf die das OMT-Programm abstelle, sei ein legitimes Ziel der EZB-Politik. Dieses Ziel folge aus dem Postulat der vom Maastrichter Vertrag vorgegebenen »Einheitlichkeit der Geldpolitik«, und zu seiner Erreichung sei es erlaubt, selektiv Staatspapiere einzelner Länder zu kaufen.[72]

Interessante Einblicke in die dialektische Denkweise des Gerichts geben seine Ausführungen zum Zusammenhang zwischen der Politik der Zinsangleichung und dem Erhalt des Währungsgebiets. Der Erhalt der Stabilität des Eurowährungsgebiets sei zwar nicht Aufgabe der EZB, weil das in den Bereich der Wirtschaftspolitik falle, die der EZB untersagt ist, doch sei eine solche Implikation der Staatspapierkäufe nicht bereits für sich genommen ein Argument gegen die Politik der Zinsangleichung.[73] Für die Beurteilung dieser Politik komme es stattdessen auf die *Motive* für die Käufe an. Deshalb sei es auch kein Widerspruch, wenn das Anleihekaufprogramm SMSF des Rettungsschirms ESM identisch mit dem OMT-Programm sei. Das eine Programm sei eben wirtschaftspolitisch und das andere geldpolitisch begründet.[74] Wenn es darum gehe, die Einheitlichkeit der Geldpolitik und die Transmission der Geldpolitik in alle Euroländer sicherzustellen, seien selektive Käufe von Staatspapieren auf dem Sekundärmarkt erlaubt, wenn nicht gar geboten. Durch die Käufe würden »unbegründete Befürchtungen eines Auseinanderbrechens des Eurowährungsgebiets zerstreut« und die Risikozuschläge im Zins gesenkt oder eliminiert.[75] Das wiederum verbessere die Transmission der Geldpolitik und sichere ihre Einheitlichkeit.

Mit diesen Aussagen stellt sich der EuGH in einen diametralen Gegensatz zum deutschen Verfassungsgericht. Letzteres hatte seine Meinung, dass das OMT-Programm gegen das Primärrecht der EU verstoße, mit folgenden Argumenten begründet:[76]

1. Das OMT-Programm kann zu einer erheblichen Vermögensumverteilung zwischen den Staaten Europas führen, wenn die erworbenen Papiere bis zur Fälligkeit gehalten werden. Die EZB ist zu einer solchen Vermögensumverteilung nicht berechtigt.
2. Der selektive Ankauf der Staatsanleihen der Krisenländer macht den OMT-Beschluss zu einer wirtschaftspolitischen Maßnahme. Die EZB ist nicht befugt, an wirtschaftspolitischen Maßnahmen zu partizipieren.
3. Eine zwischen einzelnen Mitgliedsstaaten differenzierende Vorgehensweise ist dem System der europäischen Zentralbanken grundsätzlich fremd.
4. Das OMT-Programm ist ein funktionales Äquivalent der entsprechenden Rettungsschirme EFSF und ESM, unterliegt aber keiner demokratischen Kontrolle.
Die Absicht der EZB, die Zinsaufschläge der Kapitalmärkte bei den Staatspapieren bedrängter Länder zu neutralisieren, spricht dafür, dass das OMT eine nach Artikel 123 des Vertrags über die Arbeitsweise der Europäischen Union (AEUV) verbotene monetäre Staatsfinanzierung ist.
5. Zinsaufschläge sind das zentrale Mittel für das Funktionieren von Kapitalmärkten und sollten von der EZB daher nicht bekämpft werden.

Aus ökonomischer Sicht ist die Position des Bundesverfassungsgerichts überzeugend. Zinsunterschiede aufgrund von Konkurserwartungen sind ein wesentliches Kennzeichen funktionierender Kapitalmärkte, denn nur wenn die zunehmende Verschuldung eines Staates zu wachsenden Zinsen und somit höheren Finanzierungskosten führt, hat dieser Staat einen Anreiz, seine Kreditaufnahme zu begrenzen. Und eine solche Begrenzung schützt nicht nur vor dem Konkurs und den Lasten eines Transfersystems, das zu dessen Abwendung möglicherweise eingerichtet wird, sondern auch vor einer inflationären Überhitzung der Wirtschaft und einem Verlust an Wettbewerbsfähigkeit mit all den hässlichen politischen Konsequenzen, die Europa heute zu erleiden hat. Wenn die Zinsunterschiede durch Garantieversprechen der europäischen Zentralbank eliminiert oder gesenkt werden, dann können sich die begünstigten Länder zwar temporär an den höheren Krediten erfreuen, die sie nun glauben tragen zu können, doch wird die Freude wegen der wirtschaftlichen und politischen Verzerrungen, die daraus folgen, nicht lange währen. Dieses Thema wird in Kapitel 9 im Zusammenhang mit den ersten Jahrzehnten der USA nach der Schuldensozialisierung durch Alexander Hamilton noch ausführlich diskutiert werden.

Deshalb sind die Ausführungen des EuGH in dieser Frage aus ökonomischer Sicht schwer nachvollziehbar, auch wenn sie formaljuristisch begründet sein mögen. Die Behauptung, das Postulat von der Einheitlichkeit der Geldpolitik würde eine Politik zur Reduktion oder gar Eliminierung von Zinsunterschieden zwischen den Staaten der Eurozone begründen, stellt eine ausufernde Interpretation des geldpolitischen Mandats der EZB dar, die einer ökonomischen Überprüfung jedenfalls nicht standhält.

Der EuGH konzediert zwar die Gefahr, dass das OMT die Schuldnerstaaten zu einer undisziplinierten Haushaltsführung veranlassen könnte. Doch argumentiert er, ein rechtliches Problem könne daraus nur resultieren, wenn das OMT die »gleiche« Wirkung wie ein angekündigter Direktkauf von Staatsanleihen hervorrufe, das sei jedoch nur dann der Fall, wenn die Erstkäufer der Staatspapiere »Gewissheit« haben könnten, dass ihnen die Papiere anschließend abgekauft werden. Eine solche Gewissheit könne es aber wiederum nicht geben, wenn eine Mindestfrist für das Halten der Wertpapiere eingehalten werde und die EZB darauf verzichte, bereits bei der Emission der Papiere zu verkünden, dass sie sie anschließend kaufen werde.[77]

Mit dieser spitzfindigen Argumentation hat sich der EuGH vermutlich juristisch abgesichert, doch begibt er sich auf ökonomisches Glatteis, denn es gibt keine ökonomischen Modelle von Relevanz, in denen Gewissheit notwendig ist, um verfälschende Markteffekte auszuüben. Stets geht es um Wahrscheinlichkeiten, statt Gewissheit. Und ob verschiedene Politiken, hier der Direktkauf oder der Kauf am Sekundärmarkt, im strengen Wortsinne »gleiche« oder nur ähnliche Wirkungen haben, ist aus ökonomischer Sicht ein Streit um des Kaisers Bart, nicht jedoch ein ernsthafter und wahrhaftiger Versuch, den Gefahren vorzubeugen, die mit einer Monetisierung der

Staatsschulden verbunden sind. In allen einschlägigen ökonomischen Modellen bestimmen Investoren ihre Engagements stets im Hinblick auf die durchschnittlich erwarteten Erträge und deren Risikostreuung um den Erwartungswert herum. Schon wenn sie wissen, dass die EZB mit gewisser Wahrscheinlichkeit als Käufer notleidender Papiere auftreten und Verluste absorbieren wird, ändern sich ihre Investitionsentscheidungen, und schon dann begnügen sie sich mit niedrigeren Zinsaufschlägen, was die Schuldner wiederum zu einer Erhöhung ihrer Kreditaufnahme veranlasst. Das lässt sich schlechterdings nicht bestreiten.

Es bleibt abzuwarten, wie das Bundesverfassungsgericht bei seinem für 2016 erwarteten OMT-Urteil auf die Haltung des Europäischen Gerichtshofs reagiert. Auf dieses Urteil kommt es an. Zwar hat der EuGH die alleinige Kompetenz bei der Auslegung des Maastrichter Vertrages, doch keinerlei Kompetenz für die Auslegung des Grundgesetzes. Allein das deutsche Gericht kann entscheiden, ob der Maastrichter Vertrag in der Auslegung, die ihm nun der EuGH gegeben hat, noch mit dem Budgetrecht kompatibel ist, das das Grundgesetz mit Artikel 110 als »Königsrecht« unveräußerlich allein dem Bundestag zuweist. Sollte das nicht der Fall sein, wirft dies insofern ein erhebliches politisches und verfassungsrechtliches Problem auf, als die notwendige Generalermächtigung der EZB die Grundstruktur des deutschen Staates verändert und damit auch jene Paragraphen des Grundgesetzes berührt, die einen Ewigkeitsschutz haben und nicht einmal vom Bundestag mit Zweidrittelmehrheit geändert werden könnten. Der Bundestag hat weder das Recht, Entscheidungen zu treffen, die europäische Institutionen ermächtigen, über die Grenzen ihres Mandates selbst zu entscheiden, noch darf es automatisierten Entscheidungsprozessen zustimmen, die europäischen Institutionen Zugang zum Bundeshaushalt ermöglichen und so den diskretionären Handlungsspielraum zukünftiger deutscher Parlamente reduzieren.[78] Namhafte Verfassungsjuristen vertreten deshalb die Meinung, im Fall eines negativen Urteils des deutschen Verfassungsgerichts sei ein Referendum in Deutschland nötig, um der Bundesrepublik eine mit dem Urteil des EuGH kompatible neue Verfassung zu geben.[79]

DAS QE-PROGRAMM ALS KOMPROMISS UND HOFFNUNG

Das neueste Programm der EZB ist, wie eingangs erwähnt, das *Quantitative Easing* (QE): der Kauf von öffentlichen Schuldpapieren im Umfang von 1140 Milliarden Euro bis zum September 2016, was 90% der Geldmenge des Eurosystems am Ende des Jahres 2014 entspricht.[80] Dieses Programm erscheint nicht nur im Hinblick auf seine quantitative Dimension radikal, es leitet auch einen Systemwechsel ein. Erstens wird ein gewaltiger Schritt hin zum US-System getan, in dem, wie erläutert, Geld in der Regel nicht über Refinanzierungskredite in die Wirtschaft kommt, sondern durch eine Offenmarktpolitik, also den Ankauf von Papieren, die am Markt gehandelt werden. Zweitens bricht das Programm mit dem Tabu, dass die EZB keine Staatspapiere kaufen soll, um nicht in Konflikt mit dem Maastrichter Vertrag zu geraten, der eine Monetisierung der Staatsschuld verbietet (Artikel 123 AEUV). Drittens wird durch den expliziten Einschluss der europäischen Institutionen auch die Monetisierung der Schuldpapiere der Rettungssysteme vorbereitet. Erst stellte der »weiße Ritter« die Druckerpresse zur Verfügung, um überschuldete Staaten und deren Gläubiger zu retten, dann wurde die Druckerpresse durch fiskalische Rettungskredite ersetzt und nun werden die Rettungskredite wieder vom »weißen Ritter« finanziert.

Wie erläutert, hatte sich der Widerstand gegenüber den bisherigen Programmen zum Kauf von Staatspapieren an der Asymmetrie und Selektivität der Kaufaktionen festgemacht, die den Verdacht auf einen Bailout mit der Druckerpresse begründeten. Mit dem neuen Programm umgeht die EZB dieses Problem, indem sie festlegt, dass die Staatspapiere stets nur in Proportion zur Ländergröße gekauft werden. Damit vermeidet sie den Vorwurf einer gezielten Rettung von Pleitestaaten sowie auch den Vorwurf, weit über das hinaus zu gehen, was die amerikanische Zentralbank jemals täte. Wie erläutert, kauft die Fed zwar bundesstaatliche Papiere, doch nicht die Papiere der Einzelstaaten, geschweige denn speziell solche von Pleitekandidaten wie Kalifornien, Illinois, Michigan oder Minnesota. Da es in Europa keine bundesstaatlichen Papiere gibt, kommt die symmetrische Lösung dem US-System zumindest nahe.

Im Übrigen enthält das Programm weitere Vorkehrungen gegen den Missbrauch als Bailout-Instrument. So sind die Aufkäufe auf 25% einer jeden Emission von Staatspapieren begrenzt sowie auf 33% der gesamten Staatsschulden.[81]

Außerdem ist die Gemeinschaftshaftung beim Kauf der Staatspapiere beschränkt, denn erstens soll jede Notenbank nur die Papiere ihres eigenen Landes kaufen, und zweitens soll sie dann auch allein dafür haften. Die Zinsen, die ihr Staat an sie zahlt, fließen nämlich allein an ihn selbst wieder zurück. Geht der Staat in Konkurs, so erleiden die anderen Staaten daraus keinen Verlust, und umgekehrt haben die Gläubiger dieses Staates dann auch keinen Anspruch auf die Zinsen, die die nationale Notenbank andernfalls mit den Papieren anderer Länder weiterhin hätte verdienen können und ausschütten müssen.

Diese Regelung war hinter den Kulissen von der Bundesbank und der Bundesregierung gegen den Widerstand der Südländer errungen worden. Dabei konnte die deutsche Seite das Bundesverfassungsgericht ins Feld führen, das in der genannten Erklärung vom Januar 2014 betont hatte, dass sich keine deutsche Institution an Mandatsüberschreitungen europäischer Institutionen beteiligen darf und die Bundesregierung beim Verdacht solcher Überschreitungen Widerstand leisten muss. Andernfalls könne jeder einzelne Bürger sie qua Popularklage vor dem Verfassungsgericht dazu zwingen, solchen Widerstand zu leisten.[82]

Allerdings umfasst das Programm nicht nur Staatspapierkäufe. Ein Fünftel des Programmvolumens soll verwendet werden, um in gemeinschaftlicher Haftung Anleihen von europäischen Institutionen zu kaufen. Dabei erwerben die nationalen Notenbanken 12 Prozentpunkte und die EZB 8 Prozentpunkte.

Bei diesen europäischen Institutionen handelt es sich zum einen um einen von der EU aufgesetzten Schattenhaushalt, der im Umfang von 300 Milliarden Euro vornehmlich öffentliche Investitionen in den Einzelstaaten finanzieren soll. Der größere Teil der Mittel dieses Fonds soll vom Kapitalmarkt kommen, doch schätzt man, dass ein Drittel über das QE-Programm aus der Druckerpresse der EZB stammen wird.[83] Zum anderen sollen die Papiere der Rettungsfonds EFSF und ESM mit frisch gedrucktem Geld erworben werden.

Damit schließt sich der Kreis der Rettungsarchitektur. Erst erlaubt der EZB-Rat den Pleiteländern Target-Überziehungskredite aus dem Kassenautomaten der nationalen Notenbanken, um damit ihre privaten Schulden zu tilgen und ihr Leben zu finanzieren; dann hilft die Politik mit fiskalischen Rettungsschirmen, diese Überziehungskredite zu tilgen, und schließlich zahlt die EZB den Rettungsschirmen Geld aus, das für die Tilgung der Überziehungskredite benötigt wird. Die privaten Gläubiger der Krisenländer machen sich aus dem Staube, die Schuldnerländer erhalten wieder frisches Geld zum Leben, und der Maastrichter Vertrag mit seinem ärgerlichen Verbot der Monetisierung der Staatsschulden ist vergessen (Artikel 123 AEUV).

Das QE-Programm als Kompromiss und Hoffnung

Mit dieser Konstruktion tritt nun genau das ein, was die Vertragspartner verhindern wollten. Die gemeinsame Druckerpresse wird benutzt, um die Staaten in gemeinsamer Haftung zu finanzieren. Das alles passiert nicht direkt, sondern auf hinreichend verschlungenen Wegen, um die Öffentlichkeit irrezuführen und den eigenen Juristen Scheinargumente für eine wirksame Verteidigung zu liefern.

Die EZB begründete das neue Programm mit ihrem Mandat, die Preise im Euroraum stabil zu halten. Es bestehe eine Deflationsgefahr und um der vorzubeugen, strebe man eine Erhöhung der Inflationsrate von knapp unter 0% auf knapp unter 2% an. Abbildung 8.4 zeigt mit der gelben Kurve die Inflationsrate des harmonisierten Verbraucherpreisindex in der Eurozone. Man erkennt, dass sie im Januar 2015, als das QE-Programm verkündet wurde, tatsächlich mit einem Wert von –0,6% gegenüber dem Januar des Vorjahres im negativen Bereich lag. Insofern scheint das Argument gerechtfertigt zu sein.

Abbildung 8.4 Inflationsrate und Kerninflationsrate im Euroraum

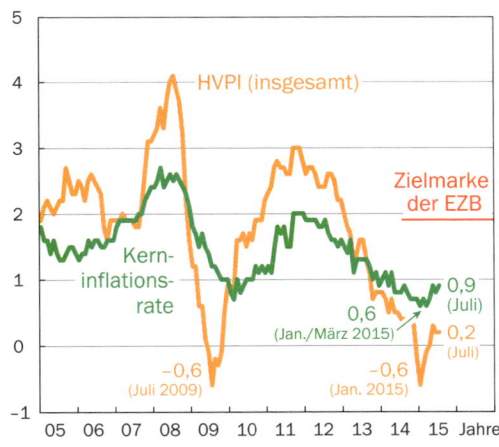

Quelle: Eurostat, Datenbank, *Wirtschaft und Finanzen*, Preise, Harmonisierte Verbraucherpreisindizes.

Erläuterung: Die Kerninflationsrate misst die Preisentwicklung für den Gesamtindex ohne Energie und unverarbeitete Lebensmittel.

Indes zeigt die grüne Kurve, die die sogenannte Kerninflationsrate darstellt, dass es sich beim Rückgang der Inflationsrate in den deflationären Bereich auch beim damaligen Kenntnisstand nur um einen Einmaleffekt handeln konnte, der bald wieder verschwinden würde. Die Kerninflationsrate ist eine bereinigte Inflationsrate, die temporäre Sondereffekte zu eliminieren sucht, wie etwa schwankende Weltmarktpreise für Rohstoffe. Das Sinken der

Energiepreise war auch tatsächlich der Grund für die negative Inflationsrate. Die Erdölpreise waren von 102 Dollar pro Barrel im Januar 2014 auf nur noch 47 Dollar pro Barrel im Januar 2015 gefallen, was an der Schieferöl-Produktion der USA, an Gegenattacken Saudi-Arabiens oder an verzweifelten Aktionen zur Devisenbeschaffung in Russland gelegen haben könnte, und dieser Fall hatte sich über die Importpreise des Öls und energieintensiv produzierter Importwaren auf die Preise übertragen. Wie man sieht, hat der Effekt inzwischen schon wieder an Bedeutung verloren. Im Sommer 2015 lag die Inflationsrate schon wieder bei knapp 1%.

Eigentlich könnte die EZB nun von ihrem Programm wieder Abstand nehmen, denn wenn sie das Ziel der Preisstabilität ernst nähme, müsste sie wieder leicht auf die Bremse treten. Sie hat sich aber eine Inflationsrate von knapp unter 2% zum Ziel ihrer Politik auserkoren und behauptet, bei einer solchen Rate sei ihr Mandat, für »Preisstabilität« zu sorgen, erfüllt.

Wenngleich das ein Stück gewagter Scholastik ist, muss man als Ökonom anerkennen, dass der Eurozone ein bisschen Inflation vielleicht guttun würde, um die dringend notwendige Änderung der relativen Preise in der Eurozone, die in Kapitel 4 diskutiert wurde, hinzubekommen. Südeuropa ist zu teuer, weil es durch den Euro in eine inflationäre Kreditblase kam. Seine Preise eilten den Preisen Deutschlands und anderer nordeuropäischer Länder davon. Da es leicht fällt, Preise zu erhöhen, aber schwer, sie zu senken, muss Deutschland nun nachinflationieren, während die südlichen Länder bei den Preisen auf der Stelle treten. Soweit die Grundüberlegung, die unausgesprochen hinter dem QE-Programm steht.

Indes führen konkrete Modellrechnungen rasch zur Ernüchterung. Wie in Kapitel 4 gezeigt wurde, würde man unter heutigen Verhältnissen zehn Jahre lang eine durchschnittliche Inflation von 2,9% benötigen, um die nötige Änderung der relativen Preise zu realisieren, ohne irgendwo im Euroraum eine Deflation akzeptieren zu müssen. Da Deutschland dabei um 5,2% inflationieren müsste, kann man ausschließen, dass es soweit kommen wird. Ein anderes Rechenexempel besteht darin, die durchschnittliche Inflationsrate bei knapp unter 2% zu fixieren, sagen wir bei 1,9%, wie die EZB es ja vorhat. Dann müsste man 14 Jahre warten, bis die falschen Preisstrukturen im Euroraum ohne Deflation in irgendeinem Land wieder beseitigt sind. Deutschland hätte bei dieser Rechnung eine jährliche Inflationsrate von 3,1%, was aber immer noch sehr viel wäre. Deshalb wird man nicht umhin kommen, manchen südeuropäischen Ländern einen Rückgang ihres Preisniveaus zumuten zu müssen, etwa von der Art, wie ihn Irland erlebt hatte. Wenn der Süden bei den Preisen zu rasch vorausgeeilt ist, kann es nicht sein, dass die Lücke allein vom Norden geschlossen wird. Auch der Süden muss wieder etwas zurückkommen, nicht so viel, dass die Schuldner damit überfordert werden, aber ein Stückchen wie in Irland müsste möglich sein. Sonst wird man den Euro kaum erhalten können.

Davon abgesehen, ist es freilich unklar, ob es der EZB überhaupt gelingen wird, die gewünschte Erhöhung der Inflationsrate herbeizuführen, denn der Zins ist ja schon in der Nähe von null und damit praktisch am Anschlag. Auf substanziell negative Werte wird man ihn nicht setzen können, solange das Bargeld nicht abgeschafft ist; denn wenn er negativ wäre, würde jedermann Bargeld halten, statt sein Geld zu verleihen oder auf dem Konto zu lassen. Vermutlich werden die Banken einen Gutteil der zusätzlichen Mittel einfach dafür verwenden, ihre Refinanzierungskredite zurückzuzahlen, anstatt sie für nachfragestimulierende Investitionen an die Privatwirtschaft zu verleihen.

Am ehesten kann man sich eine Inflationswirkung über eine Abwertung des Euro vorstellen. Eine solche Abwertung ist zu erwarten, weil die Banken einen Teil der durch die Verkäufe der Staatspapiere eingenommenen Mittel im Ausland anlegen, was den Eurokurs drückt. Ähnliches hat man in den USA und Großbritannien bei vergleichbaren Aktionen der Zentralbanken beobachtet. In der Tat kann man die Abwertung des Euro gegen den Dollar um etwa ein Fünftel, die vom Beginn des Jahres 2014 bis zur Mitte des Jahres 2015 stattfand, auf das QE-Programm zurückführen, denn schon in der ersten Hälfte des Jahres 2014 verdichteten sich die Hinweise darauf, dass die EZB ein QE-Programm einführen würde, was entsprechende Spekulationsgeschäfte in Gang setzte, die darauf abzielten, aus der erwarteten Abwertung Gewinne zu machen, und damit selbst diese Abwertung erzeugten. Eine Abwertung sorgt automatisch für höhere Importpreise, und sie verschafft den Exporteuren die Möglichkeit, ihre Preise zu erhöhen, ohne Absatzeinbußen im Nicht-Euro-Ausland in Kauf nehmen zu müssen, was über Lohnerhöhungen im Inland einen Inflationsprozess in Gang setzt.

Aber vielleicht verfolgt die EZB noch ganz andere Zielsetzungen mit ihrer Politik, denn ungeachtet aller geldpolitischen Effekte ist es klar, dass sie damit die angeschlagenen Banken Europas stützt. Zum einen gibt sie ihnen die Möglichkeit, sich eines Teils der als problematisch empfundenen Staatspapiere zu entledigen. Zum anderen treibt sie die Kurse der von ihnen gehaltenen Staatspapiere hoch und verschafft ihnen damit zumindest Buchgewinne, was die Bilanzen entlastet und die Banken zunächst einmal rechnerisch stabilisiert. Immerhin steht Europa am Beginn einer Bankenunion mit einer nur allmählichen Sozialisierung der Abschreibungslasten. Je länger es gelingt, angeschlagene Banken durchzuschleppen, desto größer ist der Anteil der Abschreibungsverluste bei Bankpleiten, den man dann später auf die Steuerzahler Europas verlagern kann. Der nächste Abschnitt wendet sich diesem Thema zu.

DIE BANKENUNION

Die letzte Stufe der Rettungsarchitektur besteht aus einer Bankenunion für die Eurozone, konkret einem System zur Kontrolle von Banken und einer partiellen Vergemeinschaftung ihrer Abschreibungslasten.

Es herrscht unter Ökonomen und in der Politik Einigkeit darüber, dass Europa seine Banken nach einheitlichen Regeln überwachen muss und auch harmonisierte Regeln für die Abwicklung von gestrauchelten Finanzinstituten, also eine Konkursordnung, benötigt. Man kann nicht das Risiko der Refinanzierungskredite vergemeinschaften, die den Banken vom Eurosystem gewährt werden, während es nationalen Instanzen überlassen bleibt, die Banken in ihrem Hoheitsgebiet nach eigenem Gutdünken zu regulieren und zu überwachen.[84] Risikoteilung und Umverteilung erfordern notwendigerweise gemeinsame Verhaltensregeln für die betroffenen Banken und gemeinsame Regeln für die Abwicklung im Konkursfall.

Man fragt sich, wie es überhaupt schon so weit kommen konnte, dass die Risiken der Refinanzierungskredite durch die gemeinsame Teilhabe an den Geldschöpfungsgewinnen im Eurosystem vergemeinschaftet wurden, ohne dass die Banken einer gemeinsamen Aufsicht unterworfen wurden. Die Antwort liegt vielleicht in dem Umstand, dass seinerzeit jedermann davon ausging, dass die EZB nur absolut sichere Refinanzierungsgeschäfte machen würde, die durch erstklassige Pfänder abgesichert sind. Spätestens durch ihre abenteuerliche und chaotische Pfänderpolitik, die in Kapitel 5 beschrieben wurde, hat sich die Sachlage aber dramatisch geändert, sodass es heute nach Ansicht aller Beteiligten ohne eine gemeinsame Aufsicht zur Begrenzung der von den Banken in Kauf genommenen Geschäftsrisiken nicht mehr geht.

Weniger Einigkeit besteht freilich darin, ob man bei einer Bankenunion den Grad der Vergemeinschaftung der Risiken noch weiter vertiefen sollte, als ohnehin schon geschehen, indem nun auch noch länderübergreifende Fonds zur Bankenrettung geschaffen werden. Doch hat die Politik auf dem EU-Gipfel vom 28. und 29. Juni 2012 bereits Fakten geschaffen. So heißt es in der Gipfelerklärung:[85]

»*Sobald unter Einbeziehung der EZB ein wirksamer einheitlicher Aufsichtsmechanismus für Banken des Euro-Währungsgebiets eingerichtet worden ist, hätte der ESM nach einem ordentlichen Beschluss die Möglichkeit, Banken direkt zu rekapitalisieren.*«

Gemeint war damit, dass eine gemeinsame Bankenaufsicht unter der Kontrolle der EZB etabliert wird und dass außerdem eine Gemeinschaftshaftung zur Abdeckung der Abschreibungsverluste auf toxische Kreditforderungen in den Bankbilanzen eingeführt wird.[86] Für beides ist der Weg inzwischen geebnet.

Nachdem sich die europäischen Finanzminister im Dezember 2012 auf die Eckpunkte einer gemeinsamen Bankenaufsicht für alle Euroländer geeinigt hatten,[87] gaben das Europäische Parlament und der Rat der Europäischen Union am 19. März 2013 bekannt, eine neue Aufsichtsbehörde mit dem Namen *Single Supervisory Mechanism (SSM)* bei der Europäischen Zentralbank zu schaffen,[88] der im Oktober 2013 eine entsprechende EU-Verordnung folgte.[89] Zwar ist die EU-Verordnung in Deutschland unmittelbar anwendbares Recht und bedarf keiner nationalen Umsetzung, dennoch besteht im neu geschaffenen Sanierungs- und Abwicklungsgesetz (SAG), im Restrukturierungsfondsgesetz (RStruktFG) oder im Kreditwesengesetz (KWG) im Detail noch Anpassungsbedarf, der bislang allerdings noch nicht legislativ beschlossen wurde.[90] Der SSM hat indes bereits am 4. November 2014 seine Arbeit aufgenommen.

Die EZB soll mit ihrer SSM-Behörde die Banken nach einem einheitlichen Standard überwachen, um sie und das Finanzsystem so gegenüber möglichen Gefahren zu schützen. Grundsätzlich beaufsichtigt die EZB alle 6000 Banken der Eurozone; unmittelbar wird sie jedoch nur für die systemrelevanten Institute zuständig sein. Als systemrelevant werden Kreditinstitute mit einer Bilanzsumme von mehr als 30 Milliarden Euro oder mehr als 20% der Wirtschaftskraft ihres jeweiligen Landes eingestuft, ferner Banken, die direkte öffentliche Finanzhilfen aus der EFSF oder dem ESM erhalten oder beantragt haben sowie jeweils die drei größten Banken eines jeden teilnehmenden Landes. In Deutschland sind dadurch die Deutsche Bank, die Commerzbank und die DZ Bank der Aufsicht unterworfen, ferner die Deutsche Apotheker- und Ärztebank sowie große Landesbanken wie die Bayerische Landesbank. Die übrigen Banken, so zum Beispiel die deutschen Sparkassen und Volksbanken, werden weiterhin national beaufsichtigt, haben jedoch eine Berichtspflicht gegenüber der EZB.

Als zweite Säule der Bankenunion wurde auf einem EU-Gipfel in Brüssel im September 2012 ein gemeinsamer Abwicklungsmechanismus mit dem Namen *Single Resolution Mechanism (SRM)* beschlossen,[91] der aber nur für die Banken der Eurozone gilt. Er besteht aus einem Regelwerk, das in einer EU-Richtlinie zur Abwicklung nicht mehr lebensfähiger Banken mit dem Namen *Bank Recovery and Resolution Directive (BRRD)* spezifiziert ist,[92] einer Abwicklungsbehörde *(Single Resolution Board, SRB)* und einem Abwicklungsfonds *(Single Resolution Fund, SRF)*. Die Abwicklungsbehörde mit Sitz in Brüssel hat zwar am 1. Januar 2015 ihre Arbeit aufgenommen, wird unter dem Vorsitz der ehemaligen Präsidentin der BaFin Elke König aber erst ab Januar 2016 voll einsatzfähig sein; bis dahin bleiben die nationalen Behörden und Rettungsfonds bei Bankenpleiten zuständig.[93] Die EU-Richtlinie sieht nationale Verfahren und Instrumente für die Abwicklung von Banken und für die Heranziehung der Eigentümer und Gläubiger der Banken in allen EU-Mitgliedsstaaten vor. Deutschland hat dafür mit dem Sanierungs- und Abwicklungsgesetz (SAG), das am 1. Januar 2015 in Kraft trat, die Basis geschaffen.[94]

Auch über die Abwicklung bestimmt die EZB mit. Sie ist aber in eine sehr komplizierte Entscheidungsstruktur eingebettet, bei der auch die Europäische Kommission, der Europäische Rat und nationale Aufsichtsbehörden eine Rolle spielen. Während der SRB die Hauptverantwortung trägt, kann die EZB als Aufsichtsbehörde eine Abwicklung initiieren und ebenfalls gemeinsam mit der Europäischen Kommission und dem relevanten nationalen Gremium an der Beschlussfassung teilnehmen.

Bei Banken, die nicht mehr überlebensfähig sind, müssen die Behörden des jeweiligen Mitgliedsstaates eingreifen und die Abwicklung organisieren. Nach einem bestimmten Verfahren sollen dann bestimmte Arten von Gläubigern der Banken auf ihre Forderungen verzichten, während andere mit öffentlichen Mitteln des Abwicklungsfonds SRF geschützt werden, der freilich erst noch mit den nötigen Mitteln auszustatten ist.

Nach der europäischen Bankenabwicklungsrichtlinie BRRD müssen alle EU-Mitgliedsstaaten zunächst jeweils nationale Abwicklungsfonds für die bei ihnen lizenzierten Institute mitsamt deren Zweigstellen in Drittländern einrichten.[95] Das wird in Deutschland mit der Änderung des Restrukturierungsfondsgesetz (RStruktFG), die derzeit in der parlamentarischen Beratung ist, geschehen.[96] Die nationalen Fonds sollen durch Beiträge des Kreditgewerbes und, wenn notwendig, durch die nationalen Regierungen finanziert werden.

Ab 2016 überführen die Euromitgliedsstaaten dann ihre nationalen Fonds sukzessive in den gemeinsamen Abwicklungsfonds SRF und überweisen diesem einen immer größeren Teil ihrer Bankenabgaben. So werden im ersten Jahr die Kosten der Bankenabwicklung komplett durch nationale Mittel gedeckt, ab dem zweiten Jahr werden 40% der Kosten gemeinschaftlich umgelegt, und danach wird Jahr für Jahr ein immer größerer Prozentsatz der Kosten sozialisiert, bis im Jahr 2023 ein Sozialisierungsgrad von 100% erreicht ist.[97] Bis Ende 2024 soll der Fonds ein Volumen von 1% der geschützten Einlagen, was etwa 55 Milliarden Euro sind, erreicht haben.[98] Wenn die Banken der jeweiligen Länder die nötigen Mittel nicht aufbringen, muss es ersatzweise der jeweilige Nationalstaat für sie tun.[99]

Die Bankenunion mit einer zentralen Instanz zur Rekapitalisierung von Banken mit Gemeinschaftsmitteln ist ein Quantensprung in der Rettungsphilosophie, weil nicht nur Staaten füreinander einspringen und gegenseitig für ihre Schulden haften, sondern auch privates ökonomisches Handeln öffentlich versichert und subventioniert wird, indem nun auch noch die Schulden der Banken zumindest teilweise kollektiv abgesichert werden sollen.[100]

Eine solche öffentliche Versicherung ist grundsätzlich problematisch, weil sie, wie jede Versicherung, zu einer Verhaltensänderung führt, die die versicherte Gefahr zu vergrößern droht, was in aller Regel wohlfahrtssenkend ist. Deswegen bezeichnet man diese Verhaltensänderung als »moralisches Risiko«, wobei aber nicht die Unmoral im landläufigen Sinne, sondern eine Fehllenkung ökonomischer Ressourcen gemeint ist, die den durchschnittlichen Lebensstandard aller Beteiligten senkt.[101] Der Begriff war schon in Kapitel 5 in einem etwas anderen Zusammenhang aufgetaucht. Hier geht es darum, dass die Gläubiger der Banken weniger Angst vor einem Bankenkonkurs haben, wenn sie wissen, dass Gemeinschaftsgeld zur Verfügung steht, um einen Teil der sonst anfallenden Verluste zu übernehmen, und sich daher mit niedrigeren Zinsen zufriedengeben. Zu den niedrigeren Zinsen finden die Banken mehr Abnehmer für ihre Kredite in der Privatwirtschaft und beim Staat mit der Folge, dass mehr Kapital auch in riskantere Projekte fließt und möglichen besseren Verwendungen anderswo auf der Welt entzogen wird. Welchen anderen Verwendungen das Kapital entzogen wird, ist schwer zu sagen, weil der Kapitalmarkt ein System kommunizierender Röhren ist. Indes wird sich der Entzug vermutlich vor allem auf die nördlichen Länder der Eurozone beziehen, weil die dortigen Kreditnehmer den Vorteil ihrer höheren Bonität gegenüber ihren Banken nicht mehr in dem Maße ausspielen können, wie es ohne die Bankenunion der Fall wäre.

Auch die Erfahrung mit den deutschen Landesbanken, also staatseigenen Investmentbanken, die eine wichtige Rolle auf dem deutschen Kapitalmarkt spielen, zeigt, welche Art von Ineffizienz ein kollektiver Gläubigerschutz hervorrufen kann. Da die Gläubiger der Landesbanken durch die sogenannte Gewährträgerhaftung unbegrenzt Staatsgarantien genossen, waren sie mit niedrigverzinsten Einlagen ausgestattet, die es ihnen erlaubten, sie in oft dubiose Vermögensobjekte überall auf der Welt zu investieren.[102] Zu Recht entriss die EU-Kommission den Landesbanken das Privileg der Gewährträgerhaftung im Jahr 2002 mit der Begründung, dass es sich hier um eine verzerrende Beihilfe handelte.[103] Das zwang die Banken, ihr Geschäftsmodell zu ändern, und brachte sie in ernsthafte Schwierigkeiten. Die WestLB, Deutschlands drittgrößte Landesbank, musste sogar liquidiert werden. Angesichts der berechtigten und harten Haltung der Kommission erscheint es umso überraschender, dass dieselbe Institution nun ähnliche Garantien für alle Banken der Eurozone fordert. Die Steuerzahler Nordrhein-Westfalens dürfen ihre eigene Landesbank nicht retten, müssen aber einspringen, um Banken in anderen Euroländern zu retten.

Noch problematischer ist es, wenn die Vergemeinschaftungsaktion eine reine Umverteilungsmaßnahme ist und nur scheinbar eine Versicherung begründet, weil der Schaden schon eingetreten ist, bevor der Versicherungsvertrag geschlossen wurde, denn dann handelt es sich dabei um reines Rent Seeking. Rent Seeking ist ein Fachbegriff aus der politischen Ökonomie, der den Umstand beschreibt, dass sich Interessengruppen des Staatsapparates bedienen, um ihn für ihre Zwecke zu instrumentalisieren und um sich zulasten anderer Personengruppen zu bereichern.[104] Rent Seeking ist eine unproduktive Tätigkeit, weil per saldo kein neues Einkommen oder Vermögen durch den Einsatz von Arbeitskraft oder Kapitel geschaffen wird, sondern nur vorhandene Mittel umgelenkt werden.

Und genau das scheint bei der europäischen Bankenunion der Fall zu sein. Anders kann man die Dringlichkeit der Rufe nach einer Bankenunion und den enormen politischen Druck, der auf Deutschland durch die Regierungen Frankreichs, Spaniens und Italiens sowie durch die EZB und die EU-Kommission ausgeübt wurde, kaum interpretieren. Die Krise war schon da, und die Banken Südeuropas konnten die Abschreibungen auf toxische Kreditforderungen nur noch mit Mühe in ihren Bilanzen verstecken. Die Altlasten aus den geplatzten Kreditblasen musste man verteilen, bevor es zu spät war.

Der Löwenanteil dieser Abschreibungsverluste resultierte aus den sehr riskanten Investitionsabenteuern während des Aufbaus der Kreditblase. Es ging um Immobilienkredite, die »unter Wasser« standen, weil die Hauspreise purzelten, es ging um Konsumentenkredite, die arbeitslose Bauarbeiter nicht mehr zurückzahlen konnten, und es ging um Anleihen von Staaten, die konkursgefährdet waren und von denen einer ja mittlerweile formell in den Konkurs ging. Die Verluste wurden und werden von den Banken noch immer in den Bilanzen versteckt. Das ist sogar legal möglich, wenn die entsprechenden Papiere im sogenannten Anlagebuch gehalten werden und die Fälligkeit noch nicht eingetreten ist. Die EU selbst hatte dabei geholfen, als die Krise ausgebrochen war, indem sie den Banken im Herbst 2008 die Möglichkeit gab, ihre Wertpapiere zu alten Marktpreisen rückwirkend zum 1. Juli 2008 vom Handelsbuch, in dem zu aktuellen Marktwerten gebucht werden muss, in das Anlagebuch zu verschieben.[105] Doch helfen solche Maßnahmen nur temporär. Mit fortschreitender Zeit werden mehr und mehr Papiere aus den »stillen Lasten« fällig, sodass die Not der Banken immer dringlicher wird und irgendeine Lösung verlangt.

Die Gründe für die vielen faulen Kredite in den Büchern der Banken wurden in den Kapiteln 4, 5 und 7 bereits ausführlich dargelegt. Sie resultieren aus der inflationären Kreditblase, die selbst wiederum in jener übertriebenen Zuversicht der Investoren wurzelte, die das Ergebnis der Konstruktionsfehler des Eurosystems ist: der fehlenden Konkursordnung für Staaten, der fehlenden Risikogewichte für Staatspapiere bei der Regulierung der Bankbilanzen und des leichten Zugangs zu den immer noch dezentral aufgestellten Druckerpressen, der die Erwartung eines Bailout im Krisenfalle genährt hat. Sie resultieren auch aus der politischen Verquickung von Banken, Staaten und nationalen Notenbanken, die sich in Karussellgeschäften immer wieder neue Kredite aus der lokalen Druckerpresse zuschanzten. Die Notenbanken finanzierten die Banken mit Refinanzierungskrediten, für die sie Staatspapiere als Pfänder annehmen, und die Banken nahmen eben diese Mittel, um damit die Pfänder zu kaufen. Zum Ausgleich halfen die Staaten den Banken, indem sie ihnen großzügige Kreditgarantien zur Erleichterung des Zugangs zur Druckerpresse boten, damit sie auch noch andere Wertpapiere als Pfänder verwenden konnten, auch solche, die durch Ringtausch zwischen ihnen selbst entstanden waren. Das alles wurde in Kapitel 5 schon gezeigt.

Es gab auch das Problem des Laschheitswettbewerbs zwischen lokalen Regulierungsbehörden, die es Banken gestatteten, übertrieben riskante Geschäftsmodelle zu verwirklichen. Eine lasche Regulierung zieht Bankgeschäfte ins jeweilige Inland. Das erzeugt direkt Arbeitsplätze in der Finanzbranche und indirekt in der Realwirtschaft, der nun günstiger Kredite zur Verfügung gestellt werden können. Doch während die Vorteile vor allem im Inland liegen, lastet ein zusätzliches Insolvenzrisiko auf internationalen Rettungsschirmen und wird im Eurosystem vergemeinschaftet. Angesichts dieser Asymmetrie bei der nationalen Beteiligung an den Vor- und Nachteilen der Deregulierung ist es verständlich, dass die nationalen Regulierungssysteme im Wettbewerb der Staaten erodierten.[106]

Die verzerrten Anreizmechanismen, auf denen das Eurosystem aufgebaut wurde, haben die Bilanzen der Staaten und Banken einiger europäischer Länder zu einer gefährlichen Mixtur zusammengerührt, die ein toxisches, wenn nicht explosives Potenzial hat.[107] Aber statt nun diese Anreizstrukturen zu durchbrechen, hofft die EU-Politik den Nexus zwischen den überschuldeten Banken und Staaten dadurch lösen zu können, dass sie die Schuldenlasten in einer Bankenunion zumindest teilweise sozialisiert. Die neuesten Vorschläge für die Bankenregulierung im Rahmen des Basel-III-Systems sind demgegenüber, was den engen Risikoverbund zwischen Banken und Staaten betrifft, so lasch wie eh und je. Weil das Risikogewicht der EU-Staatsanleihen in der europäischen Umsetzung des Baseler Rahmenwerks per Annahme grundsätzlich bei 0% liegt, müssen für sie weiterhin keine Eigenkapitalmittel vorgehalten werden, obwohl die Rating-Agenturen die Staaten sehr unterschiedlich einstufen. Zudem müssen auf solch privilegierte Staatsanleihen auch keine Großkreditobergrenzen angerechnet werden. Bei den ab dem Jahr 2019 geltenden neuen Regelungen für Großkredite bleiben Staatsanleihen ausgeklammert. So können Banken im Prinzip unbegrenzt Forderungen gegenüber einem einzelnen staatlichen Schuldner aufbauen.[108] Das Geld dafür ist stets reichlich vorhanden, denn sie können ja die Staatspapiere bei ihren Notenbanken unbeschränkt einreichen und Refinanzierungskredit dafür bekommen. Während die Institutionen der EU die problematische Beziehung zwischen den Staaten und Banken der Eurozone vehement beklagen, tun sie alles, um diese Beziehung zu fördern.

BALDRIAN GEGEN DEN STRESS

Um dem Vorwurf der Sozialisierung von Altlasten zu begegnen, wurde vereinbart, dass die Banken der Eurozone vor der Übernahme der Aufsichtskompetenz durch die neuen Institutionen im Jahr 2014 einem sogenannten Stresstest unterworfen werden, einer Art TÜV für die Banken, um sicherzustellen, dass keine verborgenen toxischen Anlagen in den Bilanzen schlummern, die später womöglich zu einer gemeinschaftlichen Haftung führen würden, obwohl sie zur Zeit der nationalen Aufsicht erworben wurden. Der Stresstest wurde von der Europäischen Bankenaufsichtsbehörde (EBA), einer unabhängigen EU-Behörde durchgeführt, die Teil des Europäischen Systems der Finanzmarktaufsicht ist, wobei man sich auf die Bewertungen der Bilanzpositionen durch Organe der EZB im Rahmen des sogenannten *Asset Quality Review* verließ.[109]

Die Prüfung deckte eine Kapitallücke von 25 Milliarden Euro bei 25 Banken auf. Zwölf dieser Banken konnten ihre Kapitallücken vor dem Beginn der Bankenunion noch im Jahr 2014 schließen, indem sie ihr Eigenkapital um 15 Milliarden Euro erhöhten.[110] Einige Durchfaller gab es bei den südeuropäischen Ländern: In Italien traf es insgesamt neun Banken, in Zypern und Griechenland je drei Banken, in Belgien und Slowenien jeweils zwei. In Deutschland fiel nur die Münchener Hypothekenbank durch; sie hat die Kapitallücke wie zwölf andere Institute aber schon vor Veröffentlichung der Ergebnisse im Jahr 2014 geschlossen. Von den anderen 13 Instituten verlangte die EZB Pläne, wie sie wieder zu neuem Eigenkapital kommen wollen, um auch für wirtschaftlich schlechte Zeiten gewappnet zu sein. Für das Stopfen der Kapitallöcher gaben ihnen die Aufseher bis zu neun Monate Zeit.[111]

Die Hoffnung, dass diese Stresstests nun verlässliche Informationen über die Solidität der Banken liefern, ist nicht sehr weit verbreitet. So wurde bemängelt, dass sich der Test zu wenig mit den Strukturproblemen im Finanzsektor auseinandergesetzt und insbesondere keine Ansteckungseffekte zwischen Banken oder auch Derivategeschäfte berücksichtigt hat.[112] Zudem wurde vorgebracht, dass die EZB bei der Bewertung der Bankaktiva von den nationalen Aufsichtsbehörden abhängig sei, die wiederum geringes Interesse an der Offenlegung der Lücken der eigenen bisherigen Aufsichtspraxis hätten. Im Übrigen wurden Konkursrisiken für Staatsanleihen auch bei den Stresstests konsequent ignoriert. Sascha Steffen und Josef Korte haben die Frage untersucht, wie viel zusätzliches Eigenkapital die Banken Europas benötigen würden, wenn man die Staatspapiere auf der Basis des Urteils der Rating-Agenturen in gleicher Weise mit Eigenkapital unterlegen müsste wie private Anleihen. Allein für die 54 größten Banken der Eurozone kamen sie auf einen zusätzlichen Eigenkapitalbedarf von 750 Milliarden Euro. Das sei mehr als das gesamte Kernkapital dieser Banken, woraus eine erhebliche Unterkapitalisierung resultiere, schrieben die Autoren.[113] Auch Thomas Mayer, ehemaliger Chefvolkswirt der Deutschen Bank, hielt die Stresstests für unzureichend. Sie seien nichts als eine »weitere Illusion von Sicherheit«.[114]

Besonders problematisch ist ferner, dass in keinem der für die Tests berechneten Szenarien eine Deflation durchgespielt wurde, obwohl die EZB selbst die Deflationsgefahr bei der Einführung des QE-Programms als Schreckensszenario an die Wand gemalt hat und gar nicht klar ist, ob es ihr überhaupt gelingen wird, ihr Inflationsziel von knapp 2% zu erreichen, denn der Zins ist ja schon am unteren Anschlag. Eine Deflation als Szenarium zu berücksichtigen, wäre auch insofern sinnvoll gewesen, als eine leichte Deflation in Südeuropa zur Wiedererlangung der Wettbewerbsfähigkeit notwendig ist, wenn man nicht horrende Inflationsraten in Deutschland akzeptieren will.

Man fragt sich im Übrigen, ob die EZB überhaupt die richtige Institution war, die Bewertungen der Aktiva für die Stresstests durchzuführen, da sie ja selbst die größte Gläubigerin der Banken ist und selbst riesige Abschreibungsverluste in ihren Büchern ausweisen müsste, wenn es zu Bankenkonkursen käme. Man kann schon vermuten, dass sie ein Interesse daran hatte, die Abschreibungsverluste wenn, dann erst nach dem Aufbau des Rettungsfonds SRF in Erscheinung treten zu lassen, um in den Genuss eines Bailout zu kommen, statt die Abschreibungsverluste selbst verbuchen zu müssen. »Extend and pretend« sagt man zu einer solchen Strategie im Englischen, was auf Deutsch so viel heißt wie »strecken und verdecken«.

Der Verdacht, dass die angeblichen Stresstests in Wahrheit Baldrian für die von der Dauerkrise genervten Bürger Europas sein würden, damit sie nicht vor lauter Schreck ihren Geldbeutel krallen, wird auch genährt, wenn man zur Kenntnis nimmt, welches Volumen notleidender Anlagen der Internationale Währungsfonds nach einer Sichtung der vorhandenen Informationen in den Bankbilanzen vermutet. Das Ergebnis ist in Tabelle 8.3 dargestellt, wobei sowohl die Eurobeträge genannt sind als auch der Anteil dieser Beträge am Eigenkapital der Banken nach der konsolidierten Bankenstatistik.

Tabelle 8.3 Notleidende Anlagen der Banken der GIPSIZ-Länder nach Schätzung des IWF (Q4 2013 bis Q1 2015)

Land	Stand	Mrd. €	% des Eigenkapitals
Griechenland	Q1/2015	79	115
Irland	Q1/2015	63	59
Portugal	Q2/2014	33	59
Spanien	Q1/2015	187	56
Italien	Q4/2013	289	74
Zypern	Q4/2014	29	138
Insgesamt		680	70

Quellen: Internationaler Währungsfonds, IMF eLibrary Data, *Financial Soundness Indicators (FSIs)*, FSIs and Underlying Series, <http://elibrary-data.imf.org/Report.aspx?Report=4160276>, Stand 21. 8. 2015; Deutsche Bundesbank, Statistiken, Zeitreihen-Datenbanken, *Zeitreihen des Europäischen Systems der Zentralbanken*, Aggregierte Bilanz der monetären Finanzinstitute im Eurowährungsgebiet (ohne Eurosystem), <http://www.bundesbank.de/Navigation/DE/Statistiken/ESZB_Statistiken/Monetaere_Statistiken/eszb_table_view_node.html?statisticId=outstanding_amounts>.

Erläuterung: Die Zahlen zeigen die vom IWF geschätzten notleidenden Kredite als Prozentsatz des Eigenkapitals der Banken der GIPSIZ-Länder am Ende des jeweils genannten Vierteljahres. Die Eigenkapitaldaten entstammen der genannten Bundesbank-Datenbank.

Man sieht, dass die Spezialisten vom IWF nicht eine Kapitallücke von nur 25 Milliarden Euro vermuten, sondern notleidende Anlagen im Umfang von 680 Milliarden Euro. Das ist zwar konzeptionell nicht ganz dasselbe wie eine Kapitallücke, doch kommt es ihr nahe, wenn man bedenkt, dass Banken häufig nicht viel mehr Eigenkapital halten, als sie müssen, und ein erheblicher Teil der notleidenden Anlagen zu harten Abschreibungsverlusten werden könnte. Jedenfalls klafft zwischen den IWF-Zahlen und den angeblich nur 25 Milliarden an fehlendem Eigenkapital, das die Stresstests erbrachten, eine riesige Erklärungslücke, die nicht gerade Vertrauen in die Solidität der Stresstests erweckt. Schließlich ist der IWF keine Institution, die leichtfertig irgendwelche Horrorszenarien in die Welt setzen kann.

Die Schätzung scheint recht verlässlich zu sein, denn in der englischen Fassung dieses Buches war, zusätzlich zu den IWF-Daten, eine Reihe von verschiedenen Schätzungen unterschiedlicher Institutionen gemittelt worden, und das Ergebnis war mit 679,5 Milliarden Euro fast identisch mit den aktuellen IWF-Zahlen.[115]

Im Durchschnitt der GIPSIZ-Länder liegt der Bestand an notleidenden Krediten bei 70% des Eigenkapitals der dort ansässigen Banken, doch ist die Streuweite dieses Prozentsatzes groß. So ist das Volumen der notleidenden Kredite in Griechenland und Zypern mit 115% bzw. 138% des Eigenkapitals erschreckend. Bei den Banken dieser Länder handelt es sich offenbar um völlig überschuldete Zombie-Banken, die nur wegen der fehlenden Verbuchung von Abschreibungsverlusten mit immer wieder neuen Krediten aus den nationalen Druckerpressen über Wasser gehalten werden können. Fallen die notleidenden Anlagen aus, dann geht in diesen Ländern mehr als nur das Eigenkapital der Banken verloren, was bedeutet, dass die Gläubiger oder die Staatengemeinschaft einen Teil der Lasten tragen müsste.

Doch auch die italienischen Banken bieten Anlass zu Sorgen, weil die notleidenden Anlagen bei ihnen drei Viertel des Eigenkapitals ausmachen. Da Italien ein sehr großes Land ist, haben die notleidenden Anlagen mit einem absoluten Betrag von 289 Milliarden Euro einen auch im Gesamtzusammenhang erheblichen Umfang, ganz anders als die griechischen, die trotz des hohen Prozentsatzes »nur« bei 79 Milliarden Euro liegen.

Interessanterweise liegt das Volumen der notleidenden Anlagen bei den italienischen Banken auf dem Niveau der Target-Schulden Italiens auf dem Höhepunkt der Krise im Sommer 2012, also gerade zu der Zeit, als die Bankenunion beschlossen wurde (vgl. Abbildung 7.5). Während die exakte Zahlengleichheit nur Zufall sein kann, fragt man sich, ob nicht doch insofern ein Zusammenhang besteht, als mit solch einem Target-Saldo die Länder des Eurosystems faktisch bereits für die notleidenden Anlagen der italienischen Banken mitgehaftet hatten.[116] Der Leser sei nochmals daran erinnert, dass die Target-Verbindlichkeit eines Landes, grob gesprochen, den Überlauf an Refinanzierungskrediten über das Normalniveau misst, für den die Staatengemeinschaft (abzüglich des Eigenkapitals) mangels ausreichender Haftungsmasse der Notenbank dieses Landes einstehen muss, falls die Geschäftsbanken Pleite gehen. Insofern bestand die Gemeinschaftshaftung zu dem Zeitpunkt, als die Bankenunion beschlossen wurde, also im Sommer 2012, ohnehin schon. Und da sie bereits bestand (ohne dass die Politiker oder irgendwelche Parlamente damit befasst waren), ergab es ja auch wenig Sinn, noch dagegen zu opponieren. Das hätte die Haftung nicht etwa verringert, sondern nur dazu geführt, dass ein anderer Rettungstopf angezapft worden wäre. Warum die italienischen Target-Salden damals in etwa so groß waren wie die notleidenden Kredite der italienischen Banken, bleibt freilich ein Rätsel, dessen Lösung möglicherweise im politökonomischen Bereich gefunden werden kann.

So oder so sind die Zahlen wahrlich alarmierend, da sie offenbaren, dass die Abschreibungsverluste im schlimmsten Fall über die Hälfte des Eigenkapitals der Banken in den GIPSIZ-Ländern vernichten könnten, im Fall Griechenlands und Zyperns sogar mehr als das gesamte Eigenkapital.

Die Gefahren sind insbesondere auch deshalb so groß, weil eine Insolvenz nicht erst dann eintritt, wenn das gesamte Eigenkapital einer Bank verbraucht ist, sondern bereits sehr viel früher, nämlich schon dann, wenn es unter die regulatorische Mindestschranke fällt. Weil Banken faktisch kaum mehr Eigenkapital halten, als sie müssen, um die regulatorischen Mindestanforderungen zu erfüllen, würden auch schon sehr viel kleinere Abschreibungsverluste die durchschnittliche Bank in die Insolvenz treiben.

Es kommt hinzu, dass die Probleme der notleidenden Anlagen nicht gleichmäßig über alle Banken verteilt sind, sondern sich jeweils auf bestimmte Banken zu konzentrieren pflegen. Je mehr Banken eines Landes es gibt, die trotz schlechter Durchschnittswerte als sicher eingestuft werden können, desto schlimmer muss die Lage bei den anderen aussehen. Das ist zwar ein trivialer, aber gerade auch deshalb beunruhigender Sachverhalt, der darauf hindeutet, dass es in den betrachten Ländern sehr viele Zombie-Banken geben muss.

BAIL-IN ODER BAILOUT?

Die EU-Kommission, die EZB sowie die südlichen und westlichen Staaten der Eurozone wollten die Übernahme der Abschreibungslasten der Banken grundsätzlich auf die Gemeinschaft der europäischen Staaten und damit auf die Steuerzahler übertragen. Dazu diente der im vorvorigen Abschnitt erwähnte Grundsatzbeschluss der Regierungskonferenz vom 28./29. Juni 2011, die Mittel des von den Steuerzahlern aufgesetzten Rettungsfonds ESM für eine direkte Bankenrekapitalisierung nutzbar zu machen. Dieser Beschluss wurde aber erst teilweise konkretisiert, weil sich Bedenken breit machten.

Die Bedenkenträger, die vornehmlich aus dem akademischen Bereich kamen, wiesen darauf hin, dass die Alternative zur Rekapitalisierung der Banken mit Steuergeldern darin besteht, die Verluste dort zu belassen, wo sie liegen, nämlich bei den Gläubigern der Banken einschließlich ihrer Depositenkunden. Im ökonomischen Fachjargon spricht man hier vom sogenannten *Bail-in*, einer Gläubigerbeteiligung, dem Gegenteil des Bailout, einer Rettung durch den Steuerzahler. Danach tragen Investoren und Sparer grundsätzlich das Risiko ihrer Anlageentscheidungen, weil sie ja auch die Rendite auf das angelegte Kapital bekommen. Das ist das für Marktwirtschaften konstitutionelle Grundprinzip der Einheit von Haftung und Entscheidung und eigentlich eine Selbstverständlichkeit.[117]

Doch trafen solche Überlegungen nicht auf viel Zustimmung in der Finanzbranche und in den gefährdeten Ländern der Eurozone. Eine Gläubigerbeteiligung wurde als viel zu gefährlich für die Stabilität der Kapitalmärkte abgetan und auf die Zukunft verschoben. Entsprechend schlug die Europäische Kommission 2012 vor, die Gläubiger der Banken bis zum Jahr 2018 gänzlich von Schuldenschnitten zu verschonen und bis dahin alle Probleme vom Steuerzahler lösen zu lassen.[118]

Als Schlüsselargument zugunsten eines Bailout wurde vorgebracht, dass das Feuer bereits lodert und nun gelöscht werden muss. Zwar konzedierte man, dass ein Schuldenschnitt jene belasten würde, die die Investitionsentscheidungen getroffen haben, und sie dazu veranlassen könnte, in Zukunft sorgfältiger zu überlegen, wem sie ihr Geld leihen sollten. Aber in dieser Situation sei das Überleben des Systems wichtiger als die langfristige Effizienz. Ohne einen Bailout würde das ganze Haus mit all seinen Bewohnern verbrennen. Wie bereits erwähnt, ist dies das Totschlagargument, das von Vertretern der Finanzwirtschaft seit jeher bei Bankenkrisen vorgebracht wird, um die Diskussion zu beenden und das Portemonnaie der Steuerzahler zu öffnen. Im achten Jahr der Krise hat dieses Argument freilich an Durchschlagskraft eingebüßt. So wie es für einen Herzpatienten gefährlich ist, wenn er permanent Nitrokapseln schluckt, oder für einen Staat, wenn er permanent mit Notstandsgesetzen regiert wird, kann auch das Finanzsystem nicht funktionieren, wenn man den dauerhaften Ausnahmezustand ausruft und die langfristigen Anreizstrukturen missachtet.

Der Vorschlag der EU hatte in Europa zunächst weithin Unterstützung gefunden und schien die unwidersprochene Lösung der drängenden Probleme der Zeit zu sein.[119] Doch als zwei Gruppen von deutschsprachigen Ökonomen, insgesamt 480 Unterzeichner, zwei eigenständige, aber zum großen Teil identische öffentliche Aufrufe verfassten, in denen sie die Idee der Gläubigerrettung verwarfen, erschrak die Politik und wurde sich der Tragweite ihrer Beschlüsse bewusst. Daraufhin setzte eine Phase der Besinnung ein, nach der von verschiedenen Seiten eine Nachbesserung des Vorschlags der Kommission verlangt wurde.

Interessanterweise waren es oft auch Politiker der Linken, die gegen den Bailout aufbegehrten. Gemeinsamen Rettungspaketen für Staaten wollten sie zustimmen, doch nun auch noch in Zypern und anderswo die Depositen reicher russischer Oligarchen und Magnaten zu retten, die ihr Geld in Zombie-Banken fehlinvestiert hatten, ging über ihr Solidaritätsverständnis hinaus. In der Tat war es dann der Sozialdemokrat Jeroen Dijsselbloem, der als neuer Chef der Eurogruppe Anfang des Jahres 2013 bei der Rettung zyprischer Banken einen Schuldenschnitt auch zulasten privater Bankgläubiger durchsetzte und dieses Verfahren zum Muster zukünftiger Bankenrettungsmaßnahmen erklärte, was die Finanzmärkte in Aufruhr brachte.[120]

Ein probates Mittel, eine Gläubigerbeteiligung zu bewerkstelligen, besteht zweifelsohne in der Umwandlung von Fremdkapital in Eigenkapital. Natürlich haben Banken in der Krise viel Eigenkapital verloren und benötigen nun neues, um weiterhin ihren Geschäften nachgehen zu können. Aber anstatt die Steuerzahler hierfür zu belasten, könnte das Eigenkapital auch von den Gläubigern kommen. Gläubiger könnten gebeten werden, im Austausch für Aktien Schuldenschnitte auf ihre Forderungen zu akzeptieren.

Dieser Schritt würde kleinere Verluste zunächst auf die Eigentümer der Banken verlagern, denn deren Aktien würden zwangläufig verwässert, wenn die Gläubiger adäquaten Aktienersatz für die festverzinslichen Forderungen erhalten, die sie aufgeben müssen.

Bei größeren Verlusten reicht indes das Eigenkapital nicht aus, um die Gläubiger mit Aktien kompensieren zu können. Beginnend mit nachrangigem Kapital, sogenanntem *Hybridkapital*, das für solche Verluste vorgesehen ist, bis hin zu normalen Krediten und schließlich auch vorrangig besicherten Krediten müssten die Verluste der Banken sukzessive umgelegt werden.

Für die Umlage der Verluste auf die Gläubiger spricht nicht nur die Einheit von Verantwortung und Haftung, sondern auch die schiere Größe der potenziellen Abschreibungsverluste. Das Volumen der in Tabelle 8.3 dargestellten notleidenden Kredite und damit der Schätzung der maximal möglichen Abschreibungsverluste ist nicht nur riesig in Relation zu dem eingesetzten Eigenkapital, sondern auch in Relation zum Eigenkapital des permanenten Rettungsschirms ESM, das sich als völlig unzureichend für die Deckung erweist. Am 18. März 2015, dem aktuellsten Datenpunkt bei Abfassung dieser Zeilen, betrug des eingezahlte Eigenkapital des ESM 80,15 Milliarden Euro und hatte damit fast die Zielgröße von 80,55 Milliarden Euro erreicht. Zusätzlich müssen 624,25 Milliarden Euro bei Bedarf später eingezahlt werden, sodass insgesamt ein Eigenkapitalstock von 704,8 Milliarden Euro theoretisch verfügbar wäre. Dies würde gerade ausreichen, um die maximalen potenziellen Abschreibungsverluste der Banken in GIPSIZ-Ländern zu zahlen, aber wenn das Geld für diese Zwecke genutzt würde, bliebe wenig für die primäre Aufgabe des ESM übrig, nämlich den Staaten und nicht den Banken zu helfen. Im Übrigen kann man bezweifeln, dass das vorgesehene Eigenkapital im Falle von Staatskonkursen bei den GIPSIZ-Staaten wirklich zusammenkäme. Die Möglichkeit der gesamtschuldnerischen Haftung hat das deutsche Verfassungsgericht ja, wie schon erläutert wurde, gekippt, und das Eigenkapital, das die Nicht-GIPSIZ-Länder insgesamt einzahlen müssten, liegt nur bei 446 Milliarden Euro, wovon 190 Milliarden Euro auf die Bundesrepublik Deutschland entfallen.

Auf der anderen Seite würden die Verbindlichkeiten der Banken gegenüber ihren Gläubigern mehr als ausreichen, die Bankverluste zu decken, da sie mehr als zehn Mal so groß sind wie das Volumen der notleidenden Anlagen oder die Kapazität des ESM. Das wird in Abbildung 8.5 deutlich, die einen Überblick über die Staatsschulden und die Bankenschulden in den GIPSIZ-Ländern gibt. Die obere, linke Säule bildet die Staatsschulden ab, die am Ende des ersten Quartals des Jahres 2015 insgesamt 3980 Milliarden Euro ausmachten. Die untere, rechte und längere Säule stellt den Banken-

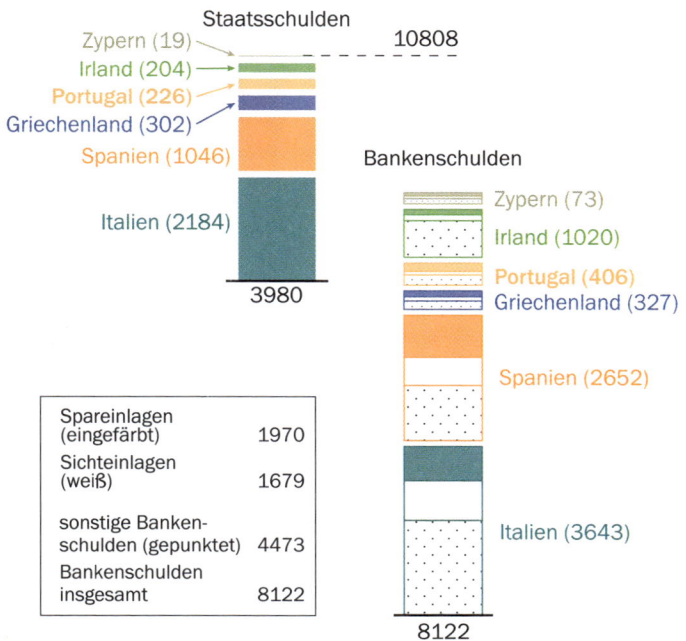

Abbildung 8.5 Staatsschulden und Bankenschulden in den GIPSIZ-Ländern (März 2015, Milliarden Euro)

Quellen: Eurostat, Datenbank, *Wirtschaft und Finanzen*, Sektor Staat, Finanzstatistik des Sektor Staats (VÜD und ESVG2010), Vierteljährliche Finanzstatistik des Staats; Deutsche Bundesbank, *ESZB Statistiken*, Monetäre Statistiken, Aggregierte Bilanz der monetären Finanzinstitute im Eurowährungsgebiet (ohne Eurosystem); Berechnungen des ifo Instituts.

Erläuterung: Da die dargestellten Zahlen gerundet wurden, ergibt die Addition der einzelnen Zahlen nicht immer exakt die angegebene Summe.

sektor dar, also das Geld, das die Banken auf dem Markt bekamen, um ihre eigenen Kredite zu vergeben oder andere Investitionen zu realisieren. Die gesamten Bankenschulden betrugen 8.122 Milliarden Euro.

Die Bankenschulden werden in drei Kategorien unterteilt, dargestellt als farbig umrandete weiße, eingefärbte und als farbig umrandete und gepunktete Flächen, wobei die Farben für die jeweiligen Länder stehen. Die weißen Flächen kennzeichnen sofort abrufbare Sichteinlagen, also Girokonten. Die eingefärbten Flächen stehen für Spareinlagen. Gepunktete Flächen sind alle anderen Arten von Schulden der Banken, zum Beispiel Interbankenkredite und Bankschuldverschreibungen. Die Refinanzierungskredite, die die Banken von ihren Notenbanken erhalten haben, gehören dazu.

Da die 8.122 Milliarden Euro Bankenschulden bereits von konsolidierten nationalen Bankbilanzen kommen, sind die Verbindlichkeiten, die eine Bank gegenüber anderen einheimischen Banken hat, bereits abgezogen. Diese Summe ist somit ein Nettowert der jeweiligen nationalen Bankensysteme. Die Querverbindungen unter den Krisenländern konnten jedoch nicht herausgerechnet werden. Daher muss die Zahl für die gesamten Schulden der Bankensysteme der GIPSIZ-Länder mit Vorsicht interpretiert werden.

Ein Teil ihrer Schulden hatten die Banken speziell für den Kauf von Staatsanleihen aufgenommen. Diesem Teil der Verflechtungen, insgesamt 1.295 Milliarden Euro, wird in der Abbildung dadurch Rechnung getragen, dass sich die beiden Säulen überlappen.[121] Wird dieser Betrag subtrahiert, macht die Summe der Schulden des Bankensystems und der öffentlichen Haushalte im März 2015 insgesamt 10.808 Milliarden Euro aus, wie es durch die Zahl oberhalb der gestrichelten Linie dargestellt wird. Dies entspricht 335% des gemeinsamen BIP aller Krisenländer im Jahr 2014. Angesichts dieser gewaltigen Größenordnung erscheint der Versuch, sowohl die Gläubiger der GIPSIZ-Staaten als auch die Gläubiger ihrer Banken mit dem Geld der Steuerzahler der noch gesunden Volkswirtschaften der Eurozone retten zu wollen, als ambitioniert, wenn nicht abwegig.

Auf der anderen Seite würden aus exakt diesem Grund moderate Schuldenschnitte auf die Schulden der Banken von durchschnittlich rund 8,4% ausreichen, um den Durchschnitt der maximal möglichen geschätzten Abschreibungsverluste auszugleichen. Werden Sichteinlagen ausgeschlossen, wären 10,6% ausreichend, und wenn Spareinlagen ebenfalls ausgeschlossen werden, bleibt ein notwendiger Schuldenschnitt zulasten der Gläubiger der Banken bei 15,2%. Dies sind sicherlich unerfreuliche Zahlen für den Kapitalmarkt, aber keine Katastrophen.

Die Situation ist, wie sie ist. Dass Verluste auf die Haushalte der noch gesunden Länder in Europa verschoben werden, macht sie nicht kleiner. Solch eine Strategie würde zum Beispiel die durchschnittliche Schuldenquote der

Nicht-GIPSIZ-Länder um 10 Prozentpunkte, von 83% auf 92% anheben, wenn die Steuerzahler temporär verschont blieben. (Später müssen sie oder ihre Kinder die Rechnung ohnehin begleichen.) Alternativ könnte der maximale potenzielle Abschreibungsverlust durch ein Siebtel der heutigen Umsatzsteuereinnahmen der Nicht-GIPSIZ-Länder für die nächsten zehn Jahre absorbiert werden. Die Steuerlösung würde jedoch nicht nur falsche Anreize bei Kreditnehmern und -gebern setzen, sondern auch Verzerrungen der realen Wirtschaftstätigkeit hervorrufen, da mit mehr Vermeidungsaktionen und auch mehr Steuerhinterziehung gerechnet werden müsste.

Solche Überlegungen hat man vermutlich auch in der EU-Kommission angestellt. Nach Monaten der internen Diskussionen und unter dem Druck sich sträubender Regierungen hat die Kommission bei der zyprischen Krise die offizielle Strategie einer ursprünglich bis 2018 geplanten Schonung der Gläubiger der Banken modifiziert. Als das zyprische Bankensystem im März 2013 kollabierte, gab es kaum politische Unterstützung für die Idee, die russischen Oligarchen und andere reiche Investoren zu retten, die ihr Geld dort geparkt hatten. Stattdessen wurde die Laiki Bank geschlossen, und es wurden Schuldenschnitte verfügt, die auch zulasten der Gläubiger gingen.

EIN ABWICKLUNGSMECHANISMUS FÜR DIE BANKEN DER EUROZONE

Gegenüber den Plänen der EU-Kommission ist das, was in Zypern vorexerziert wurde und was dann in Form des Abwicklungsmechanismus SRM sowie des Abwicklungsfonds SRF beschlossen wurde, ein Fortschritt, weil dem Prinzip der Selbsthaftung der Entscheidungsträger ein Stückweit Rechnung getragen wurde. Indes ist es mit der Haftung bei näherem Hinsehen doch nicht so weit bestellt, wie es zunächst den Anschein hat.

Der Bundesminister der Finanzen, Wolfgang Schäuble, beschrieb den Haftungsmechanismus mit den folgenden Worten[122]:

»Wenn eine Bank notleidend wird, dann stehen zunächst Eigentümer und Gläubiger in der Pflicht. Danach kommt der Fonds, in den die Bankenindustrie, entweder die Mitgliedstaaten oder die Bankenunion, einbezahlt. Wenn das auch nicht reicht, dann haftet am Ende der einzelne Staat.«

Diese Aussage ist korrekt, doch überdeckt sie die Tatsache, dass nur ein winziger Teil des Fremdkapitals der Banken in Haftung genommen werden soll. Die private Verlustbeteiligung, die gegenüber der Öffentlichkeit betont wird, umfasst nämlich nur 8% der Bilanzsumme der Banken, und was auch manche Experten übersehen: Diese 8% umschließen das Eigenkapital, das ja ohnehin haftet. Da das Eigenkapital typischerweise etwa 5% der Bilanzsumme ausmacht, bedeutet das, dass bei einer typischen europäischen Bank gerade einmal 3% der Passiva und damit auch nur etwa 3% der Schulden dieser Bank an der Haftung beteiligt werden sollen.[123] Man hat die Gläubigerbeteiligung eingeführt, um der Öffentlichkeit eine Trophäe im Kampf gegen die Bankenlobby vorweisen zu können, doch in Wahrheit handelt es sich dabei um eine Attrappe, die ein Programm zum kollektiven Gläubigerschutz verdecken soll.

Wenn die Verluste 8% überschreiten, kann es zwar immer noch sein, dass man Fremdkapital heranzieht, denn die 8% sind als Mindestbetrag vorgesehen. Doch da zum Schutz vor weiteren Verlusten im Umfang von 5% der Bilanzsumme der Abwicklungsfonds SRF bereitsteht, der durch die Banken der Eurozone gefüllt werden soll, wird man davon ausgehen können, dass die Mindestgrenze von 8% für die Haftung der Eigentümer und Gläubiger der Bank zugleich eine Höchstgrenze ist.

Was passiert, wenn die Verluste 13% der Passiva der Bank übersteigen, ist rechtlich unklar. Die restlichen 87% der Bankbilanz hängen sozusagen in der Luft. Die Hoffnung, man werde bei Verlusten, die in diesen Bereich hineinbeißen, mangels einer Zahlungsverpflichtung des Rettungsfonds die Gläubiger statt der Steuerzahler heranziehen, könnte sich als irrig erweisen, denn der Rest der Schulden der Banken ist durch eine lange Liste von Ausnahmeregelungen in der BRRD-Richtlinie der EU weitgehend geschützt.[124]

So sollen zum Beispiel Einlagen, also Bankkonten, bis zu einer Höhe von 100.000 Euro gegen Verluste geschützt werden. Das ist eine sehr hohe Zahl, denn wie ein Blick auf die Vermögensstatistik der EZB zeigt, über die in Kapitel 2 berichtet wurde (vgl. Abbildung 2.12), entspricht diese Summe in etwa dem mittleren Vermögen eines holländischen oder dem Doppelten des mittleren Vermögens eines deutschen Haushalts.

Da es 52,8 Millionen Haushalte in den GIPSIZ-Ländern gibt, entspricht bereits dies einem Betrag von mindestens 5.280 Milliarden Euro für diese sechs Länder, wenn man unterstellt, dass es pro Haushalt in diesen Ländern mindestens ein Bankkonto gibt. Geschützt sind nämlich alle Konten, auch wenn der Haushalt mehrere davon hat. 5.280 Milliarden Euro sind für sich genommen bereits 58% der Bilanzsumme der Banken der GIPSIZ-Länder.

Die Ausnahmeliste umfasst des Weiteren die Pensionsverpflichtungen der Banken, die Löhne der Bankangestellten, Verbindlichkeiten gegenüber Kommunen und Steuern und eine Anzahl anderer Posten.

Auch Verbindlichkeiten aus kurzfristigen Interbankenkrediten mit einer Laufzeit von bis zu sieben Tagen sollen geschützt sein, damit es in einer

Krise nicht zu einer destabilisierenden Kapitalflucht kommt. Ob dieses Ziel erreicht würde, ist allerdings zu bezweifeln, da die Banken wegen dieses Schutzes nun besonders viele kurzfristige Kredite mit einer Laufzeit von weniger als sieben Tagen nachfragen werden, was im Endeffekt destabilisierend statt stabilisierend wirken könnte, weil die abzusichernden Volumina selbst außer Kontrolle geraten und jedwede Sicherungseinrichtung überfordern könnten. Bemerkenswert ist, dass alle besicherten Kreditformen, die die Banken zu ihrer eigenen Finanzierung benutzt haben, geschützt werden sollen, so zum Beispiel strukturierte Wertpapiere vom ABS-Typ, gedeckte Schuldverschreibungen wie deutsche Pfandbriefe oder besicherte Interbankenanleihen.[125] Während der Gläubigerschutz für diese Posten auf den ersten Blick ganz natürlich erscheint, ist er doch überraschend, da die Gläubiger ja bereits durch die zur Besicherung ausgereichten Pfänder geschützt werden. Insofern wird also ein doppelter Schutz gewährt.

Wenig ökonomische Theorie ist notwendig, um vorherzusehen, dass auch dies Anlass zu opportunistischem Verhalten geben wird, denn da es nicht mehr auf die Qualität der Pfänder ankommt, werden Marktprozesse, die zwischen den Qualitäten unterscheiden und deshalb unterschiedliche Zinsforderungen der Gläubiger hervorbringen, ausgehebelt.

So können Banken, wie schon in Kapitel 5 erläutert, jederzeit Sicherheiten aus dem Nichts erzeugen, indem sie einen Ringtausch von Schuldverschreibungen organisieren. Eine Bank, die ihren Gläubigern Pfänder vorlegt, die nur aus Forderungen gegen andere Banken bestehen, wird normalerweise nicht viel Eindruck schinden und die Gläubiger nicht zu substanziellen Zinsnachlässen bewegen können. Mit dem gesetzlichen Ausschluss der Gläubigerhaftung für besicherte Kreditformen sieht die Sache nun aber für die Gläubiger ganz anders aus. Die Banken können sich nun wieder sehr günstig am Markt finanzieren und erneut das Sparkapital Europas in Verwendungen lenken, für die es sich sonst nicht zur Verfügung gestellt hätte, insbesondere nicht mehr nach den Erfahrungen mit den platzenden Kreditblasen in Südeuropa.

Zu den besicherten Krediten der Banken gehören nicht zuletzt auch die Refinanzierungskredite, die sie von ihren nationalen Notenbanken erhielten und die sie, wie in Kapitel 5 dargelegt, mit immer schlechteren Pfändern besichern durften. Damit wird der vereinbarte Gläubigerschutz auch zu einem Schutz der EZB selbst, der das Problem der schlechten Pfandqualität wirksam kompensiert. Die EZB hat in der Krise ohne demokratisches Mandat in riesigem Umfang gefährdete Banken und Staaten geschützt. Allein 1.003 Milliarden Euro machten (vgl. Abbildung 8.2) die Target-Schulden der GIPSIZ-Länder im Sommer 2012 aus, die durch die zusätzlichen Refinanzierungskredite entstanden waren, die man auf dem Wege einer Herabsetzung der erforderlichen Pfandqualitäten mobilisiert hatte. Und selbst am Ende des Jahres 2014, in der Nähe des temporären Tiefpunkts der Target-Salden, vor der neuerlichen Expansion aufgrund der Griechenland-Krise (vgl. Abbildung 6.2), lagen die Target-Schulden dieser Länder noch bei 526 Milliarden Euro, was um ein Fünftel mehr war als das gesamte Eigenkapital des Eurosystems zu diesem Zeitpunkt (425 Milliarden Euro). Die Reputation, wenn nicht sogar die Funktionsfähigkeit, des Eurosystems würde immens beschädigt, wenn die Notenbanken als Gläubiger an den möglichen Abschreibungsverlusten der Bankensysteme der GIPSIZ-Ländern beteiligt wären (vgl. Tabelle 8.3). Das erklärt, warum sich gerade auch die EZB mit Nachdruck für den Gläubigerschutz in der Bankenunion eingesetzt hat und auf jeden Fall die besicherten Schuldverhältnisse vom Bail-in ausnehmen wollte.

Freilich stellt sich erneut die Frage, wo all das viele Geld zur Realisierung des Gläubigerschutzes herkommen soll. Gut, der Schutz in Höhe von 5% der Bilanzsumme soll vom SRF geleistet werden. Das scheint ein Teil der Lösung zu sein. Doch der SRF soll nur ein Volumen von 55 Milliarden Euro haben und ist bislang noch leer. Wie erwähnt, soll er erst ab 2016 im Laufe von acht Jahren durch Abgaben der Banken der Eurozone oder ersatzweise auch der Staaten gefüllt werden.

Das größte Problem ist jedoch, dass das angestrebte Fondsvolumen von 55 Milliarden Euro im Vergleich zu den maximalen Abschreibungsverlusten der GIPSIZ-Banken, die gemäß Tabelle 8.3 bis zu 680 Milliarden Euro betragen könnten, winzig ist. Wenn sich die Abschreibungsverluste gleichmäßig auf alle Banken der GIPSIZ-Länder aufteilen, ergäbe sich zwar noch kein Kapazitätsproblem für den Fonds, denn dann würde die Beteiligung der Eigentümer und Gläubiger selbst bereits alle Verluste abfangen. Wie im Abschnitt *Baldrian gegen den Stress* erwähnt, liegen die maximal möglichen Verluste bei 8,4% der aggregierten Schulden der Banken der GIPSIZ-Länder, was 7,4% der aggregierten Bilanzsumme entspricht und somit unter jenen 8% der Bilanzsumme liegt, für die Eigentümer und Gläubiger haften sollen.

Die Abschreibungsverluste werden jedoch nicht gleichmäßig über alle Banken verteilt sein, sondern sich auf individuelle Banken konzentrieren, und dort können sich sehr viel höhere Prozentsätze ergeben. Nimmt man zum Beispiel an, nur fünf Banken in den GIPSIZ-Ländern mit einer gemeinsamen Bilanzsumme von 1.000 Milliarden Euro wären von den Abschreibungsverlusten in Höhe von 680 Milliarden Euro betroffen, dann würde die 8-Prozent-Regel zu einer maximalen Selbsthaftung der Eigentümer und Gläubiger von 80 Milliarden Euro führen, was gerade einmal 0,9% der aggregierten Bilanzsumme der Banken der GIPSIZ-Länder entspricht. Der Bankenrettungsfonds SRF müsste von den Verlusten nun 5% der Bilanzsumme, also

50 Milliarden Euro übernehmen, was ihn fast aufzehren würde, und es blieben noch Verluste von 550 Milliarden Euro ungedeckt.

Es gibt Pläne, dieses Problem zu lösen, indem es dem SRF erlaubt wird, das Budget zu hebeln, also Mittel auf dem Kapitalmarkt unter dem gemeinsamen Schutz der Steuerzahler aufzunehmen.[126] Dies könnte den SRF in einen Gemeinschaftsfonds wie den ESM verwandeln. Sie haben aber noch nicht zu konkreten Beschlüssen der EU-Gremien geführt.

Die Lösung, die stattdessen beschlossen wurde,[127] liegt in einer Direkthilfe des permanenten Rettungsfonds ESM, der eigentlich für Staaten statt für Banken zuständig ist. Jedoch wurden die dafür verfügbaren Mittel zunächst auf 60 Milliarden Euro begrenzt. Dann könnte man die ungedeckten Verluste in dem genannten Beispiel auf 490 Milliarden Euro reduzieren.

Diese Verluste den Gläubigern zuzuweisen, ist nach der BRRD-Richtlinie zur Bankenabwicklung nur in begrenztem Umfang erlaubt, weil viele Gläubiger durch die beschriebenen Sonderregelungen in eine Tabuzone gerückt wurden. Nach der eingangs zitierten Aussage von Finanzminister Schäuble ist es der Nationalstaat, der den gesetzlichen Schutz nun finanzieren muss. So muss er nach der Einlagensicherungsrichtlinie vom April 2014 ein nationales System der Sicherung der Einlagen bis zu den besagten 100.000 Euro pro Konto in eigener Regie aufbauen.[128]

Doch steht diese Regelung nur auf dem Papier, weil viele Staaten gar nicht über die Mittel verfügen, die nötige Haftungsmasse aufzubringen. Zudem muss die Richtlinie in nationales Recht umgewandelt werden. In Deutschland gibt es bereits einen gesetzlichen Einlagenschutz pro Konto und pro Institut von bis zu 100.000 Euro. Banken können in Deutschland nur dann zum Geschäftsbetrieb zugelassen werden, wenn sie ihre Zugehörigkeit zu einer staatlich anerkannten Entschädigungseinrichtung nachweisen, die entsprechende Garantieversprechen abgibt.[129] Die jeweiligen Systeme müssen teilweise noch aufgestockt werden, um 0,8% der gedeckten Einlagen zu sichern.[130] Das ist im Moment die Rechtslage. Dass sie noch lange erhalten bleibt, ist nicht sicher, denn die Vorbereitungen für weitergehende Vergemeinschaftungsaktionen laufen.

So haben der Präsident der Europäischen Kommission, Jean-Claude Juncker, der Präsident des Europäischen Rates, Donald Tusk, der Vorsitzende der Eurogruppe, Jeroen Dijsselbloem, EZB-Präsident Mario Draghi und der Präsident des Europaparlaments, Martin Schulz, im Juni 2015 in einem Drei-Stufen-Plan die Schaffung einer europäischen Fiskalunion vorgestellt, deren erste Stufe die Errichtung einer gemeinsamen europäischen Rückversicherung für die nationalen Einlagensicherungssysteme vorsieht.[131] Auch der französische Präsident François Hollande hatte sich schon vorher ähnlich geäußert[132] und setzt sich mit zunehmender Intensität für die Schaffung einer europäischen Fiskalunion ein.[133] Die nächsten Jahre werden zeigen, wie weit diese Politiker damit kommen.

Das ständige Drängeln von Seiten der EU und Frankreichs verfestigt beim Thema der Bankenunion den Eindruck, dass trotz aller Lippenbekenntnisse zur Gläubigerbeteiligung ein Riesenprogramm zur Schaffung eines gemeinsamen Gläubigerschutzes in Europa geplant ist, bei dem letztlich die Steuerzahler der noch gesunden Länder der Eurozone die Abschreibungslasten der Banken Südeuropas übernehmen sollen. Noch ist es der Bundesregierung gelungen, gewisse Barrieren einzubauen, doch befindet sie sich in dieser Frage in einem Rückzugsgefecht.

Ein Alternativprogramm, das ökonomischen Erkenntnissen Rechnung trägt, würde statt der kollektiven Absicherung der Gläubiger darauf hinauslaufen, von der Bankenunion nur jene Elemente zu bewahren, die eine gemeinschaftliche Regulierung der Banken bewirken, und die bislang nur minimale Selbsthaftung der Eigentümer und Gläubiger der Banken weiter auszudehnen. Dazu sollten die Mindesteigenkapitalvorschriften im Basler Regime der Bankenregulierung signifikant erhöht werden. Derzeit werden 8% Eigenkapital relativ zu den risikogewichteten Aktiva verlangt, und ab dem Jahr 2018 soll die auf die Bilanzsumme bezogene Eigenkapitalsumme mindestens 3% betragen.[134] Wenn man stattdessen eine auf die Bilanzsumme bezogene Eigenkapitalquote von 8% vorsehen und ansonsten auf die Haftung nachrangigen Fremdkapitals setzen würde, hätte man vermutlich ein stabileres System mit besseren Investitionsanreizen geschaffen.[135]

Für das nachrangige Fremdkapital bieten sich bedingte Pflichtwandelanleihen an, die sogenannten *Cocos* (Contingent Convertible Bonds). Wenn die Eigenkapitalverluste einer Bank im laufenden Geschäftsbetrieb einen bestimmten Schwellenwert überschreiten, werden die Cocos gemäß zuvor spezifizierten Regeln automatisch in Eigenkapital verwandelt, um die Lücke zu füllen.[136]

Doch sieht es nicht danach aus, dass diese Reformen durchgeführt werden. Während es starke ökonomische Gründe für eine Bankenunion im Sinne einer gemeinsamen Bankenregulierung gibt und schwache Gründe für eine Vergemeinschaftung der Verluste, scheint der politische Prozess in die genau gegenteilige Richtung zu laufen.

DIE AUSHÖHLUNG VON MARKTWIRTSCHAFT UND DEMOKRATIE

Beim Erscheinen dieses Buches laufen die Rettungsmaschinen der EZB und der Parlamente seit mehr als sieben bzw. mehr als fünf Jahren. Sie haben den Krisenländern in einem riesigen Umfang öffentliches Kapital zur Verfügung gestellt und gewähren dem privaten Anlagekapital mit dem Geld der Steuerzahler Geleitschutz, um es an Orte zu lenken, wo es sich nach den Verbrennungen, die es sich beim Platzen der Kreditblasen zuzog, eigentlich nicht mehr hin traut. Die Rettungsmaschinerie ist das sicherlich größte regionale Programm zur staatlichen Investitionslenkung in Marktwirtschaften, das die Wirtschaftsgeschichte kennt.

Die ersten Schritte dieses Programms hatten den Charakter von Feuerwehreinsätzen. Sie verhinderten den Zusammenbruch eines Teils der Eurozone und sind daher sehr gut vertretbar. Als nach der Lehman-Krise der Kollaps des globalen Finanzsystems drohte, half die Rettungspolitik, ein Desaster in Europa zu verhindern.

Doch als sich die Weltwirtschaft 2009 wieder erholte und klar wurde, dass Südeuropa unter strukturellen Wettbewerbsproblemen und einer massiven Überschuldung litt statt nur an temporären Liquiditätsproblemen, wurde die europäische Politik fragwürdig. Wie die irischen und osteuropäischen Erfolgsgeschichten zeigen, hätte weniger öffentliche Unterstützung mehr Reformen, frühere Lohnkürzungen und sogar etwas Deflation bedeutet, wodurch die Wettbewerbsfähigkeit der Volkswirtschaften verbessert worden wäre.[137] Während Kapitel 4 aufzeigte, dass eine allzu rigorose Deflationsstrategie gefährlich sein kann, da private und öffentliche Schuldner in die Insolvenz getrieben werden, war es der Gesundung der Eurozone nicht förderlich, dass sämtliche südeuropäische Länder noch Jahre nach dem Ausbruch der Krise weiter inflationierten, ganz so, als ob nichts geschehen wäre. Der Anstieg des BIP-Deflators in Griechenland endete erst im Herbst 2011 und verwandelte sich dann in eine leichte Deflation. In Portugal und Italien war die Inflation bis zur Schlussredaktion dieses Buches im Sommer 2015 noch nicht zum Stillstand gekommen. Portugal inflationierte zuletzt sogar stärker als der Durchschnitt der Eurozone (vgl. Abbildung 4.8), was vermutlich daran lag, dass es viele zusätzliche Finanzhilfen der Staatengemeinschaft verausgaben durfte, um seine Binnenwirtschaft am Laufen zu halten (vgl. Tabelle 8.1). In Spanien stagniert das Preisniveau der selbst erzeugten Waren allerdings seit dem 2. Vierteljahr 2013, in Zypern ist es seit dem 3. Vierteljahr 2012 kräftig gesunken.[138] Da das Preisniveau in den Euroländern im Durchschnitt weiter gestiegen ist, kam es in beiden Ländern ähnlich wie in Griechenland zu einer spürbaren realen Abwertung gegenüber den Partnern, die allerdings für eine Wiederherstellung der Wettbewerbsfähigkeit noch lange nicht ausreicht.

Die Lenkung von Kapitalströmen ist einer Marktwirtschaft grundsätzlich nicht angemessen, da die allokative Überlegenheit gegenüber sozialistischen Systemen primär in dem Umstand begründet ist, dass die Verteilung der Produktionsfaktoren auf alternative Standorte von Marktkräften statt von der Politik gesteuert wird. Hinter jeder Einheit neu investierten Realkapitals, die neue Wirtschaftskraft hervorbringt, steht ein Vermögensbesitzer, der unter sorgsamer Abwägung von Risiken und Chancen versucht, seine Anlageentscheidung zu optimieren. In der Sorgfalt seiner Portfolioentscheidung und den schlaflosen Nächten, in denen ihn die Angst um sein Geld umtreibt, liegt das zentrale Erfolgsgeheimnis des kapitalistischen Systems. Das ist der Hauptgrund für seine Allokationseffizienz im Vergleich zu anderen Systemen, die in der Geschichte ausprobiert wurden, und für die gewaltige Entfesselung der Produktivkräfte, die selbst Marx dem Kapitalismus attestierte, von der letztlich die gesamte Bevölkerung profitiert hat, wie der allgemein hohe Lebensstandard der westlichen Wirtschaftssysteme beweist.

Angesichts dieser grundlegenden Erkenntnis muss man für staatliche Interventionen zur Veränderung der regionalen Verteilung des Investitionskapitals schon starke Argumente ins Feld führen, die den Nachweis von externen Effekten und Marktfehlern erbringen. Und nicht nur das: Die *Public-Choice*-Theorie hat überzeugend nachgewiesen, dass Politiker, die intervenieren wollen, die Beweislast dafür haben, dass die Unvollkommenheiten des politischen Prozesses weniger ins Gewicht fallen als die Marktfehler, die sie korrigieren möchten.[139] Zu groß ist das Risiko, dass sich ursprünglich gerechtfertigte Interventionen in eine Rent-Seeking-Maschinerie verwandeln, die bestimmten, politisch gut organisierten Gruppen die Möglichkeit gibt, sich über die Einflussnahme auf die Politik Vorteile zulasten anderer Gruppen der europäischen Gesellschaft zu verschaffen, und dazu führt, dass sich die Kraft von immer mehr Menschen in politischen Nullsummenspielen verbraucht, anstatt am Markt produktiv eingesetzt zu werden.[140]

Die EZB liefert nur sehr spärliche Argumente, mit denen sich ihr Interventionismus begründen ließe. Sie verteidigt ihre Politik als eine reine Geldpolitik, obwohl deren fiskalische Auswirkungen offenkundig sind, und argumentiert, sie wolle die Transmission von geldpolitischen Impulsen innerhalb der Eurozone sicherstellen.[141] Ihre Prämisse lautet, dass die nominalen kurzfristigen Zinsen für besicherte Kredite überall innerhalb einer Währungsunion gleich sein sollen, weil die zur Sicherung verwendeten Pfänder überall die gleiche hohe Qualität aufweisen. Angesichts der extremen Absenkung der Bonitätsanforderungen für besicherungsfähige Wertpapiere, die in Kapitel 5 beschrieben wurden, insbesondere des vergrößerten Spielraums, den die nationalen Notenbanken erhielten, um ihre eigenen Standards zu definieren, überzeugt diese Position nicht. Die Banken der GIPSIZ-Länder, die auf den Märkten hohe Zinsen zahlen mussten, wurden durch die Möglichkeit, sich formal genauso günstig wie die Banken anderer Länder finanzieren zu können, obwohl sie ihrem Gläubiger EZB ein wesentlich höheres systemisches Konkursrisiko zumuteten, sehr stark begünstigt, denn ansonsten hätten sich ihre Target-Salden nicht so aufblähen können, wie sie es taten. Die Target-Salden sind der Beweis dafür, dass die EZB die Marktzinsen in einigen Euroländern systematisch unterboten hat. Wären die Marktkonditionen überall im gleichen Umfang unterboten worden, dann hätte es die Salden schwerlich geben können.

Die EZB würde womöglich sogar zugeben, dass dies der Fall war, und den Standpunkt vertreten, dass die Märkte falsch lagen und korrigiert werden mussten. Da sie für sich in Anspruch nimmt, dass die Sicherheitsabschläge, die sie täglich auf die Pfänder berechnet, ausreichend sind, schiebt sie die Schuld auf die Märkte, die falsch liegen, wenn sie nicht daran glauben und deshalb nicht bereit sind, Interbankenkredit zu den gleichen Bedingungen anzubieten, wie sie es selbst tut.

Diese Logik verwendet die EZB auch für Staatsanleihen. Während sie akzeptiert, dass es Risikoprämien für langfristige Staatsanleihen gibt, sind Risikoprämien der Kapitalmärkte nach ihrer Meinung nicht gerechtfertigt, wenn sie von Redenominierungsrisiken ausgelöst werden, also von dem Risiko, dass ein Land aus der Währungsunion ausscheidet und abwertet. Märkte würden das Risiko eines Zusammenbruchs des Euro einpreisen, obwohl es nicht begründet sei.[142] Um zu verhindern, dass solch »irrationale« Erwartungen zu Zinsaufschlägen führen, sei zum Beispiel die Intervention durch das OMT-Programm legitim.

Jedoch überzeugt diese Position nicht, da das Risiko eines Zusammenbruchs des Euro keine länderspezifischen Unterschiede in den Risikoprämien begründen kann. Die Möglichkeit des Zusammenbruchs kann bestenfalls die Risikoprämie der Gesamtheit der Wertpapiere der Eurozone relativ zu denen anderer Währungsgebiete erklären, die über eine größere Stabilität verfügen. Länderspezifische Unterschiede in den Risikoprämien resultieren hingegen allein aus der Erwartung, dass einige Länder nach einem Eurozusammenbruch und der Rückkehr zu ihrer eigenen Währung relativ zu anderen abwerten müssen, was Vermögensverluste für ausländische Investoren bedeuten würde. Aber wenn solche Abwertungen erwartet werden, dann deshalb, weil die Preise dieser Länder wegen der inflationären Kreditblasen, die in Kapitel 4 diskutiert wurden, zu stark angestiegen waren und nun relativ zu den anderen Ländern fallen müssen, um eine Wettbewerbsfähigkeit und Schuldentragfähigkeit wiederherzustellen.

So gesehen sind die Risikoprämien, die die EZB eliminieren möchte, nicht das Resultat von Marktfehlern, sondern Ausdruck rationaler und korrekter Erwartungen auf Seiten der Investoren. Investoren werden mit einiger Wahrscheinlichkeit nach einem Eurozusammenbruch mit der abgewerteten Währung ausgezahlt, was ihre Forderungen, aber auch die Verbindlichkeiten der Schuldner reduziert. Den Schuldnern würde es sehr viel besser ergehen, als wenn ihr Land eine reale Abwertung innerhalb der Eurozone durchlaufen müsste, bei der seine Löhne und Preise gesenkt werden, während die Schuldenlast weiterhin in Euro definiert bleibt. Eine offene Währungsabwertung nach einem Zusammenbruch des Euro, der zusammen mit einer Umwandlung der Schulden in nationale Währungen kommt, bedeutet also, dass sowohl der Zinsertrag der Gläubiger als auch die Zinslast der Schuldner in realer Rechnung fallen. Es ist deshalb rational und effizient, wenn beide Parteien angesichts dieser Gefahr höhere nominale Zinssätze vereinbaren. Von einem Marktfehler, den man korrigieren müsste, kann nicht die Rede sein.

Dieser Punkt berührt eines der Grundprinzipien der Volkswirtschaftslehre, denn es ist eine der fundamentalen Effizienzbedingungen von Kapitalmärkten, dass das knappe und mühsam über Generationen angesparte Kapital so auf konkurrierende Verwendungen aufgeteilt werden sollte, dass die Summe aus seinem Grenzertrag und der Rate des Wertzuwachses des jeweils erworbenen Vermögensobjekts über alle Vermögensgüter hinweg identisch ist.[143] Die Befolgung dieser Regel garantiert, dass der Kapitalstock einer Gesellschaft, wie der Volkswirt sagt, Pareto-optimal unter rivalisierenden Verwendungen aufgeteilt wird, nämlich so, dass der für heutige Generationen verfügbare Konsum maximiert wird, ohne dabei Nachteile für zukünftige Generationen entstehen zu lassen. Daher sind Zinsaufschläge aufgrund von Redenominierungsrisiken nicht etwa als Zeichen von Marktversagen einzustufen, sondern ganz im Gegenteil Kennzeichen effizient funktionierender Märkte. Eine Politik, die diese Zinsaufschläge durch kostenlosen Versicherungsschutz, wie er vom OMT gewährleistet wird, verringert, verfälscht die sinnvolle Kapitalverwendung und mindert die Wohlfahrt. Sie ist aus volkswirtschaftlicher Sicht nicht zu rechtfertigen und ist nichts als eine versteckte Subvention bestimmter Formen von Kapitalanlagen durch die öffentliche Hand.

Was viele Apologeten der EZB-Politik nämlich übersehen, ist, dass der Effektivzins, zu dem ein Land sich verschulden kann, nicht etwa der Nominalzins ist, der auf dem Papier vereinbart wird, sondern der Nominalzins abzüglich der Konkurswahrscheinlichkeit eines Landes und abzüglich der im Mittel erwarteten Abwertung infolge eines möglichen Euroaustritts. In erster Näherung sorgen die Märkte dafür, dass sich die nominalen Zinsen so ausspreizen, dass der so definierte Effektivzins für alle Länder der Eurozone gleich ist. Wenn die EZB nun umgekehrt die Spreizung der nominalen Zinsen verringert, dann erzeugt sie unterschiedliche Effektivzinsen und setzt deshalb unterschiedlich hohe Maßstäbe für die Rentabilität der Investitionen, die in den einzelnen Ländern zur Verfügung stehen. So gesehen ist die von der EZB zur Verteidigung ihrer Politik vorgebrachte Behauptung, sie müsse wegen der Einheitlichkeit der Geldpolitik dafür sorgen, dass sich die Redenominationsrisiken nicht in den Zinsen widerspiegeln, nichts als eine haltlose und vordergründige Semantik, die den Verdacht interessengeleiteten Handelns verstärkt.

Aus dem gleichen Grund ist nichts falsch daran, dass die Kapitalmärkte das Redenominierungsrisiko bei den Zinsen für private Unternehmen einpreisen. Die Absicht der EZB, solchen Risikoprämien durch die Etablierung von politisch gestalteten ABS-Papieren für Unternehmensrisiken entgegenzuwirken, ist ebenso verfehlt wie der Versuch, die Risikoprämien der Staaten mit dem OMT-Programm zu reduzieren.[144]

Als die EZB ihre Politik dadurch zu verteidigen versuchte, dass sie die Verbesserung der geldpolitischen Transmissionskanäle proklamierte, versuchte sie verständlicherweise zu demonstrieren, dass sie innerhalb ihres engen rechtlichen Mandats bleiben würde. Tatsächlich betrieb sie jedoch eine regionale Fiskalpolitik, die die Kapitalströme vom Norden in den Süden Europas subventionierte, indem sie kostenlosen Versicherungsschutz für diese Ströme zur Verfügung stellte. Angesichts des Umstandes, dass sie hierfür selbst keine auch nur halbwegs valide ökonomische Begründung anbot, ist zu vermuten, dass dieser Versicherungsschutz die optimale Allokation der Ressourcen behindert, die Wachstumskräfte in Europa abschwächt und damit den Rückstand der Eurozone beim Wirtschaftswachstum gegenüber dem Rest der Welt zementiert (vgl. Abbildung 1.1).

Ihre Politik, den nationalen Notenbanken zu erlauben, den internationalen Kapitalmärkten Konkurrenz mit der lokalen Druckerpresse zu machen, die auch »finanzielle Repression« genannt wird, ist auch insofern kritikwürdig, als sie den Sparern einen Teil ihrer Investitionsrendite nimmt.[145] Anstatt risikoadäquate Renditen in überschuldeten Ländern zu erzielen, müssen sich die privaten Sparer mit den Bedingungen zufriedengeben, die der EZB-Rat für angemessen hält. Anstatt ihre Ersparnisse direkt an die Krisenländer zu verleihen, liefern sie bzw. die mit der Verwaltung ihrer Ersparnisse betrauten Banken, einen Teil der Ersparnisse beim Notenbankensystem ab. Das Notenbankensystem beliefert die lokalen Banken und die stellen sie den Bürgern, Firmen und Staaten der Krisenländer zur Verfügung, die sie wiederum für den Kauf von Gütern und Wertpapieren sowie für eine Tilgung privater Schulden ins Ausland überweisen, was die Target-Salden erzeugt. Das Eurosystem operiert somit wie eine öffentliche Einkaufsorganisation, die die Ersparnisse aus dem Norden erwirbt und die Bedingungen diktiert, unter denen diese Ersparnisse dann an den Süden geliefert werden.

Diese Politik hat den überschuldeten Staaten geholfen, ihre Budget- und Leistungsbilanzdefizite abzubauen, und den bei ihnen akkreditierten Geschäftsbanken, neues Eigenkapital anzusammeln, ohne denjenigen, die das neue Kapital durch Zinsverzicht bereitgestellt haben, dafür Aktien geben zu müssen. Verlierer waren dagegen die Sparer Nordeuropas und ihre Institutionen. Die kapitalexportierenden Banken des Nordens litten unter beträchtlichen Gewinneinbußen; die betriebliche Altersvorsorge kam in Zahlungsschwierigkeiten; Hilfsorganisationen, die vom Zinseinkommen leben müssen und das Stiftungskapital nicht nutzen können, mussten ihr Budget kürzen; Lebensversicherer mussten die garantierte Mindestverzinsung senken. All dies unterminierte das Vertrauen in die Kapitalmärkte und verursachte eine Renaissance der scheinbaren Überlegenheit traditioneller Umlageverfahren der gesetzlichen Rentenversicherungen, die mit den absehbaren demographischen Problemen Europas schwerlich zurechtkommen werden.

Die Europäer können indes nicht von der Hand in den Mund leben, wie es ihre Rentensysteme vorgaukeln, weil sich die Zahl der Münder in Relation zur Zahl der Hände von etwa dem Jahr 2000 bis zur Mitte der dreißiger Jahre dieses Jahrhunderts in vielen Ländern verdoppeln wird. Deutschlands Babyboomer sind zum Zeitpunkt der Veröffentlichung dieses Buches gerade 50 Jahre alt und wollen bereits in 15 Jahren eine Rente von Kindern, die sie nicht haben. Die daraus erwachsenden Verteilungskonflikte sind schon jetzt absehbar.

Abbildung 4.3 hat gezeigt, dass die GIPSIZ-Länder während der ersten sechs Krisenjahre aufgrund der Rettungspolitiken der EZB und der Staatengemeinschaft sowie aufgrund eines Gewinneinbruchs der bei ihnen tätigen internationalen Unternehmen Zinsersparnisse von mindestens 442 Milliarden Euro erzielt haben, wovon allein 118 Milliarden Euro oder knapp 6% der Nettoauslandsschuld der GIPSIZ-Länder auf das Jahr 2013 entfielen. Diese Summe wurde berechnet, indem die tatsächlichen Nettovermögenseinkommen, die aus den GIPSIZ-Ländern in den Rest der Welt flossen, mit einem hypothetischen Strom solcher Einkommen verglichen wurden, der sich aus der Multiplikation der (jeweils mit den Leistungsbilanzsalden und den errechneten Zinsersparnissen fortgeschriebenen) Nettoauslandsschulden dieser Länder mit jenem Zinssatz ergab, den die Länder im Jahr 2007 auf die Nettoauslandsschuld vom Jahresende 2006 tatsächlich zahlen mussten, also im Jahr vor der krisenbedingten Explosion der Marktzinsen. Wiederholt man eine ähnliche Rechnung für Deutschland, Europas größtem Gläubigerland, indem man den 2007 tatsächlich auf das Nettoauslandsvermögen erzielten Zinssatz auf das Nettoauslandsvermögen der Folgejahre anwendet, so ergibt sich ein Einkommensverlust für Deutschland in seiner Gesamtheit von 136 Milliarden Euro in den sieben Jahren von 2008 bis 2014, wobei auf das Jahr 2014 allein 48 Milliarden Euro entfallen. Das entspricht, bezogen auf das Nettoauslandsvermögen, einem Nettozinsverlust von 4,5 Prozentpunkten im Jahr 2014.

Der Pfad, den Europa mit seiner Rettungsarchitektur eingeschlagen hat, führt weg von einer Marktwirtschaft hin zu einem System, in dem zentralplanerische Institutionen Finanzmittel zwischen den Regionen hin und her schieben und sich dabei dubioser ideologischer Argumente bedienen, um ihre Politik der Öffentlichkeit zu erklären. Auf diese Weise zeigen sich diese Institutionen als eigennützige Akteure, die Partikularinteressen verfolgen, statt dem Allgemeinwohl zu dienen, und dem Klischee entsprechen, das in den Modellen der Public-Choice-Schule beschrieben wird.[146]

In Europa werden die Portfolioentscheidungen nicht mehr von den Eigentümern der Vermögenswerte, sondern von politische Kräften getroffen. Dies hat nicht nur negative Auswirkungen auf das wirtschaftliche Wachstum und die Effizienz des Kontinents. Vielmehr entstehen dadurch auch neue politische Machtzentren, die die Demokratie unterlaufen. Natürlich fußt die Gründung der EZB auf demokratisch legitimierten Beschlüssen der nationalen Parlamente. Jedoch werden die laufenden Entscheidungen von einem technokratischen Gremium getroffen, dessen Abstimmungsregeln nicht den Regeln der Demokratie entsprechen, die jedem Bürger dasselbe Gewicht im Entscheidungsprozess zugestehen (one man, one vote) und gleichzeitig Minderheitenrechte garantieren. Ein wirklich demokratischer Entscheidungsprozess erfordert eine permanente demokratische Kontrolle über alle Entscheidungen, die fiskalische Auswirkungen haben und mehr als geldpolitische Maßnahmen sind, die das Preisniveau konstant zu halten versuchen. Die Geschichte hat gezeigt, dass eine Institution nicht schon deshalb den Regeln der Demokratie genügt, weil sie irgendwann einmal demokratisch zustande gekommen ist. Vielmehr muss die demokratische Legitimation durch fortwährende Einflussnahme und Kontrolle der Parlamente sichergestellt sein, wenn mehr als nur technokratische Entscheidungen getroffen werden.

Die Macht der EZB ist insbesondere auch deshalb problematisch, weil diese Institution in der Lage ist, zukünftige demokratische Entscheidungen zu präjudizieren, indem die fiskalischen Politikoptionen für die nationalen Parlamente eingeschränkt werden. Dies ist die schon eingangs beschriebene

Pfadabhängigkeit der Politik, die parallel zur Wettbewerbsfalle, in die die GIPSIZ-Länder getappt sind, in einer Haftungsfalle für die noch gesunden Euroländer mündet.

Nachdem die EZB den GIPSIZ-Ländern zugestand, ihre finanziellen Bedürfnisse mit der elektronischen Druckerpresse zu lösen, was die restlichen Länder der Eurozone und die EZB im Sommer 2012 in Target-Gläubiger im Umfang von 1.003 Milliarden Euro verwandelte (vgl. Abbildung 8.1), und nachdem das Eurosystem Staatsanleihen im Wert von über 200 Milliarden Euro im Rahmen des SMP gekauft hatte (vgl. Abbildung 8.1), konnten sich die demokratisch legitimierten Politiker einem Bailout der GIPSIZ-Länder und ihrer Banken mit Gemeinschaftsmitteln nicht mehr länger verwehren, weil dadurch die EZB selbst gerettet wurde. Hätten sie sich geweigert, dies zu tun, wäre der Euro womöglich kollabiert, einige nationale Notenbanken wären bankrott gewesen, und die Länder Nordeuropas wären auf ihren milliardenschweren Target-Forderungen sitzengeblieben. Offensichtlich zwangen die vorangegangenen Beschlüsse des EZB-Rats die europäischen Parlamente zu der Errichtung des ESM, um die Staaten und Banken der GIPSIZ-Länder sowie deren Gläubiger inklusive einiger nationaler Notenbanken des Eurosystems zu retten. Die EZB hatte den Steuerzahler bereits an der Angel, und davon hätte er sich ohnehin nicht mehr befreien können. Die politischen Weichen waren gestellt, und jedweder Versuch der Parlamente, anschließend das Ruder noch herumzudrehen, hätte, außer viel politisches Porzellan zu zerschlagen, keine Wirkung gehabt. Es gab, wie Bundeskanzlerin Merkel immer wieder betonte, keine Alternative. So beugten sich die demokratischen Politiker dem EZB-Rat. Der EZB-Rat legte zunächst die goldene Kreditkarte auf den Tisch, und als die Parlamente deren Übernutzung bemerkten, blieb ihnen nichts anderes übrig, als die Platin-Karte danebenzulegen, um die Einhaltung der Kreditlimits zu sichern.

Ein ähnliches Risiko wird sich mit dem OMT ergeben. Heute ist das OMT-Programm ein Versicherungskontrakt, der bislang noch nicht zu Auszahlungen zur Schadenkompensation führte. Doch der Tag wird kommen, an dem die EZB ihr Versprechen, riesige Volumina von Staatsanleihen der GIPSIZ-Länder zu kaufen, wird einlösen müssen, um die nächste Krisenwelle zu meistern. Wenn dies passiert, werden die Bilanzen der nördlichen Notenbanken mit Staatsanleihen vollgepumpt sein, und die nördlichen Notenbanken werden ihre Refinanzierungskredite zurücknehmen müssen, um den Einfluss auf das Geldangebot zu sterilisieren, möglicherweise sogar in den negativen Bereich, indem sie sich netto Finanzmittel von den Banken leihen. Allmählich werden sich die nördlichen Notenbanken auf diese Weise von Nettogläubigern der privaten Geschäftsbanken zu deren Nettoschuldnern verwandeln. Sie folgen dann allesamt dem Beispiel Deutschlands und

Finnlands, deren Notenbanken zeitweilig bereits in eine Nettoschuldnerposition gegenüber den Geschäftsbanken getrieben wurden (vgl. Abbildung 6.8), weil sie in Ausführung von Überweisungsaufträgen Target-Überziehungskredite an andere Notenbanken des Eurosystems vergeben mussten. In einer solchen Situation werden die Notenbanken in Versuchung geraten, die Sterilisation der Staatspapierkäufe durch eine Kreditaufnahme bei den Banken zu beenden und die Geldmenge im Umfang der Staatspapierkäufe anwachsen zu lassen. Das wäre dann der Wechsel in ein Inflationsregime. Nur noch Eurobonds würden in dieser Situation die Möglichkeit bieten, das OMT-Programm ohne einen Zuwachs der Zinsen der Krisenländer zu beenden. Man kann sich jetzt schon ausmalen, wie die Politiker dann, allen Schwüren der Vergangenheit zum Trotz, Eurobonds als alternativlos propagieren werden.

Eurobonds sind gegenseitig garantierte Anleihen, die von den einzelnen Ländern herausgegeben werden, um ihre Haushalte zu finanzieren und Altschulden zu tilgen. Dank der gemeinschaftlichen Haftung zahlen alle Länder dieselben Zinsen, unabhängig davon, ob sie in der Lage sind, ihre Anleihen zurückzuzahlen. Eurobonds würden es den Notenbanken ermöglichen, die im Zuge des SMP und des OMT-Programms erworbenen Staatsanleihen wieder loszuwerden, da die Investoren sicher sein können, ihr Geld zurückzubekommen, und insofern den Versicherungsschutz des OMT nicht mehr benötigen.

Das Versicherungsversprechen des OMT-Programms hat die Staatsanleihen der Länder der Eurozone ohnehin bereits in eine Art Eurobond verwandelt, denn das Kaufversprechen impliziert die gleiche Form der Risikovergemeinschaftung, die auch Eurobonds bieten. Aus einer rechtlichen Perspektive mag der Schritt vom OMT zu Eurobonds groß sein, aus einer ökonomischen Perspektive dagegen ist er klein. Für Parlamente wäre es keine große Sache zu dulden, was bereits gelebte Praxis ist.

Für jene, die schon immer Eurobonds gefordert haben, mag eine solche Entwicklung willkommen sein. Doch abermals werden die Parlamente nicht länger frei sein, ihre Einführung zu akzeptieren oder abzulehnen. Heute formiert sich noch in einigen Parlamenten der Eurozone starke Opposition gegen Eurobonds, ganz besonders in Deutschland. Diese Opposition wird sich auflösen, sobald die EZB im großen Stil Staatsanleihen der südeuropäischen Länder aufgekauft hat. Ob dieses Resultat richtig oder falsch ist, sei dahin gestellt; die Entscheidungsprozedur ist es sicherlich nicht. Europa würde in die Richtung gesamtschuldnerischer Haftung rutschen, weil ein technokratisches Gremium, in dem Malta und Zypern dieselbe Stimmmacht wie Deutschland oder Frankreich haben, die Beschlüsse vorbestimmt hat.

Leider wird diese Entwicklung hier nicht zu Ende sein, denn Eurobonds werden zu einer noch stärkeren Kreditaufnahme verführen, da die überschuldeten Länder wissen, dass sie von den Kapitalmärkten nicht mehr durch höhere Zinsen bestraft werden. Die Unfähigkeit gewisser Teile der europäischen Gemeinschaft, ihre Schulden zurückzuzahlen, wird Europa auch weiterhin von einer Krise in die nächste taumeln lassen. Jedes Mal wird man gerade nur so viel tun, wie nötig, um das Desaster zu vermeiden. Indem man alte Kredite mit neuen zurückzahlt und die Laufzeiten bis zum St. Nimmerleinstag verlängert, mutieren die Kredite allmählich, aber sicher in offene Transfers. Der Weg der Eurozone in eine Transferunion ist damit vorgezeichnet.

Stets werden die notwendigen Schritte von den jeweils herrschenden Parlamenten in einem demokratischen Prozess entschieden, doch praktisch sorgt die Pfadabhängigkeit des in Gang gesetzten Rettungsautomatismus dafür, dass alles schon entschieden ist. Was wie eine demokratische Entscheidung aussieht, ist faktisch nichts anderes als die Ausführung vorheriger Beschlüsse des EZB-Rats. Parlamente werden auf diese Weise zu bloßen Erfüllungsgehilfen des EZB-Rats, der mittlerweile der wahre Hegemon in der Eurozone ist.

Das OMT-Programm beruhigte die Lage, indem Investitionsrisiken von Investoren auf dritte abgeschoben wurden: auf Steuerzahler, staatliche Rentenbezieher und andere Bürger, deren Lebensunterhalt vom Staat abhängt. Während Investoren wohlinformierte Optimierer sind, die sich, immer auf der Hut, beim leisesten Anzeichen einer Krise aus dem Staube machen, sind die Bürger und Steuerzahler Menschen, die sich nicht so schnell aus der Ruhe bringen lassen und dem Staat vertrauen. Deswegen gelang es der europäischen Rettungsarchitektur, die Krise auf den Finanzmärkten zu beherrschen, indem sie die Investitionsrisiken von den Investoren zu den normalen Bürgern verschob. Doch wehe, wenn die Bürger eines Tages bemerken, dass sie es sind, die den Investoren die Last abnehmen mussten, und erkennen, dass diese Lastverschiebung ihre Renten gefährdet und dass die öffentliche Daseinsvorsorge nicht mehr wie bisher bereitgestellt wird. Dann könnten sie zur Tat schreiten und ihrem Ärger auf der Straße Luft machen. Das wäre für die Stabilität Europas von sehr viel größerer Bedeutung als eine bloß temporäre partielle Finanzkrise. Um es ganz deutlich zu sagen. Die vorhersehbaren Gefahren der demographischen Probleme Europas für die Stabilität der Staaten, die schon in 15 bis 20 Jahren aufbrechen werden, sind bereits für sich genommen immens. Addiert man die Haftungsrisiken einer Rettungsarchitektur, die eine Finanzkrise mit dem Geld der Steuerzahler zu verhindern sucht, so könnte eine Gemengelage entstehen, die europäischen Staaten als solche destabilisieren und die bisherigen Schrecken in den Schatten stellen.

Bestenfalls wird sich Europa in ein Wirtschaftssystem verwandeln, in dem sich einige Länder und Regionen permanent auf Hilfszahlungen anderer verlassen, ähnlich wie Ostdeutschland oder der italienische Mezzogiorno heute, und unter einer permanenten *Holländischen Krankheit* leiden, also einer Situation, in der die Wettbewerbsfähigkeit verloren, die Arbeitslosigkeit hoch und die Transferabhängigkeit perpetuiert ist.[147]

Noch ist es Zeit, dieses Schicksal zu vermeiden, indem die Architektur des Euro überdacht wird. Ferdinand Kirchhof, der Vizepräsident des Bundesverfassungsgerichts, hat dies in Worten zum Ausdruck gebracht, denen man nur wenig hinzufügen kann:[148]

»*Wir dürfen nicht von Einzelproblem zu Einzelproblem hüpfen, sondern müssen jetzt in aller Besonnenheit die Gesamtkonzeption des Euro und der Union überdenken. (...)*
Die Union muss ihre innere Organisation neu ordnen, das Verhältnis der Mitgliedstaaten zu ihr trennschärfer bestimmen – und vor allem demokratischer werden.«

ANMERKUNGEN

1 Das Bundesverfassungsgericht lehnte die Anträge auf einstweilige Verfügungen gegen den *ESM* am 12. September 2012 ab, wie später noch erklärt wird.
2 *Introductory statement to the press conference (with Q&A) by Mario Draghi, President of the ECB, Vítor Constâncio, Vice-President of the ECB*, Frankfurt am Main, 6. September 2012, <http://www.ecb.int/press/pressconf/2012/html/is120906.en.html#qa>.
3 Europäische Zentralbank, *EZB kündigt erweitertes Programm zum Ankauf von Vermögenswerten an*, Pressemitteilung, 22. Januar 2015, <http://www.bundesbank.de/Redaktion/DE/Downloads/Presse/EZB_Pressemitteilungen/2015/2015_01_22_ankaufprogramm.pdf?__blob=publicationFile>.
4 Rat der Europäischen Union, *Gipfelerklärung der Mitglieder des Eurowährungsgebiets*, Brüssel, 29. Juni 2012, <http://www.consilium.europa.eu/uedocs/cms_data/docs/pressdata/de/ec/131365.pdf>.
5 *Introductory statement with Q&A by Jean-Claude Trichet, President of the ECB, Lucas Papademos, Vice President of the ECB*, Frankfurt am Main, 8. April 2010, <http://www.ecb.int/press/pressconf/2010/html/is100408.en.html>.
6 Vgl. M. Feldstein, »Why France and Germany Try so Hard to Delay a Greek Default«, *The National*, 29. September 2011, <http://www.thenational.ae/business/industry-insights/economics/why-france-and-germany-try-so-hard-to-delay-a-greek-default>.
7 Dies wurde von Jürgen Stark anlässlich einer öffentlichen Vorlesung der Hanns-Seidel-Stiftung am 22. Februar 2013 in München erklärt. Weber machte seine Opposition bereits am 11. Mai 2010 öffentlich; A. Weber, »Kaufprogramm birgt erhebliche Risiken«, Interview mit J. Schaaf, *Börsen-Zeitung*, 11. Mai 2010, <http://www.bundesbank.de/Redaktion/DE/Downloads/Presse/Publikationen/interview_mit_bundesbankpraesident_axel_weber.pdf?blob=publicationFile>; vgl. ebenfalls C. Teevs, »Brandbrief: Ex-Währungshüter Stark attackiert EZB-Kurs«, *Der Spiegel*, Nr. 3, 14. Januar 2012, S. 60, <http://www.spiegel.de/wirtschaft/soziales/brandbrief-ex-waehrungshueter-stark-attackiert-ezb-kurs-a-809199.html>.
8 Vgl. A. Kunz, »EZB-Chefvolkswirt Stark tritt zurück«, *wiwo.de*, 9. September 2011, <http://www.wiwo.de/politik/ausland/europaeische-zentralbank-ezb-chefvolkswirt-stark-tritt-zurueck/5212924.html>.
9 P. Bernholz, N. Berthold, C. B. Blankart, A. Börsch-Supan, F. Breyer, J. Eekhoff, C. Fuest, J. von Hagen, S. Homburg, K. Konrad, A. Ritschl, F. Schneider, H.-W. Sinn, V. Vanberg, R. Vaubel und C. C. von Weizsäcker, *Ökonomen-Erklärung*, 16. September 2011, im Wortlaut nachzulesen auf *faz.net*: <http://www.faz.net/aktuell/wirtschaft/eurokrise/aufruf-der-oekonomen-griechenlands-staatsinsolvenz-in-betracht-ziehen-11229768.html> und P. Plickert, »Ökonomen unterstützen Wirtschaftsminister Rösler«, *faz.net*, 16. September 2011, <http://www.faz.net/aktuell/wirtschaft/europas-schuldenkrise/insolvenz-griechenlands-in-betracht-ziehen-oekonomen-unterstuetzen-wirtschaftsminister-roesler-11228684.html>. W. Franz, C. Fuest, M. Hellwig und H.-W. Sinn, »Zehn Regeln zur Rettung des Euro«, *Frankfurter Allgemeine Zeitung*, Nr. 138, 18. Juni 2010, S. 10, <http://www.ifo.de/de/10_regeln/w/3rXTZnXx3>.
10 Vgl. Barclays Capital, »ECB SMP: Marking to Market«, *Interest Rates Research*, 6. Januar 2012; und M. De Pooter, R. F. Martin und S. Pruitt, »The Liquidity Effects of Official Bond Market Intervention«, *Discussion Paper*, Federal Reserve Board of Governors, 2013.
11 Europäische Zentralbank, *Details on Securities Holdings Acquired under the Securities Markets Programme*, Pressemitteilung, 21. Februar 2013, <http://www.ecb.europa.eu/press/pr/date/2013/html/pr130221_1.en.html>; dieselbe, »Jahresabschluss der EZB für 2013«, Pressemitteilung, 20. Februar 2014, <http://www.ecb.europa.eu/press/pr/date/

Anmerkungen

2014/html/pr140220.de.html>; und dieselbe, »Abschlüsse der EZB für 2014«, Pressemitteilung, 19. Februar 2015, <http://www.ecb.europa.eu/press/pr/date/2015/html/pr150219_1.de.html>.

12 Europäische Zentralbank, *Jahresbericht 2014*, Frankfurt am Main, 27. Februar 2015, insbesondere S. 147.

13 EU, »Protokoll (Nr. 4) über die Satzung des Europäischen Systems der Zentralbanken und der Europäischen Zentralbank«, *Amtsblatt der Europäischen Union* C 326, 26. Oktober 2012, <http://www.ecb.europa.eu/ecb/legal/pdf/c_32620121026de_protocol_4.pdf>, insbesondere Artikel 33, Absatz 2. Vgl. ebenfalls die Diskussion über Abschreibungsverluste auf ELA-Kredite in Kapitel 5.

14 Es ist ein wenig überraschend, dass die EZB auf Nachfrage des Bundesverfassungsgerichts behauptet, dass die Abschreibung von Staatsanleihen in ihrem Besitz kein Risiko für die Staatshaushalte im Eurosystem bedeutet, da sie hinreichend große Risikovorsorge betrieben habe und drohende Nettoverluste mit ihren Einnahmen in den nächsten Jahren abdecken könnte. Bundesverfassungsgericht, *BVerfG, 2 BvR 2728/13*, 14. Januar 2014, Absatz-Nr. (1–105), Sachbericht, Artikel 12, <http://www.bverfg.de/entscheidungen/rs2014 0114_2bvr272813.html>.

15 H.-W. Sinn, »Das Eurosystem ist wie eine Aktiengesellschaft«, *Der Tagesspiegel*, 11. Februar 2015, S. 16, <www.ifo.de/Eurosystem_AG/w/PbAabTKU>.

16 K. Whelan, »TARGET2: Why Germans Should Not Fear a Euro Breakup«, *VoxEU*, 29. April 2012, <http://www.voxeu.org/article/target2-germany-has-bigger-things-worry-about>; sowie P. De Grauwe und Y. Ji, »What Germany Should Fear Most is Its Own Fear«, *VoxEU*, 18. September 2012, <http://www.voxeu.org/article/how-germany-can-avoid-wealth-losses-if-Eurozone-breaks-limit-conversion-german-residents>. Die Gegenargumente finden sich in H.-W. Sinn, »Target Losses in Case of a Euro Breakup«, *VoxEU*, 22. Oktober 2012, <http://www.voxeu.org/article/target-losses-case-euro-breakup>, oder auf Deutsch: »Die Target-Verluste im Fall des Auseinanderbrechens des Euro – Eine Replik auf De Grauwe und Ji«, *ifo Schnelldienst* 66, Nr. 1, 17. Januar 2013, S. 14–24, <http://www.cesifo-group.de/DocDL/ifosd_2013_01_2.pdf>.

17 Fortschreibung des Jahresendbestandes 2014. Siehe Europäische Zentralbank, *Abschlüsse der EZB für 2014*, a. a. O., 19. Februar 2015.

18 Der Barwert wurde vom ifo Institut ursprünglich auf 47 Milliarden Euro geschätzt, ifo Institut, *Die Rettung Griechenlands bedeutet Schuldenschnitt zulasten öffentlicher Gläubiger in Höhe von 47 Milliarden Euro*, Pressemitteilung, 30. November 2012, <www.ifo.de/de/w/4P68BdYmJ>. Als später die genaueren Konditionen für die Kreditrückzahlung bekannt waren, wurde der Wert um 4 Milliarden Euro nach unten korrigiert, ifo Institut, *Weitere Entlastung für Griechenlands Hilfskredite geplant*, Pressemitteilung, 11. Februar 2014, <www.ifo.de/de/w/4FkaFLFVw>.

19 Europäische Kommission, »Statement on the Support to Greece by Euro Area Members States«, *MEMO/10/123*, 11. April 2010, <http://europa.eu/rapid/press-release_MEMO-10-123_en.htm>; dieselbe, »The Economic Adjustment Programme for Greece«, *Occasional Papers* 61, Mai 2010, <http://ec.europa.eu/economy_finance/publications/occasional_paper/2010/pdf/ocp61_en.pdf>. Die Slowakei lehnte diese Zahlungen von Anfang an ab und partizipierte nicht. Nach der zweiten Tranche stellte auch Irland die Zahlungen ein, gefolgt von Portugal nach der vierten Tranche.

20 EFSF Framework Agreement, <http://www.efsf.europa.eu/attachments/20111019_efsf_framework_agreement_en.pdf>.

21 Rat der Europäischen Union, »Verordnung (EU) Nr. 407/2010 des Rates vom 11. Mai 2010 zur Einführung eines europäischen Finanzstabilisierungsmechanismus«, *Amtsblatt der Europäischen Union*, L 118, 12. Mai 2010, S. 1–4, <http://eur-lex.europa.eu/legal-content/DE/TXT/PDF/?uri=CELEX:32010R0407&from=DE>.

22 European Stability Mechanism, Governance, *Shareholders*, <http://www.esm.europa.eu/about/governance/shareholders/index.htm>.

23 European Stability Mechanism, *Annual Report 2014*, Luxemburg 2015, <http://www.esm. europa.eu/pdf/204204_ESM_RA_2014_web.def>, insbesondere S. 69.
24 Europäische Kommission, *Europäischer Rat – Schlussfolgerungen*, Brüssel, 1.–2. März 2012, <http://europa.eu/rapid/press-release_DOC-12-4_de.htm>.
25 In der Verordnung heißt es: »Wenn das Verhältnis des öffentlichen Schuldenstands zum Bruttoinlandsprodukt (BIP) den Referenzwert überschreitet, so kann davon ausgegangen werden, dass das Verhältnis ... sich rasch genug dem Referenzwert nähert, wenn sich als Richtwert der Abstand zum Referenzwert (60%; der Verf.) in den letzten drei Jahren jährlich durchschnittlich um ein Zwanzigstel verringert hat, bezogen auf die Veränderungen während der letzten drei Jahre, für die die Angaben verfügbar sind.« Rat der Europäischen Union, »Verordnung (EU) Nr. 1177/2011 des Rates vom 8. November 2011«, *Amtsblatt der Europäischen Union* L 306, 23. November 2011, <http://eur-lex.europa.eu/legal-content/DE/TXT/?uri=uriserv:OJ.L_.2011.306.01.0033.01.DEU>.
26 Mit Ausnahme von Irland (−13,5 Prozentpunkte vom Jahresende 2013 bis zum Jahresende 2014) und Griechenland (−14,4 Prozentpunkte vom Jahresende 2011 bis zum Jahresende 2012 wegen des Schuldenschnitts).
27 Europäische Kommission, »Mitteilung: Kommission empfiehlt Schritte im Defizitverfahren«, *MEMO/13/463*, 29. Mai 2013, <http://europa.eu/rapid/press-release_MEMO-13-463_de.htm>.
28 Bundesverfassungsgericht, *2 BvR 1390/12, 2 BvR 1421/12, 2 BvR 1438/12, 2 BvR 1439/12, 2 BvR 1440/12, 2 BvE 6/12*, 12. September 2012, <http://www.bundesverfassungsgericht.de/ SharedDocs/Entscheidungen/DE/2012/09/rs20120912a_2bvr139012.html>.
29 Bundesverfassungsgericht, *Leitsätze zum Urteil des Zweiten Senats vom 7. September 2011, 2 BvR 987/10, 2 BvR 1485/10, 2 BvR 1099/10*, 7. September 2011, <http://www.bundesver fassungsgericht.de/SharedDocs/Entscheidungen/DE/2011/09/rs20110907_2bvr098710. html>.
30 EU, »Vertrag zur Einrichtung des Europäischen Stabilitätsmechanismus (ESM)«, <http://www.bundesfinanzministerium.de/Content/DE/Standardartikel/Themen/Europa/ Stabilisierung_des_Euro/Finanzhilfemechanismen/2012-01-27-esm-anl.pdf?__blob= publicationFile&>, Artikel 10, Absatz 1.
31 Bundesverfassungsgericht, *2 BvR 1390/12, 2 BvR 1421/12, 2 BvR 1438/12, 2 BvR 1439/12, 2 BvR 1440/12, 2 BvE 6/12*, a. a. O., 12. September 2012; S. Homburg, »Retten ohne Ende«, *faz.net*, 29. Juli 2012, <http://www.faz.net/aktuell/wirtschaft/europas-schuldenkrise/ schuldenkrise-retten-ohne-ende-11832561.html>.
32 Für eine detaillierte Beschreibung vgl. *Der Haftungspegel – die Rettungsmaßnahmen für die Euroländer und die deutsche Haftungssumme*, ifo Institut, München: <http://www. cesifo-group.de/ifoHome/policy/Haftungspegel.html>.
33 Bei der Volkszählung von 2011 hatten die GIPSIZ-Länder 52,8 Millionen Haushalte. Siehe Eurostat, Datenbank, *Bevölkerung und soziale Bedingungen*, Volks- und Wohnungszählung 2011.
34 H.-W. Sinn, »Die griechische Tragödie«, *ifo Schnelldienst*, Sonderausgabe Mai 2015, S. 3–33, <http://www.cesifo-group.de/sinn-2015-griechische-tragoedie-pdf>; sowie derselbe, »Die griechische Tragödie«, *ifo Schnelldienst*, Sonderausgabe Mai 2015, Update Juni 2015, <http://www.cesifo-group.de/DocDL/sinn-2015-griechische-tragoedie-pdf.pdf>.
35 Deutscher Bundestag, »Bewertung des Finanzierungsbedarfs Griechenlands«, *Drucksache* 18/5780, Berlin, 17. August 2015, Anhang 5a, <http://dip.bundestag.de/btd/18/057/18057 80.pdf>.
36 Der Bundestag ratifizierte die *EFSF* am 21. Mai 2010 und Horst Köhler unterzeichnete das Gesetz am 22. Mai 2010. Zu der Beziehung dieser Ereignisse und dem sich anschließenden Rücktritt vgl. P. Gauweiler, »Erklären Sie sich! – Offener Brief des CSU-Bundestagsabgeordneten Peter Gauweiler an den ehemaligen Bundespräsidenten Horst Köhler«, *Der Spiegel*, Nr. 25, 21. Juni 2010, S. 27, <http://www.spiegel.de/spiegel/print/d-71029975. html>.

Anmerkungen

37 Der europäische Bund der Steuerzahler hat dagegen seinen Protest geäußert. Taxpayers Association of Europe (TAE), *Stop the ESM! EU Citizens Have to Pay the Bill!*, 16. Februar 2012, <http://english.taxpayers-europe.com/information/new/34-statements/150-stop-the-esm-eu-citizens-have-to-pay-the-bill.html>.
38 M. Olson, *The Logic of Collective Action: Public Goods and the Theory of Groups*, Harvard University Press, Cambridge 1965.
39 Rat der Europäischen Union, *Eurogroup Statement on Greece*, 27. November 2012, <http://www.consilium.europa.eu/uedocs/cms_data/docs/pressdata/en/ecofin/133857.pdf>
40 Der Barwert der Kostenersparnis für Griechenland wurde für einen Zinssatz von 1,5% (Zinsen auf zehnjährige deutsche Staatsanleihen vom November 2012) berechnet. Die Laufzeitverlängerung um 15 Jahre und der Zinsenerlass für zehn Jahre erzeugen dabei einen Vorteil von einem Barwert in Höhe von 32 Milliarden Euro. Die Zinssenkung um 100 Basispunkte für bilaterale Rettungskredite machte einen Vorteil von 8 Milliarden Euro aus und die Reduktion der Kreditgebühren für die EFSF insgesamt 3 Milliarden Euro.
41 H.-W. Sinn, »Die griechische Tragödie«, a. a. O., Mai 2015 sowie derselbe, »Die griechische Tragödie«, a. a. O., Update Juni 2015. Es gibt hier eine kleine Abweichung in Höhe von 3 Milliarden Euro gegenüber der obigen Rechnung, weil der Korrekturposten in Form der unterproportionalen Sichtdepositen der griechischen Banken bei der griechischen Notenbank noch nicht berücksichtigt wurde.
42 Ende 2014 lag der Bestand der in Gemeinschaftshaftung begebenen griechischen Refinanzierungskredite bei 56 Milliarden Euro, während der Bestand der ELA-Kredite null war. Ende Juni 2015 belief sich der Bestand der in Gemeinschaftshaftung begebenen Refinanzierungskredite nur noch auf 40 Milliarden Euro, doch die ELA-Kredite betrugen 87 Milliarden Euro. Gleichzeitig betrug das Haftungspotenzial der griechischen Notenbank 45 Milliarden Euro. Es bestand aus dem Eigenkapital der griechischen Notenbank inklusive Bewertungsreserven im Umfang von 4 Milliarden Euro und dem griechischen Anteil an der um die (unverzinslichen) Mindestreserven verringerten Geldbasis, der 41 Milliarden Euro betrug. Der überschießende Teil der ELA-Kredite, für den die griechische Notenbank haften muss, aber nicht kann, und der deshalb zu einem Haftungsrisiko für die anderen Länder führt, lag deshalb bei 42 Milliarden Euro. Das Haftungsrisiko für diesen überschießenden Bestand an ELA-Krediten unterscheidet sich mangels Haftungsmasse nicht vom Risiko für die in Gemeinschaftshaftung begebenen übrigen 40 Milliarden Euro an Refinanzierungskrediten sowie der durch Offenmarktgeschäfte akkumulierten Wertpapiere in Höhe von 32 Milliarden Euro. Diese Haftungsposten zusammen betrugen 114 Milliarden Euro, und das ist gerade so viel wie die Summe aus den griechischen Target-Schulden (knapp 108 Milliarden Euro), der Verbindlichkeit aus der überproportionalen Banknotenausgabe (knapp 23 Milliarden Euro) abzüglich des Eigenkapitals (4 Milliarden Euro) und abzüglich des Korrekturpostens aus unterproportionalen Einlagen der griechischen Geschäftsbanken bei der Notenbank (etwas mehr als 12 Milliarden Euro). Deshalb gehen die drei letztgenannten Posten in die Haftungsrechnung ein.
43 Siehe *Introductory statement to the press conference (with Q&A) by Mario Draghi, President of the ECB, Vítor Constâncio, Vice-President of the ECB*, a. a. O., 6. September 2012, eigene Übersetzung, im Original: »What I said exactly is that – and I repeat what I said in London the first time – we will do whatever it takes within our mandate – within our mandate – to have a single monetary policy in the euro area, to maintain price stability in the euro area and to preserve the euro. And we say that the euro is irreversible«. Details zum OMT findet man bei Europäische Zentralbank, *Technical Features of Outright Monetary Transactions*, Presseerklärung, 6. September 2012, <http://www.ecb.europa.eu/press/pr/date/2012/html/pr120906_1.en.html>.
44 Siehe ebenfalls M. Draghi, *Speech at the Global Investment Conference in London*, 26. Juli 2012, <http://www.ecb.europa.eu/press/key/date/2012/html/sp120726.en.html>. Hier

Kapitel 8   Im Rettungswahn

sagte er: »Within our mandate, the ECB is ready to do whatever it takes to preserve the euro. And believe me, it will be enough.«

45   P. Hildebrand, »France's Economy Needs to Become more German«, *ft.com*, 2. Mai 2013, <http://blogs.ft.com/the-a-list/2013/05/02/frances-economy-needs-to-be-become-more-german/?#axzz2VLGgwKY0>, eigene Übersetzung, im Original: »The ECB's outright monetary transactions are a game-changer. OMT's soothing power stems from the fact that market participants in effect see them as a commitment to the mutualisation of liabilities across the eurozone: countries standing together behind the debts of the vulnerable«.

46   Europäische Zentralbank, *Technical Features of Outright Monetary Transactions*, a. a. O., 6. September 2012, und *Introductory statement to the press conference (with Q&A) by Mario Draghi, President of the ECB, Vítor Constâncio, Vice-President of the ECB*, a. a. O., 6. September 2012. In der Pressekonferenz betonte Draghi: »[...] we will accept pari passu treatment with the other creditors.« Vgl. ebenfalls D. Gros, C. Alcidi und A. Giovanni, »Central Banks in Times of Crisis: The FED vs. the ECB«, *CEPS Policy Brief* 276, Juli 2012; S. Steinkamp und F. Westermann, »On Creditor Seniority and Sovereign Bond Prices in Europe«, *CESifo Working Paper* Nr. 3944, September 2012, <http://www.cesifo-group.de/DocDL/cesifo1_wp3944.pdf>. C. Wyplosz, »ECB's Outright Monetary Transactions« in: Europäisches Parlament (Hrsg.), *ECB Intervention in the Euro Area Sovereign Debt Markets*, Monetary Dialogue October 2012, Compilation of Notes, Brüssel 2012, <http://www.europarl.europa.eu/document/activities/cont/201211/20121109ATT55275/20121109ATT55275EN.pdf>, S. 5–20.

47   *Ein Aufruf zur Unterstützung des Anleihekaufprogramms OMT der Europäischen Zentralbank*, initiiert von M. Fratzscher, F. Giavazzi, R. Portes, B. Weder di Mauro und C. Wyplosz, 19. Juli 2013, <https://berlinoeconomicus.diw.de/monetarypolicy/>. Eine weltweite Unterschriftensammlung von Ökonomieprofessoren, Analysten und Studenten brachte 211 Unterschriften innerhalb von drei Wochen hervor. Die Resonanz in Deutschland, wo der Aufruf unter großem Einsatz des DIW seinen Anfang nahm, war mit Ausnahme der Belegschaft des DIW eher mager. Von den 61 Mitgliedern des Arbeitsbereichs »Geldtheorie« des Vereins für Socialpolitik hatten nur vier den Aufruf unterschrieben, und nur einer der 113 Ökonomen aus dem Arbeitsbereich »Öffentliche Finanzen«, obwohl sie alle gebeten worden waren, den Aufruf zu unterstützen. Diese beiden Arbeitsbereiche gelten als die relevantesten des Vereins.

48   Die folgenden Betrachtungen basieren auf der Stellungnahme des Autors vor dem Bundesverfassungsgericht. Siehe H.-W. Sinn, »Verantwortung der Staaten und Notenbanken in der Eurokrise«, *ifo Schnelldienst* 66, Sonderausgabe, 12. Juni 2013, S. 3–33, <http://www.cesifo-group.de/DocDL/SD_Juni_2013_Sonderausgabe_1.pdf>.

49   Vgl. P. De Grauwe, »The Governance of a Fragile Eurozone«, *CEPS Working Document* Nr. 346, Mai 2011, <http://www.ceps.eu/book/governance-fragile-eurozone>; derselbe und Y. Ji, »Mispricing of Sovereign Risk and Multiple Equilibria in the Eurozone«, *CEPS Working Document* Nr. 361, Januar 2012, <http://www.ceps.eu/book/mispricing-sovereign-risk-and-multiple-equilibria-eurozone>; G. A. Calvo, »Servicing the Public Debt: The Role of Expectations«, *American Economic Review* 78, 1988, S. 647–661.

50   Vgl. Internationaler Währungsfonds, *Global Financial Stability Report*, April 2013, S. 59.

51   Die summierten Staatsschulden der Krisenländer ohne Griechenland machten am Jahresende 2014 insgesamt 3.679 Milliarden Euro aus.

52   H.-W. Sinn, *Kasino-Kapitalismus. Wie es zur Finanzkrise kam, und was jetzt zu tun ist*, Econ, Berlin 2009, Kapitel 4: »Warum Wall Street zum Spielkasino wurde«; derselbe, *Ökonomische Entscheidungen bei Ungewißheit*, Mohr Siebeck, Tübingen, 1980, insbesondere S. 172–192; M. Dewatripont und J. Tirole, »Efficient Governance Structure: Implications for Banking Regulation«, in C. Mayer und X. Vives (Hrsg.), *Capital Markets and Financial Intermediation*, Cambridge University Press, Cambridge 1993, S. 12–35; und dieselben, *Prudential Regulation of Banks*, MIT Press, Cambridge 1994, S. 97 und 113.

53   M. Feldstein, »Dos and Don'ts for the European Central Bank«, *Project Syndicate*, 29. Juli

2012, <http://www.project-syndicate.org/commentary/dos-and-don-ts-for-the-european-central-bank>.
54 J. Habermas, »Warum Merkels Griechenland-Politik ein Fehler ist«, *sueddeutsche.de*, 22. Juni 2015, <http://www.sueddeutsche.de/wirtschaft/europa-sand-im-getriebe-1.2532119>.
55 M. King, »Threats to Central Banks and their Independence«, *Presentation at the conference Challenges to Central Banks in the 21st Century*, 25. März 2013, London School of Economics.
56 Vgl. U. di Fabio, »Finanzstabilität und Integration: Wege aus der Krise«, Vorlesung im Rahmen der *Münchner Seminare*, CESifo und Süddeutsche Zeitung, 30. April 2012, <http://www.ifo.de/w/3FaZQTUnS>; und derselbe, »Das europäische Schuldendilemma als Mentalitätskrise«, *Frankfurter Allgemeine Zeitung*, Nr. 143, 22. Juni 2012, S. 9. Vgl. ebenfalls M. Seidel, »European Currency Union and Rule of Law«, *CESifo DICE Report* 3, S. 36–43, November 2012, <http://www.cesifogroup.de/DocDL/dicereport312-rr1.pdf>; P. Kirchhof, *Deutschland im Schuldensog*, Beck, München 2012; G. Beck, »EZB-Urteil: Londoner Jurist erwartet »Rechtsbeugung« durch Karlsruhe«, *Deutsche Wirtschafts Nachrichten*, 6. Juni 2013, <http://deutsche-wirtschafts-nachrichten.de/2013/06/06/ezb-urteil-londoner-jurist-erwartet-rechtsbeugung-durch-karlsruhe>.
57 EU, »Konsolidierte Fassungen des Vertrags über die Europäische Union und des Vertrags über die Arbeitsweise der Europäischen Union«, *Amtsblatt der Europäischen Union* C 326, 26. Oktober 2012, <http://eur-lex.europa.eu/legal-content/DE/TXT/?uri=OJ:C:2012:326:TOC>.
58 Europäische Zentralbank, »Beschluss der Europäischen Zentralbank vom 14. Mai 2010 zur Einführung eines Programms für die Wertpapiermärkte (EZB/2010/5)«, *Amtsblatt der Europäischen Union* L 124, 20. Mai 2010, S. 8, <http://eur-lex.europa.eu/legal-content/DE/TXT/PDF/?uri=CELEX:32010D0005(01)&from=DE>. Vgl. ebenfalls *Introductory statement to the press conference (with Q&A) by Mario Draghi, President of the ECB, Vítor Constâncio, Vice-President of the ECB*, a. a. O., 6. September 2012; sowie Europäische Zentralbank, *Monatsbericht*, Oktober 2012, insbesondere Kasten 1: »Vereinbarkeit von geldpolitischen Outright-Geschäften mit dem Verbot der monetären Finanzierung«, S. 7.
59 »Die Mitgliedstaaten müssen geeignete Maßnahmen ergreifen, damit die nach Artikel 104 des Vertrages vorgesehenen Verbote wirksam und uneingeschränkt angewendet werden und damit insbesondere das mit diesem Artikel verfolgte Ziel nicht durch den Erwerb auf dem Sekundärmarkt umgangen wird.« Rat der Europäischen Union, »Verordnung (EG) Nr. 3603/93 des Rates vom 13. Dezember 1993 zur Festlegung der Begriffsbestimmungen für die Anwendung der in Artikel 104 und Artikel 104b, Absatz 1 des Vertrages vorgesehenen Verbote«, *Amtsblatt der Europäischen Union* L 332, 31. Dezember 1993, S. 1, <http://eur-lex.europa.eu/legal-content/DE/TXT/?uri=OJ:L:1993:332:TOC>; vgl. ebenfalls S. Homburg, »Der neue Kurs der Europäischen Zentralbank«, *Wirtschaftsdienst* 92, Oktober 2012, S. 673–677, <http://link.springer.com/article/10.1007%2Fs10273-012-1437-5>.
60 Die Warteperiode beträgt manchmal nur drei Tage und meist weniger als zehn Tage. *Anfrage des Bundesverfassungsgerichts*, 21. November 2012, und *Antwort der Bundesbank*, 3. Dezember 2012, Frage 3. Die internen Dokumente des Bundesverfassungsgerichts wurden dem Autor in seiner Eigenschaft als Experte für das Gericht verfügbar gemacht. Vgl. ebenfalls die Stellungnahme der EZB durch ihren Repräsentanten F. Schorkopf vor dem Bundesverfassungsgericht: F. Schorkopf, *Stellungnahme der Europäischen Zentralbank, Verfassungsbeschwerden 2 BvR 1390/12, 2 BvR 1439/12 und 2 BvR 1827/12, Organstreitverfahren 2 BvE 6/12*, 16. Januar 2013, S. 32.
61 M. Draghi, »Nichts tun wäre noch viel riskanter«, *Süddeutsche Zeitung*, 14. September 2012, S. 19; und EU, »Protokoll (Nr. 4) über die Satzung des Europäischen Systems der Zentralbanken und der Europäischen Zentralbank«, a. a. O., 26. Oktober 2012, insbesondere Artikel 18, Absatz 1.
62 Während gemäß Artikel 129, Absatz 3 des Protokolls eine Vielzahl an Artikeln, inklusive

Artikel 18, durch das Europäische Parlament und den Europäischen Rat verändert werden können, sind Artikel 21 des Protokolls und somit auch Artikel 123 AEUV unantastbar.

63 W. Buiter und E. Rahbari, »Looking into the Deep Pockets of the ECB«, Citi Economics, *Global Economics View*, 27. Februar 2012, <http://blogs.r.ftdata.co.uk/money-supply/files/2012/02/citi-Looking-into-the-Deep-Pockets-of-the-ECB.pdf>.

64 H.-W. Sinn, »Verantwortung der Staaten und Notenbanken in der Eurokrise«, a. a. O., 2013, S. 12–13.

65 Bundesverfassungsgericht, *BVerfG, 2 BvR 2728/13*, a. a. O., 14. Januar 2014, Artikel 12; vgl. ebenfalls dasselbe, *Hauptsacheverfahren ESM/EZB: Urteilsverkündung sowie Vorlage an den Gerichtshof der Europäischen Union* Presseerklärung Nr. 9/2014, 7. Februar 2014, <http://www.bundesverfassungsgericht.de/SharedDocs/Pressemitteilungen/DE/2014/bvg14-009.html>.

66 Bundesverfassungsgericht, *2 BvR 1390/12, 2 BvR 1421/12, 2 BvR 1438/12, 2 BvR 1439/12, 2 BvR 1440/12, 2 BvE 6/12*, a. a. O., 12. September 2012.

67 H.-W. Sinn, »Outright Monetary Infractions«, *Project Syndicate*, 9. Februar 2014, <http://www.project-syndicate.org/commentary/hans-werner-sinn-applauds-the-german-constitutional-court-s-ruling-on-the-ecb-s-bond-purchase-scheme>. Vgl. ebenfalls W. Münchau, »Germany's Constitutional Court Has Strengthened the Eurosceptics«, *ft.com*, 9. Februar 2014, <http://www.ft.com/intl/cms/s/0/8a64e3ac-8f25-11e3-be85-00144feab7de.html#axzz2uEahyERf>.

68 Gerichtshof der Europäischen Union, »Urteil des Gerichtshofs (Große Kammer) vom 16. Juni 2015«, *Rechtssache* C-62/14, <http://curia.europa.eu/juris/document/document.jsf?text=&docid=165057&pageIndex=0&doclang=de&mode=lst&dir=&occ=first&part=1&cid=302502>.

69 Gerichtshof der Europäischen Union, »Schlussanträge des Generalanwalts Pedro Cruz Villalón vom 14. Januar 2015«, *Rechtssache* C-62/14, <http://curia.europa.eu/juris/document/document.jsf?text=&docid=161370&pageIndex=0&doclang=de&mode=lst&dir=&occ=first&part=1&cid=562146>.

70 Gerichtshof der Europäischen Union, »Urteil des Gerichtshofs (Große Kammer) vom 16. Juni 2015«, a. a. O., Artikel 41.

71 Artikel 97, ebd.

72 Besonders Artikel 89, ebd.

73 Artikel 51, ebd.

74 Siehe besonders Artikel 63–65, ebd. Vgl. dazu auch H.-W. Sinn, »Ein bedenklicher Freibrief für die Europäische Zentralbank«, *Wirtschaftswoche*, 19. Juni 2015, S. 39, <www.ifo.de/Freibrief_EZB/w/T4YEemR8>; und R. Vaubel, »Der OMT-Entscheid des EU-Gerichtshofs: Ein Skandal«, *Wirtschaftliche Freiheit*, 3. Juli 2015, <http://wirtschaftlichefreiheit.de/wordpress/?p=17599>.

75 Gerichtshof der Europäischen Union, »Urteil des Gerichtshofs (Große Kammer) vom 16. Juni 2015«, a. a. O., Artikel 76 und 77.

76 Bundesverfassungsgericht, *BVerfG, 2 BvR 2728/13*, a. a. O., 14. Januar 2014, Artikel 41, 69, 73 und 78. Vgl. auch ifo Institut, *Stellungnahme des ifo Instituts und von Prof. Hans-Werner Sinn zur heutigen Erklärung des Bundesverfassungsgerichts zum OMT-Programm der EZB*, Pressemitteilung, 7. Februar 2014, <http://www.cesifo-group.de/de/w/3Sd4KMkse>.

77 Gerichtshof der Europäischen Union, »Urteil des Gerichtshofs (Große Kammer) vom 16. Juni 2015«, a. a. O., Artikel 106.

78 Bundesverfassungsgericht, *BVerfG, 2 BvR 2728/13*, a. a. O., 14. Januar 2014, Artikel 28. Vgl. ferner Bundesverfassungsgericht, *Leitsätze zum Urteil des Zweiten Senats vom 7. September 2011, 2 BvR 987/10, 2 BvR 1485/10, 2 BvR 1099/10*, a. a. O., 7. September 2011, Artikel 126.

79 Der Vorschlag eines Referendums stammt vom Vizepräsidenten des Bundesverfassungsgerichts Ferdinand Kirchhof, der jedoch nicht an den Beschlüssen des Gerichts zum ESM beteiligt war; vgl. J. Gaugele, T. Jungholt und C. C. Malzahn, »Verfassungsrich-

ter für Volksabstimmung über Euro«, Interview mit F. Kirchhof, *Welt Online*, 5. Februar 2012, <http://www.welt.de/politik/deutschland/article13850704/Verfassungsrichter-fuer-Volksabstimmung-ueber-Euro.html>. Udo di Fabio, ehemaliger Richter beim Bundesverfassungsgericht, argumentierte, dass eine vollständige Erfüllung der Vorstellungen der EZB eine Verfassungsänderung in Deutschland notwendig machen würde, und hierfür wäre ein Referendum erforderlich; U. di Fabio, »Die Zukunft einer stabilen Wirtschafts- und Währungsunion«, *Stiftung Familienunternehmen*, Mai 2013, insbesondere S. 53; vgl. ebenfalls J. Jahn, »Notfalls ist Deutschland zum Euro-Austritt verpflichtet«, *faz.net*, 2. Juni 2013, <http://www.faz.net/aktuell/wirtschaft/europas-schuldenkrise/frueherer-verfassungsrichter-di-fabio-notfalls-ist-deutschland-zum-euro-austritt-verpflichtet-12205592.html>.

80 Europäische Zentralbank, *EZB kündigt erweitertes Programm zum Ankauf von Vermögenswerten an*, a. a. O., 22. Januar 2015.

81 *Einleitende Bemerkungen von Mario Draghi, Präsident der EZB*, Frankfurt am Main, 22. Januar 2015, <http://www.ecb.europa.eu/press/pressconf/2015/html/is150122.de.html>.

82 Bundesverfassungsgericht, *BVerfG, 2 BvR 2728/13*, a. a. O., 14. Januar 2014, Artikel 15.

83 H.-W. Sinn, »Deutschland befindet sich in Abwehrschlacht«, *Wirtschaftswoche*, 2. Februar 2015, <http://www.wiwo.de/finanzen/geldanlage/gemeinschaftshaftung-in-der-euro-zone-deutschland-befindet-sich-in-abwehrschlacht/11303692.html>. Vgl. auch derselbe, »Das europäische Schattenbudget«, *Handelsblatt*, Nr. 27, 9. Februar 2015, S. 48.

84 Für eine umfassende Diskussion der Etablierung einer Bankenunion, vgl. die Beiträge des *CESifo Forum* 13, Nr. 4, Winter 2012, »European Banking Union«, <http://www.cesifo-group.de/DocDL/forum4-12-gesamt.pdf>. Vgl. ebenfalls S. Lautenschläger, T. Gstädtner und S. Steffen, »Wie ist das EU-Konzept zur Bankenunion zu bewerten?«, *ifo Schnelldienst* 66, Nr. 1, 17. Januar 2013, S. 3–13, <http://www.cesifo-group.de/DocDL/ifosd_2013_01_1.pdf>.

85 Rat der Europäischen Union, *Gipfelerklärung der Mitglieder des Euro-Währungsgebiets*, a. a. O., 29. Juni 2012. Vgl. ebenfalls W. Mussler, »Krisenfonds soll Banken direkt kapitalisieren«, *Frankfurter Allgemeine Zeitung*, Nr. 150, 30. Juni 2012, S. 11.

86 Die Wichtigkeit eines grenzüberschreitenden Abwicklungsregimes und notwendiger Kooperationen zwischen Aufsichtsbehörden auf nationaler und EU-Ebene als eine Vorbedingung für die Rekapitalisierung von Banken durch den ESM wurde bereits herausgearbeitet von C. M. Buch, »From the Stability Pact to ESM. What next?«, *IAW Discussion Paper* Nr. 85, Juni 2012.

87 Streng genommen gehören nur die Mitgliedsstaaten des Eurowährungsgebiets sowie Staaten, die eine enge Zusammenarbeit mit der EZB auf dem Gebiet der Bankenaufsicht eingehen, zur Bankenunion. Untermauert wird die Bankenunion jedoch durch ein einheitliches Regelwerk (single rulebook), das für alle 28 Mitgliedsstaaten der EU anwendbar ist. Kernelemente des einheitlichen Regelwerks sind die Eigenkapitalrichtlinie (Richtlinie 2013/36/EU vom 26. Juni 2013), die Einlagensicherungsrichtlinie (Richtlinie 2014/49/EU vom 16. April 2014) und die Abwicklungsrichtlinie (BRRD: Richtlinie 2014/59/EU vom 15. Mai 2014), die für die gesamte EU Anwendung finden. Vgl. ferner Rat der Europäischen Kommission, »Rat vereinbart Standpunkt zur Bankenaufsicht«, Pressemitteilung 17739/12, a. a. O., 13. Dezember 2012, <http://www.consilium.europa.eu/uedocs/cms_data/docs/pressdata/de/ecofin/134304.pdf>.

88 Europäische Kommission, »An Important Step Towards a Real Banking Union in Europe, Statement by Commissioner Michel Barnier Following the Trilogue Agreement on the Creation of the Single Supervisory Mechanism for the Eurozone«, *MEMO/13/251*, 19. März 2013, <http://europa.eu/rapid/press-release_MEMO-13-251_en.htm?locale=en#PR_metaPressRelease_bottom>.

89 Rat der Europäischen Union, »Verordnung (EU) 1024/2013 des Rates vom 15. Oktober 2013 zur Übertragung besonderer Aufgaben im Zusammenhang mit der Aufsicht über Kreditinstitute auf die Europäische Zentralbank«, *Amtsblatt der Europäischen Union*

L 287, 29. Oktober 2013, <eur-lex.europa.eu/LexUriServ/LexUriServ.do?uri=OJ:L:2013:287:0063:0089:DE:PDF>.

90 Das Bundesfinanzministerium hat am 30. April 2015 den Regierungsentwurf eines Abwicklungsmechanismusgesetzes veröffentlicht. Der Gesetzentwurf lässt sich auf vier Teile reduzieren: Anpassung des Sanierungs- und Abwicklungsgesetzes (SAG) an die SRM-Verordnung und den Einheitlichen Abwicklungsmechanismus; Anpassung des Restrukturierungsfondsgesetzes an die europäischen Vorgaben zur Bankenabgabe und Regelung zur Verwendung der Bankenabgabe 2011–2014; Ausgestaltung des Kosten- und Umlagerechts für die Bundesanstalt für Finanzmarktstabilisierung sowie Änderungen im Kreditwesengesetz und im Pfandbriefgesetz. Deutscher Bundestag, »Gesetzentwurf der Bundesregierung: Entwurf eines Gesetzes zur Anpassung des nationalen Bankenabwicklungsrechts an den Einheitlichen Abwicklungsmechanismus und die europäischen Vorgaben zur Bankenabgabe (Abwicklungsmechanismusgesetz – AbwMechG)«, *Drucksache* 18/5009, Berlin, 26. Mai 2015, <http://dip21.bundestag.de/dip21/btd/18/050/1805009.pdf>.

91 Europäische Kommission, »Vorschlag für eine Verordnung des Rates zur Übertragung besonderer Aufgaben im Zusammenhang mit der Aufsicht über Kreditinstitute auf die Europäische Zentralbank«, *COM(2012)* 511 final 2012/0242 (CNS), 12. September 2012, <http://eur-lex.europa.eu/legal-content/DE/TXT/PDF/?uri=CELEX:52012PC0511&from=DE>.

92 Rat der Europäischen Union, »Richtlinie 2014/59/EU des Europäischen Parlamentes und des Rates vom 15. Mai 2014«, *Amtsblatt der Europäischen Union* L 173, 12. Juni 2014, <http://eur-lex.europa.eu/legal-content/DE/TXT/PDF/?uri=CELEX:32014L0059&from=DE>.

93 Vgl. M. Fehr, S. Wettach und C. Ramthun, »Wie die Bankenabwickler Steuerzahler schützen wollen«, *wiwo.de*, 22. Februar 2015, <http://www.wiwo.de/unternehmen/banken/bankenabwickler-srb-wie-die-bankenabwickler-steuerzahler-schuetzen-wollen/11362302-all.html>.

94 Bundesanstalt für Finanzdienstleistungsaufsicht, »Sanierung und Abwicklung: Umsetzungsgesetz zur europäischen Richtlinie in Kraft«, 5. Januar 2015, <http://www.bafin.de/SharedDocs/Veroeffentlichungen/DE/Fachartikel/2015/fa_bj_1501_sanierungs-abwicklungsgesetz.html.>

95 Rat der Europäischen Union, »Richtlinie 2014/59/EU des Europäischen Parlamentes und des Rates vom 15. Mai 2014«, a. a. O., 12. Juni 2014, Artikel 103 und Artikel 2, Absatz 89.

96 Deutscher Bundestag, *Plenarprotokoll* 18/110, S. 10614–10621, <http://dipbt.bundestag.de/dip21/btp/18/18110.pdf#P.10614>.

97 Rat der Europäischen Union, »Durchführungsverordnung (EU) 2015/81 des Rates vom 19. Dezember 2014 zur Festlegung einheitlicher Modalitäten für die Anwendung der Verordnung (EU) Nr. 806/2014 des Europäischen Parlaments und des Rates im Hinblick auf im Voraus erhobene Beiträge zum einheitlichen Abwicklungsfonds«, *Amtsblatt der Europäischen Union* L 15, 22. Januar 2015, <http://eur-lex.europa.eu/legal-content/DE/TXT/PDF/?uri=CELEX:32015R0081&from=DE>, Artikel 8, Absatz 1.

98 Rat der Europäischen Union, »Richtlinie 2014/59/EU des Europäischen Parlamentes und des Rates vom 15. Mai 2014«, a. a. O., 12. Juni 2014, Artikel 102. Siehe auch Deutsche Bundesbank, *Monatsbericht Juni 2014* 66, Frankfurt am Main 2014, S. 51.

99 Rat der Europäischen Union, »Richtlinie 2014/59/EU des Europäischen Parlamentes und des Rates vom 15. Mai 2014«, a. a. O., 12. Juni 2014, Artikel 105.

100 Vgl. R. Vaubel, »Probleme der Bankenunion: Falsche Lehren aus der Krise«, *Kredit und Kapital* 46, 2013, S. 281–302.

101 Man vergleiche dazu die in Kapitel 5 genannte Literatur. Allerdings gibt es auch produktive Aspekte einer solchen Verhaltensänderung, die daraus resultieren, dass die Versicherung es möglich macht, Chancen zu nutzen, an die man sich sonst nicht herangetraut hätte. H.-W. Sinn, »A Theory of the Welfare State«, *Scandinavian Journal of Economics* 97,

1995, S. 495–526; H.-W. Sinn, »Risiko als Produktionsfaktor«, *Jahrbücher für Nationalökonomie und Statistik* 201, 1986, S. 557–571.

102 Für eine frühe Kritik und Dokumentation der riskanten Investmentpolitik der Landesbanken, vgl. H.-W. Sinn, *The German State Banks. Global Players in the International Financial Markets*, Edward Elgar, Aldershot 1999.

103 Europäische Kommission, *Deutschland will Vereinbarung mit der Kommission über staatliche Garantien für Landesbanken und Sparkassen umsetzen,* Presseerklärung, 28. Februar 2002, <http://europa.eu/rapid/press-release_IP-02-343_de.htm>.

104 M. Olson, *The Rise and Decline of Nations: Economic Growth, Stagflation, and Social Rigidities*, Yale University Press, New Haven und London 2008.

105 H.-W. Sinn, *Kasino-Kapitalismus. Wie es zur Finanzkrise kam, und was jetzt zu tun ist*, Econ, Berlin 2009, Kapitel 7: »Politikversagen«, Abschnitt: »Prozyklische Wirkungen der Mark-to-Market-Methode«.

106 H.-W. Sinn, *The New Systems Competition*, Yrjö Jahnsson Lectures, Basil Blackwell, Oxford 2003, Kapitel 7: »Limited Liability, Risk-Taking and the Competition of Bank Regulators«. Vgl. ebenfalls die Debatte mit E. Baltensperger und P. Spencer über Bankenregulierung, H.-W. Sinn, »Risk-Taking, Limited Liability and the Competition of Bank Regulators«, *Finanzarchiv* 59, 2003, S. 305–329; E. Baltensperger, »Competition of Bank Regulators: A More Optimistic View. A Comment on the Paper by Hans-Werner Sinn«, *Finanzarchiv* 59, 2003, S. 330–335; P. Spencer, »Can National Banking Systems Compete? A Comment on the Paper by Hans-Werner Sinn«, *Finanzarchiv* 59, 2003, S. 336–339; und H.-W. Sinn, »Asymmetric Information, Bank Failures, and the Rationale for Harmonizing Banking Regulation. A Rejoinder on Comments of Ernst Baltensperger and Peter Spencer«, *Finanzarchiv* 59, 2003, S. 340–346. In dem Sinn-Aufsatz aus dem *Finanzarchiv* resultiert die Externalität, die eine lasche Regulierung erzeugt, aus der Tatsache, dass Bankinsolvenzen Gläubigern aus anderen Ländern schaden, die aufgrund der Intransparenz der Regulierungssysteme nicht in der Lage sind, zwischen guten und schlechten Regulierern zu unterscheiden. Daher führt der Regulierungswettbewerb zu einem »Zitronengleichgewicht« mit zu laschen Vorschriften. Vgl. ferner R. S. Kroszner und R. J. Shiller, *Reforming U.S. Financial Markets*, MIT Press, Cambridge 2011; A. Admati und M. Hellwig, *Des Bankers neue Kleider – Was bei Banken wirklich schief läuft und was sich ändern muss*, FinanzBuch Verlag, München 2013; und dieselben »Does Debt Discipline Bankers? An Academic Myth about Bank Indebtedness«, *Rock Center for Corporate Governance at Stanford University Working Paper* 132, Februar 2013; C. Goodhart, *The Regulatory Response to the Financial Crisis*, Edward Elgar, Northampton 2010.

107 Vgl. V. Acharya, I. Drechsler und P. Schnabl, »A Pyrrhic Victory? Bank Bailouts and Sovereign Credit Risk«, *Journal of Finance* 69, 2014, S. 2689–2739, sowie E. Farhi und J. Tirole, »Deadly Embrace: Sovereign and Financial Balance Sheets Doom Loops«, *Harvard University Working Paper* Nr. 164191, 2015.

108 Europäische Kommission, *Kapitaladäquanzverordnung und -richtlinie (CRR/CRD IV)*, Brüssel, 2013, <http://ec.europa.eu/finance/bank/regcapital/legislation-in-force/index_de.htm>. Neben der Bundesbank beschäftigt sich auch der Europäische Ausschuss für Systemrisiken (ESRB) mit der Frage, wie risikoarm die Investition in europäische Staatsanleihen tatsächlich ist, und fordert, dass diese stärker regulatorisch mit Eigenkapital unterlegt werden sollten. Vgl. European Systemic Risk Board, »Report on the Regulatory Treatment of Sovereign Exposures«, März 2015, <http://www.esrb.europa.eu/pub/pdf/other/esrbreportregulatorytreatmentsovereignexposures032015.en.pdf?c0cad80cf39a74e20d9d5947c7390dfl>.

109 Vgl. Europäische Zentralbank, *Eingehende Prüfung der EZB zeigt, dass die Banken weitere Maßnahmen ergreifen müssen*, Pressemitteilung, 26. Oktober 2014, <https://www.ecb.europa.eu/press/pr/date/2014/html/pr141026.de.html>.

110 Europäische Zentralbank, *Comprehensive Assessment 2014*, 26. Oktober 2014, <www.ecb.europa.eu/ssm/assessment/html/index.en.html>.

Kapitel 8   Im Rettungswahn

111 Nach Aussage der Leiterin des Einheitlichen Bankenaufsichtsmechanismus der EZB Danièle Nouy haben im Juni 2015 die Mehrzahl der betroffenen Banken in Schieflage ihre Kapitallücke bereits schließen können. Die übrigen seien auf dem Weg dorthin und würden ihren Kapitalbedarf noch vor Verstreichen der gesetzten Frist decken, erklärte sie. European Parliament's Economic and Monetary Affairs Committee, »Introductory Remarks by Danièle Nouy, Chair of the Supervisory Board of the ECB«, Brüssel, 25. Juni 2015, <https://www.bankingsupervision.europa.eu/press/speeches/date/2015/html/se150625.en.html>. Vgl ferner S. Steffen, »Capital Shortfalls Disclosed by the ECB Comprehensive Assessment: How Much Progress Has Been Made by Banks that Were Requested to Take Action?«, Interim Report Provided in Advance of the Public Hearing with Danièle Nouy, Chair of the SSM in ECON, Brüssel, 31. März 2015, <http://www.europarl.europa.eu/RegData/etudes/BRIE/2015/542654/IPOL_BRIE(2015)542654_EN.pdf>.

112 Vgl. S. Steffen, *Robustness, Validity and Significance of the ECB's Asset Quality Review and Stress Test Exercise – Study Provided in Advance of the Economic Dialogue with the Chair of the Supervisory Board of the Single Supervisory Mechanism in ECON on 3 November 2014*, Brüssel, Oktober 2014, <http://risk.econ.queensu.ca/wp-content/uploads/2013/10/Steffen-EU-bank-stress-test-critique-2014.pdf>; vgl. ferner »Der Schatten-Staat der Währungsunion wird sich als Papiertiger erweisen«, Interview mit T. Mayer, *Deutsche Wirtschafts Nachrichten*, 7. Juli 2015, <http://deutsche-wirtschafts-nachrichten.de/2015/07/07/fuer-die-ewg-haben-die-politiker-einen-schattenstaat-gebaut/>.

113 J. Korte und S. Steffen, »A ›Sovereign Subsidy‹ – Zero Risk Weights and Sovereign Risk Spillovers«, *VoxEU*, 7. September 2014, <http://www.voxeu.org/article/sovereign-subsidy-zero-risk-weights-and-sovereign-risk-spillovers>.

114 T. Mayer, »Von wegen robust«, *faz.net*, 25. Oktober 2014,<http://www.faz.net/aktuell/wirtschaft/mayers-weltwirtschaft/mayers-weltwirtschaft-von-wegen-robust-13229405.html>.

115 H.-W. Sinn, *The Euro Trap. On Bursting Bubbles, Budgets, and Beliefs*, Oxford University Press, Oxford 2014, Kapitel 8: »Stumbling Along«, S. 299, Tabelle 8.3.

116 Dass die IWF-Schätzung aus dem Jahr 2013 stammt, während der genannte Target-Saldo aus dem Sommer 2012 stammt, ist in diesem Zusammenhang nicht sehr wichtig, denn die Schätzungen der notleidenden Kredite der italienischen Banken zur Jahresmitte 2012 lagen auch schon bei 243 Milliarden Euro und hatten damit eine ähnliche Höhe.

117 Vgl. W. Eucken, *Die Grundlagen der Nationalökonomie*, Springer-Verlag, Heidelberg 1950.

118 Europäische Kommission, »Vorschlag für Richtlinie des Europäischen Parlaments und des Rates zur Festlegung eines Rahmens für die Sanierung und Abwicklung von Kreditinstituten und Wertpapierfirmen und zur Änderung der Richtlinien 77/91/EWG und 82/891/EG des Rates, der Richtlinien 2001/24/EG, 2002/47/EG, 2004/25/EG, 2005/56/EG, 2007/36/EG und 2011/35/EG sowie der Verordnung (EU) Nr. 1093/2010«, *COM(2012) 280*, 6. Juni 2012, <http://eur-lex.europa.eu/LexUriServ/LexUriServ.do?uri=COM:2012:0280:FIN:DE:PDF>, insbesondere Präambel, Artikel 52.

119 Vgl. *Aufruf von 279 deutschsprachigen Wirtschaftsprofessoren*, 5. Juni 2012, <http://www.statistik.tu-dortmund.de/kraemer.html>; und *Stellungnahme zur Europäischen Bankenunion*, 12. Juni 2012, <http://www.macroeconomics.tu-berlin.de/fileadmin/fg124/allgemein/Stellungnahme_zur_Europaeischen_Bankenunion.pdf>. Den sich anschließenden gemeinsamen Beschlusstext, der von Vertretern beider Gruppen formuliert wurde, findet man unter Plenum der Ökonomen, »Stellungnahme zur Europäischen Bankenunion«, 25. Mai 2013, <http://www.wiso.uni-hamburg.de/lucke/wp-content/uploads/2012/07/Abstimmungstext-3.9.12.doc>. Vgl. ebenfalls W. Krämer und H.-W. Sinn, »Die Risiken der Rettungspolitik«, *faz.net*, 9. Juli 2012, <http://www.faz.net/aktuell/wirtschaft/oekonomen-aufruf-die-risiken-der-rettungspolitik-11814959.html?printPagedArticle=true#pageIndex_2>; sowie H. Hau und H.-W. Sinn, »The Eurozone's Banking Union is

Deeply Flawed«, *ft.com*, 29. Januar 2013, S. 9, <http://www.ft.com/intl/cms/s/0/47055d b6-5b47-11e2-8ccc-00144feab49a.html#axzz2bjxANyUv>. Diese Kritik an der Aufschiebung der Bail-in-Regeln wurden später von kritischen Stimmen aus Finnland und den Niederlanden begleitet; siehe J. Brunsden und R. Christie,»German Push to Accelerate Bank Bail-Ins Joined by Dutch«, *bloomberg.com*, 5. Februar 2013, <http://www.bloomberg.com/news/2013-02-04/german-push-to-accelerate-bank-bail-ins-joined-by-dutch-finns.html>. Auch die EZB warnte, dass eine Einführung von Bail-in-Regelungen im Jahr 2018 zu spät sei und schlug stattdessen das Jahr 2015 vor; siehe *Introductory statement to the press conference (with Q&A) by Mario Draghi, President of the ECB, Vítor Constâncio, Vice-President of the ECB*, Frankfurt am Main, 4. April 2013, <http://www.ecb.int/press/pressconf/2013/html/is130404.en.html>.

120 Siehe »Cyprus Bailout: Dijsselbloem Remarks Alarm Markets«, *BBC News*, 25. März 2013, <http://www.bbc.co.uk/news/business-21920574>; oder M. Hesse, M. Sauga, C. Schmergal und C. Schult,»Bombe aus Brüssel«, *Der Spiegel*, Nr. 14, 30. März 2013, S. 16–18, <http://magazin.spiegel.de/EpubDelivery/spiegel/pdf/91768475>. Kommissar Barnier, der verantwortlich für die Vorlage des Einheitlichen Bankenabwicklungsmechanismus war, äußerte sich ähnlich: «I believe that [the public intervention] should happen only after shareholders, and all other creditors and uninsured depositors have been bailed in«, N. Chrysoloras,»Resolution Mechanism for Banking Union Can Be Created without Treaty Change, Says EU's Barnier«, Interview mit M. Barnier, *Ekathimerini*, 19. Mai 2013, <http://www.ekathimerini.com/4dcgi/_w_articles_wsite2_1_19/05/2013_499678>. Barnier sagte auch, dass dieser Vorschlag eine Haftungsrangfolge für Gläubiger beinhalten würde, siehe A. Roche,»Europe Needs Clear Order for Loss Imposition in Bank Closures – ECB«, *Reuters*, 12. April 2013, <http://uk.reuters.com/article/2013/04/12/uk-eurozone-banks-asmussen-idUKBRE93B14S20130412>.

121 Kredite an öffentliche Haushalte und Wertpapiere von öffentlichen Haushalten in der aggregierten Bilanz der monetären Finanzinstitute der Eurozone, vgl. Deutsche Bundesbank, *ESZB Statistiken*, Monetäre Statistiken, Aggregierte Bilanz der monetären Finanzinstitute im Eurowährungsgebiet (ohne Eurosystem).

122 W. Schäuble,»Umsetzung der Europäischen Bankenunion«, *Rede des Bundesministers der Finanzen anlässlich der zweiten und dritten Lesung des Gesetzespakets zur weiteren Umsetzung der Europäischen Bankenunion am 6. November 2014 im Deutschen Bundestag*, <www.bundesfinanzministerium.de/Content/DE/Reden/2014/2014-11-06-bankenunion-textfassung.html>.

123 Europäische Kommission,»Vorschlag für eine Verordnung des Europäischen Parlaments und des Rates zur Festlegung einheitlicher Vorschriften und eines einheitlichen Verfahrens für die Abwicklung von Kreditinstituten und bestimmten Wertpapierfirmen im Rahmen eines einheitlichen Abwicklungsmechanismus und eines einheitlichen Bankenabwicklungsfonds sowie zur Änderung der Verordnung (EU) Nr. 1093/2010 des Europäischen Parlaments und des Rates«, *COM(2013)* 520 final, 10. Juli 2013, <http://eur-lex.europa.eu/legal-content/DE/TXT/PDF/?uri=CELEX:52013PC0520&from=EN>, Artikel 24, Absatz 7.

124 Rat der Europäischen Union,»Richtlinie 2014/59/EU des Europäischen Parlamentes und des Rates vom 15. Mai 2014«, a. a. O., 12. Juni 2014.

125 Europäische Kommission,»Vorschlag für eine Verordnung des Europäischen Parlaments und des Rates zur Festlegung einheitlicher Vorschriften und eines einheitlichen Verfahrens für die Abwicklung von Kreditinstituten und bestimmten Wertpapierfirmen im Rahmen eines einheitlichen Abwicklungsmechanismus und eines einheitlichen Bankenabwicklungsfonds sowie zur Änderung der Verordnung (EU) Nr. 1093/2010 des Europäischen Parlaments und des Rates«, a. a. O., 10. Juli 2013, Artikel 24, Absatz 3.

126 Vgl. P. Spiegel und A. Barker,»ECB Blow to European Bank Backstop«, *ft.com*, 18. Dezember 2013, <http://www.ft.com/intl/cms/s/0/6449c452-678a-11e3-a5f9-00144feabdc0.html#axzz2uRh2lasR>.

Kapitel 8   Im Rettungswahn

127 »Gesetz zur Änderung des ESM-Finanzierungsgesetzes vom 29. November 2014«, *Bundesgesetzblatt* Jahrgang 2014 Teil I Nr. 55, ausgegeben zu Bonn am 4. Dezember 2014, <http://www.bundesfinanzministerium.de/Content/DE/Downloads/Gesetze/2014-12-04-G-zur-Aenderung-des-ESM-Finanzierungsgesetzes.pdf?__blob=publicationFile&v=3>.
128 EU, »Richtlinien 2014/49/EU des Europäischen Parlaments und des Rates vom 16. April 2014 über Einlagensicherungssysteme (Neufassung) (Text von Bedeutung für den EWR)«, Amtsblatt der Europäischen Union L 173, 12. Juni 2014, <http://eur-lex.europa.eu/legal-content/DE/TXT/PDF/?uri=CELEX:32014L0049&from=DE>. Dort heißt es in Artikel 6, Absatz 1: »Für den Fall, dass Einlagen nicht verfügbare Einlagen sind, gewährleisten die Mitgliedstaaten, dass die Deckungssumme für die Gesamtheit der Einlagen desselben Einlegers 100.000 EUR beträgt.« Weiter heißt es in Artikel 10, Absatz 1: »Die Mitgliedstaaten sorgen dafür, dass Einlagensicherungssysteme über angemessene Systeme zur Feststellung ihrer potenziellen Verbindlichkeiten verfügen. Die verfügbaren Finanzmittel von Einlagensicherungssystemen müssen in einem angemessenen Verhältnis zu diesen Verbindlichkeiten stehen. Einlagensicherungssysteme bringen die verfügbaren Finanzmittel aus Beiträgen auf, die ihre Mitglieder mindestens jährlich zu entrichten haben. Einer zusätzlichen Finanzierung aus anderen Quellen steht dies nicht entgegen.«
129 Deutsche Kreditinstitute sind seit August 1998 durch das Einlagensicherungs- und Anlegerentschädigungsgesetz verpflichtet, ihre Einlagen durch Zugehörigkeit zu einer gesetzlichen Entschädigungseinrichtung zu sichern. Private Banken und Bausparkassen sind der Entschädigungseinrichtung deutscher Banken GmbH (EdB), einer Tochtergesellschaft des Bundesverbandes deutscher Banken e.V. (BdB), angeschlossen. Für öffentliche Banken (z. B. Förderbanken) wurde die Entschädigungseinrichtung des Bundesverbandes Öffentlicher Banken Deutschlands GmbH (EdÖ), die eine Tochtergesellschaft des Bundesverbandes Öffentlicher Banken Deutschlands (VÖB) ist, mit der Aufgabe einer gesetzlichen Entschädigungseinrichtung betraut. Für Wertpapierhandelsunternehmen (z. B. Wertpapierhandelsbanken, Finanzdienstleister, Kapitalanlagegesellschaften) ist die Entschädigungseinrichtung der Wertpapierhandelsunternehmen (EdW) zuständig. Auch die EdW finanziert sich durch jährliche Beiträge der ihr angeschlossenen Institute. Sparkassen, Volks- und Raiffeisenbanken haben ihre eigenen Sicherungssysteme, die aber zukünftig als gesetzliche Einlagensicherungssysteme anerkannt werden können.
130 Ebd., Artikel 10, Absatz 2: »Die Mitgliedstaaten sorgen dafür, dass die verfügbaren Finanzmittel eines Einlagensicherungssystems bis zum 3. Juli 2024 mindestens einer Zielausstattung von 0,8% der Höhe der gedeckten Einlagen seiner Mitglieder entsprechen.« Sowie Bundesministerium der Finanzen, *Fragen und Antworten zur harmonisierten europäischen Einlagensicherung*, 22. Oktober 2014, <http://www.bundesfinanzministerium.de/Content/DE/FAQ/2014-10-22-harmonisierte-europaeische-einlagensicherung.html#doc328760bodyText8>.
131 Europäische Kommission, *Der Bericht der fünf Präsidenten präsentiert Plan zur Stärkung der Wirtschafts- und Währungsunion Europas vom 1. Juli an,* Pressemitteilung, 22. Juni 2015, <file:///C:/Users/rohwer/Downloads/IP-15-5240_DE.pdf>.
132 Siehe »La garantie des dépôts, un ›principe absolu‹«, *Le Figaro.fr,* 27. März 2013, <http://www.lefigaro.fr/flash-eco/2013/03/26/97002-20130326FILWWW00624-la-garantie-des-depots-un-principe-absolu-hollande.php>; F. Hollande, »Entretien télévisé en direct sur TF1 et France 2 à l'occasion du 14 juillet«, TV-Interview mit C. Chazal, ausgestrahlt auf *TF1* und *France 2*, 14. Juli 2015, <http://www.elysee.fr/interviews/article/entretien-televise-en-direct-sur-tf1-et-france-2-a-l-occasion-du-14-juillet/>.
133 F. Hollande, »Ce qui nous menace, ce n'est pas l'excès d'Europe, mais son insuffisance«, *Le JDD,* 19. Juli 2015, <http://www.lejdd.fr/Politique/Francois-Hollande-Ce-qui-nous-menace-ce-n-est-pas-l-exces-d-Europe-mais-son-insuffisance-742998>.
134 Bank für Internationalen Zahlungsausgleich (BIZ), *Basel III: A Global Regulatory Framework for More Resilient Banks and Banking Systems,* Dezember 2010 (aktualisiert Juni

2011), Basel Juni 2011, <http://www.bis.org/publ/bcbs189.pdf>, S. 12 und 61; vgl. auch H.-W. Sinn, *Kasino-Kapitalismus. Wie es zur Finanzkrise kam, und was jetzt zu tun ist*, a. a. O., 2009, Kapitel 7: »Politikversagen«.

135 Dies wird zum Beispiel von Admati und Hellwig hervorgehoben, die argumentieren, dass Banken viel höheres Eigenkapital vorhalten sollten, mindestens in einer Größenordnung von 25% ihrer Bilanzsumme, was das Zehnfache im Vergleich zu der heutigen Rate wäre; A. Admati und M. Hellwig, *Des Bankers neue Kleider – Was bei Banken wirklich schief läuft und was sich ändern muss*, a. a. O., 2013; und dieselben, »Does Debt Discipline Bankers? An Academic Myth about Bank Indebtedness«, a. a. O., Februar 2013.

136 B. Rudolph, »Die Einführung regulatorischen Krisenkapitals in Form von Contingent Convertible Bonds (CoCos)«, *Zeitschrift für das gesamte Kreditwesen* 62, 2010, S. 1152–1155, insbesondere S. 1153; sowie B. Albul, D. M. Jaffee, und A. Tchistyi, »Contingent Convertible Bonds and Capital Structure Decisions«, *Coleman Fung Risk Management Research Center Working Paper* Nr. 2010-01, <http://escholarship.org/uc/item/95821712#page-2>.

137 D. Gros und C. Alcidi, »Country Adjustment to a Sudden Stop: Does the Euro Make a Difference?«, *European Commission Economic Papers* 492, April 2013, <http://ec.europa.eu/economy_finance/publications/economic_paper/2013/pdf/ecp492_en.pdf>.

138 Gemessen an den saison- und arbeitstäglich bereinigten Daten, vgl. Eurostat, Datenbank, *Wirtschaft und Finanzen*, Volkswirtschaftliche Gesamtrechnungen ESVG (2010), Vierteljährliche Volkswirtschaftliche Gesamtrechnungen, Hauptaggregate des BIP. Man beachte, dass die Inflation und Deflation in diesem Buch auf Veränderungen des BIP-Deflators rekurriert, da dieser in Fragen der Wettbewerbsfähigkeit entscheidend ist. Konsumentenpreise sind weniger relevant, da sie Investitionsgüter ausschließen, aber Importe einschließen.

139 W. A. Niskanen, *Bureaucracy and Representative Government*, Aldine-Atherton, New York 1971; H. Leibenstein, »Allocative Efficiency and «X-Efficiency«, *American Economic Review* 56, 1966, S. 392–415; G. Brennan und J. M. Buchanan, *The Power to Tax: Analytical Foundations of a Fiscal Constitution*, Cambridge University Press, Cambridge 1980.

140 So wurden durch die Bankenregulierung Anreizstrukturen geschaffen, die die Errichtung von großen, systemrelevanten Finanzinstituten förderten. Nahezu kostenlose Rettungsschirme für Bankgeschäfte und die selektive Subventionierung von Kreditströmen für ausgewählte Ländergruppen haben über Gewöhnungs- und Sperreffekte zur Persistenz der einmal geschaffenen Regulierungsstruktur geführt. Vgl. A. Haldane, »On Being the Right Size«, *Journal of Financial Perspectives*, 2014, S. 13–25; F. Buck, »The Rents of Banking – A Public Choice Approach to Bank Regulation«, *ifo Beiträge zur Wirtschaftsforschung* 59, ifo Institut, München 2015, Kapitel 3.

141 J. Asmussen, *Einführende Worte der EZB vor dem Bundesverfassungsgericht*, Karlsruhe, 11. Juni 2013, <http://www.ecb.int/press/key/date/2013/html/sp130611.en.html>; eine detaillierte Erklärung findet man bei F. Schorkopf, *Stellungnahme der Europäischen Zentralbank, Verfassungsbeschwerden 2 BvR 1390/12, 2 BvR 1439/12 und 2 BvR 1827/12, Organstreitverfahren 2 BvE 6/12*, a. a. O., 16. Januar 2013.

142 Ebd., S. 20; und A. Di Cesare, G. Grande, M. Manna und M. Taboga, »Stime recenti dei premi per il rischio sovrano di alcuni paesi dell'area dell'euro«, *Banca d'Italia Occasional Paper* 128, September 2012, <http://www.bancaditalia.it/pubblicazioni/econo/quest_ecofin_2/qef128>.

143 R. Dorfman, R. M. Solow und P. A. Samuelson, *Linear Programming and Economic Analysis*, McGraw-Hill, New York 1958.

144 Der EZB-Präsident Mario Draghi kündigte am 2. Mai 2013 an, dass die EZB eine Arbeitsgruppe zusammen mit der Europäischen Investmentbank (EIB) gründet, um über Wege zur Mobilisierung von Krediten für mittelständische Unternehmen zu beraten, zum Beispiel, indem ein Markt für ABS-Papiere basierend auf Krediten für mittelständische Betriebe unterstützt wird; *Introductory statement to the press conference (with Q&A) by Ma-*

rio Draghi, President of the ECB, Vítor Constâncio, Vice-President of the ECB, Bratislava, 2. Mai 2013, <http://www.ecb.int/press/pressconf/2013/html/is130502.en.html>.
145 C. Reinhart und B. Sbrancia, »The Liquidation of Government Debt«, Economic Policy 30, 2015, S. 291–333.
146 G. Brennan und J. M. Buchanan, *The Power to Tax: Analytical Foundations of a Fiscal Constitution*, a. a. O., 1980; sowie M. Olson, *The Logic of Collective Action: Public Goods and the Theory of Groups*, a. a. O., 1965.
147 Vgl. G. Sinn und H.-W. Sinn, *Kaltstart. Volkswirtschaftliche Aspekte der Deutschen Vereinigung*, J. C. B. Mohr (Paul Siebeck), Tübingen 1991; H.-W. Sinn, *Ist Deutschland noch zu retten?*, Ullstein Verlag, München 2005, Kapitel 5: »Der verblühende Osten«; H.-W. Sinn und F. Westermann, »Due Mezzogiorni«, *L'industria* 27, 2006, S. 49–51, englische Version: dieselben, »Two Mezzogiornos«, *NBER Working Paper* Nr. 8125, Februar 2001. Zur Holländischen Krankheit, vgl. N. M. Corden und J. P. Neary, »Booming Sector and De-Industrialization in a Small Open Economy«, *Economic Journal* 92, 1982, S. 825–848. Die Unterschiede zwischen den neuen Ländern und den südeuropäischen Ländern sollte man freilich nicht übersehen. Erstens gibt es in Deutschland kein System, das es den Bundesländern erlauben würde, sich Überziehungskredite aus dem gemeinsamen Geldsystem zu besorgen, wenn die privaten Kredite zu teuer werden. Zweitens gibt es in Deutschland eine Umverteilung von Reich zu Arm und nicht wie in Europa von Regeltreuen zu Regelbrechern. Drittens gehören West- und Ostdeutschland zu einem gemeinsamen Staat.
148 F. Kirchhof, »Verfassungsrichter für Volksabstimmung über Euro«, Interview J. Gaugele, T. Jungholt und C. C. Malzahn, *Welt Online*, 5. Februar 2012, <www.welt.de/politik/deutschland/article13850704/Verfassungsrichter-fuer-Volksabstimmung-ueber-Euro.html>.

9 Das Eurosystem überdenken

Kurswechsel – Von den USA lernen – Harte Budgetbeschränkungen – Die Tilgung der Target-Schulden – Unerträgliche Gesamtschulden – Schuldenerlass – Eine atmende Währungsunion: Zwischen Bretton Woods und dem Dollar-System – Das Prozedere des Austritts – Der Kardinalfehler der Rettungspolitik – Der Weg zur Einheit

KURSWECHSEL

Europa hat keine Alternative. Nach Jahrhunderten der Kriege und Spannungen muss es zu einer gemeinsamen Union zusammenwachsen. Winston Churchills Vorschlag, die »Vereinigten Staaten von Europa« zu gründen, hat bis zum heutigen Tag nichts von seiner Aktualität eingebüßt,[1] obwohl die EU während der Eurokrise bei den Bürgern viel Vertrauen verspielt hat. Der freie Austausch von Gütern und Kapital, die Freizügigkeit für Europas Arbeitnehmer, die Harmonisierung von Produktstandards und Steuersystemen sowie eine gemeinsame Außenpolitik und Verteidigung bleiben wichtige Instrumente zur Erreichung von Frieden und Prosperität in Europa.

Doch es führen viele Wege nach Rom.[2] Der Weg über eine gemeinsame Währungsunion erwies sich zuletzt als unerwartet steinig und es steht noch in den Sternen, ob er überhaupt zum Ziel führt. Die Krise hat gezeigt, dass eine Währungsunion gemeinsame Haftungsstrukturen verbirgt und Begehrlichkeiten schafft, die nur durch ein starkes Machtzentrum eingegrenzt werden können. Dass eine Währungsunion ohne eine politische Union nicht funktionieren kann, wurde schon von vielen Beobachtern konzediert.

Die gemeinsame Haftung für die geldpolitischen Refinanzierungsgeschäfte der EZB in Verbindung mit dem lokalen Zugang zu den elektronischen Druckerpressen der nationalen Notenbanken hat für Europas Steuerzahler ungleich größere Vermögensrisiken geschaffen als alle übrigen Rettungsprogramme zusammen. Sie bescherte den Investoren eine künstliche Investitionssicherheit, die sie veranlasste, ihre Kredite großzügig und wahllos auch an Schuldner mit geringer Bonität zu vergeben. Zu viele Milliarden lagen im Schaufenster, zu viel Haftung wurde auf öffentliche Schultern verlagert, zu viele Risiken wurden eingegangen und zu viel Kapital floss über die Grenzen. All dies führte zu jener verhängnisvollen inflationären Wirtschaftsblase, die den südeuropäischen Ländern ihre Wettbewerbsfähigkeit nahm und den nördlichen Ländern die Wachstumsdynamik.

Theoretisch hätte die Währungsunion trotz allem funktionieren können, wenn sich die verantwortlichen Entscheidungsträger an die Vereinbarungen des Maastricht-Vertrages gehalten hätten. Doch offensichtlich verloren sie diese Vereinbarungen aus den Augen, nachdem sie unterwegs dem Sirenengesang der billigen Kreditaufnahme erlegen waren. Das Beistandsverbot wurde durch eine überaus lasche und verzerrende Bankenregulierung unterminiert, der Wachstums- und Stabilitätspakt wurde nicht respektiert und als Griechenland im Mai 2010 das erste Mal faktisch insolvent war, wurde der Maastricht-Vertrag nicht nur uminterpretiert, sondern durch eine Rettungskaskade gebrochen. Dies schien damals der einfachste Weg zu sein, doch indem man die Landkarte über Bord warf, verloren die Steuerleute die Orientierung.

Ökonomen nennen das Zeitinkonsistenz. Hinter dem Schleier des Unwissens werden in einem Vertrag zunächst Regeln für den Katastrophenfall spezifiziert und gesetzlich verankert, die sicherstellen sollen, dass man unter dem Druck der Verhältnisse das langfristig Richtige nicht aus dem Auge verliert und dass die Chancen und Risiken aller Eventualitäten gleichmäßig und gerecht über die Vertragsparteien verteilt sind, ähnlich wie es bei einem Versicherungsvertrag der Fall ist. Im Nachhinein jedoch, wenn die Katastrophe eingetreten ist, werden die Regeln nur allzu leicht vergessen und es wird nach dem Gutdünken desjenigen entschieden, der im Ausnahmezustand das Zepter der Macht in den Händen hält. Sich konsequent zuvor vereinbarten Regeln zu unterwerfen, mag zu bestimmten Zeiten mühsam sein, wie Edward Prescott in seiner Nobelpreisrede betonte, aber in der langen Frist erweist es sich dennoch als besser, da es die einzige Möglichkeit darstellt, das Problem der Zeitinkonsistenz in der Politik nachhaltig zu lösen.[3]

Das Voranstolpern der Retter, die stetig neue Optimierung von Krisenmoment zu Krisenmoment haben eine verhängnisvolle Pfadabhängigkeit geschaffen, die die Unterzeichner des Maastricht-Vertrages einst zu verhindern versucht hatten. Diese Pfadabhängigkeit bringt uns weder den Vereinigten Staaten von Europa näher noch dem Frieden und der Prosperität, die jedermann erhofft.

Die politischen Weichen, die in der dunklen Zeit des Euro vom EZB-Rat gestellt wurden, entpuppten sich als Versuche, die Schulden zu sozialisieren und das Portemonnaie der Steuerzahler anderer Länder zu verpfänden, weil das der Weg war, die Gläubiger zu beruhigen und sie zu veranlassen, neues Geld zur Verfügung zu stellen. Dass das ein langfristig riskanter Kurs ist, zeigen die frühen Jahre der US-Geschichte.

VON DEN USA LERNEN

Der erste amerikanische Finanzminister Alexander Hamilton hatte 1790 die Schulden der Bundesstaaten, die in der Revolution entstanden waren, zusammengefasst und zu Bundesschulden gemacht. Die Schulden wurden teilweise mit der Überlassung von unbesiedelten Gebieten an den Bund kompensiert (der Westen der Appalachen) und sollten mit den Einnahmen aus gemeinsamen Importzöllen bedient werden.[4] Hamilton wollte nach der Gründung der USA reinen Tisch machen und meinte, die Schuldensozialisierung sei ein »wirkungsvoller Zement für unsere Union«.[5]

Viele glauben, dass dies auch ein gutes Modell für Europa sei (abstrahiert man von der Abtretung einzelner Gebiete), und in der Tat kann man ja die Rettungsarchitektur inklusive des überaus wichtigen OMT-Programms der EZB, wie gezeigt, als ersten Schritt in Richtung einer Sozialisierung öffentlicher Schulden in der Eurozone betrachten.[6] Doch bei näherem Hinsehen erweist sich der Vergleich als reichlich schief.

Zum einen waren erhebliche Teile der Schulden durch die Ausgaben der Einzelstaaten beim gemeinsam geführten Unabhängigkeitskrieg gegen England entstanden (1775–1783). Da es um eine gemeinsame Aufgabe ging, erschien es als folgerichtig, diese Schulden zu vergemeinschaften. Die Schulden der Euroländer sind aber nicht bei der Erfüllung einer Gemeinschaftsaufgabe entstanden, sondern durch die Konsumentscheidung einer jeden einzelnen Regierung. Wie in Kapitel 2 dargelegt wurde, hatte man den Zinsvorteil, den der Euro brachte, verfrühstückt, anstatt ihn zu sparen. Zudem wurden noch sehr viele neue Schulden aufgenommen, weil man angesichts der niedrigen Zinsen glaubte, sich mehr Schulden leisten zu können.

Zum anderen hat Europa noch keinen gemeinsamen Staat gegründet, sondern ganz im Gegenteil mit dem Euro nur eine gemeinsame Verrechnungseinheit für Transaktionen eingeführt, was insbesondere durch das Beistandsverbot des Maastricht-Vertrages (Artikel 125 AEUV) zum Ausdruck gebracht wurde.[7] Wie in Kapitel 1 erläutert wurde, waren die deutschen Vorstellungen, die Eurozone in eine politische Union zu verwandeln, von französischer Seite strikt abgelehnt worden.

Die amerikanischen Erfahrungen mit der Vergemeinschaftung der Schulden waren im Übrigen alles andere als glücklich.[8] Da die anfängliche Sozialisierung bei den Bundesstaaten die Erwartung weckte, weitere Schulden auch in Zukunft beim Bundesstaat abladen zu können, regte sie eine übermäßige Kreditaufnahme an, zumal in den Jahren 1812 bis 1814 beim zweiten Krieg gegen Großbritannien abermals Schulden von Einzelstaaten sozialisiert wurden.[9]

Die Verhaltensmuster waren die gleichen, wie sie später in den 1980er-Jahren auch bei der exzessiven Kreditaufnahme untergeordneter Gebietskörperschaften in Argentinien und Brasilien zu beobachten waren. Die Provinzen oder Bundesstaaten verschuldeten sich, weil sie Geld für wichtige Projekte benötigten, und man verdrängte das Thema der Rückzahlungslasten in der Hoffnung, im Fall des Falles mit der Vergemeinschaftung der Schulden rechnen zu können.[10] In beiden Ländern war das Resultat eine Schuldenrestrukturierung, die einem Konkurs der Regionalstaaten und Provinzen nahe kam.

Was damals in den USA passierte, war nicht viel besser. Dort blieben die Schulden bis etwa Mitte der 1820er-Jahre niedrig, doch stiegen sie danach sehr rasch an, weil die Staaten angefangen hatten, handelbare Staatsanleihen auszugeben, die den Vorteil niedrigerer Zinsen brachten. Der Schuldenanstieg resultierte im Wesentlichen aus den Ausgaben für neue Infrastrukturprojekte wie Straßen, Kanäle und später auch Eisenbahnen, die sehr viel Geld verschlangen. Speziell in den südlichen Staaten gab es ferner einen großen Finanzierungsbedarf, weil man den Eigentümern der neu gegründeten Privatbanken Kredite gab, mit denen sie das notwendige Eigenkapital einzahlen konnten.[11] Während die vom Staat abhängigen Sektoren der Wirtschaft prosperierten, entstanden Blasen, die in den 1830er-Jahren gefährlich anschwollen, weil immer mehr Schulden aufgetürmt wurden. Die Blasen platzten 1837. Die Kapitalmärkte gerieten in Panik und die Realwirtschaft rutschte in eine tiefe Rezession, die sich auch auf die europäischen Handelspartner der USA, insbesondere auf Großbritannien erstreckte. Der öffentliche Finanznotstand zwang die Mehrzahl der US-Bundesstaaten, ihre Zahlungen an Bedienstete oder Lieferanten einzustellen, was die Krise verschärfte. Nach der Panik kam der Kapitalmarkt zwar temporär wieder in Gang, doch mit dem Jahr 1839 kam die Kreditvergabe auf dem offenen Markt praktisch zum Erliegen und die amerikanische Volkswirtschaft rutschte in eine tiefe Depression.[12]

In dieser Situation erwarb der amerikanische Bundesstaat recht viele Staatsanleihen der Einzelstaaten, um diese Staaten trotz der Verweigerung der Kapitalmärkte liquide zu halten. Die allgemeine Erwartung, dass der Bundesstaat sich gegenüber den überschuldeten Einzelstaaten großzügig erweisen und die Schuldenlast schließlich selbst übernehmen würde, schien sich zu bewahrheiten.[13]

Aber die Hilfen reichten nur für kurze Dauer, bis die Geduld des Zentralstaates erschöpft war.[14] Im Jahr 1841 gingen Florida, Mississippi, Arkansas und Indiana formell in den Staatskonkurs. 1842 folgten Illinois, Maryland, Michigan, Pennsylvania und Louisiana. Andere Staaten wie Alabama, New York, Ohio und Tennessee hatten ebenfalls Zahlungsschwierigkeiten, sie schrammten aber gerade noch am formellen Konkurs vorbei. Insgesamt hatten neun der im Jahr 1842 existierenden 29 Bundesstaaten und Territorien Konkurs angemeldet und mindestens vier waren insolvent oder standen am Rande der Insolvenz.[15]

Die Hoffnung, der Bundesstaat werde den konkursreifen Staaten noch mehr Geld leihen als ohnehin schon, um die Konkurse abzuwenden, erfüllte sich nicht. Dafür reichte die Kapazität des Bundesetats nicht aus und dafür waren die Ungleichgewichte zu groß geworden. Auch schwand die Bereitschaft zu weiteren Hilfen, weil es zunehmend zu Spannungen und Unfrieden unter den Staaten gekommen war.

Der amerikanische Historiker Harold James von der Princeton University bemerkte zur amerikanischen Fiskalunion, dass das, was Hamilton als »Zement« bezeichnet hatte, sich letztlich zum »Sprengstoff« entwickelte. Nach James begründete das ungelöste Schuldenproblem Spannungen zwischen den Bundesstaaten, weil die Bundesschulden mit Hilfe eines Importzolls für Halb- und Fertigwaren bedient wurden, der den Süden belastete und den Fabriken im Norden die Konkurrenz vom Leibe hielt. Dies trug zu den auch noch aus vielen anderen Gründen wachsenden Spannungen zwischen den Bundesstaaten bei, die die ersten Jahrzehnte des neuen Staates belasteten und sich letztlich im Sezessionskrieg von 1861 bis 1865 entluden.[16]

HARTE BUDGETBESCHRÄNKUNGEN

Amerika ist ein Lehrstück für Europa, denn die Probleme des Fiskalföderalismus, die es zu lösen hatte, ähneln jenen strukturellen Herausforderungen, vor denen auch die Eurozone heute steht. Die Irrungen und Wirrungen der ersten Jahrzehnte der neuen Nation sollten eine Warnung für all jene sein, die nun das Rad neu erfinden wollen. Europa muss aber den Fiskalföderalismus nicht neu erfinden, denn er ist in den USA bereits erfunden worden. Aus einem leidvollen Iterationsverfahren, das sich über viele Jahrzehnte, ja zwei Jahrhunderte erstreckte, ist ein Staatengebilde hervorgegangen, das abgesehen von der hohen Verschuldung des Zentralstaates einigermaßen zu funktionieren scheint und zumindest Anhaltspunkte dafür gibt, wie sich Europa entwickeln könnte und wie besser nicht. Bevor man blindlings taumelnd die Dinge dem Zufall oder dem Druck der Finanzanleger und ihrer Schuldner überlässt, sollte man sich bei der Konstruktion des neuen Europa an Amerika ein Beispiel nehmen.

Nach der Episode, in der die USA die Konsequenzen der Schuldensozialisierung durchlitten, war ein für alle Mal klar, dass ein jeder Bundesstaat für seine Schulden selbst aufkommen muss. Das Prinzip der Selbstverantwortung und des Beistandsverbots wurde ein universell akzeptierter Eckpfeiler der Gemeinde- und Staatsfinanzen der USA. Viele Staaten führten auch gesetzliche Schuldengrenzen ein und verboten eine übermäßige Schuldenaufnahme in der Verfassung. Der Staat New York war im Jahr 1846 der erste, der ein Schuldenlimit von insgesamt einer Million Dollar einführte; andere Staaten folgten 1860.[17] Die selbst auferlegten Barrieren konnten zwar eine weitere Schuldenkrise in den 1870er-Jahren nicht verhindern, die ausbrach, als die Weltwirtschaft erneut in eine tiefe Rezession fiel. Doch diese Erfahrung verstärkte nur die Haushaltsdisziplin, die die Regierungen der US-Bundesstaaten, im Gegensatz zum Bund, seitdem gezeigt haben.

Kalifornien stand kürzlich erneut am Rande der Staatspleite. Die Gehälter von Lehrern und anderen Staatsbediensteten wurden mehrfach ausgesetzt und freie Stellen wurden nur noch auf Zeit besetzt. Im Sommer 2009 bezahlte der kalifornische Staat Rechnungen und Gehälter im Umfang von 2,6 Milliarden Dollar mit bloßen Schuldscheinen, den schon erwähnten IOUs, weil er kein Geld mehr hatte und von den Banken auch keinen Kredit mehr bekam. IOUs wurden eine Zeit lang wie Geld benutzt, denn man konnte sie zur Bezahlung von Rechnungen auf andere übertragen.

Minnesota und Illinois geht es kaum besser als Kalifornien. Ihre Haushalte sind in ernste Notlagen geraten und von schweren Finanzkrisen betroffen.[18] Im Juli 2011 musste die Regierung von Minnesota Infrastrukturprojekte einstellen und mitten in der Feriensaison blieben die Nationalparks geschlossen, weil man kein Geld für die Wärter hatte. Tausende von Staatsbediensteten warteten auf ihr Gehalt, das der Staat nicht mehr zahlen konnte.[19] In Illinois wurden verschiedene öffentliche Einrichtungen geschlossen; im September 2011 wurden Tausende von Staatsbediensteten entlassen.[20]

Die Situation in manchen amerikanischen Bundesstaaten war bei weitem nicht so brenzlig wie in Griechenland heute. Der Leser mag sich aus Kapitel 2 daran erinnern (vgl. Abbildung 2.7), dass in Griechenland im Jahre 2014 eine Staatsschuldenquote von 177% zu Buche stand (trotz der Tatsache, dass Griechenland 2012 in den Genuss eines Schuldenschnitts von 105 Milliarden Euro gekommen war, was allein schon 54% des BIP von 2012 entsprach). Im Gegensatz dazu hielt das Beistandsverbot die Schuldenquoten von Kalifornien, Minnesota und Illinois 2014 allesamt unter 10%. In Amerika wissen die Käufer von Staatspapieren genau, dass ihnen im Fall einer Insolvenz niemand beisteht. Deshalb werden sie bereits bei sehr viel niedrigeren Schuldenquoten nervös, als es im schuldenfreundlichen institutionellen Umfeld Europas der Fall ist.[21] Sie verlangen schon frühzeitig hohe Zinsaufschläge oder verweigern sich dem Kauf von Staatspapieren und das hält die Verschuldungsneigung in Schach.

Mit der Verankerung des Beistandsverbots bleibt der Konkurs eines Bundesstaates in den USA stets möglich und bestraft die Gläubiger der Staaten sowie jene Bürger, die von Staatsgeldern abhängig sind. Niemand in den USA kommt auf die Idee, daran etwas zu ändern, indem er einem gemeinschaftlichen Programm zur finanziellen Unterstützung der Krisenstaaten oder einem System gemeinschaftlicher Staatsanleihen das Wort redet, das diesen Staaten unter dem Schutz der Kollektivhaftung wieder Zugang zum Kapitalmarkt verschaffen würde. Es ist genau diese Härte, die den amerikanischen Fiskalföderalismus stabilisiert.

Leider ist es sehr schwierig, aus einem falschen System wieder herauszukommen, wenn sich schon hohe Schulden aufgebaut haben. Bei einem Schuldenniveau von 10%, wie bei den gefährdeten US-Staaten, ist eine Staatsinsolvenz kein großes Thema für die Kapitalmärkte. Systemische Risiken entstehen dadurch nicht. Doch wenn das Schuldenniveau griechische Ausmaße annimmt, wiegt die Last, die dem Kapitalmarkt durch einen Konkurs aufgebürdet wird, ungleich schwerer. Dann redet man von einem systemischen Risiko, das von Rettungsschirmen aufgefangen werden müsse. Das aber führt zu dem paradoxen Ergebnis, dass der Geldverleih der Anleger umso sicherer ist, je mehr sie verleihen, denn erst wenn sie viel verleihen, kann man ein systemisches Risiko behaupten, das die Rettungsgelder mobilisiert. »Wenn schon, denn schon«, ist die rationale Devise bei Europas Staaten und ihren Gläubigern. Doch so kann Europa nicht funktionieren.

Ein Lehrstück zum Verständnis für die haftungsinduzierten Fehlanreize war der Beinahe-Konkurs der Stadt New York im Jahr 1975, die wegen ihrer Wirtschaftskraft fast mit dem gesamten Staat New York gleichzusetzen ist. Bürgermeister John Lindsay hatte Ende der 1960er-Jahre versucht, in New York einen Sozialstaat nach europäischem Vorbild zu errichten. Die Konsequenz war, dass die Armen Amerikas in Scharen in seine Stadt kamen, um an den sozialen Segnungen zu partizipieren. Das trieb die Stadt in den Ruin. Lindsay musste sein Programm wieder einstellen, doch die Stadt litt weiter unter den Schulden, die er gemacht hatte. 1975 war New York praktisch bankrott und konnte nur in allerletzter Minute durch einen Kredit vom Pensionsfonds der Lehrergewerkschaft gerettet werden. Die US-Regierung verweigerte damals jegliche Hilfe. Legendär ist die Zeitungsüberschrift der *New York Daily News* »Ford to City: Drop Dead«, die die Position des damaligen US-Präsidenten Gerald R. Ford überspitzt (und nicht wörtlich) zusammenfasst,[22] was so viel heißt wie: »Ford an Stadt: Verrecke!«. Ford konnte seine Verweigerungshaltung dann doch nicht ganz durchhalten und gewährte im darauffolgenden Jahr eine gewisse Unterstützung aus Bundesmitteln. Das reichte aber bei Weitem nicht. New York gelang es erst durch die Ausgabe von Anleihen, die mit einem vorrangigen Anspruch auf zukünftigen Steuereinnahmen besichert waren, wieder an frisches Geld zu kommen.[23]

So wie es New York passierte, geschieht es in den USA immer wieder mit untergeordneten Gebietskörperschaften des Staates. Einzelne von ihnen gehen Pleite und stellen dann den Schuldendienst ein. Allein 2012 meldeten zwölf Gebietskörperschaften Insolvenz an.[24] Seit der Einführung der amerikanischen Insolvenzordnung von 1937, die eine finanzielle Umstrukturierung der Gebietskörperschaften nach einer Insolvenz verlangt, gab es rund 600 formelle Konkurse.[25] Zwischen 1980 und 2012 wurden 272 Konkurse verzeichnet, 2013 zählte man neun.[26] Einer dieser Konkurse betraf am 18. Juli 2013 die Auto-Stadt Detroit.[27]

Viele meinen, dass die Gebietskörperschaft nach dem Konkurs schlechter dastünde als vorher. Das ist jedoch nicht der Fall. Anders als ein Unternehmen, das in Konkurs geht, wird eine staatliche Gebietskörperschaft nicht als Ultima Ratio aufgelöst und das Verwaltungsvermögen wird auch nicht verpfändet. Nach der Insolvenzerklärung wird ein Schuldenschnitt mit den Gläubigern ausgehandelt und dann geht der Betrieb weiter. Das regt in den USA niemanden auf, weil es zum Alltag gehört, ähnlich wie in Europa die Firmenkonkurse.

Da das Geld nicht vom Himmel fällt, haben sich die USA nach der misslungenen Anfangsphase ein System harter Budgetbeschränkungen auferlegt. Das ist im Einzelfall unangenehm, so unangenehm, wie die wirtschaftliche Realität dieser Welt nun einmal sein kann, aber die Politik der selbstauferlegten Zügel funktioniert und führt zu der notwendigen Schuldendisziplin, ohne die es stets zur Katastrophe kommt. Die Erfahrungen der ersten Jahrzehnte nach Hamilton will in den USA niemand wiederholen.

Die desaströsen Folgen von weichen Budgetbeschränkungen wurden auch beim Zusammenbruch der Sowjetunion sichtbar. Dass die weichen Budgetbeschränkungen zum Kollaps der UdSSR führen würden, wurde im Jahr 1980 bereits vom ungarischen Ökonomen János Kornai prognostiziert.[28] Wenn die Regierung etwas wollte, wurde es in die Tat umgesetzt. Man vertrat die Idee vom Primat der Politik ähnlich wie seinerzeit die Nationalsozialisten. Die Produktionsfaktoren wurden dort eingesetzt, wo die Politik sie haben wollte, doch die Kosten dieser Aktion durch den Entzug der Produktionsfaktoren aus anderen Verwendungen wurden verdrängt. Die Wirtschaft sollte sich beugen. Das tat sie zwar, weil man ja eine Kommandowirtschaft hatte, doch zaubern konnte auch damals niemand. Letztlich triumphierten die Gesetze der Ökonomie, konkret die Budgetbeschränkungen, denen eine jede Wirtschaftsordnung unterliegt, über das Primat der Politik und das Sowjetsystem zerbrach.

Harte Budgetbeschränkungen sind wie Bremssysteme im Auto. Wenn man bergab fährt, ist es sicher verlockend, den Wagen einmal laufen zu lassen, statt abzubremsen, doch die Konsequenz einer solchen Fahrweise ist die Vollbremsung, wenn nicht gar der Unfall. Unter dem Euro hat die Eurozone eine Phase weicher Budgetbeschränkungen durchlebt. Der Wagen raste ungebremst voran und auch heute traut sich der Fahrer nicht, energisch auf die Bremse zu treten. Einige wollen sogar, dass die Fahrt ungebremst weitergeht. Sie fordern Eurobonds, eine Sozialisierung der Bankenschulden, eine Fiskalunion, eine europäische Arbeitslosenversicherung, eine gemeinsame Versicherung der Bankkonten und andere Maßnahmen zur weiteren Lockerung der Bremsen. Damit riskieren sie ähnliche Unfälle, wie die USA sie durchlitten hat.

Die Eurozone wurde mit der institutionellen Schwäche geboren, dass das Beistandsverbot (Artikel 125 AEUV) nicht glaubhaft war, weil es nicht in Form einer Insolvenzordnung für Staaten umgesetzt wurde. Ein Insolvenzregime nach amerikanischem Vorbild würde die Steuerzahler anderer Staaten schützen und die Lasten des Konkurses bei den Anlegern liegen lassen, die den Konkurs durch ihre sorglose Kreditvergabe provoziert haben. Deswegen würden die Anleger die Ausfallrisiken von Staatsanleihen sorgfältiger abwägen und in Form von länderspezifischen Risikoaufschlägen im Zins einpreisen. Und das wiederum würde die Budgetbeschränkungen härten und der staatlichen Haushaltspolitik der Schuldnerländer mehr Disziplin abverlangen.

DIE TILGUNG DER TARGET-SCHULDEN

Der leichte Zugang zur lokalen Druckerpresse, der über das normale Maß hinaus bis zu 1000 Milliarden Euro aus den Pressen der GIPSIZ-Länder sprudeln ließ, was durch die Target-Salden gemessen wird, ist der zentrale Konstruktionsfehler des Eurosystems und das Charakteristikum, das dieses System vom amerikanischen Währungssystem grundlegend unterscheidet. Er entspricht der Geld-im-Schaufenster-Theorie, die besagt, dass das Eurosystem nur eine hinreichend große Feuerkraft aufbieten müsse, um stabil zu sein. Nur leider ist das Geld im Schaufenster – entgegen der modelltheoretischen Vorhersage – mittlerweile verschwunden. Teile kehrten in der Zwischenzeit zwar wieder zurück, weil öffentliche Ersatzkredite die Target-Kredite eins zu eins reduzierten; doch zum Ende des Jahres 2014 lagen die Außenstände weiterhin bei 526 Milliarden Euro (vgl. Abbildungen 6.2 und 7.1). Neuere Zahlen gibt es für die Krisenländer nicht, weil sie nicht mehr veröffentlicht werden, doch wenn man ersatzweise das Spiegelbild der nördlichen Target-Salden für eine Prognose heranzieht (vgl. Abbildung 6.2), dann dürfte die Summe der Target-Verbindlichkeiten der GIPSIZ-Länder bis zum Juni des Jahres 2015 schon wieder auf etwa 576 Milliarden Euro angewachsen sein. Da die Abschreibungsverluste der Bankensysteme in den GIPSIZ-Ländern Hunderte Milliarden Euro ausmachen können (vgl. Tabelle 8.3) und das neue Regelwerk zur Bankenabwicklung in der Eurozone die Gläubigerbeteiligung auf einen winzigen Teil der Bankenbilanz limitiert hat (vgl. Kapitel 8, Abschnitt: »Ein Abwicklungsmechanismus für die Banken der Eurozone)«, steht zu befürchten, dass sich ein substanzieller Teil der zusätzlichen EZB-Kredite, die durch die Target-Salden gemessen werden, in Verluste für die Steuerzahler umwandeln wird.

Das Geld im Schaufenster förderte die Sorglosigkeit der Gläubiger und spielte eine Schlüsselrolle für die inflationäre Kreditblase, die die Südländer ihrer Wettbewerbsfähigkeit beraubte und große *strukturelle* Leistungsbilanzdefizite in der Eurozone entstehen ließ (vgl. Kapitel 4). Es schuf aber auch starke Anreize für ein opportunistisches Verhalten der nationalen Notenbanken. Die Gemeinschaftshaftung für die lokalen Refinanzierungskredite, die sie vergaben, ließ es ratsam erscheinen, im EZB-Rat für eine Absenkung der mindestens nötigen Pfandqualitäten zu votieren und die eigenen nationalen Möglichkeiten für die Absenkung dieser Qualitäten voll auszunutzen. Auch schien es sinnvoll zu sein, in exzessivem Umfang nach eigenen Besicherungsregeln ELA-Kredite zu vergeben, weil diese Kredite nur formell, aber nicht faktisch der eigenen Haftung unterliegen.

Um solcherlei opportunistischem Verhalten entgegenzuwirken, braucht das Eurosystem eigentlich bindende Regeln und harte Beschränkungen, doch genau solche Regeln sucht man vergeblich. Natürlich lassen sich bei einem leichten Zugang zur lokalen Druckerpresse Konkurse verzögern, um nicht zu sagen verschleppen, wie es bei Griechenland und Zypern der Fall war (vgl. Kapitel 5). So können sich Politiker Zeit kaufen, ohne handeln zu müssen. Jedoch vergrößert man damit nur die Schuldenlast der Banken und Staaten und verlagert noch mehr Kredite von privaten zu öffentlichen Gläubigern, was eine Feuerbrücke von der Privatwirtschaft eines Landes zu den Staatssektoren der anderen Länder der Eurozone bildet, die damit Gefahr laufen, eines Tages wie in den USA von den Flammen einer großen Schuldenkrise erfasst zu werden.

Da es gilt, den Crash hinauszuschieben und die Bilanzen zu schönen, veranlasst die Rettungslogik einer an kurzfristigen Belangen orientierten Politik die Notenbanken und Staaten zu fortwährend neuen und intransparenten Umpackaktionen und Schutzversprechen, die allesamt darauf hinauslaufen, die Target-Salden zu drücken. So werden grenzüberschreitende Staatspapierkäufe im Rahmen des SMP vorgenommen und privates Kapital wird durch die OMT-Kreditversicherung sowie durch den weitgehenden Ausschluss der Gläubigerhaftung bei der Bankenunion wieder zurück in die Krisenländer gelockt. Das alles verbessert zwar die Statistiken, doch lockert es die Budgetbeschränkungen immer weiter, was die Schuldenspirale nur noch schneller rotieren lässt. Das ist ungefähr so, als würde man versuchen, einen Wagen, bei dem auf der einen Seite die Bremsen nicht ziehen, dadurch zu stabilisieren, dass man die Bremsen auch auf der anderen Seite außer Kraft setzt. Um den Teufelskreis zu durchbrechen, wäre es sicherlich besser, die ausgefallene Bremse wieder zu reparieren, also die Ursache zu bekämpfen und die regionale Fiskalpolitik der EZB zu beenden, die sämtliche Rettungsentscheidungen der Parlamente vorwegnahm und somit die europäische Demokratie unterminimierte. Dazu ist es erforderlich, die Target-Salden in Schach zu halten und auch wieder zu senken. Mehrere Möglichkeiten stehen zur Verfügung.

(1) Die technisch einfachste Möglichkeit besteht darin, dass der EZB-Rat seine Politik der erodierenden Sicherheitsstandards für die Pfänder, die für Refinanzierungskredite zu hinterlegen sind, beendet (vgl. Kapitel 5, Abschnitt: »Die Erosion der Bonitätsanforderungen und der Aufschub der Ablauffristen«). Wenn man Refinanzierungskredit nur noch gegen sichere Pfänder beziehen kann, haben die Banken keinen künstlichen Vorteil der Kreditaufnahme bei der EZB mehr, denn mit sicheren Pfändern erhalten sie jederzeit auch am Interbankenmarkt billigen Kredit. Wenn sie sich den Kredit dort anstatt aus der lokalen Druckerpresse holen, kommt es zu Überweisungen aus dem Ausland und die Target-Salden fallen.

Aber die Rückkehr zu besseren Sicherheitsstandards fordert die Bundesbank schon lange und kommt damit gegen die Mehrheit im EZB-Rat nicht an. Eine Lösung innerhalb des bestehenden Systems ist offenkundig kaum möglich, solange die Länder, die von den Target-Salden profitieren, die Mehrheit im EZB-Rat stellen. Das Thema bedarf eines grundlegenderen Ansatzes.

(2) Nach Meinung des ehemaligen Bundesbankpräsidenten Helmut Schlesinger sollte man für die Target-Salden Strafzinsen festsetzen, die zulasten der nationalen Notenbanken gehen, also nicht in das System der Sozialisierung der Zinseinnahmen eingehen.[29] Die Zinsen sollten so hoch sein, dass bei den Defizit-Notenbanken ein Interesse geweckt wird, die über-

schüssigen Refinanzierungskredite wieder zurückzufahren, bis das in die anderen Länder überwiesene Geld wieder zurückkommt. Das wäre in der Tat ein geeignetes Mittel, freilich eines, das den betroffenen Ländern hohe Finanzierungslasten auferlegt, gegen die sie sich wehren werden.

Der Vorschlag der Verzinsung der Target-Salden ist gleichbedeutend mit einem Versuch, ein Gleichgewicht zwischen Angebot und Nachfrage auf den lokalen Kreditmärkten wiederherzustellen, wie es im internen Geldsystem der USA, im Bretton-Woods-System sowie im Goldstandard der Fall ist. Der Sachverhalt wurde in Kapitel 7 diskutiert. Er ließe sich bei gutem Willen von den Notenbanken des Eurosystems realisieren, ohne dass EU-Verträge verändert werden müssen, doch wieder stellt sich die Frage, ob sich dieser gute Wille angesichts der strukturellen Mehrheit der Defizit-Länder realisieren lässt.

(3) Besser wäre es vermutlich, den Maastricht-Vertrag zu ergänzen, indem ähnliche Regeln wie in den USA verankert werden, die den jährlichen Ausgleich der Target-Salden vorschreiben. Das naheliegende Zahlungsmittel zur Tilgung von Zahlungsbilanzdefiziten von selbständigen Ländern sowie auch den Ländern der Eurozone ist Gold. Ein Land könnte ein Target-Defizit für ein Jahr oder länger aufbauen, aber dann wäre es gezwungen, die Schulden mit Gold oder handelbaren goldbesicherten Wertpapieren zu tilgen. Gold wurde schon seit jeher für den Ausgleich von Zahlungsbilanzdefiziten zwischen Ländern genutzt, genauso wie für Staaten innerhalb einer Währungsunion, wie die Geschichte der *Federal Reserve* in den USA (vgl. Kapitel 7) gezeigt hat. Gold ist bis zum heutigen Tag ein internationales Zahlungsmittel.

Dazu ist es freilich erforderlich, dass die Haftungsgrenze zwischen der nationalen Notenbank und dem jeweiligen Staat aufgehoben und eine Nachschusspflicht für den Staat eingeführt wird. Es wäre ja niemandem geholfen, wenn die nationale Notenbank das Gold mit neu geschaffenem Geld erwerben würde, weil das ihre Target-Schulden abermals vergrößern würde. Die Rechnung muss im Zweifel der Nationalstaat übernehmen.

Die Haftungsbeschränkung der Staaten gegenüber ihren Notenbanken aufzuheben ist auf jeden Fall, also auch ohne das Gebot der Goldtilgung, geboten, um sicherzustellen, dass der Staat für die Sonderkredite aufkommen muss, die den nationalen Banken aus der nationalen Druckerpresse gewährt wurden und die sich in den Target-Salden niederschlagen. So ist es schlechterdings unerträglich für die Stabilität des Systems, dass die Notenbank eines Eurolandes nach eigenem Gustus und eigenen Regeln ELA-Kredite an ihre Banken vergeben darf, weil sie angeblich dafür haftet, doch in Wahrheit mangels Masse gar nicht haften kann. Eine solche Regelung führt zu den grenzenlosen Schuldenexzessen und Hinhaltetaktiken, die sich Griechenland während der Verhandlungen mit der Troika im ersten Halbjahr 2015 geleistet hat.[30] Vom Grundsatz her erinnern die Fehlanreize aus der asymmetrischen Beteiligung eines Landes an den Gewinnen und Verlusten einer ELA-Politik an die Fehlanreize, denen Banken erliegen, wenn sie bei minimalem Eigenkapital riesige Risikoräder drehen und Entscheidungen zulasten Dritter treffen, indem sie die Gewinne an ihre Aktionäre verteilen, doch statt ihnen die Riesenverluste zuzuweisen, die, wenn auch mit kleiner Wahrscheinlichkeit, gelegentlich auftreten, den Laden lieber dicht machen.[31]

Es mag vorgebracht werden, dass einige Länder nicht genug Goldreserven haben, um ihre Verpflichtungen zu erfüllen. Doch dies wäre so, als ob man sagt, dass man in seinem Portemonnaie nicht genug Bargeld zur Tilgung der Hypothek hat, die man auf sein Haus aufgenommen hat. Da Gold ein weltweit anerkanntes Zahlungsmittel ist, haben die Schuldnerländer immer die Möglichkeit, andere Vermögenstitel, zum Beispiel besicherte oder staatseigene Papiere, zu Marktpreisen gegen Gold zu verkaufen, um ihren Zahlungsverpflichtungen nachzukommen. Auch können sie staatseigenes Vermögen privatisieren.

Natürlich wird der Verkauf von Vermögensobjekten für ein Land, das nahe am Konkurs steht, nicht einfach sein. Einfacher wäre es sicherlich, ein paar Schuldverschreibungen zu überreichen oder das System so zu lassen, wie es ist, mit Krediten, die in den Büchern notfalls bis in alle Ewigkeit schlummern. Aber eine harte Budgetbeschränkung verlangt eben von einem Land, das ein Leistungsbilanzdefizit eingehen und Ressourcen aus dem Rest der Welt beziehen möchte, neue Schulden zu machen oder im Tausch einen Teil der eigenen Vermögenswerte zu verkaufen, und zwar unter Konditionen, denen beide Parteien zustimmen.

Die Notwendigkeit der Tilgung der Target-Kredite würde das Interesse eines Landes reduzieren, immer mehr Nettozahlungsaufträge im Eurosystem durchzuführen, doch hätte es nicht die Implikation, dass individuelle Überweisungsaufträge irgendwann nicht mehr möglich sind. Kapitalverkehrskontrollen wie in Griechenland und Zypern wären hierfür nicht notwendig und im Gegensatz zu heute gäbe es immer nur einen Euro mit einem festen und gleichen Wert, nicht verschiedene Euros mit unterschiedlichen Werten in Eurogefängnissen, wie sie in Griechenland und Zypern bestanden oder noch bestehen. Wenn eine nationale Notenbank mehr Geld verleiht, als für den Umlauf im Inland benötigt wird, und somit Target-Salden aufbaut, müsste sie marktfähige Vermögenswerte verkaufen, um das für die Tilgung benötigte Gold zu erwerben. Da das für die Notenbank unattraktiv ist, würde die Goldtilgung neuen Geldschöpfungskrediten eine wirksame Barriere entgegensetzen. Die lokalen Geschäftsbanken hätten dann keine andere Alternative, als sich auf dem europäischen Interbankenmarkt zu beidseitig akzeptablen Konditionen Geld zu leihen. Da dies zu steigenden Zinsen führen würde, würden sich Staat und Private weniger verschulden und freiwillig entscheiden, weniger Mittel für Auslandsüberweisungen zur Verfügung zu haben. Es käme deshalb nie zu einer harten Beschränkung der Überweisungsmöglichkeiten, wie es bei der heutigen Konstruktion des Eurosystems in Form der Kapitalverkehrskontrollen der Fall ist. Die Goldtilgung ist kein wirklich radikaler und restriktiver Schritt, denn es geht ja nur darum, Budgetbeschränkungen zu respektieren. Solche Budgetbeschränkungen sind die Grundvoraussetzung für Stabilität und Prosperität in Europa.

Die heute bestehenden weichen Budgetbeschränkungen sind demgegenüber gefährlich für die Stabilität und Tragfähigkeit aller europäischen Volkswirtschaften, weil sie die Kreditaufnahme zu günstigeren Bedingungen erlauben, als der Markt sie fordert, und Fehlanreize für die Haushaltspolitik der Einzelstaaten schaffen. Die Länder werden durch den billigen Kredit in eine Überschuldung hineingelockt, in deren Folge die Wirtschaft überhitzt und im Übermaß inflationiert. Das untergräbt ihre Wettbewerbsfähigkeit, ruft eine Massenarbeitslosigkeit hervor, stärkt radikale politische Parteien, erzeugt die Gefahr von Staatskonkursen und führt letztlich zu einer Kapitalflucht, die man am Ende nur noch durch Kapitalverkehrskontrollen abblocken kann.

Die Vereinigten Staaten behielten den internen Goldstandard bis zum Jahr 1975, obwohl sie schon zweihundert Jahre zuvor einen Bundesstaat gegründet hatten. Doch die Politiker Europas halten es für selbstverständlich, dass man einen solchen Standard nicht braucht, obwohl Europa noch meilenweit von solch einem Bundesstaat entfernt ist. Das ist keine überzeugende Position. Bis Europa den Bundesstaat gegründet hat, braucht es mindestens so harte Budgetbeschränkungen für den Zahlungsverkehr zwischen den nationalen Notenbanken, wie sie im Bundesstaat USA bis 1975 galten.

Erst wenn ein gemeinsamer Bundesstaat in Europa gegründet ist, könnte man daran denken, das Pendant des heutigen Tilgungssystems der USA einzuführen, also eine Tilgung der Target-Schulden mit marktfähigen Vermögenswerten zuzulassen. Wie in Kapitel 7 erklärt, wird die Tilgung in den USA durch den Abtritt von Eigentumsanteilen am SOMA-Portfolio bewirkt, also an dem durch Offenmarktoperationen entstandenen Portfolio an zinsbringenden Vermögenstiteln.

Auch ein solcher Schritt ist freilich nicht völlig unproblematisch, denn auch im US-System sind die Budgetbeschränkungen seit der Abkehr vom inneren Goldstandard weicher geworden. Die Geschichte wird zeigen, ob diese Abkehr eine gute Idee war. Zudem ist zu beachten, dass die Geldschöpfung in Europa bislang vornehmlich durch Refinanzierungskredite geschah, sodass es das Analogon des SOMA-Portfolios hierzulande noch gar nicht gibt.

Allerdings ist das Eurosystem in dieser Hinsicht in einem rapiden Wandel begriffen. So bereitet die EU derzeit eine sogenannte Kapitalmarktunion vor, die darauf hinauslaufen könnte, dass die EZB einen Großteil der Wertpapiere und Forderungstitel, die sie bislang als Pfänder für Refinanzierungskredite in Zahlung genommen hat, auf dem offenen Markt ankauft, um die Banken von ihrem Risiko zu entlasten und den Firmen und Staaten der bedrängten Länder leichteren Zugang zu neuen Krediten zu verschaffen.[32] Das würde zwar neue durch den Versicherungsschutz der EZB subventionierte Kreditkanäle in Europa eröffnen, doch auch weitere Bestände an Vermögensobjekten im Besitz der EZB bereitstellen, die für die Tilgung der Target-Verbindlichkeiten in Betracht kommen.

Befriedigend wären solche Lösungen freilich noch nicht, denn wie in Kapitel 5 gezeigt wurde, umschließen die bislang als Pfänder akzeptierten Vermögenstitel relativ viel Investitionsschrott in dem Sinne, dass sie von den Rating-Agenturen nicht den Titel des »Investment Grade« erhielten. Solche Papiere dann zur Tilgung der Target-Salden zu verwenden, hieße vom Regen in die Traufe zu kommen.

Eine bessere Möglichkeit könnte in einem Vorschlag liegen, den die *European Economic Advisory Group* (EEAG) in ihrem Jahresgutachten 2012 unterbreitet hat.[33] Danach könnten alle Euroländer supersichere Pfandbriefe herausgeben, die mit Gold oder Immobilien besichert sind und einen entsprechend niedrigen Marktzinssatz haben. Die teilnehmenden Länder könnten diese Papiere verwenden, um die Target-Verbindlichkeiten zu tilgen, die ihre nationalen Notenbanken aufgebaut haben. Hierfür müssten die Papiere jedoch marktfähig sein und tatsächlich gehandelt werden, was voraussetzt, dass die Staaten auf solche Instrumente für ihre Finanzierung zurückgreifen. Mit Hilfe solcher Maßnahmen ließe sich der vorhandene Bestand an Target-Schulden abbauen und das Interesse an neuen Schulden dieser Art reduzieren, ohne damit den Zahlungsverkehr in der Eurozone in irgendeiner Weise einzuschränken.

(4) Noch ein anderer Vorschlag, den man erwägen könnte, liegt in der Umwandlung der Target-Forderungen der Überschussländer in nationale Vermögensfonds nach der Art des norwegischen *Sovereign Wealth Fund*, der weltweit in Aktien und Anleihen investiert. Dazu müsste es beispielsweise der Bundesbank erlaubt werden, mit selbst geschaffenem Geld weltweit solche Wertpapiere und auch Gold anzukaufen und dieses Vermögensportfolio dem deutschen Staat zu übereignen. Der Kaufakt lässt bei der EZB, die der Bundesbank die Devisen für den Kauf dieser Anlagen zur Verfügung stellen muss, eine Target-Forderung gegen die Bundesbank entstehen und bei der

Bundesbank entsteht eine Target-Verbindlichkeit, die mit ihrer Target-Forderung zu verrechnen ist. Da die EZB keine Wechselkurspolitik macht, hat sie die benötigten Devisen nicht, sondern muss sie sich im Austausch gegen Euros auf dem Devisenmarkt besorgen. Sofern die Euros nicht im Rest der Welt in irgendwelche Horte fließen, kommt es zur Abwertung des Euro, was die Nachfrage des Euroauslandes nach europäischen Waren und Vermögensobjekten erhöht. Das führt zu Überweisungen in die entsprechenden Euroländer, die die dortigen Notenbanken zwingen, den Vorgang zu kreditieren und Geld zu schaffen, was bei ihnen, spiegelbildlich zur Entwicklung in Deutschland, Target-Verbindlichkeiten abbaut. Sicher, es kann erwartet werden, dass ein Teil der ausländischen Nachfrage sich auf deutsche Waren und Vermögensobjekte richten wird. Da jedoch die Target-Überschussländer – im Sommer 2015 waren das Deutschland, die Niederlande, Finnland, Luxemburg, Estland, Zypern, die Slowakei und Slowenien[34] – weniger als die Hälfte (40%) der Leistungskraft der Eurozone auf sich vereinen, wird man davon ausgehen können, dass die Käufe der Notenbanken der Überschussländer sich zu mindestens der Hälfte in einer Senkung ihrer Target-Salden niederschlagen.

Ein Problem bei diesem Vorschlag ist, dass er die Eurogeldmenge unmittelbar im Umfang der Käufe ansteigen lässt und dass hierdurch sowie auch durch die Abwertung ein Inflationseffekt ausgeübt wird. Doch wird ein Teil dieser Geldmengenexpansion endogen abgefangen, weil die Banken die ihnen zufließende Liquidität auch zur Tilgung ihrer Refinanzierungskredite verwenden. Ein anderer Teil könnte durch bewusste Sterilisierungsmaßnahmen, wie z. B. in Form eines höheren Refinanzierungssatzes, vom EZB-Rat eliminiert werden, wenn er den Inflationseffekt vermindern will.

Derzeit würde er das freilich gar nicht wollen, denn die EZB betreibt ja das QE-Programm, mit dem ohnehin über 1100 Milliarden Euro an neuem Geld in den Kreislauf geschleust werden sollen. Sollte der EZB-Rat befürchten, dass die Geldmengenausweitung zu weit geht, könnte er das QE-Programm jederzeit stoppen und die gewünschte Geldmengenexpansion allein durch den Aufbau der nationalen Vermögensfonds der Überschussländer bewerkstelligen. Dann käme er seinen geldpolitischen Zielen wie geplant näher und die Überschussländer erhielten nationale Vermögensfonds von gut 700 Milliarden Euro, wovon allein auf Deutschland über 500 Milliarden Euro entfielen. Das Eurosystem könnte danach mit ausgeglichenen Target-Bilanzen weitermachen. Das Problem wäre nur – so man es denn für ein Problem halten möchte – dass die Staaten der Eurozone wegen des Ausfalls der EZB-Nachfrage nach ihren Staatspapieren nun wieder etwas höhere Zinsen zahlen müssten und sich nicht mehr so gerne verschulden würden.

UNERTRÄGLICHE GESAMTSCHULDEN

Während eine Härtung der Budgetbeschränkungen notwendig ist, um die Funktionsfähigkeit des Eurosystems zu verbessern und es gegen Missbrauch zu schützen, würden sich die ökonomischen Schwierigkeiten der GIPSIZ-Länder dadurch nicht verringern, sondern eher noch vergrößern. Deswegen kann es bei den beschriebenen Maßnahmen nicht bleiben. Ehe neue Regeln für ein langfristig lebensfähiges System implementiert werden können, bedarf es einer kurzfristigen Lösung des europäischen Schuldenproblems.

Ob die Schulden eines Landes tragfähig sind, hängt stark von der Wachstumsrate der Volkswirtschaft ab. Nach der *Domar*-Formel, die einst entwickelt wurde, um die keynesianische Schuldenfinanzierung zu legitimieren, konvergiert die Schuldenquote eines Landes (gemessen am BIP) langfristig gegen einen stabilen Wert, der durch den Quotienten aus der Defizitquote bezüglich des BIP und der langfristigen nominalen Wachstumsrate des BIP bestimmt ist.[35] Daher kann man auch solchen Schulden, die in Wahrheit untragbar sind, bei passenden Annahmen über Wachstumsraten den Anschein der Tragbarkeit verleihen. Anhand von Abbildung 4.1 war die vom IWF selbstkritisch eingeräumte Trickserei bei der Herstellung der Tragfähigkeit der griechischen Schulden schon dargelegt worden.[36] Dass die Ermittlung der Tragfähigkeit von Staatsschulden bisweilen einem politischen Abwägungsprozess unterworfen ist, zeigt auch die widersprüchliche Beurteilung der griechischen Staatsfinanzen im Juli 2015. Während die Europäische Kommission in einer Vorausrechnung, die dem Bundestag vorgelegt wurde, bei der Tragfähigkeit Griechenlands lediglich Anlass zur Besorgnis sieht,[37] betonte der IWF, dass die griechischen Schulden »inzwischen nur noch durch Entschuldungsmaßnahmen auf ein tragfähiges Niveau gesenkt werden (können), die weit über das hinausgehen, was Europa bislang in Betracht zu ziehen bereit war«.[38]

Anstatt zu wachsen, werden einige Krisenländer in den nächsten Jahren wahrscheinlich noch stagnieren oder in nominaler Rechnung sogar schrumpfen, da sie ihre relativen Preise durch eine reale Abwertung senken müssen, wie es in Kapitel 4 gezeigt wurde. Insofern gibt es vorläufig keine Schuldentragfähigkeit von Defiziten. Wenn die reale Abwertung schnell geschieht, was durch mutige Arbeitsmarktreformen erleichtert werden könnte, dann wird sie in einer Deflation münden. Geschieht sie langsam, weil die Preise nach unten hin starr sind oder die EZB außerstande ist, den Norden der Eurozone zu inflationieren, dann werden die Krisenländer schrumpfen. In jedem Fall werden die Schuldenquoten auch dann steigen, wenn keine neuen Schulden aufgenommen werden.

Leider lässt sich dieses Dilemma auch nicht dadurch auflösen, dass man versucht, mit neuen Schulden Wachstum zu schaffen, denn kreditfinanzierte Staatsausgabenprogramme haben nur einen temporären Effekt auf die Wirtschaftstätigkeit, der schnell wieder verpufft, während sie den Schuldenbestand dauerhaft erhöhen.[39] Man kann sich durch neue Schulden für eine gewisse Zeit Luft verschaffen, indem man der Binnenwirtschaft eines Landes künstliche Nachfrage zuführt, vielleicht lange genug, um bis zur nächsten Wahl durchzuhalten. Deswegen lieben ja die Politiker den Keynesianismus, der ihnen das Gewissen erleichtert. Man kann sich aber nicht dauerhaft wie Münchhausen am eigenen Zopf aus dem Sumpf ziehen. Schulden lassen sich nicht mit Schulden bekämpfen.

Die Wahrheit hinter dem Schuldenproblem ist bitter, denn das künstliche, inflationäre Wachstum, das die Kreditblase in den GIPSIZ-Ländern erzeugte, bevor die Krise ausbrach, hat das wahre Schuldenproblem für viele Jahre verdeckt. Weil sich diese Länder übermäßig verschuldeten, überhitzten sie ihre Wirtschaft und weil die Wirtschaft überhitzte, blieb ihre Schuldenquote moderat oder fiel sogar für einige Jahre, wie im Fall von Spanien oder Irland. Die Überhitzung erhöhte den Nenner der Schuldenquote, nämlich das BIP, und hielt außerdem den Zuwachs des Zählers, also der Schulden, klein, weil das Wachstum dem Staat neue Steuereinnahmen verschaffte. Beide Effekte schufen die Illusion, dass das Schuldenproblem unter Kontrolle war und die Länder in der Lage sein würden, aus ihm herauszuwachsen. Tatsächlich beraubte dieser Prozess die Länder ihrer Wettbewerbsfähigkeit, führte sie in die Stagnation und machte die Schulden in vielen Fällen untragbar.

Um die Schuldengefahr der GIPSIZ-Länder richtig einzuschätzen, ist es nützlich, die künstliche Verringerung der Schuldenquoten durch die Sonderinflation, die der Euro brachte, herauszurechnen oder die BIP-Niveaus zu wettbewerblichen Preisen zu bewerten. Dies wird in Tabelle 9.1 getan. Die zweite Spalte gibt die jeweils tatsächliche Schuldenquote Ende 2014 an, wie sie aus Abbildung 2.7 bereits bekannt ist. Die dritte Spalte zeigt die hypothetische Schuldenquote, die sich bei gleichem Schuldenniveau wie Ende 2014 ergeben hätte, wenn das jeweilige Preisniveau (BIP-Deflator) seit dem Gipfel von Madrid 1995 – also seit dem Beginn des Zinskonvergenzprozesses, der den Kreditboom einst entfacht hatte (vgl. Kapitel 2) – wie im Durchschnitt der Euroländer gewachsen wäre. Die vierte Spalte gibt die Schuldenquote an, die bei gleichem Schuldenstand wie 2014 und gleichem durchschnittlichen Preisniveau aus der notwendigen Anpassung der relativen Preise resultieren würde, wie sie in dem Referenzszenario der in Kapitel 4 (Abbildung 4.9) zitierten Studie von *Goldman Sachs* berechnet wurde (vgl. Kapitel 4).[40] Diese Werte liegen nicht für alle, aber doch für die wichtigen Länder vor.

Tabelle 9.1 Tatsächliche und hypothetische Staatsschuldenquote (Dezember 2014, %)

	tatsächlich	Korrektur für Sonderinflation*	+ Korrektur für Wechselkursanpassung**
Griechenland	177	189	233
nachrichtlich: ohne Schuldenschnitt	236	252	310
Irland	110	133	106
Portugal	130	150	184
Spanien	98	109	134
Italien	132	163	147
Zypern	108	125	
nachrichtlich: GIPSIZ	122	140	
Belgien	107	106	
Deutschland	75	65	63
Estland	11	23	
Frankreich	95	91	118
Luxemburg	24	27	
Niederlande	69	72	
Österreich	85	82	
Slowenien	81	87	
Slowakei	54	98	
Finnland	59	57	

* Tatsächliche Schulden des Staatssektors im Jahr 2014 relativ zum BIP 2014, bewertet zu Preisen, die sich ergeben hätten, wäre der BIP-Deflator des Landes seit dem Gipfel von Madrid 1995 so stark wie im Durchschnitt der Euroländer gestiegen.
** Tatsächliche Schulden des Staatssektors im Jahr 2014 relativ zum BIP 2014, bewertet zu wettbewerbsfähigen Preisen gemäß der *Goldman-Sachs*-Studie (Referenzszenarium Herbst 2010), wobei das durchschnittliche Preisniveau (BIP-Deflator) in der Eurozone konstant gehalten wird. Man vergleiche dazu Tabelle 4.1.

Quellen: Eurostat, Datenbank, *Wirtschaft und Finanzen,* Sektor Staat; Europäische Kommission, *Economic and Financial Affairs*, Price and Cost Competitiveness; H. Pill, K. Daly, D. Schumacher, A. Benito, L. Holboell Nielsen, N. Valla, A. Demongeot und S. Graves, Goldman Sachs Global Economics, External Rebalancing: Progress, but a Sizeable Challenge Remains, *European Economics Analyst*, Nr. 13/03, 17. Januar 2013.

Während einige Länder wie Österreich, Belgien, Finnland und Deutschland heute niedrigere Staatsschuldenquoten hätten, wenn ihre Preise wie im Durchschnitt gestiegen wären, würden die GIPSIZ-Länder weitaus höhere Quoten verzeichnen. Im Schnitt ständen ihre Staatsschuldenquoten bei 140% anstatt bei 122% wie in den offiziellen Statistiken. Italien läge bei 163% anstatt bei 132%, Spanien bei 109% anstatt bei 98%, Portugal bei 150% anstatt bei 130% und Griechenland bei 189% anstatt bei 177%.

Ohne den Schuldenschnitt aus dem März 2012, der Griechenland einen Schuldenerlass von 54% des BIP von 2012 zulasten ausländischer und inländischer Anleger ermöglichte, hätte Griechenlands offizielle Schuldenquote im Jahr 2014 zu aktuellen Preisen bei 236% des BIP gelegen. Dies kann man in der zweiten Zeile der zweiten Spalte der Tabelle ablesen. Ohne den Schuldenschnitt und den Anstieg der relativen griechischen Preise nach dem Gipfel von Madrid wäre die griechische Schuldenquote auf 252% hochgeschossen, wie der mittleren Spalte zu entnehmen ist. Ohne den Schuldenschnitt und bei einer Bewertung des griechischen BIP zu wettbewerbsfähigen Preisen hätte die griechische Schuldenquote gar 310% betragen.

Man muss hier jedoch berücksichtigen, dass die *Goldman-Sachs*-Zahlen vermutlich ein noch viel zu optimistisches Bild der Situation zeichnen. Würde das griechische Preisniveau mit dem der Türkei gleichziehen (Durchschnitt der Jahre 2011 bis 2014), betrüge die griechische Schuldenquote ohne Schuldenschnitt 363% und mit Schuldenschnitt immer noch 272%. All diese Zahlen belegen eindrucksvoll die Aussichtslosigkeit der griechischen Haushaltslage.

Portugals Schuldenquote läge bei 184% und Spaniens bei 134%, wenn die Preise gemäß dem Referenzszenarium von *Goldman Sachs* sinken würden. Für beide Länder stellen sich die Zahlen also als noch wesentlich bedrohlicher heraus, als wenn die Preise nur durchschnittlich gewachsen wären. Irland und Italien stünden dagegen bei wettbewerblichen Preisen für ihr BIP mit Schuldenquoten von 106% und 147% etwas besser da, als wenn sich die Preise durchschnittlich entwickelt hätten.

Die Schuldenquoten, die in Tabelle 9.1 zu Wettbewerbspreisen berechnet wurden, beziehen sich auf die Schulden der Staaten bei einheimischen und ausländischen Anlegern sowie auch bei öffentlichen Instanzen wie dem IWF, den Rettungsschirmen oder anderen Staaten. Sie sind also dadurch definiert, dass der Schuldner ein Staat ist, während Gläubiger unterschiedlichster Art betrachtet werden. Man kann nun aber auch umgekehrt berechnen, wie viele Schulden die jeweilige Gesamtwirtschaft bei ausländischen Staaten und öffentlichen Instanzen aufgenommen hat. Hier geht es also um staatliche oder öffentliche Gläubiger einschließlich des Eurosystems, die sich an fiskalischen Hilfsprogrammen und Sonderkrediten (vgl. Abbildung 8.2 und Tabelle 8.1) beteiligt haben, während die Schuldner öffentlich oder privat sein können, konkret die Staaten und die Geschäftsbanken umfassen.

Das Ergebnis dieser Berechnung zeigt Tabelle 9.2. Es greift die Ergebnisse auf, die in Tabelle 8.1 für das Ende des Jahres 2014 ausgewiesen wurden (Spalte 2), rechnet sie aber auf den Fall einer Bewertung des BIP zu durchschnittlich gestiegenen Preisen (Spalte 3) oder zu wettbewerblichen Preisen

(Spalte 4) um. Wie bereits anhand von Tabelle 8.1 erläutert, beinhalten die öffentlichen Kredite die fiskalischen Rettungsgelder der Staatengemeinschaft, die Target-Schulden, die Schulden oder Forderungen aus einer nicht-proportionalen Banknotenausgabe und Staatsanleihen, die im Rahmen des SMP erworben wurden.

Tabelle 9.2 Öffentliche Kredite von Staaten oder internationalen Institutionen relativ zum tatsächlichen oder hypothetischen BIP der Empfängerländer (Dezember 2014, %)

	tatsächliches Verhältnis öffentliche Kredite zu BIP	Korrektur für Sonderinflation*	+ Korrektur für Wechselkursanpassung**
Griechenland	158	169	208
nachrichtlich: Juni 2015	192	205	252
Irland	52	63	50
Portugal	61	70	86
Spanien	14	16	19
Italien	13	16	14
Zypern	46	54	–
GIPSIZ	26	30	32

* Öffentliche Finanzhilfen netto akkumuliert bis 2014 relativ zum BIP 2014, bewertet zu Preisen, die sich ergeben hätten, wäre der BIP-Deflator des Landes seit dem Gipfel von Madrid 1995 so stark wie im Durchschnitt der Euroländer gestiegen.
** Öffentliche Finanzhilfen netto akkumuliert bis 2014 relativ zum BIP 2014, bewertet zu wettbewerbsfähigen Preisen gemäß der *Goldman-Sachs*-Studie (Referenzszenarium Herbst 2010), wobei das durchschnittliche Preisniveau (BIP-Deflator) in der Eurozone konstant gehalten wird, vgl. Tabelle 4.1.

Quellen: vgl. Tabelle 8.1 und Tabelle 9.1.

Erläuterung: Zur Interpretation und Dekomposition der ersten Spalte dieser Tabelle, vgl. Tabelle 8.1. Die Prozentsätze beziehen sich auf die Summe aus den Target-Schulden, den Schulden aus der überproportionalen Emission von Banknoten, den Staatsanleihen, die von anderen Notenbanken gehalten werden (abzüglich der ausländischen Staatsanleihen, die von der Notenbank des betrachteten Landes gehalten werden) und den zwischenstaatlichen fiskalischen Krediten, bereinigt um eigene Beiträge und Kredittilgungen.

Betrachten wir beispielhaft Griechenland. Dieses Land hat bislang ausländische Hilfskredite (seien sie multilateral, bilateral oder von der EZB finanziert), bereinigt um die eigenen Beiträge an den Hilfsmaßnahmen, in einer Größenordnung von 158% seines zu aktuellen Marktpreisen bewerteten BIP von 2014 erhalten. Wäre das Preisniveau seit 1995 mit der durchschnittlichen Rate gewachsen und das reale BIP dasselbe wie 2014 geblieben, läge die

Quote der öffentlichen Kredite bei 169%. Wenn das griechische BIP von 2014 dagegen zu wettbewerblichen Preisen berechnet wird, liegt diese Quote bei 208%.

Portugals Lage ist mit einer nominellen Quote der Rettungskredite in Höhe von 61% zwar besser als die Griechenlands. Jedoch zeigt sich auch hier, dass die Lage nach den Preiskorrekturen wesentlich bedrohlicher wirkt. Rechnet man den Effekt des überproportionalen Preisanstiegs auf das BIP heraus, kommt man auf 70%, und bewertet man Portugals BIP zu wettbewerblichen Preisen, kommt man gar auf 86%.

Für Irland hat die Preisniveaukorrektur hingegen weniger problematische Konsequenzen. Die irische Quote der öffentlichen Kredite lag Ende 2014 bei 52% des BIP. Sie wäre auf 63% geklettert, sofern irische Preise nicht schneller als der Schnitt der Eurozone (ab 1995) gewachsen wären. Doch da Irland schon mehr abgewertet hat, als es zur Erlangung der Wettbewerbsfähigkeit nötig war, beträgt die Quote zu wettbewerblichen Preisen berechnet nur 50%.

Zusammengenommen haben die Berechnungen in diesem Abschnitt ambivalente politische Implikationen. Auf der einen Seite basieren sie auf der Annahme, dass sich bei den südeuropäischen Ländern nachhaltige Auslandsschulden nur erreichen lassen, wenn diese Länder zunächst durch eine Phase der nominalen Schrumpfung gehen, um wieder wettbewerbsfähig zu werden und um positive strukturelle Leistungsbilanzüberschüsse zu erwirtschaften, ohne die eine nachhaltige Schuldentilgung kaum möglich ist. Das wird die Schuldenquote unweigerlich zunächst einmal für einige Jahre erhöhen, bevor sie wieder sinken kann. Auf der anderen Seite sind die Quoten bereits so riesig, dass nicht viel Hoffnung besteht, dass die Länder mit ihren Schulden allein fertig werden.

Insbesondere Griechenland benötigt einen neuen Schuldenschnitt; dieses Mal freilich zulasten der öffentlichen Gläubiger. Der erste griechische Schuldenschnitt vom März 2012 kostete ausländische und griechische private Investoren rund 105 Milliarden Euro. Die Restrukturierung im November 2012 bedeutete Vermögensverluste für andere Staaten der Eurozone von rund 43 Milliarden Euro in Gegenwartswerten, wie schon in Kapitel 8 im Abschnitt *Kein Risiko für die Steuerzahler?* erwähnt wurde. Ein weiterer Schuldenerlass zugunsten Griechenlands ist angesichts der in Tabelle 9.1 ausgewiesenen Werte, insbesondere einer Staatsschuldenquote, die, wenn man das BIP zu wettbewerblichen Preisen rechnet, immer noch bei 233% liegt, unerlässlich. Portugals Situation ist lange nicht so schlecht, doch ebenfalls viel zu schlecht, um damit zurechtzukommen. Bewertet man sein BIP zu wettbewerblichen Preisen, so hat das Land eine Staatsschuldenquote von 184% und das Niveau der Rettungskredite liegt schon bei 86%. Portugal ist ebenfalls ein Kandidat für eine Schuldenrestrukturierung.

SCHULDENERLASS

Staatskonkurse sind wahrlich nichts Ungewöhnliches in der Geschichte. Seit den 1950er-Jahren haben Schuldenschnitte private Gläubiger nicht weniger als 186 Mal in 95 Ländern dazu gezwungen, dem Tausch ihrer Staatsanleihen oder Bankpapiere zuzustimmen.[41] Abbildung 9.1 liefert einen kompletten Überblick über die Schuldenschnitte und Staatsinsolvenzen seit 1978. Die vertikale Achse zeigt den Anteil der Forderungen, die aufgrund eines Schuldenschnitts verloren wurden, während die Größe der Kreise das absolute Volumen des jeweiligen Schuldenschnitts angibt. Schuldenschnitte und Umschuldungen fanden in vielen Entwicklungsländern in den frühen 1980er-Jahren statt. Sie gab es auch in Russland in den Jahren 1997 und 2000 sowie in Argentinien in den Jahren 1987, 1993 und 2005.

Argentinien hat bereits in den Jahren 1956, 1962 und 1965 Umschuldungen durchführen müssen. Seine Nachkriegsgeschichte kann als eine lange Serie wiederkehrender Umschuldungen gelesen werden. Die erste argentinische Umschuldung wurde gleich bei seinem Amtsantritt im Jahr 1956 vom Militärdiktator Pedro Eugenio Aramburu Cilveti verhandelt. Man versuchte, die Schulden zu bedienen, doch handelte man günstigere Bedingungen aus, als ursprünglich vereinbart worden waren. Die Verhandlungen mit den Gläubigern fanden seinerzeit in Paris statt, was zur Gründung des *Pariser Clubs* führte. Der Pariser Club ist eine informelle Gruppe von 19 offiziellen Gläubigern, die Umschuldungen nach einem Regelwerk vornehmen, das sich im Laufe der Geschichte entwickelt hat. Der Club wurde bei Nachverhandlungen zwischen Schuldnern und Gläubigern oft als Vermittler gerufen, zuletzt im Januar 2013 für einen Schuldenerlass für Myanmar, nachdem die Militärs im Jahr 2010 eine zivile Regierung akzeptiert hatten. Insgesamt wurden 400 Umschuldungsvereinbarungen unter der Aufsicht des Pariser Clubs vorgenommen und unterzeichnet.[42]

Der Pariser Club könnte auch in die Organisation einer Schuldenkonferenz für die gemeinsamen Verhandlungen zwischen den GIPSIZ-Ländern und ihren Gläubigerländern einbezogen werden. Dies stünde in der Tradition vergangener Schuldenkonferenzen der 1920er-, 1930er- und 1950er-Jahre, deren Aufgabe es war, die Behandlung von Kriegsschulden und Reparationsforderungen zu klären. Gegenstand der neuen Schuldenkonferenz könnte es sein, einen Neuanfang für die desolaten Teile des Eurofinanzsystems zu ermöglichen, indem die Bilanzen der Schuldner und Gläubiger um nicht mehr realisierbare Schuldverhältnisse bereinigt werden, was eine Grundvoraussetzung dafür ist, Transparenz und Vertrauen auf den Kapitalmärkten wiederherzustellen.[43]

Kapitel 9 Das Eurosystem überdenken

Abbildung 9.1 Totale und partielle Staatskonkurse (1978–2013)

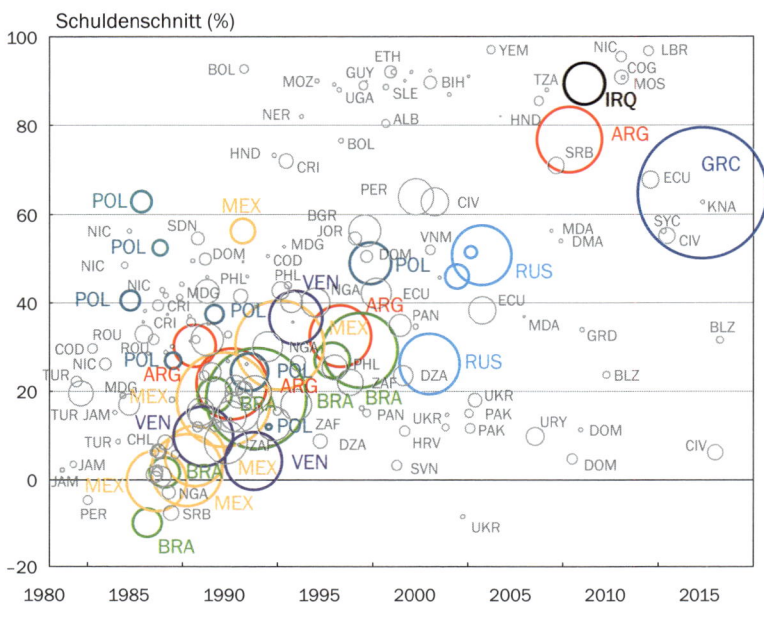

Abkürzungen: ALB: Albanien, DZA: Algerien, ARG: Argentinien, BLZ: Belize, BOL: Bolivien, BIH: Bosnien-Herzegowina, BRA: Brasilien, BGR: Bulgarien, CMR: Kamerun, CHL: Chile, COG: Republik Kongo, CRI: Costa Rica, CIV: Elfenbeinküste, HRV: Kroatien, COD: Demokratische Republik Kongo, CUB: Kuba, DOM: Dominikanische Republik, DMA: Dominica, ECU: Ecuador, ETH: Äthiopien, GRC: Griechenland, GRD: Grenada, GUY: Guyana, HND: Honduras, IRQ: Irak, JAM: Jamaica, JOR: Jordanien, MDG: Madagaskar; MEX: Mexico, MDA: Moldawien, MOZ: Mosambik, NIC: Nicaragua, NER: Niger, NGA: Nigeria, PAK: Pakistan, PAN: Panama, PER: Peru, PHL: Philippinen, POL: Polen, ROU: Rumänien, RUS: Russland, ZMB: Sambia, SRB: Serbien und Montenegro/Jugoslawien, SYC: Seychellen, SLE: Sierra Leone, SVN: Slowenien, ZAF: Südafrika, SDN: Sudan, TZA: Tansania, TUR: Türkei, UGA: Uganda, UKR: Ukraine, URY: Uruguay, VEN: Venezuela, VNM: Vietnam, YEM: Jemen.

Quellen: J. Cruces und C. Trebesch, »Sovereign Defaults: The Price of Haircuts«, *American Economic Journal: Macroeconomics* 5, 2013, S. 85–117; dieselben, »Sovereign Defaults: The Price of Haircuts – 2014 Update of Haircut Dataset«, 7. August 2014, <https://sites.google.com/site/christophtrebesch/home>; J. Zettelmeyer, C. Trebesch und M. Gulati, »The Greek Debt Restructuring: An Autopsy«, *Economic Policy* 28, 2013, S. 513–563.

Erläuterung: Die Abbildung zeigt 181 Staatsschuldenschnitte über den Zeitraum 1978–2013. Die vertikale Achse zeigt den Prozentsatz des Schuldenschnitts in Relation zum Marktwert der jeweiligen Staatsanleihen, während die Größe der Kreise die absolute Größe des jeweiligen Schuldenschnittes widerspiegelt.

Eine Schuldenkonferenz würde drei verschiedene Schuldentypen erfassen: (1) Staatsschulden, (2) Bankenschulden und (3) Target-Schulden, denn alle drei sind eng miteinander verflochten und haben gemeinsame Ursprünge.

Angesichts der umfangreichen Quervernetzungen der Kreditbeziehungen erscheinen Maßnahmen, die sich darauf beschränken, Laufzeiten zu verlängern und Zinssätze zu reduzieren, wie im Falle Griechenlands und Irlands, kaum als ratsam. Versteckte Schuldenschnitte sind keine wirklichen Lösungen, sondern Vertuschungsversuche, die es den öffentlichen Gläubigern erlauben, Abschreibungsverluste in ihren Büchern zu verschleiern und der Öffentlichkeit mehr Staatsvermögen vorzutäuschen, als tatsächlich vorhanden ist. Versteckte Schuldenschnitte geben den Staaten die Möglichkeit, die Abschreibungsverluste nicht defizitrelevant verbuchen zu müssen. Dadurch erhalten sie sich den rechtlichen Spielraum für eine Neuverschuldung im Rahmen des Stabilitäts- und Wachstumspakts und können die Lasten der Schuldenschnitte zukünftigen Generationen aufbürden.

Die notwendigen Schuldenschnitte bei den Staatsschulden, den Bankenschulden und den Target-Schulden der nationalen Notenbanken werden nicht nur private Anleger, sondern auch staatliche Gläubiger treffen, die im Übrigen auch noch für die Rekapitalisierung der verschiedenen fiskalischen Rettungsfonds aufkommen müssen und anteilig an den Verlusten der EZB beteiligt sind. Wie Tabelle 8.1 und 8.2 gezeigt haben, ist das Exposure der noch gesunden Staaten der Eurozone gegenüber den Krisenländern mittlerweile beträchtlich. Zu Beginn der Krise hätten die Staaten diese Verluste vermeiden können, doch nachdem sie direkt, und indirekt auf dem Wege über die EZB, die privaten Gläubiger gerettet und große Teile ihrer Portfolios übernommen haben, müssen sie nun für die Rechnung aufkommen.

Bereits im Dezember 2012 wurden 79% der Staatsschulden Griechenlands von ausländischen öffentlichen Institutionen gehalten und nur 21% von Privaten.[44] Aber auch schon damals waren die privaten Institutionen vornehmlich griechische Banken, die selbst wiederum öffentlichen Kredit vom Zentralbankensystem bekommen hatten.[45] Betrachtet man das gesamte direkte und indirekte Exposure anderer Staaten gegenüber Griechenland, kommt man auf sehr viele höhere Werte.

Wie Abbildung 7.2 gezeigt hat, überstiegen die öffentlichen Auslandskredite, die die griechische Volkswirtschaft in ihrer Gesamtheit von der Staatengemeinschaft und der EZB erhalten hatte, bereits ab dem Frühjahr 2012, als der erste Schuldenschnitt stattfand, die gesamte Nettoauslandsschuld Griechenlands. Insofern lagen schon damals netto gerechnet sämtliche Auslandsschulden der griechischen Volkswirtschaft bei ausländischen öffentlichen Instanzen und wie erläutert stiegen diese Auslandsschulden bei öffentlichen Instanzen in den Folgejahren weit über die gesamte griechische Nettoauslandsschuld hinaus. Griechenland hatte nämlich nicht nur seine Auslandsschuld bei privaten Gläubigern vollständig durch Schulden bei öffentlichen Gläubigern ersetzt, sondern darüber hinaus auch noch eine private griechische Kapitalflucht im Umfang von mehr als 120 Milliarden Euro mit selbst gedrucktem Geld finanziert.

Die europäischen Steuerzahler hängen wegen all dieser öffentlichen Kredite, die zum Teil ohne, zum Teil mit der Zustimmung der Parlamente vergeben worden waren, bereits an der Angel. Sie sollten sich dieses Schicksals bewusst werden und ihre Verluste abschreiben, anstatt ihren Politikern zu erlauben, den eingeschlagenen Kurs immer weiter fortzusetzen und dabei immer größere Verluste anzusammeln. Das ist die einzige Möglichkeit, sich vielleicht doch noch vom Angelhaken zu befreien.

Fatal wäre es, wenn sie im Zuge der Bankenunion nun auch noch für die Schulden der Banken aufkommen müssten. Notleidende private Banken sollten, wie schon in Kapitel 8 beschrieben, über eine Umwandlung von Fremd- in Eigenkapital rekapitalisiert werden. Grundsätzlich geht die EU-Kommission mit der europäischen Bankenabwicklungsrichtlinie (BRRD) hier in die richtige Richtung, da sie die Beteiligung von Eigentümern und Gläubigern zum Schutz der unbeteiligten Steuerzahler fordert und eine Rangfolge für die Beteiligung an den Verlusten spezifiziert. Der Ausnahmenkatalog zu dieser Regel ist allerdings entschieden zu lang und mit der Begrenzung der Haftung der Eigentümer und Schuldner auf 8% der Bilanzsumme kommt man nicht umhin, hierin eine vornehmlich kosmetische Operation zur Beruhigung der Öffentlichkeit zu sehen. In Wahrheit wurde, wie in Kapitel 8 erläutert, mit der Bankenunion ein riesiges Gläubigerschutzprogramm zulasten der Steuerzahler beschlossen.

Es handelt sich dabei nach derzeitigem Rechtsstand vornehmlich um die Steuerzahler des betroffenen Landes selbst, aber die EU arbeitet mit großer Kraft daran, die Sozialisierung der Lasten voranzutreiben. So sind eine gemeinsame Rückversicherung für Bankeinlagen, eine Hebelung des Rettungsfonds SRF mithilfe einer Gemeinschaftshaftung sowie auch eine Fiskalunion mit einem gemeinsamen Finanzministerium und einem gemeinsamen Parlament im Gespräch.[46]

Zu den Gläubigern der Banken, die auf einen Teil ihrer Forderungen verzichten sollten, gehören eigentlich auch die nationalen Notenbanken, nur haben sie sich durch die in Kapitel 8 beschriebene Ausnahme der besicherten Kredite von der Gläubigerbeteiligung aus der Affäre gezogen. Systematischer wäre es, wenn die nationalen Notenbanken Schuldenschnitte bei den Refinanzierungskrediten erleiden müssten, während sie umgekehrt in den Genuss von Schuldenerlassen bei ihren Target-Schulden kommen. Target-Verbindlichkeiten resultieren aus dem exzessiven Verleih frisch geschaffenen Geldes an die Geschäftsbanken. Die unvermeidlichen Abschreibungsverluste wird man den Notenbanken der noch gesunden Länder aufbürden müssen, indem man ihnen in Proportion zu ihrer Größe die abzuschreibenden Target-Schulden der Krisenländer zuweist, was entweder ihre eigenen Target-Schulden vergrößert oder ihre Target-Forderungen verringert. Der Schuldenschnitt bei den Target-Schulden sollte mit einer Härtung der Budgetbeschränkungen in der Eurozone durch Einführung eines internen Goldstandards für die jährliche Tilgung der Target-Salden einhergehen.

Aber man sollte nicht nur über Schuldenerlasse reden, sondern von den betroffenen Staaten selbst einen Beitrag zur Tilgung der Schulden verlangen. Eine Möglichkeit wäre es, Staatseigentum zu verkaufen. Griechenland zum Beispiel hat ohne Immobilienvermögen ein Staatsvermögen im Wert von 85% des BIP von 2010 und zusätzlich staatseigene Immobilien von geschätzten 87% bis 130% des griechischen BIP.[47] Die griechische Regierung hat der Troika, bestehend aus EZB, IWF und der EU, in einem *Memorandum of Understanding* am 2. Juli 2011 versprochen, dass sie Staatsbesitz im Wert von 50 Milliarden Euro privatisieren würde.[48] Der Privatisierungseifer hielt sich jedoch in Grenzen. Bis Ende 2014 spülte die Privatisierung nur 3,1 Milliarden Euro in die Staatskassen.[49] Es sei erlaubt, daran zu erinnern, dass Alexander Hamiltons Schuldensozialisierung von 1790 im Tausch für westliche Territorien stattfand. Es ist nicht unbillig, auch von Griechenland selbst einen Beitrag zu verlangen.

Weitere Maßnahmen, die in den Krisenländern in Betracht gezogen werden könnten, sind Vermögensabgaben oder Zwangshypotheken.[50] In vielen der GIPSIZ-Länder gibt es ein beträchtliches Privatvermögen, wie die Studie der EZB (Abbildung 2.12) gezeigt hat. Selbst wenn Divergenzen in der Haushaltsgröße berücksichtigt werden, sind spanische und italienische Haushalte 14% wohlhabender als deutsche, 40% wohlhabender als finnische und 42% wohlhabender als niederländische Haushalte. Das hohe Haushaltsvermögen der Italiener wurde von dem damaligen Premierminister Silvio Berlusconi lange vor der Veröffentlichung der EZB-Statistik bereits öffentlich herausgestellt.[51] Andere Krisenländer schneiden ähnlich gut ab. Deshalb spricht vieles dafür, auch dieses Vermögen heranzuziehen, um die Schulden zurückzuzahlen. Das gilt insbesondere für diejenigen Länder, deren Staatsschuld aus der Tatsache resultiert, dass die Staatsverschuldung nur die Steuerfinanzierung substituierte, die wegen der umfangreichen Schwarzmarktaktivitäten nur in begrenztem Umfang möglich war. Im Ländervergleich ist der Anteil des Schwarzmarktes an der Wirtschaftstätigkeit stark mit der Staatsschuldenquote korreliert.[52]

Die für einen Neustart der Eurozone richtige Mischung aus Schuldenschnitt, Privatisierung und Vermögenssteuern könnte gemeinsam mit dem Pariser Club auf einer großen europäischen Schuldenkonferenz verhandelt werden. Die europäische Schuldenkrise hat viele Ursachen. Sowohl die Gläubiger als auch die Schuldner tragen Verantwortung. Es muss gelingen, die Lasten fair und gleichmäßig zu verteilen – und das am besten so schnell wie möglich. Schnell zu sein, bringt mindestens zwei Vorteile. Der erste ist, dass das Vertrauen der Märkte dann rasch wiederhergestellt werden kann und die Periode der Ungewissheit, die die Wirtschaftsabläufe gegenwärtig paralysiert, beendet wird. Der zweite Vorteil besteht darin, dass die Kosten für die Steuerzahler begrenzt werden können. Momentan steckt Europa in einer Phase, in der die privaten Gläubiger der südlichen Länder sukzessive durch öffentliche Gläubiger ersetzt werden. Je mehr Zeit verstreicht, desto größer ist der öffentliche Anteil am Portfolio der Anleihen und Forderungstitel, die aus GIPSIZ-Ländern stammen, desto härter wird ein Schuldenschnitt die Steuerzahler und die allgemeine Bevölkerung treffen und desto größer wird die Gefahr, dass die privaten Anleger ihr profitables Spiel wiederholen. Das Politikergerede von der Zeit, die man mit den Rettungsschirmen angeblich gewönne, ist ein ärgerlicher Euphemismus angesichts der Tatsache, dass die Steuerzahler mit fortschreitender Zeit immer stärker in die ganze Sache hineingezogen werden und immer stärker zur Kasse gebeten werden.

Nur wenn der Schuldenschnitt schnell kommt, kann man die Privatanleger noch erwischen und ihnen klarmachen, dass auch sie die Verluste aus ihren eigenen verfehlten Investitionen zu tragen haben. Es gibt weder ethische noch ökonomische Gründe dafür, dass private Geldanleger und ihre Institutionen durch die europäische Staatengemeinschaft geschützt werden.

EINE ATMENDE WÄHRUNGSUNION: ZWISCHEN BRETTON WOODS UND DEM DOLLAR-SYSTEM

Schuldenschnitte wird man manchen südeuropäischen Ländern gewähren müssen, um ihnen wieder Luft zum Atmen zu geben. Aber das allein reicht nicht. Es muss auch sichergestellt sein, dass diese Länder wettbewerbsfähig werden, damit sie nach dem Schuldenschnitt nicht von Neuem auf Kredite von außen angewiesen sind und ihren Lebensstandard aus eigener Kraft halten können. Wie in Kapitel 4 erläutert wurde, verlangt die Wiederherstellung der Wettbewerbsfähigkeit zwingend eine offene Abwertung durch den Austritt aus dem Euro oder eine reale Abwertung durch eine Deflation oder, bei kleineren Wettbewerbsproblemen, ein Zurückbleiben bei der Inflation gegenüber den anderen Ländern der Eurozone. Welcher Weg am besten ist, hängt von den Bedingungen und auch von den Wünschen des jeweiligen Landes ab.

Einige Länder wie Italien haben ein beträchtliches Schuldenproblem. Da die Schulden aber zum großen Teil von Inländern gehalten werden, benötigt Italien keine größere reale Abwertung als 10%, um eine tragbare Auslandsschuld vorweisen zu können und um die Volkswirtschaft wettbewerbsfähig zu halten (vgl. Tabelle 4.1). Auf der anderen Seite kann man nicht davon ausgehen, dass Griechenland, Portugal und Spanien sich bereits im grünen Bereich befänden, wenn allein ihr Schuldenproblem gelöst würde. Wie in Kapitel 4 diskutiert, stehen diese Länder vor großen strukturellen Herausforderungen. Um Schuldentragfähigkeit zu erlangen, müssten Spanien, Griechenland und Portugal jeweils zwischen 20% und 30% abwerten. Um das türkische Preisniveau zu erreichen, bräuchte Griechenland gar eine Abwertung um 35% und Portugal eine solche um 28%. Die Stundenlöhne im verarbeitenden Gewerbe Spaniens sind mehr als drei Mal und in Griechenland fast doppelt so hoch wie in Polen (Abbildung 4.13), und selbst Portugals Löhne übersteigen die polnischen Löhne noch um mehr als 40%. Während Griechenland Lohnkosten von knapp 15 Euro je Stunde aufweist, begnügen sich seine angrenzenden EU-Nachbarn Rumänien und Bulgarien mit etwa drei bis vier Euro, und der unmittelbare Wettbewerber Türkei hat Lohnkosten von 5,50 Euro pro Stunde. Griechenland wird in absehbarer Zeit nicht in der Lage sein, eine reale Abwertung im Euro zu realisieren, die diese Nachteile auch nur halbwegs ausgleichen. Wie in Abbildung 4.9 gezeigt wurde, hat es zwar schon um etwa 5% real abgewertet, aber das ist je nach Rechnung nicht mehr als ein Viertel bis ein Siebtel des notwendigen Weges. Eine ähnliche Aussage gilt für Spanien, das bislang um ca. 6% real abgewertet hat. Portugal, dessen Löhne zweieinhalb- bis dreimal so hoch wie in Rumänien und Bulgarien sind, hat bislang praktisch noch gar nicht (1%) abgewertet und macht keinerlei Anstalten, seine Wettbewerbsfähigkeit zu verbessern. Es gibt zwar überall viel Reformgerede und von den Kommunikationsabteilungen der Regierungen und der EU erstellte Jubelberichte, doch hat sich die Verbesserung der Wettbewerbsfähigkeit noch nicht in harten Fakten niedergeschlagen.

Das Spektrum der Volkswirte, die es für unmöglich halten, reale Abwertungen des erforderlichen Ausmaßes durch Preissenkungen zu bewerkstelligen, reicht von Milton Friedman bis John Maynard Keynes. Wie in Kapitel 4 dargelegt, beziehen sich die Zweifel zum einen darauf, dass die Gewerkschaften sich dagegen sträuben, weil eine symmetrische Lohn- und Preissenkung in Tausenden, wenn nicht Millionen von Verträgen kaum orchestriert werden kann und keine Gewerkschaft die erste sein will, die Lohnkonzessionen akzeptiert. Zum anderen ist zu bedenken, dass viele Schuldner und Mieter durch Preissenkungen in den Konkurs getrieben würden, weil ihre Verträge meist langfristig sind und nur schwer angepasst werden können.

Das Einhalten von »Sparauflagen« im Zusammenhang mit neuen öffentlichen Krediten, was zunächst einmal politische Ruhe bringt, sollte man nicht mit einer realen Abwertung verwechseln, die allein die Wettbewerbsfähigkeit wiederherstellen kann. Obwohl die Sparprogramme als untragbar empfunden wurden, waren sie bislang nicht in der Lage, die nötigen Preissenkungen herbeizuführen, wie Abbildung 4.9 offenbarte. Sie waren ja auch in Wahrheit keine Sparprogramme im eigentlichen Sinne des Wortes, sondern stets nur Programme zur Verringerung und Begrenzung der Neuverschuldung. Durch tatsächliche Sparprogramme, die die Tilgung von Krediten aus dem laufenden Einkommen verlangen, könnte man zwar eine Deflation erzwingen. Aber dann würden die Gesellschaftssysteme der betroffenen Länder unter dem Druck der leeren Kassen womöglich zerbrechen und im Chaos versinken. Deutschlands Erfahrungen zur Zeit der Weimarer Republik, als die Preise von 1929 bis 1933 um 23% sanken, weil der Versailler Vertrag und der Dawes-Plan Deutschland verboten, den Goldstandard zu verlassen, sollten eine Warnung sein (vgl. Kapitel 4).

Die Alternativlösung, die viele, so wohl auch die EZB, im Auge haben, ist deshalb die Inflation im Kern Europas. Zu einem gewissen Grad ist eine solche Inflation zwar ökonomisch sinnvoll, doch schließt das Mandat der EZB, stabile Preise zu garantieren, eine solche Lösung im Grunde aus. Die scholastische Akrobatik der EZB, ihr Inflationsziel von 2% als Preisstabilität zu deklarieren, ist grenzwertig. Im Übrigen wird eine Inflation politisch schwer zu vermitteln sein, weil Deutschland hierfür sein Inflationstrauma überwinden müsste, das in der Hyperinflation von 1914 bis 1923 entstanden war, die damals zur Verarmung und Radikalisierung der Mittelklasse geführt hatte. So wird in Deutschland nur wenig Inflation möglich sein, vermutlich viel zu wenig, um die erforderliche Anpassung der relativen Preise im Euroraum in akzeptabler Zeit zu bewerkstelligen.

Davon abgesehen hat das in Kapitel 4 erwähnte japanische Beispiel gezeigt, dass es nicht einfach ist, Inflation zu generieren, selbst wenn man sie tolerieren würde. Als die japanische Immobilienblase 1990 platzte, gerieten die japanischen Banken in ernsthafte Schwierigkeiten. In den ersten Jahren konnten sie noch die Abschreibungsverluste verstecken, doch um das Jahr 1997 kam die Wahrheit ans Licht, als sehr viele Kredite fällig wurden und nicht bedient werden konnten. Damals gerieten 40% der Banken ins Straucheln und mussten entweder durch Fusionen oder staatliche Übernahme gerettet werden. Seit 1998 war die japanische Geldpolitik extrem locker gewesen, jedenfalls auf den ersten Blick. Die kurzfristigen Zinsen lagen seit diesem Jahr stets zwischen 0% und 0,5%.[53] Außerdem realisierte Japan das größte keynesianische Schuldenprogramm aller Zeiten, um die fehlende private Nachfrage durch staatliche zu ersetzen. Die Schuldenquote stieg von

69% des BIP im Jahr 1990 auf 246% im Jahr 2014. Und dennoch gab es eine Deflation. Von 1998 bis 2013 fiel das Preisniveau des BIP in jedem einzelnen Jahr und erst 2014 kam es wieder zu einem Anstieg um 1,7%. Der japanische BIP-Deflator lag 2013 auf demselben Niveau wie 1980. Die Deflation war leider ökonomisch sinnlos, denn da Japan nicht in einem Währungsverbund steckt, sondern einen flexiblen Wechselkurs hat, konnte sie prinzipiell nicht zur Verbesserung der Wettbewerbsfähigkeit der japanischen Wirtschaft beitragen.

Das japanische Beispiel zeigt, dass die EZB möglicherweise gar nicht in der Lage sein wird, eine Inflation im Euroraum zu erzeugen, und sich stattdessen darum bemühen muss, die europäische Wirtschaft nicht in eine Deflation abgleiten zu lassen. Eine deflationierende Ökonomie hat einen unersättlichen Appetit auf Liquidität und kann mit mehr Geld kaum am Deflationieren gehindert werden. Seit Alvin Hansen, einem Zeitgenossen von Keynes, machen sich Ökonomen Sorgen um dieses Problem.[54]

Wenn es der EZB nicht gelingt, den Kern der Eurozone in die Inflation zu treiben, sieht es düster für die überteuerten Krisenländer Südeuropas aus. Dann verbleiben als Handlungsoptionen nur noch die Dauerfinanzierung der chronischen Leistungsbilanzdefizite durch andere Länder oder der Austritt aus der Währungsunion.[55] Über die Gefahren eines Dauertransfers, von der »Holländischen Krankheit« (vgl. Kapitel 4) bis hin zu Ansteckungseffekten auf andere Länder (vgl. Kapitel 8), die dann genauso behandelt werden wollen, ist in diesem Buch genug gesagt worden. Die Dauertransfers machen Länder abhängig, die falschen Preisvektoren werden zementiert und die Länder werden nie wieder wettbewerbsfähig. Die negativen Erfahrungen mit der deutschen Wiedervereinigung und dem italienischen *Mezzogiorno*, die trotz ihres fortwährenden Transfers bislang noch keine wettbewerbsfähigen und wirtschaftlich selbständigen Regionen hervorgebracht haben, sollten warnende Beispiele sein.[56]

Die katastrophalen Entwicklungen auf den südeuropäischen Arbeitsmärkten, die bereits in Kapitel 1 skizziert wurden, legen die These nahe, dass eine solche Transferstrategie nur eine teure Sackgasse ist. Wie in den Tabellen 9.1 und 9.2 dargelegt, hat Griechenland bis zum Juni 2015 öffentliche Kredite von rund 344 Milliarden Euro oder 192% des BIP erhalten. Das entspricht dem 37-Fachen der Marshall-Plan-Hilfe, die Deutschland nach dem Zweiten Weltkrieg gewährt wurde.[57] Daneben hat der griechische Staat von einem offenen Schuldenschnitt zulasten seiner privaten Auslandsgläubiger von rund 65 Milliarden Euro oder 36% des BIP von 2014 (105 Milliarden Euro inklusive einheimischer Investoren) profitiert. Außerdem kam er in den Genuss eines impliziten Schuldenschnitts in Form eines Zinsverzichts anderer Staaten in Höhe von 43 Milliarden Euro oder 24% des BIP von 2014.

All dies hielt den Patienten zwar am Leben, konnte ihn aber bislang nicht heilen. Die griechische Arbeitslosenquote vom Mai 2015 war doppelt so hoch wie jene vom Mai 2010, als die offizielle Rettungspolitik ihren Anfang nahm (vgl. Abbildung 1.2). Nun ist es wirklich an der Zeit, die Therapie neu zu überdenken.

Einzig der Austritt und die Abwertung der neuen Währung bieten eine schnelle Möglichkeit, die Wettbewerbsfähigkeit ohne Aufstände und Unruhen wiederherzustellen. Auf der Basis von Daten, die von Reinhart und Rogoff zur Verfügung gestellt wurden, kommt das ifo Institut nach der Untersuchung von 71 Währungskrisen zu dem Ergebnis, dass sich die Leistungsbilanz des abwertenden Landes bereits ein bis zwei Jahre nach einer externen Abwertung sehr stark verbessert und dass dann auch die Wirtschaftsleistung schon wieder zunimmt.[58] Das Exportwachstum liegt typischerweise schon im dritten Jahr um zwei Prozentpunkte über dem Vorkrisentrend.

Auch drei vom ifo Institut erstellte Fallstudien, die sich auf die argentinische Abwertung des Jahres 2002, die thailändische des Jahres 1977 und die italienische des Jahres 1992 beziehen, belegen die rasche Genesung der Wirtschaft nach einem Währungsschnitt. In Argentinien fing die Wirtschaft schon zwei Quartale nach der Abwertung wieder an zu wachsen und in Thailand nach sechs Quartalen. Auch Italien, wo sich der Abwertungsprozess über einen längeren Zeitraum erstreckte, kam alsbald wieder in die Gänge. Alle drei Länder hatten schon ein Jahr nach dem Beginn der Abwertung wieder Leistungsbilanzüberschüsse.

Zum Austritt kann und sollte man dennoch kein Land drängen. Die Entscheidung darüber obliegt allein den nationalen Regierungen und Parlamenten der betroffenen Länder. Aber umgekehrt kann man auch nicht zulassen, dass die Länder, die den Austritt nicht wagen oder rundweg ablehnen, wie selbstverständlich davon ausgehen, stattdessen von den anderen Staaten dauerhaft alimentiert zu werden. Die Mitgliedschaft im Euro beinhaltet nicht das Recht, durch Transfers gestützt zu werden, wenn man nicht mehr wettbewerbsfähig ist. Die Rechtslage ist durch das Beistandsverbot des Maastrichter Vertrages eindeutig geregelt.

So gesehen ist die Entscheidung der Staatengemeinschaft, Griechenland in einem dritten Hilfsprogramm abermals mit 86 Milliarden Euro zur Seite zu stehen, aus ökonomischer Sicht schwer verständlich. Pro Privathaushalt hatte Griechenland zuvor schon 81.000 Euro bekommen. Zieht man von den neuen Hilfen jenen Betrag (54 Milliarden Euro) ab, der für die Bedienung alter Kredite gedacht ist, kommt man auf eine Gesamthilfe von knapp 89.000 Euro pro Haushalt.

Der Verbleib in der Eurozone mit permanenten Rettungsgeldern hilft den betroffenen Ländern nicht wirklich. Während dies die Vermögenden in diesen Ländern, die Staatsanleihen und andere Wertpapiere halten, vor Verlusten schützt und die Kreditfinanzierung von Staatsausgaben weiter ermöglicht, profitiert die breite Bevölkerung von einer solchen Politik kaum. Insbesondere die Arbeitslosen gehören zu den Leidtragenden einer solchen Politik. Wenn junge Leute nicht in den Arbeitsmarkt eintreten und einen Ausbildungsberuf lernen können, hat dies dauerhaft negative Auswirkungen auf ihr gesamtes Leben. Eine verlorene Generation von Griechen, Portugiesen und Spaniern könnte das Resultat des verzweifelten Versuchs werden, Länder in der Eurozone zu belassen, obwohl sie nicht wettbewerbsfähig sind.

Angesichts der katastrophalen Lage, die der Euro in einigen Ländern mit sich gebracht hatte und die sich trotz der Hilfe der Staatengemeinschaft kaum verbessert, stellt sich die Frage, wie lange die Bevölkerung dieser Länder den Kurs der Eurozone noch mitträgt. Wie lange werden die jungen Leute in Griechenland und Spanien noch akzeptieren, dass jeder zweite Schulabgänger ohne Arbeit bleibt – noch ein Jahr, noch fünf Jahre, noch zehn? Man weiß es nicht. Die Parlamente werden sich im Endeffekt nicht vor weitreichenden politischen Sozialreformen mit Lohnkürzungen, wenn nicht sogar vor der Entscheidung über einen Austritt aus der Eurozone drücken können.

Einem Land, das in dieser Situation den Austritt wagt, sollte die Staatengemeinschaft helfen, um die absehbaren sozialen Lasten abzufangen, die anfallen, wenn die Schulden der Banken umstrukturiert werden müssen. So kann man den Kleinsparern helfen, indem man ihnen kleinere Abschreibungsverluste zumutet als den Großinvestoren, die ihr Geld den Banken geliehen haben. Auch sollte man ein Notprogramm zur Sicherung der Gesundheits- und der Energieversorgung der Bevölkerung auflegen, das die absehbare Verteuerung der Importe abfängt.

Vor allem sollte man dem Austritt das Stigma der dauerhaften Trennung nehmen und ihn in geordneter Form ablaufen lassen. Das kann am besten geschehen, indem man eine offene Währungsunion schafft, die nach einem Austritt den Status einer assoziierten Mitgliedschaft mit einer Rückkehroption kennt.[59] Das assoziierte Mitglied hat den Vorteil, dass es den Wechselkurs rasch verändern kann, um seine Wettbewerbsfähigkeit wiederherzustellen, ohne dass es dazu einen viele Jahre währenden Kampf mit den Gewerkschaften und Interessengruppen durchstehen muss, der mit einer ökonomischen Stagnation und einer Massenarbeitslosigkeit einhergeht und das Staatswesen ins Wanken bringen könnte.

Dabei kann die Eurozone das schon existierende Regime des *EWS II* nutzen. Das EWS II ist der Nachfolger des EWS I, des Festkurssystems, dem formal alle Währungen der EU mit Ausnahme der neuen EU-Mitglieder aus Osteuropa von 1979 bis Ende 1998 angehörten. Das EWS I wurde mit der Euroeinführung am 1. Januar 1999 durch das EWS II abgelöst, das als Übergangssystem für Länder gedacht ist, die dem Euro später beitreten wollen. Alle Länder, die seit dem Jahr 2000 dem Euro beitraten, sind durch das EWS II gegangen. Seitdem Litauen zum Jahresbeginn 2015 den Euro einführte, gehört ihm derzeit nur noch Dänemark an. Die Bedingung für den Übertritt vom EWS II in die Vollmitgliedschaft ist eine zweijährige »spannungsfreie« Teilnahme am Wechselkursmechanismus, wobei sich der Wechselkurs, unterstützt durch EZB-Interventionen, in einer Bandbreite von maximal 15% um einen vorher festzulegenden Basiskurs bewegen muss. Dieses System könnte auch die Funktion übernehmen, ehemalige Vollmitglieder des Eurosystems, die den Euroraum verlassen haben, vorübergehend zu beherbergen, um sie nach einer Übergangsphase wieder in die Eurozone zu integrieren.

Ausgestattet mit solchen Regeln könnte sich die Eurozone in eine »atmende Währungsunion« verwandeln: in ein Währungssystem zwischen dem US-Dollar und dem Festkurssystem à la Bretton Woods, das die Länder des Westens in der Nachkriegszeit miteinander verband. Ein System wie in den USA ist zwar erstrebenswert, doch wie im letzten Abschnitt noch diskutiert wird, fehlt derzeit der politische Wille, einen föderalen Staat zu errichten. Solange das nicht passiert, benötigt Europa eine Währungsunion mit einer gemeinsamen Währung, die flexibler gestaltet ist als das US-System, aber mehr Verbindlichkeit und Persistenz signalisiert, als ein bloßes Festkurssystem mit unterschiedlichen Währungen.

In der politischen Diskussion über die Zukunft Griechenlands im Frühjahr und Sommer 2015 ist oftmals behauptet worden, ein Austritt des Landes werde zu Chaos, einem Bank-Run und einer Kapitalflucht führen, der das Land zusammenbrechen lasse, und tatsächlich trat beides ein. Aber es trat ein, als Griechenland im Euro war, weil das Bankwesen und der Staat bankrott waren, und nicht etwa nach einem Austritt. Der Rettungsschirm EFSF hat die Insolvenz Griechenlands am 3. Juli festgestellt.[60] Auch der Stopp der ELA-Kredite durch den EZB-Rat am 28. Juni 2015 und die anschließend sofort von der griechischen Regierung verhängten Kapitalverkehrskontrollen waren Ereignisse, die allenfalls wegen der Erwartung des Austritts stattfanden.[61] Während der faktische Konkurs zum Chaos führte, hätte der Austritt selbst eine Erleichterung und Rettung bedeutet, denn die nachfolgende Abwertung der neuen Währung hätte sich sehr rasch stabilisierend ausgewirkt. Das wäre über drei Effekte zustande gekommen.

Erstens wäre das Fluchtkapital mindestens teilweise nach Griechenland zurückgekommen. Reiche Griechen hätten ihr Geld aus dem Ausland zurückgeholt, um die durch die Abwertung billig gewordenen Immobilien zu erwerben und zu renovieren. Das hätte einen Bauboom ausgelöst und neue Stellen in der griechischen Bauwirtschaft geschaffen, ähnlich wie es 1992 nach der Lira-Abwertung in Italien der Fall war. Und vielleicht hätte man nicht nur Villen renoviert, sondern auch neue Fabriken gebaut, deren Betrieb bei den niedrigeren Löhnen nun rentabel gewesen wäre. Dann hätte es nicht nur beim Bau der Fabriken neue Stellen für die Bauarbeiter, sondern auch noch neue Stellen für Fabrikarbeiter gegeben. Die Kapitalverkehrskontrollen, die Griechenland verhängte, um die Kapitalflucht zu verhindern, hätten sofort nach dem Austritt aufgehoben werden können, weil keiner mehr hätte fliehen wollen.

Zweitens hätten sich die Verbraucher von der teurer werdenden Importware abgewandt und hätten ihre Nachfrage wieder auf die heimischen Produkte ausgerichtet. Das hätte die Landwirtschaft, das Nahrungsmittelgewerbe, die Textilwirtschaft und das lokale Handwerk belebt. Vielleicht wäre sogar die ehemals florierende Baumwollwirtschaft zu neuer Blüte gelangt.

Drittens wären die Touristen aus anderen Ländern, so insbesondere der Türkei, die praktisch identische Bedingungen bietet, nach Griechenland zurückgekehrt.

Grundsätzlich richtig ist das in dem Zusammenhang vorgebrachte Argument, dass die Euromitgliedschaft bei einem Grexit auch für andere Länder zur Disposition gestanden hätte und der Euro seinen Nimbus als ewiges Bündnis verloren hätte. Das war aus der Sicht derer, die den Euro als Hebel zur Schaffung einer europäischen Transferunion sehen, eine große Gefahr. Es war der Grund dafür, dass sie alle Hebel in Bewegung setzten, um den Austritt in letzter Sekunde noch zu verhindern. Doch in Wahrheit wäre der Grexit von Vorteil für die Stabilität des Eurosystems gewesen, weil damit klar gemacht worden wäre, dass man sich im Euro nicht alles erlauben kann, dass es Budgetbeschränkungen gibt, die eingehalten werden müssen, und dass deren dauerhafte Verletzung zum Verlust der Mitgliedschaft führt. Die Zerstörung des Nimbus des ewigen Bündnisses hätte andere Länder mit unsoliden Finanzen und einer fehlenden Wettbewerbsfähigkeit in den Fokus der Finanzmärkte gerückt, ihre Zinsen erhöht und sie veranlasst, die Finanzmärkte durch Sparmaßnahmen und Steuererhöhungen von der Ernsthaftigkeit der eigenen Reformbemühungen zu überzeugen.[62]

Das könnte einer der Gründe gewesen sein, warum auch Bundesfinanzminister Wolfgang Schäuble sich im Sommer 2015 für einen temporären Austritt Griechenlands aus der Währungsunion ausgesprochen hat. Er hatte die Austrittsoption erstmals offiziell in ein Dokument der Finanzminister der Eurozone für die Weiterbehandlung auf dem EU-Gipfeltreffen vom 12./13. Juli eingebracht,[63] über das das griechische Parlament am 15. Juli abstimmen sollte. Viele dachten damals, er habe das aus taktischen Gründen getan, um Griechenland gefügig zu machen. Doch wiederholte Schäuble seinen Vorschlag auch noch, nachdem François Hollande und Angela Merkel am Morgen des 13. Juli gegen Ende des Gipfeltreffens ein neues Verhandlungsergebnis mit Alexis Tsipras erzielt hatten.[64] Schäuble hatte den Finanzministern eine mindestens fünfjährige Unterbrechung der Euromitgliedschaft Griechenlands vorgeschlagen, falls es zu einem Schuldenschnitt komme, weil ein Schuldenschnitt für Eurostaaten nicht mit dem Beistandsverbot des Maastrichter Vertrages kompatibel sei.[65] Dass er bei seiner Meinung blieb, obwohl nun die Sache bereinigt schien, hat zu erheblichen Irritationen in den Hauptstädten Südeuropas und in Brüssel geführt.[66] Doch liegt gerade darin der Beweis, dass die Exit-Option eine wichtige Disziplinierungswirkung auf die anderen Länder der Eurozone ausüben kann. Letztlich geht es um die Frage, ob das Eurosystem den schwächeren Mitgliedsländern in Südeuropa die Garantie für eine Angleichung ihres Lebensstandards gibt, die notfalls mit unbegrenzten Rettungs- und Transfersystemen bewirkt wird, oder ob es die Währungsunion mit selbstverantwortlich handelnden Euroländern bleibt, wie sie der Maastrichter Vertrag vorsieht.

DAS PROZEDERE DES AUSTRITTS

In der Praxis könnte ein geregelter Austritt folgendermaßen aussehen: Erst muss man die neue Währung im Geheimen vorbereiten und sie an einem Wochenende, wenn die Banken geschlossen sind, per Gesetz als neues gesetzliches Zahlungsmittel einführen. Alle Kontobestände und alle mit Inländern bestehenden Kontrakte, die auf Euro lauten, seien es Lohn-, Miet- oder Schuldkontrakte, Rentenansprüche oder auch nur Preislisten, bleiben mit ihren Zahlenwerten erhalten, doch werden die Eurozeichen durch das Symbol für die neue Währung ausgetauscht.

Sicherlich wird die neue Währung, die zunächst nur virtuellen Charakter hat, sofort unter enormen Abwertungsdruck kommen. Die Prognosen beziffern die zu erwartende Abwertung im Falle Griechenlands auf die Hälfte bis zu zwei Dritteln.[67] Aber der Wechselkurs wird sich im Laufe der Jahre auf einem stabileren Niveau einpendeln. Wenn er hinreichend stabil ist, kann das Land formell in das EWS II eintreten. Auch dort darf der Wechselkurs noch schwanken, aber nur noch innerhalb der Bandbreite. Da die EZB gehalten ist, durch Interventionen mitzuhelfen, wird es dem Land gelingen, diese Bedingungen einzuhalten. Im Übrigen muss es die anderen für den Wiedereintritt üblichen Bedingungen erfüllen, so insbesondere hinreichend geringe Abweichungen beim Zins und bei der Inflation vom Durchschnitt der Eurozone sowie die Einhaltung der Maastricht-Schuldenkriterien.

Sinnvoll wäre es, dem Land vor dem Beitritt zum EWS II Reformen abzuverlangen, die sicherstellen, dass es auch über die institutionellen Rahmenbedingungen verfügt, die eine erfolgreiche Rückkehr in den Euroverbund versprechen. Die Hoffnung, damit in den Euro zurückkehren zu können, wird manche politischen Kräfte des ausgetretenen Landes von der Notwendigkeit von Reformen überzeugen.

Natürlich würde es allerlei technische Probleme geben, deren Lösung bereits vor dem Ereignis von einer geheim tagenden Arbeitsgruppe vorbereitet werden muss. So konnte der griechische Finanzminister Varoufakis zu dem Zeitpunkt, als er der Regierung am Abend nach dem Referendum, am 6. Juli 2015, seine Grexitpläne bekanntgab, bereits auf die Pläne einer solchen Arbeitsgruppe zurückgreifen, die seit dem Antritt der Regierung Tsipras mit dessen Wissen alles minutiös vorbereitet hatte. Wie Varoufakis später in Interviews erklärte, wollte er die griechische Zentralbank »kapern« (sie ist in Griechenland eine private Aktiengesellschaft und keine öffentlich-rechtliche Körperschaft), der Kontrolle der EZB entziehen und der griechischen Regierung unterstellen.[68] Ferner wollte er das bereits existierende System staatlicher Steuerkonten nutzen, um es für eine virtuelle Parallelwährung für elektronische Zahlungsvorgänge zu nutzen.[69]

Ob es weise war, den Weg nur mittels einer Parallelwährung zu planen, sei dahingestellt, denn damit werden die Lohn-, Miet- und Kreditkontrakte noch nicht umgestellt und können somit auch nicht abgewertet werden. Das aber ist die Grundvoraussetzung dafür, dass die Abwertung dem Land Entlastung bietet und dass es die Chance hat, wieder wettbewerbsfähig zu werden. Ohne den Übergang zu einer echten eigenen Währung, die neues gesetzliches Zahlungsmittel wird, hätte der Coup nicht gelingen können. Eine Parallelwährung von der Art, wie sie Varoufakis zunächst einführen wollte, hätte den Staat zahlungsfähig gehalten, doch ansonsten noch nicht viel erreicht. Es ist aber anzunehmen, dass Varoufakis das alles wusste und nur aus taktischen Gründen zunächst nur eine Parallelwährung propagierte, denn er wusste, dass die griechische Bevölkerung den Euro behalten wollte, und suchte nach einer Gelegenheit, den »schwarzen Peter« anderen Regierungen zuzuschieben. Dass Griechenland nach einer Übernahme seiner Zentralbank durch die Regierung noch im Euroverbund hätte bleiben können, konnte er realistischer Weise nicht erwarten.

Ein wichtiges Problem stellt die Umstellung der Banknoten dar. Heutzutage werden zwar viele Zahlungsvorgänge elektronisch ausgeführt. Daher würde allein schon die Umstellung der Bankkonten einen Großteil der erforderlichen Aufgaben bewerkstelligen. Trotzdem sind Banknoten in den meisten Volkswirtschaften von großer Bedeutung für das Alltagsleben, vor allem in Südeuropa, wo der Schwarzmarkt floriert. Die Umstellung der Banknoten ist der schwierigste Teil des Austritts. Grundsätzlich gibt es dafür drei Möglichkeiten.

Erstens kann die Notenbank versuchen, die alten Euronoten einzusammeln und in die neue Währung umzutauschen. Wenn der Euro als solcher im Rest der Eurozone erhalten bleibt, setzt das aber eine dauerhafte Devisenbewirtschaftung, Grenzkontrollen und viel Bürokratie voraus, denn natürlich wird jeder versuchen, seine Euros zu verstecken und heimlich außer Landes zu bringen. Dieser Weg ist nicht praktikabel.

Zweitens könnte man alle Euronoten im gesamten Euroraum außer dem Austrittsland in einer begrenzten Frist in neue Banknoten umtauschen und die alten Noten nur noch zum Umtausch in die neue Währung zulassen (beziehungsweise die in den anderen Ländern vorhandenen Banknoten mit fälschungssicherer und automatenlesbarer Tinte abstempeln und die nicht abgestempelten Noten umtauschen). Die Devisenkontrollen brauchen dann nur bis zum Ende der Umtauschfrist bestehen bleiben. Dieser Weg bietet sich an, wenn mehrere Länder austreten, doch beim Austritt eines kleinen Landes wie Griechenland kommt auch noch ein weiterer Weg in Frage.

Er besteht darin, dass man, drittens, den Euro als Parallelwährung behält, nachdem die neue Währung virtuell eingeführt wurde. Auch in Osteuropa oder der Türkei dienen Eurobanknoten als Parallelwährung zur jeweils eigenen Währung, die das gesetzliche Zahlungsmittel ist. Dann würde sich das Übergangsproblem erheblich vereinfachen, denn obwohl nun die neue Währung gesetzliches Zahlungsmittel ist und alle Preise, Löhne und Schuldkontrakte in ihr definiert sind, kann man Barzahlungen zum jeweiligen Tageskurs weiterhin mit Eurobanknoten durchführen. Bis zum Druck der neuen Banknoten lässt sich auf diese Weise der Bargeldverkehr aufrechterhalten. Man rechnet dann z. B. die Drachme-Preise zum herrschenden Kurs in Euros um und zahlt mit den Eurobanknoten, die sich ja noch im Besitz der Bevölkerung befinden. Jeder Tourist, der sich außerhalb des eigenen Währungsgebiets aufhält, handelt ähnlich. Außerordentlich wichtig ist bei dieser Lösung, dass der Staat, ähnlich wie es zu D-Mark-Zeit in Deutschland der Fall war, Kontrakte, insbesondere Kreditverträge, in Fremdwährungen verbietet, um zu verhindern, dass die Effekte der Währungsabwertung unterlaufen werden. Einer der Vorteile dieser Lösung wäre, dass es zu keinem Zeitpunkt einen Anreiz für die Bevölkerung gibt, Eurobanknoten zu horten oder außer Landes zu schaffen.

Die neuen, in eigener Regie ausgegebenen Banknoten würden in einem solchen Fall im Laufe der Zeit einen Teil der Eurobanknoten verdrängen, aber nur in dem Maße, wie diese Noten für Käufe außerhalb des eigenen

Währungsraums verwendet werden. Im Umfang der Eurobanknoten, die netto für Käufe von Gütern oder Vermögensobjekten in die anderen Euroländer diffundieren, werden dann die dort durch Refinanzierungskredite entstandenen Banknoten verdrängt, indem die Banken diese Refinanzierungskredite mit den ihnen zugeflossenen Banknoten zurückzahlen. Die ökonomischen Effekte sind ganz ähnlich wie jene, die die nördlichen Euroländer erfuhren, als die Banken das Buchgeld, das ihnen durch Überweisungsaufträge seitens der Südländer zugeflossen war, verwendeten, um die zuvor bezogenen Refinanzierungskredite zurückzuzahlen (vgl. Kapitel 6). Die Eurobanknoten, die einem Land nach einer Währungsumstellung belassen werden, müssten als Staatsschuld verbucht werden. Das ist normalerweise ein Betrag zwischen zehn und zwanzig Prozent des BIP.

Während also die technische Umstellung der Währung relativ unkompliziert ist, ergibt sich freilich ein größeres Problem bei den auf Euro lautenden Auslandsschulden. Doch das ist kein Sonderthema des Austritts. Wie schon in Kapitel 4 erläutert wurde, gibt es bezüglich der Auslandsschulden keinerlei Unterschied zwischen einer inneren Abwertung durch Preissenkungen und einer äußeren Abwertung nach der Einführung einer neuen Währung. Der Anstieg der Schuldenquote ist in beiden Fällen identisch. Und es sei auch noch einmal betont, dass es für die Gläubigerländer in ihrer Gesamtheit kein Nachteil ist, wenn abgewertet wird, weil dies die einzige Möglichkeit darstellt, das Land über eine verbesserte Außenhandelsbilanz wieder zahlungsfähig zu machen und sicherzustellen, dass überhaupt irgendwelche Mittel zur Bedienung der früheren Kredite zurückkommen. Der Weg zu einer Rückzahlung von Auslandsschulden führt immer über eine Abwertung und insofern immer über eine anfängliche Erhöhung der Schuldenquote.

Ein möglicher Weg, mit den Auslandsschulden eines ausscheidenden Landes umzugehen, besteht in der *Lex Monetae*, einer ungeschriebenen Regel, die immer wieder praktiziert wurde. Nach dieser Regel hat ein Land das Recht, seine Auslandsschuld in inländische Währung umzuwandeln, wenn sie nach nationalem Recht begeben wurde. Da der Schuldenschnitt von 2012 eine Restrukturierung der griechischen Schuld nach englischem Recht mit sich brachte, ist es heute allerdings zweifelhaft, ob die Lex Monetae noch für Griechenland anwendbar ist. Dieses Problem muss gelöst werden, indem die EU in einer Konkursordnung für Staaten die Regeln für eine Umstrukturierung der Auslandsschulden, in Verbindung mit einem temporären Austritt aus der Gemeinschaftswährung, festlegt und insofern die nach englischem Recht getroffenen Vereinbarungen ersetzt.

Manche befürchten, dass die Abwertung eine Inflation induziert, die die Vorteile der Abwertung für die Wettbewerbsfähigkeit sofort wieder zunichte macht.[70] Diese Befürchtung wäre zwar gerechtfertigt, wenn versucht würde, einem Land, das über gleichgewichtige Güterpreise verfügt, durch eine Abwertung einen Vorteil zu verschaffen. Jedoch liegen solche gleichgewichtigen Preise gerade bei den Problemländern der Eurozone nicht vor. Vielmehr sind diese Länder durch den inflationären Boom, den der Euro brachte, zu teuer geworden und stecken nun mit Preisen, die weit oberhalb des Gleichgewichtsniveaus liegen, im Euro fest. Soweit es eine nominale Lohn- und Preisstarrheit nach unten gibt, die Preis-Uhr also keinen Rückwärtsgang hat, führt der Weg zum Gleichgewicht zwingend über die äußere Abwertung, wenn der Rest der Eurozone nicht bereit ist zu inflationieren. So gesehen wird es eine kompensierende Inflation bei den einheimischen Waren nicht geben. Nur die Importgüter werden teurer, aber das ist genau der Effekt, den man für die Belebung der Nachfrage nach heimischer Ware braucht. Die äußere Abwertung würde nur dann zu einer Inflation der einheimischen Waren führen, wenn sie zu weit ginge und die Preise insofern unter ihr Gleichgewichtsniveau drücken würde, was aufgrund spekulativer Übertreibungen möglich ist. Netto gerechnet käme dann aber immer noch eine effektive Preissenkung bis auf das Gleichgewichtsniveau zustande. Eine überschießende, durch Spekulation zu weit getriebene Abwertung könnte im Übrigen durch Interventionen der griechischen Zentralbank und der EZB am Devisenmarkt verhindert werden.

Wenn die Abwertung und die notwendigen Reformen stattgefunden haben, ist nach einigen Jahren der Rückweg vom EWS II in die volle Euromitgliedschaft relativ leicht zu bewerkstelligen, weil das Problem des Banknotenumtauschs sich dann nicht mehr in ähnlicher Form stellt. Schließlich wird ja niemand seine nationale Währung verstecken wollen, wenn sie nach dem Umtausch nirgends mehr genutzt werden kann, sondern damit eilig zum Bankschalter laufen, um sie in Euro umzutauschen. Dem Land könnten daher genügend frische Euros gegeben werden, um den inländischen Liquiditätsbedarf zu bedienen, ohne eine Verbindlichkeit gegenüber dem Eurosystem zu begründen.

DER KARDINALFEHLER DER RETTUNGSPOLITIK

Die Möglichkeit der offenen Abwertung ist für die Funktionsfähigkeit des Eurosystems von vitaler Bedeutung. Auf der einen Seite benötigt das Eurosystem Feuerkraft, um Zahlungsbilanzprobleme mit frischer Liquidität aus der Druckerpresse lösen zu können und spekulative Attacken abzuwehren. Auf der anderen Seite braucht es harte Budgetbeschränkungen und Zinsspreizungen entsprechend der Kreditwürdigkeit eines jeden Mitgliedsstaats, um private und öffentliche Schuldenexzesse und Wirtschaftsblasen zu vermeiden. Beide Zielsetzungen lassen sich offenkundig innerhalb des Eurosystems, so wie es jetzt konstruiert ist, nicht miteinander vereinen.

Bislang hat die EZB den Zielkonflikt verneint und eine Randlösung verfolgt. Sie sah über die politischen und realwirtschaftlichen Fehlanreize künstlich verringerter Zinsen hinweg und gewährte den Ländern mit Zahlungsbilanzproblemen bei immer schlechteren Sicherheiten nahezu beliebigen Kredit aus der Druckerpresse. Das führte einerseits zu einer maximalen Beruhigung der Kapitalmärkte. Andererseits hatte es die Implikation, dass die Investoren in Antizipation dieser Politik immer aufs Neue den heutigen Krisenländern allzu leichtfertig die Kredite gaben, die dann die Inflation hervorriefen, unter deren Konsequenzen heute alle leiden.

Die Verfolgung dieser eindimensionalen Politik hat sich als Kardinalfehler der Rettungspolitik herausgestellt, denn wenn es rivalisierende Ziele gibt, aber nicht genug politische Instrumente, um sie allesamt erreichen zu können, dann sollte man Mittelwege gehen und Kompromisse suchen. Um von der Randlösung wegzukommen, sollten die fiskalischen Hilfen der Staatengemeinschaft begrenzt und durch die Möglichkeit der Selbsthilfe in Form eines temporären Austritts nebst offener Abwertung ersetzt werden. Eine Neustrukturierung der Eurozone mit einer Konkursordnung, die das Prozedere für Schuldenschnitte im Verein mit einem temporären Austritt aus der Währungsunion und einem anschließenden Wiedereintritt regelt, ist Gebot der Stunde. Nur so haben die betroffenen Länder überhaupt eine Chance auf wirtschaftliche Gesundung und nur so kann die Eurozone als Ganzes ihre chronische Zahlungsbilanzkrise überwinden.

Neben den ökonomischen gibt es auch politische Vorteile des temporären Austritts. Es wird eben niemand ausgeschlossen, keiner muss das Gefühl haben, dass ihm die Felle für immer davonschwimmen. Wenn man aufhört, den Austritt als Weltuntergang zu deklarieren, und ihn auf die Ebene der praktischen Politik zurückholt, lässt er sich beherrschen und zum Wohle der Mehrheit der Beteiligten gestalten, vielleicht mit Ausnahme des Wohles einiger Spekulanten. Er würde den Zusammenhalt Europas und die Basis für das friedliche Zusammenleben seiner Völker verstärken.

Ein Gebäude, das nur einen Eingang, aber keinen Ausgang hat, ist ein Gefängnis. Der Euro hat sich für südeuropäische Länder zu einem solchen Gefängnis verwandelt. Diese Länder wurden durch niedrige Zinsen hineingelockt, erfreuten sich vorübergehend eines dynamischen Wachstums und gerieten dann in eine inflationäre Kreditblase, die sie ihrer Wettbewerbsfähigkeit beraubte. Nun stehen sie vor dem gewaltigen und kaum lösbaren Problem, die notwendige reale Abwertung auf den Weg zu bringen. Eine atmende Währungsunion würde den Charakter des Eurogebäudes grundlegend ändern und aus ihm einen Ort machen, in dem man sich gerne aufhält und dessen Bewohner in Frieden miteinander auskommen.

DER WEG ZUR EINHEIT[71]

Das Motto der Vereinigten Staaten von Amerika lautet »E pluribus unum«: »Aus vielen das Eine«. Das Motto Europas ist »In varietate concordia«: »In der Vielfalt die Eintracht« oder in offizieller Übersetzung: »In Vielfalt geeint«. Deutlicher könnte man die Unterschiede zwischen dem amerikanischen und dem europäischen Modell kaum ausdrücken. Amerika wollte ein Schmelztiegel sein. Aus vielen ethnischen Zutaten sollte eine homogene Legierung, eine neue Nation gebildet werden. Man wandert zu, gibt die alte Nationalität mitsamt seiner Sprache an der Grenze ab und wird zum Amerikaner. Europa ist hingegen das über lange Zeiträume historisch gewachsene Mosaik aus unterschiedlichen Völkern und Kulturen, die sich nach einer wechselvollen Geschichte um gutnachbarschaftliche Beziehungen bemühen und über eine gemeinsame Geistestradition verfügen, die von den Wissenschaften bis zu den Religionen reicht. Hier bleibt man, wo man aufgewachsen ist, man spricht seine eigene Sprache und ist der Heimat verbunden. Es gibt kein europäisches Volk, sondern nur europäische Völker.

Angesichts dieser Unterschiede stellt sich die Frage, ob es sinnvoll ist, die Vereinigten Staaten von Europa überhaupt anzustreben. Viele lehnen die Vorstellung ab, weil es ihrer Meinung nach keine einheitliche europäische Identität geben könne. Da ein gemeinsames Staatswesen wie in den USA eine gemeinsame Sprache und eine gemeinsame Nationalität voraussetze, könne Europa auf absehbare Zeit nicht mehr als ein Staatenbund sein.[72]

Diese Sichtweise ist jedoch zu pessimistisch, denn im Herzen Europas beweist die Schweizer Konföderation, dass Menschen unterschiedlicher Sprachen friedlich und prosperierend in einer gemeinsamen Nation existieren können.[73] Die Schweiz entwickelte sich im Laufe der Zeit von einem militärischen Schutzbündnis zu einem dezentralen Staat mit starken Kantonen, einer begrenzten fiskalischen Macht im Zentrum und einer gemeinsamen Währung. Wie die USA gilt in der Schweiz das Prinzip des Beistandsverbots und es gibt nur geringe Transfers zwischen den einzelnen Kantonen. Bis zum heutigen Tag sind die gemeinsame Außenpolitik und die gemeinsame Armee die zentralen Stützpfeiler der Konföderation.

Die Errungenschaften der EU sollten nicht kleingeredet werden. Sie erlaubten es Europa, seine furchtbare Vergangenheit zu überwinden, und schufen eine lange Periode mit Frieden und Wohlstand, die nur wenige Menschen nach dem Weltkrieg für möglich gehalten hätten. Der gemeinsame Binnenmarkt hat eine bessere Arbeitsteilung mit Spezialisierungsgewinnen für jeden Einzelnen hervorgebracht. Kleine Länder haben insbesondere profitiert, da die Marktintegration ihnen half, ihre Größennachteile zu überwinden und an Skalenerträgen zu partizipieren, die vormals auf die großen Länder beschränkt waren. Das gemeinsame politische System half, wichtige rechtsstaatliche Grundsätze anzugleichen, und brachte allen praktische Vorteile, ohne die kulturelle Vielfalt einzuschränken. Dazu gehören das Recht, sich frei über die Grenzen zu bewegen, die Freiheit des Waren- und Dienstleistungsverkehrs, die Rechtssicherheit bei grenzüberschreitenden wirtschaftlichen Aktivitäten, eine Infrastruktur, die nicht an den Grenzen haltmacht, und, leider unterentwickelt, die Wahrung gemeinsamer Sicherheitsinteressen. Diese Vorteile haben eine so überragende Bedeutung im Leben vieler Europäer bekommen, dass es keine Veranlassung gibt, die europäische Integration als solche infrage zu stellen. Im Übrigen ist in der EU ein gutes Stück europäischer Identität herangewachsen, das man nicht gering schätzen sollte. Es haben sich Freundschaften über die Landesgrenzen hinweg gebildet, in vielen Berufen sind grenzüberschreitende Geschäftsbeziehungen entstanden, die die Menschen auch persönlich einander näherbrachten, und nicht zuletzt sind viele Ehen zwischen Partnern aus verschiedenen europäischen Nationen entstanden.

Sicher, das im Maastrichter Vertrag verankerte Subsidiaritätsprinzip besagt,[74] dass man die ökonomischen Entscheidungen der Menschen auf der tiefstmöglichen Ebene belassen soll, idealerweise sogar beim Individuum selbst. Nur in begründeten Ausnahmefällen sind die Entscheidungen auf eine kollektive Ebene zu heben, dort aber dann auch nur auf die jeweils niedrigste der möglichen Ebenen. Wenn nicht das Individuum entscheiden soll, dann die Familie; wenn nicht die Familie, dann die Gemeinde; wenn nicht die Gemeinde, dann das Land, wenn nicht das Land, dann der Bund – und erst ganz am Ende kommen die europäischen Institutionen. Nur in der Nähe der Basis ist nämlich das Problemwissen vorhanden, das man für sachgerechte Lösungen braucht, und nur wenn die Entscheidungen dort fallen, bleiben die Freiheitsrechte der Menschen gewahrt.

Indes gibt es genug begründete Ausnahmefälle, die der kollektiven Aktion bedürfen. Dazu gehört neben den genannten Problemfeldern im Bereich der Infrastruktur, der Verteidigung und der ökonomischen Grundfreiheiten vor allem die Regulierung wirtschaftlicher Aktivitäten, denn es gibt wenig Veranlassung für die Vermutung, dass sich aus einem Wettstreit unterschiedlicher Regulierungssysteme schon von ganz allein die besten Systeme herausbilden würden.[75]

Der Bereich der Bankenregulierung, der in Kapitel 8 diskutiert wurde, ist das zurzeit aktuellste Beispiel. Wenn die Ge- und Verbote, die die Banken bei ihrem Geschäft beachten müssen, auf nationaler Ebene festgelegt, die Geschäftsrisiken aber vergemeinschaftet werden, indem Gewinne und Verluste von Refinanzierungs- und Wertpapiergeschäften der europäischen Zentralbank geteilt werden, haben die nationalen Regulierungsbehörden und die nationalen Notenbanken stets einen Anreiz, zu lasche Standards zu setzen. Sie verfolgen eine zu generöse Kreditpolitik und stiften die Kreditnehmer geradezu zu exzessivem Risikoverhalten an. Die Vorteile der laschen Regulierung in Form einer Belebung der Wirtschaftstätigkeit liegen zuhause, während sich andere Ländern der Eurozone an den Verlusten beteiligen. Unter solchen Bedingungen degeneriert der Regulierungswettbewerb zu einem Laschheitswettbewerb oder einem »race to the bottom«, wie man im Englischen sagt.[76] Es gibt noch viele ähnliche Beispiele aus dem Bereich der Normen, der Wettbewerbspolitik oder der Besteuerung, die man hier ebenso anführen könnte und die auch wissenschaftlich in der Fiskalföderalismusliteratur untersucht wurden. Insofern sprechen viele grundsätzliche Erwägungen für eine weitere Vertiefung des europäischen Integrationsprozesses nach Schweizer Vorbild.

Die Gefahr eines solchen Weges liegt aber immer darin, dass kollektive Entscheidungsgremien nicht nur kollektive Leistungen erbringen, die für alle nützlich sind, sondern ihre persönliche Macht ausbauen und für die Umverteilung von Ressourcen zwischen den teilnehmenden Ländern missbrauchen. Gerade auch demokratische Gremien sind gegen diese Gefahr nicht immun. Sie erlauben es ganz im Gegenteil, dass Mehrheiten Minderheiten ausbeuten. Um dieser Gefahr zu begegnen, bedürfen sie stets besonderer Regeln zum Minderheitenschutz, zum Beispiel durch das Erfordernis der qualifizierten Mehrheit oder der Einstimmigkeit bei den Entscheidungen. Die fiskalischen Entscheidungen des EZB-Rates, die in diesem Buch untersucht wurden, sind ein besonders drastisches Beispiel für dieses Problem, denn es handelt sich dabei um einfache Mehrheitsentscheidungen – und im Falle von ELA-Krediten nicht einmal um Mehrheiten – eines nicht demokratisch besetzten Gremiums, die auf eine massive Vermögensumverteilung zwischen den Staaten Europas und von unbeteiligten Steuerzahlern hin zu weltweit geretteten Gläubigern hinauslaufen, die eigentlich auch selbst die Verantwortung für ihre Entscheidungen hätten treffen können.

Die Umverteilung als solche kann als kollektiver Vorteil aller Staaten begriffen werden, wenn sie den Charakter eines Versicherungsschutzes annimmt. Schließlich ist jede Versicherung ein System, das die Ressourcen von denen, die Glück hatten, auf die Pechvögel umverteilt. Für eine solche Interpretation ist es freilich erforderlich, dass die Entscheidung darüber unter dem Schleier des Unwissens getroffen wurde, also bevor die Würfel des Schicksals fielen und bevor man wusste, wer Glück und wer Pech haben würde.

Das ist bei den europäischen Umverteilungsentscheidungen von heute definitiv nicht der Fall, denn sie werden ja getroffen, nachdem der Schaden bereits eingetreten ist. Außerdem hatte man im Vorhinein, bei der Abfassung des Maastrichter Vertrages, mit dem Beistandsverbot nach Artikel 125 AEUV den Abschluss eines Versicherungsvertrages explizit verneint.[77]

Der im Euroraum eingeschlagene Weg zur Haftungsunion folgte aus der vorangegangenen Entscheidung des EZB-Rates, den Banken der Krisenländer exzessive Refinanzierungskredite zu gewähren, indem sie die Bonitätsanforderungen für die Pfänder auf Schrottniveau senkten, sowie aus der Entscheidung desselben Gremiums, selektiv die Staatsanleihen dieser Länder zu kaufen (mittels SMP und OMT). Beide Entscheidungen erzwangen anschließend die Ablösung der EZB-Kredite durch fiskalische Kredite der Staatengemeinschaft. Als die Parlamente der Euroländer schließlich, Jahre nach den Basisentscheidungen des EZB-Rates, auch gefragt wurden, hatten sie keine wirkliche Entscheidungsmöglichkeit mehr, wenn sie nicht den Systemzusammenbruch riskieren wollten. Die privaten Gläubiger der Staaten und Banken Südeuropas hatten sich zu dem Zeitpunkt bereits aus dem Staube machen können, weil ihre Forderungen mit dem Geld aus der Druckerpresse bedient wurden, und die Nationalstaaten waren in ihrer Eigenschaft als Eigentümer der nationalen Notenbanken bereits als neue Gläubiger an ihre Stelle gesetzt worden. Die Parlamente waren, als man sie später fragte, nur noch Erfüllungsgehilfen des EZB-Rates.

Dieser Gang der Ereignisse führt nicht zu einem Bundesstaat im eigentlichen Sinne des Wortes, nicht zu einem Bündnis von Gleichen, die sich in freier Entscheidung zusammentun und sich gegenseitig Schutz versprechen. Stattdessen führt er, wenn er überhaupt irgendwohin führt, zu einem Einheitsstaat, der unter Missachtung der Wünsche der Bevölkerung von einem unabhängigen, demokratisch nicht kontrollierten, aber mit großen Vollmachten ausgestatteten Gremium präjudiziert wurde.

Der Weg wird auch schon deshalb nicht zu den Vereinigten Staaten von Europa führen, weil ein Großteil Europas gar nicht mitmacht. Im Norden und im Osten fehlen die größten Länder und es ist mit ziemlicher Sicherheit davon auszugehen, dass sie sich auch niemals freiwillig in die vorbereitete Haftungsunion hineinbegeben werden. In Dänemark ist der Beitrittswunsch genauso erlahmt wie in Polen, und in der Tschechischen Republik wie in Schweden hat sich die ablehnende Haltung gegenüber dem Eurosystem noch verstärkt. Großbritannien denkt sogar über einen EU-Austritt nach. Die Behauptung, das Eurosystem lasse sich in die Vereinigten Staaten von Europa verwandeln, hat ihre Überzeugungskraft verloren. Der jetzt eingeschlagene Weg in die Eurohaftungsgemeinschaft wird die schon seit Jahren sichtbare Spaltung Mitteleuropas, an der Ostgrenze Deutschlands, weiter vertiefen. Es ist auch bezeichnend, dass viele EU-Politiker vor dem Grexit mehr Angst haben als vor dem Brexit, also dem Austritt Großbritanniens. Ein Europa ohne Großbritannien würde aber nicht in der ersten Weltliga spielen können.

Das ist das Problem mit den Kollektivierungsansätzen der europäischen Institutionen in dieser Krise. Man fordert Versicherungsschutz ein, ohne einen Vertrag geschlossen zu haben, weil man unter Missachtung der Formulierungen des Maastrichter Vertrages davon ausgeht, dass das Eurosystem schon implizit Ausdruck eines entsprechenden Vertrages sei. Davon kann aber nicht die Rede sein. Um solche weitreichenden Kollektivierungsmaßnahmen zu begründen, wie sie gefordert werden, hätte man einen starken gemeinsamen Bundesstaat gründen müssen, und zwar einen, dessen Bindungswirkung noch über die der Vereinigten Staaten oder die Schweiz hinausgeht, denn nicht einmal dort kennt man die Kollektivierung der Staatsschulden zwischen den Bundesstaaten oder Kantonen durch gemeinsame Rettungssysteme.[78]

Wer sich auf Hamilton bezieht und will, dass die noch soliden Staaten Europas die Altlasten der Krisenländer schultern, muss mit der Zustimmung der Bevölkerung erst den europäischen Bundesstaat gründen. Wenigstens müssen diejenigen, die heute zahlen, davon ausgehen können, dass ihre Kinder und Kindeskinder in hundert Jahren, wenn sie einmal ähnliche Hilfe benötigen, auf einen entsprechenden Schutz der anderen zählen können. Nur der gemeinsame Staat kann einen solchen glaubhaften langfristigen Versicherungsschutz begründen und sicherstellen, dass sich die Nettoempfänger von heute später nicht verweigern können, wenn sie um reziproke Leistungen gebeten werden. Die Verfassung eines solchen Staates ist der Versicherungsvertrag.[79]

Ein Bundesstaat braucht ein gemeinsames Rechtssystem, eine gemeinsame Armee zur Verteidigung nach außen und eine zentrale Gewalt, die die Nettozahler bei der Stange hält und die Nettoempfänger von Leistungen zu einem regeltreuen Verhalten zwingt. Man braucht eine gemeinsame Regierung, ein Parlament nach dem Ein-Mann-Eine-Stimme-Prinzip und eine zweite Kammer, die die einzelnen Länder repräsentiert. Ein Finanzausgleich und andere Systeme der Gemeinschaftshaftung können erst etabliert werden, wenn diese Voraussetzungen erfüllt sind, weil sie nur mit und nach der Staatengründung als gemeinsame Versicherung angesehen werden können. Je größer die Umverteilungsaufgaben sind, desto stärker sind die zentrifugalen Kräfte des Systems und desto stärker muss die Zentralgewalt sein, um alles zusammenzuhalten. Will man aus den Erfahrungen der Schweiz oder der USA lernen, so darf eine Schuldensozialisierung niemals Teil eines solchen Systems sein.

Es besteht in Europa heute leider außerhalb von Deutschland nicht die geringste Bereitschaft, einen solchen Bundesstaat zu gründen. Das gemeinsame Rechtssystem und die gemeinsame Armee werden nicht kommen, solange Europa nicht von äußeren Feinden bedroht ist, die den Zusammenschluss erzwingen. Um nichts in der Welt wird Frankreich einer Vergemeinschaftung seiner *force de frappe* zustimmen. Frankreich will die Fiskalunion, ein gemeinsames Parlament für die Eurozone, ein gemeinsames Budget und einen Finanzminister, der Eurobonds zur Finanzierung dieses Budgets ausgeben darf, weil das alles seine Absatzmärkte in Südeuropa stützt und den französischen Banken eine Chance gibt, das viele Geld, das sie dahin verliehen haben, zurückzuerhalten. Auch will es eine gemeinsame Arbeitslosenversicherung, damit die nördlichen Länder die Konsequenzen der fehlenden Wettbewerbsfähigkeit der südlichen abpuffern. Selbst eine europäische Kontrolle der nationalen Lohnsetzung wird angestrebt, um »ungerechtfertigte« Wettbewerbsvorteile einzelner Regionen zu unterbinden. Doch denkt die Führung in Frankreich nicht im Traum daran, den Schlüssel zu ihrer Atomstreitmacht einer demokratischen europäischen Kontrolle zu unterwerfen. Die EU wird deshalb vorläufig ein Staatenbündnis ohne starke Zentralgewalt bleiben.

Die EU war bislang auch ohne eine solche Zentralgewalt stabil, weil es keine erhebliche Umverteilung zwischen den Staaten gab. Das EU-Budget liegt ja nur bei einem Prozentpunkt des BIP der EU. Jeder hatte Vorteile und blieb freiwillig gerne dabei. Das scheinen viele zu vergessen, die jetzt in die Transferunion gehen wollen, ohne zugleich den Bundesstaat zu gründen, der allein in der Lage ist, die zentrifugalen und zerstörerischen Kräfte der Transferunion zu bändigen.

Wer noch mehr Umverteilung durch eine Fiskalunion fordert, sollte vor dem Schicksal der Sowjetunion gewarnt sein. Die Sowjetunion brauchte den Zwang, um den Zusammenhalt zu sichern, aber wie die Geschichte gezeigt hat, lag in diesem Zwang auch der Keim der Zerstörung. Die Sowjetunion war kein faires Versicherungssystem, das auf Gegenseitigkeit beruhte, bei dem sich jeder ausrechnen konnte, auch selbst einmal in den Genuss von Transfers seitens der anderen Staaten zu kommen.[80]

Nicht die Sowjetunion, sondern die USA und die Schweiz sollten das Vorbild für Europa sein. Die USA haben ihr System in einer über zweihundertjährigen Geschichte entwickelt. Nach den schwierigen Jahrzehnten am Anfang ist mittlerweile ein funktionsfähiges und faires System entstanden, das die freiheitlichen Grundrechte weitgehend gewährleistet, das auf eine Schuldenunion verzichtet und das deshalb auch ohne eine allzu strenge Zentralgewalt funktioniert.

Wer die Eurozone zu einer Transfer- und Schuldenunion entwickeln will, die sogar Staatskonkurse verhindern kann, muss wissen, dass er dafür mehr Zentralgewalt braucht, als in den USA oder der Schweiz verfügbar ist. In einem solchen System wäre für die Freiheit und das Selbstbestimmungsrecht der Länder nicht mehr viel Platz. In den USA und der Schweiz kann der Zentralstaat die Haushalte der Einzelstaaten und Kantone nicht wirksam begrenzen und deshalb überlässt er es den Einzelstaaten, selbst mit ihren Gläubigern ins Reine zu kommen, wenn sie sich übernommen haben, also letztlich in Konkurs zu gehen. So paradox es auch klingen mag, das Insolvenzrisiko ist ein stabilisierendes Element, das alles zusammenhält, weil es eine Schuldendisziplin hervorruft. Wenn Regionen zu viel Kredite aufnehmen, werden Investoren nach höheren Zinsen fragen und so quasi automatisch eine Schuldenbremse implementieren, die inflationäre Kreditblasen vermeidet, wie sie die Volkswirtschaften Südeuropas und Irlands heimgesucht haben. Ohne einen solchen, sich selbst korrigierenden Marktmechanismus zur Verhinderung von exzessiven Kapitalbewegungen wird die Währungsunion niemals in der Lage sein, sich zu stabilisieren. Politische Vereinbarungen unter souveränen Staaten werden nicht in der Lage sein, eine ähnliche Marktdisziplin wie die Kapitalmärkte durchzusetzen. Vorstellungen, man könne opportunistisches, missbräuchliches Verhalten in einer Schuldenunion bereits durch kleine Schritte wie die Begründung einer Fiskalunion mit einem europäischen Finanzminister verhindern, sind naiv.

Wer die Bildung des europäischen Bundesstaates mit einer Transfer- und Schuldenunion beginnen will, die nur durch politische Schuldenschranken begrenzt wird, treibt ein gefährliches Spiel. Er begibt sich auf einen Weg, der Konflikte und Gefahren heraufbeschwören wird, die alles andere als ein Beitrag zu einem friedlichen Miteinander sind, weil er zwischen benachbarten und befreundeten Staaten ein Gläubiger-Schuldner-Verhältnis aufbaut. Der natürliche Konflikt zwischen Gläubigern und Schuldnern, der bislang in Europa stets mit den Mitteln des Rechts auf der privaten Ebene aufgelöst wurde, wird damit auf die Ebene der Politik gehoben. Dieser Weg führt nicht zum erstrebten Ziel der Vereinigten Staaten von Europa, sondern ins Chaos und diskreditiert die europäische Idee. Er setzt die schon erreichte Zusammenarbeit und Integration fahrlässig aufs Spiel. Man leiht einem Freund kein Geld, weil er dann ein Freund gewesen ist. Diesen Grundsatz sollten auch die Europäer beherzigen.

Nicht die Romantiker sind die besseren Europäer, sondern diejenigen, die einen realistischen Weg suchen, der im Einklang mit dem freien Willen der Menschen und den Gesetzen der Ökonomie auf der Basis souveräner Entscheidungen der Parlamente begangen werden kann. Der Weg, der von technokratischen Gremien präjudiziert wird, die ihr Mandat überschreiten, erfüllt diese Bedingungen gerade nicht.

In den ersten Jahrzehnten ihrer Existenz haben die Vereinigten Staaten von Amerika gefährliche politische Fehler begangen, indem sie auf eine Vergemeinschaftung der Schulden setzten. Europa tut gut daran, diese Fehler nicht zu wiederholen. Wer die Vereinigten Staaten von Europa will, sollte die ökonomischen Funktionsprinzipien der Vereinigten Staaten von Amerika so kopieren, wie sie heute sind, und nicht die Fehler der Vergangenheit wiederholen. Dabei sollte er indes keine Zeit verlieren.

ANMERKUNGEN

1. W. Churchill, *Rede an der Universität Zürich*, 19. September 1946, <http://aei.pitt.edu/14362/1/S2-1.pdf>, und I. Traynor, »Crisis for Europe as Trust Hits Record Low«, *theguardian.com*, 24. April 2013, <http://www.theguardian.com/world/2013/apr/24/trust-eu-falls-record-low>.
2. Einige Wege beschreibt W. R. Cline, »Alternative Strategies for Resolving the European Debt Crisis«, in W. R. Cline und G. B. Wolff (Hrsg.), *Special Report 21: Resolving the European Debt Crisis*, Peterson Institute for International Economics, Bruegel, Washington, D.C., 2012, S. 197–234; G. B. Wolff, »The Euro Area Crisis: Policy Options Ahead«, in W. R. Cline und G. B. Wolff (Hrsg.), *Special Report 21: Resolving the European Debt Crisis*, a. a. O., 2012, S. 235–252; oder H. Uhlig, »Exiting the Eurozone Crisis«, *Präsentation anlässlich der Advantage Financial Conference in Mailand*, 13. Mai 2013, <http://home.uchicago.edu/~huhlig/papers/uhlig.milan.2013.pdf>.
3. E. C. Prescott, »The Transformation of Macroeconomic Policy and Research«, *Nobelpreisrede gehalten an der Stockholm Universität*, 8. Dezember 2004, S. 374, <http://www.nobelprize.org/nobel_prizes/economic-sciences/laureates/2004/prescott-lecture.pdf>; vgl. ebenfalls F. E. Kydland und E. C. Prescott, »Rules rather than Discretion: The Inconsistency of Optimal Plans«, *Journal of Political Economy* 85, 1977, S. 473–492.
4. A. Hamilton, J. Jay und J. Madison, »The Federalist: A Commentary on the Constitution of the United States«, in J. und A. McLean (Hrsg.), *The Federalist: A Collection of Essays Written in Favour of the New Constitution*, New York 1788, Nachdruck in *The Modern Library*, New York 2001.
5. R. E. Wright, »Cementing the Union«, *Financial History*, Frühjahr 2008, S. 14–18, insbesondere S. 15.
6. So auch der Sachverständigenrat zur Begutachtung der gesamtwirtschaftlichen Entwicklung, *Jahresgutachten 2013/14: Gegen eine rückwärtsgewandte Wirtschaftspolitik*, Wiesbaden, November 2013, insbesondere S. 146, wo es heißt: »Mit dem OMT-Programm gibt es kaum die Notwendigkeit, eine internationale Verteilung der Haftungsrisiken zu verhandeln, auf deren Basis die eigentlich in nationaler Verantwortung liegenden zentralen Handlungsfelder angegangen werden können. Dies betrifft Schuldner wie Gläubiger gleichermaßen. Damit ist eine Vergemeinschaftung von Risiken vollzogen.«
7. EU, »Konsolidierte Fassungen des Vertrags über die Europäische Union und des Vertrags über die Arbeitsweise der Europäischen Union«, *Amtsblatt der Europäischen Union* C 326, 26. Oktober 2012, <http://eur-lex.europa.eu/legal-content/DE/TXT/?uri=OJ:C:2012:326:TOC>, Artikel 125, S. 99.
8. Siehe J. Rodden, *Hamilton's Paradox: The Promise and Peril of Fiscal Federalism*, Cambridge University Press, New York 2006; T. Sargent, »United States Then, Europe Now«, *Nobelpreisrede gehalten an der Stockholm Universität*, 8. Dezember 2011, <http://www.nobelprize.org/nobel_prizes/economic-sciences/laureates/2011/sargent-lecture.html>; H. James, »Lessons for the Euro from History«, *Vortrag anlässlich der Konferenz »European Crisis: Historical Parallels and Economic Lessons« des Julis-Rabinowitz Center for Public Policy and Finance*, Princeton, 19. April 2012, <http://www.princeton.edu/jrc/events_archive/repository/inaugural-conference/Harold_James.pdf>; derselbe, »Alexander Hamilton's Eurozone Tour«, *Project Syndicate*, 5. März 2012, <http://www.project-syndicate.org/commentary/alexander-hamilton-s-eurozone-tour>; European Economic Advisory Group, *The EEAG Report on the European Economy: Rebalancing Europe*, CESifo, München 2013, <https://www.cesifo-group.de/DocDL/EEAG-2013.pdf>, Kapitel 4: »US Precedents for Europe«, S. 95–107.
9. Vgl. B. U. Ratchford, *American State Debts*, Duke University Press, Durham 1941, insbesondere S. 74f.

10 Siehe J. Rodden, *Hamilton's Paradox: The Promise and Peril of Fiscal Federalism*, a. a. O., 2006, insbesondere Kapitel 8; und A. Markiewicz, M. D. Bordo und L. Jonung, »A Fiscal Union for the Euro: Some Lessons from History«, *CESifo Delphi Conference*, Hydra, 23.–24. September 2012, ebenfalls erschienen als *NBER Working Paper* Nr. 17380, September 2011.
11 B. U. Ratchford, *American State Debts*, a. a. O., 1941, S. 89.
12 Ebd., S. 80.
13 Ebd., S. 85, insbesondere Fußnote 22.
14 Ebd., S. 98–100; vgl. ferner A. Grinath, J. J. Wallis und R. E. Sylla, »Debt, Default and Revenue Structure: The American State Debt Crisis in the Early 1840s«, *NBER Working Paper* Nr. 97, März 1997.
15 Ebd.; und W. B. English, »Understanding the Costs of Sovereign Default: American State Debts in the 1840's«, *American Economic Review* 86, 1996, S. 259–275.
16 H. James, »Lessons for the Euro from History«, a. a. O., 19. April 2012; vgl. ferner European Economic Advisory Group, *The EEAG Report of the European Economy: Rebalancing Europe*, a. a. O., 2013.
17 Vgl. A. Grinath, J. J. Wallis und R. E. Sylla, »Debt, Default and Revenue Structure: The American State Debt Crisis in the Early 1840s«, a. a. O., März 1997; vgl. ferner J. von Hagen, »Monetäre, fiskalische und politische Integration: Das Beispiel der USA«, *Bankhistorisches Archiv Beiheft* 30, 1996, S. 35–51; derselbe, »Monetary Union and Fiscal Union: A Perspective from Fiscal Federalism«, in P. R. Masson und M. P. Taylor (Hrsg.), *Policy Issues in the Operation of Currency Unions*, Cambridge University Press, Cambridge 1993, S. 264–296.
18 Für Minnesota vgl. K. Dolak, »Minnesota Government Shuts Down Amid Debt Fallout«, *abcNews*, 1. Juli 2012, <http://abcnews.go.com/Politics/minnesota-government-shuts-amid-debt-fallout/story?id=13973572>; und für Illinois, vgl. State Budget Crisis Task Force, *Report of the State Budget Crisis Task Force*, Illinois Report, Oktober 2012, <http://www.statebudgetcrisis.org/wpcms/wp-content/images/2012-10-12-Illinois-Report-Final-2.pdf>.
19 Vgl. K. Dolak, »Minnesota Government Shuts Down Amid Debt Fallout«, a. a. O., 1. Juli 2012.
20 Vgl. J. Erbentraut, »Quinn to Announce Thousands of Layoffs, Facility Closures«, *Huffington Post*, 6. September 2011, <http://www.huffingtonpost.com/2011/09/06/quinn-to-announce-thousan_n_950654.html>.
21 Vgl. ferner C. Chantrill, »Comparison of State and Local Government Spending in the United States. Fiscal Year 2014«, *US Government Spending*, <http://www.usgovernmentspending.com/compare_state_spending_2014pH0D>.
22 F. Van Riper, »Ford to New York: Drop Dead. Vows He'll Veto Bail-Out in Speech Attacking City«, *Daily News*, 30. Oktober 1975.
23 Die Steuereinnahmen der Stadt New York wurden zu dem Zweck zu Steuereinnahmen des Staates erklärt und einer eigens dafür gegründeten Gesellschaft, der Municipal Assistance Corporation (MAC), als Sicherheit bei der Ausgabe von Wertpapieren, die der Finanzierung der Stadt dienten, übertragen. Vgl. L. Capodilupo, »Municipal Assistance Corporation for the City of New York (MAC)«, *William and Anita Newman Library and Baruch College*, City University of New York, April 2002, <http://newman.baruch.cuny.edu/digital/2003/amfl/mac/mac_finding_aid_index.htm> und R. Dunstan, »Overview of New York City's Fiscal Crisis«, *California Research Bureau Note* 3, Nr. 1, 1. März 1995, S. 4, <http://www.library.ca.gov/crb/95/notes/V3N1.PDF>.
24 T. Barghini und C. Parsons, »Factbox: Recent U.S. Municipal Bankruptcies«, *Reuters*, 18. Juli 2013, <http://www.reuters.com/article/2013/07/18/us-usa-detroit-cities-factbox-idUSBRE96H1BR20130718>.
25 M. De Angelis und X. Tian, »United States: Chapter 9 Municipal Bankruptcy – Utilization, Avoidance and Impact«, in O. Canuto und L. Liu (Hrsg.), *Until Debt Do Part Us: Subnational Debt, Insolvency and Markets*, World Bank Publications, Washington 2013, S. 311–351, insbesondere S. 312.

26 American Bankruptcy Institute, Statistics from the Administrative Office of the U.S. Courts, *Chapter 9 Filings (1980-Current)*, <http://www.abi.org/newsroom/bankruptcy-statistics>; und United States Courts, Statistics, *Bankruptcy Statistics, 2013 Bankruptcy Filings, Filings by Chapter and Nature of Debt, by District (Tabelle F-2)*, <http://www.uscourts.gov/Statistics/BankruptcyStatistics/2013-bankruptcy-filings.aspx>.
27 M. Dolan, »Record Bankruptcy for Detroit«, *wsj.com*, 19. Juli 2013, <http://online.wsj.com/article/SB10001424127887323993804578614144173709204.html>.
28 J. Kornai, »›Hard‹ and ›Soft‹ Budget Constraint«, *Acta Oeconomica* 25, 1980, S. 231–246.
29 H. Schlesinger, »Die Zahlungsbilanz sagt es uns«, *ifo Schnelldienst* 64, Nr. 16, 31. August 2011, S. 9–11, insbesondere S. 11.
30 Vgl. Kapitel 5, Abschnitt: »Notkredite«, und Kapitel 8, Abschnitt: »Das Haftungsrisiko der Geberländer«.
31 Vgl. M. Dewatripont und J. Tirole, *The Prudential Regulation of Banks*, MIT Press, Cambridge 1994, sowie H.-W. Sinn, *Ökonomische Entscheidungen bei Ungewißheit*, J. C. B. Mohr (Paul Siebeck), Tübingen 1980, Kapitel 3, B: Die Mehr-als-er-hat-kann-man-ihm-nicht-nehmen-Regel.
32 Europäische Kommission, »Grünbuch: Schaffung einer Kapitalmarktunion«, *COM(2015)* 63 final, 18. Februar 2015, <http://ec.europa.eu/finance/consultations/2015/capital-markets-union/docs/green-paper_de.pdf>.
33 European Economic Advisory Group, *The EEAG Report on the European Economy: The Euro Crisis*, CESifo, München 2012, <http://www.cesifo-group.de/de/ifoHome/publications/docbase/details.html?docId=17640786>, Kapitel 2: »The European Balance-of-Payments Problem«, insbesondere S. 75–79.
34 Target-Werte für die Slowakei und für Slowenien vom Dezember 2014.
35 E. D. Domar, »The ›Burden of the Debt‹ and the National Income«, *American Economic Review* 34, 1944, S. 798–827.
36 Internationaler Währungsfonds, »Greece: Ex Post Evaluation of Exceptional Access under the 2010 Stand-By Arrangement«, *IMF Country Report* Nr. 13/156, Juni 2013, <http://www.imf.org/external/pubs/ft/scr/2013/cr13156.pdf>, insbesondere S. 2, 21 und 33, vgl. ferner K. Schrader, D. Bencek und C.-F. Laaser, »IfW-Krisencheck: Alles wieder gut in Griechenland?«, *Kieler Diskussionsbeiträge* Nr. 522/523, Juni 2013, insbesondere Abbildung 17, S. 31.
37 Europäische Kommission, *Greece – Request for Stability Support in the Form of an ESM Loan*, Brüssel, 10. Juli 2015, <http://ec.europa.eu/economy_finance/assistance_eu_ms/documents/2015-07-10_greece_art__13_eligibility_assessment_esm_en.pdf>.
38 Internationaler Währungsfonds, »Greece – An Update of IMF Staff's Preliminary Public Debt Sustainability Analysis, *IMF Country Report* Nr. 15/186, Washington, D.C., 14. Juli 2015, <https://www.imf.org/external/pubs/ft/scr/2015/cr15186.pdf>.
39 Es ist unter den Standardannahmen des keynesianischen Modells auch nicht möglich, dass eine dauerhafte Erhöhung der Staatsausgaben, die zunächst kreditfinanziert ist, zu so viel zusätzlichen Steuereinnahmen führt, dass sie sich selbst finanziert. H.-W. Sinn, »Eine Anmerkung zur Selbstfinanzierungsthese und zum keynesianischen Modell«, *ifo Schnelldienst* 67, München, 12. Dezember 2014, S. 3–4, <http://www.cesifo-group.de/de/ifo-Home/publications/docbase/details.html?docId=19147967>.
40 H. Pill, K. Daly, D. Schumacher, A. Benito, L. Holboell Nielsen, N. Valla, A. Demongeot und A. Paul, Goldman Sachs Global Economics, »Achieving Fiscal and External Balance (Part 1): The Price Adjustment Required for External Sustainability«, *European Economics Analyst* Nr. 12/01, 15 März 2012; H. Pill, K. Daly, D. Schumacher, A. Benito, L. Holboell Nielsen, N. Valla, A. Demongeot und S. Graves, Goldman Sachs Global Economics, »External Rebalancing: Progress, but a Sizeable Challenge Remains«, *European Economics Analyst* Nr. 13/03, 17. Januar 2013.
41 U. S. Das, M. G. Papaioannou und C. Trebesch, »Sovereign Debt Restructurings 1950–2010: Literature Survey, Data, and Stylized Facts«, *IMF Working Paper* Nr. 203, August

2012. Für einen Überblick über Staatskonkurse der letzten Jahrhunderte, vgl. E. Streissler, »Honi soit qui mal y pense?«, *Austrian Academy of Sciences*, Wien, August 2011. Explizite Lehren für die Eurozone aus verschiedenen Restrukturierungen in entwickelten Marktwirtschaften werden beschrieben von J. Zettelmeyer, »How to Do a Sovereign Debt Restructuring in the Euro Area: Lessons from Emerging-Market Debt Crisis«, in W. R. Cline und G. B. Wolff (Hrsg.), *Special Report 21: Resolving the European Debt Crisis*, a. a. O., 2012, S. 165–186. Die rechtlichen Aspekte von Restrukturierungen der Staatsschulden werden in zahlreichen Beiträgen von L. Buchheit behandelt; vgl. z. B. L. Buchheit, »Sovereign Debt Restructuring: The Legal Context«, in W. R. Cline und G. B. Wolff (Hrsg.), *Special Report 21: Resolving the European Debt Crisis*, a. a. O., 2012, S. 187–196.

42 U. S. Das, M. G. Papaioannou und C. Trebesch, »Sovereign Debt Restructurings 1950–2010: Literature Survey, Data, and Stylized Facts«, a. a. O., 2012, Appendix.

43 Dieser Vorschlag stammt von H.-W. Sinn, »Rescuing Europe from the Ground Up«, *Project Syndicate*, 21. Dezember 2013, <www.ifo.de/rescuing_europe/w/SvTE7mC2>. Vgl. ferner T. Beck und C. Trebesch, »A Bank Restructuring Agency for the Eurozone – Cleaning Up the Legacy Losses« *VoxEU*, 18. November 2013, <http://www.voxeu.org/article/eurozone-bank-restructuring-agency>. Zu Anfang der Eurokrise schien ein gradueller Prozess von Liquiditätshilfe zu einer stückweisen Schuldenrestrukturierung mittels Laufzeitverlängerungen effektiv, weil man erwartete, hinreichend Anreize gesetzt zu haben, dass Staaten ihre eigene Kreditaufnahme zügeln würden. Vgl. European Economic Advisory Group, *The EEAG Report of the European Economy: Governing Europe*, CESifo, München 2011, <http://www.cesifo-group.de/DocDL/EEAG-2011.pdf>, Kapitel 2: »A New Crisis Mechanism for the Euro Area«, S. 71–96. Viel Zeit verging seit diesem Vorschlag. Heute erscheint ein radikalerer Ansatz zielführender.

44 Vgl. J. Zettelmeyer, C. Trebesch und M. Gulati, »The Greek Debt Restructuring: An Autopsy«, *Economic Policy 28*, 2013, S. 513–563.

45 Vgl. European Banking Authority (EBA), *EU-wide Transparency Exercise 2013 Summary Report*, 16. Dezember 2013, <http://stress-test.eba.europa.eu/documents/10180/526027/20131216_EU-wide+Transparency+Summary+Report.pdf>, S. 13; und European Economic Advisory Group, *The EEAG Report on the European Economy: The Road Towards Cohesion*, CESifo, München 2014, <http://www.cesifo-group.de/DocDL/EEAG-2014.pdf>, Kapitel 4: »Banking Union: Who Should Take Charge?«, Abbildung 4.1, S. 93.

46 Vgl. F. Hollande, »Ce qui nous menace, ce n'est pas l'excès d'Europe, mais son insuffisance«, *Le JDD*, 19. Juli 2015, <http://www.lejdd.fr/Politique/Francois-Hollande-Ce-qui-nous-menace-ce-n-est-pas-l-exces-d-Europe-mais-son-insuffisance-742998B> sowie B. Cœuré, »Lehren aus der Krise für die Zukunft des Euroraums«, *Rede von Benoît Cœuré, Mitglied des Direktoriums der EZB, bei der Semaine des Ambassadeurs*, Paris, 27. August 2015, <http://www.ecb.europa.eu/press/key/date/2015/html/sp150827.de.html>.

47 Siehe Internationaler Währungsfonds, »Greece: Second Review Under the Stand-By Arrangement«, *IMF Country Report* Nr. 10/372, Dezember 2010, <http://www.imf.org/external/pubs/ft/scr/2010/cr10372.pdf>, S. 52.

48 Siehe Europäische Kommission, »The Economic Adjustment Programme for Greece: Fourth Review – Spring 2011«, *Occasional Papers* 82, Juli 2011, <http://ec.europa.eu/economy_finance/publications/occasional_paper/2011/pdf/ocp82_en.pdf>, S. 94.

49 Hellenic Republic Asset Development Fund, *Asset Development Plan – December 2014*, <http://www.hradf.com/sites/default/files/attachments/20141211-adp-december-2014-en.pdf>. Zum geschichtlichen Verlauf: Die Troika korrigierte bereits im Oktober 2011 die kumulierten Erlöse durch Privatisierungen für die Jahre 2011 bis 2013 nach unten. Es wurde aber weiterhin an dem Ziel festgehalten, dass bis Ende 2015 durch die Beteiligungen Erlöse in Höhe von 50 Milliarden Euro generiert werden. Europäische Kommission, »The Economic Adjustment Programme for Greece, Fifth Review – October 2011«, *Occasional Papers* 87, 2011, <http://ec.europa.eu/economy_finance/publications/occasional_paper/2011/pdf/ocp87_en.pdf>, S. 32. 2012 nahm die Troika nochmals eine Korrektur vor.

So wurden bis Ende 2015 nur noch Erlöse in Höhe von 19 Milliarden Euro erwartet. In dem Bericht wurde offen gelassen, bis wann der Rest der 50 Milliarden Euro erlöst sein soll. Vgl. dieselbe, »The Second Economic Adjustment Programme for Greece – March 2012«, *Occasional Papers* 94, März 2012, <http://ec.europa.eu/economy_finance/publications/occasional_paper/2012/pdf/ocp94_en.pdf>, S. 31. Die Troika reduzierte ihre Erwartung für die Erlöse aus den bis 2020 anstehenden Privatisierungen im April 2014 auf 22,3 Milliarden Euro. Vgl. dieselbe, »The Second Economic Adjustment Programme for Greece, Fourth Review – April 2014«, *Occasional Papers* 192, April 2014, <http://ec.europa.eu/economy_finance/publications/occasional_paper/2014/pdf/ocp192_en.pdf>, S. 27. Im Vertrag über das dritte Rettungspaket für Griechenland sind nur noch Privatisierungserlöse in Höhe von 6,2 Milliarden Euro bis zum August 2018 genannt. Siehe Deutscher Bundestag, »Bewertung des Finanzierungsbedarfs Griechenlands«, *Drucksache* 18/5780, Berlin, 17. August 2015, Anhang 5a, <http://dip.bundestag.de/btd/18/057/1805780.pdf>.

50 Ein solcher Vorschlag wurde vorgebracht von W. F. Richter, »Zwangsanleihen – Ein Beitrag zur Konsolidierung«, *Handelsblatt*, 25. November 2011, <http://www.wiso.tu-dortmund.de/wiso/of/Medienpool/veroeffentlichungen_richter/WR_Veoeffentlichungen_Stand_Oktober_09/Zwangsanleihen.pdf>.

51 Vgl. OECD, *OECD Economic Outlook Mai 1992*, Nr. 91, OECD Publishing, Paris 2012, <http://dx.doi.org/10.1787/eco_outlook-v2012-1-en>, insbesondere Statistical Annex, Tabelle 58. Vgl. »Berlusconi: Non facciamoci del male«/E sulla crisi: »Noi, i più ricchi d'Europa« [»Wir, die reichsten in Europa«], *La Repubblica*, 20. Juni 2010, <http://www.repubblica.it/politica/2010/06/20/news/berlusconi-popolarita-4996320/>.

52 Siehe A. Prinz und H. Beck, »In the Shadow of Public Debt: Are there Relations between Public Debt and the Shadow Economy?«, *Economic Analysis & Policy* 42, 2012, S. 221–236.

53 Man hat auch behauptet, dass die Geldpolitik nicht so locker war, wie es scheint, da der niedrige Zinssatz nicht von einem großen Wachstum der Geldaggregate begleitet wurde. Siehe M. Friedman, »Reviving Japan«, *Hoover Digest* 2, 30. April 1998, <http://www.hoover.org/publications/hoover-digest/article/6549>; A. H. Meltzer, »Time for Japan to Print Money«, *American Enterprise Institute Online*, 17. Juli 1998, <http://www.aei.org/issue/foreign-and-defense-policy/regional/asia/time-for-japan-to-print-money/>; D. Laidler, »Monetary Policy after Bubbles Burst: The Zero Lower Bound, the Liquidity Trap and the Credit Deadlock«, *Canadian Public Policy* 30 (3), September 2004, S. 333–340.

54 A. Hansen, *Full Recovery or Stagnation*, Norton, New York 1938. Vgl. A. C. Pigou, *Employment and Equilibrium: A Theoretical Discussion*, Macmillan, London 1941. D. Patinkin, *Money, Interest, and Prices: An Integration of Monetary and Value Theory*, University of Chicago Press, Chicago 1956. Für neuere Diskussionen zu diesem Thema vergleiche man: C. C. von Weizsäcker, »Debatte über Staatsschulden per E-Mail 11. November bis 1. Dezember 2013«, <http://www.coll.mpg.de/download/Weizsaecker/Debatte%20Staatsschulden.pdf> und. L. Summers, »Why Stagnation Might Prove to Be the New Normal«, *The Financial Times*, 15. Dezember 2013, <http://larrysummers.com/commentary/financial-times-columns/why-stagnation-might-prove-to-be-the-new-normal/>. Siehe auch C. C. von Weizsäcker, »Das Ende der Kapitalknappheit und sein Verhältnis zur Keynes'schen Theorie«, *Keynote Lecture auf der Jahrestagung der Keynes Gesellschaft 2015*, Graz, 24. Februar 2015, <http://www.coll.mpg.de/download/Weizsaecker/Graz2015.pdf> sowie H.-W. Sinn, »Deflation oder Inflation«, *Project Syndicate*, 26. Februar 2009, <www.ifo.de/w/HguwoJrA>.

55 Vgl. ferner A. Hughes-Hallett und J. C. Martínez Oliva, »The Importance of Trade and Capital Imbalances in the European Debt Crisis«, *Peterson Institute for International Economic Working Paper* Nr. 13-01, Januar 2013.

56 H.-W. Sinn und F. Westermann, »Due ›Mezzogiorni‹«, *L'industria* 27, 2006, S. 49–51, und H.-W. Sinn und G. Sinn, *Kaltstart. Volkswirtschaftliche Aspekte der Deutschen Vereinigung*, J. C. B. Mohr (Paul Siebeck), Tübingen 1991.

57 Summiert über die Jahre entsprach die Marshall-Hilfe einem Kredit in Höhe von 5,2% des deutschen BIP von 1952. Siehe H. Berger und A. Ritschl, »Die Rekonstruktion der Arbeitsteilung in Europa. Eine neue Sicht des Marshall-Plans in Deutschland 1947–1951«, *Vierteljahreshefte für Zeitgeschichte* 43, 1995, S. 473–519, Tabelle S. 479. Deutschland wurde bei dem Schuldenabkommen 1953 in London ein Schuldenschnitt in Höhe von 30 Milliarden D-Mark (inklusive der Kredite durch den Marshall-Plan) gewährt, was in etwa 22% des BIP Westdeutschlands von 1952 entsprach.; siehe C. Buchheim, »Das Londoner Schuldenabkommen«, in L. Herbst (Hrsg.), *Westdeutschland 1945–1955. Unterwerfung, Kontrolle, Integration*, Oldenbourg, München 1986, S. 219–229.

58 B. Born, T. Buchen, K. Carstensen, C. Grimme, M. Kleemann, K. Wohlrabe und T. Wollmershäuser, »Austritt Griechenlands aus der Europäischen Währungsunion: historische Erfahrungen, makroökonomische Konsequenzen und organisatorische Umsetzung«, *ifo Schnelldienst* 65, Nr. 10, 25. Mai 2012, S. 9–37, <http://www.cesifo-group.de/DocDL/ifosd_2012_10_3.pdf>; vgl. ferner I. Hanisch, K. Wohlrabe und T. Wollmershäuser, »Wie schnell erholt sich eine Volkswirtschaft nach einer Währungs- und Staatsschuldenkrise?«, *ifo Schnelldienst* 68, Nr. 13, 16. Juli 2015, S. 56–57; <http://www.cesifo-group.de/DocDL/ifosd_2015_13_8.pdf>; C. Reinhart, »This Time is Different Chartbook: Country Histories on Debt, Default, and Financial Crises«, *NBER Working Paper* Nr. 15815, 2010; und dieselbe und K. S. Rogoff, *Dieses Mal ist alles anders: Acht Jahrhunderte Finanzkrisen*, Finanz-Buch Verlag, München 2010.

59 Diese Ausführungen basieren auf H.-W. Sinn, »Die offene Währungsunion«, *Wirtschaftswoche*, Nr. 29, 16. Juli 2012, S. 39, <http://www.ifo.de/de/Sinn_WiWo_2012/w/4FAADYipx>; derselbe und F. L. Sell, »Der neue Euro-Club«, *Süddeutsche Zeitung*, Nr. 169, 24. Juli 2012, S. 19, <http://www.ifo.de/de/Sinn_Sell_SZ_2012/w/3qGgteRuJ>; und dieselben, »Our Opt-in Opt-out Solution for the Euro«, *ft.com*, 31. Juli 2012, <http://www.ft.com/intl/cms/s/0/b2c75538-da35-11e1-b03b-00144feab49a.html#axzz25VFxZZXs>. Ein ähnlicher Vorschlag wurde aber bereits 2010 von Martin Feldstein gemacht. M. Feldstein, »Let Greece Take a Eurozone «Holiday"«, *ft.com*, 16. Februar 2010, <http://www.ft.com/intl/cms/s/0/72214942-1b30-11df-953f-00144feab49a.html#axzz25VFxZZXs>.

60 So in Kapitel 5, Abschnitt: »Notkredite«, sowie Kapitel 7, Abschnitt: »Die griechische Tragödie«.

61 Vgl. Kapitel 6, Abschnitt: »Binnengeld und Außengeld«.

62 Vgl. H.-W. Sinn, »Die griechische Tragödie«, *ifo Schnelldienst*, Sonderausgabe Mai 2015, S. 3–33, <http://www.cesifo-group.de/sinn-2015-griechische-tragoedie-pdf>; man vergleiche auch die Aktualisierung vom Juni 2015, <http://www.cesifo-group.de/DocDL/sinn-2015-griechische-tragoedie-pdf.pdf>.

63 Vgl. »Euro-Auszeit für Athen strittige Option der Eurogruppe«, *Zeit Online*, 12. Juli 2015, <http://www.zeit.de/news/2015-07/12/deutschland-euro-auszeit-fuer-athen-strittige-option-der-eurogruppe-12185017>. Das Positionspapier aus dem Bundesfinanzministerium ist im Original hier nachzulesen: <http://www.sven-giegold.de/wp-content/uploads/2015/07/grexit_bundesregierung_non_paper_10_juli_2015.pdf>. Eine deutsche Übersetzung ist auf der Internetseite des Tagesspiegel zu finden: <http://www.tagesspiegel.de/politik/schaeuble-papier-im-wortlaut-verbesserte-reformvorschlaege-oder-grexit-auf-zeit/12044370.html>.

64 W. Schäuble, »Wir brauchen ein starkes Europa«, *Deutschlandfunk*, 16. Juli 2015, <http://www.bundesfinanzministerium.de/Content/DE/Interviews/2015/2015-07-16-deutschlandfunk.html>. In dem Interview sagt Schäuble: »… Wir haben ja nicht gesagt, wir zwingen das auf, das können wir auch nicht, das wollen wir nicht, hat niemand vorgeschlagen. Aber es wäre vielleicht für Griechenland der bessere Weg. …«

65 Im Positionspapier des Bundesfinanzministeriums, a. a. O., heißt es (aus der Übersetzung vom Tagesspiegel, a. a. O.): »Im Fall, dass Schuldentragfähigkeit und eine glaubhafte Umsetzungsperspektive nicht vorab zugesichert werden können, sollten Griechenland rasche Verhandlungen über eine Auszeit von der Eurozone über mindestens die kommenden

fünf Jahre mit möglicher Schuldenumstrukturierung angeboten werden, wenn nötig in einem Format des Pariser Clubs. Nur dieser Weg vorwärts würde eine ausreichende Schuldenrestrukturierung erlauben, die mit einer Mitgliedschaft in der Währungsunion nicht vereinbar wäre (Artikel 125 AEUV).«

66 Vgl. L. Bini Smaghi, »Die deutschen Vorurteile«, *Süddeutsche Zeitung*, 26. August 2015, S. 17, <http://www.sueddeutsche.de/wirtschaft/debatte-zu-griechenland-die-deutschen-vorurteile-1.2620708>; »Deutscher Grexit-Plan stößt auf Kritik«, *EurActiv.de*, 13. Juli 2015, <http://www.euractiv.de/sections/finanzen-und-wirtschaft/deutscher-grexit-plan-fuer-griechenland-stoesst-auf-kritik-316236>.

67 Citi Research, *Global Economic Outlook and Strategy*, 25. Juli 2012, S. 7, <https://groups.google.com/forum/#!topic/brokeragesreport/WJWC3Wprr48>; M. Voss, »Citigroup erwartet Griechenlands Euro-Austritt zum 1. Januar 2013«, *Focus Online*, 26. Juli 2012, <http://www.focus.de/finanzen/news/staatsverschuldung/90-prozent-wahrscheinlichkeit-fuer-grexit-citigroup-erwartet-griechen-austritt-am-1-januar-2013_aid_787927.html>; und D. Eckert, »Was passiert, wenn die Troika den Stecker zieht«, *Welt Online*, 27. Juli 2012, <http://www.welt.de/finanzen/article108401579/Was-passiert-wenn-die-Troika-den-Stecker-zieht.html>.

68 Y. Varoufakis, »Yanis Varoufakis Full Transcript : Our Battle to Save Greece«, *New Statesman*, Interview mit H. Lambert, 13. Juli 2015, <http://www.newstatesman.com/world-affairs/2015/07/yanis-varoufakis-full-transcript-our-battle-save-greece>; vgl. ferner »Ich bin erleichtert – Varoufakis über Rücktritt«, *Handelsblatt online*, 14. Juli 2015,<http://app.handelsblatt.com/politik/international/varoufakis-ueber-ruecktritt-ich-binerleichtert/120 51584.html>.

69 Es gibt noch vielerlei weitere Vorschläge für Parallelwährungen. So zum Beispiel den Vorschlag, dass alle Rechnungen mit alter und neuer Währung zu bezahlen sind: B. Lucke und M. J. M. Neumann, »Drachme als zweite Landeswährung einführen«, *Handelsblatt Online*, 21. Mai 2012, <http://www.handelsblatt.com/meinung/gastbeitraege/gastbeitrag-drachme-als-zweite-landeswaehrung-einfuehren/6656530.html>; und T. Mayer, »Der Geuro«, *DB Research*, 23. Mai 2012, <http://www.dbresearch.de/PROD/DBR_INTERNET_DE-PROD/PROD0000000000288868.pdf>. Ein anderes Beispiel ist die Matheo-Lösung, nach der grundsätzlich alle Länder der Eurozone eine eigene virtuelle Parallelwährung zum Euro haben, in der die heimischen Schuldkontrakte und Preise ausgedrückt sind. Vgl. A. ten Dam, »›The Matheo Solution (TMS)‹ kann den Euro retten«, *ifo Schnelldienst* 64, Nr. 23, 9. Dezember 2011, S. 22–25, <http://www.cesifo-group.de/DocDL/ifosd_2011_23_2.pdf>.

70 Vgl. B. Eichengreen, »The Euro: Love it or Leave it?«, *VoxEU*, 4. Mai 2010, <http://www.voxeu.org/article/eurozone-breakup-would-trigger-mother-all-financial-crises>; M. Jacobides, »Greece could become ›the North Korea of Europe‹«, *London Business School News*, 16. Mai 2012, <http://www.london.edu/news-andevents/news/2012/05/Greece_could_become_%E2%80%9Cthe_North_Korea_of_Europe%E2%80%9D_1432.html>.

71 Zu diesen Passagen vergleiche man: H.-W. Sinn, »Die europäische Fiskalunion«, *Perspektiven der Wirtschaftspolitik* 13, 2012, S. 137–178.

72 J. Limbach, »Es gibt keine europäische Identität«, *faz.net*, 26. August 2012, <http://www.faz.net/aktuell/feuilleton/debatten/europas-zukunft/jutta-limbach-ueber-europas-zukunft-es-gibt-keine-europaeische-identitaet-11868798.html>; R. Herzog, »Die dürfen nur nicken«, Interview mit T. Hildebrandt und H. Wefing, *Zeit Online*, 25. September 2011, <http://www.zeit.de/2011/39/Interview-Herzog/seite-2>; und R. Brüderle, »Brüderle-Interview für die Rheinische Post«, Interview mit M. Bröcker, *Rheinische Post*, 4. Juli 2012, <http://www.liberale.de/content/bruederle-interview-fuer-die-rheinische-post-7>.

73 European Economic Advisory Group, *The EEAG Report on the European Economy: The Road Towards Cohesion*, a. a. O., 2014, Kapitel 2: »Switzerland: Relic of the Past, Model for the Future?«.

74 EU, »Konsolidierte Fassungen des Vertrags über die Europäische Union und des Vertrags

über die Arbeitsweise der Europäischen Union«, a.a.O., 26.Oktober 2012, insbesondere Artikel 5, S.52.
75 Siehe H.-W.Sinn, *The New Systems Competition*, Yrjö Jahnsson Lectures, Basil Blackwell, Oxford 2003.
76 Siehe ebd.
77 EU, »Konsolidierte Fassungen des Vertrags über die Europäische Union und des Vertrags über die Arbeitsweise der Europäischen Union«, a.a.O., 26.Oktober 2012, Artikel 125, S.99.
78 Verglichen mit anderen wirtschaftlich integrierten Regionen, wurde die Eurozone als Konföderation mit geringer Kollektivhaftung und fast gar keiner Delegation von Hoheitsgewalt an eine supranationale Institution konzipiert. Durch die Rettungsmaßnahmen bewegt sie sich aber in die Richtung einer Gemeinschaftshaftung, ohne dass eine solche Delegation stattfand. Der Weg einer stabilen Integration droht verlassen zu werden, da die Einführung starker fiskalischer Verträge und Schranken versäumt wurde; H.Berger, »Die Logik der Währungsunion«, in K.Konrad, R.Schön, M.Thum und A.Weichenrieder (Hrsg.), *Die Zukunft der Wohlfahrtsgesellschaft – Festschrift für Hans-Werner Sinn*, Campus, Frankfurt am Main 2013, S.57–76.
79 Ein früher Vorschlag für eine solche Verfassung stammt von A.Spinelli und E.Rossi, *The Ventotene Manifesto. For a Free and United Europe*, Mailand 1943. Für einen jüngeren, expliziten und restriktiven Entwurf einer solchen Verfassung auf der Grundlage der gegenwärtigen Entscheidungsprozesse vgl. European Constitutional Group, *A Proposal for a Revised Constitutional Treaty*, April 2006, <http://www.freiheit.org/files/600/A_Proposal_for_a_Revised_Constitutional_Treaty_10.04.06.pdf>.
80 Vgl. ferner F.Heisbourg, »EU arbeitet hart daran zu verschwinden«, Interview mit C.Prantner, *derstandard.at*, 17.April 2012, <http://derstandard.at/1334530998693/In-der-Krise-EU-arbeitet-hart-daran-zu-verschwinden>.

EUmérite 26. September 2016

18:15   Begrüßung   GF Magnet-Schultz Wolfgang E. Schultz

        Kerber Brothers: „Europa-Hymne" mit Alphorn

        Wolfgang E. **Schultz**:

            Erläuterung des EUmérite und

            Laudatio für
            Herrn Professor Dr. Dr. h.c. mult. Hans-Werner Sinn

        Kerber Brothers: "Jasmin"

        Dank von
            Herrn Professor Dr. Dr. h.c. mult. Hans-Werner Sinn

        Kerber Brothers: "Locomotive Breath"

        Schlusswort   Herr Oberbürgermeister Dr. Ivo Holzinger

20:00   Kerber Brothers: Europäisches Medley:
            La vie en rose, Grace, Volare, Wiegenlied

Anschließend Stehempfang   (Ende gegen 22:00 Uhr)

Personen- und Sachregister

A

Abschreibungsverlust 359f., 363–366, 377ff., 410, 413–419, 424
ABS-Papiere. *Siehe* Asset Backed Securities
Abwertung 480–493
– offene 174f., 184f.
– reale 154–174, 179–185
Abwicklungsbehörde.
  Siehe Bankenabwicklung
Abwicklungsfonds.
  Siehe Bankenabwicklung
Abwicklungsmechanismus.
  Siehe Bankenabwicklung
Additional Credit Claims Framework (ACCF) 213
AEUV. *Siehe* Vertrag über die Arbeitsweise der Europäischen Union
Agenda 2010 77, 117, 126–129, 134, 157, 164
Ägypten 194
Albanien 194, 476
Alcidi, Cinzia 340
Alpha Bank 123
Alternative für Deutschland (AfD) 6
Anastasiades, Nikos 222ff.
Anexartiti Ellines (ANEL) 26
Anglo Irish Bank 78
Anlageentscheidung 280, 417, 428
Anleihekaufprogramm 359
Anreizmechanismen 411

Ansteckungseffekte 308, 342, 360f., 390, 392, 413, 483
Arbeitnehmerentgelt 171, 174
Arbeitskosten 177f.
Arbeitslosenquote 20ff., 124–127, 162, 310, 484
Arbeitslosenversicherung 128, 461, 499
Arbeitslosigkeit 20f., 24, 124–128, 133, 141, 163f., 168ff., 181f.
Argentinien 456, 475f., 484
Asmussen, Jörg 220
Asset-Backed Securities (ABS) 121, 205–209, 330, 431
Asset Quality Review 412
Aufwertung 154–163, 166, 168, 181, 327ff.
Augstein, Rudolf 39
Auslandsschulden 81–89, 159f., 179, 185, 280–284, 291, 304, 491
Außengeld 248f., 257–269, 324
Außenhandelsdefizite 375
Austerität 1, 26, 74f., 101, 168, 173, 182, 296, 303, 341
Austritt 2–6, 480–492
Avalzinssatz 389

B

Babyboomer 136, 392, 432
Bad Bank 77f., 224

511

Bail-in 351, 391, 416 f., 421, 424
- Ausnahme 478
Bailout 11, 78, 123, 215, 225, 242, 266, 332, 338–341, 351–354, 357, 361, 401, 411, 413, 416–421, 434
Balassa-Samuelson-Effekt 154 f., 159, 162
Baltikum 173–176, 183
Banca d'Italia 212, 309, 362
Banca Nazionale del Lavoro (BNL) 123
Banco de España 316
Banco Espirito Santo 123
Bankenabwicklung
- Behörde (SRB) 359, 407
- Fonds (SRF) 407 f., 421 f.
- Mechanismus (SRM) 407, 421–426, 446, 462
- Richtlinie (BRRD) 89, 94, 359, 408, 425, 478
Bankenaufsicht 406 f.
- Einheitlicher Aufsichtsmechanismus (SSM) 359, 407
Bankenregulierung
- Basel III System 99 ff., 104, 352, 411, 426, 451, 454, 495
- Laschheitswettbewerb 411, 496
Bankenrekapitalisierung 416
Bankenrettung 78, 98, 192, 406, 418, 424
Bankenschulden 419 f., 461, 476 f.
Bankenunion 214, 359, 406–412, 415, 421, 424, 426, 463, 478
Bank für Internationalen Zahlungsausgleich (BIZ) 123, 192–195, 325
Banknoten 370–373, 379–385, 489–492
Bank of America 333
Bank of Cyprus 184
Bank of England 27, 42, 45, 393
Bank of Greece 366
Bank Recovery and Resolution Directive (BRRD). *Siehe* Bankenabwicklung
Bank-Run 184, 191, 226, 391, 486
Bankschuldverschreibung 420
Banque de France 211, 323 f., 362
Banque Nationale de Paris. *Siehe* BNP Paribas
Basel III. *Siehe* Bankenregulierung
Bear Stearns 62, 192
Beistandsverbot 10, 28, 96–99, 353, 355, 376, 454 f., 458–461, 484, 488, 494, 497
Belgien 40 f., 45, 76, 87 f., 95, 116, 119, 122, 124, 153, 156, 193, 247–250, 310, 341, 379, 412, 471
BELL-Länder 340
Bérégovoy, Pierre 23
Berlusconi, Silvio 5, 81, 150, 288, 305, 309, 327, 479
Bewertungsreserven 66, 241, 380
Binnengeld 248, 257–264, 267 ff.
BIP-Deflator 153–156, 164 f., 181, 263, 427, 470, 483
Blasen 7, 10, 18, 35, 84, 88–104, 111, 117, 152–158, 173, 180–184, 192, 196, 201 f., 247, 279, 294, 308, 322, 351, 354, 404, 410 f., 423, 427, 430, 454, 456, 462, 470, 482, 493, 500
BNP Paribas 62, 123, 191, 211
Bolkestein, Frits 3
Brandt, Willy 127
Brasilien 194, 456, 476
Bretton-Woods-System 13, 32, 36, 260, 323–327, 332, 464
Brüning, Heinrich 182
Budgetbeschränkung 280
- harte 103, 338, 457–465, 479, 487, 492
- weiche 10 f., 460–463, 466
Buffett, Warren 209
Bulgarien 178, 194, 250, 299, 340, 476, 481
Bundesbank 26, 33, 37–42, 103, 129, 212, 215, 236, 244, 250, 254 ff., 260, 267 f., 297, 312–319, 323–326, 329, 355, 362, 402, 463, 467 f.
Bundesstaat 242, 330 ff., 392, 455–459, 466, 497–500
Bundesverfassungsgericht 4, 22, 26, 63, 220, 358, 369, 396–402, 437
Bush, George H. W. 38

C

Cameron, David 14, 26
Cariparma 123
China 18 f., 88, 117 f., 143, 312, 316
Chirac, Jacques 39
Chrysler 150
Chrysochoidis, Michalis 172
Churchill, Winston 181, 453
Citygroup 46
Clearing. *Siehe* Target-Saldentilgung
Collective Action Clauses 217
Commerzbank 77, 407

Contingent Convertible Bonds (Cocos) 426
Council for Mutual Economic Assistance (COMECON) 326
Covered Bond Purchase Programme (CBPP) 286, 371
Crédit Agricole 123, 211
Credit Default Swaps 389
Crédit Mutuel 211

D

Dahrendorf, Ralf 30
Daimler AG 150
Dänemark 116, 250, 486, 497
Deflation 152–159, 179–186, 262, 364, 403, 413
Delors-Plan 36, 38
Demokratie 80, 352, 427–437
Depression 22, 151, 170, 456
Deutschland
– Agenda 2010 126 ff., 134, 157, 164
– Arbeitslosigkeit 124 f., 128
– Auslandsvermögen 87 f., 130 f.
– Bauboom 129 f.
– Binnengeld 267 ff.
– Defizitquote 74, 77 f.
– Ersparnisse 120
– Eurogewinner 111–116
– Exporte 33 f., 134 f., 315
– Exposure gegenüber GIPSI-Ländern 122 f.
– Haftung 45, 379–382
– Haushaltsvermögen 95
– Immobilienpreise 92
– Investitionen 119
– Kapitalexport 117–122, 131
– Konsumanteil 75
– Leistungsbilanzüberschuss 83, 312 ff., 317
– Migration 115
– Notwendige Aufwertung 161
– Reale Abwertung 156
– Relative Preise 153, 165
– Schuldenquote 76, 471
– Target-Saldo 249, 257, 313–316
– Verarbeitendes Gewerbe 149
– Wiedervereinigung 36 ff.
– Wirtschaftswachstum 112 f.
– Zinsen 59, 71

Dexia 78, 211
Dicke Bertha 206, 308 f., 341, 387
Dijsselbloem, Jeroen 418, 425
Dini, Lamberto 79 ff.
Domar-Formel 469
Dombrovskis, Valdis 175
Double-Dip-Rezession 5, 150 f., 170
Draghi, Mario 43, 158, 206, 215, 222, 236, 386, 395, 425

E

Ecofin-Rat 73
Effektivzins 431
EFSF-Kredite. *Siehe* Europäische Finanzstabilisierungsfazilität
Einlagefazilität 198, 206, 380
Einlagenschutz 425
Einlagensicherungsrichtlinie 425, 445
Einlagensicherungssysteme 425, 450
Einlagensicherungs- und Anlegerentschädigungsgesetz 450
Ein-Land-Eine-Stimme-Prinzip 353, 372, 393
ELA-Kredite. *Siehe* Emergency Liquidity Assistance
Emergency Liquidity Assistance (ELA) 65, 102, 184, 217–225, 256, 297 f., 301, 317, 353, 363, 382 ff., 462 ff., 486, 496
Emporiki Bank 123
Enhanced Credit Support 200
ESM. *Siehe* Europäischer Stabilitätsmechanismus
ESM-Vertrag 369, 396
Estland 86 f., 173 f., 340, 369, 468
Euribor 211
EURIBOR-EBF 211
Euroaustritt 381, 384, 431, 484–492
Eurobonds 27, 70, 358, 435, 461, 499
Euroclear Bank 211
Euroclear France 211
Eurogruppe 6, 25, 65, 77, 418, 425
Euroländer
– Auf-/Abwertungen 156 f., 160–163, 166 ff.
– Binnengeld 248, 264
– BIP-Reihung 116
Europäische Bankenaufsichtsbehörde (EBA) 412
Europäische Finanzstabilisierungsfazilität

513

(EFSF) 1, 65, 102, 141, 218, 237, 280, 284 f., 293, 304, 356, 366, 379 f.
Europäische Kommission 25, 112, 132, 164–167, 225, 395, 408, 417, 421, 469, 478
Europäischer Finanzstabilisierungsmechanismus (EFSM) 280, 284 f., 304, 356, 367, 370, 380
Europäischer Fonds für die Anpassung an die Globalisierung (EGF) 151
Europäischer Gerichtshof (EuGH) 4, 397, 400
Europäischer Rat 36, 101
Europäischer Stabilitätsmechanismus (ESM) 22, 26, 63, 219, 222 f., 237, 280, 284 f., 288–291, 304, 308, 320, 356 f., 366 f., 373, 376
– Gouverneursrat 368
Europäisches Parlament 25, 35, 101
Europäisches Semester 132
Europäisches System der Zentralbanken (ESZB) 44, 392, 432
Europäisches Währungsabkommen 325
Europäisches Währungssystem (EWS) 23, 32, 36, 102, 236
Europäische Zahlungsunion (EZU) 323, 325
Europäische Zentralbank (EZB) 6, 19, 25, 29, 65, 74, 281, 287, 314, 337, 340 f., 407
– Geldpolitik 4, 386, 393
– Kredite 8–11, 102, 191, 200 f., 219–225, 269, 341
– Mandatsüberschreitung 45, 76, 83, 95, 119, 156, 392
– Refinanzierungspolitik 201 f., 205, 208, 252, 257
– Staatspapieraufkauf 4, 63, 158, 197, 208, 250, 286, 290 f., 355–362, 385–396
– Zinspolitik 93 f., 146, 293
European Banking Federation 211
European Economic Advisory Group (EEAG) 160 ff., 334, 467
Eurosystem. *Siehe* Europäisches System der Zentralbanken
EWS-II-System 173, 183, 485–489, 492
Export 33 f., 67 f., 312–315, 484
Exposure 122, 133, 192, 380
EZB-Rat 393, 396, 434

F

Federal Reserve Bank 262, 332, 392
Federal Reserve System (Fed) 8 f., 323 f., 329–337
Feldstein, Martin 30
Fiat 150
Fiat Chrysler 150
Finanzkrise (2007/2008) 3, 18, 42, 62, 68, 191–196
Finnland
– Binnengeld 267 ff.
– Haftung 379
– Haushaltsvermögen 95
– Investitionen 119
– Kapitalexport 87
– Konsumanteil 75
– Leistungsbilanz 83
– Reale Abwertung 156
– Relative Preise 153, 165
– Schuldenquote 76, 471
– Target-Saldo 246, 249, 257, 320 f.
Fiskaldisziplin. *Siehe* Schuldendisziplin
Fiskalföderalismus 457, 459
Fiskalpakt 368
Fiskalpolitik 392, 431
Fiskalunion 425 f., 461, 499
– Gemeinschaftsschulden 358
Fitch 310
Ford, Gerald R. 460
Forza Italia 5
Franc-fort-Politik 33, 167
Frankreich
– Arbeitslosigkeit 22, 125 f.
– Defizitquote 73 f., 77
– Exporte 34
– Exposure gegenüber GIPSI-Ländern 122 ff., 310
– Franc-fort-Politik 33, 167
– Haftung 379, 382
– Haushaltsvermögen 95
– Immobilienpreise 92
– Investitionen 119
– Kapitalexport 118
– Konsumanteil 75
– Leistungsbilanz 83, 311 f.
– Notwendige Abwertung 161 f.
– Reale Abwertung 156
– Relative Preise 153, 165
– Schuldenquote 76, 471

- Staatsquote 210
- Target-Saldo 249, 311 f.
- Verarbeitendes Gewerbe 149
- Wirtschaftswachstum 112 f., 151
- Zinsen 59

Frieden 2, 5, 12, 23 f., 453, 455, 494
Friedman, Milton 30, 183, 481
Front National 6, 26
Full Allotment Policy 200

G

Gauck, Joachim 369, 396
Gaulle, Charles de 324
Geberländer 377, 379
Gedeckte Schuldverschreibungen. Siehe Covered Bond Purchase Programme
Geldbasis 198, 221, 257–269
Geld-im-Schaufenster-Theorie 8, 338, 461
Geldpolitik 365
Gemeinschaftshaftung 382, 401, 407, 415
Geniki Bank 123
Gewährträgerhaftung 409
Gewerkschaft 164, 170, 181 ff.
GIIPS-Länder 122 ff., 192–195
GIPSIZ-Länder 19, 29 f., 55, 111, 369, 371, 379, 414, 462, 469, 475
- Abwertung 157 f.
- Arbeitslosigkeit 20, 24, 125
- Außen-/Binnengeld 261, 264
- ELA-Kredit 219
- Jugendarbeitslosigkeit 21
- Kapitalimporte 57, 66
- Leistungsbilanz 131 f., 135, 144–148, 196
- Leistungsbilanzdefizite 68, 282–293
- Nettoauslandsschulden 283, 287
- Refinanzierungskredit 196–202, 262–269
- Target-Kredit/-Saldo 247, 249, 283–293
- Wettbewerbsfähigkeit 144, 148, 152–155
- Zahlungsbilanzsalden 245–249
- Zinsgewinne 146 ff.
- Zinsunterschiede 60, 64, 386 ff., 428–432

Giscard d'Estaing, Valéry 36
Gläubigerbeteiligung 417 f., 422 f., 462
Gold 324 ff., 331 f., 337, 464
Goldman Sachs 159–163, 167 f., 179, 470

Goldstandard 181, 466
Gorbatschow, Michail 38
Grexit 2 f., 98, 184, 298, 360, 381, 385, 487, 489, 498
Griechenland
- Arbeitslosigkeit 3, 20 f.
- CDS-Prämien 390
- Defizitquote 73 f.
- Finanzhilfen 102, 225, 295, 370, 373, 473
- Haushaltsvermögen 94 f.
- Immobilienpreise 92
- Investitionen 119
- Kapitalflucht 184, 194, 258, 296 ff.
- Kapitalimporte 56 f.
- Konsumanteil 75
- Leistungsbilanzdefizit 57, 83, 86, 145, 168 f., 293–297
- Lohnentwicklung 170 ff.
- Notwendige Abwertung 160 ff.
- Prognosen des IWF 142 f.
- Reale Aufwertung 156
- Relative Preise 153, 165
- Schulden 419
- Schuldenquote 75 f., 471
- Schuldenschnitt 64 f., 76, 98, 160, 217, 225, 288
- Staatsanleihen 64 f.
- Staatskonkurs 65, 98, 102, 141 f., 218, 223, 293, 366, 376, 390
- Stundenlöhne 178
- Target-Saldo 249 f., 257, 294–299
- Verarbeitendes Gewerbe 149
- Wirtschaftswachstum 112 f., 143, 151
- Zinsen 59 ff., 70 f., 441

Grillo, Beppe 5
Gros, Daniel 340
Großbritannien 3, 11, 14, 26, 36, 40, 103, 118, 122, 124, 133, 181 f., 192 ff., 203, 262, 289, 302, 310, 316, 321, 341, 405

H

Haftung 45, 351, 368, 377, 382 ff., 421, 426, 453
Haftungsunion 497
Hamilton, Alexander 399, 455, 479
Hansen, Alvin 483
Haushaltsdefizit 72–78
Haushaltsvermögen 7, 95, 299

515

Henzler, Herbert 18
Hildebrand, Philipp 387
Hollande, François 425, 450, 488
Holländische Krankheit 172, 437, 483
Hume, David 325
Hybridkapital 418
Hyperinflation 364, 482
Hypo Real Estate 77
HypoVereinsbank 77

I

ifo Institut 117, 235 f., 247, 484
Iglesias, Pablo 5, 26
IKB Deutsche Industriebank 62, 191
Immobilien 62, 67, 88–91, 129 f., 154
Immobilienkredite 90, 209, 410
Immobilienpreise 91–94
Importpreise 66–69, 405
Industrieproduktion 149 ff., 178
IndyMac 192
Inflation 152–162, 166 f., 178–181, 184, 262 f., 364, 404 f., 427, 482, 491
Inflationsregime 435
Insolvenz 185, 368, 379, 416
Insolvenzordnung 98, 460 f.
Insolvenzrisiko 224, 362, 411, 500
Interbankenhandel 62, 69, 89, 100, 242, 246, 252, 289, 308 ff.
Interbankenmarkt 191 f., 200 f., 204, 214, 420
Interdistrict Settlement Account (ISA) 331–337
International Bank for Economic Co-operation (IBEC) 326
Internationalen Bank für Wirtschaftliche Zusammenarbeit (IBWZ) 326
Internationaler Währungsfonds (IWF) 6–10, 19, 25, 29, 44, 65, 74, 142 f., 225, 236, 244 ff., 249, 280, 284 f., 291, 303
Intesa Sanpaolo 123
Investitionsrendite 431
Investitionsrisiko 436
Irish Bank Resolution Corporation (IBRC) 224
Irland
– Arbeitslosigkeit 20 f., 125
– CDS-Prämien 390
– Defizitquote 74, 78
– Exporte 172

– Exposure gegenüber GIPSI-Ländern 122
– Finanzhilfen 302, 370, 372, 473
– Immobilienpreise 90–93
– Investitionen 119
– Kapitalexport 56
– Kapitalflucht 301–304
– Konsumanteil 75
– Leistungsbilanzdefizit 57, 83, 145, 169
– Lohnentwicklung 170 f.
– Notwendige Aufwertung 161, 474
– Reale Aufwertung 156
– Relative Preise 153, 165, 168 f.
– Schulden 86 f., 419
– Schuldenquote 76, 471
– Staatsanleihen 64
– Stundenlöhne 178
– Target-Saldo 249 f., 257, 304–307, 374
– Wirtschaftswachstum 112 ff.
– Zinsen 59, 71
Island 101
Israel 169
Italien
– Arbeitslosigkeit 20 f., 125
– CDS-Prämien 390
– Defizitquote 72, 74, 79 ff.
– Exporte 34
– Exposure gegenüber GIPSI-Ländern 122
– Finanzhilfen 306, 361, 372, 473
– Haushaltsvermögen 94 f.
– Immobilienpreise 92
– Investitionen 119
– Kapitalexport 118
– Kapitalflucht 305–308
– Konsumanteil 75
– Leistungsbilanzdefizit 57, 83, 87, 145, 306 f.
– Lohnentwicklung 171
– Notwendige Abwertung 161 ff.
– Relative Preise 153, 165
– Schulden 419, 480
– Schuldenquote 40, 76, 81, 471
– Staatsanleihen 64
– Staatsverschuldung 79 ff.
– Stundenlöhne 178
– Target-Saldo 249 f., 257, 306–309
– Verarbeitendes Gewerbe 149 f.
– Wirtschaftswachstum 112–115
– Zinsen 59, 61, 69–72

Personen- und Sachregister

J

James, Harold 457
Japan 122, 124, 180 ff., 193, 482
J. P. Morgan. *Siehe* JPMorgan Chase
JPMorgan Chase 62, 208
Juncker, Jean-Claude 3, 12, 24, 425

K

Kaletsky, Anatole 27
Kammenos, Panos 27
Kapitalexport 1, 35, 56, 87, 117–124, 129, 131, 195 f., 255 ff., 283 ff., 296–302, 307 f., 316 f., 338–342
Kapitalflucht 192, 194, 200, 281, 357 f., 362, 375, 391, 466, 478
Kapitalimport 55 ff., 66, 117, 124, 129, 131, 195, 237, 243, 281, 285 f., 299
Kapitalismus 101, 428
Kapitalmarktunion 467
Kapitalverkehrsbilanz 243
Kapitalverkehrskontrollen 65, 102, 184, 298, 317, 391, 465 f., 486 f.
Katastrophenfonds. *Siehe* Europäischer Finanzstabilisierungsmechanismus
Kerninflationsrate 403
Keynesianismus 354, 470, 481
Keynes, John Maynard 181 ff., 481
King, Mervyn 393
Kirchhof, Ferdinand 437
Köhler, Horst 376
Kohl, Helmut 5, 23 f., 29–32, 37–41, 378
Kompensationsprinzip 389
Konkurs 30 f., 353, 394, 406
– Griechenland 64 f., 92, 297, 340 ff., 376, 390
– ohne Austritt aus dem Euro 385
– Risiken für Staatsanleihen 60, 413
Konsum 74 f., 129, 294, 375
– Konsumboom 67, 74, 100
– Konsumentenkredite 183, 209, 410, 430
– Konsumquote 75
– Konsumstandard 259
Kontrolle
– demokratische 353, 365, 370 ff., 430, 463, 497
– Selbstkontrolle der Märkte 4, 13, 500
Kornai, János 11, 460

Kredit
– Kreditaufnahme 87, 242, 325, 336, 371, 399, 436
– Kreditblase 152–155, 279, 354, 410 f., 470, 493, 500
Kreditwesengesetz (KWG) 407
Krisenhöhepunkt 373
Krisenwellen 283
Kroatien 178, 322
Krönungstheorie 37
Kuba 326
Kubilius, Andrius 175

L

Lagarde, Christine 30, 131–134, 142, 376
Laiki Bank 65, 184, 222, 301, 391, 421
Laschheitswettbewerb 411, 496
Lebensversicherer 120, 341, 377, 432
Lehman Brothers 5, 11, 56, 62, 90, 204, 340, 427
Leistungsbilanz 56, 58, 66–69, 83, 144–148, 243, 279 ff.
– defizit 56 f., 66–69, 82–87, 144, 338
– finanzierung 279–293
– saldo 10, 82, 131
– überschuss 131 ff., 317
Le Pen, Marine 6, 26
Letta, Enrico 309
Lettland 45, 76, 116, 173–178, 181, 219, 250, 340, 367
Lex Monetae 491
Liberia 194
Liechtenstein 101
Lindner, Christian 6
Lissabon-Agenda 17 f., 23, 97
Litauen 10, 43, 45, 76, 116, 119, 153, 173–178, 181, 250, 340, 367, 486
Lohnkosten 163, 177, 481
Lohnstückkosten 163 f.
Lohnsumme 170–173
Longer-Term Refinancing Operation (LTRO) 206, 308, 387
Lucke, Bernd 6
Luxemburg
– Haushaltsvermögen 95
– Investitionen 119
– Leistungsbilanz 83
– Reale Aufwertung 156
– Relative Preise 153

Personen- und Sachregister

- Schuldenquote 76, 471
- Target-Saldo 249

M

Maastricht-Grenze 76, 368, 392
Maastricht-Vertrag 10 ff., 23, 26–30, 38–44, 81, 96–102, 180, 184, 223, 342, 377 f., 392–397, 400 ff., 454 f., 464, 488, 497 f.
Madrid, Gipfel von (1995) 2, 58, 69, 72, 75, 79, 84 f., 88, 155, 164, 177, 318, 470, 472
Malta 43 f., 116, 249, 435
Marktgleichgewicht 387 f.
Marktmechanismus 500
Marktwirtschaft 11, 310, 341, 389, 427
Marshallinseln 194
Marshall-Plan 483
Massenarbeitslosigkeit 124 f., 133, 354, 466, 485
Mayer, Thomas 413
Mazedonien 194
Memorandum of Understanding 368
Merkantilismus 130, 135
Merkel, Angela 2, 5, 12, 24, 27, 31, 126, 130, 434, 488
Mindesteigenkapitalvorschriften. *Siehe* Bankenregulierung
Mitterrand, François 23, 38 f.
Moldawien 327
Monti, Mario 24–27, 81, 309
Moody's 235, 310
- moralisches Risiko 215, 409
MoVimento 5 Stelle 5
Myanmar 475

N

Nachschusspflicht 222, 297, 363, 382, 464
Natixis 211
Nettoauslandsvermögen 82, 86–89, 159 f., 163, 256 f., 317–323
Nettogläubiger 82 ff., 250, 377, 434
New Development Bank (NDB) 143
New York 333, 457–460
Niederlande
- Exposure gegenüber GIPSI-Ländern 122
- Haftung 379
- Haushaltsvermögen 95

- Investitionen 119
- Kapitalexport 118
- Konsumanteil 75
- Leistungsbilanz 83, 319 f.
- Reale Aufwertung 156
- Relative Preise 153
- Schuldenquote 76, 471
- Target-Saldo 246, 249, 257, 319 f.
Nigeria 194
No-Bailout-Klausel. *Siehe* Beistandsverbot
Northern Rock 62, 191
Norwegen 101
Notenbankensystem 243, 431
Notenbanksystem 462–468
Notkredit. *Siehe* Emergency Liquidity Assistance
Noyer, Christian 18

O

Obama, Barack 366
Oesterreichische Nationalbank (OeNB) 321 f.
Offenmarktgeschäft 266, 329, 358, 381, 401
Olson, Mancur 378
Organisation für wirtschaftliche Zusammenarbeit und Entwicklung (OECD) 115, 161, 310
Österreich 22, 45, 76, 83, 95, 116, 128, 249 f., 321, 323, 379–382, 471
Outright Monetary Transactions (OMT) 4, 22, 63, 158, 197, 288–291, 303, 320, 357, 385
- Kontroverse 351, 385
- Programm 357, 362, 387, 390 f., 396 ff., 434
- Urteil 400

P

Panama 194
Papandreou, Giorgos A 305
Parallelwährung 185, 298, 331, 489 f.
Pariser Club 475, 479
Partij voor de Vrijheid 6
Pflichtwandelanleihen. *Siehe* Contingent Convertible Bonds (Cocos)
Planwirtschaft 389
Podemos 5, 26

Polen 3, 7, 177 f., 250, 369, 481, 497
Popularklage 402
Porsche 177
Portfolioentscheidung 428, 433
Portfolioumschichtung 59, 66–69
Portugal
- Arbeitslosigkeit 20 f., 125
- CDS-Prämien 390
- Defizitquote 73 f., 82
- Exposure gegenüber GIPSI-Ländern 122
- Finanzhilfen 300, 370–375, 473
- Haushaltsvermögen 95
- Immobilienpreise 92
- Investitionen 119
- Kapitalimport 56 f.
- Konsumanteil 75
- Leistungsbilanzdefizit 57, 83–86, 144 f., 300 f.
- Lohnentwicklung 170 f.
- Notwendige Abwertung 161, 481
- Reale Aufwertung 156, 167
- Relative Preise 153, 165
- Schulden 419
- Schuldenquote 76, 471
- Staatsanleihen 64
- Stundenlöhne 178
- Target-Saldo 249, 257, 300 f.
- Verarbeitendes Gewerbe 149
- Wirtschaftswachstum 112 f.
- Zinsen 59, 71
Preisstabilität 158, 180, 386, 393, 404, 484
Prescott, Edward 454
Primärrecht 4, 368, 398
Primary Dealer Credit Facility 330
Privatisierung 367, 479
Privatvermögen 94 ff., 479
Putin, Wladimir 2

Q

Quantitative Easing (QE) 358, 401–404
- Schattenhaushalt 402

R

race to the bottom. *Siehe* Laschheitswettbewerb
Rat der Europäischen Union 407, 441

Rat für gegenseitige Wirtschaftshilfe (RGW) 326
Rating 99, 191, 204–209, 213, 235, 413, 467
Reale Abwertung 154–185
Real Madrid 209
Redenominierungsrisiko 429 ff.
Refinanzierungsgeschäfte (LTRO) 387
Refinanzierungskredite 9
- Definition 197 f.
- Laufzeiten 199, 204 ff.
- Sicherheitsstandards 204–218, 225, 237, 247, 288 f., 317, 339, 341, 463
- Verdrängung 262–270
Regulierungswettbewerb 447, 496
Rent Seeking 410, 428
Renzi, Matteo 5, 309
Restrukturierungsfondsgesetz (RStruktFG) 407 f.
Retail Mortgage-Backed Debt Instruments (RMBD) 213
Rettungsarchitektur 69, 238, 351–358, 375, 385, 393, 402, 406, 433, 436, 441, 455
Rettungsfonds. *Siehe* Europäischer Stabilitätsmechanismus
Rettungspolitik 492
- Profiteure 377
Rettungsschirm. *Siehe* Europäischer Stabilitätsmechanismus
Rezession 19–22, 111 f., 150 f., 174, 456
Risikoprämien 100 f., 201, 353, 429 ff.
Risikovergemeinschaftung 27 ff., 215 f., 220, 297, 353, 358, 382 f., 394, 401 f., 406–412, 415, 425 f., 435
Ronaldo, Cristiano 210
Rückkehroption 485
Rumänien 90, 178, 194, 250, 481
Russland 38, 117 f., 326 f., 475

S

Sachsen LB Europe 62, 192
Sanierungs- und Abwicklungsgesetz (SAG) 407 f., 446
Sarkozy, Nicolas 123, 356
Saudi-Arabien 117, 404
Schäuble, Wolfgang 2, 12, 421, 425, 487 f.
Schlesinger, Helmut 236, 252 f., 463
Schmidt, Helmut 36

Schröder, Gerhard 77, 117, 126 ff., 164
Schuldendisziplin 13, 27, 72, 218, 242, 458 ff., 500
Schuldenerlass 98, 217, 362, 366, 417–421, 472–480
Schuldenkonferenz 13, 475 f., 479
Schuldenquote 41, 76 ff., 469 f., 479, 491
Schuldenschnitt. *Siehe* Schuldenerlass
Schuldentragfähigkeit 469–480, 507
Schuldenverschreibungen 212, 219–223, 423
– Ringtausch 411, 423
Schulz, Martin 425
Schweden 36
Schweiz 122, 124, 128, 193 f., 242, 327 ff., 341, 494, 499
Schweizerische Nationalbank 327 f., 387, 392
Seat 177
Secondary Market Support Facility (SMSF) 368, 395–398
Securities Markets Programme (SMP) 208, 215, 250, 286, 290–293, 299, 319, 330, 355, 359–362
Seignorage 46 f., 199, 221 f., 318, 330, 363 f., 382, 385
Sekundärmarktkäufe 394, 398 f.
Senioritätsrechte 388
Serbien 178, 194
Sezessionskrieg 330, 457
Short-Term European Paper (STEP) 210 f.
Single Resolution Board (SRB).
 Siehe Bankenabwicklung
Single Resolution Fund (SRF).
 Siehe Bankenabwicklung
Single Resolution Mechanism (SRM).
 Siehe Bankenabwicklung
Single Supervisory Mechanism (SSM).
 Siehe Bankenaufsicht
Skouris, Vasilios 397
Slowakei 10, 86 f., 116, 177, 249, 468
Slowenien 10, 86 f., 177, 249, 369, 412, 468
Société Générale 123, 211
Solvency II 101
SOMA. *Siehe* System Open Market Account
Soros, George 27, 103
Sovereign Wealth Fund 467
Sowjetrepubliken 327
Sowjetunion 326 f., 460, 499

Spanien
– Arbeitslöhne 155
– Arbeitslosigkeit 20 f., 125
– Auslandsschulden 89
– Bauboom 88, 90
– CDS-Prämien 390
– Defizitquote 74, 78
– Exporte 34
– Exposure gegenüber GIPSI-Ländern 122
– Finanzhilfen 306, 372, 374, 473
– Haushaltsvermögen 95
– Immobilienpreise 90 ff.
– Investitionen 119
– Kapitalflucht 194
– Kapitalimport 56
– Konsumanteil 75
– Leistungsbilanzdefizit 57, 83, 85, 144, 305–310
– Lohnentwicklung 154, 171, 339
– Notwendige Abwertung 161 f.
– Reale Auf-/Abwertung 156, 166 f.
– Relative Preise 153, 165
– Schulden 85, 419, 481
– Schuldenquote 76, 471
– Staatsanleihen 64
– Stundenlöhne 178
– Target-Saldo 249 f., 257, 305–311
– Verarbeitendes Gewerbe 149
– Wirtschaftswachstum 112 ff., 151
– Zinsen 59 ff., 71, 88
Spareinlagen 420, 422, 425
Sparer 121, 200, 331 f., 340 f., 377
Sparkassen 121, 377
Sparprogramme. *Siehe* Austerität
Spekulationsgeschäfte 63, 97, 405
Staatsanleihen 99, 197 f., 201 f., 207 f., 360–364, 373, 420
– CDS-Prämien 389 f.
– Preise 164 f.
– Regulierung 99 ff., 109, 411 f.
– Zinsen 35, 58–64, 69, 378
Staatsausgabenprogramme 470
Staatsintervention 352
Staatskonkurs 65, 218 f., 293, 295, 475 f.
Staatspapierkäufe. *Siehe* Securities Markets Programm (SMP) und Outright Monetary Transactions (OMT)
Staatsverschuldung 4, 40 f., 69–78, 81 f., 419

520

Personen- und Sachregister

Stabilitäts- und Wachstumspaket 72 f., 77, 103 f., 368
Standard & Poor's 204, 310
Stark, Jürgen 215, 360
Steuerhinterziehung 421
Steuerzahler 363, 377 f.
Stiglitz-Weiss-Szenarium 342
Strafzinsen 463
Strauss-Kahn, Dominique 142, 356
Stresstest 412–416
Subprime-Krise 62
Subsidiaritätsprinzip 495
Syriza 1, 26, 184, 218, 248, 297, 328
System Open Market Account (SOMA) 330–337

T

Tadschikistan 327
Term Auction Facility 330
Term Securities Lending Facility 330
Thailand 484
Tietmeyer, Hans 30
Transeuropäisches automatisiertes Echtzeit-Brutto-Zahlungs-Express-Transfersystem (Target)
 – als internationaler Kredit 9 f., 251–255, 280 f.
 – Deutschland 312–315
 – Finnland 320 f.
 – Forderung 238, 249 f., 316 f.
 – Frankreich 310 ff.
 – Griechenland 294–297
 – Irland 302 ff.
 – Italien 305–309
 – Niederlande 320 f.
 – Österreich 321 ff.
 – Portugal 300 f.
 – Risiko 379–382
 – Saldo 9, 121, 235–250, 257–270, 334–337, 342, 386, 429
 – Schuld 240, 249 f., 279, 372–375, 415, 423, 478
 – Spanien 306–309
 – Tilgung 252 f., 325, 332–337, 461–468
 – Zinsen 254, 293
 – Zypern 300 f.
Transfer-Rubel 326
Transferunion 29, 39 f., 216, 225, 238, 436

Treuhandanstalt 77
Trichet, Jean-Claude 33, 303, 356, 360, 366
Troika 25 f., 74, 102, 208, 223, 303, 306, 465, 479
Tschechien 177
Tsipras, Alexis 2, 5, 12, 26, 65, 185, 218, 298, 488 f.
Türkei 161 f., 178, 194, 318, 481
Tusk, Donald 425

U

Überhitzung. *Siehe* Blasen
UdSSR. *Siehe* Sowjetunion
ultra vires-Problem 393, 396 f.
Umverteilung 365 f., 410, 496
Ungarn 177, 322
Unterkapitalisierung 413
USA. *Siehe* Vereinigte Staaten von Amerika

V

Varoufakis, Yanis 2, 12, 65, 185, 296–300, 331, 489
Verarbeitendes Gewerbe 149 ff., 178
Verbot der monetären Staatsfinanzierung 377, 394
Vereinigte Staaten von Amerika (USA)
 – Exposure gegenüber GIPSI-Ländern 122
 – Federal Reserve System 8 f., 323 f., 329–337, 392
 – Haftungsprinzip 392, 458 ff.
 – ISA-Saldo 335, 462
 – Staatskonkurse 457–460
 – Subprime-Krise 62
 – System Open Market Account (SOMA) 330–337
 – Verarbeitendes Gewerbe 145
 – Wirtschaftswachstum 19
Vereinigte Staaten von Europa 13
Vermögensabgaben 479
Versicherungsmarkt 389
Versicherungsschutz 431
Vertrag über die Arbeitsweise der Europäischen Union (AEUV)
 – Artikel 123 223 f., 355, 358, 364, 393–402

521

– Artikel 125 28, 96, 342, 353, 360, 376, 393 ff., 455, 461, 497
– Artikel 127 180
Vietnam 324 ff.
Villalón, Pedro Cruz 397
Volkswagen (VW) 177
Volumen der öffentlichen Kredite 379

W

Wachstum 17 ff., 112–115, 431
Währungsschlange 35 f.
Währungsumstellung 385
Währungsunion 392, 453, 485 f.
– atmende 480–488
Waigel, Theo 41
Weber, Axel 215, 376
Wechselkurs 32–37, 60 f., 155
– realer effektiver 164 f.
Wechselkursmechanismus 486
Weidmann, Jens 93, 215, 223, 236
Weimarer Republik 182 f., 482
Weißrussland 327
Wells Fargo 333
Werner-Plan 35
WestLB 77
Wettbewerbsfähigkeit 7–10, 143, 152–159, 162–168, 175–182, 185, 375, 399, 480, 484 f.
Wilders, Geert 6
Wirtschaftswachstum. *Siehe* Wachstum
Wolf, Martin 3
Wollmershäuser, Timo 244

Z

Zahlungsbilanzdefizit 315
Zahlungsbilanzgleichgewicht 240–243, 246
Zahlungsbilanzungleichgewicht 240–243, 251 ff.
Zapatero, José Luis Rodríguez 123
Zentralbankgeld 198, 200, 221, 252 ff., 257–261, 266 ff.
Zinskonvergenz 35
Zitronengleichgewicht 447
Zombiebank 214, 222, 415 f.
Zwangshypotheken 479
Zypern 5
– Arbeitslosigkeit 20
– CDS-Prämien 390
– Defizitquote 74
– Finanzhilfen 300, 372, 473
– Haushaltsvermögen 95
– Immobilienpreise 92
– Investitionen 119
– Kapitalflucht 184
– Kapitalimport 56 f.
– Konsumanteil 75
– Laiki Bank 65, 184, 222
– Leistungsbilanzdefizit 57, 83, 145, 300 f.
– Reale Aufwertung 156
– Relative Preise 153, 165
– Schulden 86, 419
– Schuldenquote 76, 471
– Staatsanleihen 64
– Stundenlöhne 178
– Target-Saldo 249, 257, 300 f.
– Verarbeitendes Gewerbe 149
– Wirtschaftswachstum 112 f.
– Zinsen 59, 61

Autorenregister

A

Abraham, F. 52
Acharya, V. 109, 447
Admati, A. 105, 447, 451
Aichele, R. 139
Akerlof, G. A. 105, 109
Albul, B. 451
Alcidi, C. 349, 442, 451
Alesina, A. 187
Alexander, R. 49
Alloway, T. 231
Anastasiades, N. 106, 190
Arrow, K. 109
Asdrubali, P. 274
Åslund, A. 347
Asmussen, J. 233, 451
Auer, R. 272, 344
Augstein, R. 52

B

Badinger, H. 53
Balázs, É. 187
Baltensperger, E. 447
Barghini, T. 503
Barker, A. 449
Barroso, J. M. 137
Beck, G. 443
Beck, H. 506
Beck, T. 505

Bencek, D. 504
Benito, A. 161, 165, 471, 504
Bensel, N. 138
Bérégovoy, P. 48
Berger, H. 506, 509
Bernanke, B. S. 276
Bernholz, P. 272, 346, 438
Berschens, R. 234
Berthold, N. 438
Bindseil, U. 272
Bini Smaghi, L. 15, 508
Blanchard, O. 105, 187
Blankart, C. B. 232, 272, 345, 438
Blinder, A. S. 226
Boadway, R. 275
Boockmann, B. 137
Borchardt, K. 189
Bordo, M. D. 347, 503
Born, B. 507
Börsch-Supan, A. 438
Braasch, B. 110
Braunberger, G. 110
Brendel, M. 229 ff.
Brennan, G. 451 f.
Brennan, J. 230
Breyer, F. 438
Bröcker, M. 508
Brown, A. J. G. 137
Brüderle, R. 508
Brunsden, J. 449

523

Autorenregister

Buchanan, J. M. 451 f.
Buch, C. M. 445
Buchen, T. 507
Buchheim, C. 507
Buchheit, L. 505
Buck, F. 451
Buehn, A. 137
Buiter, W. 53, 233, 444
Burda, M. 347 f.
Buti, M. 51

C

Calvo, G. A. 106, 442
Canuto, O, 503
Capodilupo, L. 503
Carney, B. 50
Carstensen, K. 507
Casqueiro, J. 138
Cecchetti, S. G. 345
Chazal, C. 450
Chirac, J. 51 f.
Christie, R. 449
Chrysochoidis, M. 189
Chrysoloras, N. 449
Churchill, W. 502
Cline, W. R. 502, 505
Cœuré, B. 505
Conway, P. 347
Corden, N. M. 189, 452
Courchene, T. 52
Cour-Thimann, P. 272–275, 348
Cruces, J. 476

D

Dahrendorf, R. 50
D'Alessio, G. 108
Daly, K. 161, 165, 471, 504
Darnstädt, T. 50 f.
Darvas, Z. 349
Das, U. S. 504 f.
Dawes, C. G. 189
De Angelis, M. 503
De Grauwe, P. 109, 344, 349, 439, 442
Demongeot, A. 161, 165, 471, 504
De Pooter, M. 361, 438
Deßloch, H. 52
Dewatripont, M. 110, 442, 504
Diamond, D. 226

Diamond, P. 109
Di Cesare, A. 451
Diekmann, K. 137
di Fabio, U. 443 ff.
Djankov, S. 344
Dolak, K. 503
Dolan, M. 504
Dolls, M. 275
Domar, E. D. 504
Dombrovskis, V. 189
Dorfman, R. 451
Dornbusch, R. 106
Draghi, M. 276, 349, 441 ff.
Drechsler, I. 447
Drèze, J. 109
Drine, I. 187
Dübel, H.-J. 233
Dubey, P. 109
Duffie, D. 109
Dunstan, R. 503
Dunz, K. 48
Dustmann, C. 138
Dybvig, P. 226

E

Eberl, J. 227, 231
Eckert, D. 508
Eekhoff, J. 438
Ehlers, F. 48
Eichengreen, B. 48, 346, 508
Eijffinger, S. 231
Engelen, K. C. 233
English, W. B. 503
Enste, D. H. 137
Erbentraut, J. 503
Eucken, W. 448

F

Fahrholz, C. 272
Farhi, E. 447
Fehr, M. 446
Feist, H. 226, 274, 345
Felbermayr, G. 139
Feldstein, M. 50, 276, 438, 442, 507
Ferguson, N. 190
Fiedler, J. 138
Fischer, H. 138
Fischer, R. 106

Fischer, S. 106
Fisher, I. 190
Fitzenberger, B. 138
Franz, W. 438
Fratzscher, M. 442
Freytag, A. 272
Friedman, A. 48
Friedman, M. 50, 190, 277, 506
Fuceri, D. 52
Fuest, C. 233, 275, 438

G

Gahlen, B. 110
Galí, J. 187
Gambacorta, R. 108
Garber, P. M. 271
Gasse, P. 138
Gaugele, J. 444, 452
Gauweiler, P. 440
Geanakoplos, J. 109
Geiger, H. 110
Giavazzi, F. 105, 187, 442
Giesbert, F.-O. 52
Giovanni, A. 442
Gluch, E. 139
Goldberg, L. S. 347
González-Páramo, J. M. 188
Goodhart, C. 52, 447
Grande, G. 451
Granville, B. 190
Graves, S. 161, 165, 471, 504
Grimme, C. 507
Grinath, A. 503
Gros, D. 274 f., 349, 442, 451
Grossman, S. J. 109
Gstädtner, T. 445
Gulati, M. 476, 505
Gumpel, P. 48
Gurley, J. G. 275

H

Habbe, C. 50
Habermas, J. 443
Haldane, A. 451
Hamilton, A. 502
Hanisch, I. 507
Hansen, A. 189, 506
Hart, O. 109

Hartz, P. 138
Hasan, M. 49
Hau, H. 448
Heiland, I. 139
Heisbourg, F. 51, 509
Hellwig, M. 105, 233, 447, 451
Henderson, D. W. 106
Hengst, B. 49
Henkel, H.-O. 137
Henzler, H. 48
Herbst, L. 507
Heremans, D. 52
Herzog, R. 508
Hesse, H. 110
Hesse, M. 449
Heyde, P. 189
Hildebrand, P. 442
Hildebrandt, T. 508
Hoeren, D. 137
Hofmann, C. 227
Holboell Nielsen, L. 161, 165, 471, 504
Hollande, F. 450, 505
Holtfrerich, C.-L. 346 f.
Holzner, C. 137 f.
Homburg, S. 272, 275, 343, 438 ff., 443
Hoogduin, L. 231
Hormats, R. D. 346
Hoyng, H. 48
Hüetlin, T. 49
Hughes-Hallett, A. 506

I

Ickes, B. W. 347
Ilardi, G. 108

J

Jacobides, M. 508
Jaffee, D. M. 451
Jahn, J. 445
James, H. 48, 346 ff., 502 f.
Jann, W. 138
Jay, J. 502
Ji, Y. 439, 442
Jolis, A. 50
Jones, E. 275
Jonung, L. 503

Jost, S. 231
Juncker, J.-C. 15, 48
Jungholt, T. 444, 452

K

Kaiser, S. 49
Kaletsky, A. 49
Kemp, M. C. 109
Kenen, P. B. 347
Keynes, J. M. 109, 189 f.
King, M. 443
Kleemann, M. 507
Kloß, M. 71
Koch, D. 50
Kohler, W. 272, 345
Kohl, H. 48, 51 f.
Kollmann, R. 139
Koll, R. 48, 51, 105
König, P. J. 272
Konrad, K. 438, 509
Koo, G. 229
Kornai, J. 16, 504
Korte, J. 448
Kovács, K. 349
Kraljic, P. 138
Kroszner, R. S. 447
Krugman, P. 189
Kunkel-Weber, I. 138
Kunz, A. 438
Kydland, F. E. 502

L

Laaser, C.-F. 504
Lagarde, C. 139
Laidler, D. 506
Lambert, H. 15, 190, 344, 508
Lamont, N. 190, 344
Lautenschläger, S. 445
Lehmann, M. 229
Lehmann, R. 71
Leibenstein, H. 451
Leick, R. 50
Lerner, A. P. 106
Lewis, M. 230
Limbach, J. 508
Lipponer, A. 272
Liu, L. 503
Lommatzsch, K. 187

Lucke, B. 508
Luft, K. 138

M

MacGorain, S. 229
Madár, I. 349
Maddison, A. 190
Madison, J. 502
Magee, S. P. 106
Magill, M. 109
Majocchi, A. 52
Malzahn, C. C. 444, 452
Manna, M. 451
Markiewicz, A. 503
Marshall, A. 106
Marsh, D. 190, 344
Martens, H. 50
Martens, M. 189
Martínez Oliva, J. C. 346, 506
Martin, R. F. 361, 438
Martinuzzi, E. 230
Mas-Colell, A. 109
Masson, P. R. 503
Mayer, C. 110, 442
Mayer, T. 52, 272, 346, 448, 508
McCauley, R. N. 345
McGuire, P. M. 345
McKenna, R. 189
McLean, A. 502
McLean, J. 502
Meister, W. 137 f.
Meltzer, A. H. 506
Merkel, A. 48, 137 ff.
Merkl, C. 137
Meyer, D. 232
Michels, J. 233
Milbradt, G. 272, 343
Mitterrand, F. 48
Möbert, J. 272
Moesen, W. 52
Monti, M. 48
Müller, J. H. 190
Müller, R. 189
Müller von Blumencron, M. 49
Münchau, W. 105, 226, 444
Mundell, R. 52
Murswiek, D. 50
Mussler, W. 445

N

Nathe, H. 51
Neary, J. P. 189, 452
Neubacher, A. 49
Neumann, M. J. M. 50, 231, 272, 508
Niskanen, W. A. 451
Nitsch, V. 53
Noyer, C. 48

O

Obstfeld, M. 52
Ochel, W. 137 f.
Odling-Smee, J. 347
Olson, M. 441, 447, 452
Oschwald, H. 51

P

Panigirtzoglou, N. 229
Papademos, L. 188, 438
Papaioannou, M. G. 504 f.
Par Faure, M. 51
Parsons, C. 503
Patinkin, D. 506
Paul, A. 161, 165, 504
Pauly, C. 229 ff.
Peichl, A. 275
Peri, G. 52
Petzina, D. 190
Pigou, A. C. 506
Pill, H. 161, 165, 471, 504
Pisani-Ferry, J. 272, 349
Plickert, P. 137, 234, 438
Portes, R. 442
Potrafke, N. 272, 275
Prantner, C. 51, 509
Prescott, E. C. 502
Prinz, A. 506
Proissl, W. 51
Prud'homme, R. 52
Pruitt, S. 361, 438

Q

Quinzii, M. 109

R

Radner, R. 109
Ragnitz, J. 71
Rahbari, E. 53, 233, 444
Ramser, H. J. 110
Ramthun, C. 446
Ratchford, B. U. 502 f.
Ratto, M. 139
Rault, C. 187
Reddy, S. 349
Reeh, K. 272
Reiermann, C. 107
Reimon, M. 52
Reinhart, C. 105, 109, 452, 507
Reischmann, M. 272, 275
Reutter, M. 187
Richter, F. W. 506
Richter, R. 50
Ritschl, A. 438, 506
Roche, A. 449
Rocholl, J. 231
Rodden, J. 502 f.
Rogoff, K. S. 105, 109, 187, 507
Rose, K. 187
Rossi, E 509
Rudolph, B. 451
Ruhkamp, S. 231, 272, 276
Ryterman, R. 347

S

Samuelson, P. A. 451
Santos, M. 109
Sapir, A. 349
Sargent, T. 502
Sauer, B. 272
Sauer, I. 272
Sauernheimer, K. 187
Sauga, M. 15, 50 f., 449
Sbrancia, B. 452
Schartau, H. 138
Schäuble, W. 449, 507
Schickler, W. 138
Schlesinger, H. 272 f., 276, 504
Schleyer, H.-E. 138
Schmergal, C. 449
Schmid, G. 138
Schmidt-Klingenberg, M. 50
Schmitz, G. P. 49

Schnabl, P. 447
Schneider, F. 52, 137, 438
Schöchli, H. 347
Schoenholtz, K. L. 48
Schoepp, S. 49
Schönberg, U. 138
Schön, R. 509
Schorkopf, F. 443, 451
Schrader, K. 504
Schreiber, S. 50
Schröder, C. 178
Schröder, G. 138
Schulenburg, J. M., Graf v. d. 231
Schult, C. 15, 449
Schumacher, D. 161, 165, 471, 504
Schwarz, H.-P. 51
Seidel, M. 443
Seitz, F. 274, 345
Sell, F. L. 272, 507
Shah, A. A. 275
Shaw, E. S. 275
Shiller, R. J. 105, 109, 447
Shin, H.-S. 226
Sibert, A. 231
Siemens, A. 189
Simons, S. 50 f.
Sinn, G. 452, 506
Sinn, H.-W. 15, 48–51, 105–110, 137 ff., 187 ff., 226–233, 245, 249, 261, 271–277, 335, 343–349, 373, 438–448, 451 f., 504–509
Sirletti, S. 230
Smith, S. 52
Snower, D. 137
Solow, R. M. 451
Sorensen, B. E. 274
Soros, G. 49
Spahn, B. 52
Spaventa, L. 105
Spencer, P. 447
Spiegel, P. 449
Spinelli, A. 509
Spitz-Oener, A. 139
Spörl, G. 50
Starbatty, J. 51
Stark, J. 234, 438
Steffen, S. 109, 445, 448
Steinkamp, S. 442
Steltzner, H. 276
Stiglitz, J. E. 349

Streissler, E. 504
Sylla, R. E. 503
Szarek, D. 232

T

Taboga, M. 451
Taylor, M. P. 503
Tchistyi, A. 451
Teevs, C. 438
ten Dam, A. 508
Thiele, C.-L. 346
Thum, M. 509
Tian, X. 503
Tiefensee, W. 138
Tietz, J. 189
Tirole, J. 110, 442, 447, 504
Tornell, A. 232, 272, 276 f., 346
Traynor, I. 502
Trebesch, C. 476, 504 f.
Trentin, A. 347
Tressel, T. 187
Trichet, J.-C. 188, 227 f., 277, 438
Tuchtfeldt, E. 346

U

Uhlig, H. 51, 187, 502
Ulbrich, J. 272
Untiedt, G. 71
Urban, T. 49

V

Valla, N. 161, 165, 471, 504
Vanberg, V. 438
Van Rompuy, B. 229
Van Rompuy, P. 52
Varoufakis, Y. 15, 49, 190, 344, 508
Vaubel, R. 438, 444 ff.
Veld, J. I. 139
Vives, X. 110, 442
Vogel, L. 139
Vogel, W. 52
von Hagen, J. 275, 438, 503
von Weizsäcker, C. C. 438, 506
Voscherau, E. 138
Voss, M. 508

W

Wallis, J. J. 503
Walsh, C. 52
Wang, S. 187
Weber, A. 438
Weber, C. 227, 231
Weber-Lamberdière, M. 51
Wefing, H. 508
Weichenrieder, A. 509
Weidmann, J. 108
Weiss, A. 349
Weistroffer, C. 272
Welfens, P. J. J. 347
Werding, M. 137 f.
Westermann, F. 232, 272, 276 f., 346, 442, 452, 506
Wettach, S. 446
Whelan, K. 439
White, A. 230
Whittaker, J. 271, 274
Wiegard, W. 137
Wiegrefe, K. 50 f., 107
Winkler, A. 272
Wohlrabe, K. 507
Wolff, G. B. 349, 502, 505
Wolf, M. 15, 275
Wolf, T. 347
Wollmershäuser, T. 15, 226, 245, 249, 261, 271–277, 335, 343 ff., 373, 507
Wright, R. E. 502
Wyplosz, C. 442

Y

Yosha, O. 274

Z

Zeitler, F.-C. 272
Zettelmeyer, J. 476, 505
Zöttle, I. 52

STELLUNGNAHMEN ZUR ENGLISCHEN ORIGINALAUSGABE DIESES BUCHES

(The Euro Trap. On Bursting Bubbles, Budgets and Beliefs,
Oxford University Press, 2014)

»Mit seiner messerscharfen Analyse der jüngsten Wirtschaftsentwicklung Europas formuliert Sinn einen Nachruf auf den Euro als ambitioniertes politisches Projekt, das an seinen Fehlanreizen und mangelnden Institutionen zu scheitern droht. Seine forensische Untersuchung offenbart erschütternde finanzielle Verpflichtungen, die mit der Geldpolitik einhergingen, ohne dass diejenigen, die die Lasten werden tragen müssen, davon wussten oder ihnen zugestimmt hatten. Angesichts dieses inkonsistenten und untragbaren Systems sieht Sinn deutlichen Handlungsbedarf, um dauerhaft Stabilität und Prosperität in Europa zu gewährleisten. Dieses exzellente Buch nötigt all denjenigen eine Antwort ab, die in ihrem Wunsch, den Euro und seine Zukunft zu verteidigen, Fakten durch bloße Hoffnung ersetzen,«
(Prof. Alan J. Auerbach, University of California, Berkeley)

»Hans-Werner Sinn hat ein hervorragendes Buch zur Eurokrise geschrieben – reich an Substanz, und dabei auch für den Nichtspezialisten gut verständlich. Es ist zu hoffen, dass es nicht nur gelesen, sondern von der Politik auch beherzigt wird.«
(Prof. em. Ernst Baltensperger, Universität Bern)

»Hans-Werner Sinn bietet eine hervorragend klare Gesamtsicht der Gefahren staatlicher Verschuldung und des Auseinanderdriftens der Wettbewerbsfähigkeit in der EU. Die starke Zunahme der Schulden der südlichen Länder bei der Europäischen Zentralbank und der entsprechenden verlustgefährdeten Guthaben der stabilen Mitglieder wird zu Recht betont.«
(Prof. em. Dr. Dr. h. c. mult. Peter Bernholz, Universität Basel)

»Hans-Werner Sinn hat sich zum produktivsten und kenntnisreichsten Ökonomen Deutschlands entwickelt, der über die Eurokrise und vieles andere publiziert. Dieses Buch ist eine Glanzleistung.«
(Prof. Jagdish N. Bhagwati, Columbia University)

»Ich bin begeistert. Mit diesem Buch hat Sinn nun endgültig sein Meisterstück vollbracht. Es ist so gut geschrieben, dass es sicher auch viele Nicht-Ökonomen verstehen werden. Es ist aufrüttelnd, ohne reißerisch zu sein.«
(Prof. Dr. Friedrich Breyer, Universität Konstanz)

»Einmal mehr hat uns Professor Sinn aufgeklärt, provoziert und eine starke politische Medizin verordnet. Nach seiner Einschätzung sollten einzelne Staaten Südeuropas die Eurozone temporär verlassen, abwerten und ihre öffentlichen und privaten Finanzen in Ordnung bringen, um auf diese Weise ihre Wettbewerbsfähigkeit wiederherzustellen. Eine ›neue‹ Europäische Union – neu geordnet als Föderation souveräner Staaten mit einem Finanzsystem amerikanischen Stils, harten Budgetgrenzen der Einzelstaaten, einem neuen System zur Tilgung der ›Target-Salden‹ sowie einer überregional-neutralen Geldpolitik – würde sie dann wieder unter neuen Bedingungen willkommen heißen. Diese Vorstellung wird Sinns Einschätzung der bestehenden Politik gegenübergestellt – mit den immensen notwendigen Kapitaltransfers vom Norden in den Süden (›Schuldenvergemeinschaftung‹) und einer Zentralbankpolitik mit der Druckerpresse –, die in seiner Sicht in der Bildung einer Blase und der Duldung der mangelnden Wettbewerbsfähigkeit der Länder Südeuropas mündete und Europa von einer Krise zur nächsten taumeln ließ. Sinn spricht alle relevanten Themen an und zeigt, wie Europa in diese Situation hineinschlitterte. Komplexe Strukturen werden entschlüsselt, Mythen entlarvt, und Verborgenes in einfachen Worten erklärt. Obwohl einige Leser den analytischen und historischen Ausarbeitungen widersprechen mögen, müssen sie sich von nun an mit Sinns präziser Beschreibung der Sachverhalte auseinandersetzen und erklären, warum sie diese anders gewichten und interpretieren. Jeder Leser wird seine Perspektive erweitert sehen und viel von Sinns sehr aktuellen Ausführungen lernen. Dieses Buch ist ein Muss für alle, die an den Fragen interessiert sind, die Europa heute umtreiben. Ich empfehle die Lektüre mit Nachdruck.«
(Prof. em. Robert Haveman, University of Wisconsin-Madison)

»Hans-Werner Sinn versteht es meisterlich, Forschungsergebnisse in anschaulicher und dennoch präziser Form einem breiten Publikum nahezubringen. Ein wichtiges Buch!«
(Prof. Dr. Stefan Homburg, Universität Hannover)

»In seiner meisterlichen Analyse entwirrt Hans-Werner Sinn die verworrene Geschichte der Eurokrise mit bemerkenswerter Geduld, Weisheit und Klarheit. Seine akribische Analyse verdeutlicht, dass das Eurosystem ohne größere Reformen untragbar ist, und seine mutigen Politikempfehlungen zur Umsetzung solcher Reformen verdienen es, ernst genommen zu werden.«
(Prof. em. Peter W. Howitt, Brown University)

»Wieder einmal versteht es Hans-Werner Sinn glänzend, komplexe Zusammenhänge verständlich darzustellen und mit einer wichtigen Botschaft zu verbinden.«
(Prof. Dr. Dr. h. c. mult. Otmar Issing, ehem. Chefvolkswirt der EZB)

»Hans-Werner Sinn bietet einen ernüchternden Blick zurück in die Vergangenheit und liefert realistische Optionen für die Zukunft. Dies ist eine Pflichtlektüre für jeden, der wissen möchte, wohin sich Europa bewegt und was zur Rettung des Euro nötig wäre.«
(Prof. Anil K. Kashyap, University of Chicago)

»Sinns offenes Eingeständnis, dass jene Recht behielten, die Deutschlands ›Ja‹ zum Euro seinerzeit kritisierten, setzt den kompromisslosen und ehrlichen Ton dieses provokanten Buches, das eine durchdringende Analyse all dessen liefert, was schieflief – und was richtig – und auf welche Weise – und wie eben nicht – dieses System reformiert werden müsste. Es ist Pflichtlektüre für all jene, die sich um Europas Zukunft Sorgen machen.«
(Prof. em. David Laidler, University of Western Ontario)

»Das Buch verdient eine große Leserschaft. Es hat viele Stärken. Es ist detailreich, aber einfach zu lesen. Es nimmt zustimmend zur Kenntnis, dass politische Kräfte die wahre Triebfeder hinter dem Euro-Projekt waren – man wollte den Kontinent stärken und zukünftige Kriege verhindern –, und will deshalb den Euro sichern und nicht etwa aufgeben. Das Buch ist ehrlich, wenn es die lange Eurokrise nicht nur als Finanzkrise zeichnet, wie es uns viele glauben machen wollen. Strukturelle Unterschiede in den Produktionskosten unter den Euroländern verhindern eine Genesung. Sinn schließt daraus, dass die überschuldeten Länder ihre Wettbewerbsfähigkeit erst wiedererlangen können, wenn diese den Euro temporär aufgeben und abwerten. Der Autor erläutert, warum eine solche Anpassung weder kostenlos noch einfach, jedoch notwendig und hinreichend für die Wiederherstellung von Wachstum ist.«
(Prof. Allan H. Meltzer, Carnegie Mellon University, und Distinguished Visiting Fellow des Hoover-Instituts, Stanford University)

»Hans-Werner Sinn bietet eine klare, umfassende Analyse der ›Rettung‹ des Euro. Er zeigt, wie die Politik sich immer tiefer in die Übernahme steigender Haftungsrisiken zulasten der Steuerzahler verstrickt, obwohl schon heute ein Großteil der Kredite unwiederbringlich verloren ist. Ein spannendes Buch für jeden, der nicht blindlings politischen Parolen folgen, sondern verstehen will, was tatsächlich vorgeht. Eine Lektürepflicht für unsere Abgeordneten, damit sie verstehen, was sie tun.«
(Prof. Dr. Manfred J. M. Neumann, Universität Bonn)

»Das Buch ist eine mutige und brillante Analyse jenes Sumpfes, in dem die Eurozone heute steckt. Hans-Werner Sinns klare und lebendige Beschreibung der Finanztransfers vom Norden in den Süden und seine Vorschläge für Lösungsstrategien sollten von den Bürgern und Politikern Europas und überall auf der Welt sorgfältig gelesen werden.«
(Prof. William D. Nordhaus, Yale University)

»Hans-Werner Sinn hat womöglich das wichtigste wissenschaftliche Buch in mindestens einer Dekade über den Euro geschrieben, eines, das von allen Seiten der politischen Debatte sorgfältig studiert werden sollte. Sein Ziel ist es, ausgeglichene, objektive Einsichten zu generieren, und nicht etwa ein polemisches Für oder Wider zu liefern. Sinns Grundthese bildet dabei die Erkenntnis, dass das Eurosystem nur durch mehr Transparenz und demokratischere Strukturen zukunftssicher gestaltet werden kann.«
(Prof. Kenneth S. Rogoff, Harvard University)

»Noch läuft die große Finanzmaschine, aber Hans-Werner Sinn kommt mir vor wie ein unglaublich penibler und umsichtiger Ingenieur, der im Inneren einen Konstruktionsfehler entdeckt hat, den alle übersehen haben. Das ist das Buch dieser Entdeckung, und es ist so spannend geschrieben und so beunruhigend im Detail, dass ich es in einem Zuge durchgelesen habe.«
(Frank Schirrmacher[†], Mitherausgeber der Frankfurter Allgemeinen Zeitung)

»Das Buch von Hans-Werner Sinn klärt die grundlegenden Schwächen des Eurosystems. Es beschränkt sich auch nicht darauf, falsche Linien der Eurorettungspolitik aufzuzeigen, und schlägt neue Wege zur nachhaltigen Stabilisierung der Währungsunion vor.«
(Prof. Dr. Helmut Schlesinger, ehem. Präsident der Deutschen Bundesbank)

»Mit der ihm eigenen Energie und Direktheit analysiert Hans-Werner Sinn in diesem wichtigen Buch die Ursprünge der gefährlichen gegenwärtigen Schwäche der Eurozone und erörtert die Reparaturmöglichkeiten. Er schaut durch die vordergründige Komplexität der Finanzwelt auf die tieferen Probleme, die es zu lösen gilt. Eine Erkenntnis ist, dass in einer Währungsunion ohne gemeinsame Fiskalpolitik die gemeinsame Zentralbank faktisch zu fiskalischen Interventionen getrieben wird. Eine andere besagt, dass die peripheren Länder nicht etwa nur unter einer Überschuldung leiden, sondern unter einem permanenten realen Abwertungsdruck, der Einkommensverluste nach sich zieht. Nicht jeder mag mit den Maßnahmen übereinstimmen, die Sinn hier vorschlägt, doch er zwingt seine Kritiker, wenn sie seriös sind, echte Alternativen auf den Tisch zu legen. Sinn ist ein Schwergewicht.«
(Prof. em. Robert M. Solow, Massachusetts Institute of Technology)

»Dieses großartige und große Werk lässt die Schuppen von den Augen fallen.«
(Prof. Dr. E. W. Streissler, Universität Wien)

»Hans-Werner Sinn beschreibt, was in der Eurozone in seiner gegenwärtigen Form falsch läuft und dass mutige Reformen notwendig sind. Dieses Buch liefert einen wichtigen Beitrag zur Debatte über die Eurozone und ist eine Pflichtlektüre für all jene, die sich daran beteiligen möchten.«
(Prof. Harald Uhlig, University of Chicago)